THE COMPLETE COMMENTARY
OF OECUMENIUS ON THE
APOCALYPSE

THE COMPLETE COMMENTARY

OF

OECUMENIUS

ON THE APOCALYPSE

NOW PRINTED FOR THE FIRST TIME

FROM MANUSCRIPTS AT
MESSINA, ROME, SALONIKA AND ATHOS

EDITED WITH NOTES
BY
H. C. HOSKIER

WIPF & STOCK · Eugene, Oregon

Wipf and Stock Publishers
199 W 8th Ave, Suite 3
Eugene, OR 97401

The Complete Commentary of Oecumenius on the Apocalypse
Now Printed for the First Time from Manuscripts at Messina, Rome, Salonika and Athos
By Hoskier, H.C.
ISBN 13: 978-1-60608-329-1
Publication date 12/05/2008
Previously published by University of Michigan, 1928

IN AFFECTIONATE REMEMBRANCE
OF
FRANCIS W. KELSEY
AND IN GRATEFUL RECOGNITION OF HIS
ENTHUSIASM, COOPERATION AND
FRIENDLY ENCOURAGEMENT
THIS VOLUME IS
DEDICATED

PREFACE

It is a matter of satisfaction to all concerned that the material has been found and made available in order to bring to fruition this little *editio princeps* of Oecumenius' text and commentary on the Apocalypse.

My thanks are due to Professor K. Lake, and to Mr. Swain, photographer for the University of Michigan, for the photographs of the Salonika MS (203).

Thanks are also here extended to the authorities of Harvard University, through whose good offices I was enabled to obtain the photographs of the Athos MS (240).

Dr. E. S. McCartney and Professor W. E. Blake, both of the University of Michigan, have been good enough to steer the caravel (that is my 'copy') through the Press and to them I owe sincere thanks. I have, however, read the proofs throughout, and I alone assume responsibility for all defects in the text. For the major part of the punctuation, however, Professor Blake has kindly accepted the responsibility.

Wherever possible we have followed the elder Messina MS (146) — and occasionally strained a point to do so — but where it has seemed unwise or impossible, its variations will be found in the notes.

H. C. H.

CONTENTS

	PAGE
PREFACE	vii
INTRODUCTION	1
OECUMENIUS TEXT AND COMMENTARY OF THE APOCALYPSE	27
INDEX OF PASSAGES QUOTED OR ALLUDED TO BY OECUMENIUS	261

AUTHORITIES AND SOURCES

146 = Univ. Messina 99 (Scr. 113, Greg. 146, *nov.* 2053, Sod. O^{a31}) [XII]
  Membr. 26 × 20½, fo. 139, col. 2, ll. 24
155 = Rom. Vat. Gr. 1426 (Scr. 155, Greg. 155, *nov.* 2062, Sod. O^{a30}) [XV]
  Chart. 34 × 23½ fo. 29 (131–159) col. 1, ll. 46. *Desunt cap.* iii–xiv.
  (Vatt. Ottob. gr. 126–127, Scr. —, Greg. —, *nov.* 1824 *et* 2062,
  Sod. O^{a61}. *Exempl. ad imit.* 155. *Incipit* vol. I, p. 544) [XVII]
155^A = Torin. B. I. 15, *olim* 84 Pasini (Scr. 155^A, Greg. —, *nov.* 2325, Sod. ?)
  Exempl. ad imit. 155.
122 = Rom. Chigi R. V. 33 (Scr. 122, Greg. 151, *nov.* 2058, Sod. O^{a40}) [XIV]
  Chart. 25½ × 18½, fo. 28 (44–71), col. 1, ll. 32.

F = Athos, Pantel. 99.2 (Greg. 052) [X] (*continet* vii. 16–viii. 12)
  Membr. 29 × 23, 2 col., ll. 27.
38 = Rom. Vat. Gr. 579 (Scr. 38, Greg. 38, *nov.* 2020, Sod. α 1573) [XIII]
  Chart. 21 × 13, fo. 24 (22–46), col. 1, ll. 30
178 = Patmos 12 (Scr. 178, Greg. 178, *nov.* 2080, Sod. α 406) [XIII]
  Membr. 23½ × 15, Apoc. fo. 29, col. 1, ll. 25 *Mut.* xvii. 2–14 *et* xxii.
  16–*fin.*
203 = Salonika, Blat. 53 (Scr. —, Greg. —, *nov.* 1778, Sod. O^{a41}; *errat Sod. de numero* 23 βλαταίων) [XV]
  Chart. 29 × 22, fo. 1–177, col. 1, ll. 117 (*text. et com.*)
240 = Athos, Pantel. 770 (Scr. —, Greg. —, *nov.* 1678, Sod. Aν. 402) [XV]
  Chart. 21 × 13, fo. 334, col. 1, ll. 70 (*text. et com.*)

The text proper is indented and in bold-face. Quotations from the text repeated in the commentary and extraneous quotations are also printed in bold-face. Verse divisions follow those of Stephen's fourth edition of 1551, where they were first inserted, although longer ones had been previously introduced into the quarto Latin Bible of Pagninus (Lyons, Antonius du Ry, 1528). All references to the Psalms are of course to the Septuagint Version and its numeration.

Daggers in the text represent a doubtful reading not satisfactorily resolvable.

Where Professor W. E. Blake's name appears in the notes it has reference to suggested emendations of obscure points.

INTRODUCTION

INTRODUCTION

THE Apocalypse — said to be written by the banished Seer of Patmos, or John the divine, evangelist and apostle, the *parthenos*, *makarios*, *theologos*, *hagios*, *paneuphemos*, *philos egapemenos*, or *endoxotatos* of most of the old authorities,[1] who insist on these titles in their inscriptions, prologues, and epilogues — is, not undesignedly, the crown of our Canon of Scripture.

Many books have had for their subject the probable interpretation of the visions and auditions vouchsafed to our author, but few or next to none have dealt with or tried to deal adequately with the foundation text; and this, in the present case, must be admitted to be of surpassing interest, if the book be worth considering at all.

Modern scholars are apt to insist on a similarity in terms with other Jewish apocalyptic literature, which is being studied more closely in our day than of yore. Of course, it goes without saying that such visions and auditions, if genuine, *must* partake of somewhat similar characteristics and terminology.

I

What has not been appreciated so far, perhaps, is the fact that the Apocalypse is especially exposed to the same kind of textual troubles which are so prevalent in the synoptic gospels, owing to the fact that phrases occur in repetition very frequently, so much so that ancient scribes or redactors accommodated and tried to harmonize the language throughout the book.

It is our business, therefore, to clarify the situation on behalf of the exegete and the commentator by a profound study of the letter. For this reason scholars will welcome every scrap of fresh evidence in connection with this book, as well as in connection with other New Testament documents.

---

[1] Here are some of the titles vouchsafed to the Seer of Patmos by the manuscripts: Ἀποκ. τοῦ εὐαγγελίστου παρθένου καὶ θεολόγου, τοῦ ἁγίου παρθένου ἀποστόλου τοῦ θεολόγου, τοῦ ἁγίου καὶ πανευφήμου, τοῦ μακαρίου Ἰω· τοῦ ἀποστόλου καὶ θεολόγου, τοῦ θεολόγου τοῦ μαθητοῦ τοῦ Κυρίου, τοῦ ἁγίου ἐνδοξοτάτου παρθένου ἠγαπημένου ἐπιστηθίου, φίλου ἠγαπημένου, τοῦ πανενδόξου εὐαγγελίστου, ἐπιστηθίου φίλου παρθένου, ἠγαπημένου τῷ Χριστῷ, Ἰωάννου τοῦ θεολόγου, υἱοῦ Σαλωμῆς καὶ Ζεβεδαίου θέτου δὲ υἱοῦ τῆς θεοτόκου Μαρίας καὶ υἱοῦ βροντῆς.

It is, therefore, not inappropriate to bring to public attention the text and commentary of OECUMENIUS, who flourished in the sixth and seventh centuries, and whose commentary on the Apocalypse has been missing for a long period, although some of his commentaries on other New Testament books have come down to us.

Attributed generally to the tenth century, the document which we now publish itself gives us the correct date (preceding Andreas and Arethas), and we can now place Oecumenius, Greek Bishop of Tricca, towards the beginning of the seventh century, practically contemporary with Primasius, Latin Bishop of Adrumetum, whose text is so valuable in these studies, and of Apringius, Bishop of Beja in Portugal, who also published a commentary, but more on the order of that of Victorinus, dealing with selected passages.

In the course of our collation and review of all the documents extant of the Apocalypse, we have established one new fact bearing on these studies, which is of considerable interest. We have found that we are in a position of superiority as regards our material compared to the other books of the New Testament, because the Apocalypse — admitted somewhat late into the Canon of Scripture — was transmitted on lines independent of ecclesiastical tenets, dogmas and traditions, and is found in the middle of many Miscellanies on mystical subjects. Hence, in the midst of other groups of documents evidently transmitted in accordance with ecclesiastical type, not to say bias, we come across independent documents now and then in such miscellaneous collections, which have been preserved to us quite outside the Church and ecclesiastical influences. We have, therefore, a double line of transmission by which to check our authorities.

Now, Oecumenius occupies here a kind of middle ground. The book does not seem to have been popular to any great extent, but this may be because he is prolix, and it is not always easy to differentiate between what is text and what commentary. In the volume now before the reader this may not appear to be the case, but that is because we have been at considerable pains to make the matter clear. In the original document the commentary sweeps along without halting between the sections of text and is without the slightest mark to guide the reader as to what is text and what commentary.

However, anyone who is at all familiar with Andreas, whose commentary is terribly commonplace, will soon accord to Oecumenius a superior position in these studies. Oecumenius, although most uneven in the value of his expositions, is always vigorous, and at times very interesting. Yet he is withal essentially a modest man. His expression is generally οἶμαι — 'I opine' — and not often πείθομαι, nor ἡγοῦμαι, which others use. He has a large vocabulary, although his style is anything but light and elegant, and he has a considerable knowledge of outside literature, quoting from memory certain of the ancients. He has frequent references to Josephus, but quotes the passage from him about Jesus in the usual words.

He has a profound love for the Psalms and quotes endlessly from them. For him the Psalmist is '*the* Prophet' although on two or three occasions he calls him the Psalmist or the Singer. Paul is always 'the wise' or 'the very wise,' and towards the end he definitely accepts him as the author of the Epistle to the Hebrews.

Our index will show how fully Oecumenius quotes from Old and New Testaments. There must be nearly one thousand references in our margins.

There are numerous Pauline quotations, and the very first one, from Colossians i. 16–18, yields a strange and doctrinal variant. Here we read, in that uplifting description of Christ, not that: "He is the Head of the body of the Church," but that: "He is the Head of the body *and* of the Church." The addition of καί is quite new.[1] True, it is not borne out by the Athos MS (the Salonika MS is not extant in these early pages), but both the Athos and the Salonika MSS frequently referred to and followed the usual received ecclesiastical text of Scripture, and did not adhere to their Oecumenian copy in a number of places. I think we may accept such additions to the text of 146 as genuine beyond doubt.

In a later quotation of Ephesians v. 32, the second εἰς is omitted with 203, 240, BK, *Iren Tert*, etc., reading (about the great mystery) ἐγὼ δὲ λέγω εἰς Χριστὸν καὶ τὴν ἐκκλησίαν.

Reverting to the matter of the authorship of the Epistle to the Hebrews on one of our early pages (commentary on Apoc. i. 16) Oecumenius quotes Hebrews iv. 12: ζῶν γὰρ ὁ λόγος τοῦ Θεοῦ, καὶ ἐνεργὴς καὶ τομώτερος ὑπὲρ μάχαιραν δίστομον, and soon adds: ὃ ταὐτόν ἐστιν τῷ παρὰ τῷ Παύλῳ τομωτάτῃ. Now τομώτατος occurs nowhere in St. Paul's Epistles, and the comparative only here in Hebrews.

[1] Apringius, Bishop in A.D. 540, has something to say about this (on Apoc. xix. 15–16) where he remarks: "Principium Christus, fundamentum Christus, super quod Paulus architectus hedificat. Pastor bonus Christus est, qui animam suam pro suis ovibus posuit. Caput omnis principatus et potestatis Christus est. *Caput Ecclesie ipse est. Unde et dicitur:* 'Caput viri Christus est [1 Cor. xi. 3], *quia caput Ecclesie est.*'"

In the quotations from Jude our Oecumenian MSS offer us a partial solution of a very troublesome matter. In Jude 6 we read of the angels confined in Tartarus that they were definitely reserved (τετήρηκεν): εἰς κρίσιν μεγάλης ἡμέρας δεσμοῖς ἀϊδίοις. This is a contradiction in terms. For how could they be reserved for a definite day and yet be described as bearing 'everlasting' chains? The Salonika MS resolves this difficulty by writing ἰδίοις for ἀϊδίοις on two occasions (and 240 once) and invites us therefore to read: "definitely held back for judgment of the great day *in fetters of their own forging*"! This is evidently what the Ethiopic found in its Greek foundation text, rendered by the editor in a similar circumlocution. It is quite possible that such a truer reading may have been lost very early indeed, for ἰδίοις δεσμοῖς would correspond to the belief of modern psychologists or spiritualists that only our own personal bonds or fetters *can* hold us back. In this connection note that ἀΐδιος is hardly a New Testament word. It is found only at Romans i. 20, and there distinctly of Godhead's power and righteousness (ἥ τε ἀΐδιος αὐτοῦ δύναμις καὶ θειότης). Also note that in the very next verse 7 in Jude πυρὸς αἰωνίου is the expression for 'everlasting' or 'age-long.'

The reader is requested also to note that in Jude 6 Lucifer says simply: *vinculis eos;* the Ethiopic, always cautious, simply *ligati*, but follows with: *in diem magnam cui ipsimet subjecerunt seipsos*, and the Syriac *vinculis ignotis* (reading ἀειδέσι?). Tischendorf ignores Syriac and Ethiopic here. St. Peter (ii. 4) speaks of σιροῖς or σειραῖς ζόφου ταρταρώσας, and Lucian *De Luctu:* καταδεξάμενον δὲ αὐτοὺς καὶ παραλαβόντα κατέχειν δεσμοῖς ἀφύκτοις (i.e. inescapable fetters).

Perhaps the most important change in the text is in connection with another very difficult matter. I refer to the passage at Apocalypse xiii. 8 concerning "him whose name is not written in the book of life of *the lamb slain from the foundation of the world.*" Now 146 proposes to read in the text (and confirms it in the commentary):

"in the book of life *of the ensealèd Heaven,*"

substituting τοῦ οὐρανοῦ τοῦ ἐσφραγισμένου for τοῦ ἀρνίου τοῦ ἐσφαγμένου. That would settle a huge difficulty. Needless to say neither 203 nor 240 follows here. This has slight importance in the text, as their textual archetype is quite different from Oecumenius' real text. (See remarks on this beyond.) The unfortunate part is that they do not repeat in the commentary, but merely substitute καὶ τὰ ἑξῆς after the word 'book.' Note in this connection that ℵ writes οὐρανοῦ for ἀρνίου at xxi. 27 in a similar passage, concerning those written in the book of life.

I will give in a later section the most radical variants from 'received' readings. I am calling attention to a few things here in order (if possible) to whet the reader's appetite for a thorough digest of the whole.

In my article on the Messina MS printed in the *American Journal of Philology* (July–Sept., 1913, No. 135) I have already called attention to another feature of interest, dealt with categorically by Oecumenius. It shows how the 'modernism' of one generation gives place to the 'modernism' of the succeeding cycles. At vii. 5–8, where he suppresses the sealing of the twelve tribes and has a dissertation on the Jews instead, he quotes Luke xxiii. 34 — the disputed word from the cross:

"Father forgive them, for they know not what they do,"

and declares: "although Cyril in his thirteenth book against Julian says this prayer of the Lord has no place (μὴ κεῖσθαι) in the Gospels, yet it is set forth among us (παρ' ἡμῖν δε γε εἴρηται)"; so the textual criticism of the third or fourth century had evidently been denied in the sixth.

Oecumenius has a rich vocabulary, but is very fond of certain expressions such as ἐνανθρώπησις and ἀναστροφή of the Christ's earthly sojourn. He favors the genitive absolute: οὗ γενομένου, ἧς γενομένης, and once uses the accusative absolute: τοιούτους γεγονότας (this absolute construction is a favorite mode in Apringius' rare Latin commentary). If not exactly a purist, he is no tautologist, for, in a string of quotations, he varies thus: Ἡσαΐας φησί . . . ὁ Ψαλμωδὸς καλεῖ . . . πῆ μὲν λέγων . . . πῆ δὲ ψάλλων . . . καὶ αὖθίς φησι . . . οὕτω γὰρ ὁ Μαλαχίας φησί . . . ὁ Ζαχαρίας προανεφώνησε . . . ᾧ συνῳδὰ καὶ ὁ Προφήτης . . . τούτων οὕτω προαφηγηθέντων ἐπὶ τὸ προκείμενον ἰτέον . . . ἐπειδὴ εἴρηται . . . .

He thoroughly understands the value of χρηματίζω and uses it frequently. Our translators have always made a sad rendering of this pregnant word, and have at no time apprehended its value. He sometimes calls Moses "the Hierophant." His longest sections are amongst the least interesting, with the exception of his dissertation on a bodily resurrection.

Here (on xx. 13–15) he rises to great heights when discoursing on God's five 'Great Creatures' or Primary Elements — Earth, Fire, Water, Air, and Ether — and the argument is really worthy of one of our great modern scientists, who has not only realized the indestructibility of matter, but now understands how *all* in the universe hangs together by laws of attraction and repulsion. It is not a question whether or not there is to be an universal bodily resurrection, as taught in the Church creed. He is arguing as to Universal Chemistry and the lack of any proof of the practical impossibility of bodily reaggregation, and his whole attitude here is of considerable significance. His successors are absolutely silent as to this and in Cramer one will find nothing. Thereafter, unfortunately, there is bathos, and all is commonplace to the end, the closing passage (wanting in 203, which has a substitution) being far from what one would have expected.

He has an earlier reference to the *four* Great Primary Elements (on iv. 7), where he compares the four Living Creatures to these four elements, likening

> the Lion to Fire
> the Ox to Earth
> the Man to Air
> and the Eagle to Water,

whereas Andreas likens the Lion to Mankind, τὴν Ἀνδρείαν (quoting Irenaeus: διὰ τὸ τῆς προαιωνίου τούτου βασιλείας σημαντικὸν. ἐν ἀρχῇ γὰρ εἶναι τὸν λόγον),

> the Ox to Righteousness, Lawfulness, and Holiness,
> the Eagle to Wisdom,
> the Man to Intelligence, etc.

As regards the famous passage at xv. 6, as to whether the saints were clothed in shining *linen* fair and white, or in clear-sparkling and tenuous *jade* — λῖνον or λίθον — there is absolutely no question here as to the reading which Oecumenius found in his copies. He knows nothing about λῖνον, and discourses (but briefly) only upon λίθον. Here is what he says: τὸ δὲ ἐνδεδύσθαι τοὺς ἀγγέλους λίθον καθαρὸν λαμπρόν· δεῖγμα τυγχάνει, τῆς τιμίας αὐτῶν καὶ καθαρᾶς καὶ φωτεινῆς καὶ εἰς τὸ καλὸν [+παγίως 203 and 240, space in 146] ἐχούσης φύσεως· ἢ ἄρα τὸν Χριστὸν ἐνεδέδυτο (ἐνεδέδυντο 203 and 240)· λίθος γὰρ ὁ Κύριος παρὰ τῆς θείας ὠνόμασται γραφῆς, ὡς παρὰ Ἡσαΐα: ἰδοὺ ἐγὼ ἐμβάλλω εἰς τὰ θεμέλια Σιὼν λίθον πολυτελῆ ἐκλεκτόν·¹ καὶ παρὰ τῷ προφήτῃ:² λίθον ὃν ἀπεδοκίμασαν οἱ οἰκοδομοῦντες, οὗτος ἐγενήθη εἰς κεφαλὴν γωνίας· τοῦτον ἐνδύσασθαι [+ λέγων 203 and 240] τὸν λίθον καὶ ἡμῖν ὁ σοφώτατος Παῦλος παραινεῖ: ἐνδύσασθαι τὸν λίθον ἡμῶν Ἰησοῦν Χριστὸν· καὶ τῆς σαρκὸς πρόνοιαν μὴ ποιεῖσθε εἰς ἐπιθυμίας·³ ἔξω γὰρ πάσης ἐπιθυμίας ψυχοβλαβοῦς ὁ τοῦτον ἐνδεδυμένος.

That is all. To indicate the *lasting* character of our nature, although παγίως is missing in 146, a blank space being deliberately and most exceptionally left by the scribe. But for 203 and 240 we should not know what the word was.⁴ On the other hand (and that is why I call particular attention to this passage) his reading in Romans xiii. 14 of 'putting on *our stone* Jesus Christ' is quite unsupported *ad loc.* in our existing authorities, and 203 and 240, after writing ἐνδύσασθαι τὸν λίθον, abandon the phrase in the quotation, and write the usual text without τὸν λίθον [B and Clem. omit κύριον and write (with Goth) τὸν Χριστὸν Ἰησοῦν].

The authorities for λίθον (instead of λῖνον) are still very few, and only as follows: CA 38^mg–203^mg, 48. 123^mg [*contra fam.* 119] 146–155, 178 (*non* 240; *non* 50, *non* 90, *male W-H et Tisch*), and against all the rest. Our MSS 203 and 240 reproduce Andreas on λῖνον, and Oecumenius on λίθον one after the other, but the conflict struck the editor of our No. 122 (Chigi R. V. 33 at Rome) so forcibly that he cut out both comments at this place.

When Oecumenius runs a string of verses in a series — and 203 and 240 have to separate them in order to fit in the respective comments of Andreas and Oecumenius—we frequently lose the latter's repetition of the verses and the confirmation of his previous text or modification of it, because it does not fit in with the scheme of these double-commentary MSS, for, just where Oecumenius repeats in his commentary, *they* come to the actual text of the verse, and cannot give it twice in the same place. Hence we are thrown back on 146 alone in a number of most important places.

Another interesting place is at ii. 20, where 203 and 240 preserve what has no doubt dropped out of 146. Here it is a question of the famous spouse Jezebel, who forsooth called herself a prophetess.

¹ Isaiah xxviii. 16, which continues: ἀκρογωνιαῖον, ἔντιμον, εἰς τὰ θεμέλια αὐτῆς, καὶ ὁ πιστεύων οὐ μὴ καταισχυνθῇ.
² Psalm cxvii. 22.
³ Romans xiii. 14. Usual text: ἀλλὰ ἐνδύσασθε τὸν κύριον Ἰησοῦν Χριστὸν κ.τ.λ.
⁴ πλαγίως is found in Cramer's reproduction of a combined commentary, but παγίως is undoubtedly correct. Observe the word in Aristotle *De caelo* Book III. ch. L. p. 668, quoted in Cudworth's *Intellectual System of the Universe*, vol. 3, pp. 102-104, notes.

The verse begins: Ἀλλ' ἔχω κατὰ σοῦ [+ πολυ ℵ Syr. S Gig. etc., + πολλα *fam.* 21. Prim., + ολιγα *text. rec.*, + ολιγα πολυ 59!] ὅτι . . . . The next word in our printed text is ἐᾶς (an invention of Erasmus),[1] continuing τὴν γυναῖκα (σου) Ἰεζάβελ τὴν λέγουσαν (or ἣ λέγει) ἑαυτὴν προφῆτιν . . . .

For ἐᾶς the MSS read ἀφεῖς, ἀφῆς, or ἀφῆκας ℵ Syr. S etc., but our group 38–178–203–240 all have ποθεῖς (I have reason to think that in 146 ἀφεῖς did not stand originally there). So the 38 group wish to read, "I have against thee the fact that thou *cherishest* thy woman Jezebel . . . ," and 203 and 240 repeat this in the commentary. Note that Tertullian alone has *teneret*. Now observe the Oecumenian commentary, which says καὶ οὐ διώκεις αὐτήν, a reproach for not "chasing her away," which is the complement of ποθεῖς of our 38 group and of Tertullian's *teneret*. Our recension says in the commentary:

ὅτι ποθεῖς τὴν γυναῖκα Ἰεζάβελ· καὶ οὐ διώκεις αὐτήν.

This whole verse has become mixed up in quite early days, as can be seen plainly from the alternative construction following as to teaching and deceiving. The 'Jezebel-woman' (as Eth. calls her) was to have been 'given the gate' in our vernacular.

Tertullian is quite clear. He has: . . . *Spiritus mandat habere se adversus eum quod* TENERET *mulierem Jezabel, quae se prophetem dicit et docet atque seducit servos meos* . . . .

Primasius is quite different. He says: *Sed habeo adversus te multa, quod* SINIS *uxorem tuam Jezabel, quae se dicit prophetam, et* SINIS *eam docere et seducere seruos meos* . . . .

It is to be noticed that Primasius has *sinis* a second time before *eam docere et seducere*, whereas *sinis* is not present the *first* time in Cyprian's quotation. He has the *second* sinis alone thus: *Habeo adversus te multa quod* ∧ *uxorem Jezabel quae se dicit propheten* SINIS *docere et seducere servos meos*.[2]

---

[1] In Apoc. 1 Erasmus found this: ἀλλ' ἔχω κατὰ σου, τὴν γυναῖκα absque οτι εας and also absque ολιγα, so that the 1 recension, aware of the difficulties which I chronicle, had either solved them by a bold omission (confirmed now by an absolute sister to Apoc. 1 which I have found), making the woman herself the object of the rebuke, or all the rest are later accommodations. Unfortunately Soden does not recognize this, giving authority for εας as I^{a2} (whatever that may be) and δ 600 ff. which is absurd. For δ 600 is codex 57 which has no ff. or followers, being itself notoriously derived from the printed text of Colinaeus.

[2] Gigas uses *dimittis* for *sinis* and Tyconius *permisisti* in one place. That our three quotations have been faithfully transmitted can be seen by the minor sidelight of Tertullian's prophe*tem*, Primasius' prophe*tam*, and Cyprian's prophe*ten* (for the Greek προφῆτιν or προφήτην; προφητειαν ℵ; profetando Harl 1772; prophetissam Gigas and Vict. Tun.). Besides this Auct. Quaest. used prophe*tam*, and Tyconius prophe*ten*, *-tem* and *-tissam*. Some MSS of Cyprian give prophe*tin*, and one of Primasius prophe*tissam*.

Possibly the solution lies between all three, reading ποθείς first and ἀφείς second, which would then make perfect sense, and we might read:

"But I have against thee (much) in that thou *huggest to thine heart* the Jezebel-woman, who (forsooth) calls herself a prophetess, and thou *sufferest* her to teach and seduce my servants . . . ."

But, as against many of the Latins for the infinitives *docere et seducere*, all Greeks are arrayed for:

καὶ διδάσκει καὶ πλανᾷ τοὺς ἐμοὺς δούλους.

This also is how Tertullian, Vict. Tun. and Auct. Quaest. read it: *Et docet et seducit*.

The Sahidic has it in participial form: 'teaching and seducing' (as Epiphanius: ἀπατᾶν . . . διδασκοῦσαν; Arethas: διδάσκειν καὶ πλανᾶν), and Bohairic: 'teacher and seducing,' clearly ruling out Primasius' and Cyprian's *sinis* in the second place.

The infinitives of the Latin are impossible if we substitute ποθείς with 203 and 240 and Tertullian in the first place, and we *must* follow the Greek cohort (plus Tertullian, Vict. Tun. Auct. Quaest.) with καὶ διδάσκει καὶ πλανᾷ.

Having established this, we can then accept ποθείς or ἀφείς at the beginning; either: 'Thou *cherishest* the Jezebel-woman (instead of casting her out) . . . and she teaches and seduces,' or: 'Thou *sufferest* the Jezebel-woman . . . and she (forsooth) teaches and seduces.'

Primasius must have introduced the second *sinis* in order to justify the illegitimate infinitives, which have erroneously remained in the *textus receptus*.

It is clear from all this that the Patmos recension is very old. It is closely related to the 146 text in some places but not in others. Thus (apart from 146) at

ix. 21 we find πονηριας for πορνειας by ℵ A 203–240 and 178
xiii. 16 we find αυτω for αυτοις by ℵ 203–240 and Gig.
xvi. 2 we find πονηρον for κακον by ℵ 203–240, 178 Sah. Boh[4].
xviii. 9 we find ιδωσι for βλεπωσι by ℵ 203–240 and 178
12 we find βυσσινῶν for βυσσίνου by ℵ 203–240
xx. 11 we find επανω for επι by ℵ 203–240 and 38–178, the full group
xxi. 12 we find + αυτων after ονοματα by ℵ 203–240 and Syr. S
xxii. 12 we find αποδοθηναι for αποδουναι by ℵ 203–240 and 178*, and at iv. 4 omit ιματιοις only ℵ 130 143, 178–203–240 and 200 with Arm. 4, a notable group; and x. 9 we have το βιβλιον ℵ 127–215, 130, 146 text, 178–203–240 Copt., and note Oecumenius' remarks on this.

As to the Minor Prophets, from whom Oecumenius quotes fairly often, he says (on iv. 5) ἐν σχήματι ἑνὸς γραφομένοι.

He sometimes favors the *e silentio* method, when (on iv. 8) he says that Isaiah and others are silent about the Seraphim, and only Ezekiel confirms the Apocalypse.

There are but few Marcan quotations in Oecumenius, which is quite usual among all the early Church Fathers. One or two quotations from outside philosophy I have been unable to trace so far.

Oecumenius has a sincere respect for his predecessors, and although he does not quote from them at length, he gives us a few scraps from Gregory, Evagrius, and Basil, and it must be considered a certainty that he has interwoven in his work many of the views expressed by them. He speaks of them in the highest terms thus: Ἀθανάσιος ὁ πάμμεγας (MS 240 has ὁ παμμέγιστος), Μεθόδιος ὁ σοφώτατος, Κύριλλος ὁ μέγας ἔργῳ καὶ λόγῳ, Ἱππόλιτος and Βασιλείος as οἱ θεσπέσιοι, Γρηγόριος ὁ θεόλογος.

Unlike Oecumenius, on the other hand Andreas sometimes quotes at length. I select the following (on xii. 1, extracted from our No. 179, a MS at Patmos of the 1 family) as a specimen from Methodius:

καλὸν δὲ καὶ αὐτῶν τῶν ῥημάτων τοῦ μακαρίου Μεθοδίου μνησθῆναι· ὅς φησιν ἐν τῷ λεγομένῳ συμποσίῳ ἐκ προσώπου Πρόκλης παρθένου οὕτως:

ἡ γυνὴ ἡ περιβεβλημένη τὸν ἥλιον, ἔστιν ἡ ἐκκλησία· ὁ δὲ ἡμῖν ἐσθής, τοῦτο ἐκείνῃ φῶς· ὁ δὲ ἡμῖν χρυσὸς ἢ διαφανεῖς λίθοι, τοῦτο ἐκείνῃ τὰ ἄστρα· ἄστρα δὲ κρείττω καὶ εὐφεγγέστερα καὶ ἑξῆς. ἐπιβέβηκε δὲ ἐπὶ σελήνης· σελήνην, τὴν πίστιν τροπικῶς ἡγοῦμαι τῶν ἀποκαθαιρομένων τὴν φθορὰν τῷ λουτρῷ, τῷ ἐκ τῆς σελήνης ἠρτεῖσθαι τὴν ὑγρὰν οὐσίαν ὠδίνουσαν, καὶ ἀναγενῶσα (al. ἀναγεννῶσαν) τοὺς ψυχικοὺς (al. + ἢ γοῦν σωματικοὺς) εἰς πνευματικούς, καὶ τὴν καθ' ὁμοίωσιν εἰδέαν αὐτοὺς καὶ μόρφωσιν μορφοῦσαν τοῦ Χριστοῦ. καὶ πάλιν φησίν· οὐ χρὴ τὸν Χριστὸν αὐτὸν εἶναι νομίζειν τὸν γεννώμενον· πάλαι γὰρ πρὸ τῆς ἀποκαλύψεως ἐπεπλήρωτο τὸ μυστήριον τῆς ἐνανθρωπήσεως τοῦ Λόγου. ὁ δὲ Ἰωάννης περὶ παρόντων καὶ μελλόντων θεσμωδεῖ, καὶ μεθ' ἕτερα. ὥστε ἀνάγκη ὁμολογεῖν δεῖ τὴν ἐκκλησίαν εἶναι τὴν ὠδίνουσαν· καὶ γεννῶσαν τοὺς ἀπολυτρουμένους, ὥς φησιν ἐν Ἡσαΐᾳ τὸ πνεῦμα· πρὶν τὴν ὠδίνουσαν τεκεῖν, ἐξέφυγεν καὶ ἔτεκεν ἄρσενα. τίνα ἐξέφυγεν. ἢ πάντως τὸν δράκοντα· ἵνα γεννήσῃ τὸν ναὸν (sic) ἡ νοητὴ

Σιὼν τὸν ἄρρενα· καὶ ἑξῆς, ὥστε ἐν ἑκάστῳ γεννᾶσθαι τὸν Χριστὸν νοητῶς. καὶ διὰ τοῦτο ἡ ἐκκλησία σπαργανοῖ καὶ ὠδίνει ἄχρις ἂν ὁ Χριστὸς μορφωθῇ ἐν ἡμῖν γεννηθείς, ὅπως ἕκαστος τὸ (al. τῷ) μετέχειν Χριστοῦ, Χριστὸς γένηται. ἡ ἐκκλησία τοινῦν τὸν ἥλιον τῆς διακοσύνης περιβέβληται· καὶ τὸ νομικὸν φῶς τῆς νυκτοφαοῦς σελήνης, καὶ τὴν ὡς σελήνην ἀλλοιουμένην κοσμικὴν ζωὴν ὑπὸ τοὺς πόδας κέκτηται· καὶ ἐπὶ τῆς κεφαλῆς τὸν τῶν ἀποστολικῶν δογμάτων τε καὶ ἀρετῶν περίκειται στέφανον. ὁ αὐτὸς δέ, καὶ ὡς ἐκ τῆς σελήνης ἠρτημένης τῆς ὑγρᾶς οὐσίας, δηλοῦσθαί φησι διὰ τῆς σελήνης τὸ βάπτισμα θάλασσαν τροπικῶς ὀνομαζόμενον, τοῖς μὲν ἀναγεννωμένοις σωτήριον, τοῖς δὲ δαίμοσιν, ὀλέθριον . . . .

I cite this *in extenso* as it is highly mystical, and may give us the clue to Oecumenius' reference to Christ as the 'stone' in the writings of his predecessors. This passage is often garbled and reëdited in the commentary MSS. *Vide* Cramer, pp. 352–353.

Oecumenius is meticulous at times, and goes so far as to differentiate very deliberately between the employment of βιβλίον and βιβλιδάριον, and later to explain that *three* separate and several 'books' are spoken of by the Seer.

He is at special pains several times to emphasize the difference, in the careful reporting of the great vision, between the person or thing and the similitude thereof. Thus, if the record says, "And I saw a white horse and one sitting thereon *like to* a son of man," we are to note especially that this was not the son of man but in the likeness thereof. Thus ὡς, ὡσεί, ὥσπερ, ὅμοιος, ὁμοίωμα are to be regarded as very deliberate. But he does not go so far, I believe, as to try to differentiate between ἤκουσα φωνῆς and ἤκουσα ὡς φωνή.

His quotations from memory are many, but he often gives us a verbatim report of a long passage. I have not tabulated these matters separately, but sufficient intimations will be found in the footnotes for the curious to investigate Oecumenius' leanings for themselves. The Old Testament quotations sometimes seem to vary from all the known MSS of the Septuagint.

I have omitted to mention a matter very closely connected with ℵ (besides the passages mentioned before and to be mentioned later) viz. at Apocalypse xii. 13, where ℵ reads ⲈⲆⲰⲔⲈⲚ for εδιωξε, of the pursuit of the woman by the dragon. This was supposed to be an error. In fact Tischendorf in his eighth edition took the trouble to say "ℵa εξεδιωξεν, *corrupte* ℵ* εδωκεν." No one thought of the imperfect, although Gigas has *persequebatur* instead of the usual *persecutus est*, which occurs in all other MSS. I found, however, in that very remarkable document, my No. 130 (Athos *Iber.* 25: see *John Rylands' Bulletin* for January 1924) that the writer gave us the equivalent of Gigas' Latin in the Greek imperfect ἐδίωκε. Now 146 also has this in his text, and, not content with that, he repeats it in the same tense no less than three times over in his commentary. To show that there is no mistake about it, 203 and 240, in their copies of the commentary, do exactly the same (although their *text* has the conventional ἐδίωξε). Therefore it seems quite certain that ℵ meant to convey ⲈⲀⲒⲰⲔⲈⲚ also. It is thus that the examination of the later written documents becomes most fruitful and is worth all the trouble.

(A single letter in Coptic would change the tense from perfect to imperfect, but, curiously enough, no Coptic MSS of Boh or Sah according to Horner make any change from the perfect tense; but the Arabic in two words says *coepit quaerere*, which that Version cannot have invented, and suggests that some Coptic documents had it thus.[1])

For another instance of imperfect for aorist observe at xxii. 8 that 146 (text and commentary) writes ἔβλεπον for ἔβλεψα, supported by another great uncial witness A, and by one of our greatest cursives, No. 200.

Hort puts this reading of A in his margin. The expression is: καὶ ὅτε ἤκουσα καὶ ἔβλεπον — very graphic — 'And when I heard and *was contemplating*,' bringing the imperfect into apposition with the aorist. Now this matter, small in itself if you will, has a very distinct bearing on the much-discussed question of the community of authorship between the writer of what is known as the Fourth Gospel[2] and the Apocalypse.

We offer no opinion here on this vexed and troublesome question; but it will not be departing from our province, since, in the legitimate pursuit of knowledge, we have come across these two unusual imperfects, viz. at

xii. 13   εδιωκε (for εδιωξε)   ℵ 146 text and com., 203–240 com. Gig.
xxii. 8   εβλεπον (for εβλεψα)   A 146 text and com.,

to add these supplementary remarks, belonging to the lower field of criticism.

[1] It is generally held that the Arabic derives from the Bohairic. This is quite erroneous. It has some affiliation with the Bohairic and sometimes but only occasionally goes with Boh^B, but it is often absolutely independent. A much neglected version.

[2] This is and always will be a misnomer, as, in the Western Order, St. Mark's Gospel occupies the fourth place.

Of all the Evangelists, St. John, or the writer of the so-called "Fourth Gospel," is the only one to use the imperfect of βλέπω (at John xiii. 22) and *also* of διώκω (at John v. 16)!

Διώκω occurs forty-four times in the New Testament. The imperfect is used four times only. Once, as above, at John v. 16, once in Acts (xxvi. 11), and twice by St. Paul (Gal. i. 13 and iv. 29).

Βλέπω and its forms occur 121 times in the New Testament, and, counting compounds, 168 times. The imperfect of βλέπω is only found at John xiii. 22 and Acts ix. 8. Of the compounds not once with ἀναβλέπω (out of 25); not with διαβλέπω (out of 3 times), while περιεβλέπετο is found at Mark v. 32 (out of 7 times). Remains ἐμβλέπω. Once only (Acts xxii. 11) do we find ἐνέβλεπον (out of 12 occasions). Add the various reading at Mark viii. 25 of ἐνέβλεπεν (for ἐνέβλεψε) by ℵ BLΔ *fam.* 13, 28, and I think we have covered the ground.

So that the point raised by ℵ A and Oecumenius in their texts of the Apocalypse, from a rather trivial appearance at first, is not without a certain interest for students and critics of the New Testament, whether they be concerned with the authorship or joint authorship of the books, with the mere grammar of the New Testament, with the vagaries of MSS and their local provenance, or merely with the methods of the Concordance.

One rather extravagant matter remains. At xxi. 12 our MS 146 deliberately writes δεκαπέντε, making fifteen gates instead of twelve. There is some confusion in this passage, owing to the differing order in which the gates at the several points of the compass are mentioned. ℵ makes but nine gates, and so does 146 in the thirteenth verse when entering into detail! As a matter of fact our MS 80 actually does give us the 15 gates by writing:

Ἀπὸ ἀνατολῆς πυλῶνες τρεῖς, ἀπὸ βορρᾶ πυλῶνες τρεῖς, ἀπὸ νότου πυλῶνες τρεῖς, ἀπὸ δυσμῶν πυλῶνες τρεῖς + καὶ ἀπὸ μεσημβρίας πυλῶνες τρεῖς!

Between ℵ and his corrector ℵ^a they nearly gave us fifteen gates as well.

All this has reference to transcription and its underlying lessons for the critic.

II

Having come to this point it will now be more profitable to discuss our sources and their application to the work in hand than if we had burdened our opening remarks with such details.

A technical description of the sources will be found facing page 1 of the text. We can speak of the documents here familiarly by our own numbers 146, 155, 203, and 240. (Both Soden and Lambros are ignorant of the Oecumenius feature in 240 and classify the MS under the Andreas series.[1])

No. 146, the principal MS forming the basis of our text, is a vellum MS of the twelfth century, about 26 × 21 cent., in double columns and gives me the impression, after long study, of being very early twelfth. I should not hesitate to date it 1100 by comparison with other MSS attributed to the middle or end of the eleventh century.[2] We have a large number of square breathings, and these interspersed in such a way as to show that the custom was passing away but lingered with the scribe. I do not find these much later than A.D. 1050 elsewhere. Then *psi* is very square. As regards iota postscript this again can be found freely in the eleventh century. We hardly ever find it with the feminine dative. Words are conjoined in a very early manner and the ν of νῦν is invariably tacked on to the preceding word. Enough as to date. The MS is the sole remaining example of so early a date of Oecumenius' entire running text and commentary.

No. 155 is a partial copy, as far as can be seen (on paper of the fifteenth century) of 146, and is done by a poor and careless scribe. He copied Chs. i–ii, and then only from xv to xxii. I use him occasionally where he can be relied upon to check some of the commentary readings of 146 which do not appear in 203 and 240 (as explained above). For the reason of his omission to transcribe Chs. iii to xiv, see the scribe's own note, which I have given in the footnotes at the second λόγος.

No. 155^A is a mere copy of 155, made after A.D. 1612.

No. 203 and No. 240 are derived from a common exemplar, but not the one used by 146. The archetypes are close but not the same. We thus have a most valuable check on our labors, for all three scribes of 146, 203, and 240 are capable and reliable copyists as well as honorable and really competent scholars, a combination somewhat rare in many Scriptoria. Both MSS are late (i.e. early fifteenth), and on paper.

---

[1] The uselessness of segregation in the Soden lists is seen when a MS of the whole New Testament is dealt with. If the Gospels are listed under δ or ε, into that grouping goes a MS of the Apoc., although it may be Andreas, or Arethas or Oecumenius or Maximilian. Nor are Gregory's new figures any better, for when he designates old Evan. 500 as 2000 in all the books, we have to segregate the recensions for ourselves, whereas it was just as easy to remember Evan. 500, Acts 200, Paul 180, Apoc. 75.

[2] Apoc. 222 (Greg. 1734) at the Laura, dated 1015, has very few if any square breathings. Many of our cursives are dated 100 years too late.

No. 203 is beautifully written, but has to be read carefully. It is probably *early* fifteenth century.

No. 240 is horribly written, badly photographed, and almost completely in abbreviated cursive. I have had to read every word of it, and can testify that the scribe is thoroughly trustworthy and never makes a mistake in a difficult or unusual or outlandishly long word. I call this hand also fifteenth century, but Gregory classes him as fourteenth.

No. 122 I do not use for this study. It is the only remaining copy of this series which furnishes us with the Oecumenian commentary together with that of Andreas, as the scribes worked in both commentaries. I have collated the text long since in Rome from the original, thanks to Prince Chigi's courtesy, but as I found that on xv. 6, where there is conflict between the two commentaries as to $\lambda i\theta ov$ and $\lambda \hat{\iota} vov$, the copyist left out *both*, I cannot regard him as reliable, and besides, the MS is written by three different scribes.

I must now insist on a point which may be lost sight of by the reader. The actual *text* used by Oecumenius is only to be found in 146. That of 203 and 240 is quite different and falls into the well-defined group of

$$F\ 38\text{-}178\text{-}203\text{-}240,$$

although they have unusual points in common in places. It is what I call the Patmos text, because F is only a fragment, and 178 (a non-commentary MS of the twelfth century) is still at Patmos[1] and is the major document, as it were, of the group, as it is older than 203 and 240 and has no commentary, which might have had a reflex action on its text. Unfortunately 178 has two small gaps. But fortunately these are filled out for us by both 203 and 240, and certain readings in these lacunae, being found only in the great uncial document ℵ, at once stamp this recension as particularly valuable. One passage occurs at xvii. 2, where ℵ alone was found to have $\dot{\epsilon}\pi o i\eta\sigma a\nu\ \pi o\rho\nu i a\nu$ for $\dot{\epsilon}\pi \acute{o}\rho\nu\epsilon\upsilon\sigma a\nu$. This is now confirmed by both MSS 203 and 240. The other is quite at the end. In xxii. 20 before $\nu a i$, or rather after $\tau a \hat{\upsilon} \tau a$, is found in ℵ the addition of the word ЄINAI. Some have thought this was due to confusion of a double NAI. Not so; for both MSS 203 and 240 have it. The phrase is:

Λέγει ὁ μαρτυρῶν ταῦτα · ναί, ἔρχομαι ταχύ · ἀμὴν ἔρχου Κύριε Ἰησοῦ.

---

[1] See my article on this MS in the *John Rylands' Bulletin* for July, 1924.

By adding εἶναι after ταῦτα we now read exactly with the Armenian version (Conybeare's 'Arm. 4,' which is by far the steadiest, oldest or purest type of his MSS) and with the Bohairic version, which adds ⲭⲉ ⲥⲉⲛⲁϣⲱⲡⲓ, meaning ὅτι γενήσονται or ἔσονται, and abundantly confirming the + εἶναι of ℵ and 203–240 (*hiat* 178) Arm. 4 as a genuine reading of great antiquity.[1]

So much for the readings of F 38–178–203–240 at this point. All important variations as between 146 text and group F will be found in the footnotes.

The point is, that as the text of this group is not that of Oecumenius, their commentary readings are all the more valuable to us in assessing and controlling what *was* the real text of Oecumenius, because these commentary readings of 203 and 240 are bound to be often at variance with their own text. And such proves to be the case, for they faithfully extracted their commentary and pieced it together after Andreas' remarks as an appendage to their text proper; as a rule honestly, and without confusing the Oecumenian text with their own.

After this explanation we can deal with the twofold groups, 146 and 155, and 203 and 240, as they deserve.

First, as to quotations from Old and New Testaments, there is a tendency on the part of 203 and 240 (or of their prototype) to control all references and accommodate some of them to the current received text. Therefore 146 is to be preferred in all these places.

On the other hand 203 and 240 offer us a certain enlargement of the text of 146. In some cases, especially when in agreement, they are probably right, as 146 has omitted a few things owing to *homoioteleuta*. Sometimes I have put these apparently dropped passages in the text, but I have hesitated to do so in other instances, and these of course will be found in the footnotes.

Radical differences between the two recensions are rare. I will not list here all these passages. There is one, however, in the commentary after xxi. 3, which seems to merit special mention, for Oecumenius there has a short but important dissertation on metempsychosis or reincarnation, in the course of which — καὶ τὰς τῶν ψυχῶν μετενσωματώσεις — our MS 146 writes: καὶ τὸ θήλαιον ὕδωρ, whereas 203 and 240 have καὶ τὸ λήθεον ὕδωρ.

---

[1] Apoc. 208, an exact sister of Apoc. 1, and which now furnishes the missing page, which Erasmus supplied by a retranslation from the Latin, here *omits* ταῦτα. It is to be noted that in Coptic ⲛ̄ⲛⲁⲓ means τούτων and in the Bohairic stands before ⲭⲉ ⲥⲉⲛⲁϣⲱⲡⲓ. Hence there was some reason for confusion in a Graeco-Coptic document.

As to punctuation in the Apocalypse there are many passages about which MSS, Versions, and editors do not agree. Even the punctuation of 203 and 240 varies much from that of 146, which would not be easy to reproduce in type. The scribe has a large dot above the line for a full stop, a lighter dot for, say, a semicolon, a comma now and then, but more often a tiny dot at foot of the word, which means a small pause, equal to half a comma. Sometimes a dot is found opposite the middle of the letter, but hardly ever the middle comma so frequent in many MSS and probably a relic of stichometry. In addition to this already complete system, he has at times (probably on some twelve to twenty occasions) a large semicolon, surpassing and outranging the letters. This sometimes stands for an interrogation and sometimes not. It is the more interesting as 203 and 240 often follow suit in the same places (but not always), as if the double archetype had been already provided with this punctuation in certain places. If, therefore, we accept the early twelfth century for our MS 146, this semicolon goes back into the eleventh century.[1] This matter of the origin of the semicolon of interrogation, which is currently used in modern Greek printing, is obscure and has never received proper investigation. It is rarely found in any manuscripts before the time of the first printers.

I do not think it will be found on the Greek side of the Complutensian. It is found in Erasmus' first edition of 1516 and later in Stephens' folio edition of 1550. I have also found it earlier (but inserted partially) in that first curious print of any consecutive part of the New Testament in Greek, viz.: in the Aldine *Carmina* of Gregory Nazianzen of 1504 where *in medio quaternionum tralationis totius operis habetur historia evangelii secundum Joannem graece et latine* (Ch. I to VI, 58 *med.* καταβάς). *Reliquum ejusdem historiae, quod deest prosecuturi sumus in Nonni poetae Panopolitani latina tralatione* etc., as we learn from the Index, but the rest was never published in the Nonnus' volume as promised. I am the fortunate owner of Albertus Fabricius' copy of this interesting work, in which appears for the first time in Greek print John i. 1 to vi. 58, as set forth in the index, slipped in between quaternions to fill up otherwise blank spaces of those days caused by the double printing of Greek and Latin opposite each other.

In Gregory's catalogues he is in doubt whether No. 146 contains

---

[1] It is found three times in my eleventh century MS of the Apoc. No. 129, now in the Morgan Library, New York City.

the whole of Oecumenius' commentary. To the late Dr. Fr. Diekamp is due the honor of first confirming this and of pointing to the passage[1] which establishes the approximate date at which Oecumenius wrote (*Berliner Sitzungsbericht* for October, 1901, Nos. XLII, XLIII, pp. 1046 *sqq.*). Twenty-five years have passed, and I do not think that anything further has been done about the matter in Germany, although I supplied duplicate copies of a set of beautiful full-size photographs (made by Danesi) to Professor Dobschütz in 1911.

No one has thought of confronting the Messina MS with the Salonika document until now, and in Germany they are unaware of the character of our Athos document, seeing that it is listed by Von Soden as $A\nu^{402}$ under the *Andreas* series of the Apocalypse and not, on pp. 288–289 under the double Andreas–Oecumenian series.

The principal value attaching to the Oecumenian document is that almost every verse is dissected and repeated in the commentary of 146. Many of these passages are lost in 203 and 240 for reasons already pointed out. And, beyond the value of the hundreds of quotations from Gospels, Acts, and Epistles in the New Testament, and from the Psalms, Isaiah, and the Minor prophets etc., in the Old Testament, we have thus a complete check on the text proper, from which not a few clauses are missing but taken up in the commentary.

For instance,
    at ii. 7, while the text says ακουοντι, the commentary has νικωντι,
    at ii. 10, while the text says πειρασμον, the commentary has θλιψιν,
    but at ii. 5 both text and commentary have + ἐν δικαιοσυνη,
    and at ii. 6 both text and commentary have + αγαθον (*post* ἐχεις) with lux and Prim.

As to sole agreement with ℵ, note:
    i. 17 — μη φοβου
    viii. 13 — εν
    ix. 6   φυγη *pro* φευξεται
    xii. 13   εδιωκε (see previous remarks on this)
    xv. 3   αδοντας *pro* αδουσι (155) (So Prim.)
    xvii. 12   ἐξουσιν *pro* ἐξούσιαν
    xxi. 17   εκατον μ̄δ Thus exactly ℵ and 146 alone out of our two hundred documents

---

[1] Com. on Apoc. i. 1, as to ἃ δεῖ γενέσθαι ἐν τάχει. Oecumenius says: τούτων μελλόντων ἔσεσθαι οὔποτε τετελεσμένων ἤδη πλειστοῦ δεδραμηκότος χρόνου ἐξ οὗ ταῦτα εἴρηται ἐτῶν πλειόνων ἢ πεντακοσίων.

Since Irenaeus, Tertullian, Clement, Origen, and Victorinus are in agreement as to the Apocalypse antedating 100 A.D., we can in turn date Oecumenius fairly accurately from this sentence as flourishing somewhere about 600 A.D., contemporary of his friend Bishop Gregory (*ob.* 604) and if this commentary was Oecumenius' latest work, he may well have been born before 550 A.D. and contemporary with Primasius.

INTRODUCTION 21

  xxi. 20   ἀμεθυστινος
  xxii. 2 — των *ante* εθνων
  xxii. 10 + τουτους *post* λογους (146 com.)

Besides these:
  xiv. 19   την μεγαλην   ℵ 146 Syr. S. and *textus receptus*
  xix. 17   αλλον *pro* ενα   ℵ 146 Sah. Boh. Syr. S. Arm. pl.

There is close connection with C, as at:
  i. 7   επι *pro* μετα   C 146
  vi. 7   το τεταρτον ζωον   C 146 Gig. Prim. (½)
    8 *init.* — και   C 146 Sah.
  xi. 18   κληρος *pro* καιρος   C 146 com.

And also with A, at:
  ix. 13   — τεσσαρων   A 18 111 178 etc. Eth.
  xiv. 18   — εξηλθεν   A Gig. *al. pauc.*
  xvi. 17   — του ουρανου   A Sah. Boh. Syr. Eth. Prim. and 178 200 *al.*
  xviii. 3   — του οινου   A
    21   μυλινον   A
  xxii. 8   εβλεπον   A 200

And with CA:
  ii. 13   — εν αις   CA Syr. S *fam.* 178
  vii. 1   — και *init.*   CA 127 130 201 Sah. latt.
  xiii. 8   + αυτου *ante* εν   CA 130 *fam.* 178
  xiv. 8   ἢ *pro* ὁτι   CA *al. pc.* Syr. S
  xv. 6   λιθον   CA *perpauc.*

Alone with P:
  xxi. 6   — τω *ante* διψωντι   P. 146 both text and com.

With Syr. S specially:
  i. 15   — ως   146 and Arm. Sah. Boh. Syr. S
  vii. 4   — εσφραγισμενοι   146 and 18 130 Sah. Syr. S
  ix. 2   μεγαλης καιομενης   146 and *fam.* 178 Gig. Syr. S (early conflate)
  x. 1   — ισχυρον   146 and 113 and Syr. S
    7   — της φωνης   146 and 59 Syr. S
  xii. 4   εν τω ουρανω   146 and Syr. S only

Note also γεγονασιν *pro* γεγονε with Syr. S *fam.* 38 and very few.

 Specially with Gigas (besides in combinations above)
  i. 7   + του ουρανου   146 Gig. and Sah.
  iv. 6   — και εν μεσω του θρονου   146 220 and Gig.
  vi. 8   ακολουθησει μετ' αυτου   146 Gig.
  xix. 4   εν τω θρονω   146 Gig. and Prim.
  xix. 16   — το ονομα   and vg. Tyc. Fulg.

With Hippolytus (only a few places available):
  xi. 6   βρεξη
  xviii. 22   σαλπιγκτων

With Sahidic pure:
  xviii. 17   ο επι τον ποταμον πλεων

Therefore we may fairly claim that 146 takes us well behind the fluctuating testimony of our elder authorities.

We could add many more passages where some of our more important cursives add their support, but this must suffice. The matter will be found fully dealt with in my corpus of collations when issued.

But the above entry under xviii. 17 with the Sahidic is rather a fascinating and unusual place for textual variants. May I pause to exhibit the evidence here in full? Tischendorf's note is not particularly interesting, and as for Soden's the least said about it the better.

Stunica printed:

καὶ πᾶς κυβερνήτης καὶ πᾶς ὁ ἐπὶ τῶν πλοίων πλέων . . . .

Erasmus (followed by Aldus, St. and Elz.) printed:

καὶ πᾶς κυβερνήτης, καὶ πᾶς ἐπὶ τῶν πλοίων ὁ ὅμιλος . . . .

and this latter became the 'Received text.' It was based upon MS 1. Others of the group which I have examined, Nos. 62–63, 72, 80, 136, 138, 147, 162–163, 184, agree except for omission of ὁ before ὅμιλος. Others again of the group, *fam.* 46, *fam.* 119, and the Patmos 179 desert the Erasmian reading.

It is a very curious place for, by chance as it were, the much maligned *textus receptus* has here preserved (alone of all groups) the ὁ ὅμιλος of Hippolytus (who happens to be extant throughout Ch. XVII), and agrees here *verbatim* with Codex 1 and Erasmus 1.

All others suppress ὁ ὅμιλος in favor of πλέων, and, besides this the major Greek authorities vary πλοίων as below.

The variations rung on πλοιων are:

τοπον, ποντον and ποταμον.

The Latins vary with:

locum, lacum and *mare*

(+ Tyc. *in navibus*), while pseudo-Ambrose has *a longe,* influenced perhaps by the succeeding sentence, where, however, he repeats it. Primasius (who has here *per mare*) shows us in the next verse how their minds were all working when they came to this seafaring passage, for he there substitutes *morantur* alone, for the usual *operantur* of the Latins, and the ἐργάζονται of the Greeks (ἐργαζόμενοι 18, ἐργάζοντες 57 Er. Ald. Col [*non* 1], but ἔπλεον 56 Boh., while Arm. MSS substitute μετ' ἀθλημάτων or μετὰ σαγηνῶν for τὴν θάλασσαν there), and *morantur* would be most interesting if it had support,

INTRODUCTION

since it indicates or seems to indicate an acquaintance with the preceding ὁ ὅμιλος of Hippolytus.

Here is how the Greek uncials and minuscules stand:

ο επι τον τοπον πλεων	ℵ B, 111 (− ὁ), 178–203–240 and 200
ο επι τοπον πλεων	CA and seventy-five cursives including 18, 38, 40, 47 (a few more vary with πλεον)
ο επι πλοιων πλεων	E P and over thirty cursives including 179 of the 1 family (a few more vary with πλεον)
ο επι των πλοιων πλεων	Over thirty-seven cursives, including 36 and *fam.* 119 (oldest branch of the 1 family) most Compl. MSS and the Compl. ed., also 113 (πλιων πλεων)

(Exceptionally 31 has the order πλεων επι των πλοιων, and 109gr. and Arm. vary as between each other, while 176 writes ο επιπλεων without πλοιων.)

ο επι ποντον πλεων	Four important cursives, viz.: 56, 102, 172–217 (ποντων), and so 69lat. (against 69gr. τοπον), with vg.Clem. *lacum*, and Boh. with ⲫⲓⲟⲙ.

[The Crawford Syriac conflates thus:

ο επι των πλοιων επι τοπους πλεων,

and the later Syriac has τοπους (*per regiones*) without πλοιων.

The Ethiopic is translated in Walton: *et turba navium*, but probably *omnes navigantes navium* 'and all workmen of ships' (Horner).]

The Latins say:

Et omnis qui in illum locum navigabat   Gig.
Et omnis qui in lacum navigat   Vg.
Et omnis per mare navigans   Prim. (cf. Boh.)
Et omnis qui navibus (vel *manibus*) *navigat*   Tyc.
Et omnis in navibus navigans   Tyc. (Beat.)
Et omnes qui a longè navigant   pseudo-Ambr. (cf. 176 supra)

It is left for 146 and the Sahidic to ring the last change:

ο επι τον ποταμον πλεων

but Sah. really has it in the plural:

Et hii qui navigant in fluminibus

(whereas Bohairic speaks of the sea or the seas).

How comes it that 146 goes with Sahidic, and that ὁ ὅμιλος is left with Hippolytus and part of family 1, — a faint echo reaching us in Primasius *morantur* — ?

The above is a composite picture, as compelling as any in all literature, of the ancients' views of navigation.

A reference to Ezekiel xxvii completes the picture, to which Knox calls attention in a short article in *Journal of Theological Studies* for October, 1914.

Here the Prophet in verse 29 speaks of κυβερνῆται, κωπηλάται, ἐπιβάται, πρῳρεῖς in this order. The second word κωπηλάται refers to the rowers at their banks of oars. May not επι τον τοπον (αυτων) possibly refer to the place occupied by these old-time propellers of the ship? Ἐπιβάται may mean anyone from riggers to marines, and can correspond to the third category in Apoc. of ναῦται, while πᾶς ὁ ἐπὶ τὸν τόπον πλέων would, of course, also include the πρῳρεῖς or look-out men.

Knox quotes from Kallixeinos : ζῷα μὲν γὰρ εἶχεν οὐκ ἐλάττω δώδεκα πηχῶν κατὰ πρύμναν τε καὶ κατὰ πρῷραν καὶ πᾶς τόπος αὐτῆς κηρογραφίᾳ καταπεποίκιλτο . . . ἀνεπλήρου δὲ τὰ προσδεόμενα τῆς νεὼς μέρη, which serves at least to bring in αὐτῆς after τόπος.

Of the places where Oecumenius stands practically alone, we may note especially the following :

	i.	6	προφητας *pro* πατρι
		9	εν ταις θλιψεσιν (So Boh. and Arm. 4)
	ii.	5 *fin*.	+ εν δικαιοσυνη text and com.
	iii.	8	τον νομον *pro* το ονομα
	iii. 18		+ καινα *ante* λευκα text and com. (Splendida *pro* alba Boh.)
	iv.	1	+ και No Greeks but *fam*. 178 and 200 but Eth. Arm. pl. Boh^duo.
		5	εκπεμπονται
	v.	4	βλεψαι
	vi.	1	ηκουσαμεν (*pro* ηκουσα ενος) . . . λεγουσαν
		10	ο δεσποτης και αγιος και αληθινος
	ix. 11		βανδων text, βαδδον com.
†	x.	9	φαγε *pro* καταφαγε
	xi.	3	δισχιλιας
		13	— ονοματα ανθρωπων
†	xii. 18		παρα *pro* επι
†	xiii.	3	εθαμβηθη (*pro* εθαυμασθη) text and com.
†		12	ενοικουντας
	xiv.	2	ως φωνην *pro* κιθαρωδων
†		18	θερισον *pro* και τρυγησον (text)
†	xv.	3	θαυμασια
	xviii.	3	ιπποι
		18	πονον *pro* καπνον (τοπον A 111 vg.)
		21	— πολις so Prim.
	xx.	3 *fin*.	+ ινα παλιν πλανηση τα εθνη

† Observe the bearing of these as to retranslation.

xxi. 12   δεκαπεντε *pro* δωδεκα
     16   *Post* πλατος + και το υψος αυτης ισα εστιν
     17   — μετρον text
     19   + αυτης *ante* της πολεως text and com.
  ibid.   κεκοσμηται text (as Eth.), κεκοσμηνται com. (as Sah. Boh.) *pro* κεκοσμημενοι.
     21   ανα εις εκαστος και εκαστος (The writer is fond of this style. He often says οἱ δὲ καὶ οἱ δε, τὰ δε καὶ τὰ δε)
†   23   φωτισωσιν αυτην *pro* φαινωσιν εν αυτη
xxii. 3   καταμαθε *pro* καταθεμα (com.)
      7   ερχομεθα *et* μακαριοι οἱ τηρουντες *pro* ερχομαι *et* μακαριος ὁ τηρων
     12   ταχυ ταχυ
     17   — και το πνευμα
     20   — λεγει (text)

Practically all the differences between 146 and 203–240 are indicated in the notes, except in the matter of non-significant accents, breathings, ν ἐφελκ, and certain obvious and minor slips in copying, which are silently corrected in the text.

We thus have a composite picture of a somewhat free and eclectic text, but indubitably based on what lies *behind* the joint composition of our uncials. This is readily seen from the mixture of ℵ, C and A, and from an innate sympathy with the old texts underlying the important Versions. The text of Oecumenius cannot help us *per se*, but will be better assessed in conjunction with all the grouped authorities when we reach the point of publication of our examination of all the Greek MSS of the Apocalypse (now in press).

† Observe the bearing of these as to retranslation.

OECUMENIUS TEXT AND COMMENTARY OF THE APOCALYPSE

OECUMENIUS TEXT AND COMMENTARY OF THE APOCALYPSE

Ἑρμηνεία τῆς ἀποκαλύψεως τοῦ θεσπεσίου καὶ εὐαγγελιστοῦ καὶ θεολόγου Ἰωάννου ἡ συγγραφεῖσα παρὰ Οἰκουμενίου.

Λόγος πρῶτος

Πᾶσα γραφὴ θεόπνευστος καὶ ὠφέλιμος ἔφη που λόγιον ἱερόν. ἐν πνεύματι γὰρ ἐσοφίσθησαν ἅπαντες[1] οἱ κηρύξαντες ἡμῖν τὸν σωτήριον λόγον, προφῆταί τε καὶ ἀπόστολοι καὶ εὐαγγελισταί. ὁ δέ γε θεσπέσιος Ἰωάννης πάντων κηρύκων ἁγιώτερος[2] καὶ παντὸς πνευματικοῦ πνευματικώτερος, ὡς ἐπὶ τὸ στῆθος ἀναπεσὼν τοῦ Κυρίου, καὶ διὰ τῶν φιλημάτων ἀρυσάμενος δαψιλεστέραν[3] τοῦ Πνεύματος χάριν· ὅθεν καὶ υἱὸς ἐπεκλήθη βροντῆς. κατεκτύπησεν γὰρ †τὴν†[4] ὑπ' οὐρανὸν ταῖς θείαις αὐτοῦ διδασκαλίαις. τὴν δέ γε παροῦσαν αὐτοῦ πραγματείαν ὅσῳ καὶ περὶ μυστηρίων ἰσχνῶν καὶ ἀποξεσμένων, ἔχει[5] μυστικωτάτην δικαίως <ὡς> ἄν τις λογίσαιτο.[6] οὐ γὰρ περὶ παρόντων ἡμῖν μόνον διαλέγεται, ἀλλὰ καὶ περὶ παρεληλυθότων καὶ μελλόντων πραγμάτων. τοῦτο γὰρ ἴδιον ἐντελοῦς προφητείας περὶ τῶν τριῶν διαλαμβάνειν καιρῶν· καὶ γὰρ καὶ οἱ ἔξωθεν εἰσφέρουσιν[7] τοὺς μάντεις τοὺς παρ' αὐτοῖς **εἰδότας τά τ' ἐόντα, τά τ' ἐσσόμενα,**[8] **πρό τ' ἐόντα** ἐν περινοίᾳ[9] τῶν παρ' ἡμῖν, ὡς οἶμαι, προφητῶν γεγενημένοι. οὐ γὰρ οἱ παρ' αὐτοῖς χρησμολόγοι τὴν ἁπάντων γνῶσιν ἔσχον ποτέ, ἐπεὶ μηδὲ οἱ ἐνεργοῦντες ἐν αὐτοῖς δαίμονες ἐπηνάγκασαν[10] τὸν τὰ πνευματικὰ διερμηνεύειν ἐπιχειροῦντα,[10]

2 Tim. iii. 16

Jo. xiii. 25

Marc. iii. 17

Hom. Il. I. 70
Hes. Theog. 38

---

[1] ἅπαντες ἐσοφίσθησαν 240 (*hiat* 203, I. 1–I. 8)
[2] ἱερώτερος 240
[3] τὴν *pro* δαψιλεστέραν 240
[4] *legendum* αὐτήν?
[5] ἔχειν 240 vid.
[6] αὕτις (ἂν τις?) λογίσοιτο 146 240
[7] προσφέρουσι 240
[8] τά τ' ἐσώμενα 146. τὰ τ' ἐσόμενα 240
[9] ἐν παροιμίᾳ 240
[10] ἐπάναγκές οὖν (146) . . . ἐπιχειροῦντες (240. *illeg.* 146). ἐπηνάγκασαν . . . . ἐπιχειροῦντα (Blake)

1 Cor. ii. 13	πνευματικόν τε εἶναι καὶ τὰ θεῖα σοφόν, ἐπεὶ καὶ πνευματικοῖς πνευματικὰ συγκρίνειν κατὰ τὸν θεῖον ἀπόστολον. ἐγὼ δὲ τοσοῦτον πόρρω καθέστηκα πνεύματος ἐνεργείας, ὅσῳ καὶ τῆς θείας καὶ ἀνωτάτω σοφίας· διὸ προπετῆ μᾶλ-
Sap. Sol. i. 4	λον ἢ ἀσφαλῆ πεποίημαι τὴν ἐγχείρησιν· **εἰς γὰρ κακότεχνον ψυχήν, οὐκ εἰσελεύσεται σοφία,**[1] **οὐδὲ οἰκεῖ**[2] **ἐν σώματι κατάχρεως**[3] **ἁμαρτίαις,** ὡς Σολομῶντι καὶ τῇ ἀληθείᾳ δοκεῖ. γυμνασίαν οὖν τινα προειλόμην τὸ ἑαυτοῦ[4] ἀπερίσκεπτον ἐν αὐτῇ διελέγχων. οὐκ ἠγνόηται δέ, ὥς τινες περὶ τοῦ παρόντος συγγράμματος ἐπειράσθησαν εἰπεῖν, ὅτι νόθον τέ ἐστι καὶ ἀσύντακτον ταῖς λοιπαῖς τοῦ Ἰωάννου συγγραφαῖς. ἐγὼ δὲ ἐξ αὐτῶν[5] τῶν εἰρημένων ψυχωφελῶν τυγχανόντων καὶ οὐδὲν[6] ἐχόντων ὅτι μὴ θεῖον καὶ τοῦ συγγραφέως ἐπάξιον, τὸ γνήσιον αὐτῷ μαρτυρῶ καὶ ἐξ ὧν ἔγκριτοι
Athan.	πατέρες ἐδέξαντό τε αὐτὸ καὶ ἐκύρωσαν, Ἀθανάσιος μὲν ὁ πάμμεγας[7] ἐν τῇ ἐκθέσει τῶν κανονιζομένων βιβλίων τῆς
Basil.	παλαιᾶς τε καὶ νέας, Βασίλειος δὲ ὁ θεσπέσιος, ἐν τῇ Περὶ
Gregor.	Υἱοῦ συντόμῳ ζητήσει, Γρηγόριος δὲ ὁ θεολόγος, ἐν τῷ
Method.	εἰς τὴν τῶν Ἐπισκόπων Παρουσίαν λόγῳ, Μεθόδιος δὲ ὁ
Cyril.	σοφώτατος, ἐν τῷ Περὶ Ἀναστάσεως λόγῳ,[8] Κύριλλος δὲ ὁ μέγας ἔργῳ καὶ λόγῳ ἐν βιβλίῳ ἕκτῳ τῆς Ἐν Πνεύματι
Hippol. (Dan.)	καὶ Ἀληθείᾳ Πραγματείας· πρὸς τούτοις καὶ Ἱππόλιτος ὁ θεσπέσιος ἐν τῇ Ἑρμηνείᾳ τοῦ Δανιήλ. οὐ γὰρ ἂν μνήμης παρὰ τοῖς οὕτως ἀκριβέσι τετύχηκε πατράσιν, εἴ τι ὅλως ἦν ἐν αὐτῷ νόθον καὶ ἀπόβλητον. ἦν δὲ καὶ ἄλλους παραθέσθαι τῶν ἁγίων κυροῦντας τὸ σύγγραμμα, εἰ μὴ τὸ μέτριον ἐγίνωσκον τοῖς[9] εὖ φρονοῦσι σπουδαζόμενον. εἰ γὰρ
Eccl. iv. 12	**τὸ ἔντριτον σπαρτίον οὐ ταχέως ἀπορραγήσεται κατὰ τὸν ἐκκλησιαστήν,** σχολῇ γ' ἂν ἀπορραγείη[10] τὸ ἑξάπλοκον· τί οὖν ἡμῖν διὰ τῆς ἀποκαλύψεως ὁ ἱερὸς τοῦ Χριστοῦ μαθη-

---

[1] σοφία οὐκ εἰσελεύσεται 240
[2] κατοικήσει Sept.
[3] καταχρέως codd.
[4] verba καὶ τῇ ἀληθείᾳ ... τὸ ἑαυτοῦ desunt in 146. habet 240
[5] add. τε 240
[6] μηδὲν 240
[7] ὁ παμμέγιστος 240
[8] om. Μεθόδιος usque ad λόγῳ 240
[9] illeg. 240
[10] ἀπορραγεῖ codd.

TEXT AND COMMENTARY 31

τής, καὶ τὴν θείαν αὐχῶν ἀγάπην διαλέγεται; ἰστέον γὰρ ἐπ᾽ αὐτὰ λοιπὸν τὰ θεσπέσια λόγια, τὰς αὐτοῦ πρεσβείας εἰς βοήθειαν καλεσάσας·[1]

ἀποκάλυψις[2] Ἰησοῦ Χριστοῦ· ἣν ἔδωκεν αὐτῷ ὁ Θεός, δεῖξαι τοῖς δούλοις αὐτοῦ ἃ δεῖ γενέσθαι ἐν τάχει· καὶ ἐσήμανεν ἀποστείλας διὰ τοῦ ἀγγέλου αὐτοῦ τῷ δούλῳ αὐτοῦ Ἰωάννῃ, ὃς ἐμαρτύρησε τὸν λόγον τοῦ Θεοῦ· καὶ τὴν μαρτυρίαν Ἰησοῦ Χριστοῦ ὅσα εἶδεν.[3] — Apoc. i. 1–2

ἐν προοιμίοις καλὸν ἐπισημήνασθαι, ὅτι ἐν πάσαις ταῖς αὐτοῦ[4] συγγραφαῖς ὁ θεσπέσιος Ἰωάννης ἐμφιλοχωρήσας τοῖς θεοπρεπέσι λόγοις τοῦ σωτῆρος ἡμῶν Ἰησοῦ Χριστοῦ, ἐν τῷ παρόντι συγγράμματι τοῖς ἀνθρωποπρεπέσιν αὐτοῦ διατρίβει μᾶλλον ὅπως μὴ δόξειεν ἐκ τῶν θειοτέρων μὲν αὐτὸν ἐπιγινώσκων, οὐ μὴν καὶ ἐκ τῶν ἀνθρωπίνων. δεῖγμα γὰρ τῆς ἀκραιφνοῦς θεολογίας ὥσπερ τὸ πιστεύειν ὅτι ἐκ τοῦ Θεοῦ καὶ πατρὸς ὁ θεῖος λόγος πρὸ παντὸς αἰῶνος καὶ χρονικοῦ[5] γεγέννηται διαστήματος,[6] συναΐδιός τε καὶ ὁμοούσιος τῷ πατρὶ καὶ τῷ πνεύματι, καὶ συγκατάρχει τῶν αἰώνων, καὶ πάσης[7] κτίσεως νοητῆς τε καὶ αἰσθητῆς, κατὰ τὸ εἰρημένον τῷ σοφωτάτῳ Παύλῳ ἐν τῇ πρὸς Κολασσαεῖς ἐπιστολῇ, ὅτι ἐν αὐτῷ ἐκτίσθη τὰ πάντα τὰ ἐν οὐρανοῖς καὶ τὰ — Col. i. 16 ἐπὶ τῆς γῆς, τὰ ἀόρατα καὶ τὰ ὁρατά,[8] εἴτε θρόνοι, εἴτε κυριότητες, εἴτε ἀρχαί,[9] εἴτε ἐξουσίαι· πάντα δι᾽ αὐτοῦ καὶ εἰς — i. 17–18 αὐτὸν ἔκτισται,[10] καὶ αὐτός ἐστιν ἡ[11] κεφαλὴ τοῦ σώματος καὶ[12] τῆς ἐκκλησίας· ὅς ἐστιν ἀπαρχὴ[13] πρωτότοκος ἐκ[14] νεκρῶν, ἵνα γένηται ἐν πᾶσιν αὐτὸς πρωτεύων· οὕτω πιστεύειν αὐτὸν

---

[1] καλέσαντας codd.
[2] add. τοῦ κυρίου ἡμῶν 240
[3] add. in textu καὶ ὅ τι δι᾽ ἀγγέλου αὐτῷ δέδοται 240 (Vide schol. postea)
[4] αὐτοῦ ταῖς pro ταῖς αὐτοῦ 240
[5] χρόνου 240 ut vid.
[6] διὰ στόματος (sic) συναΐδιός τέ ἐστι sine interpunct. 240
[7] add. κτιστῆς 240 ante κτίσεως
[8] τὰ ἀόρατα καὶ τὰ ὁρατά = Cod. Paul. 37
[9] om. εἴτε ἀρχαί 240
[10] καὶ αὐτός ἐστι πρὸ πάντων καὶ τὰ πάντα ἐν αὐτῷ συνέστηκε add. 240
[11] om. ἡ 240
[12] om. καί 240
[13] ἀπαρχή sic quoque Chrys. et codd. minusc.
[14] ἐκ νεκρῶν 146, sed τῶν νεκρῶν 240 qui om. ἐκ

ἐπ' ἐσχάτων δι' ἡμᾶς καὶ τὴν ἡμῶν σωτηρίαν; καὶ ἄνθρωπον γεγονέναι, οὐκ ἐκστάσει θεότητος, ἀλλὰ προσλήψει σαρκὸς ἀνθρωπίνης, ἐψυχωμένης¹ νοερῶς, ἵν' ἐκ δύο φύσεων νοεῖται συνημμένος² ὁ Ἐμμανουήλ, θεότητός τε καὶ ἀνθρωπότητος, τελείως ἐχουσῶν κατὰ τὸν οἰκεῖον λόγον καὶ τὴν³ κατὰ ποιότητα φυσικὴν ἰδιότητα⁴ καὶ διαφοράν, οὔτε συγχυθέντων⁵ τῶν εἰς ἑνότητα συνδεδραμηκότων, οὔτε μὴν διαιρουμένων μετὰ τὴν ἄφραστον καὶ ἀφαντασίαστον ἕνωσιν.⁶ βδελυκτοὶ γὰρ ὁμοίως ἀμφότεροι Νεστόριος τε καὶ Εὐτυχής· τὰ ἐναντία καὶ ἐκ διαμέτρου κακά. ὅπως οὖν εἴη τὸ⁷ τοῦ σωτῆρος ἡμῶν δόγμα ἀκριβὲς⁸ καὶ ἀποξεσμένον αὐτῷ, ἐν τοῖς ἄλλοις τοῖς θείοις ἐνδιατρίψας, ὡς εἴρηται τοῦ Κυρίου, ἐνταῦθα τοῖς ἀνθρωπίνοις κατεχρήσατο ῥήμασί τε καὶ διανοήμασι·⁹ πλὴν οὔτε ἐν ἐκείνοις τὰ θεῖα δίχα τῶν ἀνθρωπίνων, οὔτε ἐνταῦθα τὰ ἀνθρώπινα δίχα τῶν θείων ἐξέδωκεν. παρὰ τὸ πλέον δὲ καὶ ἧττον ταῖς συγγραφαῖς¹⁰ κατεχρήσατο. ἐντεῦθεν αὐτῷ τῷ εἰπεῖν ἀποκάλυψις,¹¹ δέδοται μὲν παρὰ τοῦ πάτρος τῷ υἱῷ· δέδοται δὲ παρὰ τοῦ υἱοῦ ἡμῖν τοῖς δούλοις αὐτοῦ. δούλους δὲ Χριστοῦ τοὺς ἁγίους εἰπών, ἐφύλαξεν αὐτῷ τὸ θεοπρεπές. τίνος γὰρ ἂν εἴησαν οἱ ἄνθρωποι,¹² πλὴν τοῦ ποιητοῦ καὶ δημιουργοῦ τῶν ἀνθρώπων; τίς δὲ ὁ τῶν ἀνθρώπων καὶ πάσης κτίσεως δημιουργός; οὐδεὶς παρὰ τὸν μονογενῆ τοῦ Θεοῦ λόγον καὶ υἱόν. πάντα γὰρ δι' αὐτοῦ ἐγένετο φησιν ἐν Εὐαγγελίοις ὁ παρὼν συγγραφεύς. τί δὲ βούλεται αὐτῷ τὸ προσθεῖναι ἃ δεῖ γενέσθαι ἐν τάχει; καίτοι τῶν μελλόντων ἔσεσθαι οὔπω τετελεσμένων, ἤδη πλείστου δεδραμηκότος χρόνου ἐξ οὗ ταῦτα εἴρηται, ἐτῶν πλειόνων ἢ πεντακο-

---

¹ ἐμψυχωμένης 240
² συνηγμένος 240
³ om. τὴν 240
⁴ add. τε 240
⁵ add. ἢ ἀλλοιωρετῶν (ut vid.) vel ἀλλοιωθετῶν 240, i.e., ἀλλοιωθέντων
⁶ Hae sententiae praecipue sunt observandae. Versus ipsi a Marcione excommunicati sunt.
⁷ add. περὶ 240
⁸ add. τε 240
⁹ νοήμασι 240
¹⁰ γραφαῖς 240
¹¹ Add. Ἰησοῦ Χριστοῦ ἣν ἔδωκεν αὐτῷ ὁ Θεός ὥσει ἔλεγεν ἡ παρρησία στόμα λαλοῦν vel ἡ παρρ . . . τὸ καλόν . . . 240
¹² add. δοῦλοι 240

σίων. ὅτι πάντες οἱ αἰῶνες ἐν ὀφθαλμοῖς τοῦ ἀτελευτήτου
αἰωνίου Θεοῦ εἰς οὐδέν εἰσι λελογισμένοι· χίλια γὰρ ἔτη, Psa. xc. 4
φησὶν ὁ προφήτης, ἐν ὀφθαλμοῖς σοῦ, Κύριε, ὡς ἡ ἡμέρα ἡ
ἐχθὲς ἥτις διῆλθεν καὶ φυλακὴ ἐν νυκτί. διὰ τοῦτο τοιγαροῦν
τὸ¹ ἐν τάχει προσέθηκεν οὐ πρὸς τὸ μέτρον ἀπιδὼν τῶν
χρόνων τῆς τῶν γενησομένων συμπληρώσεως, ἀλλὰ πρὸς
τὴν ἰσχὺν καὶ τὸ αἰώνιον τοῦ Θεοῦ. τῷ ὄντι γὰρ πᾶσα
χρονικὴ παράτασις κἂν ὅτι μάλιστα πλείστη τέ ἐστι καὶ
μεγίστη μικρά τίς ἐστι πρὸς τὸ ἀτελεύτητον συγκρινομένη.
Ἰησοῦς οὖν φησιν ὁ Χριστὸς ἐσήμανέν μοι ἃ δεῖ γενέσθαι.² (Apoc. i. 1)
οὐκ αὐτὸς ἐπιφανεὶς καὶ εἶπεν, ἀλλὰ διὰ τοῦ ἀγγέλου αὐτοῦ
μυσταγωγήσας με. ὁρᾷς τὸ φιλάληθες τοῦ θεσπεσίου τού-
του, ὁμολογήσαντος ὡς δι' ἀγγέλου αὐτῷ ἀποκεκάλυπται καὶ
οὐκ³ ἀπὸ στόματος ἤκουσεν τοῦ Κυρίου· ὅστις, φησὶν
Ἰωάννης, ἐμαρτύρησεν τὸν λόγον τοῦ Θεοῦ καὶ τὴν μαρτυρίαν (Apoc. i. 2)
Ἰησοῦ Χριστοῦ ὅσα εἶδεν. τούτῳ τῷ σχήματι καὶ ἐν Εὐαγγε-
λίοις κέχρηται, τὴν διδασκαλικὴν ἀξιοπιστίαν ἑαυτῷ φυλατ-
τόμενος. εἶπεν οὗτός ἐστιν⁴ ὁ μαρτυρῶν περὶ τούτων καὶ Jo. xxi. 24
γράψας ταῦτα· καὶ οἴδαμεν ὅτι ἀληθὴς ἡ μαρτυρία αὐτοῦ
ἐστιν.⁵ καὶ νῦν φησιν μάρτυς ἐστὶν τοῦ ὀφθέντος αὐτῷ
θείου λόγου. λέγει δὲ⁶ τοῦ τῆς παρούσης ἀποκαλύψεως καὶ
τῆς δοθείσης παρὰ Χριστοῦ μαρτυρίας, τοῦτ' ἔστι, διὰ μαρ-
τυρίας μάρτυς εἰμὶ καὶ συγγραφεύς.

μακάριος ὁ ἀναγινώσκων καὶ ἀκούων⁷ τοὺς λόγους⁸ τῆς Apoc. i. 3
προφητείας ταύτης⁹ καὶ οἱ¹⁰ τηροῦντες τὰ ἐν αὐτῇ γεγραμ-
μένα· ὁ γὰρ καιρὸς ἐγγύς.

οὐ τοὺς ἀναγινώσκοντας μόνον ἔφη μακαρίους· πολλοὶ
γὰρ ἂν ἦσαν οὕτω μακάριοι, πλεῖστοι γὰρ οἱ ἀναγινώσκον-
τες, ἀλλὰ καὶ τοὺς ἀκούοντας καὶ οἷον πειθηνίους γινομέ-
νους ταῖς ἐν αὐτῇ παραινέσεσιν, καὶ οἱ διατηροῦντες καὶ

---

¹ καὶ *pro* τὸ 240
² *add.* μικρά τις πρὸς τὸ ἀτελεύτη-
τον συγκρινομένη 240
³ οὐκ 240, *om.* 146
⁴ *om.* ἐστιν 240
⁵ ἐστιν ἡ μαρτυρία αὐτοῦ 240

⁶ *om.* δέ 146
⁷ καὶ οἱ ἀκούοντες 240
⁸ τὸν λόγον 240
⁹ *om.* ταύτης 240
¹⁰ *om.* οἱ 240

(Apoc. i. 3) φυλάττοντες ὡς θείους νόμους τὰ εἰρημένα. ἐγγὺς γάρ
(Apoc. xxii. 14) φησιν ὁ καιρός· παντὶ γὰρ φυλάττοντι τὰς ἐντολὰς τοῦ Θεοῦ ἐγγὺς τῆς μακαριότητος ὁ καιρός. ἢ οὕτως ἢ[1] ἐγγύς φησιν τῆς τῶν λεγομένων ἀποβάσεως ὁ καιρός. τὸ δέ γε ἐγγὺς ἐν τοῖς πρότερον ἡρμηνεύηται.

Apoc. i. 4 Ἰωάννης φησὶν[2] ταῖς ἑπτὰ ἐκκλησίαις ταῖς ἐν τῇ Ἀσίᾳ· χάρις ὑμῖν[3] καὶ εἰρήνη ἀπὸ Θεοῦ[4] ὁ ὤν, καὶ ὁ ἦν, καὶ ὁ ἐρχόμενος.

ἰσοδυναμεῖ τοῦτο τῷ εἰπεῖν,[5] χάρις ὑμῖν[6] ἀπὸ τοῦ πάντων ὑμῶν[7] Θεοῦ· ὄντα μὲν γὰρ ἑαυτὸν ὁ Πατὴρ ὀνομάζει, χρηματίζων ἐπὶ τῆς βάτου τῷ σοφωτάτῳ Μωσεῖ λέγων,

Ex. iii. 14 ἐγώ εἰμι ὁ ὤν. ἦν δέ γε περὶ τοῦ Υἱοῦ φησιν ὁ παρὼν θεσ-
Jo. i. 1 πέσιος εὐαγγελιστὴς εἰπών, ἐν ἀρχῇ ἦν ὁ λόγος· καὶ ὁ λόγος ἦν πρὸς τὸν Θεὸν καὶ Θεὸς ἦν ὁ λόγος· καὶ πάλιν
1 Jo. i. 1 ἐν <τῇ> πρώτῃ τῶν καθολικῶν ἐπιστολῶν· ὃ ἦν ἀπ' ἀρχῆς, ὃ ἀκηκόαμεν, ὃ ἑωράκαμεν τοῖς ὀφθαλμοῖς ἡμῶν, ὃ ἐθεασάμεθα, καὶ αἱ χεῖρες ἡμῶν ἐψηλάφησαν, περὶ τοῦ λόγου τῆς ζωῆς. ἐρχόμενον δέ, ἔφη τὸ Πνεῦμα τὸ Ἅγιον.[8] οὐ γὰρ μόνον παραγέγονεν τῇ τῆς πεντηκοστῆς ἡμέρᾳ κατὰ τὰ ἐν ταῖς πράξεσιν ἱστορούμενα,[9] ἀλλὰ καὶ ἀεὶ παραγίνεται πρὸς τὰς ἀξίας αὐτὸ ὑποδέξασθαι ψυχάς.

Apoc. i. 4 (cont.) καὶ ἀπὸ τῶν ἑπτά φησιν[10] πνευμάτων ἅ ἐστιν ἐνώπιον τοῦ θρόνου αὐτοῦ.

τὰ δὲ[10a] ἑπτὰ πνεύματα εἰσὶν ἄγγελοι ἑπτά· οὐχ ὡς ἰσότιμα δέ, ἢ συναΐδια, συμπαρελήφθη τῇ Ἁγίᾳ Τριάδι—ἄπαγε—ἀλλ' ὡς θεράποντες γνήσιοι καὶ δοῦλοι πιστοί. φησὶ γὰρ
Psa. cxviii. 91 τῷ Θεῷ ὁ προφήτης, ὅτι τὰ σύμπαντα δοῦλά σου.[11] ἐν δὲ τοῖς ἅπασι καὶ οἱ[12] ἄγγελοι περιέχονται. καὶ πάλιν ὁ αὐτὸς
Psa. cii. 21 περὶ αὐτῶν φησιν· εὐλογεῖτε τὸν Κύριον πᾶσαι αἱ δυνάμεις

---

[1] om. ἢ sec. 240
[2] om. φησὶν 240
[3] ἡμῖν 240
[4] om. θεοῦ 240
[5] τούτῳ τὸ εἰπεῖν 240
[6] ὑμῖν 240 ἡμῖν 146
[7] ἡμῶν 146 ὑμῶν 240
[8] om. τὸ ἅγιον 240
[9] ἱστορημένα 240
[10] om. φησὶν 240
[10a] om. δὲ 146
[11] δοῦλασα codd. cum LXX MSS. ℵ*caAT
[12] om. οἱ 240

αὐτοῦ, λειτουργοὶ αὐτοῦ ποιοῦντες τὸ θέλημα αὐτοῦ. τούτῳ δὲ τῷ σχήματι καὶ ὁ ἀπόστολος συνεχρήσατο Τιμοθέῳ γράψων¹ τὴν ἐπιστολὴν τὴν πρώτην· διαμαρτύρομαί σοι φησιν ἐνώπιον τοῦ Θεοῦ καὶ Ἰησοῦ Χριστοῦ καὶ τῶν ἐκλεκτῶν ἀγγέλων. ἀλλὰ καὶ τῷ εἰπεῖν ἅ ἐστιν ἐνώπιον τοῦ θρόνου αὐτοῦ, οἰκετικὴν αὐτοῖς καὶ λειτουργικὴν τάξιν προσεμαρτύρησεν· οὐ μὴν τὸ ἰσότιμον. 1 Tim. v. 21

καὶ ἀπὸ Ἰησοῦ Χριστοῦ φησιν² ὁ μάρτυς ὁ πιστός, ὁ πρωτότοκος τῶν νεκρῶν, καὶ ὁ ἄρχων τῶν βασιλέων τῆς γῆς. Apoc. i. 5

πρότερον περὶ ἀσάρκου Θεοῦ λόγου γράψας, καὶ εἰπὼν περὶ αὐτοῦ ὃ ἦν· νῦν περὶ σεσαρκωμένου αὐτοῦ διαλέγεται εἰπών καὶ ἀπὸ Ἰησοῦ Χριστοῦ, οὐ διαιρῶν αὐτὸν εἰς δύο, (Apoc. i. 5) ἀλλὰ τοῦτό τε καὶ ἐκεῖνο περὶ αὐτοῦ μαρτυρῶν, ὅτι λόγος τέ ἐστι τοῦ πατρός, καὶ ὅτι ἐσαρκώθη. ὅς ἐστι μάρτυς πιστός· ἐμαρτύρησε γὰρ κατὰ τὸν ἀπόστολον ἐπὶ Ποντίου Πιλάτου τὴν καλὴν ὁμολογίαν· ὃ δὲ ἦν, ὅτι Θεός ἐστι καὶ τῶν ὅλων Κύριος εἰ καὶ σεσάρκωται. ἀληθὴς δέ γε ἡ τοιαύτη μαρτυρία· πιστὸν γὰρ τὸν ἀληθῆ λέγει, καὶ πίστεως ἄξιον· ὁ πρωτότοκος τῶν νεκρῶν· τοῦτο αὐτῷ καὶ ὁ Παῦλος (Apoc. i. 5) προσμαρτυρεῖ,³ εἰπὼν ὅς ἐστιν ἀπαρχή, πρωτότοκος ἐκ νεκρῶν. Col. i. 18

πρωτότοκον δὲ αὐτὸν ἐκ νεκρῶν καλοῦσιν, ὡς προκατάρξαντα τῆς κοινῆς ἀναστάσεως, καὶ⁴ ἐγκαινίσαντα ἡμῖν ὁδὸν πρόσφατον καὶ ζῶσαν, τὴν ἐκ νεκρῶν ἀνάστασιν, διὰ τοῦ καταπετάσματος, τοῦτ' ἔστιν, τῆς σαρκὸς αὐτοῦ κατὰ τὸ γεγραμμένον. πάντες μὲν γὰρ ὅσοι πρὸ τοῦ Κυρίου ἀνέστησαν ἐκ νεκρῶν, πάλιν παρεδόθησαν τῷ θανάτῳ· οὐ γὰρ ἦν ἐκείνη ἡ ἀληθής, ἀνάστασις, ἀπαλλαγὴ δὲ πρὸς καιρὸν τοῦ θανάτου. διὸ ἐκείνων μὲν οὐδεὶς πρωτότοκος ἐκ νεκρῶν ἐχρημάτισεν. ὁ δέ γε Κύριος τοῦτο καλεῖται, ὡς τῆς ἀληθοῦς⁵ ἀναστάσεως ἀρχή τε καὶ αἰτία γενόμενος. καὶ ὥσπερ τι πρωτόλειον γεγονὼς τῆς τῶν ἀνθρώπων ἐγέρσεως,⁶ γενηθεὶς⁷ οἷον καὶ προελθὼν ὥσπερ ἀπὸ παστάδος τινὸς ἐκ τοῦ θανάτου πρὸς τὴν ζωήν.

---

¹ γρᾶ (sic) τὴν πρώτην ἐπιστολὴν 240
² om. φησιν 240
³ μαρτυρεῖ 240
⁴ om. καὶ 240
⁵ ἀληθής codd.
⁶ γενεσέως 240
⁷ γεννηθεὶς 240

<small>Rom. vi. 9-10</small>

<small>(Apoc. i. 5)</small>
<small>Dan. v. 21</small>

περὶ τοῦ Κυρίου γὰρ μόνου ὁ θεσπέσιος γέγραφε¹ Παῦλος Ῥωμαίοις ἐπιστέλλων· εἰδότες φησὶν ὅτι Χριστὸς ἐξεγερθεὶς² ἐκ νεκρῶν, οὐκέτι ἀποθνήσκει· θάνατος αὐτοῦ οὐκέτι κυριεύσει. ὃ γὰρ ἀπέθανεν, τῇ ἁμαρτίᾳ ἀπέθανεν ἐφάπαξ· ὃ δὲ ζῇ, τῷ Θεῷ ζῇ.³ καὶ ὁ ἄρχων φησὶν τῶν βασιλέων τῆς γῆς. τοῦτο καὶ ὁ Δανιὴλ ἔφη πρὸς τὸν Βαβυλώνιον· ἕως ἂν φησιν γνῷς ὅτι κυριεύει ὁ ὕψιστος τῆς βασιλείας τῶν οὐρανῶν⁴· καὶ ᾧ⁴ᵃ ἐὰν δόξῃ δώσει αὐτήν. βασιλεύει μὲν οὖν ὁ Χριστὸς καὶ τῶν ἐν οὐρανοῖς ἁπάντων. ἀλλὰ νῦν τέως περὶ τῶν ἐπὶ γῆς λέγει· προϊὼν δὲ δείκνυσιν αὐτὸν καὶ τῶν ἐν οὐρανοῖς ἁγίων ταγμάτων βασιλεύοντα.

<small>Apoc. i. 5
6</small>

τῷ ἀγαπήσαντί φησιν⁵ ἡμᾶς καὶ λούσαντι⁶ ἡμᾶς ἐκ τῶν ἁμαρτιῶν ἡμῶν ἐν τῷ αἵματι αὐτοῦ· καὶ ἐποίησεν ἡμῖν βασιλείαν, ἱερεῖς τῷ Θεῷ καὶ προφήτας αὐτοῦ· αὐτῷ ἡ δόξα καὶ τὸ κράτος εἰς τοὺς αἰῶνας τῶν αἰώνων, ἀμήν.

ἡ σύνταξις τοῦ ῥητοῦ ἀπὸ τῶν τελευταίων ἐπὶ τὰ πρῶτα ἐπάνεισιν. αὐτῷ φησιν, ἡ δόξα καὶ τὸ κράτος τῷ ἀγαπήσαντι ἡμᾶς· πῶς γὰρ οὐκ ἠγάπησεν ὁ ἑαυτὸν δοὺς ἀντίλυτρον ὑπὲρ τῆς τοῦ κόσμου ζωῆς; καὶ λούσαντι ἡμᾶς ἐκ τῶν ἁμαρτιῶν ἡμῶν ἐν τῷ αἵματι αὐτοῦ. αὐτὸς γὰρ ἦρεν τὸ καθ᾽ ἡμῶν χειρόγραφον ὃ ἦν ὑπεναντίον ἡμῶν ἐν τοῖς δόγμασιν· καὶ προσήλωσε τῷ ξύλῳ τοῦ σταυροῦ αὐτοῦ, ἐκτείνας ἡμῶν τὰς ἁμαρτίας τῷ οἰκείῳ θανάτῳ καὶ ἡμᾶς ἐν τῷ αἵματι αὐτοῦ ἐλευθέρους πλημμελημάτων ἀφείς, τῷ αὐτὸν⁷ ὑποταγῆναι ἄχρι θανάτου καὶ θανάτου σταυροῦ τὴν ἡμῶν ἰασάμενος παρακοήν. καὶ ἐποίησεν ἡμῖν βασιλείαν. καὶ τίς ἡ ἐν τῷ γενέσθαι ἡμᾶς φησιν ἱερεῖς τῷ Θεῷ καὶ προφήτας αὐτοῦ⁸ ὠφέλεια; τὸ γὰρ τούτων ἠξιῶσθαι τοὺς ἀνθρώπους καὶ τὴν μέλλουσαν ἡμῖν βεβαιοῖ βασιλείαν καὶ ἐν τῷ πα-

<small>(Apoc. i. 5)</small>
<small>Col. ii. 14</small>
<small>(Apoc. i. 6)</small>

---

¹ ἔγραφε 240
² ἐγερθεὶς 240 ut omn. in Rom. vi. 9. Tert. suscitatus.
³ ὁ δὲ ζῇ, ζῇ τῷ θεῷ 240 qui verba quae sequuntur usque ad ἡ σύνταξις in schol. omittit
⁴ τῶν ἀνθρώπων codd. LXX
⁴ᵃ ὃ 146

⁵ ἀγαπῶντι et om. φησιν 240
⁶ λύσαντι 240
⁷ τῇ αὐτοῦ codd.
⁸ Aliter Apoc. 240: καὶ τίς ἡ ἐντεῦθεν ἤδη δωρηθεῖσα ἡμῖν παρὰ Χριστοῦ βασιλείαν τὸ γενέσθαι ἡμᾶς φησιν ἱερεῖς τῷ Θεῷ καὶ προφήτας αὐτοῦ (om. ὠφέλεια)

ρόντι δόξαν ἀμύθητον προξενεῖ. τοῦ γὰρ ἀποπλῦναι ἡμῶν τὰς ἁμαρτίας[1] τῷ οἰκείῳ αἵματι, τοῦτο μεῖζον καὶ παραδοξότερον, καὶ τῆς θείας δωρεᾶς ἐπάξιον. τὸ δὲ ἱερεῖς ἡμᾶς Θεοῦ καὶ προφήτας γενέσθαι τοὺς οὐδὲν προεισενεγκόντας, τῆς τοιαύτης δωρεᾶς.

ἰδοὺ ἔρχεται ἐπὶ[2] τῶν νεφελῶν τοῦ οὐρανοῦ[3] καὶ ὄψεται αὐτὸν πᾶς ὀφθαλμὸς καὶ οἵτινες αὐτὸν ἐξεκέντησαν· καὶ κόψονται[4] ἐπ' αὐτὸν πᾶσαι αἱ φυλαὶ τῆς γῆς· ναὶ ἀμήν. Apoc. i. 7

τὸ ἔρχεσθαι αὐτὸν ἐπὶ τῶν νεφελῶν τοῦ οὐρανοῦ, καὶ αὐτὸς ἔφη περὶ ἑαυτοῦ ὁ Κύριος ἐν τῷ κατὰ Μάρκον Εὐαγγελίῳ οὕτω λέγων·

καὶ αἱ δυνάμεις αἱ ἐν τῷ οὐρανῷ σαλευθήσονται· καὶ τότε ὄψονται τὸν υἱὸν τοῦ ἀνθρώπου ἐρχόμενον ἐν νεφέλαις μετὰ δυνάμεως πολλῆς καὶ δόξης·[5] ὥσπερ γὰρ οἶμαι ἀνιόντος αὐτοῦ ἐν τοῖς οὐρανοῖς ἐν τῇ τῆς ἀναλήψεως ἡμέρᾳ γέγραπται ἐν ταῖς Πράξεσιν, ὅτι νεφέλη αὐτὸν ὑπέλαβεν ἀπὸ τῶν ὀφθαλμῶν αὐτῶν, οὕτω πάλιν ἥξει μετὰ νεφέλης. οἶμαι δὲ τροπικῶς τὴν θείαν γραφὴν τοὺς ἁγίους ἀγγέλους νεφέλας καλεῖν διὰ τὸ κοῦφον αὐτῶν καὶ μετάρσιον καὶ ἀεροβατές, ὡσεὶ ἔλεγεν ἥξει ὁ Κύριος θείοις ἀγγέλοις ἐποχούμενος καὶ δορυφορούμενος. οὕτω γὰρ αὐτὸν[6] καὶ ὁ προφήτης εἰσάγει λέγων **καὶ ἐπέβη ἐπὶ χερουβὶμ καὶ ἐπετάσθη· ἐπετάσθη ἐπὶ πτερύγων ἀνέμων.** **καὶ ὄψεται αὐτὸν** φησιν **πᾶς ὀφθαλμός, καὶ οἵτινες αὐτὸν ἐξεκέντησαν.** οὐκ ἐν παραβύστῳ γὰρ ἐλεύσεται ἐν τῇ δευτέρᾳ αὐτοῦ τῇ ἐνδόξῳ[7] παρουσίᾳ, οὔτε[8] λαθραίως, ὡς τὸ πρότερον, ἡνίκα μετὰ σαρκὸς ἐπεφοίτα τῷ κόσμῳ· ἧς παρουσίας τὸ συνεσκιασμένον δηλῶν ὁ προφήτης ἔλεγεν· **καταβήσεται ὡς ὑετὸς ἐπὶ πόκον καὶ ὥσει σταγὼν ἡ στάζουσα ἐπὶ τὴν γῆν.** ἀλλ' ἐν παρρησίᾳ καὶ φανερῶς ὡς παντὶ ὀφθῆναι ὀφθαλμῷ, καὶ τοῖς λίαν ἁμαρτωλοῖς καὶ ἀσεβέσιν. ὧν ἐν τῇ μερίδι τακτέον τοὺς εἰς αὐτὸν

Marc. xiii 25–26

(cf. Act. i. 9–11)

Psa. xvii. 11

(Apoc. i. 7)

Psa. lxxi. 6

---

[1] add. ἡμῶν 240
[2] μετὰ pro ἐπὶ 240 in textu
[3] om. τοῦ οὐρανοῦ 240
[4] κόψον 146 fin. lin. errore
[5] καὶ δόξης πολλῆς 240
[6] αὐτὸν 240. om. 146
[7] om. τῇ ἐνδόξῳ 240
[8] οὕτω pro οὔτε 240

(Apoc. i. 7) παροινήσαντας ἢ ἐκκεντήσαντας.¹ καὶ κόψονται ἐπ' αὐτόν φησιν πᾶσαι αἱ φυλαὶ τῆς γῆς — αἱ ἐπιμείνασαι τῇ ἀπιστίᾳ δηλονότι, καὶ μὴ ἑλόμεναι κλῖναι τὸν ἑαυτῶν αὐχένα τῷ σωτηρίῳ αὐτοῦ ζυγῷ. τὸ δὲ ἐπ' αὐτόν, ἐν τῇ ἐπιφανείᾳ αὐτοῦ καὶ παρουσίᾳ νοήσεις. εἶτα τὸ πάντως ἐσόμενον²

(Apoc. i. 7) δηλῶν, προσέθηκεν Ναὶ ἀμήν, μόνον οὐχὶ λέγων ἀκριβῶς ἔσται ταῦτα καὶ ἀναμφισβητηκώς,³ ὥσπερ γὰρ παρ' Ἕλλησι τὸ ναὶ⁴ τὴν συγκατάθεσιν τῶν ἐσομένων ἐνδείκνυται, οὕτω καὶ τὸ ἀμὴν παρὰ τοῖς Ἑβραίοις.

Apoc. i. 8 **ἐγώ εἰμι τὸ ᾱ καὶ τὸ ω̄, λέγει Κύριος ὁ Θεός· ὁ ὢν καὶ ὁ ἦν καὶ ὁ ἐρχόμενος,⁵ ὁ παντοκράτωρ, καὶ Κύριος τῆς κτίσεως.⁶**

(Apoc. i. 17) τὸ⁷ μὲν ᾱ, ἀρχήν, τὸ δὲ ω̄, τέλος δηλοῖ, ἐγὼ οὖν φησίν εἰμι ὁ πρῶτος καὶ ὁ⁸ ἔσχατος, διὰ μὲν τοῦ πρώτου,⁹ τὸ ἄναρχον τοῦ Θεοῦ, διὰ δὲ τοῦ τελευταίου, τὸ ἀτελεύτητον δηλῶν. ἐπειδὴ γὰρ οὐκ ἔστιν παρὰ ἀνθρώποις ἄναρχόν τι καὶ ἀτελεύτητον, τῇ παρ' ἡμῖν ἀρχῇ καὶ τῷ τέλει ἀντὶ ἀνάρχου καὶ ἀτελευτήτου κατεχρήσατο. τοῦτο καὶ διὰ τοῦ Ἡσαΐου

Es. xli. 4 ἔλεγεν ὁ Θεός· ἐγὼ Θεός πρῶτος· καὶ εἰς τὰ ἐπερχόμενα ἐγώ εἰμι. παντοκράτορα δὲ τὸν Θεὸν καὶ Κύριον τῆς κτίσεως καλεῖ, οὐ μόνον τῆς αἰσθητῆς, ἀλλὰ καὶ τῆς νοητῆς.

Apoc. i. 9 **ἐγὼ Ἰωάννης, ὁ ἀδελφὸς ὑμῶν καὶ συγκοινωνὸς ἐν ταῖς θλίψεσιν¹⁰ καὶ ἐν¹¹ βασιλείᾳ ὑπομονῇ.¹²**

πιστοῖς ἔγραφεν τοῖς κατὰ¹³ τὸν λόγον καὶ τὸ κήρυγμα τοῦ Χριστοῦ, πολλὰ παθοῦσι παρὰ τῶν διωκόντων τοὺς εὐσεβεῖς, διὸ ἑαυτὸν ὥσπερ τῶν θλίψεων καὶ τῆς ὑπομονῆς, οὕτω δὴ καὶ τῆς τοῦ Θεοῦ βασιλείας, εἶναι ἐνταῦθα τοῖς¹⁴ ὑπὲρ τοῦ λογοῦ προξενοῦσι θλίψεις καλεῖ κοινωνὸν ἐν Ἰησοῦ.

---

¹ om. ἢ ἐκκεντήσαντας 240
² ἑπόμενον 240
³ ἀναμφισβητηκώς 240 †ἀνανφισκητῶς 146 (Hiat 203, incipit i. 8)
⁴ τὸ ναὶ παρ' Ἕλλησι 240
⁵ add. καὶ 240
⁶ om. καὶ Κύριος τῆς κτίσεως 240 et in textu et in com., ut vid., sed infra habet: τὸν Θεὸν καὶ Κύριον τῆς κτίσεως καλεῖ
⁷ Incipit cod. 203
⁸ om. ὁ 240 ut vid.
⁹ τό ᾱ 203
¹⁰ ἐν τῇ θλίψει 203 240
¹¹ om. ἐν 203 240
¹² καὶ ὑπομονῇ ἐν Ἰησοῦ 203 240
¹³ διὰ 203
¹⁴ τοῖς om. 146

ἐγενόμην ἐν τῇ νήσῳ τῇ καλουμένῃ Πάτμῳ διὰ τὸν λόγον τοῦ   Apoc. i. 9.
Θεοῦ καὶ τὴν μαρτυρίαν Ἰησοῦ.

διὰ τὸν Ἰησοῦν φησιν·¹ τοῦτο γὰρ τὸ ἐν Ἰησοῦ. καὶ
διὰ τὸν λόγον αὐτοῦ καὶ τὴν μαρτυρίαν, ἣν ἐγὼ ἐμαρτύ-
ρησα τὸ ² Εὐαγγέλιον αὐτοῦ κηρύξας, ἐγενόμην φησίν, ἐξόρι-
στος ἐν τῇ Πάτμῳ.   τοῦτο δὲ ³ παθεῖν αὐτὸν ὁ Εὐσέβιος   Euseb.
ἱστορεῖ ἐν τῷ Χρονικῷ Κανόνι ἐπὶ Δομετιανοῦ τοῦ βασιλέως.
εἶτά φησιν, διάγων ἐν τῇ εἰρημένῃ νήσῳ,⁴

ἐγενόμην ἐν Πνεύματι ἐν τῇ Κυριακῇ ἡμέρᾳ.   Apoc. i. 10

ὃ εἶπεν ἐν πνεύματι ἐγενόμην,⁵ δείκνυσιν μὴ αἰσθητὴν
μηδὲ σαρκικοῖς ὦσιν ἢ ὀφθαλμοῖς ὁρωμένην ἰδεῖν ὀπτασίαν,
ἀλλὰ προφητικοῖς· περὶ ὧν πνευματικῶν ἀκοῶν ἔλεγεν ὁ
Ἡσαΐας· προσέθηκέν μοι⁶ πρωὶ νοεῖν, — πρωὶ προσέθηκέν   Es. i. 4–5
μοι ὠτίον ἀκούειν καὶ ἡ παιδεία Κυρίου ἀνοίγει μου τὰ ὦτα.

Καὶ ἤκουσα⁷ φωνῆς μεγάλης⁸ ὡς σάλπιγγος λεγούσης μοι·   Apoc. i. 10 fin.
Ἰωάννη,⁹ ὁ¹⁰ βλέπεις γράψον εἰς βιβλίον καὶ πέμψον ταῖς   11
ἑπτὰ ἐκκλησίαις, εἰς Ἔφεσον, καὶ εἰς Σμύρναν,¹¹ καὶ εἰς
Πέργαμον, καὶ εἰς Θυάτειρα, καὶ εἰς Σάρδεις, καὶ εἰς Φιλα-
δέλφιαν, καὶ εἰς Λαοδίκειαν.

πλείους μέν εἰσι τῆς Ἀσίας πόλεις, ἀλλ' αὐτὸς εἰς τὰς
ὑπ' αὐτοῦ μαθητευθείσας¹¹ᵃ καὶ ἤδη δεξαμένας τὴν¹² Χριστοῦ
πίστιν γράψαι κελεύεται. ταῖς γὰρ ἀπίστοις καὶ ἀφισταμέ-
ναις τοῦ σωτηρίου¹³ λόγου, τί ἄν τις καὶ παραινέσειεν;

καὶ ἐπέστρεψα βλέπειν τὴν φωνὴν ἥτις ἐλάλει μετ' ἐμοῦ·   Apoc. i. 12
καὶ ἐπιστρέψας, εἶδον ἑπτὰ λυχνίας χρυσᾶς· καὶ ἐν μέσῳ   13
τῶν ἑπτὰ¹⁴ λυχνιῶν, ὅμοιον υἱῷ ἀνθρώπου ἐνδεδυμένον πο-
δήρη, καὶ περιεζωσμένον ἐν¹⁵ τοῖς μαστοῖς ζώνην χρυσῆν.

---

¹ om. διὰ τὸν Ἰησοῦν φησιν 203 240
² add. Θεοῦ 240
³ add. καὶ 203
⁴ om. vbb. ult. 203 hoc loco, sed suppl. post. vs. 11
⁵ vbb. ἐν τῇ Κ. . . . ἐγενόμην om. 146, habent 203 240
⁶ ἔθηκέ με 203 240
⁷ add. ὀπίσω μου 203 240
⁸ φωνὴν μεγάλην 203 240
⁹ φωνούσης pro λεγούσης 203 240 et om. μοι· Ἰωάννη sed habet 155
¹⁰ ἃ pro ὃ 203 240
¹¹ εἰς μυραν 146
¹¹ᵃ μαθητευθήσας 146
¹² add. τοῦ 203 240
¹³ θείου pro σωτηρίου 240 [non 203]
¹⁴ om. ἑπτὰ 203 240
¹⁵ πρὸς pro ἐν 203 240

Apoc. i. 14 ἡ δὲ κεφαλὴ αὐτοῦ καὶ αἱ τρίχες¹ ὡς ἔριον λευκόν, ὥσει
15 χιών· καὶ οἱ ὀφθαλμοὶ αὐτοῦ ὡς φλὸξ πυρός· καὶ οἱ πόδες
αὐτοῦ ὅμοιοι χαλκολιβάνῳ² ἐν καμίνῳ πεπυρωμένῳ,³ καὶ ἡ
16 φωνὴ αὐτοῦ ὡς φωνὴ ὑδάτων πολλῶν· καὶ ἔχων ἐν τῇ
δεξιᾷ⁴ αὐτοῦ ἀστέρας ἑπτά· καὶ ἐκ τοῦ στόματος αὐτοῦ,
ῥομφαία δίστομος ὀξεῖα ἐκπορευομένη· καὶ ἡ ὄψις αὐτοῦ, ὡς⁵
ἥλιος φαίνει⁶ τῇ δυνάμει αὐτοῦ.

αἱ μὲν ἑπτὰ λυχνίαι ὡς αὐτὸς προιὼν ἑρμηνεύει, αἱ ἑπτὰ
ἐκκλησίαι εἰσὶν πρὸς ἃς γράψαι κεκέλευσται· λυχνίας δὲ
αὐτὰς ὠνόμασεν, ὡς ἐν αὐταῖς φερούσας τὸν φωτισμὸν τῆς
δόξης τοῦ Χριστοῦ· οὐ γὰρ εἶπεν αὐτὰς λύχνους, ἀλλὰ
λυχνίας. ἡ δὲ λυχνία αὐτὴ μὲν οὐκ ἔχει τὸ φωτίζειν· φέρει
δὲ ἐν ἑαυτῇ τὸ φωτίζειν δυνάμενον. φωτίζει δέ νοητῶς ὁ
Χριστὸς⁷ τὰς ἐκκλησίας αὐτοῦ. ὥσπερ γὰρ ὁ ἱερὸς ἀπό-
Phil. ii. 15-16 στολος παραινεῖ τοῖς τὴν πίστιν δεξαμένοις· γίνεσθε ὡς
φωστῆρες ἐν κόσμῳ λόγον ζωῆς ἐπέχοντες· ὁ δέ γε φωστὴρ
αὐτὸς μὲν καθ' ἑαυτὸν οὐκ ἔχει φῶς, δεκτικὸς δέ ἐστιν ἐπει-
σάκτου φωτός, οὕτω καὶ ἐνταῦθα λυχνίας καὶ οὐ λύχνους τὰς
ἐκκλησίας εἶδεν ὁ εὐαγγελιστής. εἴρηται μὲν γὰρ περὶ⁸ Χρι-
Psa. lxxv. 5 στοῦ φωτίζεις σὺ θαυμαστῶς ἀπὸ ὀρέων αἰωνίων — ἀγγελι-
Psa. xlii. 3 κῶν, ἴσως δυνάμεων — καὶ πάλιν πρὸς τὸν πατέρα· ἐξαπόστει-
Psa. xliii. 4 λον τὸ φῶς σου καὶ τὴν ἀλήθειάν σου· καὶ αὖθις ὁ φωτισμὸς
τοῦ προσώπου σου, Κύριε. οἱ δέ γε μέτοχοι τοῦ θείου φωτός,
πῇ μὲν φωστῆρες, πῇ δὲ λυχνίαι ἀνεγράφησαν. χρυσᾶς δέ
φησιν τὰς λυχνίας διὰ τὸ τίμιον καὶ ὑπεραῖρον τῶν ἀξιωθέν-
(Apoc. i. 13) των δέξασθαι τὸ θεῖον σέλας· καὶ ἐν μέσῳ φησὶν τῶν ἑπτὰ
λυχνιῶν, ὅμοιον υἱῷ ἀνθρώπου· εἰ γὰρ αὐτὸς ὁ Κύριος ἐπαγ-
γέλλεται ἐνοικήσειν καὶ ἐμπεριπατήσειν ταῖς τῶν δεξαμένων
αὐτὸν ψυχαῖς, πῶς οὐκ ἂν ἐν μέσῳ τῶν λυχνιῶν ἐθεω-
Phil. ii. 6-8 ρήθη; υἱὸν δέ φησιν ἀνθρώπου, τὸν δι' ἡμᾶς ἄχρι τῆς τοῦ
δούλου μορφῆς ἑαυτὸν ταπεινώσαντα Χριστόν, τὸν γενόμενον

---

¹ λευκαὶ add. 203 240
² ὡς add. 203 240
³ πεπυρωμένοι 203 240
⁴ add. χειρὶ 203 240
⁵ add. ὁ ante ἥλιος 203 240
⁶ ἐν add. 203 240
⁷ ὁ Χριστὸς νοητῶς 203 240
⁸ add. τοῦ 203 240

καρπὸν τῆς γαστρὸς κατὰ τὸν θεσπέσιον μελῳδόν· γαστρὸς
δὲ τῆς ἀπειρογάμου καὶ ἀειπαρθένου¹ Μαρίας· ἐπειδὴ γὰρ
ἄνθρωπος ἡ Μαρία καὶ ἡμῶν ἀδελφή, εἰκότως ὁ ἐξ αὐτῆς
τεχθείσης² ἀσπόρως, κατὰ σάρκα Θεὸς λόγος, καὶ υἱὸς
ἀνθρώπου χρηματίζει. ἀσφαλῶς δὲ εἴρηκεν μὴ εἰπὼν αὐτὸν
υἱὸν ἀνθρώπου, ἀλλ' ὅμοιον υἱῷ ἀνθρώπου, ἀλλὰ καὶ³ Θεὸς (Apoc. i. 13)
καὶ τῶν ὅλων Κύριος ὁ Ἐμμανουήλ, ποικίλην δὲ αὐτοῦ τὴν
ἰδέαν δείκνυσιν ἡ ὀπτασία ἐκ τῶν ἐνεργειῶν αὐτοῦ καὶ δυνά-
μεων τὴν μορφὴν σκιαγραφοῦσα. καὶ πρῶτον μὲν ἱερατι-
κὸν αὐτῷ⁴ περιτίθησι σχῆμα· ὁ γὰρ ποδήρης καὶ ἡ ζώνη,
σχῆμα ἱερατικόν· εἴρηται γὰρ πρὸς αὐτὸν ἐκ τοῦ Θεοῦ καὶ
Πατρός· **σὺ⁵ ἱερεὺς εἰς τὸν αἰῶνα κατὰ τὴν τάξιν Μελχισεδέκ**· Heb. v. 6 (Psa.
ἀλλὰ καὶ ὁ ἀπόστολος **ἀρχιερέα καὶ ἀπόστολον τῆς ὁμολογίας** cix. 4)
Heb. iii. 1
ἡμῶν καλεῖ **τὸν Χριστόν**, ὡς ἱερουργοῦντα καὶ προσάγοντα (Rom. xv. 16,
ἑαυτῷ τε καὶ τῷ Πατρὶ καὶ τῷ Πνεύματι τὴν ἡμετέραν τῆς Eph. ii. 18)
πίστεως ὁμολογίαν.

χρυσῆν δὲ αὐτῷ ζώνην⁶ περιτίθησιν, τῶν κατὰ νόμον
ἱερέων ἐκ φάρους πεποικιλμένου τὴν ζώνην ἐχόντων. ἔδει
γὰρ τὸ διάφορον δειχθῆναι δούλων καὶ⁷ δεσπότου, τοῦ τε
σκιώδους νόμου καὶ τῆς ἀληθείας τῆς ἐν τῇ νέᾳ. **ἡ δὲ κε-** (Apoc. i. 14)
φαλὴ αὐτοῦ φησιν **καὶ αἱ τρίχες, ὡς ἔριον λευκὸν καὶ ὥσει**
χιών. τὸ γὰρ κατὰ Χριστὸν μυστήριον νέον μέν ἐστι τῇ
ἐπιφανείᾳ, τῇ δέ γε εὐδοκίᾳ προαιώνιον. γέγραφε γὰρ
περὶ αὐτοῦ ὁ θεσπέσιος ἀπόστολος **τὸ μυστήριον**⁸ **τὸ ἀπο-** Eph. iii. 9-10
κεκρυμμένον ἀπὸ τῶν αἰώνων καὶ ἀπὸ τῶν γενεῶν ὃ νῦν *lib.*
ἐφανερώθη τοῖς ἁγίοις αὐτοῦ οἷς ἠθέλησεν. τὸ οὖν ἀρ-
χαῖον τοῦ μυστηρίου ὅσον ἧκεν εἰς τὴν θείαν εὐδοκίαν, παρα-
δείκνυσι τὸ πολιὸν τῆς κεφαλῆς ἐρίῳ καὶ χίονι παρεικασ-
μένον. **καὶ οἱ ὀφθαλμοὶ αὐτοῦ** φησιν **ὡς φλόξ**.⁹ ἐνδείκνυται (Apoc. i. 14)
ἐπεὶ καὶ φῶς ἐστιν ὁ Χριστός, καὶ τοῦτο ἑαυτὸν ὀνομάζει,

---

¹ ἀειπαρθένου 146. θεοτόκου 203 240
² *om.* τεχθείσης 146
³ *om.* καὶ 240 *habet* 203
⁴ *om.* αὐτῷ 203 240
⁵ *add.* εἰ 203 [*non* 240]
⁶ *add.* αὐτῷ 240, *om.* 146 203
⁷ *om.* δούλων καὶ 240
⁸ *om.* τὸ μυστήριον 240
⁹ *add.* πυρός· ἢ τὸ φωτοειδὲς ἡ φλὸξ 203 240

Jo. viii. 12, ix. 5, xii. 46, xiv. 6	ἐγώ εἰμι λέγων τὸ φῶς καὶ ἡ ἀλήθεια, ἢ τὸ φοβερὸν καὶ τὴν ἀπειλὴν παραδηλοῖ κατὰ τῶν ἑπτὰ ἐκκλησιῶν αἷς τὰ τῆς ἀποκαλύψεως διαπέμπεται, ὡς οὐ τέλεον τοῖς αὐτοῦ νόμοις
(Apoc. i. 15)	ἀκολουθούσαις· **καὶ οἱ πόδες** φησὶν **αὐτοῦ ὅμοιοι χαλκολιβάνου**. φασὶν¹ τὸν ἐν τῷ Λιβάνῳ τῷ ὄρει μεταλλευόμενον χαλκὸν καθαρόν τε ὄντα καὶ ἀφ᾽ ἑαυτοῦ, καθαρώτερόν τε γινόμενον τοῦ ἐν αὐτῷ μετρίου ῥύπου καμίνῳ καθαρισθέντος· δι᾽ οὗ τὸ ἑδραῖον καὶ ἄσειστον μετὰ τοῦ λαμπροῦ καὶ περιόπτου τῆς εἰς Χριστὸν δηλοῦται πίστεως ἐν ἀσφαλείᾳ βεβηκυίας.²
(1 Cor. x. 4)	**πέτρα** γὰρ εἴρηται³ τῷ ἀποστόλῳ ὁ Χριστός, **καὶ λίθος ἔντιμος ἐν τοῖς θεμελίοις Σιὼν**⁴ τῷ
Es. xxviii, 16	Ἠσαΐᾳ. ἢ χαλκολίβανόν φησιν τὸν χαλκοειδῆ λιβανωτόν, ὃν ἰατρῶν παῖδες, ἄρρενα καλεῖν εἰώθασιν. εὐώδης δέ ἐστιν οὗτος θυμιώμενος· τοῦ γὰρ τεθυμιᾶσθαι δεῖγμα ἡ κάμινος ἡ καιομένη. δηλοῖ ὅτι ὁ θεμέλιος τοῦ εὐαγγελικοῦ κηρύγματος· θεμέλιος γὰρ τοῦ λοιποῦ σώματος οἱ πόδες, ὅς ἐστι Χριστός· εὐώδης τε γάρ⁵ ἐστι καὶ κατακηλῶν τῇ νοητῇ εὐοσμίᾳ τὰ ἐν οὐρανῷ καὶ τὰ ἐπὶ τῆς γῆς. θεμέλιον δὲ τὸν Χριστὸν καὶ⁶ ὁ Παῦλος ὀνομάζει τινὰ⁷ γράφων
1 Cor. iii. 10-11	Κορινθίοις ἐπιστολήν, ὡς σοφὸς λέγων **ἀρχιτέκτων θεμέλιον τέθεικα· ἄλλος δὲ**⁸ **ἐποικοδομεῖ. ἕκαστος δὲ βλεπέτω πῶς ἐποικοδομεῖ· θεμέλιον γὰρ ἄλλον οὐδεὶς δύναται θεῖναι παρὰ τὸν κείμενον ὅς ἐστιν Ἰησοῦς**⁹ **Χριστός**. ὅτι δὲ εὐώδης ὁ Χριστὸς νοητῶς, ἡ διάπειραν¹⁰ αὐτοῦ λαβοῦσα τῆς εὐωδίας ἡ ἐν τοῖς
cf. Cant. iv. 10	ᾄσμασιν νύμφη μαρτυρεῖ,¹¹ πῇ μὲν λέγουσα **καὶ ὀσμὴ μύρων**
cf. Cant. i. 3	**σου ὑπὲρ πάντα**¹² **ἀρώματα**, πῇ δὲ **μύρον ἐκκενωθὲν ὄνομά σου**¹³ ἀλλὰ καὶ αὐτὸς ὁ Κύριος εὐώδη ἑαυτὸν παρατίθεται ἐν τοῖς
Cant. ii. 1	πρὸς τὴν νυμφὴν λόγοις εἰπών **ἐγὼ ἄνθος τοῦ πεδίου, κρίνον τῶν κοιλάδων**. τί δέ;¹⁴ οὐχὶ καὶ ὁ Παῦλος ἐκ τῆς μετουσίας

---

¹ φασιν 203, φησιν 146
² βεβηκότος 203 240
³ εἰκός *pro* εἴρηται 203 240
⁴ *om.* Σιὼν, *ut vid.* 240
⁵ *om* γὰρ 203 240
⁶ *om*. καὶ 203 240
⁷ *om*. τινὰ 203 240
⁸ *om*. δὲ 203 240
⁹ *add*. ὁ 240 [*non* 203]
¹⁰ ἡδειάπειραν 146
¹¹ προσμαρτυρεῖ 203 240
¹² *add*. τὰ 203 240
¹³ σοι 203
¹⁴ τὶ δαὶ, *ut vid.* 240, τὶ δ᾽ ἂν 203

Χριστοῦ εὐώδης γενόμενος ἔλεγεν· ὅτι Χριστοῦ ἐσμεν εὐω- 2 Cor. ii. 15, 14
δία.¹ καὶ πάλιν· καὶ τὴν ὀσμὴν τῆς γνώσεως αὐτοῦ ¹ᵃ φανε-
ροῦντι εἰς ἡμᾶς. καὶ φωνὴ αὐτοῦ φησιν, ὡς φωνὴ ὑδάτων πολ- (Apoc. i. 15 *fin*.)
λῶν·² καὶ εἰκότως· πῶς γὰρ ἂν ἔφθασεν εἰς πᾶσαν τὴν
γῆν ὁ φθόγγος αὐτοῦ,³ καὶ εἰς τὰ πέρατα τῆς οἰκουμένης
τὸ περὶ αὐτοῦ κήρυγμα, εἰ μὴ ἐξάκουστος ἦν; οὐ τῇ αἰσ-
θητῇ μεγαλοφωνίᾳ, ἀλλὰ τῇ τοῦ κηρύγματος δυνάμει. καὶ (Apoc. i. 16)
ἔχων φησὶν ἐν τῇ δεξιᾷ αὐτοῦ ἀστέρας ἑπτά.⁴ τούτους τοὺς
ἀστέρας προιὼν⁵ αὐτὸς ἑρμηνεύει, τῶν ἑπτὰ ἐκκλησιῶν
αὐτοὺς⁶ εἰπὼν ἀγγέλους, περὶ ὧν ὁ θεσπέσιος ἔφη Γρηγόριος
ἐν τῇ τῶν ἐπισκόπων παρουσίᾳ πρὸς δὲ τοὺς ἐφεστῶτας
ἀγγέλους· πείθομαι γὰρ ἄλλον ἄλλης προστατεῖν ἐκκλησίας· Gregorius
ὡς Ἰωάννης διδάσκει⁷ διὰ τῆς ἀποκαλύψεως. ἀστέρας δὲ
οἶμαι καλεῖ τοὺς ἁγίους ἀγγέλους διὰ τὸν δαψιλῆ φωτισμὸν
τὸν ἐν αὐτοῖς τοῦ Χριστοῦ· ἐν δὲ τῇ δεξιᾷ εἰσιν. τῆς γὰρ
τιμιωτάτης στάσεως ἠξίωνται παρὰ Θεῷ καὶ οἷον ἐπανα-
παύονται τῇ χειρὶ τοῦ Θεοῦ⁸ καὶ ἐκ τοῦ στόματος αὐτοῦ (Apoc. i. 16)
φησιν⁹ ῥομφαία ὀξεῖα¹⁰ δίστομος ἐκπορευομένη. ὁ μὲν οὖν
θεσπέσιος Δαυὶδ¹¹ περιζῶσαί φησιν πρὸς τὸν Κύριον τὴν Psa. xliv. 4
ῥομφαίαν σου ἐπὶ τὸν μηρόν σου, δυνατέ. οὕτω γὰρ ἡμῖν τότε
τοὺς εὐαγγελικοὺς ἐνετέταλτο νόμους <τηρεῖν>¹² οὓς τὸ
παραβαίνειν ἦν ὀλέθριον· διὸ ἀναβολὴν κολάσεως ἡ τοπικὴ
θέσις παρεδήλου τοῦ μηροῦ· οὐ γὰρ ἦν ἑτοιμοτάτη πρὸς
σφαγήν. νῦν δὲ ἐκ τοῦ στόματος ἐκπορεύεται ἡ ῥομφαία,
σημαίνοντος τοῦ αἰνίγματος, ὅτι δὴ οἱ ἀπειθεῖς περὶ τὰ εὐαγ-
γελικὰ προστάγματα τὸν εἰς ψυχὴν ἕξουσι κίνδυνον διχοτο-
μούμενοι τῇ ῥομφαίᾳ· ὃ δή φησιν ἐν Εὐαγγελίοις¹³ ὁ
Κύριος, τοῦτο δηλῶν· καὶ ὁ ἀπόστολος ἔλεγεν· ζῶν γὰρ ὁ Hebr. iv. 12
λόγος τοῦ Θεοῦ, καὶ ἐνεργὴς καὶ τομώτερος ὑπὲρ¹⁴ μάχαιραν

---

¹ εὐωδία; *codd*.
¹ᵃ αὐτοῦ τῆς γνώσεως 203
² καὶ φωνὴ ... πολλῶν *om*. 240
³ αὐτῶν 203
⁴ *om. claus*. 203 240
⁵ πρωιὼν 146
⁶ *om*. αὐτοὺς 203 240
⁷ *add*. με 203 240
⁸ τοῦ ἰυ̅· 203 [*non* 240] τοῦ Θεοῦ; 146
⁹ *om*. φησιν 203 240
¹⁰ *om*. ὀξεῖα 203 240
¹¹ δ ἀδ *mss*.
¹² <τηρεῖν> *suppl*. (*Blake*)
¹³ εὐαγγελίῳ 203 [*non* 240]
¹⁴ *add*. πᾶσαν 203 240

δίστομον κατὰ τῶν ἀπειθούντων, δῆλον ὅτι τὴν ἀπειλὴν ἀνατεινόμενος. ὅθεν καὶ ὀξεῖα αὕτη τῷ Ἰωάννῃ γέγραπται·¹ ὃ ταὐτόν ἐστιν τῷ παρὰ τῷ Παύλῳ τομωτάτῃ.²

(Apoc. i. 16 fin.) ἡ ὄψις αὐτοῦ φησιν ὡς²ᵃ ἥλιος φαίνει τῇ δυνάμει αὐτοῦ. καλῶς

Mal. iv. 2 ὡς ὁ ἥλιος· ἥλιος γάρ³ ἐστιν δικαιοσύνης ὁ Κύριος κατὰ τὸν

2 Cor. iv. 6 προφήτην Μαλαχίαν· ἀλλ' ὅπως μὴ νομίσῃς τὸν φωτισμὸν

Jo. i. 9 τοῦ προσώπου⁴ Χριστοῦ, ὃς φωτίζει πάντα ἄνθρωπον ἐρχόμενον εἰς τὸν κόσμον σῶμα εἶναι διαφανὲς καὶ φωτίζον αἰσθητῶς, ἐπήγαγεν τῇ δυνάμει αὐτοῦ, ὡσεὶ ἔλεγεν· νοητόν ἐστι

Col. i. 29 τὸ φῶς τοῦ Χριστοῦ, δυνάμει ἐνεργούμενον, οὐκ ὄψιν σωματι-
(Eph. iii. 20) κήν, ψυχῆς δὲ ὀφθαλμοὺς καταλάμπον.⁵

Apoc. i. 17 καὶ ὅτε φησὶν⁶ εἶδον αὐτόν, ἔπεσα⁷ εἰς⁸ τοὺς πόδας αὐτοῦ ὡς νεκρός. καὶ ἔθηκεν τὴν δεξιὰν αὐτοῦ ἐπ' ἐμὲ λέγων,⁹ ἐγώ

18 εἰμι¹⁰ ὁ πρῶτος καὶ ὁ ἔσχατος, καὶ ὁ ζῶν, καὶ ἐγενόμην¹¹ νεκρός, καὶ ἰδοὺ ζῶν εἰμι εἰς τοὺς αἰῶνας τῶν αἰώνων, καὶ ἔχω

19 τὰς κλεῖς τοῦ θανάτου καὶ τοῦ ᾅδου.¹² γράψον οὖν ἃ εἶδες καὶ ἅ εἰσιν, καὶ ἃ μέλλει γίνεσθαι μετὰ ταῦτα.

ἔθος τοῖς ἁγίοις προφήταις ὁρῶσιν ὀπτασίαν καταπλήττεσθαι καὶ τὴν ἀνθρωπίνην ἀσθένειαν ἐνδείκνυσθαι·¹³ καὶ ὅσα¹⁴ τὰ Θεῖα τῶν ἀνθρωπίνων ὑπερανέστηκεν καὶ ἀσυγκρί-

cf. Jos. i. 9 τοις διαφοραῖς ὑπερτερεῖ¹⁵ τοῦτο καὶ Ἰησοῦν ἴσμεν πεπον-
cf. Dan. vii. 15, θότα τὸν τοῦ Ναυὴ¹⁶ ὅταν εἶδεν τὸν ἀρχιστράτηγον τῆς παρα-
28, viii. 27 τάξεως Κυρίου, καὶ τὸν ἄνδρα τῶν ἐπιθυμιῶν τὸν Δανιὴλ ἐν

(Apoc. i. 17) ταῖς ὁραθείσαις αὐτῷ ὀπτασίαις. ἐγὼ μὲν οὖν ἔπεσα¹⁷ πρὸς τοὺς πόδας αὐτοῦ νεκρός φησιν ὁ εὐαγγελιστὴς τῇ θέᾳ καταπλαγείς. ὁ δὲ ἔθηκεν τὴν δεξιὰν αὐτοῦ ἐπ' ἐμὲ λέγων, μὴ φοβοῦ. οὐκ ἂν ἴσχυσεν ὁ ἱερὸς Ἰωάννης ζῆν ἐκ τῆς καταπλήξεως¹⁸ μὴ τῆς σωτηρίου δεξιᾶς τοῦ υἱοῦ τοῦ Θεοῦ προσα-

---

¹ ἀναγέγραπται 203 240
² add καί 203 240
²ᵃ add. ὁ 203 240 iterum
³ om. ἥλιος γάρ 203 240
⁴ τοῦ δεσπότου 240
⁵ ὀφθαλμὸν καταλείφει ? 240
⁶ om. φησὶν 203 240
⁷ ἔπεσον 203 240
⁸ πρὸς pro εἰς 203 240
⁹ add. μὴ φοβοῦ 203 240.
¹⁰ om. εἰμι 203 240
¹¹ add. ὡς 203 240
¹² τοῦ ᾅδου καὶ τοῦ θανάτου 203 240 ut. text rec. contra mss. plur.
¹³ καταπλήττεσθαι τὴν ἀνθρ. ἀσθ. ἐνδεικνυμένοις 203 240
¹⁴ ὅσον 203 240
¹⁵ ὑπεραίρει 203 240
¹⁶ Ναυΐ 146
¹⁷ ἔπεσον 203 [non 240]
¹⁸ om. ἐκ τῆς καταπλήξεως 240 [habet 203]

TEXT AND COMMENTARY

ψαμένης αὐτοῦ,[1] τῆς πλεῖστα ὅσα μόνῃ τῇ ἁφῇ ἐργασαμένης τεράστια· καί φησιν πρός με **ἐγώ εἰμι ὁ πρῶτος καὶ ὁ** (Apoc. i. 17) **ἔσχατος**· ὡσεὶ ἔλεγεν· ἐγώ εἰμι ὁ ἐπὶ σωτηρίᾳ πάντων ὑμῶν ἐπ' ἐσχάτων τοῦ αἰῶνος καιρῶν συναναστραφεὶς ὑμῖν μετὰ σαρκός, καίτοι πρῶτος ὢν καὶ πρωτότοκος[1a] πάσης κτίσεως. πῶς οὖν οἷόν τέ σέ τι[2] παθεῖν κακὸν ἐκ τῆς ἐπιφανείας μου; εἰ γὰρ ζῶν καὶ **πηγὴ ζωῆς** ὑπάρχων δι' ὑμᾶς[3] (Apoc. xxi. 6) ἐγενόμην νεκρὸς καὶ αὖθις ἀνεβίων[4] πατήσας τὸν θάνατον, πῶς οἷόν τέ σε τὸν ζῶντα δι' ἐμὲ καὶ τὴν ἐμὴν ὀπτασίαν γένεσθαι νεκρόν; εἰ δὲ **καὶ ἐγὼ ἔχω τὰς κλεῖς τοῦ θανάτου** (Apoc. i 18 fin.) **καὶ τοῦ ᾅδου**, ἵν' οὓς ἂν θέλω θανατώσω καὶ ζωογονήσω, κατάξω[5] εἰς ᾅδου καὶ ἀνάξω κατὰ τὸ περὶ ἐμοῦ γεγραμμένον, καὶ ἐμαί εἰσιν, ὡς ὁ προφήτης φησὶν **αἱ διέξοδοι τοῦ** Psa. lxvii. 21 **θανάτου**, οὐκ ἂν τοὺς ἐμοὺς προσκυνητὰς καὶ μαθητὰς εἰς πρόωρον παραπέμψοιμι θάνατον. ἐπεὶ οὖν οὐ τεθνήξει,[6] φησὶν· **γράψον ἃ εἶδες καὶ ἅ εἰσιν, καὶ**[7] **μέλλει γίνεσθαι**. ἐν (Apoc. i. 19) τῷ εἰπεῖν ἅ εἰσιν, δηλοῖ τά τε παρεληλυθότα καὶ ἐνεστῶτα· ἐν δὲ τῷ λέγειν ἃ μέλλει γίνεσθαι, τὰ μέλλοντα. τῶν γὰρ ὁραθέντων[8] ἐν τῇ ὀπτασίᾳ τῷ ἁγίῳ[9] τὰ μὲν ἦν ἤδη γεγονότα ἅτινα εἰ καὶ πέρας εἰλήφει οὐ μὴν εἰς ἀνυπαρξίαν ἦν[10] κεχωρηκότα· διὸ καὶ περὶ αὐτῶν εἶπεν ἅ εἰσιν τὰ δὲ παρῆν· τὰ δὲ γίνεσθαι ἔμελλεν, ὡς προιὼν ὁ λόγος ἐπιδείξει.

τὸ μυστήριόν φησι[11] **τῶν ἑπτὰ ἀστέρων οὓς εἶδες ἐπὶ τὴν** Apoc. i. 20 **δεξιάν μου, καὶ τὰς ἑπτὰ λυχνίας τὰς χρυσᾶς. οἱ ἑπτὰ ἀστέρες ἄγγελοι τῶν**[12] **ἐκκλησιῶν εἰσιν· καὶ αἱ ἑπτὰ λυχνίαι**,[13] **ἑπτὰ ἐκκλησίαι εἰσίν**.[14]

ἐπεὶ οὖν αὐτῷ διεσάφησεν τίνες τέ εἰσιν οἱ ἀστέρες καὶ τίνες αἱ λυχνίαι, λοιπὸν λέγει[15] ἃ δεῖ πρὸς ἑκάστην τῶν

---

[1] αὐτῶ 203 [non 240 ut vid.]
[1a] Cf. Ag^r πρωτότοκος pro πρωτος.
[2] ὅτι pro σέ τί 146
[3] δι' ὑμᾶς 203 240, δι' ἡμᾶς 146
[4] ἀνεβίωτος (?) 240 [non 203]
[5] καὶ τάξω 203 [non 240]
[6] τεθνήξῃ 203 240 qui om. οὐ
[7] add. ἃ 240 [non 203]
[8] ὁρασάντων, ut vid. 146
[9] τῶν ἁγίων 203 [non 240]
[10] om. ἦν 203 240
[11] om. φησι 203 240
[12] add. ἑπτὰ 203 240 in schol. [non in textu]
[13] add. αἱ in textu 203 240 et schol.
[14] om. claus. ult. cod. 240 in schol. sed habet in textu [non ita 203]
[15] om. λέγει 203 240

ἐκκλησιῶν μαρτύρασθαι, καὶ ὅπως τὴν μὲν τέλεον ἔξω βαίνουσαν τοῦ θείου σκοποῦ ἐν αἰτιάσει ποιήσασθαι· τὰς¹ δὲ ἐν μέρει μὲν φυλαττούσας² τῶν εὐαγγελικῶν νόμων³ τὴν ἀκρίβειαν ἐπαινέσαι. ἐν δὲ ἑτέροις πταιούσας⁴ ἐπιδιορθώσασθαι,⁵ δηλοῖ τῷ θεσπεσίῳ εὐαγγελιστῇ κατάλληλον ἑκάστῃ τῶν ἐκκλησιῶν φάρμακον τὸν λόγον καὶ τὴν διδασκαλίαν διαπέμψασθαι προστεταχὼς ὁ πάντας⁶ θέλων σωθῆναι Χριστὸς καὶ τῶν οἰκείων ἀγαθῶν κληρονόμους γενέσθαι βουλόμενος καὶ μετόχους· αὐτῷ ἡ δόξα εἰς τοὺς αἰῶνας τῶν αἰώνων, ἀμήν.

Λόγος δεύτερος⁷

Ὁ μὲν δὴ πρῶτος ἆθλος τῶν ἐμῶν λόγων τε καὶ ἑρμηνειῶν τετέλεσται· νῦν αὖθ' ἕτερον βλητέον σκοπὸν δεικνύντα τίς ἡ⁸ τῶν ἐκκλησιῶν παραίνεσις. πρώτῃ τοιγαροῦν τῇ ἐν Ἐφέσῳ ἐκκλησίᾳ ὡς προκαθεζομένῃ τῆς λοιπῆς Ἀσίας γράψαι διακελεύεται, οὕτω πως λέγων·⁹

Apoc. ii. 1 τῷ ἀγγέλῳ τῆς ἐν Ἐφέσῳ ἐκκλησίας¹⁰ γράψον· τάδε λέγει ὁ κρατῶν τοὺς ἑπτὰ ἀστέρας ἐν τῇ δεξιᾷ αὐτοῦ,¹¹ ὁ περιπατῶν ἐν
2 μέσῳ τῶν ἑπτὰ λυχνιῶν τῶν χρυσῶν· οἶδά σου τὰ ἔργα¹² καὶ τὸν κόπον¹³ καὶ τὴν ὑπομονήν,¹⁴ καὶ ὅτι οὐ δύνασαι βαστάσαι¹⁵ κακούς, καὶ ἐπείρασας τοὺς λέγοντας ἑαυτοὺς ἀποστό-
3 λους,¹⁶ καὶ οὐκ εἰσίν, καὶ εὗρες αὐτοὺς ψευδεῖς· καὶ ὑπομονὴν

---

¹ τὴν *pro* τὰς 203 240
² φυλάττουσαν 203 240
³ τὸν εὐαγγελικὸν νόμον 146
⁴ πταίοντας *codd.*
⁵ διορθώσασθαι 240 [*non* 203]
⁶ πάντα 240 (?)
⁷ *om.* λόγος δεύτερος 203 240
⁸ ἦν *cod* 240
⁹ *In cod.* 155 *additur* τῷ ἀγγέλῳ τῆς ἐν Ἐφέσῳ ἐκκλησίας γράψον· ὅθεν οἶμαι καὶ τὴν πρόρρησιν τῷ θείῳ μεγάλῳ ἱεράρχῃ Διονυσίῳ τῷ Ἀρεοπαγίτῃ πεπληρῶσθαι κατὰ τὴν ἐν τῇ φρουρᾷ τούτῳ τυγχάνοντι πε<μ>φθεῖσαν θείαν ἐπιστολήν. τοίνυν τὰ πολλὰ προβεβηκότα καὶ παρελθόντα τῆς θείας ταύτης ἀποκαλύψεως παρεάσας, †ἀπὸ τὸ μεσέτατον† τοῦ ὀγδόου λόγου τὰ τ' ἐνεστῶτα καὶ μέλλοντα, ὡς ψυχωφελῆ καὶ ἀγαθὰ, καὶ τῶν κακῶν ἐκκοπτικὰ καὶ τῆς αἰωνίου καὶ μακαρίας ζωῆς ἐπικερδῆ γράψαι σὺν Θεῷ καὶ τοῖς φιλομαθέσι προσθῆναι ἐπήγομαι· λέγει γάρ. [*Seq.* xv. i] †*legendum* ἀποτομώτατον*?* (Blake)
¹⁰ *om.* ἐκκλησίας 240 *in textu* [*Habet in schol.*] *Habet in textu* 203
¹¹ *add.* χειρί *in loco* αὐτοῦ 203 240 *in textu sed non in schol.*
¹² τὰ ἔργα σου 203 240 *in textu*
¹³ *add.* σου 203 240 *in textu*
¹⁴ *add.* σου 203 240 *in textu*
¹⁵ δυνήσῃ βαστάξαι 240 *in textu* δύνῃ βαστάξαι 203 *in textu*
¹⁶ *add.* εἶναι 203 240 *in textu*

ἔχεις καὶ ἐβάστασας¹ διὰ τὸ ὄνομά μου, καὶ οὐκ ἐκοπίασας.²
ἀλλὰ ἔχω κατὰ σοῦ, ὅτι τὴν ἀγάπην σου τὴν πρώτην³ ἀφῆκας. Apoc. ii. 4
μνημόνευε⁴ οὖν πόθεν πέπτωκας⁵ καὶ μετανόησον καὶ τὰ 5
πρῶτα ἔργα ποίησον ἐν δικαιοσύνῃ· ⁶ εἰ δὲ μή, ἔρχομαί σοι,⁷
καὶ κινήσω τὴν λυχνίαν σου ἐκ τοῦ τόπου αὐτῆς, ἐὰν μὴ μετανοήσῃς. ἀλλὰ τοῦτο ἔχεις ἀγαθόν,⁸ ὅτι μισεῖς τὰ ἔργα τῶν 6
Νικολαϊτῶν, ἃ κἀγὼ μισῶ. ὁ ἔχων οὖς ἀκουσάτω τί τὸ 7
Πνεῦμα λέγει ταῖς ἐκκλησίαις. τῷ ἀκούοντι⁹ δώσω αὐτῷ
φαγεῖν ἐκ τοῦ ξύλου τῆς ζωῆς, ὅ ἐστιν ἐν¹⁰ παραδείσῳ τοῦ
Θεοῦ μου.

ἄγγελον τῆς Ἐφέσου¹¹ ἐκκλησίας περιφραστικῶς ἔφη τὴν
ἐν Ἐφέσῳ ἐκκλησίαν. οὐ γὰρ ὁ ἄγγελος αὐτοῦ ὁ προστατῶν τῆς ἐκκλησίας ἡμαρτήκει τι, ὡς δεῖσθαι τοῦ ἀκούειν¹²
μετανόησον,¹³ ὁ ἁγιώτατος καὶ διὰ τοῦτο εἷς τε τὴν δεξιὰν
τοῦ Κυρίου ὑπάρχων,¹⁴ δεῖγμα τοῦτο φέρων τῆς κατὰ τὴν
φύσιν αὐτοῦ καθαρότητος καὶ φωτοειδοῦς μαρμαρυγῆς. τίς
δὲ ἦν καὶ χρεία τοῦ λέγειν τὸν χρηματίζοντα τῷ εὐαγγελιστῇ γράψον αὐτῷ; παρῆν γὰρ καὶ ἤκουεν¹⁵ τῶν λεγομένων ὁ
θεῖος ἄγγελος· ἐν γὰρ τῇ δεξιᾷ ἦν τοῦ διαλεγομένου, καὶ
τέλος αὐτὸς ἑρμηνεύων ὁ ἅγιος τὴν ὀφθεῖσαν αὐτῷ θεωρίαν,
φησίν· ὁ ἔχων οὖς, ἀκουσάτω τί τὸ Πνεῦμα λέγει ταῖς ἐκκλησί- (Apoc. ii. 7)
αις· οὐ γὰρ εἶπεν τοῖς ἀγγέλοις τῶν ἐκκλησιῶν, ἀλλὰ ταῖς
ἐκκλησίαις. οὕτως οὖν¹⁶ καὶ ἐν τοῖς λοιποῖς¹⁷ νοήσεις ἔνθα
ἂν εὕρῃς, γράψον τάδε τῷ ἀγγέλῳ τῆσδε τῆς ἐκκλησίας ὅτι
οὐ περὶ τοῦ ἀγγέλου, ἀλλὰ περὶ τῆς ἐκκλησίας ποιεῖται τοὺς
λόγους. τί δὲ κελεύει γραφῆναι τῇ ἐν¹⁸ Ἐφέσῳ ἐκκλησίᾳ;

---

¹ καὶ ἐβάστασας καὶ ὑπομονὴν ἔχεις 203 240 *in textu*
² *om.* καὶ οὐκ ἐκοπίασας 203 240 *in textu*
³ σου *post* πρώτην 203 240 *in textu*
⁴ μνημόνευσον 203 240 *in textu*
⁵ ἐκπέπτωκας 203 240 *in textu*
⁶ *om.* ἐν δικαιοσύνῃ 203 240 *in textu*
⁷ *add.* ταχύ 203 240 *in textu*
⁸ *om.* ἀγαθὸν 203 240 *in textu, sed vide schol.*
⁹ νικῶντι 203 240 *in textu*
¹⁰ *add.* τῷ 203 240
¹¹ τῆς ἐφέσου 203 240. τῆς τῆς Ἐφέσῳ 146 *per dittogr.*
¹² *om.* τοῦ ἀκούειν 203 240
¹³ μετανοήσεως 203 240
¹⁴ *add.* καὶ ἀστὴρ ὑπάρχων 240 *post* ὑπάρχων [*non* 203]
¹⁵ ἤκουσε 203 240
¹⁶ οὕτω γοῦν 203 240
¹⁷ ἐν ταῖς λοιπαῖς 203 [*non* 240]
¹⁸ *om.* ἐν codd.

(Apoc. ii. 1) τάδε λέγει¹ ὁ κρατῶν τοὺς ἑπτὰ ἀστέρας ἐν τῇ δεξιᾷ αὐτοῦ, ὁ περιπατῶν ἐν μέσῳ τῶν ἑπτὰ λυχνιῶν τῶν χρυσῶν. ὅμοιον τῷ εἰπεῖν, τάδε λέγει ὁ περιέπων² καὶ διακρατῶν καὶ συνέχων τούς τε ἐν οὐρανῷ ἁγίους ἀγγέλους — οὗτοι γὰρ οἱ³ ἑπτὰ ἀστέρες — καὶ τοὺς ἐπὶ γῆς ἀνθρώπους. οὗτοι γὰρ αἱ ἑπτὰ λυχνίαι καθὼς πρόσθεν⁴ εἴρηται· ὅτι γὰρ ἐν μέσῳ τῶν σεβομένων αὐτῷ⁵ περιπατεῖ καὶ διὰ τοῦ προφήτου φησίν·

Lev. xxvi. 12
(2 Cor. vi. 16)   ἐνοικήσω ἐν αὐτοῖς καὶ ἐμπεριπατήσω. οἶδά σού φησιν τὰ ἔργα
(Apoc. ii. 2)   καὶ τὸν κόπον καὶ τὴν ὑπομονήν, καὶ οὐδὲν⁶ ὧν πράττεις ἀγαθῶν
Job xxxiv. 21   λέληθέ με· τὸν πλάσαντα κατὰ μόνας τὰς καρδίας ὑμῶν, τὸν
Psa. xxxii. 15   συνιέντα εἰς πάντα τὰ ἔργα ὑμῶν καὶ ὅτι οὐ δύνασαί φησιν
(Apoc. ii. 2 fin.) βαστάσαι⁷ κακούς, μισοπόνηρον ἦθος κεκτημένη. καὶ ἐπείρασας τοὺς λέγοντας ἑαυτοὺς ἀποστόλους, καὶ οὐκ εἰσὶν καὶ εὗρες ὡς ψευδεῖς. θεῖον ἐπλήρουν οἱ ἐν Ἐφέσῳ παράγγελμα·

1 Jo. iv. 1   μὴ παντὶ πνεύματι πιστεύειν, δοκιμάζειν δὲ τὰ πνευματικά, εἰ ἐκ τοῦ Θεοῦ εἰσιν. διὸ ἐπείραζον τοὺς ἐν αὐτοῖς τὸ Εὐαγγέλιον κηρύσσοντας καὶ πειράσαντας· εὗρόν τινας ψευδαποστόλους νόθα παραδιδόντας δόγματα, λέγει δὲ τοὺς περὶ Κόρινθον⁹ οἳ συγχρονίσαντες τῷ εὐαγγελιστῇ καταγγελεῖς

(Apoc. ii. 3)   βεβήλων ὑπῆρχον¹⁰ δογμάτων. καὶ ὑπομονὴν φησιν ἔχεις, καὶ ἐβάστασας διὰ τὸ ὄνομά μου καὶ οὐκ ἐκοπίασας, καὶ μάλα
(Gal. vi. 2)   πρεπόντως· εἴρηται γὰρ ἀλλήλων τὰ βάρη βαστάζετε καὶ
(Apoc. ii. 4)   οὕτως ἀναπληρώσατε τὸν νόμον τοῦ Θεοῦ·¹¹ ἀλλὰ ἔχω φησιν
(Apoc. ii. 5)   κατὰ σοῦ, ὅτι τὴν ἀγάπην σου τὴν πρώτην ἀφῆκας.¹² μνημόνευε οὖν πόθεν πέπτωκας καὶ μετανόησον, καὶ τὰ πρῶτα ἔργα ποί-
cf. Job xxxiv. 21   ησον ἐν δικαιοσύνῃ.¹³ ὥσπερ¹⁴ φησιν οὐ λέληθέ με τὰ ἀγαθά σου τῶν πράξεων· οὕτως οὐδὲ ὅτι τὴν εἰς τοὺς¹⁵ δεομένους

---

¹ add. φησι codd.
² περιπατῶν 203 240
³ add. ἐν οὐρανῷ 203 240
⁴ ἔμπροσθεν 203 240
⁵ αὐτὸν pro αὐτῷ 203 240
⁶ οὐδὲ 146
⁷ οὐ δυνάσῃ φησιν βαστάξαι 240 οὐ δύνασαι φησὶν βαστάξαι 203
⁸ διδάγματα 203 240
⁹ Κέρινθον ut vid. 240, Κήρινθον 203
¹⁰ ὑπῆρχον βεβήλων 203 240
¹¹ τοῦ Χριστοῦ 203 240
¹² ἠθέτησας pro ἀφῆκας 203 [non 240]
¹³ Sic quoque in schol. 203 240 add. ἐν δικαιοσύνῃ
¹⁴ ὡς pro ὥσπερ 203
¹⁵ εἰς τὴν τοὺς δεομ. 240 [non 203]

ἀγάπην ἐνέκοψας. ἐπάνελθε οὖν εἰς [1] τὴν προτέραν εὐποιίαν
διδαχθεῖσα παρ' ἐμοῦ τί ἐνέλειψας. εἰδὲ μὴ ἐπιστρέψεις (Apoc. ii. 5 fin.)
φησὶν ὅθεν ἐξῆλθες, ἔρχομαί σοι καὶ μετακινήσω [2] τὴν λυχνίαν
σου ἐκ τοῦ τόπου αὐτῆς, ἐὰν μὴ μετανοήσῃς· τὸ ἔρχομαί σοι,[3]
οὐ μεταβατικὸν δηλοῖ κίνησιν πάντα [4] πληροῦντος Θεοῦ,
ἀλλὰ τὴν οἷον ἐκ μακροθυμίας πρὸς κόλασιν ἐπιστροφήν.
τὴν δὲ μετακίνησιν τῆς λυχνίας ἤτοι τῆς ἐκκλησίας, τὴν
ἑαυτοῦ φησιν ἐγκατάλειψιν ἧς γενομένης κατὰ τῶν ἁμαρτα-
νόντων, ἐν παντὶ γίνονται σάλῳ καὶ ταραχῇ, ὡς καὶ λέγειν·
ἐταράχθη ἐν θυμῷ ὁ ὀφθαλμός μου· καὶ ἐταράχθη ἡ καρδία μου Psa. xxx. 10,
ἐν ἐμοί· ἀλλὰ τοῦτό φησιν ἔχεις [5] ἀγαθόν, ὅτι [6] **μισεῖς τὰ ἔργα** xxxvii. 11, liv.
τῶν Νικολαϊτῶν, ἃ κἀγὼ μισῶ. τῶν δύο κατορθωμάτων 5, cviii. 22,
μέσην [7] τέθεικεν αὐτῶν τὴν ἁμαρτίαν, ἵνα ἐκ τῶν ἐν [8] τοῖς cxlii. 4
ἄκροις ἐπαίνων τὴν ἐν τοῖς [9] μέσοις ἐπιτίμησιν παραμυ-
θήσηται ἵνα μήτις τῇ περισσοτέρᾳ λύπῃ καταποθῇ. ὁ δὲ
γε Νικόλαος οὗτος περὶ οὗ νῦν ὁ λόγος, αἱρεσιάρχης
γέγονεν [10] βλάσφημος [11] καὶ βδελυρός. τοὺς οὖν ἐξ αὐτοῦ
καταγομένους [12] τῶν ἐκείνου κακῶν ἀποστρεφόμενοι οἱ ἐν
Ἐφέσῳ ἔπαινον εὗραν [13] τὸ παρὰ Χριστῷ. εἶτα μετὰ τὸν
χρηματισμὸν τὰ αὐτοῦ τίθησιν ὁ εὐαγγελιστὴς εἰπὼν
ὁ ἔχων οὖς, τουτέστι πειθήνιον, καὶ θείοις πειθαρχοῦν νόμοις, (Apoc. ii. 7)
ἀκουσάτω τί τὸ Πνεῦμα λέγει ταῖς ἐκκλησίαις. τὸ Πνεῦμα (Apoc. ii. 7)
εἶπεν, ἢ ὅτι ἐν πνεύματι τὰ τῆς ἀποκαλύψεως ἐνηργεῖτο, ἢ
πνεῦμα τὸν Χριστόν φησιν καθό ἐστι καὶ νοεῖται Θεός,
ὥσπερ ἀμέλει καὶ υἱὸς ἀνθρώπου χρηματίζει καθό ἐστι
καὶ νοεῖται ἄνθρωπος. πνεῦμα γὰρ εἴρηται καθόλου ἡ
θεότης, ὥς φησιν αὐτὸς ὁ Κύριος τῇ Σαμαρείτιδι προσλα-
λῶν· **πνεῦμα ὁ Θεὸς καὶ τοὺς προσκυνοῦντας αὐτόν, ἐν πνεύ-** Jo. iv. 24
ματι καὶ ἀληθείᾳ δεῖ προσκυνεῖν. τί οὖν λέγει τὸ Πνεῦμα;

---

[1] πρός *pro* εἰς 203 240
[2] *Non liquent* 203 240. *Habent* καὶ τὰ ἐξῆς *post* ἔρχομαί σοι
[3] σου 146
[4] πάντας *vel* παντός *cod.* 240 *ut vid.* [*non* 203]
[5] *add.* τὸ 240 [*non* 203]
[6] *add.* φησὶν 240 [*non* 203]
[7] μέσον 203 [*non* 240 *ut vid.*]
[8] ἐν *om.* 146
[9] αὐτοῖς *pro* ἐν τοῖς 240 [*non* 203]
[10] γέγονεν αἱρεσιάρχης 203 240
[11] *add.* καὶ πονηρὸς 203 [*non* 240]
[12] *add.* καὶ ζηλωτὰς γενομένους 203 240
[13] ἥυραν 203 [*non* 240]

(Apoc. ii. 7) τῷ νικῶντι δώσω αὐτῷ φαγεῖν ἐκ τοῦ ξύλου τῆς ζωῆς, ὅ ἐστιν ἐν τῷ παραδείσῳ τοῦ Θεοῦ μου· τροπικὸς ὁ λόγος· ξύλον γὰρ ζωῆς τὴν¹ μακαρίαν λέγει καὶ ἀτελεύτητον² ζωήν, ἧς οἱ ἅγιοι ἐν ἀπολαύσει γενήσονται ἐν τῇ τοῦ Θεοῦ βασιλείᾳ, ἣν νῦν Παράδεισον ἐκάλεσεν. ταύτης γὰρ ἄξιοί φησιν οἱ ἐνταῦθα τῶν πειρασμῶν νικηταὶ τοῦ ἐχθροῦ καὶ ἐκδικηταί.³ τὸ δέ γε εἰπεῖν τὸν Κύριον τοῦ Θεοῦ⁴ μου, μηδένα σκανδαλιζέτω· πρέπει γὰρ τῇ μετὰ σαρκὸς οἰκονομίᾳ πάντα τῶν ῥημάτων τὰ ταπεινά. καὶ γὰρ καὶ ἐν Εὐαγγελίῳ εἴρηκε·

Jo. xx. 17, cf. xiv. 28
πορεύομαι πρὸς τὸν πατέρα μου, καὶ πατέρα ὑμῶν καὶ Θεόν μου καὶ Θεὸν ὑμῶν. ταῦτα ἐν τῇ ἐκκλησίᾳ τῆς Ἐφέσου διεπέμψατο.

Apoc. ii. 8
καὶ τῷ ἀγγέλῳ δέ φησι τῆς ἐν Σμύρνῃ ἐκκλησίας γράψον· τάδε λέγει ὁ πρῶτος καὶ ὁ ἔσχατος, ὃς ἐγένετο νεκρὸς καὶ ἔζησεν·

9
οἶδά σου⁵ τὴν θλίψιν καὶ τὴν πτωχείαν, ἀλλὰ πλούσιος εἶ· καὶ τὴν βλασφημίαν⁶ τῶν λεγόντων ἑαυτοὺς Ἰουδαίους εἶναι,

10
καὶ οὐκ εἰσίν, ἀλλὰ συναγωγὴ τοῦ Σατανᾶ. μηδὲν φοβοῦ δι᾿ ἃ⁷ μέλλεις πάσχειν· ἰδού, μέλλει βάλλειν ὁ Διάβολος ἐξ ὑμῶν εἰς φυλακήν, ἵνα πειρασθῆτε· καὶ ἔχετε πειρασμὸν⁸ ἡμερῶν δέκα. γίνου πιστὸς ἄχρι⁹ θανάτου, καὶ δώσω σοι τὸν στέφα-

11
νον τῆς ζωῆς. ὁ ἔχων οὖς ἀκουσάτω τί τὸ Πνεῦμα¹⁰ λέγει ταῖς ἐκκλησίαις. ὁ νικῶν οὐ μὴ ἀδικηθῇ ἐκ τοῦ θανάτου τοῦ δευτέρου.

πρῶτον ἑαυτὸν ὁ Κύριος καλεῖ τῇ οὐσίᾳ τῆς θεότητος· ἔσχατον δέ γε τῇ ἐνανθρωπήσει καὶ τῇ μετὰ σαρκὸς οἰκο-

(Apoc. ii. 8) νομίᾳ. ὃς ἐγένετό φησιν νεκρὸς καὶ ἔζησεν· ὁ εἰς πεῖράν φησιν ἐλθὼν θανάτου, καὶ θανάτῳ¹ θανατώσας τὸν θάνα-

(Apoc. ii. 9) τον. οἶδά σου τὴν θλίψιν καὶ τὴν πτωχείαν, καὶ μὴ εἴπῃς κατὰ τοὺς ἀθετήσαντας Ἰουδαίους τι, ὅτι ἐνηστεύσαμεν καὶ οὐκ ἔγνως, ἐταπεινώσαμεν τὰς ψυχὰς ἡμῶν καὶ οὐ προσέ-

---

¹ add. verba illeg. 240 add. μὴ πρόσκαιρον ἀλλὰ 203
² καὶ ἀτελεύτητον λέγει 203 240
³ ἐκδικητοῦ 203 [non 240 vid.]
⁴ τὸν θεόν 203 240
⁵ add. τὰ ἔργα καὶ 203 240 in textu, sed non in comm.
⁶ add. ἐκ 203 240
⁷ ἃ, non δι᾿ ἃ 203 240 in textu, clausulam non habent schol.
⁸ ἕξετε θλίψιν 203 240
⁹ μέχρι 203 240
¹⁰ add. τὸ ἅγιον 203 [non 240]
¹¹ om. θανάτῳ 203 240

σχες. ἀλλὰ πλούσιος εἶ φησιν ὡς Χριστὸν ἔχων τὸν πλού- (Apoc. ii. 9)
σιον σκεπαστήν, εἰ καὶ ἐπτώχευσε δι' ἡμᾶς μορφὴν δούλου Phil. ii. 7
λαβών,¹ καὶ τὴν βλασφημίαν τῶν νόθων Ἰουδαίων, Ἰούδας (Jud. ver. 4, 18)
ἐξομολόγησις ἑρμηνεύεται. οἱ οὖν ἀληθεῖς Ἰουδαῖοι, καὶ
ὁ νοητὸς Ἰσραὴλ εἴησαν ἄν² οἱ Χριστῷ ἐξομολογούμενοι,
καὶ Ἰσραὴλ οἱ, †νῶ†, τὸν Θεὸν ὁρῶντες. οὐ γὰρ ὁ ἐν τῷ Rom. ii. 28
φανερῷ Ἰουδαῖός ἐστιν, οὐδὲ ἡ ἐν τῷ φανερῷ ἐν σαρκὶ περι-
τομὴ εὐάρεστος τῷ Θεῷ, ὥς φησιν ὁ Παῦλος, ἀλλ' ὁ ἐν τῷ Rom. ii. 29
κρυπτῷ Ἰουδαῖος καὶ περιτομὴ καρδίας καὶ οὐ σαρκός. οἱ
οὖν τῇ ἀπιστίᾳ παραμεμενηκότες Ἰουδαῖοι, συναγωγὴ τυγ-
χάνουσι βλάσφημος ὑπὸ τοῦ Σατανᾶ στρατηγούμενοι.
μηδὲν φοβοῦ φησιν δι' ἃ μέλλεις πάσχειν. ἰδοὺ μέλλει βάλ- (Apoc. ii. 10)
λειν ὁ Διάβολος ἐξ ὑμῶν εἰς φυλακὴν ἵνα πειρασθῆτε. καὶ
ἕξετε θλίψιν ἡμερῶν δέκα.³ καὶ γὰρ ἐνεργείᾳ τοῦ Διαβόλου⁴
κακοποιοῦσιν οἱ ἄνθρωποι τοὺς εὐσεβεῖς.⁵ ὁ δὲ Θεὸς συγ-
χωρεῖ, δοκιμωτέρους αὐτοὺς ἐργαζόμενος τοῖς πειρασμοῖς.
ἀλλὰ θαρσεῖτέ⁶ φησιν, ὠκύμορος ὑμῶν καὶ ὀλιγοχρόνιος ἡ
θλίψις. γίνου φησὶν πιστὸς ἄχρι θανάτου καὶ δώσω σοι τὸν (Apoc. ii. 10 fin.)
στέφανον τῆς ζωῆς.⁷ ἀληθὲς τοῦτο· καὶ γὰρ εἴρηται ὁ ὑπο- Matt. x. 22,
μείνας εἰς τέλος, οὗτος σωθήσεται, οὐ μὴν ὁ ῥίψασπις καὶ xxiv. 13,
πρὸς τοὺς ἀγῶνας μαλακισθείς. ὁ ἔχων οὖς, ἀκουσάτω τί τὸ Marc. xiii. 13
Πνεῦμα λέγει ταῖς ἐκκλησίαις. ὁ νικῶν οὐ μὴ ἀδικηθῇ ἐκ τοῦ (Apoc. ii. 11)
θανάτου τοῦ δευτέρου.⁸ ἀκριβὲς λίαν τὸ εἰρημένον· τῷ μὲν
γὰρ πρώτῳ θανάτῳ ὅς ἐστι χωρισμὸς ψυχῆς ἀπὸ σώματος,
πάντες ὁμοίως δίκαιοί τε καὶ ἁμαρτωλοὶ κάτοχοι γίνονται,
ἵν' ἡ θεία ἀπόφασις πέρας λάβῃ, γῆ εἶ,⁹ καὶ εἰς γῆν ἀπε- Gen. iii. 19
λεύσῃ· τῷ δὲ δευτέρῳ τῷ¹⁰ τῆς ἁμαρτίας ὃν¹¹ ὁ Κύριος ὀνο-
μάζει λέγων ἄφες τοὺς νεκροὺς θάψαι τοὺς ἑαυτῶν νεκρούς, οὐκ Matt. viii. 22,
ἂν ἀδικηθεῖεν οἱ νικηταὶ τῶν πειρασμῶν. Luc. ix. 60

---

¹ add. (ἀπὸ κοινοῦ τὸ οἶδα νοήσεις· οἶδά φησιν) 203 240
² ἦσαν pro εἴησαν ἄν 203 240
³ De hoc loco silent 203 240
⁴ σατανᾶ 203 240
⁵ εὐλαβεῖς 203 240
⁶ θωρρεῖτε 203. θαρρεῖτε ut vid. 240
⁷ Haec clausula tota apud 203 240 deëst
⁸ Haec clausula tota apud 203 240 deëst
⁹ ἦν 146
¹⁰ om. τῷ 203 240
¹¹ καθ' ὃν καὶ τοὺς ζῶντας τὴν σαρ-κικὴν ζωήν, νεκροὺς 203 240 (pro ὃν)

καὶ τῷ ἀγγέλῳ φησίν, τῆς ἐν Περγάμῳ ἐκκλησίας γράψον· τάδε λέγει ὁ ἔχων τὴν ῥομφαίαν τὴν δίστομον τὴν ὀξεῖαν· οἶδα ποῦ κατοικεῖς, ὅπου ὁ θρόνος τοῦ Σατανᾶ· καὶ κρατεῖς τὸ ὄνομά μου, καὶ οὐκ ἠρνήσω τὴν πίστιν μου καὶ ἐν ταῖς ἡμέραις[1] Ἀντίπας ὁ μάρτυς μου, ὁ πιστός μου,[2] ὃς ἀπεκτάνθη παρ᾽ ὑμῖν,[3] ὅπου ὁ Σατανᾶς κατοικεῖ·[4] ἀλλ᾽ ἔχω κατὰ σοῦ ὀλίγα· ἔχεις ἐκεῖ κρατοῦντας τὴν διδαχὴν Βαλαάμ, ὃς ἐδίδασκε τὸν Βαλὰκ βαλεῖν σκάνδαλον ἐνώπιον τῶν υἱῶν Ἰσραήλ, φαγεῖν εἰδωλόθυτα καὶ πορνεῦσαι. οὕτως ἔχεις καὶ σὺ κρατοῦντα τὴν διδαχὴν[5] τῶν Νικολαϊτῶν ὁμοίως.[6] μετανόησον· εἰ δὲ μή, ἔρχομαί σοι ταχύ, καὶ πολεμήσω μετ᾽ αὐτῶν ἐν[7] ῥομφαίᾳ τοῦ στόματός μου. ὁ ἔχων οὖς ἀκουσάτω τί τὸ Πνεῦμα λέγει ταῖς ἐκκλησίαις. τῷ νικῶντι δώσω αὐτῷ[8] ψῆφον λευκήν, καὶ ἐπὶ τὴν ψῆφον ὄνομα καινόν,[9] ὃ οὐδεὶς οἶδεν εἰ μὴ ὁ λαμβάνων.

καὶ τῇ ἐν Περγάμῳ φησὶν ἐκκλησίᾳ γράψεις· ἐγώ σοι λέγω, ὁ ἐν τῷ στόματί μου φέρων ξίφος,[10] ἵνα τοὺς παραβαίνοντας τὰ προστάγματά μου[11] ἐκδικήσω· τὸν γὰρ κίνδυνον τῶν οὐ πειθαρχούντων τοῖς θείοις κελεύσμασιν, ἡ ἐν τῷ στόματι ῥομφαία αἰνίττεται. κατοικεῖς φησιν εἰς τὸν θρόνον τοῦ Σατανᾶ. κατείδωλος μὲν γὰρ πᾶσα ἡ Ἀσία, μάλιστα δὲ ἡ Πέργαμος. ἀλλὰ καὶ τοιοῦτον μέν φησιν οἰκοῦσα τόπον, ἀνόθευτόν μου τὴν πίστιν ἐφύλαξας, μηδὲν ἐκτραπεῖσα τῇ τῶν πολλῶν ἐπὶ τὸ κακὸν συγκαταθέσει, ἀλλὰ καὶ ἀντειποῦσα ἐν ταῖς τῶν εἰδώλων ἡμέραις καὶ ἑορταῖς, ὡς ὁ πιστός μου μάρτυς ὁ ἐν τῷ ὀνόματί μου παρρησιασάμενός[12] φησιν, σὺ ὅσον ἧκεν ἐπὶ τοῖς ἐπιβουλεύουσιν, ἄχρι θανάτου ἤγγισας ἐμοί, φυλάττων τὸ γνήσιον. ἐπειδὴ δὲ ἅπτεται καὶ τῶν ἁγιωτάτων ὁμῶμος, καὶ πολλὰ

---

[1] add. μου 203, non 240
[2] om. μου 203 240
[3] παρ᾽ ὑμῶν 203, incert. 240
[4] οἰκεῖ 240
[5] τὴν διδαχὴν κρατοῦσα 203, τὴν διδαχὴν κρατοῦντα 240
[6] ὃ μισῶ 203 240 fin. peric.
[7] add. τῇ 203 240
[8] add. τοῦ μάννα τοῦ κεκρυμμένου καὶ δώσω αὐτῷ 203 204
[9] add. γεγραμμένον 203 240
[10] ξίφος φέρων 203 240
[11] add. τούτῳ 203 240
[12] add. ὡς 203 240

πταίομεν ἅπαντες κατὰ τὸ γεγραμμένον ὑμῖν καίτοι τοιούτοις οὖσιν, ἐγκαλεῖν φησιν ἔχω. ἔχεις γὰρ ἐκεῖ κρατοῦντας (Apoc. ii. 14-15)
τὴν διδαχὴν Βαλαάμ, ὃς ἐδίδασκεν τὸν Βαλὰκ¹ βαλεῖν σκάνδαλον ἐπὶ τῶν υἱῶν Ἰσραήλ, φαγεῖν εἰδωλόθυτα καὶ πορνεῦσαι, οὕτω καὶ σὺ ἔχεις τὴν διδαχὴν τῶν Νικολαϊτῶν ὁμοίως. τὸ μὲν οὖν² ἐδίδασκεν Βαλὰκ τὸ οἷον διδάσκαλος αὐτῷ ἐγίνετο³ δηλοῖ. ἡ δέ γε κατὰ τὸν Βαλαὰμ καὶ Βαλὰκ ἱστορία δήλη καθέστηκεν ἐν τοῖς Ἀριθμοῖς ἀναγεγραμμένη· βίβλος δὲ οἱ Num. xxii
Ἀριθμοὶ τοῦ σοφωτάτου Μωυσέως. ἱστορεῖ δὲ ὁ Ἰώσηππος⁴ Josephus, *Ant. Jud.* Lib. iv. Cap. 6
ὅτι συμβουλῇ τοῦ Βαλαὰμ ἐπεπέμφθησαν⁵ τῷ Ἰσραὴλ αἱ Μαδιανίτιδες εἰς πορνείαν, καὶ τὴν ἀπὸ Θεοῦ ἀποστασίαν αὐτοὺς ἐκκαλούμεναι. τοιαῦτά φησιν ποιοῦντας τοὺς ἀπὸ Νικολάου ἔχεις καὶ οὐ διώκεις ἀπὸ σοῦ. εἶτά φησιν μετανόησον· (Apoc. ii. 16)
εἰ δὲ μή, ἔρχομαί σοι ταχὺ καὶ πολεμήσω μετ' αὐτῶν ἐν ῥομφαίᾳ τοῦ στόματός μου. ὦ βάθος πλούτου καὶ σοφίας, καὶ cf. Rom. xi. 33
ἀγαθότητος Θεοῦ. οὐ γὰρ εἶπεν ἔρχομαί σοι καὶ πολεμήσω μετὰ σοῦ, ἀλλὰ πολεμήσω μετ' αὐτῶν, τῶν Νικολαϊτῶν δηλονότι. τῶν γὰρ ἐν Περγάμῳ ἐφείσατο ὡς πιστῶν καὶ εὐσεβῶν. ὁ ἔχων οὖς φησιν ἀκουσάτω τί τὸ Πνεῦμα λέγει ταῖς (Apoc. ii. 17)
ἐκκλησίαις. τῷ νικῶντι δώσω αὐτῷ τοῦ μάννα τοῦ κεκρυμμένου⁶ τοῦ μυστηρίου. περιφραστικῶς δὲ ἔφη δώσω αὐτῷ ἐμπλησθῆναι τῶν νοητῶν καὶ μελλόντων ἀγαθῶν. καὶ δώσω αὐτῷ (Apoc. ii. 17 *fin.*)
ψῆφον λευκήν· τουτέστιν νικῶσαν καὶ τῇ δόξῃ λαμπράν· καὶ ἐπὶ τῇ ψήφῳ ὄνομα καινόν, ὃ οὐδεὶς οἶδεν, εἰ μὴ ὁ λαμβάνων. εἴρηται γὰρ ἃ ὀφθαλμὸς οὐκ εἶδεν καὶ οὓς οὐκ ἤκουσεν⁷ καὶ ἐπὶ 1 Cor. ii. 9
καρδίαν ἀνθρώπου οὐκ ἀνέβη, ἃ ἡτοίμασεν ὁ Θεὸς τοῖς ἀγαπῶσιν (Es. lxiv. 4, lxv. 17)
αὐτόν.

καὶ τῷ ἀγγέλῳ τῆς ἐν Θυατείροις⁸ ἐκκλησίας γράψον· τάδε Apoc. ii. 18
λέγει ὁ υἱὸς τοῦ Θεοῦ, ὁ ἔχων τοὺς ὀφθαλμοὺς αὐτοῦ ὡς φλόγα

---

¹ seq. καὶ τὰ ἑξῆς *in* 203 *pro* βαλεῖν ... Νικολαϊτῶν, *post quod legitur*: ὁμοίως τὸ μὲν *sine interpunctione. Vbb.* βαλεῖν ... ἐδίδασκεν βαλάκ *om.* 240

² *om.* οὖν 240

³ ἐγένετο 203

⁴ Ἰώσηπος 203, *et (compendiis) ut vid.* 240

⁵ ἐπέμφθησαν 203

⁶ *vbb.* ὁ ἔχων ... κεκρυμμένου *om.* 203 240 *sed in schol. contin.* τοῦ μυστηρίου κ.τ.λ.

⁷ ἤκουσε 203 240, εἴκουσεν 146

⁸ τὴν ἐν θυατείρων 203, τῆς ἐν θυατείροις 240 *ut vid.* τοῖς ἐν θυατείροις 146

Apoc. ii. 19 πυρός, καὶ οἱ πόδες αὐτοῦ ὅμοιοι χαλκολιβάνῳ · οἶδά σου τὰ ἔργα καὶ τὴν ἀγάπην καὶ τὴν[1] πίστιν καὶ τὴν[2] διακονίαν καὶ τὴν ὑπομονήν σου, καὶ τὰ ἔργα σου, καὶ[3] τὰ ἔσχατα πλείονα
20 τῶν πρώτων. ἀλλὰ ἔχω κατὰ σοῦ, ὅτι ἀφεῖς[4] τὴν γυναῖκα Ἰεζάβελ, ἡ λέγουσα[5] ἑαυτὴν προφῆτιν, καὶ διδάσκει καὶ πλανᾷ τοὺς ἐμοὺς δούλους πορνεῦσαι καὶ φαγεῖν εἰδωλόθυτα.
21 καὶ ἔδωκα αὐτῇ χρόνον ἵνα μετανοήσῃ · καὶ οὐ θέλει μετα-
22 νοῆσαι[6] ἐκ τῆς πορνείας αὐτῆς. ἰδοὺ βάλλω[7] αὐτὴν εἰς κλίνην καὶ τοὺς μοιχεύοντας μετ' αὐτῆς εἰς θλῖψιν μεγάλην,
23 ἐὰν μὴ μετανοήσωσιν ἐκ τῶν ἔργων αὐτῆς. καὶ τὰ τέκνα αὐτῆς ἀποκτενῶ ἐν θανάτῳ · καὶ γνώσονται πᾶσαι αἱ ἐκκλησίαι ὅτι ἐγώ εἰμι ὁ ἐρευνῶν νεφροὺς καὶ καρδίας ·[8] καὶ δώσω
24 ὑμῖν ἑκάστῳ κατὰ τὰ ἔργα ὑμῶν.[9] ὑμῖν δὲ λέγω τοῖς λοιποῖς τοῖς ἐν Θυατείροις, ὅσοι οὐκ ἔχουσιν τὴν διδαχὴν ταύτην, οἵτινες οὐκ ἔγνωσαν τὰ βάθη[10] τοῦ Σατανᾶ ὡς λέγουσιν · οὐ
25 βάλλω ἐφ' ὑμᾶς ἄλλο βάρος · πλὴν ὃ ἔχετε κρατήσατε ἄχρι οὗ
26 ἐὰν[11] ἥξω. καὶ[12] ὁ νικῶν καὶ κρατῶν[13] ἄχρι τέλους τὰ ἔργα
27 μου, δώσω αὐτῷ ἐξουσίαν ἐπὶ τῶν ἐθνῶν · καὶ ποιμανεῖ αὐτοὺς ἐν ῥάβδῳ σιδηρᾷ, ὡς τὰ σκεύη τὰ κεραμικὰ συντριβήσεται,[14] ὡς
28 κἀγὼ εἴληφα παρὰ τοῦ πατρός μου · καὶ δώσω αὐτῷ τὸν
29 ἀστέρα τὸν πρωϊνόν. ὁ ἔχων οὖς, ἀκουσάτω τί τὸ Πνεῦμα λέγει ταῖς ἐκκλησίαις.

σαφέστερον[15] ποιεῖται τῆς οἰκείας προσηγορίας τὴν δήλω-
(Apoc. i. 18) σιν ὁ χρηματίζων τῷ εὐαγγελιστῇ. τάδε φησὶν λέγει ὁ υἱὸς τοῦ Θεοῦ, ὁ ἔχων τοὺς ὀφθαλμοὺς αὐτοῦ ὡς φλόγα πυρός, τὸ καταπληκτικὸν καὶ ἀπειλητικὸν κατὰ τῶν ἁμαρτανόντων
(Apoc. i. 18 fin.) αἰνιττόμενος. καὶ οἱ πόδες αὐτοῦ ὅμοιοι χαλκολιβάνῳ, τὸ στερρὸν τῆς εἰς αὐτὸν πίστεως καὶ ἀκατάσειστον παραδηλῶν, ᾗ τῶν εὐαγγελικῶν δογμάτων τὴν νοητὴν εὐοσμίαν

---

[1] om. τὴν 203 (ex emend.) et 240
[2] om. τὴν 203 240
[3] om. καὶ 203 240
[4] ποθεῖς 203 240 text et com.
[5] τὴν λέγουσαν 203 240
[6] om. καὶ οὐ θέλει μετανοῆσαι 203 240
[7] βάλω 203 240
[8] καρδίας καὶ νεφροὺς 240 [non 203]
[9] αὐτοῦ pro ὑμῶν 203 [non 240]
[10] τὰ βαθέα 203 240
[11] ἄχρις ἂν 203 240
[12] om. καὶ 203 240
[13] τηρῶν pro κρατῶν 203 240
[14] συντρίβεται 203 240
[15] σαφεστέραν 203 240

κατὰ τὰ ἀνώτερον¹ εἰρημένα. οἶδά σού φησιν τὰ ἔργα καὶ (Apoc. ii. 19)
τὴν ἀγάπην καὶ τὴν πίστιν καὶ τὴν διακονίαν,² ὡσεὶ ἔλεγεν
ἐπαινῶ σου πᾶσαν ἐπιτήδευσιν. τὸ γὰρ οἶδα ἀντὶ τοῦ
ἐπαινῶ τέθεικεν ὡς τὸ οἶδά σε παρὰ πάντας ἀνθρώπους
εἰρημένον³ τῷ Μωϋσεῖ·⁴ καὶ γινώσκει Κύριος ὁδὸν δικαίων. Psa. i. 6
διακονίαν δὲ τὴν εἰς τοὺς δεομένους ἐπικουρίαν φησίν.
καὶ τὰ ἔσχατα πλείονα τῶν πρώτων φησίν· δηλοῖ ὅτι προ- (Apoc. ii. 19)
ϊόντες⁵ μείζους ἑαυτῶν ἐγίνοντο ἐν τῇ τῶν ἐντολῶν ἐκπληρώ-
σει· ἀλλ' ἔχω κατὰ σοῦ ἵνα δείχθῃ⁶ τὸ, τελέως ἀναμάρτητον (Apoc. ii. 20)
μόνου Θεοῦ. τί δὲ ἔχω; ὅτι ἀφεῖς⁷ τὴν γυναῖκα Ἰεζάβελ, καὶ
οὐ διώκεις αὐτήν. ἡ λέγουσα⁸ ἑαυτὴν προφῆτιν. ἀπὸ τῆς (Apoc. ii. 20)
Ἰεζάβελ τῆς τῷ Ἀχαὰβ συνοικησάσης τὴν ταύτης ἥτις
ποτέ ἐστιν πονηρίαν παραδείκνυσιν. αὕτη φησὶν⁹ λέγουσα
ἑαυτὴν προφῆτιν· διδάσκει καὶ πλανᾷ πολλοὺς εἰς τὸ πορνεύειν
καὶ φαγεῖν εἰδωλόθυτα. πορνείαν ἢ τὴν αἰσθητὴν λέγει, ἢ τὴν
ἀπὸ Θεοῦ ἀποστασίαν, κατὰ τὸ εἰρημένον καὶ ἐπόρνευσαν ἐν Psa. cv. 39
τοῖς ἐπιτηδεύμασιν αὐτῶν· καὶ πάλιν ἐμοιχῶντο ἐν τῷ ξύλῳ. (xiii. 1)
ὁ δὲ μὴ βουλόμενος τὸν θάνατον τοῦ ἁμαρτωλοῦ Κύριος· Jer. xvii. 10
ἀλλὰ¹⁰ τὴν ἐπιστροφὴν καὶ τὴν ζωήν, φησιν, δέδωκα αὐτῇ Jer. iii. 9, Hos.
μετανοίας ὑπέρθεσιν. εἰ δὲ οὐ βούλεται μετανοῆσαι, ταῦτα iv. 13, 14
οὖν αὐτῇ καὶ ταῦτα¹⁰ᵃ ποιήσω καὶ τοὺς μοιχεύοντας αὐτὴν (Job xxxiii. 23
ἵνα πάντες γνῶσίν φησιν ὅτι ἐγώ εἰμι ὁ Θεός. Θεοῦ γὰρ τὸ Ex. vi. 6–7, xvi.
ἐρευνᾶν νεφροὺς καὶ καρδίας¹¹ εἴρηται γάρ, ἐτάζων καρδίας 12 et saepe
καὶ νεφροὺς ὁ Θεός. τοῖς δέ γε οὐδὲν κοινὸν ἔχουσιν πρὸς τὴν (Psa. xxv. 2)
μοιχαλίδα γυναῖκα·¹² ἁπλουστέροις δὲ οὖσι καὶ οὐ γινώσ- Jer. xi. 20, xvii.
κουσι τὰς τοῦ πονηροῦ μεθοδίας, τοῦτο γάρ φατε· οὐ πλέον 10, xx. 12
τι ὑμῖν ἐπιθήσω βάρος· ἀρκεῖ γὰρ ὑμῖν ἡ ἁπλότης. πλὴν (1 Chron. xxix.
τηρήσατε τὴν παραδοθεῖσαν ὑμῖν διδαχὴν¹³ ἄχρι τῆς 17)
δευτέρας μου παρουσίας· καὶ τῷ νικῶντι τὸν πονηρόν, δώσω (Apoc.ii. 26, 27)

---

¹ ἀνωτέρω 203 [non 240]
² καὶ τὴν ἀγάπην ... διακονίαν om. 203 240
³ εἴρηται 203 240
⁴ Μωϋσῇ 203 [non 240]
⁵ προϊόντος 146
⁶ δειχθείη ut vid. 146
⁷ ποθεῖς 203 240
⁸ τὴν λέγουσαν 203 240
⁹ add. ἡ 203 240
¹⁰ add. καὶ 240 [non 203]
¹⁰ᵃ τὰ pro ταῦτα 146
¹¹ καρδίας καὶ νεφροὺς 240
¹² add. καὶ 203 240
¹³ ἐντολὴν 203 240

αὐτῷ φησιν ἐξουσίαν ἐπὶ τῶν ἐθνῶν[1] καὶ ποιμανεῖ αὐτοὺς ἐν
ῥάβδῳ σιδηρᾷ, ὡς σκεύη κεραμικὰ συντριβήσεται, ὡς κἀγὼ
εἴληφα παρὰ τοῦ πατρός μου.[1a] τοῦτο ἔστι τὸ εἰρημένον ἐν
Εὐαγγελίοις τοῖς καλῶς οἰκονομήσασι τὰς ἐμπιστευθείσας

Luc. xix. 19
αὐτοῖς μνᾶς καὶ τὰ τάλαντα. ἔσο ἐπὶ δέκα πόλεων· καὶ
Dan. vii. 22, 27
ἑτέρῳ ἔσο ἐπὶ πέντε πόλεων.[2] καὶ τῷ Δανιήλ· καὶ δοθήσεται
ἡ βασιλεία ἁγίοις Θεοῦ. ἀρχὴν γάρ τινα καὶ ἐξουσίαν ταῦτα
δηλοῖ δοθησομένην τοῖς ἁγίοις κατὰ τῶν ὑποδεέστέρων καὶ

(Apoc. ii. 27)
τῶν[3] διευθύνεσθαι χρῃζόντων. τούτους οὖν[4] φησιν ποι-
μανεῖ[5] ἐν αὐστηρᾷ ἐξουσίᾳ· τοὺς δέ γε ἀπειθεῖς συντρίψει

(Apoc. ii. 27 fin.)
ἶσα σκεύεσι κεράμου. καὶ δώσω αὐτῷ φησιν τὸν ἀστέρα τὸν
πρωϊνόν[6] φησιν ὁ προφήτης περὶ τοῦ Ἀσσυρίου ἤτοι τοῦ
Σατανᾶ, πῶς ἐξέπεσεν ἐκ τοῦ οὐρανοῦ ὁ ἑωσφόρος ὁ πρωῒ
ἀνατέλλων. τοῦτον καλεῖ καὶ νῦν ἀστέρα πρωϊνόν· δώσω
οὖν φησιν ὑποχείριον τὸν Σατανᾶν τοῖς ἐμοῖς θεράπουσιν.

Rom. xvi. 20 lib.
ὅμοιον τῷ παρὰ τῷ ἀποστόλῳ εἰρημένον· συντρίψει ὁ Θεὸς
Psa. xc. 13
τὸν Σατανᾶν ἐν τάχει ὑπὸ τοὺς πόδας ὑμῶν. καὶ· ἐπὶ ἀσπίδα
καὶ βασιλίσκον ἐπιβήσῃ καὶ καταπατήσεις λέοντα καὶ δράκοντα.

Apoc. iii. 1
Καὶ τῷ ἀγγέλῳ τῆς ἐν Σάρδεσιν ἐκκλησίας γράψον, τάδε λέγει
ὁ ἔχων τὰ ἑπτὰ πνεύματα τοῦ Θεοῦ καὶ τοὺς ἑπτὰ ἀστέρας·
οἶδά σου τὰ ἔργα ὅτι ὄνομα ἔχεις ὅτι ζῇς, καὶ νεκρὸς εἶ.

2
γίνου[7] γρηγορῶν, καὶ στήρισον[8] τὰ λοιπὰ ἃ ἔμελλον ἀπο-
θανεῖν· οὐ γὰρ εὕρηκά σου τὰ ἔργα πεπληρωμένα ἐνώπιον
3
τοῦ Θεοῦ μου. μνημόνευε οὖν πῶς[9] εἴληφας καὶ ἤκουσας,
καὶ τήρει, καὶ μετανόησον. ἐὰν οὖν μὴ γρηγορήσῃς,[10] ἥξω ὡς
4
κλέπτης, καὶ οὐ μὴ γνῷς[11] ποίαν ὥραν[12] ἥξω πρός[13] σε. ἀλλ᾽
ἔχεις ὀλίγα ὀνόματα ἐν Σάρδεσιν, ἃ[14] οὐκ ἐμόλυναν τὰ ἱμάτια
αὐτῶν, καὶ περιπατοῦσι[15] μετ᾽ ἐμοῦ ἐν λευκοῖς, ὅτι ἄξιοί

---

[1] καὶ τὰ ἑξῆς 203 240 [om. seq.]
[1a] Apud schol. 203 quae seq. "Ἀνδρ." dantur, non "Οἰκ."
[2] καὶ ἑτέρῳ ἔσο ἐπὶ πέντε πόλεων om. 146, ἔσω pro ἔσο 203 240 bis, semel 146
[3] add. τοῦ 240
[4] om. οὖν 203 240
[5] ποιμανεῖς 203 [non 240]
[6] Apud. schol. 203 quae seq. "Ἀνδρ." dantur, non "Οἰκ."
[7] γενοῦ ut vid. 240
[8] στήριξον 203 [non 240]
[9] ὡς 203 240
[10] add. καὶ 203 240
[11] γνώσῃ 203 240
[12] ποία ὥρα 240
[13] ἐπὶ pro πρὸς 203 240
[14] οἳ pro ἃ 240 [non 203]
[15] περιπατήσουσι 203 240

εἰσιν. ὁ νικῶν οὗτος¹ περιβαλεῖται ἐν ἱματίοις λευκοῖς, καὶ   Apoc. iii. 5
οὐ μὴ ἐξαλείψω² τὸ ὄνομα αὐτοῦ ἐκ τῆς βίβλου τῆς ζωῆς.
καὶ ὁμολογήσω τὸ ὄνομα αὐτοῦ ἐνώπιον τοῦ πατρός μου καὶ
ἐνώπιον τῶν ἀγγέλων αὐτοῦ. ὁ ἔχων οὖς ἀκουσάτω τί τὸ   6
Πνεῦμα λέγει ταῖς ἐκκλησίαις.

περὶ μὲν τῶν ἑπτὰ ἀστέρων, οὓς νῦν καὶ πνεύματα καλεῖ
Θεοῦ, ἐν τοῖς προλαβοῦσιν εἴρηται· νῦν δέ γε ἀκουστέον ἃ
λέγει περὶ τῶν ἐν ταῖς Σάρδεσιν. οἶδά σού φησιν τὰ ἔργα,
ὅτι τὸ³ μὲν ὄνομά σου ὡς⁴ ζῶντός ἐστιν τὴν κατὰ θεὸν   (Apoc. iii. 1)
ζωὴν τὴν ἐνάρετον, νεκρὸς δὲ εἶ ταῖς ἁμαρτίαις. νεκροὺς
γὰρ τοὺς ἐν ἁμαρτίαις ἔθος καλεῖν τῇ θείᾳ γραφῇ, ὡς δηλοῖ
τὸ γεγραμμένον περὶ τῶν ἐξ ἀπιστίας εἰς τὴν Χριστοῦ πίσ-
τιν μεταβεβηκότων τῷ σοφωτάτῳ Παύλῳ· καὶ ὑμᾶς⁵ νεκροὺς   cf. Col. ii. 13
ὄντας τοῖς παραπτώμασι, συνεζωοποίησε τῷ Χριστῷ. καὶ ὁ
ποιμὴν δέ φησιν καταβεβηκέναι τινὰς εἰς τὸ ὕδωρ τὸ τῆς
κολυμβήθρας, δηλονότι νεκρούς, καὶ ἀναβεβηκέναι ζῶντας.
ἀλλ' ἐξυπνίσθητί φησιν τοῦ ὕπνου τῆς ἁμαρτίας καὶ στή-
ρισον τὰ λοιπὰ ἃ ἤμελλεν ἀποθανεῖν.⁶ ἔτι σοί, φησιν, ἔργα
περιλέλειπται βραχέα καὶ ἐπιτηδεύματα οὐ τέλεον ἀπο-
θανόντα. ταῦτα οὖν φύλαξον ζῶντα, πρὸς⁷ θάνατον ἤδη
ῥέοντα.⁸ τὸ γὰρ στήρισον⁹ τὸ οἶον στηροποίησον καὶ   (Apoc. iii. 3)
ἐνδυνάμωσον εἴρηται χαλαρά¹⁰ τε ὄντα καὶ πρὸς πτῶσιν
ἕτοιμα. οὐδὲν γάρ σού φησιν τῶν σπουδασμάτων πλῆρές
ἐστιν, ἀλλὰ τὰ μὲν τέθνηκε,¹¹ τὰ δὲ μέλλει.¹² μνήσθητι οὖν
φησιν πῶς εἴληφας τὴν πίστιν καὶ ἤκουσας τὸν περὶ αὐτῆς
λόγον, καὶ τὰ μὲν ἔτι ζῶντά σου τῶν ἔργων τήρει ἐν τῇ ζωῇ.
ἐπὶ δὲ τοῖς τεθνεῶσι μετανόησον. ἐὰν οὖν μὴ γρηγορήσῃς   (Apoc. iii. 3)
φησὶν καὶ ὡς ὁ ἐξ ὕπνου τῆς ῥαθυμίας διαναστῇς, ἥξω¹³ σοί

---

¹ οὕτως 203, οὗτος ex emend. 240
² ἀπαλείψω 203 240
³ om. τὸ 203 240
⁴ καὶ pro ὡς 203 240
⁵ ἡμᾶς 203 [non 240]
⁶ Om. claus. ἀλλ' ἐξυπνίσθητι ... ἀποθανεῖν 203 240. Incipiunt ἔτι (τι 203, ὅτι 240) σοί φησιν ...
⁷ εἰς pro πρὸς 203 240
⁸ ῥέοντα ut vid. 203 240
⁹ στήριξον 203 [non 240]
¹⁰ χλιαρά 203 240
¹¹ τέθηκε 146 τέθνηκε 203 240
¹² Om. claus. seq. in toto usque ad μετανόησον 203 sed habet 240
¹³ ἥξει 203 240

φησιν¹ κολαστὴς ὅτε οὐ προσδοκᾷς. φησὶ δὲ καὶ περὶ ἑτέρων ὁ ἱερὸς ἀπόστολος· ὅταν δὲ λέγωσιν εἰρήνη καὶ ἀσφάλεια, τότε αὐτοῖς αἰφνίδιον ἥξει² ὁ ὄλεθρος ὥσπερ ἡ ὠδὶς³ τῇ ἐν γαστρὶ ἐχούσῃ. ἔχεις φησὶν ὀλίγα ὀνόματα ἐν Σάρδεσιν, ἃ οὐκ ἐμόλυναν τὰ ἱμάτια αὐτῶν καὶ περιπατοῦσι μετ' ἐμοῦ ἐν λευκοῖς, ὅτι ἄξιοί εἰσιν,⁴ οὓς⁵ φησιν τέως δυσωπούμενος ἀναβάλλομαι καὶ μακροθυμῶ εἰς ὑμᾶς. ἱμάτια δὲ μὴ⁶ μολυνθέντα, τὰ σώματα λέγει τῶν ἁγίων κατὰ τὸ εἰρημένον παρὰ τοῦ πατριάρχου Ἰακώβ· πλυνεῖ ἐν οἴνῳ τὴν στολὴν αὐτοῦ⁷· καὶ ὁ Ἡσαΐας δὲ τοῦτο αὐτό φησιν· διὰ τί σου τὰ ἱμάτια ἐρυθρὰ ὡς ἀπὸ πατητοῦ ληνοῦ πλήρης καταπεπατημένης; τὸ λευκὸν οὖν ἱμάτιον τὴν καθαρότητα τοῦ σώματος αἰνίττεται. ὁ νικῶν φησιν τὰ πάθη λευκὰ περιβαλεῖται ἐν τῷ μέλλοντι αἰῶνι. καὶ γὰρ⁸ ἐκλάμψειν⁹ ὡς τὸν ἥλιον καὶ τὴν σελήνην τοὺς ἁγίους ἐν Εὐαγγελίοις αὐτὸς ἐπήγγελται· οἱ δὲ¹⁰ καθαροὶ ἐγγεγραμένοι φησὶν ἔσονται ἐν τῇ βίβλῳ τῶν ζώντων, τὴν μακαρίαν ἐκείνην καὶ ἀτελεύτητον ζωήν. Ταύτης τῆς ἐγγραφῆς¹¹ καὶ ἐν Εὐαγγελίοις ὁ Κύριος ἐμνημόνευσε, λέγων τοῖς ἑαυτοῦ μαθηταῖς· μὴ χαίρετε ὅτι τὰ δαιμόνια ὑμῖν ὑποτάσσεται, ἀλλ' ὅτι τὰ ὀνόματα ὑμῶν γέγραπται¹² ἐν τοῖς οὐρανοῖς. ¹³ καὶ ὁμολογήσω φησὶν τὸ ὄνομα ἐνώπιον τοῦ πατρός μου καὶ ἐνώπιον τῶν ἀγγέλων αὐτοῦ. ὁμολογήσει δὲ ὡς πιστοὺς θεράποντας καὶ ὡς εὐνοϊκοὺς οἰκέτας. καὶ γὰρ καὶ ἐν Εὐαγγελίοις εἴρηται· ὃς ἐὰν¹⁴ ὁμολογήσῃ ἐν ἐμοὶ ἔμπροσθεν τῶν ἀνθρώπων, ὁμολογήσω κἀγὼ ἐν αὐτῷ ἔμπροσθεν τοῦ πατρός μου, τοῦ ἐν τοῖς οὐρανοῖς. τὸ δὲ εἰπεῖν περὶ¹⁵ τοῦ πατρὸς καὶ τῶν ἀγγέλων αὐτοῦ, οὐκ ἀφαιρεῖται τὸ καὶ αὐτοῦ εἶναι τοὺς

---

¹ add. ὁ 203 240
² ἐπίσταται (vel ἐφίσταται vel φανήσεται) Text. Thess. pro ἥξει in codd. nostr.
³ ἡ ὠδίν 203 240
⁴ om. ἔχεις ... εἰσιν 203 240
⁵ οἷς 203 240
⁶ om. μὴ 146
⁷ add. καὶ ἐν αἵματι σταφυλῆς τὴν περιβαλὴν αὐτοῦ 203 240
⁸ om. γὰρ 203 240
⁹ ἐκλάμψει 146
¹⁰ om. δὲ 146
¹¹ γραφῆς 203 [non 240]
¹² ἐγράφη 203 240 cum plur., sed ἐνγέγραπται ℵBLX, γέγραπται Cyr. Orig Bas.
¹³ καὶ ὁμολογήσω ... αὐτοῦ om. 203 240
¹⁴ πᾶς ὃς ἂν 203 240
¹⁵ παρὰ 203 [non 240]

ἁγίους ἀγγέλους· ποτὲ μὲν γὰρ αὐτοὺς τοῦ πατρός, ποτὲ δὲ
αὐτοῦ. φησὶ γὰρ παρὰ τῷ Ματθαίῳ· ἀποστελεῖ τότε ὁ   Matt. xxiv. 31
υἱὸς τοῦ ἀνθρώπου [1] τοὺς ἀγγέλους αὐτοῦ μετὰ σάλπιγγος μεγά-
λης· καὶ ἐπισυνάξουσι τοὺς ἐκλεκτοὺς αὐτοῦ ἐκ τῶν τεσσάρων
ἀνέμων ἀπὸ ἄκρων τῶν οὐρανῶν, ἕως τῶν ἄκρων αὐτῶν.[2]
καὶ τῷ ἀγγέλῳ τῆς ἐν Φιλαδελφίᾳ ἐκκλησίας [3] γράψον· τάδε   Apoc. iii. 7
λέγει ὁ ἅγιος, ὁ ἀληθινός, ὁ ἔχων τὴν κλεῖν Δαυίδ, ὁ ἀνοίγων
καὶ οὐδεὶς κλείει, καὶ κλείων καὶ οὐδεὶς ἀνοίγει [4]· οἶδά σου τὰ   8
ἔργα — ἰδού, δέδωκα ἐνώπιόν σου θύραν ἠνεῳγμένην, ἣν [5] οὐδεὶς
δύναται κλεῖσαι αὐτήν— ὅτι μικρὰν ἔχεις δύναμιν, καὶ ἐτή-
ρησάς μου τὸν λόγον, καὶ οὐκ ἠρνήσω τὸν νόμον μου.[6] ἰδού,   9
δίδωμι ἐκ τῆς συναγωγῆς τοῦ Σατανᾶ τῶν λεγόντων ἑαυτοὺς
Ἰουδαίους,[7] καὶ οὐκ εἰσίν, ἀλλὰ ψεύδονται· ἰδού, ποιήσω
αὐτοὺς ἵνα [8] ἥξουσι [9] καὶ προσκυνήσουσιν [10] ἐνώπιον τῶν
ποδῶν σου, καὶ γνῶσιν ὅτι ἐγὼ ἠγάπησά σε.[11] ὅτι ἐτήρησας   10
τὸν λόγον τῆς ὑπομονῆς μου, κἀγώ σε τηρήσω ἐκ τῆς ὥρας τοῦ
πειρασμοῦ τῆς μελλούσης ἔρχεσθαι ἐπὶ τῆς οἰκουμένης ὅλης,
πειράσαι τοὺς κατοικοῦντας ἐπὶ τῆς γῆς. ἔρχομαι ταχύ·   11
κράτει ὃ ἔχεις ἵνα μηδεὶς λάβῃ τὸν στέφανόν σου. ὁ νικῶν,   12
ποιήσω αὐτὸν στῦλον ἐν τῷ ναῷ τοῦ Θεοῦ μου καὶ ἔξω οὐ μὴ
ἐξέλθῃ ἔτι· καὶ γράψω ἐπ᾽ αὐτὸν τὸ [12] ὄνομα τοῦ Θεοῦ μου,
καὶ τὸ ὄνομα τῆς πόλεως τοῦ Θεοῦ μου, τῆς καινῆς Ἱερουσαλήμ,
ἡ καταβαίνουσα ἐκ τοῦ οὐρανοῦ ἀπὸ [13] τοῦ Θεοῦ μου, καὶ τὸ
ὄνομα τὸ καινόν. ὁ ἔχων οὖς, ἀκουσάτω τί τὸ Πνεῦμα λέγει   13
ταῖς ἐκκλησίαις

τοῖς ἐν Φιλαδελφείᾳ φησίν, γράψον· τάδε λέγει ὁ ἅγιος, ὁ   (Apoc. iii. 7)
ἀληθινός. ὁ ἅγιος μέν ἐστιν ὁ υἱὸς τοῦ Θεοῦ. ἔπειτα καὶ
τούτῳ [14] μαρτυρεῖται παρὰ τῶν Σεραφίμ, τῶν [15] τρεῖς ἁγιασ-

---

[1] θεοῦ *pro* ἀνθρώπου 203 240
[2] αὐτοῦ 203 240 *contra text. Matt.*
[3] ἐκκλησίας 203 240, ἐκκλησίᾳ 146
[4] ὁ ἀνοίγων καὶ οὐδεὶς κλείσει, κλείων καὶ οὐδεὶς ἀνοίξει 203; *etiam* 240 *sed habet* καὶ κλείων
[5] ἀνεῳγμένην ἦν 240, *om.* ἦν 146
[6] τὸ ὄνομα *pro* τον νόμον 203 240 *ut plur. Solus* 146 τὸν νόμον, *sed* τὸν λόγον καὶ τὸ ὄνομα μου *arm* 4

[7] *add.* εἶναι 203 240
[8] ἵνα 203 240, καὶ 146
[9] ἥξωσι 203 240
[10] προσκυνήσωσι *codd. nostr. omn.*
[11] *add.* καὶ 203 240
[12] *add.* τὸ ὄνομα μου καὶ 203 240
[13] ἐκ *pro* ἀπο 240
[14] τοῦτο 203 240
[15] τοὺς 203

μοὺς εἰς μίαν κυριότητα συγκλειόντων, ὡς μηδὲν ἔχων γήινον ἢ ἁμαρτητικόν, εἰ καὶ γέγονε σάρξ, ὁ λόγος. ἁμαρτίαν γὰρ οὐκ ἐποίησεν. οὐδὲ εὑρέθη δόλος ἐν τῷ στόματι αὐτοῦ κατὰ τὴν φωνὴν Ἡσαΐου τοῦ προφήτου. ἀληθινὸς δὲ ὅτι ἐστὶ¹ καὶ λέγεται,² ἀληθῶς ἐστι· τὸ καὶ λέγεται, Θεὸς³ λέγεται, καὶ οὐ ψεύδεται ἡ προσηγορία. ἔστι γὰρ Θεὸς ἀληθῶς⁴ Ἐμμανουήλ, εἰ καὶ οὐ βούλεται τοῦτο ὁ κατάρατος Νεστόριος· ἄνθρωπος γέγονε, τὸ εἶναι Θεὸς οὐκ ἀποβαλών, καὶ ἔστιν ἄνθρωπος ἀληθῶς, εἰ καὶ δυσχεραίνει πρὸς τοῦτο ὁ θεοστυγὴς Εὐτυχής. ὅπερ ἔστιν ἀληθῶς, ἔστι,⁵ καὶ οὐδὲν ἢ κατὰ ἀναφοράν, ὡς Νεστοριανοί φασιν, οὐδὲ κατὰ δόκησιν ἢ φαντασίαν ὡς Εὐτυχιανισταὶ λέγουσιν, καὶ τὸ κατάρατον καὶ βδελυρὸν τῶν Μανιχαίων φῦλον. ὁ ἔχων φησὶν τὴν κλεῖν Δαυίδ. κλεῖν καλεῖ τὴν ἐξουσίαν. ὁ γὰρ κλεῖν οἴκου πεπιστευμένος ἐξουσίαν τοῦ ἀνοῖξαι καὶ κλεῖσαι πεπίστευται. καὶ τοῦτο⁶ σαφῶς ἐν Εὐαγγελίοις δηλοῖ ἐν ταῖς πρὸς τὸν Πέτρον ἐπαγγελίαις. εἰπὼν γὰρ καὶ δώσω σοι τὰς κλεῖς τῆς βασιλείας τῶν οὐρανῶν, εὐθὺς ἐπάγει καὶ ὃ ἂν δήσῃς ἐπὶ τῆς γῆς, ἔσται δεδεμένον⁷ ἐν τοῖς οὐρανοῖς· καὶ ὃ ἐὰν⁸ λύσῃς ἐπὶ τῆς γῆς, ἔσται λελυμένον ἐν τοῖς οὐρανοῖς. Ἐπεὶ οὖν ἡ κλεῖς τὴν ἐξουσίαν αἰνίττεται, λέγων ὁ ἔχων τὴν κλεῖν τοῦ Δαυίδ, παραδηλοῖ ὅτι ὥσπερ ὁ Δαυὶδ τοῦ αἰσθητοῦ Ἰσραὴλ ἐβασίλευσεν, οὕτως ἐγὼ πρὸς τῷ αἰσθητῷ καὶ τοῦ νοητοῦ, εἰ καὶ ἡ διαφορὰ τῆς ἐξουσίας ἀσυγκρίταις⁹ ὑπεροχαῖς διήλλακται. ποία γὰρ ἰσοτιμία ἀνθρώπου πρὸς Θεόν; τοῦτο καὶ ὁ θεῖος ἄγγελος Γαβριὴλ τῇ παρθένῳ¹⁰ εὐηγγελίσατο περὶ τοῦ Κυρίου, λέγων καὶ δώσει αὐτῷ Κύριος ὁ Θεὸς τὸν θρόνον Δαυὶδ τοῦ πατρός αὐτοῦ· καὶ βασιλεύσει ἐπὶ τὸν οἶκον Δαυὶδ¹¹ εἰς τοὺς αἰῶνας, καὶ τῆς βασιλείας αὐτοῦ οὐκ

---

¹ ἔσται 203
² om. ἀληθῶς ἐστι, τὸ καὶ λέγεται 146 ob homoioteleut.
³ add. δὲ 203
⁴ add. ὁ 203
⁵ om. ὅπερ ἔστιν ἀληθῶς, ἔστι 146
⁶ add. σαφέστερον 146 203. om. 240
⁷ Corr. 146, man. prim. λελυμένον
⁸ ἂν 240
⁹ ἀσυγκρίτοις 203 240
¹⁰ τὴν παρθένον 203
¹¹ Ἰακὼβ pro δαδ codd. N. T.

ἔσται¹ τέλος. ἐπεὶ οὖν ὁμοίωμα τῆς βασιλείας τοῦ Δαυὶδ ἐφεῦρεν² ὁ Χριστός, εἰκότως λέγει ὁ ἔχων τὴν κλεῖν³ Δαυίδ. (Apoc. iii. 7) εἶτα ἐπιμείνας τῇ τροπῇ⁴ τῆς κλειδός, ἐπάγει· ὁ ἀνοίγων, καὶ οὐδεὶς κλείει· καὶ κλείων, καὶ οὐδεὶς ἀνοίγει. Θεὸς γὰρ ὁ δικαιῶν· τίς ὁ κατακρίνων; Θεὸς ὁ κατακρίνων⁵· τίς ὁ δικαιῶν; ἀνοῖξαι γὰρ καὶ κλεῖσαι τὸ δικαιῶσαί φησιν⁶ καὶ κατακρῖναι. οἶδά σού φησιν τά ἔργα ὅτι ἐστὶ θεοσεβῆ· (Apoc. iii. 8) καὶ δέδωκά σοι τὴν τῶν ἀγαθῶν θύραν ἠνεωγμένην. προλαβὼν δὲ ἔφη· ὁ ἀνοίγων καὶ οὐδεὶς κλείει οὐκοῦν καὶ τὴν θύραν ἣν δέδωκα ἠνεωγμένην⁷ οὐ κλείσει τις. ὅτι φησὶν μικρὰν ἔχεις δύναμιν καὶ ἐτήρησας μου τὸν λόγον καὶ οὐκ ἠρνήσω τὸ ὄνομα μου. μικρὰ πόλις ἡ Φιλαδέλφεια, δι᾽ ὃ καὶ μικρὰ αὐτῆς ἡ δύναμις. ἀλλ᾽ ἐν τῷ φυλάξαι τὴν Χριστοῦ πίστιν ὑπὲρ τὴν οἰκείαν ἰσχὺν ἀνέστη ὡς ἀπτόητος,⁸ μεῖναι παρὰ τῶν τοὺς πιστοὺς διενοχλούντων. εἶτα ὥσπερ⁹ ἀντίδωρον τῆς εἰς αὐτὸν γνησιότητος ἐπαγγέλλεται πολλοὺς τοῦ Ἰουδαϊκοῦ καταλόγου προσδραμεῖσθαι αὐτῇ καὶ τὴν Χριστοῦ δέξασθαι πίστιν. τοῦτο γὰρ τὸ προσκυνῆσαι τοὺς πόδας αὐτῆς αἰνίττεται τὸ καὶ ἐν ἐσχάτοις¹⁰ ἐλέσθαι ἐν τῇ ἐκκλησίᾳ τετάχθαι—μόνον εἶναι μέρος τῆς ἐκκλησίας. τοῦτο¹¹ καὶ ὁ προφήτης ἀσπαζόμενος ἔλεγεν· ἐξελεξάμην παραρρί- Psa. lxxxiii. 11 πτεσθαι ἐν τῷ οἴκῳ τοῦ Θεοῦ μου μᾶλλον ἢ οἰκεῖν με ἐν σκηνώμασιν ἁμαρτωλῶν.¹² ἐπεὶ οὖν ἐν ὑπομονῇ ἐτήρησάς μου τὴν πίστιν, κἀγὼ τηρήσω σε ἐκ τῆς ὥρας τοῦ πονηροῦ πειρασμοῦ.¹³ (Apoc. iii. 10) λέγει δὲ τὸν ἐπὶ Δομετιανοῦ τοῦ βασιλέως γενόμενον κατὰ Χριστιανῶν¹⁴ διωγμόν, ὃς δεύτερος μετὰ Νέρωνα γέγονε διώκτης, ὡς Εὐσέβιος ἱστορεῖ ἔν τε τῇ Ἐκκλησιαστικῇ Ἱστορίᾳ

---

¹ ἔστι 203 240
² ἔφερεν 146
³ add. τοῦ 203 240
⁴ προτροπῇ 203
⁵ Θεὸς ὁ κατακρίνων om. 146
⁶ φησί post κατακρῖναι 146
⁷ προλαβὼν . . . ἠνεωγμένην om. 146 ob. homoiotel.
⁸ ἀπτόητον 203 240
⁹ add. εἰς 203 240
¹⁰ ἐσχάταις 146
¹¹ add. δὲ 203
¹² vs. 11 ante vs. 10 in scholiis codd. 203 240
¹³ ἐκ τοῦ κοσμικοῦ πειρασμοῦ pro ἐκ τῆς ὥρας τοῦ πονηροῦ πειρασμοῦ 203 240
¹⁴ Χριστὸν 146

καὶ ἐν τῷ Χρονικῷ Κανόνι· ἐφ' οὗ¹ καὶ ὁ θεσπέσιος εὐαγγελιστὴς τὴν Πάτμον οἰκεῖν κατεδικάσθη, νησίον ἔρημον καὶ

(Apoc. iii. 11) βραχύ. **ἔρχομαι ταχύ** φησιν **ἀντιληψόμενός σου. κράτει ὃ ἔχεις ἵνα μηδεὶς λάβῃ τὸν στέφανόν σου.**² τί δὲ κράτει;³ τὴν εἰς τὸν Κύριον γνησίαν ἀγάπην δηλονότι, ἐν ᾗ ἄχρι τέλους ἐναθλήσας ἕξεις τὸν στέφανον τῆς ζωῆς. τῶν γὰρ ὑπομενόντων τὰ νικητήρια· καὶ⁴ τὸν νικῶντά φησιν τοὺς πειρασμοὺς ποιήσω διὰ παντὸς ἐπευφραίνεσθαι τῇ τοῦ Θεοῦ θεωρίᾳ· τοῦτο γὰρ τὸ στῦλον τοῦ ναοῦ γενέσθαι τοῦ θείου. ὁ γάρ τοι στῦλος οὐκ ἂν⁵ ἐπ' ἀγαθῷ ἐξέλθοι ποτὲ τοῦ ἐν ᾧ

(Apoc. iii. 12) ἐνήρεισται⁶ τόπου⁷ **καὶ γράψω ἐπ' αὐτὸν τὸ ὄνομα τοῦ Θεοῦ μου, καὶ τὸ ὄνομα τῆς πόλεως τοῦ Θεοῦ μου,** τοῦ τῆς ἐπουρανίου Ἱερουσαλήμ, **καὶ τὸ ὄνομα τὸ καινόν.**⁸ διὰ πάντων τὴν τοῦ Θεοῦ ἀπόλαυσιν καὶ τὴν ἐπ' ἀγαθοῖς κατοίκησιν καὶ τὴν μακαριότητα παραγυμνοῖ, ὅ, τι⁹ σχήσουσιν ἐν τῷ μέλλοντι αἰῶνι **ὄνομα δέ** φησιν **καινόν,** τὸ ἄχρι νῦν μή που¹⁰ ἀκουσθέν, οὗ τύχωσιν οἱ ἅγιοι Χριστῷ συμβασιλεύοντες, φίλοι καὶ ἀδελφοὶ καὶ θεράποντες ὀνομαζόμενοι. τὸ δέ γε καινὸν ὄνομα καὶ ὑπὲρ ταῦτα τυγχάνει. τὰ μὲν γὰρ ἀναγέγραπται τε¹¹ τῇ θείᾳ γραφῇ καὶ εἰς ἀκοὰς ἦλθεν ἀνθρώπων· τὸ δὲ καινὸν ἀκατανόμαστον πάντῃ¹² τυγχάνει. τὸ δὲ εἴρησθαι¹³ αὐτῷ **τοῦ Θεοῦ μου** οὐκ ἀπαξιοῦντός ἐστιν τὰ τῆς κενώσεως μέτρα οὐδὲ τὸ μικροπρεπὲς¹⁴ τῆς ἀνθρωπότητος. εἰ γὰρ ἀπηξίου, τίς ὁ ἀναγκάσας αὐτὸν σαρκὶ καθ' ὑπόστασιν ἑνωθῆναι, καὶ οὕτω τὴν ἡμῶν διαπλέξαι σωτηρίαν; αὐτῷ ἡ δόξα εἰς τοὺς αἰῶνας τῶν αἰώνων.¹⁵

---

¹ ἀφ' οὗ 203 240
² om. ἔρχομαι ταχύ ... στέφανόν σου 203 240
³ κράτει 203 ἐκράτει 146 240
⁴ om. καὶ 146
⁵ om. οὐκ ἂν 240
⁶ ἐρήρεσται 203 240
⁷ Add. ὁ νικῶν φησιν **ποιήσω αὐτὸν στῦλον.** εἰκότως· ὁ γὰρ νικητὴς τῶν ἐναντίων δυνάμεων στῦλος καὶ ἑδραίωμα τῆς ἀληθείας καθίσταται, ἀκίνητον ἐν αὐτῇ τὴν βασιλείαν ἔχων, κατὰ τὸν ἀπόστολον 240. ὁ νικῶν ... στῦλον in marg. 203, εἰκότως ... ἀπόστολον in textu, 203
⁸ add. τούτου δὲ τοῦ ὠτίου, καὶ ἡμεῖς τυχεῖν εὐξώμεθα 203
⁹ ἣν pro ὅτι 203 240
¹⁰ μήπω 203 240
¹¹ add. ἤδη 203 240
¹² om. πάντῃ 203 240
¹³ ἔρησθαι codd.
¹⁴ σμικροπρεπὲς 203 240
¹⁵ om. τῶν αἰώνων 203 240. add. ἀμήν 240

Λόγος τρίτος

ταῖς μὲν ἐξ πόλεσιν διαπεμφθῆναι τεθέσπικεν ἅπερ τεθέσπικεν, περὶ ὧν ἐν τῷ δευτέρῳ διελήλυθα λόγῳ τῇ ἐν Ἐφέσῳ, καὶ Σμύρνῃ, Περγάμῳ τε καὶ Θυατείροις, καὶ ταῖς ἐν Σάρδεσιν, καὶ Φιλαδελφείᾳ. νῦν δὲ ἃ δεῖ γραφῆναι καὶ αὐτῇ τάδε.¹

καὶ τῷ ἀγγέλῳ τῆς ἐν Λαοδικείᾳ ἐκκλησίας γράψον· τάδε λέγει ὁ ἀμήν, ὁ μάρτυς ὁ πιστός, ὁ² ἀληθινός, ἡ ἀρχὴ τῆς κτίσεως τοῦ Θεοῦ· οἶδά σου τὰ ἔργα, ὅτι οὔτε ψυχρὸς εἶ οὔτε ζεστός. ὄφελον ψυχρὸς ἦς, ἢ ζεστός,³ οὕτως ὅτι χλιαρὸς εἶ, καὶ οὐ⁴ ζεστὸς οὔτε ψυχρός·⁵ μέλλω σε ἐμέσαι⁶ τοῦ στόματός μου.⁷ ὅτι λέγεις,⁸ πλούσιός εἰμι, καὶ πεπλούτηκα, καὶ οὐδὲν⁹ χρείαν ἔχω, καὶ οὐκ οἶδας ὅτι σὺ εἶ ὁ ταπεινὸς¹⁰ καὶ¹¹ ἐλεεινὸς καὶ τυφλὸς καὶ γυμνὸς καὶ πτωχός.¹² συμβουλεύω σοι¹³ ἀγοράσαι παρ' ἐμοῦ χρυσίον¹⁴ πεπυρωμένον ἐκ πυρός, ἵνα πλουτήσῃς, καὶ ἱμάτια καινὰ λευκά,¹⁵ ἵνα περιβάλλῃ,¹⁶ καὶ μὴ φανερωθῇ ἡ αἰσχύνη τῆς γυμνότητός σου· καὶ κουλλούριον¹⁷ ἐγχρῖσαι¹⁸ τοὺς ὀφθαλμούς σου, ἵνα βλέπῃς. ἐγὼ ὅσους ἂν φιλῶ,¹⁹ ἐλέγχω καὶ παιδεύω· ζήλωσον οὖν καὶ μετανόησον. ἰδού, ἕστηκα ἐπὶ τὴν θύραν καὶ κρούω· ἐάν τις ἀκούσῃ τῆς φωνῆς μου καὶ ἀνοίξῃ τὴν θύραν, εἰσελεύσομαι πρὸς αὐτόν, καὶ δειπνήσω μετ' αὐτοῦ, καὶ αὐτὸς μετ' ἐμοῦ. ὁ νικῶν, δώσω αὐτῷ καθίσαι²⁰ ἐν τῷ θρόνῳ μου, ὡς κἀγὼ ἐνίκησα, καὶ ἐκάθισα μετὰ τοῦ Πατρός μου ἐν τῷ θρόνῳ αὐτοῦ. ὁ ἔχων οὖς, ἀκουσάτω τί τὸ Πνεῦμα λέγει ταῖς ἐκκλησίαις.

Apoc. iii. 14
15
16
17
18
19
20
21
22

---

[1] Λόγος τρίτος ... αὐτῇ τάδε om. 203 240
[2] καὶ pro ὁ 203 240
[3] om. ὄφελον ψυχρὸς ἦς ἢ ζεστός 240
[4] οὔτε pro οὐ 203 240
[5] De hoc interpunctionis modo, cf. Oecum. comm. infra (p. 65, l. 22)
[6] ἐν μέσῳ 146*; add. καὶ ἐλέγχω σε ἐκ 203 240 ut 38–178
[7] σου pro μου 203 240
[8] add. ὅτι 203 240
[9] οὐδενὸς 203 240
[10] ὁ ταλαίπωρος 203 240
[11] add. ὁ 203 240
[12] καὶ πτωχὸς καὶ τυφλὸς καὶ γυμνὸς 203 240
[13] add. οὖν 203 240
[14] χρυσίον παρ' ἐμοῦ 203 240
[15] πολλὰ pro καινὰ λευκὰ 203 240
[16] περιβάλῃ 240
[17] κολλύριον 203 240
[18] ἐγχρίσῃ 203 240
[19] ἀγαπῶ pro ἂν φιλῶ 240
[20] add. μετ' ἐμοῦ 203 240

(Apoc. iii. 14) τάδε φησὶν λέγει ὁ ἀμήν. ἰσοδυναμεῖ τοῦτο τῷ τάδε λέγει ὁ ἀληθινός, ὅπερ ἐν τοῖς ἔμπροσθεν ἑρμηνεύεται· ἀμὴν γάρ ἐστιν τὸ ναί. ναὶ[1] γάρ ἐστιν ἐν αὐτῷ καὶ οὐδὲν οὔ,[1a] τῶν περὶ αὐτοῦ λεγομένων. καὶ τὸ ὁ μάρτυς ὁ[2] πιστὸς ἐν τοῖς ἔμπροσθεν εἴρηται. περισσολογία οὖν[3] τὸ δὶς περὶ τῶν αὐτῶν[4]

(Apoc. iii. 14 fin.) διεξιέναι. ἡ ἀρχὴ τῆς κτίσεως τοῦ Θεοῦ φησιν. ἐπιφοιτήσειεν[5] ἂν ἴσως τὸ χριστομάχον τῶν Ἀρειανῶν[6] ἐργαστήριον τῷ εἰρημένῳ ὡς τοῦ Υἱοῦ κτίσματος διὰ τούτων[7] γραφομένου. ἀλλὰ μὴ τοῖς ἀνοσίοις αὐτῶν λόγοις προσέχωμεν. σκοπητέον δὲ εἴ τι τοιοῦτον καὶ ἐν ἑτέρᾳ κεῖται γραφῇ, ἵν' ἔχοι τις ἐκ τῶν ὁμοίων τὰ ὅμοια κανονίζειν. φησὶν ὁ σοφὸς ἀπόστολος περὶ τοῦ Υἱοῦ, Κολασσαεῦσιν

cf. Col. i. 18, 15 ἐπιστέλλων, ὅς ἐστιν ἀπαρχή . . . πρωτότοκος πάσης κτίσεως,

Psa. cix. 3 οὐ μὴν πρωτόκτιστος. καὶ ὁ προφήτης[8] λέγει· ἐκ γαστρὸς πρὸ ἑωσφόρου ἐγέννησά σε, οὐ μὴν ἔκτισά σε. ἀλλὰ καὶ ὁ

Prov. viii. 25 Σολομῶν· πρὸ δὲ πάντων βουνῶν γεννᾷ με. τὸ γὰρ Κύριος ἔκτισέ με ἀρχὴν ὁδῶν[8a] αὐτοῦ, ἐπὶ τοῦ νοερῶς ἐμψυχωμένου

Gregorius σώματος τοῦ Κυρίου, ὃ ἐν ἁγίοις ἐξείληφε Γρηγόριος ἐν τῷ Περὶ Υἱοῦ λόγῳ. τὸ δὲ γεννᾷ, ἐπὶ τῆς[9] θεότητος αὐτοῦ. πάντων οὖν γέννησιν καὶ οὐ κτίσιν ἐπὶ τοῦ μονογενοῦς Λόγου καὶ Υἱοῦ δογματισάντων, τί βούλεται τὸ ἐν τῷ παρόντι λέγεσθαι

(Apoc. i. 14 fin.) ἡ ἀρχὴ τῆς κτίσεως τοῦ Θεοῦ; οὐδὲν ἕτερον ἢ ἄρχων τῆς κτίσεως τοῦ Θεοῦ, καὶ ὁ τὴν κατὰ πάντων ἀρχὴν ἔχων.[10] ἐπειδὴ γὰρ πάντα διὰ Υἱοῦ[11] πεποίηκεν ὁ Πατήρ, εἰκότως ὁ ποιητὴς τῶν ἁπάντων καὶ δημιουργός, ὁ ἐκ μὴ ὄντων εἰς τὸ εἶναι τὰ πάντα παραγαγὼν ἄρχει τῶν ὑπ' αὐτοῦ γεγεννη-

(Apoc. i. 15) μένων. οἶδά σου φησιν τὰ ἔργα, ὅτι οὔτε ψυχρὸς εἶ οὔτε ζεσ-

Rom. xii. 11 τός. ζεστὸς μέν ἐστιν ὁ ζέων τῷ Πνεύματι· τῷ γὰρ Πνεύματι ζέοντές φησιν ὁ θεῖος ἀπόστολος· ψυχρὸς δέ, ὁ ἐστερημένος

(Apoc. i. 16) Ἁγίου Πνεύματος, ἐνεργείας καὶ ἐπιφοιτήσεως. ἀλλὰ σύ

---

[1] καὶ 146
[1a] οὐδὲν, οὐ, sic 146
[2] om. ὁ 146
[3] δὲ pro οὖν 203 240
[4] αὐτῷ pro τῶν αὐτῶν 146
[5] ἐπιπηδήσειεν 240
[6] αἱρετικῶν 203 240
[7] τούτου 203 τούτῳ [?] 240
[8] add. δὲ 203 240
[8a] ὁδὸν 146 ex industria
[9] om. τῆς 240
[10] ἔχων ἀρχὴν 203
[11] διὰ τοῦ υἱος ut vid. 240

φησιν **χλιαρὸς εἶ**. χλιαρὸν δὲ καλεῖ τὸν μετουσίαν μὲν
λαβόντα πνεύματος ἁγίου διὰ τοῦ βαπτίσματος, σβέσαντα
δὲ τὸ χάρισμα διὰ ῥαθυμίας, καὶ τῆς τῶν προσκαίρων
φροντίδος. ἐπιταγὴ δὲ θεία¹ καὶ αὕτη, τὸ **Πνεῦμα μὴ σβεν-**   1 Thess. v. 19
νύετε. ὄφελον ψυχρὸς ἦς ἢ ζεστὸς οὕτως, ὅτι χλιαρὸς εἶ. εἴθε   (Apoc. i. 16–17)
φησὶν ἢ ζεστὸς ἦσθα τῇ τοῦ Πνεύματος ἐνεργείᾳ πεπυ-
ρωμένος, ἢ καθόλου ψυχρὸς καὶ ἀμέτοχος τέλεον πνεύματος
χάριτος καὶ ἀβάπτιστος καὶ μὴ χλιαρός. ὁ μὲν γὰρ ἔχων
τὸ νοητὸν τοῦ Πνεύματος πῦρ ἐν ἀνδράσιν τελεῖ, τὰ² αἰσθη-
τήρια γεγυμνασμένα ἔχων πρὸς διάκρισιν καλοῦ καὶ κακοῦ,
καί ἐστι πνευματικός· ὁ δέ γε μήπω δεξάμενος τὴν τοῦ Πνεύ-
ματος χάριν, ἐν ἐλπίδι τοῦ ποτε δέξασθαι τυγχάνων,³ οὐκ
ἐν τοῖς ἀπεγνωσμένοις ἠρίθμηται. ὁ δέ γε χλιαρὸς πρὸς
τῷ μὴ ξῆν καὶ⁴ τό ποτε βαπτισθῆναι καὶ ζέσαι συναφήρη-
ται. **μέλλω σέ** φησιν **ἐμέσαι ἐκ⁵ τοῦ στόματός μου**. τῇ μετα-   (Apoc. iii. 16
φορᾷ τοῦ χλιαροῦ δεόντως ἐρχρήσατο· πᾶν γὰρ χλιαρὸν   fin.)
ὄν,⁶ ὥς φασιν ἰατρῶν παῖδες,⁷ πλάδον ἐργαζόμενον εἰς ἔμε-
τον ἐρεθίζει τὸν μεταλαβόντα·⁸ ὅθεν καὶ τοῖς δυσεμετοῦσιν
ὕδατος χλιαροῦ⁹ διδόασιν ἀπορροφεῖν, ταύτῃ πρὸς ἔμετον
ἐκκαλούμενοι. φησὶ δέ, ὅτι μέλλω σε ἀπόβλητον ποιεῖσθαι
τῆς ἐμῆς οἰκειότητος. τίς δὲ τῆς τοιαύτης καταστάσεως
ἡ αἰτία;¹⁰ ἐλπίζεις φησίν, ἐπὶ πλούτου ἀδηλίᾳ, καὶ συνέ-   cf. 1 Tim. vi. 17
πνιξας ὡς ἐν ἀκάνθαις τὸ χάρισμα, οὐκ ἀκούων τοῦ λέγον-   cf. Matt. xiii. 22
τος, πλοῦτος ἐὰν ῥέῃ, μὴ προστίθεσθε¹¹ καρδίαν; πλοῦτον
δέ φησι γήϊνον καὶ πρόσκαιρον.¹² **ἀγνοεῖς ὅτι πτωχὸς εἶ**   (Apoc. iii. 17)
καὶ γυμνός, τὰ πνευματικὰ καὶ μένοντα. **συμβουλεύω σοι οὖν**   (Apoc. iii. 18)
ἀγοράσαι χρυσίον πεπυρωμένον ἐκ πυρός, ἵνα πλουτήσῃς.¹³ τί

---

¹ θεοῦ 203 240 *pro* θεία
² τελεῖται 146
³ τυγχανόντων 146
⁴ *om.* καὶ 240
⁵ ἀπὸ 203 240, ἔμαισε ἐκ 146
⁶ *om.* ὄν 203 240
⁷ *add.* ὑγρὸν ἢ *superscriptum* 146 man. sec.
⁸ μεταλαμβάνοντα 203 240
⁹ *om.* χλιαροῦ 203 240
¹⁰ *Notandum est in codd.* 146 *et* 203 *hoc interrogationis signum* (;) *hoc tempore rarissimum*
¹¹ προτίθεσθε 146
¹² πρόσκαιρον καὶ γήϊνον 203 240
¹³ *Quae seq. om.* 203 *sed in scholiis indicat Oecumenium haec omnia sub rubrico* Ἀνδρ. *inclusisse*

δὲ¹ πεπυρωμένον χρυσίον τῷ πνευματικῷ πυρί, ὁ προφήτης διδάσκει λέγων τὰ λόγια Κυρίου λόγια ἁγνά, ἀργύριον πεπυρωμένον δοκίμιον, τῇ γῇ κεκαθαρισμένον ἑπταπλασίως, τὸ εὐαγγελικὸν διὰ τούτων δηλῶν κήρυγμα. τοῦτο τοιγαροῦν αἰτεῖ παρ᾽ ἐμοῦ τὸ δυνάμενόν σε σοφίσαι καὶ προσοικειῶσαι Θεῷ. ὁ γὰρ τοῦτο κτησάμενος ἐν ἀρετῇ τε διαλάμπει καὶ καθαρισθήσεται ψυχὴν καὶ σῶμα. τοῦτο γάρ ἐστι τὰ καινὰ² καὶ λευκὰ ἱμάτια. καὶ κουλλούριόν φησιν ἔγχρισαι τοὺς ὀφθαλμούς σου, ἵνα βλέπῃς. πρός τινας τῶν ἀμβλυωποούντων περὶ τὸ νοητὸν τοῦ Κυρίου φῶς, ἐπονειδίζουσα ῥῆσις Ἱερεμίου φησίν· ἰδού, οὔκ εἰσιν οἱ ὀφθαλμοί σου οὐδὲ ἡ καρδία σου καλή. διὰ τοῦτο τὴν συνεκτικὴν³ τῆς τοιαύτης πηρώσεως⁴ μετάνοιαν ὑπελθεῖν συμβουλεύεται,⁵ ὥσπερ καὶ ἡ ἄκαρπος συκῆ τὴν⁶ διὰ τῶν κοπρίων ἐξαγόρευσιν καὶ ἀτιμοτέραν διαγωγήν.⁷ ἐγώ φησιν οὓς ἂν φιλῶ, ἐλέγχω καὶ παιδεύω.⁸ ὢ τοῦ ὑπερβάλλοντος μεγέθους τῆς ἀγάπης τοῦ Χριστοῦ. τούτους γὰρ τοιούτους ὄντας οἵους ὁ λόγος ἔγραψεν, ἀγαπᾶν ἐπαγγέλλεται, διὸ ἐλέγχει τε καὶ παιδεύει <καὶ> ζηλοῦν τὰ τῶν ἔργων κρείττονα, καὶ μετανοεῖν ἐφ᾽ οἷς ἐξήμαρτον. ἰδού φησιν ἕστηκα ἐπὶ τὴν θύραν καὶ κρούω. ἐάν τις ἀκούσῃ τῆς φωνῆς μου καὶ ἀνοίξῃ⁹ τὴν θύραν, εἰσελεύσομαι πρὸς αὐτὸν καὶ δειπνήσω μετ᾽ αὐτοῦ καὶ αὐτὸς μετ᾽ ἐμοῦ. τὸ πρᾶον καὶ εἰρηνικὸν ὁ Κύριος¹⁰ ἐνδείκνυται τὸ ἑαυτοῦ. ὁ μὲν γὰρ Διάβολος πελέκει καὶ λαξευτηρίῳ κατεάσσει τὰς θύρας τῶν μὴ δεχομένων αὐτὸν κατὰ τὴν τοῦ προφήτου φωνήν. ὁ δὲ Κύριος καὶ νῦν καὶ ἐν Τοῖς Ἄσμασιν τῇ νύμφῃ φησὶν ἄνοιξόν μοι, ἀδελφή μου νύμφη. καὶ εἰ μέν τις ἀνοίξει¹¹ αὐτῷ, εἰσέρχεται.¹² τὸ δὲ δεῖπνον τὸ μετὰ τοῦ Κυρίου τὴν

---

¹ add. τὸ 240
² τὸ, καινὰ 203 240
³ σμικτικὴν 146
⁴ πυρώσεως 240
⁵ συμβουλεύει 240 ut vid.
⁶ om. τὴν 240
⁷ ἀγωγήν 240
⁸ κείμενον· ζηλῶσον οὖν καὶ μετανόησον βαβαὶ τῆς φιλανθρωπίας πόσῃ ἀγαθότητί ὁ ἔλεγχος κέκραται add. 203, sed ὢ ante τοῦ ὑπερβάλλοντος omittit
⁹ ἀνοίξῃ — η in ras. 146
¹⁰ ὁ χριστός 203
¹¹ ἀνοίξῃ 203
¹² add. εἰ δὲ μή, παρέρχεται 203 240

τῶν ἁγίων μυστηρίων μετάληψιν αἰνίττεται. τῷ νικῶντί (Apoc. iii. 21) φησιν τὸν ἐχθρόν, δώσω καθίσαι ἐν τῷ θρόνῳ μου, τουτέστι, συμβασιλεύσει μοι. εἴρηται γὰρ τῷ σοφωτάτῳ Παύλῳ, εἰ¹ συμπάσχομεν, καὶ συμβασιλεύσομεν αὐτῷ. ὡς καὶ ἐγὼ ἐνί- (Rom. viii. 17. 1 Cor. iv. 8) κησά φησι, καὶ συμβασιλεύω τῷ Πατρί μου. εἴρηκεν γὰρ (Apoc. iii. 21 καὶ² ἐν Εὐαγγελίοις ὁ Κύριος³· θαρσεῖτε, ἐγὼ νενίκηκα τὸν *fin.*) Jo. xvi. 33 κόσμον.

καὶ μετὰ ταῦτα εἶδον, καὶ ἰδού, θύρα ἐν τῷ οὐρανῷ ἀνεῳγ- Apoc. iv. 1 μένη⁴· καὶ ἡ⁵ φωνὴ ἡ πρώτη ἣν ἤκουσα ὡς σάλπιγγος λαλοῦσα μετ' ἐμοῦ, λέγων⁶ ἀνάβα ὧδε, καὶ δείξω σοι ἃ δεῖ γενέσθαι μετὰ ταῦτα.⁷ εὐθέως ἐγενόμην ἐν πνεύματι· καὶ 2 ἰδού, θρόνος ἔκειτο ἐν τῷ οὐρανῷ, καὶ ἐπὶ τὸν θρόνον καθή- μενος⁸ ὅμοιος ὁράσει σμαραγδίῳ.⁹

οὐκ ἐπειδὴ θύρα τίς ἐστιν ἐν τῷ οὐρανῷ κατὰ καιρὸν κλειομένη καὶ ἀνοιγομένη, ἀλλ' οὕτως ὤφθη¹⁰ τῷ εὐαγ- γελιστῇ ἵνα ἴδῃ τὰ ὑπερουράνια.¹¹ πάσης γὰρ θύρας ἀνεῳγ- μένης, τὰ ἔνδον ἐπάναγκες καθορᾶσθαι. καὶ φωνὴν ἤκουσά (Apoc. iv. 1) φησιν, ἥτις ὡς σάλπιγξ ἠχήσας¹² τάδε εἶπε πρός με· ἀνάβηθί (Apoc. iv. 2) φησιν ὧδε¹³ ἵνα ἴδῃς τὰ μέλλοντα ἔσεσθαι. καὶ ἐν πνεύματι ἀνελθών — οὐ γὰρ σωματικὴ οὐδ' αἰσθητὴ γέγονεν ἡ ἄνο- δος — ὁρῶ φησιν, θρόνον, καὶ τὸν Θεόν, καὶ¹⁴ πνεῦμα ἐπ'¹⁵ αὐτῷ ὅμοιον ἰάσπιδι καὶ σαρδίῳ. οὐ τούτοις ὅμοιος ὁ Θεός, (Apoc. iv. 2) ἄπαγε, οὐδέ τινι τῶν αἰσθητῶν, ἢ ὅλως σώματι ὁ ἀόρατος καὶ ἀσώματος¹⁶ καὶ ἀσχημάτιστος, οὗ τὸ ἀόρατον τὰ Σερα- φὶμ ἐνδεικνύμενα¹⁷ σκέπουσι ταῖς πτέρυξι τὰ πρόσωπα ἑαυτῶν. καὶ τῷ Μωϋσεῖ¹⁸ δὲ χρηματίζων ὁ Θεὸς ἔλενεν·

---

¹ *om.* εἰ 203
² *om.* καὶ 203 240
³ ὁ χριστός 203
⁴ θύρα ἠνεωγμένη ἐν τῷ οὐρανῷ 203 *sic quoque* 240 *sed* ἀνεῳγμένη *habet.*
⁵ *om.* ἡ 203 240
⁶ μετ' ἐμοῦ λαλοῦσα, λέγουσα 203 μετ' ἐμοῦ λαλοῦσα, λέγων 240
⁷ *add.* καὶ 203 240
⁸ *add.* καὶ ὁ καθήμενος, ὅμοιος ὁράσει λίθῳ ἰάσπιδι καὶ σαρδίῳ· καὶ ἶρις κύκλῳ τοῦ θρόνου αὐτοῦ 203 240
⁹ ὁμοίως ὡς ὅρασις σμαράγδου 203 240
¹⁰ ἔφη 203
¹¹ ἐπουρανία 203
¹² ἐξηχοῦσα 203, ἠχουσα 240
¹³ πρός με *pro* ὧδε 240
¹⁴ *add.* τὸ 203 240
¹⁵ ἐν *pro* ἐπ' 240
¹⁶ ὁ ἀσώματος καὶ ἀόρατος 203 240
¹⁷ δεικνύμενα 240
¹⁸ Μωϋσῆ 146 Μωσῆ 203

Ex. xxxiii. 20	οὐδεὶς ὄψεταί μου τὸ πρόσωπόν μου καὶ ζήσεται. ἀλλὰ καὶ
Jo. i. 18 (1 Jo. iv. 12)	αὐτὸς ὁ εὐαγγελιστὴς ὡς ἐν ἀποφάσει φησί· Θεὸν οὐδεὶς ἑώρακε πώποτε. οὐκ ἄρα οὖν ὤφθη ὅμοιός τινι ὁ Θεός, ἀλλ' ἐκ τῶν ἐνεργειῶν τοῦ Θεοῦ ἡ ὅρασις[1] αὐτοῦ ἐζωγραφήθη τῇ ἀποκαλύψει. ἡ μὲν γὰρ ἴασπις. λίθος δὲ αὕτη τιμία σμαραγδοειδής τίς ἐστιν καὶ χλοερά, ἰῷ ἀσπίδος προσεοικυῖα, ἐξ οὗ καὶ τὸ ὄνομα ἐκληρώσατο. τὸ δὲ σάρδιον ἄλλη τιμία λίθος, πυραυγὴς[1a] καὶ αἱματώδης. αἰνίττεται δὲ ἡμῖν ἡ[2] ἴασπις τὸ φερέσβιον τοῦ Θεοῦ, καὶ ποριστικόν, ἐπεὶ καὶ πᾶσα τροφὴ ἀνθρώπων τε καὶ τετραπόδων καὶ πτηνῶν καὶ τῶν ἑρπηστικῶν[3] θηρίων τὴν ἀρχὴν, καὶ οἷον τὴν αἰτίαν,
Psa. ciii. 14-15	ἀπὸ χλόης ἀρχομένην ἔχει. φησὶ γὰρ ὁ προφήτης· ἐξανατέλλων χόρτον τοῖς κτήνεσι καὶ χλόην τῇ δουλείᾳ τῶν ἀνθρώπων, τοῦ ἐξαγαγεῖν ἄρτον ἐκ τῆς γῆς. καὶ οἶνος εὐφραίνει[4] καρδίαν ἀνθρώπου, τοῦ ἱλαρῦναι πρόσωπον ἐν ἐλαίῳ. καὶ πάλιν ἐν τῇ
Gen. i. 11-12	κοσμοποιίᾳ φησὶν ὁ Θεός· ἐξαγαγέτω ἡ[5] γῆ βοτάνην χόρτου· σπεῖρον σπέρμα κατὰ γένος.[6] ἡ μὲν οὖν ἴασπις ταῦτα παραγυμνοῖ.[7] τὸ δέ γε σάρδιον τὸ φοβερὸν γράφει τοῦ Θεοῦ·
Deut. iv. 24, ix. 3	ὁ Θεὸς ἡμῶν γὰρ πῦρ καταναλίσκον φησὶν ὁ ἱεροφάντης
Psa. lxxv. 8	Μωσῆς, ἀλλὰ καὶ ὁ προφήτης πρὸς αὐτὸν ἀναφωνεῖ· σὺ φοβερὸς εἶ καὶ τίς ἀντιστήσεταί σοι κατὰ πρόσωπόν σου;[8]
Heb. x. 31	τούτῳ συμφώνως[9] ὁ σοφὸς ἀπόστολος γράφει[10]· φοβερὸν τὸ ἐμπεσεῖν εἰς χεῖρας Θεοῦ ζῶντος. ἐπειδὴ γὰρ ἀσύμφωνος τοῖς φιλαμαρτήμοσι καὶ καταφρονηταῖς καὶ[11] ἄκρατος ἡ
(Rom. ii. 4)	χρηστότης τοῦ Θεοῦ, οὐ πρὸς μετάνοιαν ἄγουσα, πρὸς ἄδειαν δὲ τοῦ πλημμελεῖν,[12] εἰκότως ὁ Θεὸς σὺν τῷ χρηστῷ μετὰ τοῦ εὐεργετικοῦ[13] καὶ τὸ φοβερὸν ἔχει[14] σκιαγραφούμενον· ὅθεν ὁ Παῦλος[15] τὴν ἕξιν εἰδὼς τῶν μαθητευομένων

---

[1] ὥρα *pro* ὅρασις 203
[1a] παραυγῆς 146
[2] ἡμῖν 205 ἡ μὲν 146 ἡμῖν ἡ 240
[3] ἐρπυστικῶν 240
[4] εὐφραίνειν 203 240
[5] *om*. ἡ 203
[6] *add*. καὶ καθ' ὁμοιότητον (*sic*) 203
[7] παραδηλοῖ 203 240
[8] ἀπὸ τῆς ὀργῆς σου *Sept*.
[9] σύμφωνα 203 240
[10] γράφων 146
[11] *om*. καὶ 146
[12] τοῦ πεπλημμεληκότος 203 240
[13] καὶ εὐεργετικῷ *pro* μετὰ τοῦ εὐεργετικοῦ 146
[14] ἕξει 203 240
[15] ὁ Παῦλος *et om*. ὅθεν 203 240 ὅθεν *et om*. ὁ Παῦλος 146

κέντρων¹ δεομένην, καὶ οὐ πραότητος, μόνοις ἐπιστέλλων
Κορινθίοις ἔλεγεν· τί θέλετε; ἐν ῥάβδῳ ἔλθω πρὸς ὑμᾶς, ἢ ἐν   1 Cor. iv. 21
ἀγάπῃ² πνεύματι τε πραότητος; ἀλλὰ καὶ τῶν ἁγίων τίς
προανεφώνει λέγων³ γέεννά σε οὐ πτοεῖ· βασιλεία σε οὐ
προτρέπεται· λιθίνῃ καρδίᾳ διαλέγομεθα. οὕτως ἐγινώσκετο
φοβερὸν καὶ καταπληκτικὸν χρειῶδες τοῖς παιδευομένοις.
ἀλλ' οὐ πρῶτον παρὰ τῷ Θεῷ τὸ σάρδιον· πρώτη δέ γε
ἡ⁴ ἴασπις. ἡ μὲν γὰρ φύσις αὐτὸ τὸ ἀγαθὸν⁵ καὶ
φιλάνθρωπον καὶ ἥμερον, καὶ πατὴρ εἶναι βούλεται μᾶλ-
λον ἢ δεσπότης ἡμῶν.⁶ πρὸς δὲ τὸ φοβερὸν καὶ κολασ-
τικὸν ἡμεῖς αὐτόν, εἰ θέμις εἰπεῖν, βιαζόμεθα, καὶ τὸ
κατὰ φύσιν ἀφεὶς πολλάκις τὴν ἡμερότητα, ἐπὶ τὸ παρὰ
φύσιν ἄγεται τὴν αὐστηρίαν. καὶ ἶρις φησὶν κυκλόθεν τοῦ   Apoc. iv. 3 fin.
θρόνου αὐτοῦ,⁷ ὁμοία ὁράσει σμαραγδίῳ.⁸ ἡ μὲν αἰσθητὴ ἶρις ἦν
ἣ θεία γραφὴ τόξον καλεῖ Θεοῦ, ἡ ἐκ τῆς ἀντανακλάσεως
τοῦ ἡλιακοῦ φωτὸς συνισταμένη, ὅταν ἐν παχύτητι νέφους
ἀποληφθὲν⁹ ἀντιφράσσηται,¹⁰ ποικίλη καὶ παντοειδὴς χρόα
καθέστηκεν. ἐκείνη δέ γε ἡ νοητή, ἡ τὸν θεῖον κυκλοῦσα
θρόνον, μονοειδὴς ἦν· σμαραγδίζουσα γὰρ ἦν. καὶ αὐτὴ δέ
γε προδείκνυσι πάντα τὰ περὶ Θεὸν ἅγια καὶ λειτουργικὰ
πνεύματα, διὸ καὶ ἶριν κέκληκεν αὐτὴν καίτοι μονοειδῆ
τυγχάνουσαν, ἵν' ἐκ τῶν ποικίλων τῆς ἴριδος χρωμάτων τὰς
πολλὰς τῶν θείων ἀγγέλων τάξεις καὶ διαφορὰς ἐννοήσω-
μεν. παντὰ δε γε μίαν ἦψε χρόαν¹¹· ἅπαντα γὰρ ὁμοίως
ἐστὶν εὐεργετικὰ καὶ μίμησιν φέροντα τοῦ οἰκείου δεσπότου,
τῆς σμαραγδιζούσης χρόας καὶ αὐτοῖς τὸ ποριστικὸν μαρ-
τυρούσης, ὥσπερ τῷ Θεῷ τὸ τῆς ἰάσπιδος. καὶ μὴ <τί>
τινι προσπταίῃ¹² τῶν ἐντυγχανόντων· τί δή ποτε; τὰ μὲν

---

¹ κέντρον 146
² τί θέλετε; ἐν ἀγάπῃ ἔλθω πρὸς ὑμᾶς, ἢ ἐν ῥάβδῳ 203, et 240 qui om. τί θέλετε
³ add. εἰ 203 240
⁴ γε 146, ἡ 203, γε ἡ 240
⁵ αὐτοάγαθον (sic) 146, αὐτῷ τὸ ἀγαθὸν 203, αὐτὸ τὸ ἀγαθὸν 240
⁶ καὶ εἶναι βούλεται μᾶλλον πατὴρ ἢ δεσπότης ἡμῶν 203 240

⁷ om. αὐτοῦ 203 240 hoc loco in com.
⁸ σμαραγδίου 203 cf. supra quae in lemmate ipso lectiones repertae sunt
⁹ ἀπολειφθὲν 146 240
¹⁰ ἀντιφράσσεται 146, ἀποφράσσηται 203 240
¹¹ ἐποίκιλλε χρόαν (sic) 203 240
¹² προστάξῃ 203 240 προσταίη 146 προσπταίη Blake qui τι addidit

περὶ Θεοῦ ἅγια τῶν ἀσωμάτων τάγματα τῇ τιμιωτέρᾳ¹ λίθῳ τῆς σμαράγδου παρείκασται, αὐτὸς δέ γε ὁ Θεὸς τῇ ἧττον τιμίᾳ, τῇ ἰάσπιδι καὶ τῷ σαρδίῳ; οὐ γὰρ περὶ τῆς τιμιότητος τῶν ὁραθέντων ὁ λόγος νῦν, ἀλλὰ τῶν ἐκ τῆς χρόας σημαινομένων. εἰ γὰρ τιμιότητά τις μικροπρεπῶς ἐπιζητοίη, οὐδὲ ὑπῆρχέ τι ᾧ παρεικασθείη ὁ² Θεός, †ἢ κἀκεῖνό τις μέμψοιτο†³· ὅτι ὁ μὲν Κύριος λίθῳ παρεικάζεται.⁴ ἰδοὺ γὰρ τίθημι ἐν Σιὼν λίθον ἀκρογωνιαῖόν φησι περὶ τοῦ Κυρίου ὁ⁵ Ἡσαΐας. καὶ ὁ προφήτης δὲ λίθον ὃν ἀπεδοκίμασαν οἱ οἰκοδομοῦντες περὶ αὐτοῦ λέγει. ὄρη δὲ τὰ πονηρὰ τῶν δαιμόνων⁶ ἀλληγορεῖται τάγματα· ὄρη γὰρ μετατίθεσθαι ὁ αὐτὸς ἔφη Δαυίδ⁷· ἐν καρδίαις θαλασσῶν, καὶ ἐταράχθησαν ὄρη ἐν τῇ κραταιότητι αὐτοῦ, ὧν ὅσον ἐν μεγέθει, τὸ ὑπερέχον οὐδὲ δυνατὸν εὑρεῖν.

κυκλόθεν⁸ φησὶν⁹ τοῦ θρόνου, θρόνους κδ̄· καὶ ἐπὶ τοὺς κδ̄¹⁰ θρόνους, κδ̄¹⁰ πρεσβυτέρους καθημένους καὶ¹¹ περιβεβλημένους ἐν ἱματίοις¹² λευκοῖς, καὶ ἐπὶ τὰς κεφαλὰς αὐτῶν στεφάνους χρυσοῦς. καὶ ἐκ τοῦ θρόνου ἐκπέμπονται¹³ ἀστραπαί, φωναί, βρονταί,¹⁴ καὶ ἑπτὰ λαμπάδες πυρὸς καιόμεναι ἐνώπιον τοῦ θρόνου, ἅ¹⁵ εἰσι τὰ ἑπτὰ πνεύματα τοῦ Θεοῦ· καὶ ἐνώπιον τοῦ θρόνου¹⁶ θάλασσα ὑαλίνη,¹⁷ ὁμοία κρυστάλλῳ.

τοὺς εἰκοσιτέσσαρας πρεσβυτέρους τοὺς ἐν τοῖς θρόνοις καθημένους εἰδείη¹⁸ μὲν ἂν μόνος ὁ τῶν κρυφίων γνώστης Θεός· καὶ ᾧ ἂν αὐτὸς ἀποκαλύψῃ, ὅσον δὲ ἐπὶ τῇ ἐμῇ εἰκασίᾳ, ὁ Ἄβελ ἦν καὶ ὁ Ἐνὼχ καὶ Νῶε¹⁹· Ἀβραὰμ καὶ Ἰσαὰκ καὶ Ἰακώβ²⁰· ὁ Μελχισεδὲκ καὶ ὁ²¹ Ἰώβ· Μωϋσῆς καὶ

---

¹ τιμιωτάτῳ 203 240
² om. ὁ 203 240
³ κακείνῳ 203 legendum κἀκεῖνο ἂν τις μέμψαιτο? Blake
⁴ παρεικίζαται 146
⁵ om. ὁ 203 240
⁶ τὰ τῶν δαιμονιῶν πονηρά 203 240
⁷ Δᾱδ ἔφη 203 [non 240]
⁸ add. καὶ 203 240
⁹ om. φησὶν 203 240
¹⁰ om. κδ̄ 203 240
¹¹ καθημένους πρεσβυτέρους et καὶ om. 203 240
¹² om. ἱματίοις 203 240
¹³ ἐκπορεύονται 203 240
¹⁴ ἀστραπαὶ καὶ βρονταὶ καὶ φωναί 203 240
¹⁵ αἱ pro ἅ 203 240
¹⁶ add. ὡς 203 240
¹⁷ ὑελίνη 203 240
¹⁸ εἰδείει 203, εἰδοῖ ut vid. 240
¹⁹ add. καὶ 240
²⁰ add. καὶ 203 240
²¹ om. ὁ 203 240

Ἀαρών· Ἰησοῦς ὁ τοῦ Ναυῆ καὶ Σαμουήλ· Δαυίδ, Ἡλίας καὶ Ἐλισσαῖος· οἱ δώδεκα μικροὶ προφῆται ἐν σχήματι ἑνὸς γραφόμενοι· Ἡσαΐας καὶ Ἱερεμίας· Ἰεζεκιὴλ καὶ Δανιήλ· Ζαχαρίας καὶ Ἰωάννης· Ἰάκωβος ὁ τοῦ Ἰωσὴφ καὶ Στέφανος, οἱ τῆς καινῆς μάρτυρες διαθήκης. ἦν δὲ ἂν εἰπεῖν Πέτρον καὶ Παῦλον καὶ Ἰάκωβον τὸν ἀδελφὸν Ἰωάννου, ὃν Ἡρώδης ἀνεῖλε μαχαίρᾳ, καὶ τὸν λοιπὸν τῶν ἁγίων ἀποστόλων χορόν, εἰ μὴ ἐπαγγελίαν εἶχον παρὰ τοῦ Κυρίου, οὐ νῦν, ἀλλ' ἐν τῇ παλιγγενεσίᾳ καθήσεσθαι ἐπὶ δώδεκα θρόνους, ἑτέρους δηλονότι παρὰ τοὺς εἰρημένους· οὕτω γὰρ ἔφη πρὸς αὐτοὺς ὁ Κύριος ἐν τῷ κατὰ Ματθαῖον εὐαγγελίῳ· ἀμὴν λέγω ὑμῖν, ὅτι ὑμεῖς οἱ ἀκολουθήσαντές μοι ἐν τῇ παλιγγε- Matt. xix. 28
νεσίᾳ, ὅταν καθίσῃ ὁ υἱὸς τοῦ Θεοῦ¹ ἐπὶ θρόνου δόξης αὐτοῦ, καθίσεσθε² καὶ ὑμεῖς ἐπὶ δώδεκα θρόνους, κρίνοντες τὰς δώδεκα φυλὰς τοῦ Ἰσραήλ. τὰ δὲ λευκὰ ἱμάτια δεῖγμα τυγχάνει τῆς κατὰ τὸν βίον αὐτῶν καθαρότητος. οἱ δέ γε στέφανοι, τοῦ νικῆσαι τὰ πάθη καὶ τοὺς νοητοὺς ἐχθρούς. τὸ δὲ ἐκπορεύεσθαι τοῦ θρόνου ἀστραπὰς καὶ φωνὰς βροντῶν,³ τὸ φοβερὸν αἰνίττεται πάλιν τοῦ Θεοῦ. τὸ γὰρ θεῖον κάλλος οὐκ ἐν διαχύσει τινὶ καὶ ἡδονῇ τέρψεως τὴν εὐφροσύνην ἔχει, ἀλλ' ἐν τῷ μετὰ θαύματος φοβερῷ. καὶ τοῦτο εἰδὼς ὁ προφήτης ἔλεγε· δουλεύσατε τῷ Κυρίῳ ἐν φόβῳ, καὶ ἀγαλ- Psa. ii. 11
λιᾶσθε αὐτῷ ἐν τρόμῳ. καὶ ἑπτά φησι λαμπάδες πυρός, καιό- (Apoc. iv. 5)
μεναι ἐνώπιον τοῦ θρόνου, ἅ εἰσι τὰ ἑπτὰ πνεύματα τοῦ Θεοῦ⁴·
ἑπτὰ τυγχάνειν τοὺς ἐν ἀγγέλοις ἄρχοντας. ὁ Κλήμης φησὶν Clem. Alex.
ἐν ἕκτῳ Στρώματι,⁵ ἴσως ἐντεῦθεν ὁδηγηθεὶς ταῦτα λέγειν,⁶ Strom. 8?
τὰ ἑπτὰ πνεύματα, ὅμοια λαμπᾶσι πυρός. εἴρηται γάρ που περὶ ἀγγέλων· ὁ ποιῶν τοὺς ἀγγέλους αὐτοῦ πνεύματα, καὶ Psa. ciii. 4
τοὺς λειτουργοὺς αὐτοῦ πυρὸς φλόγα,⁷ τούτους αἰνιττομένης τῆς θείας γραφῆς, περὶ ὧν νῦν ὁ λόγος. καὶ ἐνώπιόν φησι (Apoc. iv. 5 fin.)

---

¹ ἀνθρώπου 203 240
² καθήσεσθε 203 [non 240]
³ καὶ βροντὰς καὶ φωνὰς 203, καὶ φωνὰς καὶ βροντὰς 240
⁴ Non rescrips. 203 240 hanc clausulam, legentes in textu αἵ εἰσι, sed 146 de novo habet ἅ εἰσι
⁵ Στρωματεῖ 146
⁶ ὁδηγηθεὶς· ταῦτα λέγει 240 146. λέγειν 203
⁷ πῦρ φλέγον 203 240

Dan. vii. 10

Apoc. iv. 6 fin.
7

8

(Ezek. x. 21;
x. 2, 6, 13)

(Ezek. i.)
(Isai. vi. 2)

τοῦ θρόνου θάλασσα ὑαλίνη ὁμοία κρυστάλλῳ. ἡ¹ τῆς θαλάσσης ὀπτασία, τὸ πλῆθος· ἡ δὲ ὕαλος καὶ ὁ² κρύσταλλος; τὸ καθαρόν. καὶ³ πάσης ἀμιγὲς κηλῖδος ἐνδείκνυται⁴ τῶν περὶ τὸν Θεὸν ἁγίων πατέρων,⁵ οἳ⁶ θάλασσά τέ εἰσιν ὅσον εἰς πλῆθος· χίλιαι γὰρ⁷ χιλιάδες παρειστήκεισαν⁸ αὐτῷ φησιν ὁ Δανιήλ, καὶ μύριαι μυριάδες ἐλειτούργουν⁸ αὐτῷ. καὶ τοσοῦτοι τυγχάνοντες, πάντες εἰσὶ καθαροί, ὑάλῳ καὶ κρυστάλλῳ παραπλήσιοι.

καὶ κύκλῳ τοῦ θρόνου καὶ ἐν μέσῳ τοῦ θρόνου⁹ τέσσαρα ζῷα γέμοντα ὀφθαλμῶν, ἔμπροσθεν καὶ ὄπισθεν. καὶ τὸ ζῷον τὸ πρῶτον ὅμοιον λέοντι, καὶ τὸ δεύτερον ζῷον ὅμοιον μόσχῳ, καὶ τὸ τρίτον ζῷον¹⁰ ἔχον τὸ πρόσωπον ὡς ἄνθρωπος, καὶ τὸ τέταρτον ζῷον¹⁰ ὅμοιον ἀετῷ πετομένῳ. καὶ τὰ τέσσαρα ζῷα, ἓν καθ᾽ ἓν αὐτῶν¹¹ ἔχον¹² ἀνὰ πτέρυγας ἕξ, κυκλόθεν· καὶ ἔσωθεν γέμουσιν¹³ ὀφθαλμῶν· καὶ ἀνάπαυσιν οὐκ ἔχοντες¹⁴ ἡμέρας καὶ νυκτὸς λέγοντες· ἅγιος ἅγιος ἅγιος¹⁵ Κύριος¹⁶ ὁ Θεὸς ὁ παντοκράτωρ, ὁ ὤν, καὶ ὁ ἦν, καὶ ὁ ἐρχόμενος.

οὐκ ἔστιν εἰπεῖν ὡς ταῦτα τὰ ἅγια ζῷα ἐκεῖνα τυγχάνει, ὧν τῆς ὀπτασίας ἠξιώθη Ἰεζεκιὴλ ὁ προφήτης. ἐκείνων μὲν γὰρ ἕκαστον τετραπρόσωπόν τε ἦν καὶ ὀκταπτέρυγον, καὶ τρόχους τινὰς ἐπεσύρετο οἳ ἐπεκέκληντο¹⁷ γελγέλ,¹⁸ εἰ καὶ πολυόμματα ἦν κἀκεῖνα ὥσπερ καὶ ταῦτα. ἐνταῦθα δέ, ἕν τε ἕκαστον πρόσωπον, εἰ καὶ διάφορον,¹⁹ καὶ πτέρυγας ἕξ. καὶ ἐκεῖνα μὲν ἦν τὰ Χερουβίμ,²⁰ οὕτω γὰρ κέκληται παρὰ τῷ Ἰεζεκιήλ, ταῦτα δέ, ὡς οἶμαι, ἐστὶ τὰ Σεραφίμ, τὰ Ἡσαΐᾳ τῷ θεσπεσίῳ δειχθέντα, εἰ καὶ²¹ ὁ Ἡσαΐας οὔτε εἰ²² πρό-

---

¹ add. δὲ 203 240 verbis καὶ ... κρυστάλλῳ omissis
² om. ὁ 203 240
³ om. καὶ 203 240
⁴ αἰνίττεται 240
⁵ πνευμάτων comp. 203 240
⁶ ἃ 146
⁷ om. γὰρ 203 240
⁸ Cf. textum Sept. ubi haec verba invicem commutata sunt
⁹ καὶ ἐν μέσῳ τοῦ θρόνου om. 146
¹⁰ ζῶον 203 240
¹¹ ἓν ἕκαστον αὐτῶν 203 240
¹² ἔχοντα 203 240
¹³ γέμοντα, omissis καὶ ἔσωθεν 203 240
¹⁴ ἔχουσιν 203 240
¹⁵ ἅγιος septies 240 [ter 203] Vide schol. Oec.
¹⁶ om. Κύριος 203 240
¹⁷ οἷς ἐπεκέκλητο 203 240
¹⁸ Γέλ · Γέλ 203, ΓελΓελ 240
¹⁹ add. τε 146 203 om. 240
²⁰ χερουβ´ 146 ad lin. fin.
²¹ εἴτε 146
²² om. εἰ 146

σωπά τινα ἦν αὐτοῖς ἐπεμνήσθη, μόνον δὲ ὅτι ταῖς πτέρυξιν
ἔσκεπαν¹ τὰ πρόσωπα ἑαυτῶν·² οὔτε ὀφθαλμῶν πλῆθος,
ἀλλ' ὅτι ἦν ἑξαπτέρυγα. τί δὲ ταῦτα ἠνίττετο τὰ³ τῷ εὐαγ-
γελιστῇ δειχθέντα καλὸν ἐξηγήσασθαι; πλάνη τίς ἦν
παρά τισι τῶν Ἰουδαίων; ὡς τοῦ Θεοῦ τῶν μὲν ἐν οὐρανῷ
ἁγίων ταγμάτων προνοοῦντος καὶ αὐτοῖς ἐμφιλοχωροῦντος
μόνοις, ἀφισταμένου δὲ καὶ ἀμελοῦντος τῶν ἐπὶ γῆς, διὰ
τὴν ἐν Ἀδὰμ παράβασιν. διὸ καὶ ἔλεγον⁴ παρὰ τῷ
Ἡσαΐᾳ· τί ὅτι ἐνηστεύσαμεν, καὶ οὐκ ἔγνως; ἐταπεινώσαμεν Isai. lviii. 3
τὰς ψυχὰς ἡμῶν, καὶ οὐ προσέσχες; ἡ δὲ⁵ τοιαύτη πλάνη
προσῆν αὐτοῖς ἔκ τινος ῥητοῦ γραφικοῦ λέγοντος Κύριε ἐν Psa. xxxv. 6
τῷ οὐρανῷ, τὸ ἔλεός σου καὶ ἡ ἀλήθειά σου ἕως τῶν νεφελῶν.
ὡς κατωτέρω τῆς θείας προνοίας προϊέναι ἀπαξιούσης διὰ
τὰς ἐπὶ γῆς ἁμαρτίας, δείκνυσιν οὖν ἡ ὀπτασία τῷ εὐαγ-
γελιστῇ ὅτι διὰ πάντων ἡ πρόνοια διήκει τοῦ Θεοῦ, τῶν τε
ἐν οὐρανοῖς προνοοῦσα καὶ ἐπιβεβηκυῖα τῶν ἐπὶ γῆς. καὶ
τοῦτο αἰνίττεται τὰ τέσσαρα ἅγια⁶ ζῶα περὶ τὸν θεῖον
ὑπάρχοντα θρόνον. ἐπειδὴ γὰρ ἅπαν αἰσθητὸν καὶ γήϊνον
σῶμα ἐκ τῶν τεσσάρων κέκραται στοιχείων — πυρός, γῆς,
ἀέρος, ὕδατος. ἕκαστον τῶν ζώων ἕν τι τούτων ἐνδείκνυ-
ται⁷ — ὁ μὲν λέων τὸ πῦρ, διὰ τὸ θερμόν τε καὶ θυμικὸν
τοῦ ζώου· ὁ δέ γε⁸ μόσχος τὴν γῆν, διὰ τὸ περὶ γῆν εἶναι
τῷ μόσχῳ τὴν ἐργασίαν· ὁ δέ γε ἄνθρωπος τὸν ἀέρα,
οὐράνιον γὰρ φυτὸν καὶ μετάρσιον ὁ ἄνθρωπος διὰ τὴν τοῦ
νοῦ λεπτότητα· ὁ δὲ ἀετός τὸ ὕδωρ, ἐξ ὑδάτων γὰρ τοῖς
πτηνοῖς ἡ γένεσις. περὶ δὲ τὸν θρόνον ὁρῶνται τοῦ Θεοῦ,
ὡς φροντίδος καὶ προνοίας ἠξιωμένων τῶν διὰ τῶν ζώων
σημαινομένων,⁹ τουτέστι, τῶν ἐπὶ γῆς. τὸ δέ γε πολυόμμα-
τον αὐτῶν τὴν περὶ πάντα ἐποψίαν ἐπ' αὐτὰ τοῦ Θεοῦ
παραδείκνυσι.¹⁰ καὶ ἀνάπαυσιν οὐκ ἔχουσιν ἡμέρας καὶ (Apoc. iv. 8 med.)

---

¹ ἔσκεπον 203 240
² αὐτῶν 203
³ om. τὰ 240
⁴ add. τῷ 203
⁵ add. γε 203 240
⁶ ἄλλα pro ἅγια 203 240
⁷ ἀντί τούτων δείκνυται 240
⁸ om. γε 203 240
⁹ om. τῶν διὰ τῶν ζώων σημαινο-
μένων 240 [Habet 203]
¹⁰ Om. claus. τὸ δέ γε πολυόμματον
usque ad παραδείκνυσι 203. Habet
240 sed in fine παραδείκνυται comp.
vid.

νυκτός·¹ οὐ τοῦτό φησιν ὅτι ὀδυνηρόν τινα καὶ μοχθηρὸν διαζῶσι βίον,² οὐ δυνάμενα ἐκ τοῦ μόχθου καὶ ἐκ³ τῆς ἐπικειμένης ἀνάγκης ἀναπαύσασθαι,⁴ ἀλλ'ὅτι οὐ διαστέλλουσί ποτε δοξολογοῦντα τὸν Θεόν, καὶ ἐντρυφῶντα τῇ εἰς αὐτὸν μελωδίᾳ. τὸ δὲ ἑπτάκις⁵ λέγειν τὸ ἅγιος, τὸ πολλάκις καὶ ἀκαταπαύστως⁶ αἰνίττεται. ἑπτὰ γὰρ τὰ⁷ πολλὰ παρὰ τῆς θείας γραφῆς παραδέδοται· ὡς τὸ στεῖρα ἔτεκεν ἑπτὰ καὶ ἡ πολλὴ ἐν τέκνοις ἠσθένησε, καὶ ἑπτὰ ὀφθαλμοὶ Κυρίου οἱ ἐπιβλέποντες ἐπὶ πᾶσαν τὴν γῆν, καὶ ἑπτάκις ὁ δίκαιος ἐξ

(Apoc. iv. 8 *fin.*) ἀναγκῶν ῥυόμενος. **ὁ ὢν φησι καὶ ὁ ἦν καὶ ὁ ἐρχόμενος.** ἡ ἁγία διὰ τούτων καὶ σεβασμία δηλοῦται τριὰς καθὼς πρόσθεν⁸ εἴρηται. οὐδὲν δὲ χεῖρον καὶ νῦν εἰπεῖν, τὰ γὰρ αὐτὰ γράφειν ἐμοὶ μὲν οὐκ ὀκνηρόν, τοῖς δὲ ἐντυγχάνουσιν ἀσφαλὲς ὁ θεῖος ἀπόστολος ἀπεφήνατο. ὧν ὁ Πατὴρ ὠνό-

Ex. iii. 14 μασται παρὰ τῷ Μωϋσῇ.⁹ φησὶ γὰρ πρὸς αὐτόν, **ἐγώ εἰμι ὁ ὤν.** ἦν δέ, περὶ τοῦ υἱοῦ εἴρηται αὐτῷ τῷ εὐαγγελιστῇ

Jo. i. 1 λέγοντι **ἐν ἀρχῇ ἦν ὁ λόγος, καὶ ὁ λόγος ἦν πρὸς τὸν Θεόν, καὶ Θεὸς ἦν ὁ λόγος.** ἐρχόμενον δέ φησι τὸ Πνεῦμα τὸ Ἅγιον, ἀεὶ γὰρ ἐπιφοιτᾷ ταῖς ἀξίαις τοῦ δέξασθαι αὐτὸ ψυχαῖς.

Apoc. iv. 9 **καὶ ὅταν δώσει**¹⁰ **τὰ ζῶα δόξαν καὶ τιμὴν καὶ εὐχαριστίαν τῷ καθημένῳ ἐπὶ τοῦ θρόνου, τῷ ζῶντι εἰς τοὺς αἰῶνας τῶν αἰώ-**

10 **νων, πεσοῦνται οἱ**¹¹ **εἰκοσιτέσσαρες πρεσβύτεροι ἐνώπιον τοῦ καθημένου ἐπὶ τοῦ θρόνου, καὶ προσκυνήσουσι τῷ ζῶντι εἰς τοὺς αἰῶνας τῶν αἰώνων, καὶ βάλλουσι**¹² **τοὺς στεφάνους**

11 **αὐτῶν ἐνώπιον τοῦ θρόνου λέγοντες· ἄξιος εἶ, ὁ Κύριος ὁ Θεὸς ἡμῶν,**¹³ **λαβεῖν τὴν δόξαν καὶ τὴν τιμὴν καὶ τὴν δύναμιν· ὅτι σὺ ἔκτισας τὰ πάντα, καὶ διὰ τὸ θέλημα σου**¹⁴ **ἦσαν καὶ ἐκτίσθησαν.**

---

¹ Om. hanc claus. in textu 203 240. Seq. τοῦτό φησιν, ὅτι οὐκ ὀδυνηρὸν in 203, sed concordat 240 cum 146
² add. καὶ 203
³ om. ἐκ 203 240
⁴ ἀναπαύεσθαι 240 [*non* 203]
⁵ cf. supra textum 240
⁶ λέγειν τὸ ἅγιος πολλάκις καὶ τὸ ἀκαταπαύστως 203, λέγειν τὸ ἅγιος, τὸ πολλάκις καὶ τὸ ἀκαταπαύστως 240

⁷ τὸ *pro* τὰ 203 [*non* 240]
⁸ ἔμπροσθεν 203 240
⁹ Μωϋσεῖ 240
¹⁰ δώσουσι 203, δώσωσι ut vid. 240
¹¹ om. οἱ et habent κδ̄ 203, sed οἱ κδ̄ 240
¹² βαλοῦσι 203 240
¹³ Κύριε ὁ θεὸς ἡμῶν 203 240
¹⁴ add. οὐκ 203 240 plane, cum B 14-92, 38-178

μετὰ τῶν ἁγίων ζώων¹ οἱ πρεσβύτεροι διδόασίν φησιν²
δόξαν τῷ Θεῷ· τὸ δέ γε βαλεῖν τοὺς στεφάνους ἐνώπιον τοῦ
Θεοῦ τοῦτο δηλοῖ· ὁ στέφανος νίκης καὶ βασιλείας ὑπάρχει
σύμβολον. βάλλοντες³ οὖν αὐτοὺς πρὸ τοῦ θρόνου τοῦ
Θεοῦ, τὴν ὄντως καὶ ἀληθῆ βασιλείαν καὶ τὴν κατὰ πάντων
νίκην τῷ ἐπὶ πάντας⁴ ἀνατιθέασι Θεῷ, λέγοντες· Σοὶ, δέσ-
ποτα, κατὰ⁵ πάντων ὀφείλεται δόξα· ὅτι Σὺ ἐκ τοῦ μὴ ὄντος (Apoc. iv. 11)
εἰς τὸ εἶναι τὰ πάντα παρήγαγες, καὶ τῷ θελήματί σου⁶
ὑπέστησας οὐκ ὄντα πρότερον.

καὶ εἶδον ἐπὶ τὴν δεξιὰν τοῦ καθημένου ἐπὶ τοῦ θρόνου βι- Apoc. v. 1
βλίον γεγραμμένον ἔσωθεν καὶ ἔξωθεν, κατεσφραγισμένον⁶ᵃ
σφραγῖσιν ἑπτά. καὶ εἶδον ἄγγελον ἰσχυρὸν κηρύσσοντα 2
ἐν⁷ φωνῇ μεγάλῃ· τίς ἄξιος ἀνοῖξαι τὸ βιβλίον, καὶ λῦσαι
τὰς σφραγῖδας αὐτοῦ; καὶ οὐδεὶς ἐδύνατο ἐν τῷ οὐρανῷ, 3
οὐδὲ ἐπὶ τῆς γῆς, οὐδὲ ὑποκάτω τῆς γῆς, ἀνοῖξαι τὸ βιβλίον⁷ᵃ
οὔτε⁸ βλέπειν αὐτό. καὶ ἔκλαιον πολὺ⁹ ὅτι οὐδεὶς ἄξιος 4
εὑρέθη ἀνοῖξαι τὸ βιβλίον, οὔτε βλέψαι¹⁰ αὐτό· καὶ εἷς ἐκ 5
τῶν πρεσβυτέρων λέγει μοι· μὴ κλαῖε· ἰδού, ἐνίκησεν ὁ
λέων ἐκ τῆς φυλῆς Ἰούδα, ἡ ῥίζα Δαυίδ, ἀνοῖξαι¹¹ τὰς ἑπτὰ
σφραγῖδας αὐτοῦ. καὶ εἶδον καὶ¹² ἐν μέσῳ τοῦ θρόνου καὶ 6
τῶν τεσσάρων ζώων, καὶ ἐν μέσῳ τῶν πρεσβυτέρων, ἀρνίον
ἑστηκὸς ὡς ἐσφαγμένον, ἔχον¹³ κέρατα ἑπτὰ καὶ ὀφθαλμοὺς
ἑπτά, οἵ εἰσι τὰ ἑπτὰ¹⁴ πνεύματα τοῦ Θεοῦ, ἀπεσταλμένοι¹⁵
εἰς πᾶσαν τὴν γῆν. καὶ ἦλθε, καὶ εἴληφεν ἐκ τῆς δεξιᾶς τοῦ 7
καθημένου ἐπὶ τοῦ θρόνου.¹⁶

βίβλον ἡμῖν τινὰ Θεοῦ ἡ θεία διηγεῖται γραφή, ἐν ᾗ
πάντες ἄνθρωποι τυγχάνουσιν γεγραμμένοι, ἴσως τὴν παρὰ
Θεῷ μνήμην ἡμῶν τροπικῶς βίβλον¹⁷ καλοῦσα, πλὴν ὅτι

---

¹ add. φησιν 203 240
² om. φησιν 203 240
³ βάλοντες 203 [non 240]
⁴ πάντων comp. 203 240
⁵ παρὰ pro κατὰ 203 240
⁶ add. πάντα 203 240
⁶ᵃ add. ἐν 203 240
⁷ om. ἐν 203 240
⁷ᵃ vide postea de 146 καὶ λῦσαι . . . βίβλιον om. 146 per homoioteleut.
⁸ οὐδὲ 146
⁹ πολλοὶ 146 203
¹⁰ βλέπειν 203 240
¹¹ add. τὸ βιβλίον· καὶ 203 240
¹² om. καὶ 203 240
¹³ ἔχοντα 203
¹⁴ om. ἑπτὰ 203 240
¹⁵ ἀπεσταλμένα 203 240
¹⁶ add. τὸ βιβλίον 203 240
¹⁷ βιβλίον 203 [non 240]

Psa. cxxxviii. 16 βιβλίον αὐτὴν ὀνομάζει ὁ μὲν προφήτης λέγων τὸ ἀκατέργαστον μου εἶδον οἱ ὀφθαλμοί σου· καὶ ἐπὶ τὸ βιβλίον σου
(Ex. xxxii. 30–31) πάντες γραφήσονται. Μωϋσῆς δὲ ὁ σοφώτατος ἐξιλεούμενος ἡμαρτηκότα τὸν Ἰσραήλ, καὶ πρὸς Θεὸν ἀποκλαιόμενος, καὶ
Ex. xxxii. 32 βοῶν· καὶ νῦν εἰ μὲν ἀφεὶς αὐτοῖς¹ τὴν ἁμαρτίαν αὐτῶν, ἄφες· εἰ δὲ μή, ἐξάλειψόν με ἐκ τῆς βίβλου σου ἧς ἔγραψας. ταύτην ὁ θεῖος εὐαγγελιστὴς ὁρᾷ τὴν βίβλον γεγραμμένην
(Apoc. v. 1) ἔσωθεν καὶ ἔξωθεν. καὶ ἔσωθεν μὲν² ἂν εἴησαν, οἱ ἐξ Ἰσραήλ, γεγραμμένοι ὡς θεοσεβεῖς τῇ ὁδηγίᾳ³ τοῦ νόμου· ὄπισθεν δέ, καὶ ἐν τῇ χείρονι μοίρᾳ, οἱ ἐξ ἐθνῶν ὡς εἰδωλολάτραι πρὶν ἢ Χριστῷ πιστεῦσαι. τὸ δὲ⁴ βιβλίον ἦν ἐν τῇ δεξιᾷ τοῦ Θεοῦ· αἱ ὁδοὶ τῶν ἁγίων, ὥς⁵ γε οἶμαι, τῶν ἐν τῇ παλαιᾷ κατορθωσάντων. τὸ δὲ βιβλίον ἐκέκλειστό τε καὶ ἐσφράγιστο σφραγῖσιν⁶ ἑπτά. ὁ ἕβδομος τέλειος ὢν⁷ ἀριθμὸς δηλοῖ τὸ λίαν ἀσφαλῶς κεκλεῖσθαι καὶ κατασεσημάνθαι τὸ βιβλίον. τί δὲ τὸ κεκλεῖσθαι τὸ βιβλίον βούλεται; τὸ μηδένα ἐποψίας ἠξιῶσθαι Θεοῦ⁸ πλὴν ὀλιγοστῶν. πῶς γὰρ ἐποπτευθείη τὸ κεκλεισμένον, διὰ τὴν ἐν Ἀδὰμ παράβασιν; ἀλλ' οἱ πλείους οἱ ἐν ἁμαρτίαις κεκλεῖσθαι τὸ βιβλίον παρεσκεύασαν. ἦσαν γὰρ ἀμύθητοί τινες ἤπερ⁹ οἱ ὀλιγοστοί, οἱ Θεῷ εὐάρεστοι, †ἀνεῷχθαι· τοῦτό τε¹⁰ καὶ τὸ† πᾶσαν κατὰ κοινοῦ ἐμπεφράχθαι παρρησίαν τὴν πρὸς Θεὸν τῶν ἔνδον γεγραμμένων, ἐπεὶ καὶ πάντες ἐξέκλιναν, ἅμα ἠχρειώθησαν, κατὰ τὸν προφήτην· εἰ γὰρ καὶ¹¹ κατώρθωσαν¹² ὀλίγοι καὶ εὐαρίθμητοι ἐν τῇ παλαιᾷ, ἀλλὰ ἄνθρωποι τυγχάνοντες, οὐ γεγόνασιν¹³ ἀξιόχρεοι πᾶσιν ἀνθρώποις τὴν ἀπολλυμένην¹⁴ ἐκ τῆς ἁμαρτίας παρρησίαν ἀνακαλέσασθαι. ὅθεν
Psa. v. 4 τοῦτο ἐπιστάμενος ὁ προφήτης πρὸς Θεὸν ἀνεφώνει· τὸ πρωῒ

---

¹ om. αὐτοῖς 203 240
² καὶ pro μὲν 240
³ τῇ ὁδηγησίᾳ 203
⁴ ὃ, δὲ 146
⁵ ὧν 146
⁶ om. σφραγῖσιν 146
⁷ ὂν 146
⁸ om. Θεοῦ 203 240
⁹ εἴπερ 203 ἤπερ 146 (ἤπερ 240 sed ex em.)
¹⁰ τοῦ τοτὲ 203 τουτότε, καὶ τὸ, πᾶσαν 146
¹¹ om. καὶ 203 240
¹² κατόρθωσαν 146
¹³ γέγοναν 203
¹⁴ ἀπολομένην 146

εἰσακούσῃ τῆς φωνῆς τῆς δεήσεώς¹ μου, τὸ πρωῒ παραστήσομαί σοι καὶ ἐπόψει με, πρωΐαν νοητὴν² καλῶν τὴν τοῦ Χριστοῦ ἐπιφάνειαν, τοῦ τῆς δικαιοσύνης ἡλίου, τὴν λύσασαν τὸν ζόφον τῆς ἀγνωσίας· ὡς ἐν ταύτῃ κτησομένης³ παρρησίαν τῆς ἀνθρωπότητος· καὶ οὐκ ἄλλως· ὥστε⁴ καὶ εἰσακούεσθαι προσευχομένους, καὶ ἐποψίας ἀξιοῦσθαι, ἀνελόντος τοῦ Χριστοῦ τὴν διατειχίζουσαν ἡμᾶς ἀπὸ Θεοῦ ἁμαρτίαν. πρὸ δέ γε τῆς εἰς ἀνθρώπους ἐπιφοιτήσεως αὐτοῦ, ἅπαν στόμα ἐπέφρακτο, καὶ ὑπόδικος ἦν ἅπας ὁ κόσμος τῷ θεῷ κατὰ τὸ γεγραμμένον. τὸ οὖν ἀπαρρησίαστον τῶν ἐν τῇ βίβλῳ γεγραμμένων, ὡς εἴρηται, δηλοῖ τὸ τὴν βίβλον κεκλεῖσθαι καὶ ἐσφραγίσθαι. εἶδόν φησιν ἄγγελον ἰσχυρὸν κηρύσσοντα· τίς ἄξιος ἀνοῖξαι τὸ βιβλίον καὶ λῦσαι τὰς σφραγῖδας αὐτοῦ;⁵ οὐδεὶς μέν, ὦ θειότατε ἄγγελε, εἴποι τις πρὸς αὐτόν, μόνος δὲ ὁ ἐνανθρωπήσας Θεός, ὁ τὴν ἁμαρτίαν ἀνελών, καὶ τὸ καθ' ἡμῶν⁶ ῥήξας χειρόγραφον, καὶ τῇ οἰκείᾳ ὑπακοῇ τὴν ἡμῶν παρακοὴν⁷ ἰασάμενος.⁸

(Rom. iii. 19
(Job. v. 16;
Psa. cvi. 42)

(Apoc. v. 2)

(Col. ii. 14)

Λόγος⁹ τέταρτος

καὶ οὐδείς φησιν ἠδύνατο ἐν τῷ οὐρανῷ οὐδὲ ἐπὶ τῆς γῆς οὐδὲ ὑποκάτω τῆς γῆς λῦσαι τὸ βιβλίον.¹⁰ οὔτε γὰρ ἄγγελος ταῦτα ἡμῖν κατώρθωσεν ὥς φησιν¹¹ Ἡσαΐας· οὐ πρέσβυς,¹² οὐδὲ ἄγγελος, ἀλλ' αὐτὸς ἔσωσεν αὐτοὺς διὰ τὸ ἀγαπᾶν αὐτούς· οὔτε ἄνθρωπος ζῶν, ἀλλ' οὔτε τις τῶν τεθνηκότων. ἀδελφὸς¹³ οὐ λυτροῦται — οὐ¹⁴ λυτρώσεται ἄνθρωπος, καθὼς γέγραπταί που. καὶ τί φησι λέγω ἀνοῖξαι τὸ βιβλίον, ὁπότε

(Apoc. v. 3)

Es. lxiii. 9

(Apoc. v. 3)

---

¹ *om.* τῆς δεήσεως 203 240 *cum* Sept.
² νοητῶς 203 240
³ κτησομένην 240
⁴ καὶ οὐκ ἄλλως τε ὡς 146
⁵ *Hanc claus. non rescrips.* 203 240
⁶ καθ' ἡμᾶς 203, *et* 240 *ut vid.*
⁷ ὑπακοὴν 146
⁸ *In marg.* 203 η καὶ ἀνακαλισάμενος. *In textu* 203 *add.* καὶ τὴν ἧτταν τῆς ἀνθρωπότητος ἀναστησάμενος. *Idem* 240 *sed* ἀνορθωσάμενος *pro* ἀναστησάμενος
⁹ λόγος Δ⁰ˢ codd. Cf. infra λόγος τέταρτος *etc.*
¹⁰ *Verba omissa in textu* 146 *antea. Vide infra paullo post de* ἀνοῖξαι *et* οὔτε βλέπειν αὐτό. *Antea habuit* 146 βλέψαι *in textu.*
¹¹ *add.* ὁ 203
¹² πρέσβις 146 240
¹³ *add.* γὰρ 240 [*non* 203]
¹⁴ *om.* οὐ 203 240

οὔτε βλέπειν τις αὐτὸ ἴσχυε¹ τῶν ἀνθρώπων; πῶς γὰρ ἄν τις τῶν τῇ ἀχλύι τῆς ἁμαρτίας πεπληρωμένων ἐνέβλεψεν ἐνώπιον τοῦ θείου θρόνου,² ἐν ᾧ τὸ³ βιβλίον ἐπέκειτο;⁴ ἡ δὲ πάντων ἀναξιότης γέγονέ μοι θρήνων αἰτία. παρεμυθήσατο δέ τις τῶν πρεσβυτέρων ὑποδείξας τὸν ἀνοίξαντα. φησὶ γὰρ πρὸς ἐμέ⁵· (Apoc. v. 5) ἰδοὺ ἐνίκησεν ὁ λέων ἐκ τῆς φυλῆς Ἰούδα, ἡ ῥίζα Δαυίδ, ἀνοῖξαι τὸ βιβλίον καὶ τὰς ἑπτὰ σφραγῖδας αὐτοῦ.⁶ ὃς φησιν ἐνίκησε τὸν ἡμέτερον νικητήν, τὸν Διάβολον, οὗτος⁷ τὸ βιβλίον καὶ τὰς σφραγῖδας ἤνοιξεν. τίς δὲ ὁ λέων ὁ ἐκ τῆς Ἰούδα φυλῆς ἦν,⁸ πάντως ὁ Χριστός, περὶ οὗ ὁ πατριάρχης⁹ εἶπεν Ἰακώβ· ἀναπεσὼν ἐκοιμήθη¹⁰ ὡς λέων (Gen. xlix. 9) καὶ ὡς σκύμνος. τίς ἐγερεῖ αὐτόν; ὅτι δὲ ἐξ Ἰούδα τὸ κατὰ σάρκα ἀνατέταλκεν ὁ Κύριος¹¹ μάρτυς ὁ θεῖος ἀπόστολος εἰπὼν πρόδηλον γὰρ ὅτι ἐξ Ἰούδα ἀνατέταλκεν ὁ Κύριος ἡμῶν (Heb. vii. 14) Ἰησοῦς Χριστός¹²· θαυμάσειε δ᾽ ἄν τις πῶς οὐκ εἶπεν αὐτὸν ῥάβδον ἐκ τῆς ῥίζης Ἰεσσαί, οὐδὲ ἄνθος ἐκ τῆς (Es. xi. 1) ῥίζης ἀναβεβηκός, ὥσπερ ὁ Ἡσαΐας ἔφη, ἀλλὰ ῥίζαν τοῦ Δαυίδ. τοῦτό φησι, δεικνὺς ὅτι κατὰ μὲν τὸ ἀνθρώπινον ῥάβδος ἦν ἐκ τῆς ῥίζης Ἰεσσαὶ καὶ Δαυὶδ ἀναβλαστήσας· κατὰ δὲ τὸ θεϊκὸν, αὐτός ἐστιν ἡ ῥίζα, οὐ μόνον Δαυίδ, ἀλλὰ¹³ πάσης αἰσθητῆς καὶ νοητῆς κτίσεως, ὡς αἴτιος τῶν ἁπάντων ὑπάρχων καθὼς καὶ πρόσθεν εἴρηται. (Apoc. v. 6) καὶ εἶδόν φησιν ἐν μέσῳ πάντων τῶν ἀμφὶ τὸν θρόνον τοῦ Θεοῦ ἀρνίον ἕστηκος ὡς ἐσφαγμένον, ἔχον κέρατα ἑπτὰ καὶ (Apoc. v. 7) ὀφθαλμοὺς ἑπτά, οἵ εἰσι τὰ ἑπτὰ πνεύματα τοῦ Θεοῦ, ἀπεσταλμένοι εἰς πᾶσαν τὴν γῆν· καὶ ἦλθε καὶ εἴληφε — τουτέστι τὸ βιβλίον — ἐκ τῆς δεξιᾶς τοῦ καθημένου ἐπὶ τοῦ θρόνου.¹⁴ ἀρνίον μὲν τὸν Κύριον ἐκάλεσε διὰ τὴν ἀκακίαν καὶ τὸ

---

¹ ἴσχυσε 240 [non 203]
² τοῦ θρόνου τοῦ θείου 203 240
³ om. τὸ 203 240
⁴ ἀπέκειτο 203 240
⁵ πρός με 203 240
⁶ Non rescrips. 203 240
⁷ τοῦτο pro οὗτος 203 240
⁸ ἢ πάντως pro ἦν, πάντως 203 Dubium 240
⁹ om. ὁ πατριάρχης 203 240
¹⁰ ἐκοιμήθης ut vid. 240
¹¹ μάρτυς . . . Κύριος om. 146 per homoioteleut.
¹² om. Χριστός 240 [habet 203]
¹³ add. καὶ 203 240
¹⁴ Non rescrips. 203 240 notandum est "τουτέστι τὸ βιβλίον" confirmans om. 146 antea

ποριστικόν. ὥσπερ γὰρ ὁ ἀρνὸς τῇ ἐτησίᾳ¹ τῶν ἐρίων φορᾷ
ποριστικὸς ὑπάρχει, οὕτω καὶ ὁ Κύριος ἀνοίγει τὴν χεῖρα   Psa. cxliv. 16
αὐτοῦ καὶ ἐμπιπλᾷ πᾶν ζῷον εὐδοκίας. οὕτω δέ γε αὐτὸν
καὶ ἡ προφητεία καλεῖ, διὰ μὲν τοῦ Ἡσαΐου λέγουσα ὡς   Es. liii. 7
πρόβατον ἐπὶ σφαγὴν ἤχθη, καὶ ὡς ἀμνὸς ἐναντίον τοῦ κείραν-
τος² αὐτόν, ἄφωνος· διὰ δὲ Ἰερεμίου· ἐγώ φησιν ὡς ἀρνίον   Jer. xi. 19
ἄκακον ἀγόμενον τοῦ θύεσθαι οὐκ ἔγνων. ἦν δὲ τὸ ἀρνίον οὐκ
ἐσφαγμένον, ἀλλ᾽ ὡς ἐσφαγμένον. ἀνεβίω γὰρ ὁ Χριστὸς
πατήσας τὸν θάνατον, καὶ σκυλεύσας τὸν Ἅδην τῶν παρ᾽
αὐτοῦ κατεχομένων ψυχῶν· ὡς τὸν Χριστοῦ θάνατον μηδὲ
εἶναι θάνατον βεβαίως, ἀλλ᾽ ὡς θάνατον διὰ τὸ τῆς ἀναστά-
σεως σύντομον. ἐπεὶ δὲ ἦν καὶ τὰ σύμβολα τοῦ θανάτου
ἐπιφερόμενος μετὰ τὴν ἀνάστασιν ὁ Κύριος, τὸν τύπον τῶν   Jo. xx. 25
ἥλων, τὸ πεφοινίχθαι τῷ αἵματι τὸ ζωοποιὸν αὐτοῦ σῶμα
κατὰ τὸν λέγοντα Ἡσαΐαν ἐκ προσώπου τῶν ἁγίων ἀγ-
γέλων· διὰ τί σου ἐρυθρὰ τὰ ἱμάτια, καὶ τὰ ἐνδύματά σου ὡς   Es. lxiii. 2-3
ἀπὸ πατητοῦ ληνοῦ, πλήρους, καταπεπατημένης;³ — διὰ
τοῦτο ἦν ὡς ἐσφαγμένον ἐν τῇ ὁράσει τῆς ὀπτασίας. τὰ
δὲ ἑπτὰ κέρατα τὴν μεγάλην ἰσχὺν αὐτῷ μαρτυρεῖ, καθ᾽ ὃ
τὰ μὲν ἑπτὰ τέλειος ὑπάρχων⁴ ἀριθμὸς τὰ πολλὰ δηλοῖ, ὡς
καὶ πρόσθεν εἴρηται· τὰ δέ γε κέρατα δυνάμεώς ἐστι
σύμβολον κατὰ τὸν λέγοντα προφήτην· καὶ πάντα τὰ   Psa. lxxiv. 11
κέρατα τῶν ἁμαρτωλῶν συνθλάσω, καὶ ὑψωθήσεται⁵ τὸ κέρας
τοῦ δικαίου· καὶ τὸν Ἀμβακοὺμ⁶ κέρατα ἐν χερσὶν αὐτοῦ   Habak. iii. 4
ὑπάρχει⁷ αὐτοῦ. τοὺς δέ γε ἑπτὰ ὀφθαλμοὺς οἵ εἰσι τὰ ἑπτὰ   (Apoc. v. 6)
πνεύματα τοῦ Θεοῦ, τὰ ἀπεσταλμένα εἰς πᾶσαν τὴν γῆν ὁ
Ἡσαΐας ἡμῖν διερμηνεύει,⁸ λέγων καὶ ἐπαναπαύσεται ἐπ᾽   Es. xi. 2
αὐτόν⁹ πνεῦμα σοφίας καὶ συνέσεως, πνεῦμα βουλῆς καὶ
ἰσχύος, πνεῦμα γνώσεως καὶ εὐσεβείας· πνεῦμα φόβου Θεοῦ   Es. xi. 3
ἐμπλήσει αὐτόν. ἅτινα πνεύματα, τουτέστιν πνευματικὰ¹⁰

---

¹ γῇ ἐτησίᾳ ut vid 240 τῇ ἐτησίᾳ 146 203
² κείροντος 240, κήραντος 146
³ πλήρης καταπεπατημένα 203
⁴ ὑπάρχει 240
⁵ ὑψώθη 203 [non 240]
⁶ Ἀββάκουμ 240
⁷ ὑπάρχειν 240
⁸ ἑρμηνεύει 240
⁹ add. πνεῦμα τοῦ Θεοῦ Sept. Om. codd. nostri
¹⁰ πνεύματος (comp.) 203 240

χαρίσματα, ἀπέσταλται μὲν πρὸς πάντα ἄνθρωπον ἀπὸ Θεοῦ, οὐδεὶς δὲ ἐδέξατο ὡς κοπιάσαντα μικροῦ τῇ εἰς πάντας περιαγωγῇ, ἐπαναπαύσασθαι Χριστῷ. καὶ ἦν κρεῖττον λόγου καὶ ἐννοίας τὸ γινόμενον. ἃ γὰρ αὐτὸς ἔπεμπεν ἄνωθεν[1] πνεύματα ὡς Θεός, ταῦτα αὐτὸς ἐδέχετο κάτω ὡς ἄνθρωπος, ἐπεὶ τοῦτό τε ἦν κἀκεῖνο. αὐτῷ πρέπει[2] ἡ δόξα εἰς τοὺς αἰῶνας τῶν αἰώνων,[3] ἀμήν ✠

[Λόγος τέταρτος]

πάντων τοιγαροῦν τῶν ἐν οὐρανῷ καὶ ἐπὶ γῆς, καὶ ὑποκάτω τῆς γῆς ἀπορησάντων ἀνοῖξαι τὸ βιβλίον, ἢ[4] ἰδεῖν εἰς αὐτὸ κατὰ τὰ πρόσθεν ὁραθέντα, μόνος ὁ Χριστὸς ὁ τοῦ Θεοῦ υἱός, ὁ δι' ἡμᾶς καθ' ἡμᾶς γεγονὼς καὶ μείνας, ὃ ἦν, ἔλαβε τὸ βιβλίον.

καὶ ὅτε ἔλαβε τὸ βιβλίον, τὰ τέσσαρα ζῶα καὶ οἱ εἰκοσιτέσσαρες πρεσβύτεροι ἔπεσαν[5] ἐνώπιον τοῦ ἀρνίου, ἔχοντες ἕκαστος κιθάραν καὶ φιάλας χρυσᾶς γεμούσας θυμιαμάτων, αἵ εἰσιν αἱ προσευχαὶ τῶν ἁγίων[6]· καὶ ᾄδουσιν ᾠδὴν καινὴν λέγοντες, ἄξιος εἶ λαβεῖν τὸ βιβλίον καὶ ἀνοῖξαι τὰς σφραγῖδας αὐτοῦ, ὅτι ἐσφάγης καὶ ἠγόρασας τῷ Θεῷ ἡμᾶς ἐν τῷ αἵματί σου ἐκ πάσης φυλῆς καὶ γλώσσης καὶ λαοῦ καὶ ἔθνους, καὶ ἐποίησας αὐτοὺς τῷ Θεῷ ἡμῶν βασιλεῖς[7] καὶ ἱερεῖς, καὶ βασιλεύσουσιν ἐπὶ τῆς γῆς. καὶ εἶδον, καὶ ἤκουσα φωνῆς[8] ἀγγέλων πολλῶν κύκλῳ τοῦ θρόνου καὶ[9] τῶν ζώων καὶ τῶν πρεσβυτέρων, καὶ ἦν ὁ ἀριθμὸς αὐτῶν μυριάδες μυριάδων,[10] λέγοντες φωνῇ μεγάλῃ, ἄξιόν ἐστι τὸ ἀρνίον τὸ ἐσφαγμένον λαβεῖν τὴν δύναμιν καὶ σοφίαν καὶ πλοῦτον[11] καὶ ἰσχὺν καὶ τιμὴν καὶ δόξαν καὶ εὐλογίαν.

λαβόντα τὸν Κύριον τὸ βιβλίον προσεκύνησαν ἅπαντες

---

[1] om. ἄνωθεν 240
[2] om. πρέπει 240
[3] om. τῶν αἰώνων 203 [non 240]
[4] om. ἢ 203
[5] ἔπεσον 203 240
[6] add. καὶ τὰ ἑξῆς 203 240 qui om. quae seq. usque ad λαβόντα
[7] βασιλείαν 203 240 (postea in textu proprio)
[8] φωνὴν 203, et prob. 240 comp.
[9] om. καί 240
[10] add. καὶ χιλιάδες χιλιάδων 203 240
[11] τὴν δύναμιν· πλοῦτον καὶ σοφίαν 203 240

προεγνωκότες¹ ἣν μέλλει σωτηρίαν τοῖς ἀνθρώποις ἐπιτελεῖν, κόλασιν δὲ² τοῖς ἀκαθάρτοις δαίμοσιν, τὸ δὲ ἔχειν τοὺς πρεσβυτέρους κιθάρας,³ τὸ ἐναρμόνιον δηλοῖ καὶ εὔηχον τῆς εἰς Θεὸν ὁμολογίας⁴ αὐτῶν κατὰ τὸ γεγραμμένον· ψάλατε⁵ τῷ Θεῷ ἡμῶν, ψάλατε.⁵ τὰ δὲ θυμιάματα τὴν ἐκ πάντων τῶν ἐθνῶν προσφορὰν αἰνίττεται· φησὶ γὰρ ὁ Μαλαχίας ἐκ προσώπου τοῦ Θεοῦ πρὸς τὸν ἀπειθῆ Ἰσραήλ· θυσίαν οὐ προσδέχομαι ἐκ τῶν χειρῶν ὑμῶν, διότι ἀπὸ ἀνατολῶν ἡλίου καὶ⁶ μέχρι δυσμῶν τὸ ὄνομά μου δεδόξασται ἐν τοῖς ἔθνεσι, καὶ ἐν παντὶ τόπῳ θυμίαμα προσάγεται ἐν τῷ ὀνόματί μου καὶ θυσία καθαρά. προαναφωνῶν διὰ τούτων τὴν τῶν ἐθνῶν πίστιν καὶ δωροφορίαν. καὶ ἄδουσιν ᾠδὴν καινήν· καινὴ γὰρ ἡ εἰς Θεὸν σεσαρκωμένον ᾀδομένη, οὔπω πρότερον πρὶν σαρκωθῆναι προσαχθεῖσα. τίς δὲ ἦν ἡ ᾠδή; ἄξιος εἶ φησὶ ποιῆσαι τὴν σωτηρίαν ταύτην εἰς ἀνθρώπους, ὁ σφαγεὶς ὑπὲρ ἡμῶν καὶ τῷ αἵματί σου κατακτησάμενος ἐκ τῆς ὑπ' οὐρανὸν πολλούς. ἀσφαλῶς δὲ λίαν εἶπεν ἐκ πάσης φυλῆς καὶ γλώσσης καὶ λαοῦ καὶ ἔθνους. οὐ γὰρ πάντας ἐκτήσατο, πολλοὶ γὰρ τῇ ἀπιστίᾳ ἐναπέθανον, ἀλλὰ ἐκ πάντων τοὺς σωτηρίας ἀξίους. ὅμοιον καὶ ὁ προφήτης ἔφη· ἀνάστα, ὁ Θεός, κρῖνον τὴν γῆν, ὅτι σὺ †κατακρινομήσεις†⁷ ἐν πᾶσι τοῖς ἔθνεσιν οὐ μὴν⁸ πάντα τὰ ἔθνη. καὶ ἐποίησεν αὐτοὺς τῷ Θεῷ ἡμῶν βασιλεῖς καὶ ἱερεῖς, καὶ βασιλεύσουσιν ἐπὶ τῆς γῆς.⁹ δύνῃ μὲν οὖν καὶ πρὸς τὸ γράμμα νοῆσαι, πιστοὶ γὰρ καὶ Χριστοῦ θεράποντες, οἵ τε βασιλεῖς καὶ¹⁰ τῶν ἐκκλησιῶν προστατοῦντες· δύνασαι δὲ καὶ βασιλεῖς νοῆσαι τοὺς κρατοῦντας τῶν παθῶν, καὶ οὐ κρατουμένους ὑπ' αὐτῶν· καὶ ἱερεῖς, τοὺς προσάγοντας τὰ οἰκεῖα σώματα θυσίαν ζῶσαν ἁγίαν εὐάρεστον τῷ Θεῷ κατὰ τὸ

Psa. xlvi. 7 (lxvii. 5, 33, xcvii. 4–5, ciii. 33, civ. 2 etc.)

Mal. i. 10–11

(Apoc. v. 9)

(Apoc. v. 12)

(Apoc. v. 9)

Psa. lxxxi. 8

(Apoc. v. 10)

Rom. xii. 1

---

¹ om. προεγνωκότες 146
² add. γε 203 240
³ κιθάραν 203 240
⁴ δοξολογίας 203 240
⁵ ψάλλατε 203 bis [non 240]
⁶ om. καὶ 240
⁷ κατακλιρονομήσεις 146 man. sec.

Et κατακληρονομήσεις 203 240 (Sept.: κατακληρονομήσεις et ℵ* ἐξολεθρεύσεις.)
⁸ add. δὲ 240
⁹ Hunc versum non rescripserunt 203 240
¹⁰ add. οἱ 203 240

γεγραμμένον. καὶ οὐ μόνον φησὶν οἱ πρεσβύτεροι, ἀλλὰ καὶ τῶν ἀγγέλων καὶ¹ ἀσώματοι δυνάμεις ἐπινίκιον ᾖδον ᾠδὴν τῷ Χριστῷ. τὸν δέ γε νῦν εἰρημένον αὐτῶν ἀριθμὸν καὶ ὁ Δανιὴλ προανεφώνησεν· τὸ δὲ ᾆσμα τῶν ἀγγέλων ἑπτὰ διαφόρους προσάγει τιμὰς² Χριστῷ, διὰ τῶν ἑπτὰ δηλοῦντες πρέπειν μυρίαις δοξολογίαις στεφανοῦσθαι Χριστόν.

Apoc. v. 13 καὶ πᾶν κτίσμα ὃ ἐν τῷ οὐρανῷ καὶ ἐπὶ τῆς γῆς³ καὶ ἐπὶ τῆς θαλάσσης,⁴ σά ἐστι⁵ καὶ τὰ ἐν αὐτοῖς πάντα· ἤκουσα⁶ λέγοντας τῷ καθημένῳ ἐπὶ⁷ τοῦ θρόνου καὶ τῷ ἀρνίῳ· ἡ εὐλογία καὶ ἡ τιμὴ καὶ ἡ δόξα καὶ τὸ κράτος εἰς τοὺς αἰῶνας τῶν
14 αἰώνων.⁸ καὶ τὰ τέσσαρα ζῷα λέγουσιν⁹ ἀμήν· καὶ οἱ πρεσβύτεροι ἔπεσαν¹⁰ καὶ προσεκύνησαν.

τὴν ἐκ συμφωνίας παρὰ πάσης¹¹ κτίσεως ἐπουρανίου τε καὶ ἐπιγείου προσαγομένην δοξολογίαν τῷ Θεῷ καὶ Πατρί, καὶ τῷ ἐνανθρωπήσαντι καὶ σαρκωθέντι Λόγῳ, συνδοξολογουμένου δηλαδὴ καὶ τοῦ Ἁγίου Πνεύματος, τὰ παρόντα δηλοῖ.

Apoc. vi. 1 καὶ ὅτε φησὶν¹² εἶδον ὅτι¹³ ἤνοιξε τὸ ἀρνίον μίαν¹⁴ ἐκ τῶν ἑπτὰ σφραγίδων, καὶ ἠκούσαμεν¹⁵ ἐκ τῶν τεσσάρων ζώων
2 λεγόντων¹⁶ ὡς φωνὴν¹⁷ βροντῆς, ἔρχου. καὶ εἶδον, καὶ ἰδοὺ ἵππος λευκός, καὶ ὁ καθήμενος ἐπ' αὐτὸν ἔχων τόξον, καὶ
3 ἐδόθη αὐτῷ στέφανος, καὶ ἐξῆλθε νικῶν¹⁸ ἵνα νικήσῃ. καὶ ὅτε ἤνοιξε τὴν σφραγῖδα τὴν δευτέραν¹⁹ ἤκουσα τοῦ δευτέ-
4 ρου ζώου λέγοντος, ἔρχου. καὶ ἐξῆλθεν ἄλλος ἵππος πυρρός,²⁰ καὶ τῷ καθημένῳ ἐπ' αὐτὸν ἐδόθη αὐτῷ λαβεῖν τὴν εἰρήνην

---

¹ αἱ *pro* καὶ 203 240
² τιμὰς προσάγει 203 240
³ *add.* καὶ ὑποκάτω τῆς γῆς 203 240
⁴ τὴν θάλασσαν 203 240
⁵ *om.* σά ἐστι 203 240
⁶ καὶ τὰ ἐπ' αὐτοῖς πάντας ἤκουσα 203 240
⁷ ἐπὶ 203 240, *om.* 146
⁸ *add.* ἀμὴν 203 240
⁹ ἔλεγον 203 240
¹⁰ ἔπεσον 203 240
¹¹ *add.* τῆς 203 240
¹² *om.* ὅτε φησὶν 203 240
¹³ ὅτε 203 240
¹⁴ *om.* μίαν 203 240
¹⁵ ἤκουσα μίαν 203 240 (*add.* φωνήν *ambo*)
¹⁶ λέγοντος 203 240
¹⁷ φωνὴ 240 [*non* 203]
¹⁸ *add.* καὶ 203 240
¹⁹ τὴν δευτέραν σφραγῖδα 203 240
²⁰ πυρρὸς *sic* 203, πυρός 240

TEXT AND COMMENTARY

ἀπὸ[1] τῆς γῆς[2] ἵνα ἀλλήλους σφάξωσιν, καὶ ἐδόθη αὐτῷ μάχαιρα μεγάλη.

[3]τὸ κεκλεῖσθαι δὲ[4] καὶ ἐσφραγίσθαι τὸ βιβλίον τὸ τῶν ἀνθρώπων τῶν ἐν αὐτῷ γεγραμμένων ἀπαρρησίαστον δηλοῖ, καὶ τὸ πεφράχθαι αὐτῶν τὸ στόμα πρὸς πᾶσαν ἐνώπιον τοῦ Θεοῦ δικαιολογίαν κατὰ τὰ εἰρημένα ἐν τοῖς ἔμπροσθεν. ἆρα τὸ περιαιρεῖσθαι κατὰ μέρος τὰς σφραγίδας τὴν κατὰ μικρὸν ἐπανάληψιν σημαίνει τῆς πρὸς Θεὸν παρρησίας καὶ οἰκειότητος ἣν προὐξένησεν ἡμῖν ἐνανθρωπήσας[5] ὁ μονογενής, τοῖς οἰκείοις κατορθώμασιν τὰς ἡμετέρας ἐπανορθώσας πλημμελείας. ἰστέον δὲ ὅτι ἑκάστης σφραγῖδος λῦσιν, ἕν τι τῶν ὑπὸ[6] Κυρίου ἐνεργηθέντων εἰς ἡμετέραν σωτηρίαν παραδηλοῖ, καὶ τῶν πραχθέντων[7] παρ' αὐτοῦ κατὰ τῶν νοητῶν ἡμῶν[8] ἐχθρῶν, ἡ γὰρ εἰς ἡμᾶς προμήθεια τοῦ Κυρίου ἐκείνων τῆς δυναστείας ὑπάρχει καθαίρεσις. μὴ θαυμάσῃ δέ τις τῶν ἐντευξομένων, ὅτι πρὶν ἐνανθρωπῆσαι τὸν μονογενῆ· τὰ γὰρ πρὸ τῆς εἰς[9] ἡμᾶς ἐπιδημίας αὐτοῦ ἔργα καὶ πράγματα διὰ τῆς θεωρίας δείκνυται τῷ θεσπεσίῳ εὐαγγελιστῇ. ὅμως ὦπται ἀρνίον ἐν τῇ ἀποκαλύψει ὡς ἐσφαγμένον. προαναφώνησιν γὰρ ἔχειν εἴωθεν[10] τὰ τοῖς προφήταις ὁρώμενα τῶν ἔσεσθαι μελλόντων. οὕτως ἄνθρωπος προσεπάλαιεν[11] τῷ Ἰακὼβ τῷ Χριστοῦ τύπῳ[12]· οὕτως ὁ Ἡσαΐας εἶδε τὴν προφῆτιν ἐν γαστρὶ συλλαβοῦσαν καὶ τεκοῦσαν υἱόν, οὗ καὶ τὸ ὄνομα κέκληται, ταχέως σκύλευσον, ὀξέως προνόμευσον. οὕτως υἱὸν ἀνθρώπου εἶδεν ὁ Δανιὴλ τὸν ἔτι ἄσαρκον Θεόν, λόγον ἐλθόντα πρὸς τὸν παλαιὸν τῶν ἡμερῶν. ἡ πρώτη τοιγαροῦν εὐεργεσία, ἡ εἰς τὸ ἡμέτερον γένος τοῦ σωτῆρος ἡμῶν, Χριστοῦ,[13] ἥτις τὴν πρώτην ἔλυσε τοῦ βιβλίου[14] σφραγῖδα καὶ ἀρχὴν πεποίηκεν ἐπαναγαγεῖν

(Es. viii. 3, vii. 14, xiii. 8, xxvi. 17-18, lxvi. 7, 8-14)

Dan. vii. 13, 22, 9

---

[1] om. ἀπὸ 203 240
[2] add. καὶ 203 240
[3] add. εἰ 203 240
[4] om. δὲ 203 240
[5] καὶ οἰκ. . . . ἐνανθρωπήσας 203 240, om. 146
[6] add. τοῦ 203 240
[7] ita et 203, sed προλεχόντων ut vid. 240
[8] om. ἡμῶν 240
[9] εἰς supra lin. man. prim. 146
[10] εἴωθε 203 [non 240]
[11] προ σε πάλαιε sic 203 240
[12] τὸν χριστὸν τὖπῶν 203 240
[13] ἡμῶν ἰησοῦ χριστοῦ 203 [non 240]
[14] κυρίου (compendio κῡ) pro βιβλίου 203 240

ἡμᾶς ὅθεν ἐξήλθομεν ἐκ τῆς ἐν Ἀδὰμ παραβάσεως καὶ τὸ ἀνακτήσασθαι τὴν ἀπολομένην[1] ἡμῖν οἰκειότητα τοῦ Θεοῦ καὶ τὸ ἀπαρρησίαστον ἡμῶν εἰς παρρησίαν μεταθεῖναι, ἡ τοῦ Κυρίου[2] καθέστηκε σωματικὴ γέννησις, ἁγιάσασα ἡμῶν τὸν τόκον, ἵνα μηκέτι ἐν ἀνομίαις συλλαμβανώμεθα καὶ ἐν ἁμαρτίαις ὑπὸ τῶν μητέρων ἡμῶν κυισκώμεθα, ἀλλ᾽ ἔχωμεν[3] ἡγιασμένην γέννησιν Χριστοῦ διὰ τῆς οἰκείας γεννήσεως τὸν ἀνθρώπινον τόκον εὐλογήσαντος· καὶ[4] μάρτυς τῆς τοιαύτης εἰς ἀνθρώπους φιλοτιμίας ὁ θεῖος ἀπόστολος γράφων **ἐπεὶ τὰ τέκνα ὑμῶν ἀκάθαρτά ἐστιν, νῦν δὲ ἅγιά ἐστιν.** τῆς πρώτης οὖν λυθείσης σφραγῖδος, **εἶδόν** φησιν **ἐφ᾽ ἵππου τινὰ λευκοῦ** προστρεπόμενον ἐλθεῖν ἐκ τῶν νοερῶν ἐκείνων ἁγίων ζώων, **τόξον ἔχοντα, καὶ ἐδόθη αὐτῷ στέφανος, καὶ ἐξῆλθε νικῶν, ἵνα νικήσῃ.**[5] ὁ μὲν λευκὸς ἵππος σύμβολον εὐαγγελισμοῦ τυγχάνει, ὡς εὐεργεσίας πραχθησομένης τοῖς ἀνθρώποις. ὁ δέ γε στέφανος κράτος καὶ νίκην αἰνίττεται. **ἐξῆλθε δὲ Χριστῷ κομίζων**‡ τὸν στέφανον, ὡς ἀρξαμένῳ νικᾶν τὸν καταδουλωσάμενον[6] ἡμῶν τὸ γένος διάβολον. **ἐξῆλθε δέ** φησιν **ἵνα ὁ νικῶν νικήσῃ.** Χριστὸς δὲ ἦν ὁ νικῶν, ὅπως τέλεον νικήσῃ, καὶ τὸ σύμβολον αὐτῷ τῆς νίκης ἐκόμιζε τὸν στέφανον.[7] αὕτη μὲν[8] ἡ πρώτη. [9]δευτέρα δὲ[10] εἰς ἡμᾶς εὐεργεσία Χριστοῦ, ἥτις τὴν δευτέραν ἔλυσε τοῦ βιβλίου[11] σφραγῖδα, καὶ προσέθηκε λῦσαι μὲν[12] ἡμῶν τὴν αἰσχύνην, ἐπαναγαγεῖν δὲ ἡμῖν τὴν θείαν ἐποψίαν· τῷ[13] πειρασθῆναι τὸν Κύριον καὶ νικῆσαι τὸν πειράζοντα ἵνα εἰδείη[14] μὴ μόνον νικῶν, ἀλλὰ καὶ ἡττημένος ὁ ἀλητήριος· μὴ δὲ δάκνων πτέρναν ἱππέως καὶ ὑποσκελίζων ἡμῶν τὰ κατὰ Θεὸν[15]

---

[1] ἀπολλύμένην 203 240
[2] Θεοῦ pro κυρίου 203 240
[3] ἔχωμεν 240 ἐχωμένην 146 203
[4] om. καὶ 146, ἁγιάσαντος· καὶ 240 pro εὐλογήσαντος.
[5] om. omnino claus. τῆς πρώτης οὖν λυθείσης usque ad ἵνα νικήσῃ 203 240
‡ φορῶν pro κομίζων Jo. · De κομίζειν cf. 1 Pet. i. 9, v. 4, 2 Pet. ii. 13
[6] καταδουλοσάμενον 203

[7] om. ὡς ἀρξαμένῳ usque ad στέφανον ex homoiotel. 240 [Habet 203]
[8] add. οὖν 203 240
[9] add. ἡ man. rec. 146
[10] add. ἡ 203 240
[11] βίου 203 240
[12] om. μὲν 203 240
[13] τῷ 203 τὸ 146 240
[14] εἰδεῖ sic 240
[15] τὰ κατὰ Θεὸν ἡμῶν 203 240

διαβήματα, ἀλλὰ καὶ ὀπίσω πίπτων καὶ πεμπόμενος δουλο-
πρεπῶς καὶ ἀκούων ὑπὸ ἀνθρώπου ὃν κατεπάλαισεν,¹ εἰ καὶ
Θεὸς ἦν ἐν αὐτῷ,² ὕπαγε σατανά,³ καὶ μετ' αἰσχύνης ἀπιών, (Matt. iv. 10)
καὶ νῦν πρῶτον γινώσκων τὴν ἑαυτοῦ ἀσθένειαν, — ὁ ἐπάνω
τῶν νεφελῶν θεῖναι τὸν αὐτοῦ θρόνον μεγαλαυχῶν, καὶ
ἔσεσθαι ὅμοιος τῷ Ὑψίστῳ φανταζόμενος κατὰ τὴν Ἡσαΐου
προσωποποιΐαν. οὗ γενομένου, ἐξῆλθεν ἵππος πυρρός,
προτραπεὶς ὑπό τινος τῶν ἁγίων ζώων· καὶ τῷ καθημένῳ
φησὶν ἐπὶ τοῦ ἵππου, ἐδόθη ἐξουσία λαβεῖν τὴν εἰρήνην ἀπὸ (Apoc. vi. 4)
τῆς γῆς, ἵνα ἀλλήλους σφάξωσι· καὶ ἐδόθη αὐτῷ μάχαιρα
μεγάλη.⁴ ὁ πυρρὸς ἵππος αἵματος αἴνιγμα τυγχάνει· διὸ
καὶ τῷ καθημένῳ ἐπ' αὐτοῦ μάχαιρα δέδοται, ἐφ' ᾧ τε τὴν
εἰς τὸ κακὸν ὁμόνοιαν τῶν ἐπὶ γῆς διελεῖν καὶ κατατεμεῖν.⁵
ὁμόνοια δὲ ἦν αὐτοῖς πρὸς εἰδωλολατρείαν⁶ καὶ ἵνα, φησὶν (Apoc. vi. 4)
ἀλλήλους σφάξωσιν· τουτέστιν ἀλλήλων ἀνέλωσιν, τὰς ἐπὶ
τὸ χεῖρον σπονδάς⁷· οὐ γὰρ ἦλθεν ὁ Κύριος βαλεῖν εἰρήνην Matt. x. 34-35
ἐπὶ τῆς γῆς, ἀλλὰ μάχαιραν· καὶ ἐπαναστῆσαι υἱὸν κατὰ (Luc. xii. 51-53)
πατρός,⁸ καὶ νύμφην κατὰ πενθερᾶς· τὰ νέα καὶ θεοσεβῆ τοῖς
ἀρχαίοις καὶ κατεγνωσμένοις.

καὶ ὅτε ἤνοιξέ φησι τὴν σφραγῖδα τὴν τρίτην⁹ ἤκουσα τοῦ Apoc. vi. 5
τρίτου ζώου λέγοντος· ἔρχου. καὶ εἶδον, καὶ ἰδοὺ ἵππος μέ-
λας· καὶ ὁ καθήμενος ἐπ' αὐτόν, ἔχων ζυγὸν ἐν τῇ χειρὶ
αὐτοῦ. καὶ ἤκουσα¹⁰ φωνὴν ἐν μέσῳ τῶν τεσσάρων ζώων   6
λέγοντος¹¹· χοῖνιξ σίτου δηναρίου· καὶ τρεῖς χοίνικες κριθῶν¹²
δηναρίου· καὶ τὸ ἔλαιον καὶ τὸν οἶνον μὴ ἀδικήσῃς. καὶ   7
ὅτε ἤνοιξέ φησι τὴν σφραγῖδα τὴν τετάρτην,¹³ ἤκουσα τὸ

---

¹ κατεπάλαιεν 203 240 κατεπάλε-
σεν 146
² om. ἐν αὐτῷ 203 240
³ ὕπαγε σατανᾶ 203, et ὕπαγε
ὀπίσω μοι σατανᾶ 240
⁴ Silent omnino 203 240 de claus.
hac ab οὗ γενομένου usque ad μεγάλη,
incipientes in scholiis denuo ad verba
ὁ πύρρὸς ἵππος κ.τ.λ.
⁵ κατατέμνειν forte 146 240
⁶ εἰδωλολατρίαν 203 240
⁷ vel σπουδὰς vel σπονδὰς 203, sed
σπουδὰς 240 certe
⁸ add. καὶ θυγατέρα κατὰ μητρὸς
203 240
⁹ τὴν τρίτην σφραγίδα (absque
φησι) 203 240
¹⁰ add. ὡς 203 240
¹¹ λέγουσαν 203 240
¹² τρεῖς χοίνικες κριθῆς 203 240
τρεῖς χοῖνες (sic) κριθῶν 146
¹³ τὴν σφραγίδα τὴν Δ̄ (absque
φησι) 203 240

Apoc. vi. 8

τέταρτον ζῶον λέγον ¹· ἔρχου. ² εἶδον, καὶ ἰδοὺ ἵππος χλωρός, καὶ ὁ καθήμενος ἐπάνω,³ ὄνομα αὐτῷ⁴ Θάνατος, καὶ ὁ Ἅδης ἀκολουθήσει μετ' αὐτοῦ,⁵ καὶ ἐδόθη αὐτοῖς ἐξουσία ἐπὶ τὸ τέταρτον τῆς γῆς, ἀποκτεῖναι ἐν ῥομφαίᾳ καὶ ἐν λιμῷ καὶ ἐν θανάτῳ καὶ ὑπὸ τῶν θηρίων τῆς γῆς.

τρίτη εἰς ἡμᾶς ἐλεημοσύνη Χριστοῦ τὴν τρίτην ἔλυσε σφραγῖδα, καὶ προσήγαγεν ἡμᾶς τῷ Θεῷ καὶ Πατρὶ ἀποστροφὴν κατακριθέντας. ἡ δέ ἐστιν ἡ σωτήριος αὐτοῦ διδασκαλία, καὶ αἱ διὰ τῶν θεοσημειῶν εὐεργεσίαι· αὗται γὰρ ἐπίδοσιν ἐποιήσαντο τῆς τοῦ Διαβόλου καταλύσεως· ἔγνωμεν γὰρ δι' αὐτῶν, τίς ὁ φύσει καὶ ἀληθῶς Θεός, ἵνα

Eph. iv. 14

μὴ ὦμεν νήπιοι κλυδωνιζόμενοι παντὶ ἀνέμῳ τῆς διδασκαλίας· καὶ ἐκεῖνα σεβώμεθα ἃ αἱ χεῖρες ἡμῶν ἐποίησαν, τοὺς φθοροποιοὺς δαίμονας, ἀνταλλαξάμενοι τῆς δόξης τοῦ Θεοῦ. ἡ γὰρ θεία τοῦ Κυρίου διδασκαλία εἰς ἑαυτὴν εἵλκυσεν, ὥσπερ

(Matt. xiii. 33)
(Luc. xiii. 21)

ζύμη ἄλευρον, τοὺς μαθητευομένους, κατὰ τὴν τοῦ Κυρίου φωνὴν, καὶ τῶν θαυμάτων ἀπολαύοντας, — ἅπερ τὰς ψυχὰς

(Apoc. vi. 5)

μᾶλλον ἰάσατο⁶ τῶν σωμάτων. ὧν γενομένων, ἵππος ἐξῆλθε μέλας, καὶ ὁ καθήμενος ἐπ' αὐτοῦ ἔχων ζυγὸν ἐν τῇ χειρὶ αὐτοῦ.⁷ ὁ μὲν ἵππος ὁ μέλας κατηφείας ὑπάρχει καὶ πένθους δεικτικός, ἐπιταθείσης τῆς τοῦ Διαβόλου καθαιρέσεως ταῖς θείαις παιδαγωγίαις, καὶ διὰ τοῦτο πενθοῦντος τὴν ἑαυτοῦ λύσιν,⁸ τὴν τοσούτοις ἀντισχοῦσαν⁹ χρόνοις. ὁ δέ γε¹⁰ ζυγὸς ἰσότητός ἐστι καὶ δικαιοσύνης αἴνιγμα. ἐκάθησε¹¹ γὰρ ἐπὶ θρόνου ὁ κρίνων¹² δικαιοσύνην· ἐπετίμησε τοῖς¹³ δαιμόνων ἔθνεσι καὶ ἀπώλετο ὁ ἀσεβὴς, ὁ τούτων ἡγούμενος. σύμβολον οὖν τῆς δικαίας κρίσεως τοῦ Κυρίου, τῆς ὑπὲρ ἡμῶν ὁ ζυγός· ὡς καὶ λέγειν ἡμᾶς ἐν παρρησίᾳ πρὸς αὐτόν· ἐποίη-

---

¹ ἤκουσα τὴν φωνὴν τοῦ Δ ζώου λέγοντος 203 240
² ἔρχου· καὶ εἶδον 203 240
³ sic codd. 146 203 240
⁴ add. ὁ 203 240
⁵ ἠκολούθει ὀπίσω αὐτοῦ 203 240 μετ' supra lin. 146
⁶ ἰάσαντο 203 240
⁷ om. ὧν γενομένων usque ad χειρὶ αὐτοῦ 203 240
⁸ add. καὶ 240 [non 203]
⁹ ἀντιχοῦσαν 146
¹⁰ om. γε 203 240
¹¹ ἐκάθισε 203 240 (sed η in 146 ex emend.)
¹² add. πᾶσαν 203
¹³ add. τῶν 203 240

σας τὴν κρίσιν μου καὶ τὴν δίκην μου ὅπως γνῶμεν τὰ ἔθνη
ὅτι ἄνθρωποί ἐσμεν, καὶ μὴ δίκην κτηνῶν ἐν χαλινῷ καὶ   Psa. xxxi. 9
κημῷ διελκώμεθα καὶ ἀποβουκολώμεθα¹ παρὰ τῶν ὀλε-
θρίων τυράννων.² καὶ ἤκουσά φησι φωνὴν ἐν μέσῳ τῶν τεσ-   (Apoc. vi. 6)
σάρων ζώων λέγοντος· **χοῖνιξ σίτου δηναρίου, καὶ τρεῖς χοίνι-
κες κριθῶν δηναρίου, καὶ τὸ ἔλαιον καὶ τὸν οἶνον μὴ ἀδικήσῃς**.³
ὁ λόγος καὶ ἡ διδασκαλία, σπέρμα παρὰ⁴ τῇ θείᾳ τροπολο-
γεῖται γραφῇ· γέγραπται γὰρ παρὰ τῷ Ματθαίῳ· **ἐξῆλθεν**   Matt. xiii. 24 *lib.*
ὁ σπείρων τοῦ σπεῖραι· καὶ πάλιν φασὶ πρὸς τὸν κύριον
αὐτῶν οἱ τῶν δούλων εὐνούστατοι· **κύριε, οὐχὶ καλὸν σπέρμα**   Matt. xiii. 27
ἔσπειρας ἐν τῷ ἀγρῷ;⁵ **πόθεν οὖν ἔχει ζιζάνια;** τοῦ δέ γε
σπέρματος, τὸ μέν ἐστι σῖτος, οἷον τὸ εὐαγγελικὸν κήρυγμα
ὡς ἀνδράσι πρέπουσα τροφὴ τελείοις· καὶ τὰ αἰσθητήρια
γεγυμνασμένα ἔχουσι πρὸς διάκρισιν καλοῦ τε καὶ κακοῦ.
τί δέ ἐστι κριθή; ἡ κατὰ τὸν Μωυσέως⁶ νόμον διδασκαλία,
ὡς πρεπεστέρα⁷ τοῦ σίτου, καὶ ἀκμάσασα, καὶ τροφὴ⁸ κτη-
νοπρεπὴς τὸν νήπιον τρέφουσα Ἰσραήλ. φησὶν οὖν ὁ χρη-
ματίζων ἐν μέσῳ τῶν τεσσάρων ζώων Θεός· χοῖνιξ σίτου
δηναρίου, καὶ τρεῖς χοίνικες⁹ κριθῆς δηναρίου. δι' ὧν αἰνίτ-
τεται λιμὸν εἶναι καὶ σπάνιν παρὰ τοῖς τότε ἀνθρώποις διδα-
σκαλίας εὐαγγελικῆς τε τῆς ἐκ τοῦ Κυρίου, καὶ νομικῆς,
κατὰ τὸ γεγραμμένον· **δώσω αὐτοῖς οὐ λιμὸν ἄρτου**¹⁰ **οὐδὲ**   Amos viii. 11
δίψαν ὕδατος, ἀλλὰ λιμὸν τοῦ ἀκοῦσαι λόγον Κυρίου. εἰ καὶ
τὰ μάλιστα οὖν φησι τάδε καὶ τάδε παθεῖν ἔδει τοὺς κατα-
φρονητὰς πάσης διδασκαλίας καὶ ἐπιστροφῆς, **τὸ ἔλαιον καὶ**   (Apoc. vi. 6 *fin.*)
τὸν οἶνον¹¹ **μὴ ἀδικήσῃς**· ἄφες αὐτοὺς καὶ μηδεμίαν κόλασιν
ἐπαγάγῃς· ἔτι ἐστὶν ἐλεημοσύνη αὐτοῖς παρ' ἐμοῦ φησιν ὁ
Θεός. ἐπεὶ¹² ἐλπίς ἐστιν αὐτοῖς, νοητῶς εὐφρανθῆναι τοῖς

---

¹ ἀποβουκολώμεθα 203 (*hiat.* 240). ἀποβουκολοίμεθα 146
² *Om. in toto* 240 [*non* 203] *claus. ab* καὶ μὴ δίκην κτηνῶν *usque ad* τυράννων
³ *non rescrips.* 203 240 *hunc versum*
⁴ *om.* παρὰ 203 240
⁵ *add.* σῷ 240. *Notandum iterum hoc interrogationis signum in* 146. *Om.* 203 240 *sed post* ζιζάνια *habent.*
⁶ μωϋσέος 203 [*non* 240]
⁷ προπετεστέρα τε 203 240
⁸ τροφὴ 203 240 τροφὴν 146
⁹ χοῖνες 146
¹⁰ ἄρτων *aliq. Sept.*
¹¹ τὸν οἶνον καὶ τὸ ἔλαιον 203 240
¹² *add.* καὶ 203 240

Psa. ciii.15

θείοις τοῦ μονογενοῦς μου κηρύγμασιν· ταῦτα γὰρ ὁ οἶνος, ὁ εὐφραίνων νοητῶς καρδίαν ἀνθρώπου. ὁ οὖν ἐπὶ[1] τῆς προτέρας ἀπειθείας[2] ἐπεξιὼν ἀδικήσειεν ἂν τὸν ἐσόμενον αὐτοῖς παρὰ Θεοῦ ἔλεον, καὶ τὴν ἐσομένην ἐπὶ τῇ πίστει νοητὴν[3] εὐφροσύνην. καὶ τί λέγω νοητὴν μόνον; αἱ γὰρ τοῦ Κυρίου διδασκαλίαι καὶ αἰσθητὴν εἶχον τὴν χάριν· καὶ μάρτυς ὁ προφήτης ἐξεχύθη ἡ[4] χάρις ἐν χείλεσί σου λέγων πρὸς τὸν Κύριον, καὶ ὁ Ἰώσηππος[5] Ἰουδαῖος ἀνὴρ καὶ ὑπὸ τῆς ἀληθείας βιαζόμενος, καὶ γράφων περὶ αὐτοῦ ἐν βίβλῳ Ἰσραὴλ Ἀρχαιολογίας τάδε· γίνεται δὲ[6] κατὰ τοῦτον τὸν χρόνον Ἰησοῦς, σοφὸς ἀνήρ, εἴγε ἄνδρα αὐτὸν λέγειν χρή[7]· ἦν γὰρ παραδόξων ἔργων ποιητής, διδάσκαλος ἀνθρώπων τῶν[8] ἡδονῇ τ' ἀληθῆ λεγομένων[9]· καὶ πολλοὺς μὲν Ἰουδαίους, πολλοὺς δὲ ἐκ τοῦ Ἑλληνικοῦ προσηγάγετο. ὁ Χριστὸς οὗτος ἦν. καὶ αὐτὸν ἐνδείξει τῶν πρώτων ἀνδρῶν παρ' ἡμῖν, σταυρῷ ἐπιτετιμηκότος Πιλάτου, οὐκ ἐπαύσαντο οἱ τὸ πρῶτον ἀγαπήσαντες· ἐφάνη γὰρ αὐτοῖς τρίτην ἔχων ἡμέραν πάλιν ζῶν, τῶν θείων προφητῶν ταῦτα καὶ ἄλλα θαύματα μυρία[10] περὶ αὐτοῦ εἰρηκότων. εἰσέτι[11] τε νῦν τῶν Χριστιανῶν ἀπὸ τοῦδε ὠνομασμένων οὐκ ἐπέλιπεν φῦλον[12]·[13] τετάρτης σφραγῖδος λύσις, καὶ λοιπῶν ἀρχὴ[14] λύσεως τῆς ἐκ παραβάσεως Ἀδὰμ ἁμαρτίας· ἡ γὰρ ταύτης λύσις ἐμφανής ἐστι οἰκείωσις πρὸς Θεόν. εἰ γὰρ αἱ ἁμαρτίαι ἡμῶν διϊστῶσιν ἡμᾶς ἀπὸ τοῦ Θεοῦ ὥς φησιν Ἠσαΐας, αἱ τούτων ἀναιρέσεις προσοικειοῦσι. τίς δὲ ἡ λύσις; τὰ ῥαπίσματα τοῦ[15] Χριστοῦ, δι' ὧν ἠλευθερώθημεν. ἐπειδὴ γὰρ ἡδονῇ γεύσεως ἐκατεκρίθημεν,[16] τοῖς ἐναντίοις

Psa. xliv. 3

Josephus Antiq. xviii. 3. 3

Es. lix. 2

---

[1] ὑπὲρ pro ἐπὶ 203 240
[2] add. αὐτοῖς 203 240
[3] νοητῶς 203 240
[4] om. ἡ 203 240
[5] ἰώσηπος 203 240
[6] om. δὲ 203 240. Interpunxit 203 post ἀρχαιολογίας, post τάδε 240
[7] χρὴ καλεῖν 203 καλεῖν χρῆ 240
[8] om. τῶν 203 240
[9] γενομένων 203, sed λε̅γ̅ 240 [δεχομένων codd. Joseph. σεβομένων Euseb.]
[10] μυρία θαύματα 203 240
[11] εἴ τε (sic) 146, εἰσέτι τε codd. Josephi.
[12] om. claus. εἰ τε νῦν usque ad φῦλον 203 240
[13] Neglexit 203 indic. Oec. schol. summa fo. 43 verso [Habet indic. 240]
[14] λύσιν καὶ λοιπὸν ἀρχὴν 203, λύσις καὶ λοιπὸν ἀρχὴ ut vid. 240
[15] om. τοῦ 203
[16] κατεκρίθημεν 203 240, τοῖς ἐναντίοις ἰάθημεν om. 146

ἰάθημεν. ἐναντία δὲ τῆς ἡδονῆς τὰ ῥαπίσματα, ἀλγεινὴν ἔχοντα τὴν συναίσθησιν—πάντα ἐκτίσαντος ὑπὲρ ἡμῶν τοῦ Χριστοῦ, δι' ὧν εἰς φθορὰν θανάτου κατήχθημεν, ἐκτίσαντος δὲ διὰ τῶν ἐναντίων· διὰ τῆς ὑπακοῆς τὴν παρακοήν, δι' ἀλγεινῆς ὑποθέσεως[1] τὴν ἡδονήν, διὰ τῶν ἀνδρείως ταθεισῶν ἐπὶ τοῦ σταυροῦ χειρῶν τὰς προπετῶς ἁψαμένας τοῦ ἀπηγορευμένου ξύλου. οὗ φησιν γενομένου, ἐκ παρακλήσεως τοῦ τετάρτου τῶν ἁγίων ζώων,[2] ἦλθεν ἵππος χλωρός,[3] **καὶ ὁ καθήμενος ἐπάνω ὄνομα αὐτῷ ὁ θάνατος· καὶ ὁ** (Apoc. vi. 8) **ᾅδης ἀκολουθεῖ μετ' αὐτοῦ· καὶ ἐδόθη αὐτοῖς ἐξουσία ἐπὶ τὸ τέταρτον τῆς γῆς**[4]· ὁ ἵππος ὁ χλωρὸς[5] ὀργῆς σύμβολον· χλωρὰ γὰρ ἡ γῆ-χολή,[6] καὶ οὕτως ὑπὸ ἰατρῶν καλουμένη. ὁ δέ γε θάνατος καὶ ὁ ᾅδης καταστρέψαι[7] νοητῶς ἐστάλησαν κατὰ τῶν ἀλητηρίων[8] δαιμόνων καὶ δίκην εἰσπράξασθαι τῆς τῶν ἀνθρώπων ἀπωλείας. ἀλλ' ἐπειδὴ[9] μηδέπω τῷ λόγῳ τῆς ὀπτασίας τὸ σωτήριον ἐπράχθη Χριστοῦ πάθος, δι' οὗ πάσας τὰς ὑπὲρ ἡμῶν ἐξέτισεν ἁμαρτίας, οὔπω τελεία γέγονεν ἡ τῶν δαιμόνων καθαίρεσις, ἀλλὰ τὸ τέταρτον τέως μέρος· ἥντινα καθαίρεσιν τροπικῶς σφαγὴν ὀνομάζει καὶ λιμὸν τῶν πάλαι προσκυνούντων αὐτούς· καὶ θάνατον, τὸ τέλος τῆς τυραννίδος αὐτῶν διὰ τοῦ θανάτου παραγυμνῶν, καὶ ἀναίρεσιν ὑπὸ τῶν **θηρίων τῆς γῆς**, θηρία[10] γῆς (Apoc. vi. 8 *fin.*) καλῶν τὰ ἐν τοῖς δαίμοσι τῆς ὑπερηφανίας καὶ κενοδοξίας πάθη· ἃ γηΐνους ὄντας αὐτούς, ὡς χαίροντας τοῖς ἐπὶ γῆς ἰλυσπωμένοις[11] πάθεσιν, εἰ καὶ[12] ἀσώματον ἔλαχον φύσιν, ὑποσμύχει[13] καὶ κατεσθίει ἐκβαλλομένους τῆς κατὰ τῶν[14] ἀνθρώπων ἀρχῆς.

---

[1] διαθέσεως 203 240
[2] *om.* ἐκ παρακλήσεως τοῦ τετάρτου τῶν ἁγίων ζώων 203 240
[3] χλορὸς 146
[4] καὶ τὰ ἑξῆς *pro* καὶ ὁ καθ. *usque ad* τέταρτον τῆς γῆς 203 240
[5] ὁ χλορὸς 146
[6] χλωρὰ γὰρ ἡ χολή (*absque* γῆ) 203 240, χλωρὰ 146
[7] καταστρατεῦσαι 203 240
[8] ἀλιτηρίων 203 240
[9] ἐπεὶ 203 240
[10] *add.* γὰρ 146
[11] ἰλυσπωμένοις 203 ἰλισπωμένοις 240, ἰλυσπωμένους 146
[12] εἰ καὶ 203 240, κἂν 146
[13] ὑποσμίχει 146
[14] κατ' αὐτῶν 203 [*non* 240]

Apoc. vi. 9

καὶ ὅτε ἤνοιξε τὴν πέμπτην σφραγῖδα, εἶδον ὑποκάτω τοῦ θυσιαστηρίου τὰς ψυχὰς[1] τῶν ἐσφαγμένων διὰ τὸν λόγον τοῦ Θεοῦ, καὶ διὰ τὴν ἐκκλησίαν[2] ἣν εἶχον. καὶ ἔκραζον φωνῇ μεγάλῃ, λέγοντες· ἕως πότε, ὁ δεσπότης καὶ ἅγιος[3] καὶ ἀληθινός, οὐ κρίνεις καὶ ἐκδικεῖς τὸ αἷμα ἡμῶν ἐκ[4] τῶν κατοικούντων ἐπὶ τῆς γῆς; καὶ ἐδόθη αὐτοῖς ἑκάστῳ στολὴ λευκή, καὶ ἐρρέθη αὐτοῖς ἵνα ἀναπαύσονται[5] ἔτι μικρὸν χρόνον,[6] ἕως[7] πληρώσωσι καὶ[8] οἱ σύνδουλοι αὐτῶν καὶ οἱ ἀδελφοὶ αὐτῶν οἱ μέλλοντες ἀποκτέννεσθαι[9] ὡς καὶ αὐτοί.

πέμπτη ἄρα τοῦ Κυρίου σωτηρία τῷ γένει δωρηθεῖσα τῶν ἀνθρώπων, ἥτις τὴν πέμπτην ἔλυσε τοῦ Κυρίου σφραγῖδα καὶ ἡμῖν προεξένησεν λύσιν ἁμαρτιῶν καὶ οἰκείωσιν πρὸς Θεόν, τὰ δεσμὰ καὶ πληγαί,[10] οἷς τεθεὶς[11] ὁ Κύριος προσήχθη Πιλάτῳ, καὶ ἃς ἀπ' αὐτοῦ[12] πέπονθεν Πιλάτου[13] ἐξ ἡμισείας εὐλαβοῦς. περὶ τούτων ὁ Ἡσαΐας[14] τῶν πληγῶν

Zech. xiii. 6

ἔφη, ἐρωτώμενον παρὰ τῶν θείων ἀγγέλων τὸν Κύριον· τί αὗται αἱ πληγαὶ ἀνὰ μέσον τῶν χειρῶν σου, εἶπεν·[15] ἃς ἐπλήγην ἐν τῷ οἴκῳ τῷ ἀγαπητῷ μου. αὗται γὰρ τὰς ἡμετέρας ἰάσαντο πληγάς, ἃς ἐπλήγημεν,[16] ἐξ Ἰερουσαλὴμ[17] εἰς Ἰεριχὼ καταβαίνοντες, καὶ λησταῖς[18] περιπεσόντες, οἳ

Luc. x. 30

δήραντες ἡμᾶς καὶ τραυματίσαντες ἀφῆκαν ἡμιθανεῖς, κατὰ τὴν τοῦ Λουκᾶ[19] παραβολήν. ἀλλὰ καὶ τὰ δεσμὰ λέλυκεν ἡμῶν, τὰ τῆς ἁμαρτίας σχοινία, οἷς ἦμεν ἐσφιγμένοι·

Psa. cxviii. 61

σχοινία γάρ φησιν ἁμαρτωλῶν ὁ προφήτης περιεπλάκησάν μοι. ἠγνόει δὲ ἄρα καθ' αὑτοῦ[20] πονηρευόμενος ὁ Διάβολος,

---

[1] add. τῶν ἀνθρώπων 203 240
[2] μαρτυρίαν 203 in rasura, μαρτυρίαν plane 240
[3] ὁ ἅγιος pro καὶ ἅγιος 203 240
[4] ἀπὸ pro ἐκ 203 240
[5] ἀναπαύσονται (ω supra lin. man. alt.) 146 ἀναπαύσωνται 203 240
[6] ἔτι τινὰ χρόνον μικρὸν 203 240
[7] add. ἂν 203 240
[8] μετ' αὐτοὺς pro καὶ 203 240
[9] ἀποκτείνεσθαι 203 240
[10] πληγὰς 146
[11] πεδηθεὶς pro τεθεὶς 203 240
[12] ὑπ' αὐτοῦ 203 240
[13] πιλάτος ut vid. 240 [non 203]
[14] falso codd. omn. pro Ζαχαρίας
[15] εἶπεν 146 203 καὶ εἶπεν 240 καὶ ἐρεῖ Sept.
[16] αἷς ἐπλήγημεν 203 ἃς ἐπλήγημεν 240 ἃς ἐπλήγη 146
[17] add. καὶ ut vid. 240
[18] λησταῖς 203 240 πληγαῖς 146
[19] κατὰ τὴν τοῦ Λουκᾶ 203 et 240 ut vid. κατὰ τὴν τοῦ Λουκᾶν 146
[20] καθ' ἑαυτοῦ 203 240 περὶ αὐτοῦ 146

καὶ ἐν ταῖς τοῦ Κυρίου παροινίαις εἰς ἑαυτὸν ὠθῶν τὸ ξίφος καὶ τῆς κακῶς¹ κτισθείσης ἐκπίπτων ἀρχῆς. οὗ γεγονότος, ἐπειδὴ πρότερον οἱ² ἐν τῇ παλαιᾷ μαρτυρήσαντες ἅγιοι, μήπω κατὰ Χριστοῦ τοιούτων ἐνεργηθέντων, — εἰ γὰρ καὶ ἐνεπτύσθη καὶ ἐρραπίσθη καὶ ἐκολαφίσθη, ἀλλ' ἐν παραβύστῳ ταῦτα ἐπράττετο³ ἐν τῷ παρανόμῳ τῶν ἀρχιερέων, συνεδρίῳ, ἐπὶ μάρτυσι μόνοις τοῖς ὑπηρέταις καὶ τοῖς εἰς τὴν βουλὴν συγκεκλημένοις⁴ — ἔτι ἡσύχαζον, οὐδενὸς τῶν καθ' ἑαυτοὺς μεμνημένοι· ἐπειδὴ δὲ⁵ εἶδον δεθέντα⁶ τὸν Κύριον· καὶ ὑπὸ Πιλάτου φραγελλωθέντα⁷ ἐν δημοσίῳ καὶ ἐπὶ παντὸς τῶν⁸ Ἰουδαίων δήμου, συνεπανίστανται λοιπόν, καὶ ὡς ἀφορήτων γεγενημένων κατὰ τοῦ σφῶν δεσπότου, καὶ τῶν καθ' ἑαυτοὺς⁹ ἐμνήσθησαν.¹⁰ **εἶδον γάρ** φησιν **ὑπο-** (Apoc. vi. 9) **κάτω τοῦ θυσιαστηρίου τὰς ψυχὰς τῶν ἐσφαγμένων διὰ τὸν λόγον τοῦ Θεοῦ καὶ διὰ τὴν ἐκκλησίαν**¹¹ **ἣν εἶχον**. εἶδόν φησι τὰς τῶν μαρτύρων ψυχὰς τὸν ἀνωτάτω¹² τόπον ἔχουσας· ἦσαν γὰρ ὑπὲρ τὸ ὑπερουράνιον θυσιαστήριον. εἶτα καὶ¹³ λέγει ποίων μαρτύρων — τῶν σφαγέντων φησὶν ὑπὲρ τοῦ εὐσεβοῦς τῆς παλαιᾶς λόγου καὶ τῆς ἐκκλησίας ἤτοι συναγωγῆς ἣν εἶχον. οὐ μόνον γὰρ οἱ μάρτυρες ὑπὲρ ἑαυτῶν ἀποθνήσκουσι, ἀλλὰ¹⁴ κοινὴν ποιοῦνται τὴν ὠφέλειαν· προτροπὴ γὰρ τοῖς λοιποῖς τὸ αὐτῶν ἀνδρεῖον γίνεται, καὶ τοῖς τῶν ἁγίων αἵμασιν ἡ θεογνωσία ᾠκοδομήθη. **καὶ ἔκραζον** (Apoc. vi. 10) **φωνῇ μεγάλῃ** φησὶν¹⁵ **λέγοντες· ἕως πότε ὁ δεσπότης, ὁ ἅγιος, ὁ**¹⁶ **ἀληθινὸς οὐ κρίνεις**¹⁷ **καὶ ἐκδικεῖς**¹⁸ **τὸ αἷμα ἡμῶν ἐκ**¹⁹ **τῶν κατοικούντων ἐπὶ τῆς γῆς;** οὐ κατὰ τῶν ἀνθρώπων, ἀλλὰ

---

¹ κακῶς 203 240 κακῶν 146
² om. οἱ 203 240
³ Errore bis scripsit 240 ἐν τῷ παραβύστῳ ταῦτα ἐπράττετο ἐν τῷ παραβύστῳ ταῦτα ἐπράττετο.
⁴ συγκεκλησμένοις 203 [non 240]
⁵ om. δὲ 240
⁶ om. δεθέντα 203 240.
⁷ φραγγελλωθέντα 203, φραγγελωθέντα 240
⁸ τοῦ pro τῶν 203 240
⁹ κατ' αὐτοὺς 240
¹⁰ ἐμνημόνευσαν 203 240
¹¹ sic codd. omn. plane.
¹² ἀνωτάτων 146 ἀνώτατα ut vid. 240
¹³ om. καὶ 240
¹⁴ add. καὶ 203 240
¹⁵ om. φησιν 203 240
¹⁶ καὶ pro ὁ 203 240
¹⁷ κρίνεις 203 240 κρίνῃς 146
¹⁸ ἐκδικεῖς 203 240 ἐκδικῇς 146
¹⁹ sic quoque 203 240 hoc loco

κατὰ τῶν δαιμόνων τῶν τοῖς γηΐνοις ἐμφιλοχωρούντων τὴν ἔντευξιν ἐποιοῦντο· οὐ γὰρ ἦν τῆς τῶν ἁγίων ἀγάπης κατὰ τῶν ὁμογενῶν ἐξανίστασθαι, κατὰ δὲ τῶν ἐναγόντων τοὺς ἀνθρώπους εἰς τὴν κατ' αὐτῶν ἀναίρεσιν. ταῦτα εἰπόντες (Apoc. vi. 11) λαμβάνουσι πρῶτον στολὰς λευκάς. τὸ δὲ ἦν αἴνιγμα τοῦ κεκαθάρθαι αὐτοὺς τῷ οἰκείῳ αἵματι, καὶ πάντα ἀποτεθεῖσθαι ῥύπον. ἔπειτα ἀκούουσιν ἀναπαύσασθε¹ ἔτι μικρὸν χρόνον ἕως πληρώσουσιν² καὶ οἱ σύνδουλοι αὐτῶν καὶ οἱ ἀδελφοὶ αὐτῶν, οἱ μέλλοντες ἀποκτέννεσθαι³ ὡς καὶ αὐτοί. οὐ γὰρ ἦν δίκαιον τοὺς ὁμοίους κατὰ τὴν ἀνδρείαν ἐκείνοις ἐμποδισθῆναι τῶν τοῦ μαρτυρίου⁴ στεφάνων ἀναιρεθέντων πρὸ καιροῦ τῶν διαγυμναζόντων αὐτοὺς δαιμόνων.

Apoc. vi. 12 καὶ εἶδον ὅτε ἤνοιξε τὴν σφραγῖδα τὴν ἕκτην, καὶ σεισμὸς μέγας ἐγένετο, καὶ ὁ ἥλιος ἐγένετο μέλας ὡς σάκκος τρίχινος,
13 καὶ ἡ σελήνη ὅλη ἐγένετο εἰς⁵ αἷμα, καὶ οἱ ἀστέρες τοῦ οὐρανοῦ ἔπεσαν⁶ εἰς τὴν γῆν, ὡς συκῆ βάλλουσα⁷ τοὺς
14 ὀλύνθους αὐτῆς ὑπὸ ἀνέμου μεγάλου σειομένη, καὶ ὁ οὐρανὸς ἀπεχωρίσθη ὡς βιβλίον ἑλισσόμενον,⁸ καὶ πᾶν ὄρος καὶ νῆσος
15 ἐκ τῶν τόπων αὐτῶν ἐκινήθησαν. καὶ οἱ βασιλεῖς τῆς γῆς καὶ οἱ μεγιστᾶνες καὶ οἱ χιλίαρχοι καὶ οἱ πλούσιοι⁹ καὶ¹⁰ ἰσχυροὶ καὶ πᾶς δοῦλος καὶ¹¹ ἐλεύθερος ἔκρυψαν ἑαυτοὺς εἰς
16 τὰ σπήλαια καὶ εἰς τὰς πέτρας τῶν ὀρέων· καὶ λέγουσι τοῖς ὄρεσι καὶ ταῖς πέτραις· πέσετε¹² ἐφ' ἡμᾶς καὶ κρύψατε ἡμᾶς ἀπὸ προσώπου τοῦ καθημένου ἐπὶ τοῦ θρόνου καὶ ἀπὸ τῆς
17 ὀργῆς τοῦ ἀρνίου, ὅτι ἦλθεν ἡ ἡμέρα ἡ μεγάλη τῆς ὀργῆς αὐτῶν,¹³ καὶ τίς δύναται στῆναι;¹⁴

ἡ ἕκτη τῆς σφραγῖδος λύσις, τελεωτάτην ἡμῶν¹⁵ τὴν σωτηρίαν εἰργάσατο· τὸν θάνατον κατέλυσε· τὴν ζωὴν

---

¹ ἀναπαύσασθαι 240
² πληρώσωσι 240
³ ἀποκτείνεσθαι de novo 203, sed 240 ἀποκταίνεσθαι
⁴ Inter μαρτυρίου et στεφανῶν spatium litt. septem in ras. 146
⁵ ὡς pro εἰς 203 240
⁶ ἔπεσον 203 240 ut solent
⁷ ἀποβαλοῦσα 203 240
⁸ ἑλισσόμενος 203, ἑλισσόμενος 240

⁹ καὶ οἱ πλούσιοι· καὶ οἱ χιλίαρχοι 203 240
¹⁰ add. οἱ ante ἰσχυροὶ 203 240 (om. 146 cum ℵ 50 95 111 164 166)
¹¹ add. πᾶς 203 240
¹² πέσατε 240 [non 203]
¹³ sic quoque 203 240 cum ℵ C 18 38 111 130 178 200 Syr. SΣ Gig.
¹⁴ σταθῆναι 203 240
¹⁵ ἡμῖν 203 240

ἐπανήγαγεν· τὸν νικητὴν τῶν ἀνθρώπων ἀπεστεφάνωσεν,
ἐν παρρησίᾳ θριαμβεύουσα¹ κατὰ τὸ γεγραμμένον· **ἀνέβη** Psa. lxvii. 19
γὰρ εἰς ὕψος ὁ μονογενής· ἠχμαλώτευσεν αἰχμαλωσίαν· (Eph. iv. 8)
ἔλαβε δόματα ἐν ἀνθρώποις. τίς δὲ ἡ ἕκτη τῆς σφραγῖδος
λύσις;² ὁ σταυρὸς τοῦ Κυρίου καὶ ὁ θάνατος, οἷς ἠκολού-
θησεν ἡ εὐκταία πάσῃ νοητῇ τε καὶ αἰσθητῇ κτίσει ἀνάστα-
σις καὶ ἀνάληψις, ἐγκαινίζουσα ἡμῖν **ὁδὸν πρόσφατον καὶ** Heb. x. 20 *lib*.
ζῶσαν, τὴν ἐκ τοῦ θανάτου εἰς τὴν ζωὴν ἐπάνοδον διὰ τοῦ
καταπετάσματος τῆς σαρκὸς αὐτοῦ· ἅπερ οὐ μόνον τοὺς
ζῶντας, ἀλλὰ καὶ τοὺς προαπελθόντας³ εὐεργέτησε. πορευ-
θεὶς γὰρ ὁ Κύριος καὶ τοῖς ἐν ᾅδου⁴ ἐκήρυξεν ἀπειθήσασί 1 Pet. iii. 19, iv. 6
ποτε κατὰ τὸν θεῖον ἀπόστολον Πέτρον, καὶ ἔσωσε κἀκεῖ
τοὺς πιστεύοντας,⁵ ὡς καὶ τῷ Κυρίλλῳ δοκεῖ. ὧν γεγενη- Cyril
μένων, **σεισμὸς μέγας ἐγένετο** φησιν, **καὶ ὁ ἥλιος ἐγένετο μέλας** (Apoc. vi. 12)
ὡς σάκκος τρίχινος, καὶ ἡ σελήνη ὅλη ἐγένετο εἰς⁶ **αἷμα,**⁷ **καὶ οἱ** (Apoc. vi. 13)
ἀστέρες τοῦ οὐρανοῦ ἔπεσαν εἰς τὴν γῆν, ὡς συκῆ βάλλουσα
τοὺς ὀλύνθους αὐτῆς, ὑπὸ μεγάλου ἀνέμου σειομένη. σαφῶς
τὰ⁸ ἐπὶ τοῦ σταυροῦ γεγενημένα σημεῖα ἡ ὀπτασία ἡμῖν
διαγράφει, τὸν σεισμὸν καὶ τὸν κλόνον τῆς γῆς, τὸ τοῦ
ἡλίου σκότος, καὶ τῆς σελήνης ὅλης τὴν εἰς αἷμα μεταποίη-
σιν. πάνυ δέ γε ἀκριβῶς προσέθηκεν ἐπὶ τῆς σελήνης τὸ
ὅλη· πλησιφαὴς γὰρ καὶ οὐ διχόμηνις⁹ ὑπάρχουσα σχεδὸν
ἐν τῇ τοῦ σταυροῦ ἡμέρᾳ δι' ὅλης αὐτῆς τὸ πάθος ἐδέξατο·
ἔθος γὰρ τῷ πεφωτισμένῳ μέρει τὰ τοιαῦτα συμβαίνειν κατὰ
τὰς σεληνιακὰς ἐκλείψεις.¹⁰ ταῦτα δὲ καὶ ὁ προφήτης Ἰωὴλ
ἔσεσθαι προανεφώνησεν, **ὁ ἥλιος** λέγων **μεταστραφήσεται εἰς** Joel ii. 31
σκότος, καὶ ἡ σελήνη εἰς αἷμα, πρὶν¹¹ **ἐλθεῖν τὴν ἡμέραν Κυρίου**
τὴν μεγάλην καὶ ἐπιφανῆ. τὸ δὲ πεσεῖν ἐκ τοῦ οὐρανοῦ ἀστέ-

---

¹ θριαμβεύσασα 240 [*non* 203]
² *post* λύσις 203 *habet interpunctum interrogationis* (;)
³ προαπελθότας 146
⁴ ἐν ᾅδη 240 [*non* 203] (ἐν φυλακῇ πνεύμασιν apud Petr.)
⁵ πιστεύσαντας 203 240
⁶ εἰς *habent hoc loco* 203 240 *in schol.*
⁷ *Post* αἷμα *add.* καὶ τὰ ἑξῆς 203 240, *omissis seq. usque ad* σειομένη, *pergentes* σαφῶς κ.τ.λ.
⁸ *Om.* τὰ 146
⁹ *Om.* οὐ διχόμηνις 203 *sed spatium purum habet. Pro* οὐ διχόμενης *habet* 240 ὁλοφώϊος *ut vid.*
¹⁰ ἐλλείψεις 203 [*non* 240]
¹¹ *add.* ἢ 240

ρας τυχὸν μέν,¹ καὶ αἰσθητῶς ἐγένετο· εἰ δὲ μή, ἀλλὰ τὸ σέλας τὸ οὐράνιον παύσασθαι, καὶ τὸ ἄπαν σκοτισθῆναι ὁ λόγος αἰνίττεται. **καὶ ὁ οὐρανὸς ἀπεχωρίσθη ὡς βιβλίον εἱλισσόμενον.**² διὰ τοῦ οὐρανοῦ τὰς οὐρανίους λέγει³ τῶν ἀγγέλων δυνάμεις, οἳ καὶ αὐτοὶ ἐταράχθησαν μὴ φέροντες τὴν εἰς τὸν δεσπότην αὐτῶν ὕβριν, ὡς ὧδε κἀκεῖσε⁴. διάττειν ἴσα⁵ βιβλίῳ ἀνειλισσομένῳ τε⁶ καὶ ταραττομένῳ.⁷ **καὶ πᾶν φησιν ὄρος καὶ νῆσος ἐκ τῶν τόπων αὐτῶν ἐκινήθησαν.**⁸ ὄρη καὶ νήσους τὰ τῶν ὑψηλοφρόνων δαιμόνων καλεῖ⁹ τάγματα, κατὰ τὸ γεγραμμένον περὶ αὐτῶν· καὶ μετατίθεσθαι ὄρη ἐν καρδίαις θαλασσῶν. νήσους δὲ αὐτοὺς πάλιν φησὶν ὡς ὑψουμένους καὶ ἐπαιρομένους τῇ τῆς διανοίας αὐτῶν κενοδόξῳ ματαιότητι ἐν τοῖς ἀστάτοις καὶ ἁλμυροῖς τοῦδε τοῦ βίου περισπασμοῖς.¹⁰ **καὶ οἱ βασιλεῖς φησι¹¹ τῆς γῆς καὶ οἱ μεγιστάνες καὶ οἱ χιλίαρχοι καὶ οἱ πλούσιοι¹² καὶ ἰσχυροὶ καὶ πᾶς δοῦλος καὶ ἐλεύθερος ἔκρυψαν ἑαυτοὺς εἰς τὰ σπήλαια καὶ εἰς τὰς πέτρας τῶν ὀρέων, καὶ λέγουσι τοῖς ὄρεσι καὶ ταῖς πέτραις· πέσετε ἐφ' ἡμᾶς καὶ κρύψατε ἡμᾶς ἀπὸ προσώπου τοῦ καθημένου ἐπὶ τοῦ θρόνου καὶ ἀπὸ τῆς ὀργῆς τοῦ ἀρνίου, ὅτι ἦλθεν ἡ ἡμέρα ἡ μεγάλη ἡ τῆς ὀργῆς αὐτῶν, καὶ τίς δύναται στῆναι;**¹³ βασιλεῖς πάλιν καὶ μεγιστάνας, χιλιάρχους τε καὶ πλουσίους καὶ ἰσχυρούς, τοὺς ἀλιτηρίους καλεῖ δαίμονας, ὡς κατάρξαντας τῶν ἐν τῇ γῇ διὰ πάτης καὶ δόλου· δούλους δὲ¹⁴ καὶ ἐλευθέρους, τοὺς ἐν τοῖς δαίμοσι προὔχοντάς¹⁵ τε καὶ ὑποτεταγμένους. τὸ δέ γε κρύψαι ἑαυτοὺς εἰς τὰ σπήλαια καὶ εἰς τὰς πέτρας τῶν ὀρῶν καὶ μέντοι καὶ

---

¹ τυχὸ μὲν 146
² vel εἰλισσόμενος (in compendio incerto desinit verbum), εἰλισσόμενος vel εἰλισυόμενος 203 εἰλϊσσόμενον 240
³ λέγων 203 [non 240 ut vid.]
⁴ κἀκεῖ 203 (illeg. 240)
⁵ ἴσα 146
⁶ om. τε 240
⁷ ταρασσομένῳ 240
⁸ Om. hoc loco καὶ πᾶν φησιν ὄρος κ.τ.λ. 203 240 (Habent postea ante καὶ οἱ βασ. τῆς γῆς), sed add. 203 et 240 Τὸ μὲν διὰ τοῦ οὐρανοῦ δηλούμενον συνήφθη τῇ προγραφείσῃ ἑρμηνείᾳ ἐπὶ τοῦ τέλους αὐτῆς pergentes ὄρη δὲ καὶ νήσους κ.τ.λ.
⁹ δηλοῖ pro καλεῖ 240? [non 203]
¹⁰ περιπάσμασι 203 240
¹¹ om. φησι 203
¹² καὶ οἱ μεγιστάνες καὶ οἱ πλούσιοι καὶ οἱ χιλίαρχοι 203 qui omnia usque ad lemmatis finem omittit.
¹³ errat 240 'Ανδρ. attribuens quae seq. in loco Οἰκ.
¹⁴ om. δὲ 203 240
¹⁵ προέχοντάς 203 [non 240]

λέγειν πέσετε¹ ἐφ' ἡμᾶς καὶ κρύψατε ἡμᾶς, τροπικῶς μὲν (Apoc. vi. 16)
εἴρηται· αἰνίττεται δὲ φυγάδας αὐτοὺς πειρωμένους γίνεσθαι
ἀπὸ τῆς ἐπαγομένης αὐτοῖς κολάσεως παρὰ Χριστοῦ, εἰ γὰρ
μήτις αὐτοὺς² ἀόρατος κόλασις³ ἐπήγετο καὶ τιμωρία, τί
βούλεται τὸ τῷ προφήτῃ Ἡσαΐᾳ εἰρημένον ἐκ προσώπου
Χριστοῦ· ληνὸν ἐπάτησα μονώτατος,⁴ καὶ τῶν ἐθνῶν οὐκ ἔστιν Es. lxiii. 2-3
ἀνὴρ μετ' ἐμοῦ, καὶ κατεπάτησα αὐτοὺς ἐν τῷ θυμῷ μου, καὶ
κατέθλασα αὐτοὺς ἐν τῇ ὀργῇ μου,⁵ καὶ κατήγαγον τὸ αἷμα
αὐτῶν εἰς τὴν γῆν· τί δὲ καὶ τὸ λέγειν τοὺς θεοστυγεῖς
δαίμονας παρὰ τῷ Ματθαίῳ· τί ἡμῖν καὶ σοί, υἱὲ τοῦ Θεοῦ; Matt. viii. 29
ἦλθες⁶ βασανίσαι ἡμᾶς; ταῦτα δὲ ἄν τις νοήσοι⁷ τὰ τῇ (Marc. i. 24)
ἀποκαλύψει εἰρημένα οὐ μόνον εἶναι δαιμόνων πάθη, ἀλλὰ (Luc. iv. 34)
καὶ τῶν τὸν σταυρὸν τῷ Κυρίῳ⁸ πηξάντων ἀνόμων Ἰουδαίων,
οἳ τῷ πρὸς Ῥωμαίους πολέμῳ πιεζόμενοι,⁹ φυγάδες τε ἐγέ-
νοντο ἐν ὄρεσι καὶ σπηλαίοις καὶ ταῖς ὀπαῖς τῆς γῆς, καὶ
πανταχόθεν¹⁰ ἀπορίᾳ συνείχοντο καὶ ἐκτάσει.

¹¹μετὰ τοῦτό φησιν εἶδον τέσσαρας ἀγγέλους ἑστῶτας ἐπὶ Apoc. vii. 1
τὰς τέσσαρας γωνίας τῆς γῆς, κρατοῦντας τοὺς τέσσαρας
ἀνέμους τῆς γῆς,¹² ἵνα μὴ πνέῃ¹³ ἄνεμος ἐπὶ τῆς γῆς μήτε ἐπὶ
τῆς θαλάσσης μήτε ἐπί τι¹⁴ δένδρον. καὶ εἶδον ἄλλον 2
ἄγγελον ἀναβαίνοντα ἀπὸ ἀνατολῆς¹⁵ ἡλίου, ἔχοντα σφραγῖδα
Θεοῦ ζῶντος, καὶ ἔκραζε¹⁶ φωνῇ μεγάλῃ τοῖς τέσσαρσιν ἀγγέ-
λοις οἷς ἐδόθη αὐτοῖς ἀδικῆσαι τὴν γῆν καὶ τὴν θάλασσαν
καὶ τὰ δένδρα,¹⁷ λέγων· μὴ ἀδικήσετε τὴν γῆν¹⁸ μήτε¹⁹ τὴν 3
θάλασσαν, μήτε τὰ δένδρα, ἄχρι σφραγίσομεν²⁰ τοὺς δούλους

---

¹ πέσατε 240 [non 203]
² αὐτοῖς 203 240
³ κόλασις ἀόρατος 240
⁴ ita Symmachus, sed text. rec. aliter
⁵ ὡς γῆν pro ἐν τῇ ὀργῇ μου Sept.
⁶ om. ὧδε πρὸ καιροῦ omn.
⁷ νοήσει, 203 [non 240]
⁸ τῷ σταυρῷ τὸν Κύριον 203 240
⁹ πεζόμενοι 146
¹⁰ add. ἐν 240 [non 203]
¹¹ add. καὶ et om. φησιν 203 240
¹² κρατοῦντας τοὺς Δ´ ἀνέμους τῆς γῆς om. 146 per homoiotel. ut apparet ex commentario quod seq.
¹³ add. ὁ 203 240 cum C et minusc. aliq.
¹⁴ πᾶν pro τι 203 240
¹⁵ ἀνατολῶν 203 sed ex em. [non 240]
¹⁶ ἔκραξε ut vid. 203, et 240 certe
¹⁷ om. καὶ τὰ δένδρα 203 240 ut plur. sed habet Gigas
¹⁸ om. μὴ ἀδικήσητε τὴν γῆν 146 per homoiotel. ut apparet ex commentario.
¹⁹ καὶ pro μήτε 203 240
²⁰ ἄχρις οὗ σφραγίσομεν 203, ἄχρις οὗ σφραγίσωμεν 240

Apoc. vii. 4 τοῦ Θεοῦ ἡμῶν ἐπὶ τῶν μετώπων¹ αὐτῶν. καὶ ἤκουσα τὸν ἀριθμὸν τῶν ἐσφραγισμένων, ἑκατὸν τεσσαρακοντέσσαρας χιλιάδας² ἐκ πάσης φυλῆς υἱῶν Ἰσραήλ. — ³ καὶ λέγει λοιπὸν ἀπὸ ἑκάστης φυλῆς, δώδεκα χιλιάδας τοὺς σφραγισθέντας· ἐντεῦθεν⁴ σαφῶς τὰ περιστάντα Ἰουδαίοις⁵ ἐν τῷ πρὸς Ῥωμαίους πολέμῳ δείκνυται τῷ εὐαγγελιστῇ, ἃ προφάσει⁶ γέγονεν αὐτοῖς τοῦ σταυροῦ καὶ τῆς κατὰ τοῦ Κυρίου παροινίας. οἱ γὰρ τέσσαρες⁷ ἄγγελοι οἱ κρατοῦντες τὰς τέσσαρας γωνίας τῆς Ἰουδαίων γῆς ἐφρούρουν ὅπως μηδεὶς τῶν ἀξίων τεθνᾶναι⁸ Ἰουδαίων διαφυγῇ, δειλίαν ἴσως αὐτοῖς ἐμβάλλοντες⁹ τῆς φυγῆς ἢ δυσχερείας τινὰς ἢ ἔξωρον τῆς πατρίδος πόθον γυναικῶν τε¹⁰ καὶ φιλτάτων, ἅτινα τροπικῶς διασημαίνεται, διὰ τοῦ κρατεῖσθαι τὰς τέσσαρας γωνίας τῆς Ἰουδαίας. τὸ δέ γε τοὺς τέσσαρας ἀνέμους κρατεῖσθαι, ἐφ' ᾧ τε μὴ¹¹ πνέειν μήτε ἐπὶ τῆς γῆς μήτε ἐπὶ τῆς θαλάσσης μήτε ἐπί τι δένδρον, ὑποσημαίνει τὸ μηδεμίαν αὐτοῖς¹² ἀνάψυξιν εὑρᾶσθαι¹³ ἐν τῷ πολέμῳ, μηδέ τινα τῶν συμφορῶν παραψυχήν, μήτε τοὺς ἐπὶ τῆς¹⁴ γῆς πεζομαχοῦντας, μήτε τοὺς ἐν τῇ¹⁵ θαλάσσῃ ναυμαχοῦντας — πολλὰ¹⁶ γὰρ

Josephus ἐναυμάχησαν κατὰ τὸν Ἰώσηππον¹⁷ — μήτε μὴν τοὺς γεωργίᾳ καὶ φυτῶν ἐπιμελείᾳ προσανέχοντας· πάντας γὰρ ἄρδην κατέλαβε τὰ κακά, πόλεων μὲν πυρπολουμένων, γῆς δὲ

Josephus δῃουμένης, φυτῶν δὲ κειρομένων, ἃ δὴ¹⁸ πάντα ὁ Ἰώσηππος¹⁹ ἀκριβῶς ἐπεξέρχεται ἐν τῇ τῆς Ἱεροσολύμων ἁλώσεως ἱστο-

(Apoc. vii. 2) ρίᾳ. **καὶ εἶδον ἄγγελον ἀναβαίνοντα ἀπὸ ἀνατολῆς ἡλίου, ἔχοντα σφραγῖδα Θεοῦ ζῶντος, καὶ ἔκραξε φωνῇ μεγάλῃ τοῖς**

---

¹ ἐπὶ τοῦ μετώπου 203 240
² ἕκατον καὶ τεσσαρακοντατέσσαρες χιλιάδες 203 ρ̅ καὶ μ̅δ̅ᵉˢ χιλιάδες 240 add. ἐσφραγισμένοι ambo.
³ pro hac clausula habent 203 240 vii. 5–8 cum text. recept.
⁴ ἐνταῦθα 203 240
⁵ Ἰουδαίους 146
⁶ προφά sic 203, sed 240 pleno
⁷ τέσσαρις 146 Δ 203 δ̅ 240
⁸ τεθάναι 146 man. prim. τεθνᾶναι 146 ex em. manu recent.
⁹ ἐμβαλόντες 203 240
¹⁰ om. τε 240
¹¹ om. μὴ 240
¹² αὐτοὺς 203 [non 240]
¹³ εὑρᾶσθε 146
¹⁴ om. τῆς 203 240
¹⁵ om. τῇ 203 240
¹⁶ πολλοὶ 203 240
¹⁷ Ἰώσηπον 203 (et 240 comp.)
¹⁸ δεῖ 146
¹⁹ Ἰώσηπος 203 (et 240 comp.)

τέσσαρσιν ἀγγέλοις οἷς ἐδόθη αὐτοῖς ἀδικῆσαι τὴν γῆν καὶ τὴν θάλασσαν, λέγων· μηδὲν ἀδικήσετέ φησιν ἄχρι σφραγισθῶσιν (Apoc. vii. 3) οἱ δοῦλοι τοῦ Θεοῦ ἡμῶν.¹ τὸ μὲν ἀπὸ ἀνατολῆς ἡλίου ἀλλὰ μὴ ἀπὸ δυσμῶν καὶ τῆς ἑσπέρας παραγίνεσθαι τὸν θεῖον ἄγγελον, εὐαγγελισμὸν αἰνίττεται καὶ ἀγαθῶν ἐπαγγελίαν. τὴν δέ γε σφραγῖδα τὴν νῦν, καὶ ὁ προφήτης ἐν πνεύματι προορῶν ἔλεγεν· ἐσημειώθη ἐφ' ἡμᾶς τὸ φῶς τοῦ προσώπου Psa. iv. 7 σου, Κύριε.² καλῶς³ τέως τὸ μηδένα ἀδικηθῆναι κελεύει, ἄχρι σφραγισθῶσιν οἱ τοῦ διασωθῆναι τῶν⁴ Ἰουδαίων ἄξιοι, ὅπως μή δὲ⁵ οἱ δίκαιοι σὺν τοῖς ἁμαρτωλοῖς πάθωσί τι τῶν ἀβουλήτων.⁶ καὶ ἐσφράγισάν φησιν ἑκατὸν τεσσα- (Apoc. vii. 4) ρακοντέσσαρας⁷ χιλιάδας⁸· πολλοὶ γὰρ ἦσαν καὶ ἀριθμοῦ κρείττονες οἱ Χριστῷ πιστεύσαντες ἐκ τῶν Ἰουδαίων, οἷς καὶ τὸ σώζεσθαι ἐκ τῆς κοινῆς ὠφείλετο⁹ πανωλεθρίας,¹⁰ καὶ μαρτυροῦσιν οἱ λέγοντες τῷ Παύλῳ ἐν Ἱερουσαλὴμ γενομένῳ· θεωρεῖς, ἀδελφέ, πόσαι μυριάδες εἰσὶν Ἰουδαίων τῶν Act. xxi. 20 πεπιστευκότων;¹¹ οὐ μόνον δὲ εἰκὸς ἦν διαφυγεῖν τοὺς πιστούς, ἀλλὰ καὶ τοὺς ἐν ἀγνοίᾳ καὶ ἀπάτῃ συνεργήσαντας τῷ σταυρῷ τοῦ Κυρίου, περὶ ὧν¹² ἔλεγεν· Πάτερ, ἄφες Luc. xxiii. 34 αὐτοῖς· οὐ γὰρ οἴδασι τί ποιοῦσιν — εἰ καὶ ὁ Κύριλλος ἐν τρισκαιδεκάτῳ βιβλίῳ¹³ Κατὰ Ἰουλιανοῦ λέγει μὴ κεῖσθαι (Cyril xiii. contra Jul.) ταύτην τοῦ Κυρίου τὴν εὐχὴν ἐν τοῖς Εὐαγγελίοις, παρ' ἡμῖν δέ γε εἴρηται — καὶ οὐ μόνον τούτους, ἀλλὰ καὶ τοὺς οὐδὲ παρόντας τηνικάδε,¹⁴ ἢ ἐνδημοῦντας ἐν τῇ Ἱερουσαλήμ, καὶ διὰ τοῦτο οὐ κεκοινωνηκότας τῇ ἀνοσίῳ βουλῇ¹⁵ τῶν καταρά-

---

¹ Om. omnino 203 240 καὶ εἶδον usque ad Θεοῦ ἡμῶν, pergentes ad τὸ μὲν ἀπὸ

² Hoc loco scripsit 203 vs. 3 supra omissum et add. ἐπὶ τῶν μετώπων αὐτῶν

³ add. δὲ 203 240

⁴ τοῦ pro τῶν 203 [non 240 ut vid.]

⁵ μὴ pro μή δὲ 203 240

⁶ Add. 203 versus 4-8 quorum supra in 146 ex industria omissi sunt 5-8

⁷ τεσσαρακοντέσσαρας 146 ex corr. (with τα above)

manus sec., ρ̅μ̅δ̅ χιλιάδας 203 240

⁸ add. ἀπὸ φυλῆς ἑκάστης ἀνὰ ι̅β̅ χιλιάδας 203 240

⁹ ἀφείλετο 203 240

¹⁰ πανολεθρίας 146 240

¹¹ Iterum notandum est punctum interrogat. (;) in 146 necnon apud libr. 203 240 apparens

¹² add. καὶ 240

¹³ ἐν ι̅γ̅ βίβλῳ 203 ἐν τρισκαιδεκάτῳ βίβλῳ 240

¹⁴ τηνικαῦτα 203 [non 240 ut vid.]

¹⁵ τῇ ἀνοσίῳ βουλῇ bis 146

των¹ ἀρχιερέων τῇ περὶ τοῦ σταυροῦ, ἢ καὶ παρόντας μέν, οὐ μὴν τοῦ μιάσματος κατεσχηκότας,² εἰ καὶ αὐτὸς πᾶσαν εὐλόγησε³ τὴν ὑπ' οὐρανόν, ἐναντίως ἀποβὰν ἢ ὡς τὸ θεοστυγὲς ἢ — βούλετο συνέδριον τῶν παρανόμων· οὓς πάντας εἰκὸς ὕστερον τῇ Χριστοῦ σφραγισθῆναι⁴ πίστει. οὐ γὰρ ἂν αὐτοὺς ἄλλως ὁ ἄγγελος⁵ ἐκάλεσε δουλοὺς Θεοῦ· ὧν διασωθέντων φυγῇ τὲ καὶ τῷ πρὸς Ῥωμαίους αὐτομολῆσαι⁶ οἱ λοιποὶ κακοὶ κακῶς διεφθάρησαν, **θέατρον γενηθέντες τῷ κόσμῳ καὶ ἀγγέλοις καὶ ἀνθρώποις** ἑτέρως, καὶ οὐχ' ὡς ὁ Παῦλος περὶ τῶν θεσπεσίων εἴρηκεν ἀποστόλων. τούτων δὲ πάλιν μάρτυς ὁ Ἰώσηπος⁷ πλείστας ὅσας ἀπαριθμούμενος⁸ μυριάδας τῷ λιμῷ.⁹ τὸ δὲ ἶσον κατὰ τὸν ἀριθμὸν τῶν ἐξ ἑκάστης φυλῆς σφραγισθέντων τὲ¹⁰ καὶ πεπιστευκότων. τὸν ἰσότιμον ζῆλον καὶ τὸ τῆς πίστεως ὁμόδοξον αἰνίττεται, κἂν ἐκ τῆσδε μὲν τῆς φυλῆς πλείους, ἐξ ἑτέρας δὲ ἐλάττους ἐσώθησαν τε καὶ ἐπίστευσαν Χριστῷ, τῷ παρὰ Ἰουδαίων μὲν ἀτιμασθέντι; παρ' ἡμῶν δέ γε καὶ πάσης ὑπερκοσμίου κτίσεως προσκυνουμένῳ νῦν καὶ ἀεὶ καὶ εἰς τοὺς αἰῶνας τῶν αἰώνων. ἀμήν ✠

Λόγος πέμπτος

¹¹ταῦτα μὲν ἅπερ ὁ λόγος ἀφηγήσατο, δέδεικται τῷ θεσπεσίῳ εὐαγγελιστῇ περὶ τῶν ἐξ αἵματος Ἰσραὴλ ἐσφραγισμένων καὶ διὰ τοῦτο σωθέντων, εἶτα καὶ πεπιστευκότων. ἀλλ' ὅπως μηδὲν ἐλλιπὲς αὐτῷ θεωρηθείη, δείκνυσιν αὐτῷ ὁ χρηματισμὸς καὶ τὰς ἀπείρους τῶν ἐθνῶν μυριάδας, τὰς μετὰ ταῦτα τῇ πίστει προσδραμούσας, ἀμφί τε τὸν Κύριον οὔσας καὶ τῷ θείῳ παρεστώσας θρόνῳ. ἐπειδὴ γὰρ ὅσον οὔπω ἐν τῇ τῆς θεωρίας προαναφωνήσει ὁ Κύριος γράφεται

---

¹ *om.* καταράτων 203 240
² μετεσχηκότας 203 240
³ ηὐλόγησε 203 [*non* 240]
⁴ ἐσφραγίσθαι 203 240
⁵ ἄλλος ἄγγελος *pro* ἄλλως ὁ ἄγγελος 203
⁶ τὸ ... αὐτομολῆσαι 146
τῇ ... αὐτομολήσει 203 240
⁷ ὁ Ἰώσηπος 203 (*et* 240 *comp.*)
⁸ ἀπαριθμούμενος (*om.* ὅσας) 203
παραμυθούμενος 146
⁹ *add.* καὶ πολέμῳ καὶ θηρίοις διαφθαρέντων 203 240
¹⁰ *om.* τε 203 [*sed habet* 240]
¹¹ *Hunc prologum usque ad* ὅρα δὲ τί φησιν *om. omnino* 203 240

παραγινόμενος ἐν τῇ δευτέρᾳ παρουσίᾳ, οἱ δὲ ἅγιοι τηνικάδε (1 Thess. iv. 17)
ἁρπάζονται ἐν νεφέλαις εἰς ὑπάντησιν¹ τοῦ Σωτῆρος, κατὰ (Apoc. xii. 5)
τὸν θεῖον ἀπόστολον προηρπαγμένους αὐτοὺς ἡ ὀπτασία
δείκνυσι καὶ τῆς ἀποκειμένης αὐτοῖς μακαριότητος τετυχη-
κότας. τί γὰρ τοῦ ἠξιῶσθαι μετὰ Χριστοῦ εἶναι καὶ τὸν
θεῖον ἐποπτεύειν θρόνον μακαριώτερον; ὅρα δὲ τί φησι.

μετὰ ταῦτα εἶδον, καὶ ἰδοὺ ὄχλος πολύς, ὃν ἀριθμῆσαι οὐδεὶς Apoc. vii. 9
αὐτὸν² ἠδύνατο,³ ἐκ παντὸς ἔθνους καὶ φυλῶν καὶ λαῶν⁴ καὶ
γλωσσῶν, ἑστῶτας⁵ ἐνώπιον τοῦ θρόνου καὶ ἐνώπιον τοῦ
ἀρνίου, περιβεβλημένοι⁶ στολὰς λευκάς, καὶ φοίνικες ἐν ταῖς
χερσὶν αὐτῶν· καὶ κράζουσι φωνῇ μεγάλῃ λέγοντες· ἡ σωτη- 10
ρία τῷ Θεῷ ἡμῶν, τῷ καθημένῳ ἐπὶ τοῦ θρόνου.⁷ καὶ τῶν 11
πρεσβυτέρων οἱ ἅγιοι ἑστήκασι⁸ κύκλῳ τοῦ θρόνου καὶ τῶν
πρεσβυτέρων καὶ τῶν τεσσάρων ζώων· καὶ ἔπεσαν⁹ ἐνώπιον
τοῦ θρόνου ἐπὶ τὰ πρόσωπα αὐτῶν καὶ προσεκύνησαν¹⁰ τῷ Θεῷ 12
ἡμῶν εἰς τοὺς αἰῶνας τῶν αἰώνων. ἀμήν. καὶ ἀπεκρίθη εἷς 13
ἐκ τῶν πρεσβυτέρων λέγων μοι· οὗτοι οἱ περιβεβλημένοι τὰς
στολὰς τὰς¹¹ λευκάς, τίνες εἰσὶ καὶ πόθεν ἦλθον; καὶ εἴρηκα¹² 14
αὐτῷ, Κύριέ μου, σὺ οἶδας. καὶ εἶπέ μοι· οὗτοί εἰσιν οἱ
ἐρχόμενοι ἐκ τῆς θλίψεως τῆς μεγάλης καὶ ἐπλάτυναν¹³ τὰς
στολὰς αὐτῶν καὶ ἐλεύκαναν αὐτὰς ἐν τῷ αἵματι τοῦ ἀρνίου.
διὰ τοῦτό εἰσιν ἐνώπιον τοῦ θρόνου τοῦ Θεοῦ, καὶ λατρεύουσιν 15
αὐτῷ ἡμέρας καὶ νυκτὸς ἐν τῷ ναῷ¹⁴ αὐτοῦ· καὶ ὁ καθή-
μενος ἐπὶ τῷ θρόνῳ¹⁵ σκηνώσει ἐπ' αὐτούς. οὐ πεινάσουσιν 16
ἔτι, οὔτε μὴν¹⁶ διψήσουσιν, οὐδὲ μὴ πέσῃ¹⁷ ἐπ' αὐτοὺς ὁ¹⁸

---

¹ ἀπάντησιν text. rec. (vide postea ad viii. 7)
² αὐτὸν οὐδεὶς 203 240
³ ἠδύνατον (ν in compendio) 146
⁴ καὶ λαῶν καὶ φυλῶν 203 240
⁵ ἑστώτων 203 (comp.) 240 (comp.)
⁶ περιβεβλημένους 203 si compendium incertum recte expletur. sic 240
⁷ add. καὶ τῷ ἀρνίῳ 203 240
⁸ καὶ πάντες (add. οἱ 240) ἅγιοι ἄγγελοι ἑστήκεσαν pro καὶ τῶν πρεσβ. οἱ ἅγιοι ἑστήκασι 203 240
⁹ ἔπεσον ut solent 203 240
¹⁰ add. τῷ θεῷ λέγοντες ἀμήν· ἡ εὐλογία καὶ ἡ δόξα καὶ ἡ εὐχαριστία καὶ ἡ τιμὴ καὶ ἡ δύναμις καὶ ἡ ἰσχὺς 203 240
¹¹ τὰς λευκὰς στολὰς 203 240
¹² εἶπον pro εἴρηκα 203 240
¹³ ἔπλυναν 203 240 et 146 infra in comment.
¹⁴ add. τοῦ Θεοῦ ante αὐτοῦ 203 240
¹⁵ ἐπὶ τοῦ θρόνου 203 240
¹⁶ οὐδὲ pro οὔτε μὴν 203 240
¹⁷ οὐδ' οὐ μὴ πεσεῖται 203 240 cum F al. mult.
¹⁸ om. ὁ 203 cum F 38 178 200 al. pauc. [Habet 240]

Apoc. vii. 17 ἥλιος, οὐδὲ πᾶν¹ καῦμα· ὅτι τὸ ἀρνίον τὸ ἀνὰ μέσον τοῦ θρόνου ποιμανεῖ αὐτούς, καὶ ὁδηγήσει αὐτοὺς ἐπὶ ζωῆς² πηγὰς ὑδάτων, καὶ ἐξαλείψει ὁ Θεὸς πᾶν δάκρυον ἀπὸ³ τῶν ὀφθαλμῶν αὐτῶν.

τῶν ἐθνῶν μὲν οὖν⁴ αἱ ἀμύθητοι μυριάδες, αἱ τὴν πίστιν δεξάμεναι Χριστοῦ καὶ τῆς μακαρίας τετυχηκυῖαι λήξεως, τὸν ἔνδοξον ἐκληρώσαντο χῶρον, ἐνώπιον ἑστῶσαι τοῦ Κυρίου καὶ τοῦ πατρικοῦ αὐτοῦ⁵ θρόνου καθὼς πρόσθεν (Apoc. vii. 13) εἴρηται. τὸ δέ γε περιβεβλῆσθαι αὐτοὺς στολὰς λευκὰς δεῖγμα τῆς κατὰ τὸν βίον αὐτῶν ὑπάρχει καθαρότητος. οἱ δὲ γε φοίνικες, νίκης ὑπάρχοντες σύμβολον, ἐπαγάλλεσθαι⁶ αὐτοὺς τῇ Χριστοῦ νίκῃ τῇ κατά τε⁷ τῶν νοητῶν ἐχθρῶν (Apoc. vii. 10) καὶ τῶν αἰσθητῶν ὑπεμφαίνουσι.⁸ κράζουσι δέ· ἡ σωτηρία τῷ θεῷ ἡμῶν καὶ τῷ ἀρνίῳ, παρ' αὐτοῖς εἶναι τὴν σωτηρίαν ὁμολογοῦντες, ὅτι τῆς τοῦ κόσμου πανωλεθρίας⁹ διεσώσαντο τοὺς σφραγισθέντας δούλους τοῦ Θεοῦ.¹⁰ ἧς γενομένης εὐχαριστίας, τὰ ἐν οὐρανῷ λειτουργικὰ τάγματα σὺν τοῖς πρεσβυτέροις ὑπήκουσαν τὸ ἀμήν, τοῖς εἰρημένοις τὴν ἑαυτῶν¹¹ προσχρήσαντες συγκατάθεσιν. εἶτα καὶ ἴδιον οἱ θεῖοι ἄγγελοι προσάγουσιν αἶνον τῷ Θεῷ, ἑπτὰ τιμαῖς αὐτὸν¹² γεραίροντες, ὅπερ,¹³ ὡς πρόσθεν εἴρηται, τὸ ἀκατά- (Apoc. vii. 12) ληκτον αἰνίττεται τῆς τῶν ἀγγέλων δοξολογίας· τέλειος γὰρ (Apoc. vii. 13) ὁ ἑπτὰ ἀριθμός. τὸ δὲ ἕνα τῶν πρεσβυτέρων ἐρωτᾶν τὸν εὐαγγελιστὴν τίνες εἶεν οἱ ἐξ ἐθνῶν, οἱ τὰς λευκὰς ἠμφιεσμένοι στολάς,¹⁴ οὐκ ἀγνοοῦντος ἦν, ἀλλὰ διερεθίζοντος¹⁵

---

¹ om. πᾶν 203 240 cum F 178
² ἐπὶ ζώσας 203 240 al. non mult.
³ ἐκ pro ἀπὸ 203 [non 240]
⁴ om. οὖν 203 240
⁵ om. αὐτοῦ 203 240
⁶ ἐπαγγέλεσθαι 203 ἐπαγγέλλεσθαι 240
⁷ γε pro τε 203 [non 240]
⁸ ὑπεμφαινούσῃ 203 ὑπερφαινούσῃ 240 ὑπεμφαίνασι 146 ὑπεμφαίνουσι Blake
⁹ πανοθρίας, 146 man. prim. πανολεθρίας 146 ex em. sed man. tert.; πανωλεθρίας 203 240
¹⁰ Hoc loco interponit 203 text. vss. 11–14 med. (κύριέ μου, σὺ οἶδας) pergens γενομένης τῆς εὐχαριστίας κ.τ.λ. sed omisso ἧς, item 240
¹¹ ἑαυτοῦ 203 dubium 240
¹² αὐτῷ 203 [non 240].
¹³ ὅπερ 203 240 ὥσπερ 146
¹⁴ οἱ ταῖς βασιλικαῖς ἠμφιεσμένοι στολαῖς pro οἱ τὰς λευκὰς ἠμφιεσμένοι στολὰς 203 240
¹⁵ διαιρεθίζοντος codd.

αὐτὸν γνῶναι¹ τὰ περὶ αὐτῶν. διὸ καί φησιν² **οὗτοί εἰσιν οἱ** (Apoc. vii. 14)
ἐρχόμενοι ἐκ τῆς θλίψεως τῆς μεγάλης· οὐ μικρὸν γὰρ οἱ
δίκαιοι, ἀλλὰ καὶ λίαν μέγαν ἔσχον ἀγῶνα ἐν τῇ τοῦ ἀντι-
χρίστου ἐπικρατείᾳ. **καὶ ἔπλυνάν** φησι **τὰς στολὰς αὐτῶν** (Apoc. vii. 14 fin.)
καὶ ἐλεύκαναν ἐν τῷ αἵματι τοῦ ἀρνίου· καίτοιγε ἀκόλουθον
ἦν τὰς ἐν αἵματι βαφείσας στολὰς φοινικὰς μᾶλλον ἤπερ
λευκὰς ἀποβῆναι. πῶς οὖν γεγόνασι λευκαί; ὅτι τὸ βάπ-
τισμα εἰς τὸν θάνατον τοῦ Κυρίου τελούμενον, ὡς τῷ σοφω-
τάτῳ Παύλῳ δοκεῖ, σμηκτικὸν³ ὑπάρχον ῥύπου παντὸς τοῦ
ἐξ ἁμαρτίας, λευκοὺς καὶ καθαροὺς ἀποδίδωσι⁴ τοὺς βαπ-
τιζομένους ἐν αὐτῷ. ἀλλὰ καὶ ἡ μετάληψις⁵ τοῦ ζωοποιοῦ
αἵματος τοῦ Χριστοῦ τοῦτο χαρίζεται· **περὶ πολλῶν** γὰρ
καὶ⁶ **ὑπὲρ πολλῶν ἐκχέεσθαί** φησιν ὁ Κύριος **περὶ τοῦ ἰδίου** (Matt. xxvi. 28)
αἵματος εἰς ἄφεσιν ἁμαρτιῶν. οὗτοι μὲν οὖν λατρεύουσι
τῷ Θεῷ εἰς αἰῶνα· ὁ δὲ Θεὸς ἐν αὐτοῖς κατασκηνοῖ. τὴν
δέ γε κατασκήνωσιν τοῦ Θεοῦ, ἔφη τις τῶν ἁγίων, τὸ ἀδιά- Psa. xv. 9 ?
λειπτον αὐτοῦ μνήμην παραμένειν ταῖς τῶν ἁγίων ψυχαῖς·
εἰκότως οὖν κατασκηνοῖ ὁ Θεός. **τῆς**⁷ **ἡμέρας καὶ νυκτὸς** (Apoc. vii. 15, 16)
λατρεύουσιν αὐτῷ. οὐ πεινάσουσιν ἔτι οὐδὲ διψήσουσιν ἔτι,
πρότερον μὲν γὰρ διὰ παντὸς ἦλθον πειρασμοῦ οἱ ἐξ ἐθνῶν·
νῦν δέ γε κορεσθήσονται τῶν ἀμυθήτων ἀγαθῶν. **οὐδὲ μὴ** (Apoc. vii. 16 fin.)
πέσῃ φησὶν **ἐπ' αὐτοὺς ὁ ἥλιος.**⁸ πειρασμὸς ὁ ἥλιος⁹ ἔν τισι
τραπολογεῖται παρὰ τῇ θείᾳ γραφῇ· πῇ μὲν λέγοντος τοῦ
προφήτου **ἡμέρας ὁ ἥλιος οὐ συγκαύσει σε, οὐδὲ ἡ σελήνη τὴν** Psa. cxx. 6
νύκτα, πῇ δὲ γράφοντος τοῦ εὐαγγελιστοῦ **ὡς ἐπιλάμψας ὁ** (Es. xlix. 10)
ἥλιος ἐξήρανε τὰ ἐν τοῖς πετρώδεσιν ἐξανατείλαντα σπέρ- (Matt. xiii. 5-6)
ματα, πειρασμὸν τὸν ἥλιον ἑρμηνεύων. φησὶν οὖν ἐν τῷ (Marc. iv. 5-6)
παρόντι ὅτι πειρασμὸς οὐκ ἂν αὐτοὺς ἀδικήσειε¹⁰ τοῦ λοιποῦ·

---

¹ add. τε 203 [non 240]
² Hoc loco add. 203 240 textus versus vii. 14 fin. et 15 et om. διὸ καί φησιν 203 240
³ σμητικὸν 240
⁴ ἀποδείκνυσι pro ἀποδίδωσι 203 240
⁵ μετάληψιν pro ἡ μετάληψις 203 [non 240]
⁶ om. καὶ 146
⁷ τοῖς 203 240 et 146 superscript. man. sec.
⁸ add. οὐδὲ πᾶν καῦμα 203 240 in com. ut in text.
⁹ om. πειρασμὸς ὁ ἥλιος 146 240
¹⁰ ἀδικήσειεν 146 ὁδηγήσῃ 203 ὁδηγήσοι 240

(Apoc. vii. 17) ἠξίωνται γὰρ ὑπὸ τοῦ¹ Χριστοῦ ποιμαίνεσθαι καὶ ἐπὶ ὑδά-
(Apoc. vii. 17 fin.) των ζωῆς ἐκτρέφεσθαι. καὶ ἐξαλείψει φησὶν ὁ Θεὸς πᾶν δάκρυον ἐκ τῶν ὀφθαλμῶν αὐτῶν.² τοῖς γὰρ³ οὕτως βεβιωκόσι τε καὶ ἠγωνισμένοις μετὰ μελείας μὲν ἀνωφελοῦς οὐκ ὀφείλεται δάκρυον, οὔτε ὁ κλαυθμὸς καὶ ὁ βρυγμὸς τῶν ὀδόντων, ἀγαθὸν δὲ ἅπαν καὶ ὑπερφυές.

Apoc. viii. 1 καὶ ὅτε ἤνοιξε⁴ τὴν ἑβδόμην, ἐγένετο σιγὴ ἐν τῷ οὐρανῷ ὡς
2 ἡμίωρον.⁵ καὶ εἶδον τοὺς⁶ ἑπτὰ ἀγγέλους οἳ ἐνώπιον τοῦ Θεοῦ εἱστήκεισαν·⁷ καὶ ἐδόθησαν αὐτοῖς ἑπτὰ σάλπιγγες. ἴσως τις τῶν λίαν περιεσκεμμένων ἐπισκώψειεν ἂν τοῖς εἰρημένοις, καὶ πρὸς ἐμὲ τάδε εἴποι· τί ποιεῖς, ὦ οὗτος; ἐπιλέλησαι μᾶλλον τῶν ἐν τοῖς προοιμίοις τῆς παρούσης⁸

Apoc. iv. 1 ἀποκαλύψεως εἰρημένων;⁹ εἴρηται γὰρ καὶ ἡ φωνὴ ἡ πρώτη ἣν ἤκουσα ὡς σάλπιγγος λαλούσης μετ' ἐμοῦ, λέγων¹⁰ ἀνάβα ὧδε, καὶ δείξω σοι ἃ δεῖ γενέσθαι μετὰ ταῦτα· σὺ δὲ ἡμῖν οὐκ ἐσομένων,¹¹ γεγενημένων δὲ πραγμάτων ἐξηγητὴς ἐγένου, τὸν τοκετὸν τοῦ Κυρίου διηγούμενος, τὸν πειρασμόν, τὰς διδασκαλίας καὶ τὰς θεοσημείας, τὰ ῥαπίσματα καὶ τὰ δεσμὰ καὶ τὰς παρὰ τῷ Πιλάτῳ πληγάς, τὸν σταυρὸν καὶ τὸν θάνατον, καὶ τὴν ἀνάστασιν καὶ τὴν¹² εἰς οὐρανοὺς ἄνοδον ἤτοι ἐπάνοδον; πρὸς ὃν εἴποιμι ἄν¹³· μάλιστα μὲν ἤκουσας, ὦ φίλος, καί τινα τῶν γενησομένων, ὅταν τοὺς ἐξ ἐθνῶν δικαίους σὺν τῷ Ἰσραὴλ ἀμφὶ τὸν θεῖον ὄντας ἐξηγούμεθα θρόνον, καὶ σὺν τῷ Κυρίῳ ὑπάρχοντας· ἀκούσῃ δὲ καὶ νῦν ἐν τῇ λύσει τῆς ἑβδόμης σφραγῖδος. ὁ γὰρ εἰπὼν τῷ εὐαγ-

Apoc. iv. 1 γελιστῇ χρηματισμὸς¹⁴ ἀνάβα ὧδε καὶ δείξω σοι ἃ δεῖ γενέσθαι μετὰ ταῦτα, οὐκ ἀνεῖλε¹⁵ τὸ ἰδεῖν τι αὐτὸν καὶ τῶν πρόσθεν¹⁶

---

¹ om. τοῦ 240
² Postea add. 203 ver. 17, et om. καὶ ante ἐξαλείψει in com. (item 240)
³ τοιγαροῦν pro τοῖς γὰρ 203 (illeg. 240)
⁴ add. τὴν σφραγῖδα 203 240 (ut omn. praeter 122 146)
⁵ ἡμιώριον 203 240
⁶ om. τοὺς 203 240 cum F 178 et fam. 46
⁷ εἱστήκεσαν 203 240 cum F 178

al. pauc.
⁸ om. παρούσης 203 240
⁹ interpunctum (;·) in 146
¹⁰ λέγουσα 203 [non 240]
¹¹ ἐσόμενα 146, ἐσομένων comp. 203 240
¹² om. τὴν 240
¹³ εἴποιμεν ἂν 203 240
¹⁴ χρησμὸς 203 240
¹⁵ add. καὶ 240
¹⁶ ἔμπροσθεν 203 240

γεγονότων, ἀλλὰ μετ' ἐκείνων καὶ τὰ ἐσόμενα ὑπέδειξεν. ἄκουε τοίνυν. ἡ τῆς ἑβδόμης σφραγῖδος λύσις τελεωτάτην ¹ ἡμῖν τὴν δόξαν ² εἰργάσατο· οὐκ ἔτι γὰρ ὡς πρότερον ἁμαρτιῶν λύσις καὶ ἐπιστροφὴ πρὸς Θεὸν καὶ Θεοῦ πρὸς ἡμᾶς, ἀλλὰ τὰ ἀμύθητα ἀγαθά· τὸ ³ υἱοὺς χρηματίσαι Θεοῦ,⁴ κληρονόμους Θεοῦ,⁵ συγκληρονόμους δὲ Χριστοῦ, ἀδελ- φοὺς καὶ φίλους καὶ τέκνα Χριστοῦ, ⁶ καὶ συμβασιλεύειν αὐτῷ καὶ συνδοξάζεσθαι, καὶ ἃ ὀφθαλμὸς οὐκ εἶδε καὶ οὖς οὐκ ἤκουσε· καὶ ἐπὶ καρδίαν ἀνθρώπου οὐκ ἀνῆλθεν ἀγαθά. τίς δὲ ἡ τῆς ἑβδόμης σφραγῖδος λύσις; ⁷ ἡ δευτέρα τοῦ Κυρίου παρουσία καὶ ἡ ἀντίδοσις τῶν ἀγαθῶν.⁸ εἰ γὰρ καί τινες κολάσει παραδίδονται τῶν ἡμαρτηκότων, ἀλλ' ὅ γε σκοπὸς τοῦ Χριστοῦ ⁹ καὶ ἡ τῆς ἐνανθρωπήσεως ὑπόθεσις τὸ πάντας κληρονόμους τῆς αὐτοῦ γενέσθαι βασιλείας. λυθείσης τοιγαροῦν τῆς ἑβδόμης σφραγῖδος, ἐγένετό φησιν σιγὴ ὡς ἡμιώριον ¹⁰ ὡς ἥξοντος δὴ τοῦ βασιλέως τῆς κτίσεως, καὶ πάσης ἀγγελικῆς καὶ ὑπερκοσμίου δυνάμεως καταπεπλη- μένης τῇ ὑπερβολῇ τῆς δόξης τοῦ παραγινομένου, καὶ διὰ τοῦτο σιωπησάσης. εἶτα καὶ ἐδόθησάν φησιν ἑπτὰ σάλπιγ- γες τοῖς ἑπτὰ ἀγγέλοις ἵνα σαλπίσωσιν ὡς βασιλέως ἐφιστα- μένου. ταῖς δὲ αὐταῖς σάλπιγξι καὶ διυπνίζειν ἔμελλον τοὺς νεκρούς· καὶ γὰρ ὁ σοφὸς τὰ θεῖα ἀπόστολος Θεσ- σαλονικεῦσι γράφων, φησὶν ἐν τῇ πρώτῃ ἐπιστολῇ ¹¹ ὅτι αὐτὸς ¹² Κύριος ἐν κελεύσματι, ἐν φωνῇ ἀρχαγγέλου καὶ ἐν σάλ- πιγγι Θεοῦ, καταβήσεται· καὶ πάλιν· σαλπίσει γάρ, καὶ οἱ νεκροὶ ἐγερθήσονται ἄφθαρτοι.

καὶ ¹³ ἄγγελος ἦλθέ φησι ¹⁴ καὶ ἐστάθη ¹⁵ ἐπὶ τὸ θυσιαστήριον ¹⁶

Rom. viii. 17
(1 Cor. iv. 8, 2 Tim. ii. 12)
1 Cor. ii. 9
(Es. lxiv. 4, lxv. 17)

(Apoc. viii. 2, 6)

1 Thess. iv. 16

1 Cor. xv. 52

Apoc. viii. 3

---

¹ τελειοτάτην 203 240
² λύσιν *pro* δόξαν 203 240
³ τῷ 146
⁴ add. καὶ 203 [*non* 240]
⁵ *om.* κληρονόμους Θεοῦ 240 [*non* 203]
⁶ *om.* ἀδελφοὺς καὶ φίλους καὶ τέκνα Χριστοῦ 203 240 *haud dubie ex homoiotel.*
⁷ *punctum interrogat.* (;) *apud* 203
⁸ add. τοῖς ἀξίοις τῶν ἀγαθῶν 203 240

⁹ Κυρίου *pro* Χριστοῦ 203 240
¹⁰ *Sic etiam* 146 *hoc loco*
¹¹ τὴν πρώτην ἐπιστολὴν 203 240 *ἐν omittentes*
¹² add. ὁ 203 240
¹³ add. ἄλλος 203 240 *et omn. praeter* 104 146
¹⁴ *om.* φησι 203 240
¹⁵ ἔστη 203 240 *cum* F 178 *al.*
¹⁶ ἐπὶ τοῦ θυσιαστηρίου 203 240 *al. pl.*

Apoc. viii. 4

5

6

ἔχων λιβανωτὸν χρυσοῦν· καὶ ἐδόθη ¹ αὐτῷ θυμιάματα πολλὰ ἵνα δῷ ² ταῖς προσευχαῖς τῶν ἁγίων πάντων ἐπὶ τὸ θυσιαστήριον τὸ χρυσοῦν τὸ ἐνώπιον τοῦ θρόνου. καὶ ἀνέβη ὁ ³ καπνὸς τῶν θυμιαμάτων ἐν ⁴ ταῖς προσευχαῖς τῶν ἁγίων ἐκ χειρὸς τοῦ ἀγγέλου ἐνώπιον ⁵ τοῦ Θεοῦ. καὶ ἔλαβεν ⁶ ὁ ἄγγελος τὸν λιβανωτόν, καὶ ἐγέμισεν ⁷ αὐτὸν ἐκ τοῦ πυρὸς τοῦ θυσιαστηρίου, καὶ ἔβαλεν εἰς τὴν γῆν ⁸ · καὶ ἐγένοντο φωναὶ καὶ βρονταὶ καὶ ἀστραπαὶ ⁹ καὶ σεισμός. καὶ οἱ ἑπτὰ ἄγγελοι ¹⁰ ἔχοντες ¹¹ ἑπτὰ σάλπιγγας ἡτοίμασαν ἑαυτοὺς ἵνα σαλπίσωσι.

λιβανωτὸν μέν φησι τὸ θυσιαστήριον, ὡς δεκτικὸν λιβάνου. ἐπιφανέντος δέ γε Χριστοῦ, ὥσπερ τι πρωτόλειον ¹² καὶ ἀπαρχὴ τιμία ¹³ προσάγονται αὐτῷ παρὰ τῶν προστατούντων ἡμῶν ἀγγέλων ¹⁴ αἱ τῶν ἁγίων προσευχαί, αἳ φύσει μέν εἰσιν εὐώδεις, εὐωδέστεραι δὲ γίνονται τῇ συνεργίᾳ τῶν ἁγίων ¹⁵

(Apoc. viii. 3) ἀγγέλων. διὸ εἴρηται ¹⁶ ὅτι ἐδόθη αὐτῷ θυμιάματα πολλά. ἐδόθη δὲ ἀπὸ Θεοῦ δηλονότι τὸ προστατεῖν τῶν ἀνθρώπων τοῖς ἀγγέλοις, καὶ εὐπροσδέκτους αὐτῶν ποιεῖν τὰς εὐχάς. οἱ δὲ λαβόντες διδόασι ταῖς προσευχαῖς τῶν ἁγίων τὸ εὐῶ-

(Apoc. viii. 4) δες. καὶ ἀνέβη φησὶν ὁ ¹⁷ καπνὸς τῶν θυμιαμάτων ἐν ¹⁸ ταῖς προσευχαῖς τῶν ἁγίων ἐκ χειρὸς τοῦ ἀγγέλου. ὁρᾷς ὅτι παρὰ τοῦ ἀγγέλου ὑπῆρξε τὸ εὐωδεστέρας τὰς εὐχὰς τῶν ἁγίων γενέσθαι ¹⁹ ἐνώπιον τοῦ Θεοῦ; ²⁰ εἶτα εἴληφέ φησιν ὁ θεσ-

---

¹ ἐπεδόθη 203 240 et 28 [non 38 non F 178]
² δώσει 203, δώσῃ 240
³ om. ὁ 203 [non 240 nec rel. fam.]
⁴ om. ἐν 203 240 et omn. praeter 146
⁵ add. τοῦ θρόνου 203 240 cum F 178 sol.
⁶ εἴληφεν pro ἔλαβεν 203 240 ut rell.
⁷ ἐγέμησεν 146 ex itacismo
⁸ εἶτα εἴληφέ φησιν ὁ θεσπέσιος, ἄγγελος καὶ ἐγέμισε τὸ θυσιαστήριον τοῦ θείου πυρὸς — καὶ ἔβαλεν εἰς τὴν γῆν 203, vide infra 146
⁹ βρονταὶ καὶ ἀστραπαὶ καὶ φωναὶ 203 240 cum AF 38 178 200

¹⁰ add. οἱ 203 240 plur.
¹¹ add. τὰς 203 240 plur.
¹² πρωτόλιον 146 προτόλειον 203 240
¹³ τιμίας ut vid. 240
¹⁴ om. ἀγγέλων 240 [non 203]
¹⁵ om. ἁγίων 203 240
¹⁶ Hoc loco add. 203 text. viii. 3 fin., 4, 5, pergens postea ἐδόθη αὐτῷ θυμιάματα (absque ὅτι)
¹⁷ ὁ codd. omn. hoc loco
¹⁸ ἐν codd. omn. hoc loco
¹⁹ add. καὶ ἀξίας τοῦ προσκομίζεσθαι 203 240
²⁰ signum interrog. apud 146 203 [non 240 ut vid.]

πέσιος ἄγγελος, καὶ ἐγέμισε τὸ θυμιατήριον¹ τοῦ θείου
πυρὸς καὶ ἔβαλεν εἰς τὴν γῆν· καὶ ἐγένοντο φωναὶ καὶ βρονταὶ (Apoc. viii. 5)
καὶ ἀστραπαὶ καὶ σεισμός.² ἴσως τοῦ θείου τούτου πυρὸς³
ἔβαλέ τις τῶν ἀγγέλων ἐπὶ τὸ Σίναιον ὄρος, καί ἐγένοντο
βρονταὶ καὶ φωναὶ καὶ σάλπιγγες καὶ ἀστραπαὶ⁴ καὶ τὸ ὄρος Exod. xix. 16,
ἐκαπνίζετο ἐπιφοιτήσαντος τοῦ Θεοῦ.⁵ ὥσπερ οὖν τότε⁶ προῆλ- 18, 19 *lib.*
θον αἱ βρονταὶ καὶ τὰ δείματα, οὕτω καὶ νῦν τῆς ἐνδόξου
τοῦ Κυρίου παρουσίας⁷ προεπεφοίτησε⁸ ταῦτα. εἶτα καὶ
οἱ ἄγγελοι ἐσάλπισαν, τὴν παρουσίαν σημαίνοντες τοῦ
Θεοῦ· καὶ γὰρ καὶ τότε αἱ σάλπιγγες ἤχουν μέγα.

καὶ ὁ πρῶτος⁹ ἐσάλπισε· καὶ ἐγένετο χάλαζα καὶ πῦρ με- Apoc. viii. 7
μιγμένα ἐν αἵματι,¹⁰ καὶ ἐβλήθη εἰς τὴν γῆν· καὶ τὸ τρίτον
τῆς γῆς κατεκάη.¹¹

τῶν δικαίων τῆς μακαρίας ἀξιωθέντων λήξεως, καθὼς ἐν τῷ
τέλει τῆς λύσεως τῆς ἕκτης εἴρηταί μοι σφραγῖδος, ἅτε καὶ
προαρπαζομένων πρὸ τῆς τοῦ Κυρίου παρουσίας ἐν νεφέλαις, (1 Thess. iv. 17)
εἰς ἀέρα ἵνα ἐρχομένῳ τῷ Κυρίῳ ὑπαντήσωσι κατὰ τὴν ἐκεῖ
παρατεθεῖσάν μοι τοῦ ἀποστόλου μαρτυρίαν, λοιπὸν ἐπεξ-
έρχεται ἡ ὀπτασία τῷ τέλει τῶν λοιπῶν ἀνθρώπων, καὶ τῇ
τῶν ἁμαρτωλῶν κολάσει. πανωλεθρίας¹² δὲ γίνεσθαι μελ-
λούσης, ἐπάναγκες καὶ¹³ διαφόρους ἔσεσθαι θανάτου τρό-
πους, καὶ τῆς τῶν ἀσεβῶν ἀντιδόσεως· ὧν αἱ πλείους διὰ
πυρὸς παραχθήσονται, ἐν πυρὶ γὰρ μέλλειν ἀποκαλύπτεσθαι 1 Cor. iii. 13
τὴν ἡμέραν ἐκείνην εἶπεν ὁ θεῖος ἀπόστολος¹⁴ Κορινθίοις γρά- *lib.*
φων τὴν πρώτην ἐπιστολήν. εἰ γὰρ πολλαὶ μοναὶ ἀνα- (Jo. xiv. 2)

---

¹ θυσιαστήριον 203 240
² *non rescrips.* 203 240 καὶ ἐγέ-
νοντο ... καὶ σεισμός
³ ἴσως τούτου τοῦ θείου πυρός 203.
De 240 *vide infra*
⁴ *om.* καὶ ἐγένοντο βρονταὶ καὶ
φωναὶ καὶ σάλπιγγες καὶ ἀστραπαὶ
203
⁵ ἴσως τοῦ θείου τούτου ... τοῦ
Θεοῦ *om.* 240
⁶ *add.* ἐν τῷ Σιναίῳ ὄρει 203 240
⁷ παρουσίας τοῦ Κυρίου 203 [*non*
240]

⁸ προεφοίτησε 203 240
⁹ *add.* ἄγγελος 203 240 *et mult.*
¹⁰ μεμιγμένον ἐν αἵματι 203, μεμιγ-
μένον αἵματι 240
¹¹ *Add.* καὶ τὸ τρίτον τῶν δένδρων
κατεκάη· καὶ πᾶς χόρτος χλωρὸς κα-
τεκάη 203 *et* 240 (*vide tamen postea*
146 *in schol. de* δένδρα γὰρ καὶ χόρτον
καιομένον κ.τ.λ.)
¹² πανολεθρίας 146
¹³ καὶ *in comp. supra lin. man.
prim.* 146
¹⁴ ὁ θεῖος εἶπεν ἀπόστολος 203 240

(Apoc. viii. 7) παύσεως¹ ὡς ὁ Κύριός φησι, καὶ διάφοροι τόποι² κολάσεων. αἱ δὲ αὐταὶ σάλπιγγες, αἱ τὸν θάνατον τοῖς ἐπὶ τῆς γῆς ἐπάγουσαι, αὗται καὶ τοὺς νεκροὺς μετὰ τοῦτο διεγείρουσι. τί οὖν φησι³ τοῦ πρώτου⁴ ἀγγέλου σαλπίσαντος χάλαζα καὶ πῦρ τὸ τρίτον κατακαῦσαι τῶν ἐν τῇ γῇ; τοῦτο καὶ αἰσθητῶς μὲν νομίζων τις ἔσεσθαι, οὐκ ἀποτεύξεται τοῦ ὀρθῶς ἔχοντος λόγου· καὶ τροπικῶς δὲ λογιζόμενος εἰρῆσθαι, οὐδὲν ἄτοπον ἐρεῖ, πῦρ λέγοντος τοῦ λόγου τὴν ἀνίαν καὶ τὴν κατὰ βάθους⁵· ἀλγηδόνα τῶν ἁμαρτωλῶν,

(I Thess. iv. 17) ὁρώντων τοὺς μὲν ἁγίους ἁρπασθέντας ἐν νεφέλαις εἰς ἀπάντησιν⁶ τοῦ Κυρίου, αὐτοὺς δὲ μεμενηκότας ἐν τῇ γῇ ἀτίμους

(Apoc. viii. 7 fin.) καὶ μηδενὸς ἠξιωμένους λόγου.⁷ δένδρα γὰρ καὶ⁸ χόρτον καιόμενον⁹ τοὺς ἁμαρτωλοὺς ὁ λόγος τροπολογεῖ¹⁰ διὰ τὴν ἄνοιαν, καὶ τῆς ψυχῆς τὸ ἀναίσθητον καὶ ξυλῶδες καὶ πρὸς καῦσιν ἐπιτήδειον.

Apoc. viii. 8

9

καὶ ὁ δεύτερός φησιν¹¹ ἄγγελος ἐσάλπισε¹²· καὶ ὡς ὄρος μέγα¹³ πυρὶ καιόμενον ἐβλήθη εἰς τὴν θάλασσαν· καὶ ἐγένετο τὸ τρίτον τῆς θαλάσσης αἷμα, καὶ ἀπέθανεν τὸ τρίτον τῶν κτισμάτων τῶν ἐν τῇ θαλάσσῃ, τὰ ἔχοντα ψυχάς, καὶ τὸ τρίτον τῶν πλοίων διεφθάρησαν.¹⁴

Rom. viii. 20, 21 φησὶν ὁ θεῖος ἀπόστολος Ῥωμαίοις γράφων· ὅτι τῇ ματαιότητι ἡ κτίσις ὑπετάγη, οὐχ ἑκοῦσα ἀλλὰ διὰ τὸν ὑποτάξαντα, ἐπελπίδι¹⁵ ὅτι καὶ αὐτὴ ἡ κτίσις ἐλευθερωθήσεται ἀπὸ τῆς δουλείας τῆς φθορᾶς εἰς τὴν ἐλευθερίαν τῆς δόξης τῶν τέκνων τοῦ Θεοῦ. πότε¹⁶ δὲ ἐλευθερωθήσεται;¹⁷ ὅταν καινοὺς

2 Pet. iii. 13 οὐρανοὺς καὶ καινὴν γῆν κατὰ τὰ¹⁸ ἐπαγγέλματα αὐτοῦ ἔσηται,¹⁹

---

¹ ἀναπαύσεων sic 203 240
² ita et 203 240 sed marg. 203 τρόποι
³ φησι· et spatium seq. 203
⁴ om. αἱ τὸν θάνατον usque ad τοῦ πρώτου 240
⁵ κατὰ βαθὸς 203 240
⁶ ἀπάντησιν 146 (cf. supra ὑπάντησιν 146)
⁷ om. καὶ τροπικῶς usque ad ἠξιωμένους λόγου 240
⁸ om. καὶ 146 240
⁹ haec verba in text. om. 146
¹⁰ τροπολογεῖται 203 [non 240]
¹¹ om. φησιν 203 240
¹² ἐσάλπησε 146
¹³ om. μεγα 203 240 cum 178 200 [non F 38]
¹⁴ διεφθάρη 203 240 et plur. [non אAP etc.]
¹⁵ ἐπ' ἐλπίδι 203 240
¹⁶ τότε ut vid. 240 et ἐλθερωθήσεται
¹⁷ signum interrog. in 203 (non in 240)
¹⁸ καὶ τὰ pro κατὰ τὰ 240
¹⁹ ἔσεται 203 (dub. 240)

ὡς ὁ Πέτρος ἡμᾶς εὐαγγελίζεται, τὴν δευτέραν αὐτοῦ γράφων
ἐπιστολήν. τῆς δὲ γῆς ἀμειβομένης ἵνα ἐλευθερωθῇ τῆς
φθορᾶς καὶ καινὴ γένηται, ἐπάναγκες καὶ τὴν θάλασσαν
τοῦτο παθεῖν· ἐν τῇ γῇ γὰρ ἡ θάλασσα. πῶς δ' ἂν[1] καθα-
ρείη καὶ αὐτή, πλὴν εἰ μὴ διὰ καθαρσίου πυρός; διὸ πῦρ εἰς (Apoc. viii. 8–9)
αὐτὴν πεσὸν μετεποίησεν αὐτὴν εἰς αἷμα, καὶ ἀπέκτεινε τὸ
τρίτον τῶν ἐν αὐτῇ. τοῦτο μὲν ὡς πρὸς τὸ γράμμα καὶ τὸ
αἰσθητόν, καὶ θάλασσαν δὲ ἂν νοήσῃς[2] κατά τε ἀναγωγὴν
καὶ τοὺς τῆς[3] τροπῆς νόμους, τὸν παρόντα βίον[4] διὰ τὸν ἐν
αὐτῷ σάλον καὶ τὸν ποικίλον περισπασμόν[5]· ἰχθύας δὲ
καὶ πλοῖα, τοὺς ἐν ταῖς ἁλμυραῖς καὶ πικραῖς ἰλυσπωμέ-
νους[6] ἁμαρτίαις ἀνθρώπους, οἳ ταῖς λύπαις κατατακήσον-
ται[7] ἐπὶ ἀνονήτοις μεταμελείαις τῶν βεβιωμένων.

καὶ ὁ τρίτος ἄγγελος ἐσάλπισε· καὶ ἔπεσεν ἐκ τοῦ οὐρανοῦ Apoc. viii. 10
ἀστὴρ μέγας καιόμενος ὡς[8] λαμπάς, καὶ ἔπεσεν ἐπὶ τὸ[9]
τρίτον τῶν ποταμῶν καὶ ἐπὶ τὰς πηγὰς τῶν ὑδάτων. καὶ τὸ 11
ὄνομα τοῦ ἀστέρος λέγεται ἄψινθος. καὶ ἐγένετο τὸ τρίτον
τῶν ὑδάτων εἰς[10] ἄψινθον,[11] καὶ πολλοὶ τῶν ἀνθρώπων ἀπέθα-
νον ἐκ τῶν ὑδάτων, ὅτι ἐπικράνθησαν.

ἡ Νοεμμὶν[12] ἡ πάλαι γενομένη διὰ τὰς πολλὰς ἐπὶ τοῖς Ruth i. 20
τέκνοις καὶ ταῖς ἄλλαις συμφοραῖς ἀνίας, ἐπεκλήθη πικρά.
δεῖγμα οὖν τῶν ἐξαισίων λοιπῶν[13] ἡ πικρία· ἦν τὸ τηνι-
καῦτα[14] πάθωμεν[15] οἱ ἁμαρτωλοὶ ἐπὶ τῇ δόξῃ τῶν ἁγίων
πικραινόμενοι, ὅτι δὴ τοιούτων ἀγαθῶν τοῖς ἀνθρώποις ἡτοι-
μασμένων, αὐτοὶ τὰ παρόντα τῶν μελλόντων ἠλλαξάμεθα.
τοῦτο οἶμαί φησι τὸ πεσεῖν τὸν ἀστέρα, — ὀργήν τινα Θεοῦ
πικράνασαν τὰ ὕδατα. ὕδατα δὲ τροπικῶς τοὺς ἀνθρώπους

---

[1] add. καὶ 240
[2] νοήσοις 240
[3] om. τῆς 203 240
[4] τοῦ παρόντος βίου 203 [non 240]
[5] πειρασμὸν 203 240
[6] ἰλυσπωμέναις 203 [non 240]
[7] κατακλήσονται 203 [non 240]
[8] ὥσπερ 203 240 cum F 178 et 200 [non al.]
[9] τὸν 203 (illeg. 240) et 146 man. prim. ex em. [non F 38 178, sed fam. 41]
[10] ὡς pro εἰς 203 240 et F 178 200 201 h et Prim. [non 38]
[11] ἀψινθιὸν 203 240 cum F 178 al.
[12] ἡ Νοεμμὶν 203 240
[13] om. λοιπῶν 203 240
[14] τηνικάδε 203 240
[15] μὴ πάθωμεν 203 [non 240 ut vid.]

Psa. xcii. 4 — καλεῖ κατὰ τὸ εἰρημένον τῷ προφήτῃ ἀπὸ φωνῶν ὑδάτων πολλῶν· θαυμαστοὶ οἱ μετεωρισμοὶ τῆς θαλάσσης, καὶ αὖθις

Psa. xcii. 3 — ἐπῆραν οἱ ποταμοί, Κύριε, ἐπῆραν οἱ ποταμοὶ φωνὰς αὐτῶν· ἀροῦσιν οἱ ποταμοὶ ἐπιτρίψεις αὐτῶν.¹ ταῦτα μὲν ὡς ἐντροπολογία. τὸ δὲ καὶ αἰσθητῶς ταῦτά τε καὶ τὰ τοιαῦτα γίνεσθαι τότε οὐκ ἀποβλητέον.

Apoc. viii. 12 — καὶ ὁ τέταρτος ἄγγελος ἐσάλπισε· καὶ ἐπλήγη τὸ τρίτον τοῦ ἡλίου καὶ τὸ τρίτον τῆς σελήνης καὶ τὸ τρίτον τῶν ἀστέρων, ἵνα σκοτισθῇ τὸ τρίτον τῶν ἀστέρων,² καὶ ἡ ἡμέρα³ μὴ φανῇ

13 — τὸ τρίτον αὐτῆς, καὶ ἡ νὺξ ὁμοίως. καὶ εἶδον καὶ ἤκουσα ἑνὸς ἀετοῦ πετομένου⁴ μεσουρανήματι⁵ λέγοντος φωνῇ μεγάλῃ οὐαὶ οὐαὶ οὐαὶ τοὺς κατοικοῦντας⁶ ἐπὶ τῆς γῆς ἐκ τῶν λοιπῶν φωνῶν τῆς σάλπιγγος τῶν τριῶν ἄλλων⁷ ἀγγέλων τῶν μελλόντων σαλπίζειν.

Joel ii. 31 — ἐδιδάχθημεν παρὰ Ἰωὴλ τοῦ προφήτου ὅτι στραφήσεται ὁ ἥλιος εἰς σκότος, καὶ ἡ σελήνη εἰς αἷμα πρὶν⁸ ἐλθεῖν τὴν ἡμέραν Κυρίου, τὴν μεγάλην καὶ ἐπιφανῆ. ὡς καὶ ἐν αὐτῇ τούτων πάντων γενησομένων. καὶ ὁ Πέτρος δὲ ἔφη ἐν δευτέρᾳ τῶν αὐτοῦ ἐπιστολῶν·

2 Pet. iii. 10 — ἥξει φησὶν ἡ ἡμέρα Κυρίου ὡς κλέπτης, ἐν ᾗ οὐρανοὶ ῥοιζηδὸν παρελεύσονται, στοιχεῖα δὲ καυσούμενα λυθήσεται.⁹ ἀλλὰ καὶ αὐτὸς ὁ Κύριος παρὰ τῷ

Matt. xxiv. 29 — Ματθαίῳ τίτλῳ ἑκατοστῷ ἐννάτῳ¹⁰ φησὶν εὐθέως δὲ μετὰ τὴν θλίψιν τῶν ἡμερῶν ἐκείνων ὁ ἥλιος σκοτισθήσεται, καὶ ἡ σελήνη οὐ δώσει τὸ φέγγος αὐτῆς, καὶ οἱ ἀστέρες πεσοῦνται ἀπὸ τοῦ οὐρανοῦ. ταῦτα καὶ νῦν διδασκόμεθα διὰ τῆς ἀποκαλύψεως ἔσεσθαι ἐν τῇ τοῦ παρόντος αἰῶνος συντελείᾳ. τί δὲ βούλεται τὸ μὴ πάντα τὰ ἐν τῇ γῇ, καὶ τῇ θαλάσσῃ καὶ τοῖς ποταμοῖς, προσέτι δὲ καὶ τὰ ἐν τοῖς οὐρανοῖς στοιχεῖα τὰ εἰρημένα ὑπομεῖναι πάθη, ἀλλὰ τὸ τρίτον αὐτῶν; φιλαν-

---

[1] Om. claus. ult. codd. Sept. BRT Habent ℵΑΛ et plurimi codd. recentiores

[2] αὐτῶν pro τῶν ἀστέρων 203 240 rell. pl.

[3] om. ἡ 240 cum F 178 200, sed ἡμέρας (comp.) ut. vid. 203

[4] πετωμένου 146

[5] ἐν μέσῳ τοῦ οὐρανοῦ pro μεσουρανήματι 203 ἐν μεσουρανήματι 240

[6] τοῖς κατοικοῦσιν 203 240

[7] om. ἄλλων 203 240 et rell. (add. τῶν λοιπῶν 59, add. τούτων Syr. Σ)

[8] add. ἡ 203 man. sec.

[9] λυθήσονται 203 240

[10] ρθ 203

θρωπίας ἐστὶ καὶ τοῦτο τῆς τοῦ Θεοῦ ἀπόδειξις ἀκριβής, τῇ
κατὰ μέρος καὶ οὐκ εἰς ἅπαν τῶν στοιχείων πληγῇ εἰς μετά-
νοιαν καλοῦντος τοὺς τότε φθανομένους ἀνθρώπους· ὧν μὴ
ἐπιστρεφόντων, πανωλεθρίαν¹ ἐπάγει λοιπόν. τοιοῦτόν τι
καὶ ὁ προφήτης φησὶν ὡδοποίησε τρίβον τῇ ὀργῇ αὐτοῦ, οὐκ   Psa. lxxvii. 50
ἐφείσατο ἀπὸ θανάτου τῶν ψυχῶν αὐτῶν. τὸ γὰρ κατὰ μέρος
καὶ οἷον ὡς ἐν ὁδῷ προβαίνειν καὶ προϊέναι τὴν ὀργὴν τοῦ
Θεοῦ, θύραν ἐστὶν ἀνοίγοντος μετανοίας, τῷ τῶν γινομένων
φόβῳ εἰς μεταμέλειαν² τοὺς ἀνθρώπους καλοῦντος. οὗ μὴ
προβαίνοντος παρ' αὐτῶν, οὐκ ἐφείσατο ἀπὸ θανάτου τῶν
ψυχῶν αὐτῶν. τὸν δὲ ἐν τῷ μεσουρανήματι ἀετὸν τὸν
ἐπιστυγνάζοντα ταῖς τῶν ἐπὶ γῆς συμφοραῖς, ἄγγελόν τινα
θεῖον νοήσεις συμπαθοῦντα τῇ τῶν ἀνθρώπων πληγῇ.

καὶ ὁ³ πέμπτος ἄγγελος ἐσάλπισε· καὶ εἶδον ἀστέρα ἐκ τοῦ   Apoc. ix. 1
οὐρανοῦ πεπτωκότα εἰς τὴν γῆν, καὶ ἐδόθη αὐτῷ ἡ κλεὶς τοῦ
φρέατος τῆς ἀβύσσου⁴· καὶ ἀνέβη καπνὸς ἐκ τοῦ φρέατος   2
ὡς καπνὸς καμίνου μεγάλης καιομένης, καὶ ἐσκοτίσθη ὁ ἥλιος
καὶ ὁ ἀὴρ⁵ ἐκ τοῦ καπνοῦ. ἐξῆλθον⁶ ἀκρίδες εἰς τὴν γῆν,   3
καὶ ἐδόθη αὐταῖς ἐξουσία ὡς ἔχουσιν ἐξουσίαν οἱ σκορπίοι
τῆς γῆς. καὶ ἐρρέθη αὐταῖς ἵνα μὴ ἀδικήσωσι τὸν χόρτον   4
τῆς γῆς οὐδὲ⁷ πᾶν χλωρὸν οὐδὲ⁷ πᾶν δένδρον, εἰ μὴ τοὺς ἀν-
θρώπους οἵτινες οὐκ ἔχουσι τὴν σφραγῖδα τοῦ Θεοῦ ἐπὶ τῶν
μετώπων αὐτῶν.⁸

ἄχρι τοῦ νῦν διηγεῖτο ἡμῖν ἡ ὀπτασία ποίῳ τρόπῳ καὶ
ποίαις⁹ πληγαῖς συντελεῖται ἤτοι ἐναλλάσσεται τά τε ἐπὶ
τῆς¹⁰ γῆς καὶ οὐρανοῦ¹¹ καὶ μετ' αὐτῶν οἱ ἄνθρωποι. νῦν δέ
γε ὡς ἤδη τῆς συντελείας γεγενημένης καὶ τῆς ἀναστάσεως
ἐνεγερθείσης¹² τὰς κατὰ τῶν ἁμαρτωλῶν διηγεῖται κολάσεις.

---

¹ πανολεθρίαν 146
² μετάνοιαν 203 240
³ ὁ δὲ *pro* καὶ 203 240
⁴ *add.* καὶ ἤνοιξε τὸ φρέαρ τῆς ἀβύσσου 203 240
⁵ ὁ ἀὴρ *dub. in* 240
⁶ *add.* τοῦ φρέατος. καὶ ἐκ τοῦ καπνοῦ 203 240
⁷ μηδὲ *pro* οὐδὲ *bis* 203 240

⁸ *Om.* αὐτῶν 203 240 (*et* 146 *infra in schol.*). Hoc loco add. 203 240 vs. 5, *totum ita ut apparet infra in textu* 146.
⁹ *om.* ποίαις 240 [*Habet* 203]
¹⁰ *om.* τῆς 203 240
¹¹ οὐρανῷ 146
¹² ἐνεργηθείσης 203 240

(Apoc. ix. 1)	εἶδόν φησιν ἀστέρα ἐκ τοῦ οὐρανοῦ πεπτωκότα εἰς τὴν γῆν, ἀστέρα λέγων ἄγγελον Θεοῦ διὰ τὴν λαμπρότητα ἐν τῇ γῇ καταβάντα. ἐν αὐτῇ γὰρ ἡ κρίσις τῶν ἁμαρτωλῶν ἔσται,
Joel iii. 2, 12, 14	ὅν τινα χῶρόν τις τῶν ἁγίων προφητῶν κοιλάδα ὠνόμασε τοῦ
(Apoc. ix. 1 fin.)	Ἰωσαφάτ. καὶ ἐδόθη αὐτῷ φησιν ἡ κλεῖς τοῦ φρέατος τῆς
(Apoc. ix. 2)	ἀβύσσου. φρέαρ ἀβύσσου, τὴν Γέενναν καλεῖ. διὸ καὶ ἀνέβη καπνὸς ἐκ τοῦ φρέατος, ὡς πυρὸς πλείστου δηλονότι ἐμφωλεύοντος τῷ φρέατι. ὁ δέ γε καπνὸς οὐ μόνον τὸ πῦρ, ἀλλὰ καὶ τὸ σκότος αἰνίττεται· τὸ γὰρ εἰρημένον τῷ προ-
Psa. xxviii. 7	φήτῃ φωνὴ Κυρίου διακόπτοντος φλόγα πυρός, οὕτως ἑρμηνεύε- ται τοῖς ἁγίοις ὡς διακοπησομένου τοῦ φωτιστικοῦ ἐκ τοῦ τῆς Γεέννης πυρὸς καὶ μένοντος μόνου τοῦ καυστικοῦ μετὰ
(Apoc. ix. 2 fin.)	σκότους ἐν αὐτῷ· καὶ ἐσκοτίσθη φησὶν ὁ ἥλιος¹ καὶ ὁ ἀὴρ ἐκ τοῦ καπνοῦ τοῦ φρέατος· οὐχ ὅτι ταῦτα ἐσκοτίσθη τὰ στοι- χεῖα, ἀλλ᾽ ὅτι οἱ ἐν τῷ φρέατι βληθέντες,² σκότους διὰ τὴν κόλασιν πληρωθέντες, ἀθέατον ἔχουσι τὸν ἀέρα καὶ τὸν ἥλιον. οὕτω³ γὰρ τις καὶ τῶν ἁγίων⁴ ἔφη προφητῶν·
Amos viii. 9	σκοτισθήσεται⁵ ὁ ἥλιος μεσημβρίας, τὰς Ἰουδαίων συμφορὰς ἐξηγούμενος, οὐ τοῦ ἡλίου σκοτισθέντος, ἀλλὰ τῶν ἐν τῇ θλίψει τοῦτο⁶ παθόντων καὶ οὐχ ὁρώντων τὸν ἥλιον· σκοτο-
(Apoc. ix. 3)	δίνης γὰρ πληροῦν εἴωθε τὰ μεγέθη τῶν συμφορῶν. καὶ ἐκ τοῦ καπνοῦ φησιν ἐξῆλθον ἀκρίδες εἰς τὴν γῆν.⁷ ἀκρίδας
Es. lxvi. 24	οἶμαι καλεῖ⁸ τοὺς σκώληκας, περὶ ὧν ὁ Ἡσαΐας φησίν· ὁ σκώληξ αὐτῶν οὐ τελευτήσει, καὶ τὸ πῦρ αὐτῶν οὐ σβεσθήσεται, ἴσως τὴν δῆξιν⁹ τῆς ψυχῆς καὶ τὴν ἀνένδοτον καὶ ἑρπυ-
(Apoc. ix. 3 fin.)	στικὴν¹⁰ ἀλγηδόνα σκώληκα καλέσας. καὶ ἐδόθη αὐταῖς¹¹
(Apoc. ix. 4)	φησιν ἐξουσία,¹² ὡς ἔχουσιν ἐξουσίαν οἱ σκορπίοι τῆς γῆς. καὶ ἐρρέθη αὐταῖς, ἵνα μὴ ἀδικήσωσι τὸν χόρτον τῆς γῆς οὐδὲ πᾶν

---

¹ Seq. in 203 240 καὶ τὰ ἑξῆς pro καὶ ὁ ἀὴρ ἐκ τοῦ καπνοῦ τοῦ φρ. per- gentes ad οὐχ᾽ ὅτι...
² add. τοῦ 203 240
³ οὕτως 203 [non 240]
⁴ καὶ τῶν ἁγίων τις 203 240
⁵ δύσεται Sept. (203 240 cum 146)
⁶ om. τοῦτο 203 240
⁷ om. καὶ ἐκ τοῦ καπνοῦ ... εἰς τὴν γῆν 203 240
⁸ ἀκρίδας δὲ οἶμαι καλεῖν 203 240
⁹ τῆξιν 203 240
¹⁰ ἀνένδοτην καὶ ἑρπιστικὴν 146
¹¹ αὐτοῖς 203 240
¹² καὶ τὰ ἑξῆς pro ὡς ἔχουσιν usque ad μετώπων 203 240

χλωρὸν οὐδὲ πᾶν δένδρον, εἰ μὴ τοὺς ἀνθρώπους μόνους,¹ οἵτινες οὐκ ἔχουσι τὴν σφραγῖδα τοῦ Θεοῦ ἐπὶ τῶν μετώπων,² τῆς γῆς τῇ ἐναλλαγῇ καινῆς γενομένης. εἴρηται γάρ που περὶ αὐτῆς ἐξαποστελεῖς τὸ πνεῦμά σου καὶ κτισθήσονται, καὶ ἀνακαινιεῖς τὸ πρόσωπον τῆς γῆς. οὐκ ἔτι καλὸν ἦν πληγῆναί τι τῶν κοσμούντων τὴν γῆν οὔτε δένδρον³ οὔτε τι⁴ τῶν φυομένων, εἰ μὴ μόνον τοὺς ἀνθρώπους· καὶ τῶν ἀνθρώπων δὲ ἐκείνους ὅσοι οὐκ ἔχουσι τὴν σφραγῖδα τοῦ Θεοῦ ἐπὶ τῶν μετώπων. τῶν γὰρ ἀνθρώπων οἱ⁵ μὲν εἰς ἅπαν ἅγιοι καὶ⁶ καθαροὶ τὸν ἐν τοῖς ἔμπροσθεν εἰρημένον ἀπειλήφασι χῶρον, Χριστῷ συνόντες ἀεί, καὶ τὸν θεῖον ἐποπτεύοντες θρόνον.⁷ οἱ δέ γε ἧττον ἅγιοι βεβαπτισμένοι δὲ ὅμως, καὶ τὸ σημεῖον φέροντες Χριστῷ⁸ ἐπὶ τῶν μετώπων, καὶ οὐ παντάπασιν ἀπεγνωσμένοι, καὶ⁹ ῥυπώσαντες κατὰ βάθους ἑαυτοὺς καὶ τὸ βάπτισμα τῇ ἀτοπίᾳ τῶν πράξεων, ἀλλ' οἷον μέσοι τινὲς ὄντες ἀρετῆς καὶ κακίας μένουσι μὲν ἐν τῇ γῇ, ἀτιμωρητοὶ¹⁰ μέντοι. εἰ γὰρ μὴ τοῦτο ἦν, πῶς τοῖς καλῶς διατεθεῖς τὰς ἐμπιστευθείσας αὐτοῖς μνᾶς; εἴρηται παρὰ τοῦ¹¹ Κυρίου ἴσθι ἐξουσίαν ἔχων ἐπάνω δέκα πόλεων· καὶ ἄλλον¹² ἐπὶ πέντε πόλεων; ὡς ἄρχειν μελλόντων τῶν ὑποδεεστέρων, καὶ ἀτιμώρητοι δὲ πάντως οἱ¹³ ἀρχόμενοι. τίς γὰρ ἂν ἄρχειν ἕλοιτο τιμωρουμένων¹⁴ καὶ ἀνενδότως τοὺς ὀδόντας βρυχόντων, καὶ ἀποκλαιομένων ἀπαραμύθητα — οὐ λέγω τῶν ἁγίων, ἀλλ' οὐδὲ τῶν¹⁵ οἵων¹⁶ δή, ἀνθρώπων δὲ ὅμως συμπαθῶν, πλήν εἰ μὴ¹⁷ καὶ αὐτὸς μέλλοι τῷ περὶ αὐτοὺς ἀνιάτῳ¹⁸ ὅμοια πείσεσθαι¹⁹ τοῖς κολαζομένοις; ἡ δέ

Psa. ciii. 30

(Apoc. ix. 4 fin.)

Luc. xix. 17

19

---

¹ add. μόνους 146 hoc loco. Non liquent 203 240. Obs. μόνον infra
² Om. αὐτῶν hoc loco 146 cum 203 240 supra. De novo om. infra omnes bis
³ δένδρων 203 240
⁴ om. τι 203 240
⁵ εἰ pro οἱ 146
⁶ om. καὶ 203 240
⁷ χῶρον θρόνον sic 240 [non 203]
⁸ Χριστοῦ 203 (dub. 240)
⁹ μὴ pro καὶ 240 vid. [non 203]
¹⁰ ἀτιμωρητί 203 240

¹¹ om. τοῦ 146
¹² ἄλλῳ 203 240 ut vid.
¹³ om. οἱ 203 240
¹⁴ Om. (ex homoiotel.) καὶ ἀνενδότως usque ad ἀποκλαιομένων 240 [Habet 203]
¹⁵ add. σωζομένων 203 240
¹⁶ add. καὶ post οἵων 203 240
¹⁷ εἰμὶ 146, εἰ μὴ 203 240
¹⁸ τῇ περὶ αὐτοὺς ἀνίᾳ τὰ 203 ex em et 240 ut vid.
¹⁹ πήσεσθαι 240 [non 203]

γε τρίτη τῶν ἀνθρώπων μοῖρα κολάσει παραδίδοται, ἁμαρτωλοί τε ὄντες καὶ ἀσεβεῖς καὶ τὴν Χριστοῦ μὴ παραδεξάμενοι πίστιν. διὸ εἴρηται πληγῆναι[1] τοὺς ἀνθρώπους· οἳ οὔκ εἰσιν ἐσφραγισμένοι τῇ σφραγῖδι τοῦ Θεοῦ.

Apoc. ix. 5

[2]**καὶ ἐδόθη αὐτοῖς**[3] **φησιν**[4] **ἵνα μὴ ἀποκτείνωσιν αὐτούς, ἀλλ' ἵνα βασανισθήσονται**[5] **μῆνας πέντε· καὶ ὁ βασανισμὸς αὐτῶν ὡς βασανισμὸς σκορπίων,**[6] **ὅταν παίσῃ**[7] **ἄνθρωπον.**

6

καὶ ἐν ταῖς ἡμέραις ἐκείναις ζητήσουσιν οἱ ἄνθρωποι τὸν θάνατον, καὶ οὐ μὴ εὕρωσιν αὐτόν,[8] **καὶ ἐπιθυμήσουσιν ἀποθανεῖν καὶ φεύγει**[9] **ὁ θάνατος ἀπ' αὐτῶν.**

ἆρα μὴ ἐντεῦθέν τινες τῶν πατέρων τὴν ἀποκατάστασιν παρεδέξαντο, τὸ[10] ἄχρι μὲν τοῦδε κολάζεσθαι τοὺς ἁμαρτωλοὺς λέγοντες, μετὰ τοῦτο δὲ οὐκέτι, ὡς καθαρισθέντας τῇ τιμωρίᾳ;[11] ἀλλὰ τί ποιητέον,[12] ἄλλων[13] πλειόνων τοῦτο μὲν πατέρων, τοῦτο δὲ ἐγκρίτων γραφῶν αἰωνίας λεγόντων τὰς τιμωρίας τῶν τότε κολαζομένων; τί οὖν[14] ἄν τις εἴποι, ἢ πῶς διαιτήσοι τοῖς μέρεσι; κεράσαι δεῖ τὰς ἀμφοτέρων δόξας. λέγω δὲ τοῦτο ὡς ἐν γυμνασίᾳ τινὶ καὶ οὐχ' ὡς ἐν καταφάσει· ἐγὼ γὰρ τῷ δόγματι τῆς ἐκκλησίας προστίθεμαι[15] τῷ βουλομένῳ αἰωνίας εἶναι τὰς ἐν τῷ μέλλοντι κολάσεις,[16] ἐπεὶ καὶ τοῦτο ὅτε Κύριος εἴρηκεν ἐν τῷ κατὰ

Matt. xxv. 46

Ματθαῖον εὐαγγελίῳ, εἰπὼν **καὶ ἀπελεύσονται οὗτοι εἰς κόλασιν αἰώνιον**[17]· **καὶ ὁ Ἡσαΐας ὁ σκώληξ αὐτῶν οὐ τελευτήσει,**

Es. lxvi. 24

καὶ τὸ πῦρ αὐτῶν οὐ σβεσθήσεται. ὡς ἐν γυμνασίᾳ οὖν τοῦτο

---

[1] *Vide supra* 146 *et* 240. *Hoc loco illeg.* 240

[2] *Cf. supra p.* 109, *notam* 8. *Hoc loco in text.* 203 240 *usque ad* μῆνας ἑ. *seq.* καὶ τὰ ἑξῆς

[3] αὐταῖς 203

[4] καὶ ἐρρέθη αὐτοῖς *et om.* φησιν 240 *in text. sed in schol.* καὶ ἐδόθη φησὶν αὐτοῖς 240

[5] βασανισθήσωνται 203 240 *text. et schol.*

[6] σκορπίου 203 *et* 240 *in text.* (*Non attingent in schol.*)

[7] παίσῃ 203 *in textu et* 240 *in textu.* πέσῃ 146 (*Vide* παίσαντος *infra* 146)

[8] *om.* καὶ οὐ μὴ εὕρωσιν αὐτον 203 240

[9] φεύγει 203 240 φύγῃ 146

[10] τοῦ 146

[11] *Ita interpunct. in* 203 [*non* 146]

[12] ποιήσουσι 203 240 *vid.*

[13] *add.* τῶν 203 240

[14] *om.* οὖν 203

[15] προστίθεμαι 146 *et ex* προστίθημαι *corr.* 203 *et* 240 *ut vid.*

[16] τὰς κολάσεις τὰς ἐν τῷ μέλλοντι 240 [*non* 203]

[17] *add.* οἱ δὲ δίκαιοι εἰς ζωὴν αἰώνιον 203 240

λεκτέον, μέσην τινὰ μέρους ἑκάστου διάττον τὴν¹ τρίβον, ὅτι ἄχρι μέν τινος χρόνου ὃν **πέντε μῆνας** εἶπεν ἡ ἀποκάλυψις ἡ παροῦσα μυστικῷ τινι χρησαμένη τῷ ἀριθμῷ, σφοδρότατα κολασθήσονται οἱ ἁμαρτωλοὶ ὡς σκορπίου παίσαντος² αὐτούς· μετὰ δὲ τοῦτο ὑφειμένως, οὐ μὴν παντελῶς ἔξω κολάσεως ἐσόμεθα,³ καὶ τοσοῦτον ὡς ζητεῖν τὸν θάνατον καὶ μὴ τυγχάνειν αὐτοῦ. τίς γὰρ ἦν⁴ ἀνάγκη ζητεῖν θάνατον τοῖς⁵ παντελῶς μὴ κολαζομένοις;⁶ φεύγει δέ φησιν ὁ **θάνατος ἀπ' αὐτῶν**, συνδιαιωνίζουσι γὰρ τῇ κολάσει. (Apoc. ix. 5, 11, 15, 18)

(Apoc. ix. 6)

καὶ τὰ ὁμοιώματα τῶν ἀκρίδων ὅμοια ἵπποις ἡτοιμασμένοις εἰς πόλεμον, καὶ ἐπὶ τὰς κεφαλὰς αὐτῶν ὡς⁷ στέφανοι ὅμοιοι χρυσῷ, καὶ τὰ πρόσωπα αὐτῶν ὡς πρόσωπα ἀνθρώπων, καὶ εἶχον τρίχας ὡς τρίχας⁸ γυναικῶν, καὶ οἱ ὀδόντες αὐτῶν ὡς λεόντων ἦσαν· καὶ εἶχον θώρακας⁹ ὡς θώρακας σιδηροῦς, καὶ ἡ φωνὴ τῶν πτερύγων αὐτῶν ὡς φωνὴ ἁρμάτων ἵππων πολλῶν,¹⁰ τρεχόντων εἰς πόλεμον· καὶ ἔχουσιν¹¹ οὐρὰς ὁμοίας σκορπίοις καὶ κέντρα, καὶ¹² ἐν ταῖς οὐραῖς αὐτῶν ἡ ἐξουσία αὐτῶν ἀδικῆσαι τοὺς ἀνθρώπους μῆνας πέντε· ἔχουσιν¹³ ἀπ' αὐτῶν¹⁴ βασιλέα τὸν ἄγγελον τῆς ἀβύσσου· ὄνομα αὐτῷ Ἑβραϊστὶ Βανδών¹⁵ καὶ ἐν τῇ Ἑλληνικῇ¹⁶ ὄνομα ἔχει Ἀπολλύων. οὐαὶ ἡ μία ἀπῆλθεν· ἰδοὺ ἔρχονται ἔτι δύο οὐαί.¹⁷ Apoc. ix. 7

8

9

10

11

12

μετὰ ταῦτα γλαφυρῶς ἡμῖν ἅμα καὶ φοβερῶς τὸ κατὰ τοὺς σκώληκας διαγράφει ὁ θεσπέσιος εὐαγγελιστής. ἐν ἑκάστῳ δὲ τῶν περὶ αὐτοὺς λεγομένων, θαυμάσειεν ἄν τις

---

¹ διάττοντα 146 (*illeg.* 240)
² παίοντος 203 240
³ *Schol. Andr. interject., pergit Oec.* 203 240 *qui add.* οὐ πάντας οὖν ἔξω κολασέως ἐσόμεθα ἀλλὰ κολαζομένοι ὑφειμένως ὡς εἴρηται *seq.* καὶ τοσοῦτον . . .
⁴ ἂν *pro* ἦν 146
⁵ τοὺς 203 ; *om.* τοῖς *ut vid.* 240
⁶ μὴ παντελῶς κολαζομένοις 240
⁷ *om.* ὡς 203 *et* 240 *vid.*
⁸ *om.* τρίχας *sec.* 203 240
⁹ *om.* θώρακας 203 240
¹⁰ πολλῶν ἵππων 203 240
¹¹ εἶχον 203 240
¹² *om.* καὶ 203 240
¹³ ἔχοντες 203 240
¹⁴ ἐπ' αὐτῶν 203 240, *et vide infra* 146
¹⁵ ἀββᾶ δδων *sic* 203 (*spatium*) ἀβααδδών 240 (*Infra* 146: βάδδον)
¹⁶ καὶ ἐν τῇ ἑλληνικῇ δὲ ῥήσει *pro* καὶ ἐν δὲ τῇ ἑλλ. 203 *sed* ἑλληνικῇ δὲ ῥήσει *tantum* 240
¹⁷ ἰδοὺ ἔρχονται δύο οὐαὶ μετὰ ταῦτα (*absque* ετι) 203 240 *in text.*

τὸ ἀκριβὲς τοῦ λόγου· οὐ γὰρ εἶπεν ὀδόντας εἶχον λεόντων καὶ οὐρὰς σκορπίων¹ καὶ πρόσωπα ἀνθρώπων, ἀλλὰ τὸ ὡς ἐν ἑκάστῳ κείμενον, εἰκασμόν τινα καὶ λόγον ἐκφαῖνον² παραβολικόν, οὐκ ἀλήθειαν.³ ἢ οὖν τὸ φοβερὸν αὐτῶν καὶ καταπληκτικὸν αὐτῶν⁴ διὰ τούτων ἐνδείκνυται, ἢ ἀληθῶς ἐσκιαγράφησεν αὐτῶν τὴν μορφήν. καὶ ἔχουσί φησιν ἐπ' αὐτοὺς βασιλέα, τὸν ἄγγελον τῆς ἀβύσσου· ὄνομα αὐτῷ Ἑβραϊστὶ μὲν Βάδδον,⁵ Ἑλληνιστὶ δὲ⁶ Ἀπολλύων. καὶ τὸ ὄνομα ἢ⁷ πεποιημένον ἐστὶ καὶ⁸ κατάλληλον τῶν εἰς θεωρίαν προκειμένων, ἢ γοῦν⁹ οὐ μόνον εἰσὶ λειτουργικὰ πνεύματα εἰς διακονίαν ἀποστελλόμενα διὰ τοὺς μέλλοντας κληρονομεῖν σωτηρίαν¹⁰ κατὰ τὸν θεῖον ἀπόστολον, ἀλλὰ καὶ πνεύματα εἰς κόλασιν ἀποστελλόμενα διὰ τοὺς ἀξίους κολάσεως· ὁποῖος ἦν καὶ ἐκεῖνος ὁ ἐν μιᾷ νυκτὶ πατάξας τὰς ἑκατὸν ὀγδοηκονταπέντε¹¹ χιλιάδας τῶν Ἀσσυρίων, καὶ οἱ πυρπολήσαντες τὰς πέντε Σοδομικὰς πόλεις. ἡ¹² οὐαί φησιν ἡ μία ἀπῆλθεν¹³· ἰδοὺ ἔρχονται ἔτι δύο οὐαὶ μετὰ ταῦτα. τὸ οὐαὶ ἐπίρρημα ὑπάρχον σχετλιασμοῦ τὰ ὄντα αὐτοῖς καὶ ἐσόμενα ἐνδείκνυται κακά. ἡ μία οὖν φησιν εἴρηται κόλασις· λεχθήσονται δὲ δύο λοιπαί.¹⁴

καὶ ὁ ἕκτος ἄγγελος ἐσάλπισε· καὶ ἤκουσα φωνὴν μεγάλην¹⁵ ἐκ τῶν κεράτων τοῦ θυσιαστηρίου τοῦ χρυσοῦ τοῦ ἐνώπιον τοῦ Θεοῦ, λέγουσαν τῷ ἕκτῳ ἀγγέλῳ, ὁ ἔχων τὴν σάλπιγγα· λῦσον¹⁶ τοὺς τέσσαρας¹⁷ ἀγγέλους τοὺς δεδεμένους ἐπὶ τῷ ποταμῷ τῷ μεγάλῳ Εὐφράτῃ.¹⁸ καὶ ἐλύθησαν οἱ τέσσαρες

---

¹ om. καὶ οὐρὰς σκορπίων 203 204
² ἐμφαῖνον 203 (dub. 240)
³ (οὐκ ἀλήθειαν illeg. 240) οὐκ ἀληθῆ 203
⁴ om. αὐτῶν 203 240
⁵ ἀβαδδὼν hoc loco 240 et ἀββαδδων 203 plane
⁶ Sic quoque 240 hoc loco.
⁷ om. ἢ 203 240
⁸ om. καὶ 203 240
⁹ om. γοῦν 240 [Habet 203]
¹⁰ βασιλείαν (vel . . . ας) pro σωτηρίαν 240 [non 203]
¹¹ ρπε 203 ρπε 240
¹² om. ἡ 203 [Habet 240 ut vid.]
¹³ add. καὶ τὰ ἑξῆς 203 240 (om. ἰδοὺ ἐρχ. . . . μετὰ ταῦτα)
¹⁴ λοιπὸν 203 [non 240]
¹⁵ om. μεγάλην 203 240
¹⁶ λῦσον 203 (dub. 240)
¹⁷ Δας 240, sed τέσσαρας 203, τέσσαρους ut vid. 146. Vide infra omn.
¹⁸ ἐπὶ τῇ ψάμμῳ τοῦ ποταμοῦ τοῦ μεγάλου Εὐφράτου 203 240

ἄγγελοι οἱ ἡτοιμασμένοι εἰς τὴν ὥραν καὶ¹ ἡμέραν καὶ μῆνα
καὶ ἐνιαυτόν, ἵνα ἀποκτείνωσι τὸ τρίτον τῶν ἀνθρώπων.² καὶ (Apoc. ix. 16
ὁ ἀριθμὸς τῶν στρατευμάτων τοῦ ἱππικοῦ μυριάδες μυριά-
δων³· ἤκουσα δὲ τὸν ἀριθμὸν αὐτῶν. καὶ οὕτως⁴ εἶδον   17
τοὺς ἵππους ἐν τῇ ὁράσει· καὶ τοὺς καθημένους ἐπ' αὐτῶν,
ἔχοντας θώρακας πυρίνους καὶ ὑακίνθους⁵ καὶ θεοειδεῖς⁶·
καὶ αἱ κεφαλαὶ τῶν ἵππων ὡς κεφαλαὶ λεόντων, καὶ⁷ ἐκ τῶν
στομάτων αὐτῶν ἐκπορεύεται⁸ πῦρ καὶ καπνὸς καὶ θεῖον. ἀπὸ 18
τῶν τριῶν πληγῶν τούτων ἀπεκτάνθησαν⁹ τὸ τρίτον τῶν
ἀνθρώπων, ἐκ τοῦ πυρὸς καὶ ἐκ¹⁰ τοῦ καπνοῦ καὶ τοῦ θείου
τοῦ ἐκπορευομένου¹¹ ἐκ τῶν στομάτων αὐτῶν· ἡ γὰρ ἐξουσία 19
τῶν ἵππων ἐν τῷ στόματι αὐτῶν ἐστι¹² καὶ ἐν ταῖς οὐραῖς
αὐτῶν,¹³ ὅμοιοι¹⁴ ὄφεων ἐχούσαις κεφαλάς,¹⁵ καὶ ἐν αὐταῖς
ἀδικοῦσιν.¹⁶

σαλπίσαντός φησι τοῦ ἀγγέλου ἤκουσα φωνὴν ἐκ τῶν (Apoc. ix. 13)
κεράτων τοῦ θυσιαστηρίου. κέρατα θυσιαστηρίου, τοὺς ἐν
ἀγγέλοις προὔχοντας καὶ τῶν ἄλλων ὑπερεξέχοντάς φησι.
χρυσοῦν δὲ λέγει τὸ θυσιαστήριον, διὰ τὸ ἔντιμον αὐτοῦ καὶ
θεῖον, ἐκ τῆς παρ' ἡμῖν τιμίας ὕλης, τὸ θυσιαστήριον θαυ-
μάσιον ζωγραφῶν. ὥσπερ δὲ τὰ κέρατα τοῦ θυσιαστηρίου
ἄρχοντας τῶν ἀγγέλων ἐνοήσαμεν. οὕτως αὐτὸ τὸ θυσιασ-
τήριον πάντα τὰ λειτουργικὰ πνεύματα νοεῖν ἀκόλουθον·
διὰ τὸ λογικὴν θυσίαν προσάγειν τῷ Θεῷ. τίς δέ γε ἡ
φωνὴ ἡ ἀκουσθεῖσα ἐκ τῶν κεράτων τοῦ θυσιαστηρίου;
λῦσόν¹⁷ φησι τοὺς τέσσαρας¹⁸ ἀγγέλους τοὺς δεδεμένους ἐπὶ¹⁹ (Apoc. ix. 14)

---

¹ add. τὴν 203 240
² uno tenore 146 absque inter-puncto, et comma post ἱππικοῦ
³ δὶς μυριάδας μυριάδων sic uno tenore cum ἤκουσα 203 240 et om. δὲ quod seq.
⁴ om. οὕτως 203 240
⁵ ὑακινθίνους 203 240
⁶ θειώδεις 203 240
⁷ om. καὶ 203 240
⁸ ἐξεπορεύετο 203 240
⁹ ἀπεκτάνθη 203 240
¹⁰ om. ἐκ sec. 203 240
¹¹ τῶν ἐκπορευομένων ut vid., comp. 240, et 203

¹² ἦν pro ἐστὶ 240
¹³ ἡ γὰρ ἐξουσία τῶν ἵππων ἐν ταῖς οὐραῖς καὶ ἐν τῷ στόματι αὐτῶν ἦν 203
¹⁴ sic 146
¹⁵ Pro καὶ ἐν ταῖς οὐραῖς . . . κεφαλὰς hab. 203 240: αἱ γὰρ οὐραὶ αὐτῶν ὅμοιαι ὄφεσιν, ἔχουσαι (ut vid. sed ἔχουσι 203) κεφαλάς
¹⁶ καὶ ἐν αὐταῖς ἠδικοῦσαν 203 240
¹⁷ λύσον 203 [non 240 credo]
¹⁸ τέσσαρους codd.
¹⁹ ἐν pro ἐπὶ hoc loco 203 240 [seq. τῷ ποταμῷ τῷ μεγάλῳ Εὐφράτῃ]

τῷ ποταμῷ τῷ μεγάλῳ Εὐφράτῃ. ἡ θεία γραφὴ τὸν ἀποστάτην ἄγγελόν — φημι δὲ τὸν Σατανᾶν καὶ τοὺς συναποστάντας¹ αὐτῷ — πῇ μὲν ἡμῖν παρέδωκεν² ὡς ὑπὸ ζόφου³ εἰσὶν ἐν δεσμοῖς ἀϊδίοις τετηρημένοι, πῇ δὲ ὡς τὸν βυθόν εἰσι τῆς θαλάσσης καταδεδικασμένοι. διὰ γὰρ μὲν⁴ τῆς⁵ Πέτρου δευτέρας ἐπιστολῆς φησιν εἰ γὰρ ὁ Θεὸς⁶ ἀγγέλων ἁμαρτησάντων οὐκ ἐφείσατο, ἀλλὰ σειραῖς⁷ ζόφου ταρταρώσας παρέδωκεν εἰς κρίσιν τηρουμένους, διὰ δὲ τῆς Ἰούδα ἀγγέλους λέγει μὴ τηρήσαντας τὴν ἑαυτῶν ἀρχὴν ἀλλὰ ἀπολιπόντας τὸ ἴδιον οἰκητήριον⁸ εἰς κρίσιν μεγάλης ἡμέρας δεσμοῖς ἀϊδίοις⁹ ὑπὸ ζόφον τετήρηκεν. ἡ δέ γε βίβλος τοῦ Ἰὼβ ἐν τῇ θαλάσσῃ λέγει, βεβλῆσθαι τὸν ἀποστάτην ποικίλως αὐτοῦ τροπολογήσασα μορφήν τε καὶ μέγεθος καὶ τὸ τοῦ ἤθους πικρόν· ὃν καί φησιν ἐμπαίζεσθαι¹⁰ ὑπὸ τῶν ἀγγέλων τοῦ Θεοῦ. καὶ ὁ Ἡσαΐας δὲ κέκραγε περὶ αὐτοῦ ὅτι ἐπαχθήσεται ἡ μάχαιρα τοῦ Θεοῦ ἐπὶ τὸν δράκοντα τὸν ὄφιν τὸν φεύγοντα,¹¹ ἐπὶ τὸν δράκοντα τὸν ὄφιν τὸν σκολιόν· καὶ ἀνελεῖ τὸν δράκοντα ἐν τῇ ἡμέρᾳ ἐκείνῃ τὸν ἐν τῇ θαλάσσῃ. καὶ ὁ προφήτης δέ γε περὶ αὐτοῦ λέγων μετὰ τὸ πᾶσιν ἐπεξελθεῖν τοῖς ἐν τῇ κτίσει, ἔτι καὶ τοῦτο προστίθησιν περὶ τῶν ἐν τῇ θαλάσσῃ τυγχανόντων· δράκων οὗτος ὃν ἔπλασας ἐμπαίζειν αὐτῷ· ἀκόλουθα τούτοις φησὶ καὶ ὁ θεσπέσιος προφήτης Ἰεζεκιὴλ περὶ τοῦ Αἰγυπτίου διαλεγόμενος· λέοντί φησιν ἐθνῶν ὡμοιώθης σύ, καὶ ὡς δράκων ἐν τῇ θαλάσσῃ, καὶ ἐκεράτιζες τοῖς ποταμοῖς σου. οὐδεὶς δέ γε ἡμῖν παρέδωκεν αὐτοὺς ἐν τῷ Εὐφράτῃ δεδέσθαι ποταμῷ οὔτε μὴν λυθήσεσθαι¹² ποτέ, ἀλλ᾽ οὔτε δι᾽ αὐτῶν κολασήσεσθαι τοὺς ἀνθρώπους. ὁ γὰρ εἰπὼν Ἰούδας δεσμοῖς αὐτοὺς ἀϊδίοις¹³ δεδέσθαι, τὸ ποτὲ

---

¹ συναποστάτας 203 240
² παραδέδωκεν 203 240
³ ὑπὸ ζόφον ut vid. comp. 240 (cum text. recept.) etiam 203
⁴ διὰ μὲν γὰρ 203 240
⁵ add. τοῦ 203 240
⁶ Κύριος pro Θεὸς 240 [non 203]
⁷ sic 146 203 240
⁸ κατοικητήριον 240 [non 203]
⁹ ἰδίοις 203 [non 240]
¹⁰ ἐμπαίζεσθαι 203 240, sed Sept.: ἐγκαταπαίζεσθαι (ἐμπέζεσθαι 146)
¹¹ Bis script. in 240 [non 203]: ἐπὶ τὸν δράκοντα τὸν ὄφιν τὸν φεύγοντα [seq. tamen ἐπὶ τὸν δράκοντα τὸν ὄφιν τὸν σκολιὸν]
¹² λύσεσθαί 240 [non 203]
¹³ ἰδίοις iterum 203 et 240 pr. man. (ἀϊδίοις ex em. 240)

λυθήσεσθαι ἀπηγόρευσε· καὶ ὁ εἰπὼν Ἡσαΐας ὅτι ἀναι- (Es. xxvii. 1
ρεθήσεται ὁ δράκων ὁ ἐν τῇ θαλάσσῃ ἐν τῇ τῆς κρίσεως *supra*)
ἡμέρᾳ οὐκ ἄλλους αὐτὸν ἀναιρεῖν εἴρηκεν, ἀλλ' αὐτὸν ἐκεῖ-
νον.¹ καὶ ὁ Κύριος δὲ πέμπων ἐν Εὐαγγελίοις² τοὺς ἐξ-
αμαρτήσαντας, εἰς τὸ πῦρ τὸ ἡτοιμασμένον τῷ Διαβόλῳ καὶ Matt. xxv. 41
τοῖς ἀγγέλοις αὐτοῦ, ἀπεῖπεν³ ὅτι αὐτοῖς τιμωροῖς καὶ ἐκ-
δικηταῖς χρήσοιτο, αὐτοὺς δέ γε μέλλειν τιμωρίας⁴ ὑπέχειν.
πῶς οὖν ἄν τις νοήσοι τὸ νῦν εἰρημένον ὅτι τε⁵ ἐν τῷ πο- (Apoc. ix. 14–
ταμῷ⁶ Εὐφράτῃ δέδενται καὶ ὅτι λυθήσονται καὶ ὡς αὐτοὶ 15)
τοὺς ἁμαρτωλοὺς κολάσονται; τροπολογίαν οἶμαι τὸ εἰρη-
μένον ὑπάρχειν, ὥσπερ νόμος ἐπὶ πάσης ὀπτασίας καθέ-
στηκε· λέγειν γὰρ αὐτὸν ἥγημαι τοὺς ἀγγέλους φησὶ τοὺς
προσδεδεμένους τῇ τοῦ Θεοῦ νοητῶς εὐφραινούσῃ θεωρίᾳ·
ποταμὸς γὰρ τὸ θεῖον ἀλληγορεῖται⁷ παρὰ μὲν τῷ Ἡσαΐᾳ·
ἰδοὺ ἐκκλίνω εἰς αὐτοὺς ὡς ποταμὸς εἰρήνης, καὶ ὡς χειμάρ- Es. lxvi. 12
ρους ἐπικλύζων δόξαν ἐθνῶν· παρὰ δὲ τῷ προφήτῃ· **τοῦ ποτα-** Psa. xlv. 5
μοῦ τὰ ὁρμήματα εὐφραίνουσι τὴν πόλιν τοῦ Θεοῦ. καὶ αὐτὸς
δὲ ὁ Κύριος παρὰ τῷ Ἰωάννῃ, τίτλῳ εἰκοστῷ δευτέρῳ⁸
περὶ τοῦ Πνεύματος ἔφη ὁ πιστεύων εἰς ἐμέ, καθὼς εἶπεν ἡ Jo. vii. 38
γραφή,⁹ **ποταμοὶ ἐκ τῆς κοιλίας αὐτοῦ ῥεύσουσιν ὕδατος ζῶντος**.
τούτους φησὶ λύσας ἐκ τῆς τοῦ Θεοῦ θεωρίας, εἰς τιμωρίαν
ἀπόστειλον τῶν ἀσεβῶν· τούτους γὰρ εἶναί φησι τοὺς ἀφω-
ρισμένους εἰς τὴν παροῦσαν ἡμέραν. ἆρα δὲ ποίους φησὶ
τέσσαρας ἀγγέλους¹⁰; ἴσως¹¹ ἐκείνους τοὺς τῇ γραφῇ διη-
γουμένους· τὸν Μιχαήλ, τὸν Γαβριήλ, τὸν Οὐριήλ, τὸν
Ραφαήλ. οὗ γενομένου, ἐξῆλθον μετὰ στρατεύματος ἱππι-
κοῦ ἀμυθήτου τινός.¹² τοῦτο δέ φησι τὴν τῶν θείων ἀγγέ-
λων ἄμαχον δύναμιν,¹³ ἱππικῷ μεγίστῳ παρείκασας· **τοὺς** (Apoc. ix. 17)
δὲ καθημένους ἐπὶ τῶν ἵππων εἶδόν φησιν **ἔχοντας θώρακας**

---

¹ add. ἀναίρεσθαι 203 240
² ἐν εὐαγγελίῳ 203 (*dub.* 240)
³ οὐκ εἶπεν 203 240
⁴ τιμωρίαν 203 (*dub.* 240)
⁵ *om.* τε 203 240
⁶ *add.* τῷ 203 240
⁷ ἀληγορεῖται 203 [*non* 240]
⁸ κβ 203 κβ̄ 240
⁹ *om.* καθὼς εἶπεν ἡ γραφὴ 203 240
¹⁰ *add.* εἶναι 203 240
¹¹ ἴσως 203, *et* 240 *comp.* ἴσους 146
¹² τινος ἀμυθήτου 203 240
¹³ *om.* δύναμιν 240 ἰσχὺν *pro* δύναμιν 203

πυρίνους καὶ ὑακίνθους καὶ θεοδεῖς.¹ τὸ πῦρ τῆς ὀργῆς καὶ τῆς κολάσεως σύμβολον· ἡ ὑάκινθος τὸ οὐρανίους εἶναι τοὺς ἀποσταλέντας δηλοῖ, ὑακίνθῳ γὰρ ἐμφερὴς ὁ οὐρανός· τὸ δὲ θεοειδεῖς² τῷ Θεῷ αὐτοὺς ἀρέσκειν, οἷον θεαδεῖς³ ὄντας, ᾄδειν γὰρ τὸ ἀρέσκειν. τίνες δ' ἂν μᾶλλον τῶν ἁγίων ἀγγέλων ἀρέσαιεν τῷ⁴ Θεῷ; εἶτα ἡ θεωρία ποικίλει⁵ καὶ ἐξαίρει τὴν τῶν ἁγίων ἀγγέλων δύναμιν, παρεικάζουσα λέουσι καὶ πυρί, καπνῷ τε καὶ θείῳ καὶ ὄφεσι, δι' ὧν ἁπάντων τὸ φοβερὸν καὶ ἀνύποιστον αὐτῶν διασημαίνεται.

Apoc. ix. 20   καὶ οἱ λοιποὶ τῶν ἀνθρώπων, οἳ οὐκ ἀπεκτάνθησαν ἐν ταῖς πληγαῖς ταύταις, οὐδὲ μετενόησαν ἐκ τῶν ἔργων τῶν χειρῶν αὐτῶν, ἵνα μὴ προσκυνήσωσι τὰ δαιμόνια καὶ⁶ τὰ εἴδωλα τὰ χρυσᾶ καὶ τὰ⁷ ἀργυρᾶ καὶ τὰ⁸ χαλκᾶ καὶ τὰ λίθινα καὶ τὰ ξύλινα, ἃ οὔτε βλέπειν δύνανται, οὔτε ἀκούειν, οὔτε περιπατεῖν,

21   καὶ οὐ μετενόησαν ἐκ τῶν φόνων (sic) αὐτῶν,⁹ οὔτε ἐκ τῶν φαρμακειῶν αὐτῶν,¹⁰ οὔτε ἐκ τῶν κλεμμάτων αὐτῶν.

ὁ προφήτης τὴν πνευματικὴν ἀνακρουόμενος λύραν περὶ τῶν ἐν Ἅδου κολαζομένων ἡμῖν διηγήσατο, λέγων πρὸς τὸν

Psa. vi. 6   Θεόν· ὅτι οὐκ ἔστιν ἐν τῷ θανάτῳ ὁ μνημονεύων σου· ἐν δὲ
(Es. xxxviii. 18)   τῷ Ἅδῃ τίς ἐξομολογήσεταί σοι, ἀμφοτέρων αὐτοὺς ἀποστερῶν, εὐφροσύνης τε τῆς κατὰ Θεὸν καὶ μετανοίας· διὰ μὲν γὰρ τοῦ μνημονεύειν Θεοῦ τῆς πνευματικῆς εὐφροσύνης, γράφει

Psa. lxxvi. 4   γὰρ ὁ αὐτὸς ἀλλαχόσε που¹¹ ἐμνήσθην τοῦ Θεοῦ καὶ εὐφράνθην· διὰ δὲ¹² τοῦ μὴ¹³ ἐξομολογεῖσθαι τῆς μετανοίας,¹⁴ ἔστι γὰρ ἡ ἐξομολόγησις, ἐξαγόρευσις¹⁵ τῶν πεπλημμελημένων¹⁶ ἐκ μεταμελείας καὶ ἐπιστροφῆς διὰ κατανύξεως ἐγγινομένη τῇ

Didache   ψυχῇ. τῷ γὰρ ὄντι, δύο τινὰς βίους ἔθετο ἡμῖν ὁ Θεός,¹⁷ τὸν

---

¹ om. τοὺς δὲ καθ. usque ad θεοδεῖς 203 240
² θϋώδεις 240, θειώδεις 203
³ θεαδεῖς 240 et 203
⁴ om. τῷ 203 240
⁵ ποικίλλει 203 240
⁶ ἢ pro καὶ 203 240
⁷ om. τὰ 203 240
⁸ om. τὰ 203 240
⁹ ἐκ τούτων pro ἐκ τῶν φόνων αὐτῶν 203 240 [soli, non 178]
¹⁰ add. οὔτε ἐκ τῆς πονηρίας (sic) αὐτῶν 203*240
¹¹ πη (sic) pro που 203 240
¹² om. δὲ 203 240
¹³ om. μὴ 203 240
¹⁴ om. τῆς μετανοίας 203 [non 240]
¹⁵ add. τίς 203, 240 (τῖς vid.)
¹⁶ τῶν πλημμελημένων 146
¹⁷ ἡμῖν ἔθετο ὁ Θεός 203 240

παρόντα καὶ τὸν μέλλοντα. ἀλλ' ἐν μὲν τῷ παρόντι δέδοται τὸ κατὰ γνώμην καὶ ἐξουσίαν ἡμᾶς πολιτεύεσθαι· ἐν δὲ τῷ μέλλοντι αἱ ἀντιδόσεις γίνονται[1] τῶν βεβιωμένων καὶ οὔτε ὁ παρών[2] ἐστι κρίσεως, πλὴν εἰ μή πού τις συμφερόντως ὑπομνησθείη πρὸς μετάνοιαν προτρεπόμενος, οὔτε ὁ μέλλων πολιτείας ἵνα δὴ καὶ[3] μεταρυθμιζώμεθα ἀπὸ διαβεβλημένης ζωῆς εἰς τὸν κρείττονα. τούτων οὕτως ὄντων, πῶς νῦν εἴρηται περὶ τῶν ἐκεῖ κολαζομένων; καὶ οἱ λοιποὶ τῶν ἀνθρώ- (Apoc. ix. 20) πων, οἳ οὐκ ἀπεκτάνθησαν ἐν ταῖς πληγαῖς ταύταις, οὔτε μετενόησαν ἐκ τῶν ἔργων τῶν χειρῶν αὐτῶν.[4] οὐ τοῦτό φησιν ὅτι οἱ μὴ μετανοήσαντες ἐν τῷ ἐκεῖσε βίῳ, ἀλλ' ὅτι οἱ ζῶντες ἔτι καὶ μὴ ἐκ τῆς ὑπακοῆς καὶ θέας τῶν τότε ἐσομένων μετανοήσαντες.[5] ἀπὸ τῶνδε καὶ τῶνδε τῶν ἀθεμίτων πράξεων. ταύτῃ μὲν τῇ εἰρημένῃ πληγῇ, μὴ[6] ἀποθάνωσι τὸν νοητὸν θάνατον — θάνατον[7] καλῶν τὴν κόλασιν — ὡς συνδιαιωνίζουσιν τοῖς πονηροῖς εἰ μὴ[8] ἑτέρῳ μέντοι χείρονι κολασθήσονται, ὃν[9] καὶ εἰπεῖν ἐπιχειρήσας ἀπεσιώπησεν οἰκονομικῶς. ὧν γένοιτο πάντας ἡμᾶς ἐλευθέρους γενέσθαι· χάριτι καὶ φιλανθρωπίᾳ[10] τοῦ Κυρίου ἡμῶν Ἰησοῦ Χριστοῦ, μεθ' οὗ τῷ Πατρὶ δόξα[11] σὺν Ἁγίῳ Πνεύματι εἰς τὸν αἰῶνα[12] ἀμήν ✠

Λόγος ἕκτος

ἔτι τὰ συμβεβηκότα τοῦ ἕκτου ἀγγέλου σαλπίσαντος, καὶ ἐν τῷ παρόντι λόγῳ ὁ θεσπέσιος ἡμῖν διηγεῖται Ἰωάννης, οἷς πᾶσιν ὑφ' ἓν οὐκ ἐπεξῆλθον, εἰς μῆκος ὁρῶν τὸ πέμπτον ἐκτεινόμενον λόγον. τί δὲ καὶ ἕτερον γεγενῆσθαι γράφει;[13]

---

[1] γίνωνται 146
[2] ὁ παρών 203 240 τὸ παρόν 146
[3] ἵνα τό τε pro ἵνα δὴ καὶ 203 240
[4] τούτων pro αὐτῶν 240 [non 203]. Hoc loco add. vers. 20 reliquum et vers. 21
[5] om. ἐν τῷ ἐκεῖσε ... ἐσομένων μετανοήσαντες 146 ob. homoiotel.
[6] οὐ μὴ pro μὴ 203 240
[7] om. θάνατον sec. 203 240
[8] ἡμῖν· pro εἰ μὴ 146
[9] ὧν 203 [non 240]
[10] οἰκτιρμοῖς pro φιλανθρωπίᾳ 203 240
[11] δόξα in comp. 146 (Δ/°´)
[12] εἰς τοὺς αἰῶνας τῶν αἰώνων 240 νῦν καὶ ἀεὶ εἰς τοὺς αἰῶνας τῶν αἰώνων ἀμὴν 203
[13] Λόγος ἕκτος usque ad γεγενῆσθαι γράφει; om. 203 240

καὶ εἶδον¹ ἄγγελον ἰσχυρὸν καταβαίνοντα ἐκ τοῦ οὐρανοῦ, περιβεβλημένον νεφέλην, καὶ² ἶρις ἐπὶ τῆς κεφαλῆς αὐτοῦ, καὶ τὸ πρόσωπον αὐτοῦ ὡς ὁ ἥλιος, καὶ οἱ πόδες αὐτοῦ ὡς στύλοι³ πυρός, καὶ ἔχων⁴ ἐν τῇ χειρὶ αὐτοῦ βιβλιδάριον ἠνεωγμένον.⁵ καὶ ἔθηκε τὸν πόδα αὐτοῦ τὸν δεξιὸν ἐπὶ τῆς θαλάσσης, τὸν δὲ εὐώνυμον ἐπὶ τῆς γῆς, καὶ ἔκραξε φωνῇ μεγάλῃ ὥσπερ λέων μυκᾶται. καὶ ὅτε ἔκραξεν,⁶ ἐλάλησαν αἱ ἑπτὰ βρονταὶ τὰς ἑαυτῶν φωνάς. καὶ ὅτε ἐλάλησαν αἱ ἑπτὰ βρονταί, ἤμελλον γράφειν· καὶ ἤκουσα φωνὴν ἐκ τοῦ οὐρανοῦ λέγουσαν· σφράγισον ἃ ἐλάλησαν αἱ ἑπτὰ βρονταί καὶ μὴ αὐτὰ γράψῃς.

ὅσοι τοιγαροῦν ζῶντες ἔτι καὶ ἀκηκοότες⁷ ἢ καὶ θεασάμενοι τὰς κατὰ τῶν πλημμελούντων κολάσεις οὐ μετενενοήκασιν,⁸ ἀλλ' ἔμειναν ὄντες πονηροὶ καθὼς πρόσθεν εἴρηται, κατὰ τούτων φησὶν ἄγγελον εἶδον⁹ ἐκ τοῦ οὐρανοῦ καταβάντα¹⁰ εἴδη κολάσεων κομίζοντα. ἦν δέ φησιν ἡ ἰδέα αὐτοῦ καὶ τὸ σχῆμα τοιόνδε· περιεβέβλητο νεφέλην.¹¹ ἡ νεφέλη τὸ ἀειδὲς καὶ ἀόρατον τῶν ἁγίων ἀγγέλων αἰνίττεται¹²· ἀθεωρησίας γὰρ¹³ ἡ νεφέλη τύπος· τοῦ¹⁴ γὰρ Θεοῦ τὸ ἀόρατον διασημαίνων ὁ προφήτης, νεφέλη φησὶ καὶ γνόφος κύκλῳ αὐτοῦ. καὶ ἶρις ἐπὶ τῆς κεφαλῆς αὐτοῦ· ὡσεὶ ἔλεγε τὸ κεφάλαιον καὶ τὸ προὔχον τῶν ἐν ἀγγέλοις ἀγαθῶν, ἡ λαμπρότης ἐστίν· εἰσὶ γὰρ ἄγγελοι φωτός. καὶ τὸ πρόσωπον αὐτοῦ φησιν¹⁵ ὡς ὁ ἥλιος· καὶ τοῦτο λαμπρότητος¹⁶ τῆς ἀκραιφνοῦς ἀπόδειξις. ἀλλ' ἡ μὲν ἶρις λαμπρότητος κτιστῆς,¹⁷ τῆς δι' ἀρετῶν δηλωτική· τοιγαροῦν οὐ μονοειδὴς ἡ τῆς ἴριδος λαμπρότης, ἀλλὰ ποικίλη πάσας τὰς ἀγγέλων¹⁸ ἀρετὰς

---

¹ add. ἄλλον 203 240
² add. ἡ ante ἶρις 240 [non 203]
³ στύλος 203 240
⁴ κατέχων pro καὶ ἔχων 203 240 et 38–178
⁵ ἀνεωγμένον 203 240
⁶ ἔκραξαν 203 [non 240 ἔκραξε]
⁷ ἐν τιμῇ ἀκηκοότα 240 pro ἔτι καὶ ἀκηκοότες 146 203
⁸ μετανενόηκαν 203 [non 240]
⁹ εἶδον ἄγγελον 203 240
¹⁰ Sic hoc loco.
¹¹ νεφέλῃ 203 comp. [νεφέλην comp. 240]
¹² αἰνίττται (sic) 146
¹³ om. γὰρ 146
¹⁴ τὸ pro τοῦ 146
¹⁵ om. φησιν 240 [Habet 203]
¹⁶ add. ἐστι 203 240
¹⁷ om. κτιστῆς 203 [Habet 240]
¹⁸ ἐν ἀγγέλοις pro ἀγγέλων 203 240

ἐνδεικνυμένη. ὁ δέ γε ¹ ἥλιος τὴν φυσικὴν αὐτῶν αἰνίττεται μαρμαρυγήν. διὸ τὴν μὲν ἶριν περιεβέβλητο, περὶ ἡμᾶς γὰρ αἱ ἀρεταί· τὸ δὲ πρόσωπον ἡλίῳ ἐμφερὲς εἶχεν, ἐν ἡμῖν γὰρ ἅπαν φυσικὸν πλεονέκτημα. **καὶ οἱ πόδες** ² **αὐτοῦ** (Apoc. x. 1 *fin.*) **στύλου** ³ **πυρός.** τὸ πῦρ τὴν τιμωρίαν δηλοῖ, ἣν ἦλθε κομίζων κατὰ τῶν ἀσεβῶν. **καὶ ἔχων φησὶν ἐν τῇ χειρὶ** (Apoc. x. 2) **αὐτοῦ βιβλιδάριον ἠνεῳγμένον.** ⁴ τῶν τοιούτων βιβλίων ὁ Δανιὴλ μεμνημένος φησίν· *ἔμπροσθεν αὐτοῦ, κριτήριον ἐκά-* Dan. vii. 10 (26) *θισεν* ⁵ *καὶ βίβλοι ἠνεῴχθησαν.* ⁶ ἦν δὲ τὸ βιβλιδάριον ἐν ᾧ ἦσαν ἐγγεγραμμένα τῶν κολασθησομένων ⁷ λίαν ἀσεβῶν τά τε ὀνόματα καὶ αἱ πλημμελεῖαι. διὸ καὶ ὑποκοριστικῶς βιβλιδάριον αὐτὸ προσεῖπεν, ὡς βίβλου μὲν ὑπαρχούσης, ἤτοι βιβλίου ⁸ — ἀμφότερα γὰρ εἴρηται τῇ θείᾳ γραφῇ — ἐν αἷς τὰ πάντων ἀνθρώπων ὀνόματα γέγραπται κατὰ τὰ ἔμπροσθεν εἰρημένα μοι, — βιβλιδαρίου ⁹ δέ ἐν ᾧ τὰ τῶν λίαν ἀσεβῶν. μὴ γὰρ τοσοῦτοι ¹⁰ εἴησαν οἱ ¹¹ τῶν εἰδώλων προσκυνηταὶ καὶ φόνοις καὶ φαρμακείαις στιγματίαι καὶ τὰ ἄλλα ἃ κατέλεξε νοσοῦντες, ὡς βιβλίον ὅλον πληρῶσαι. **καὶ** (Apoc. x. 2) **ἔθηκέ φησι τὸν πόδα αὐτοῦ** ¹² **τὸν δεξιὸν ἐπὶ τῆς θαλάσσης, τὸν δὲ εὐώνυμον ἐπὶ τῆς γῆς.** τοῦτο δεῖγμα μὲν καὶ τοῦ μεγέθους τῶν ἁγίων· ¹³ δεῖγμα δὲ ὅτι τοῖς τε ἐν τῇ γῇ πλημμελήσασι καὶ τοῖς ἐν θαλάσσῃ, τοῖς οἷον καταποντισταῖς, ἢ καὶ ἄλλους κακουργήσασι ¹⁴ τὰ τῆς τιμωρίας ἔφερε. **καὶ ἔκραζε** (Apoc. x. 3) **φωνῇ μεγάλῃ ὥσπερ λέων μυκᾶται.** ¹⁵ καὶ τὸ ἴσα λέουσιν ὠρύσασθαι ¹⁶ τὸν ἅγιον ἄγγελον τῆς ὀργῆς ἐστι σύμβολον

---

¹ *om.* γε 203 240
² στύλοι *pro* πόδες 203 [*non* 240]
³ στύλοι 203 240
⁴ *om.* καὶ ἔχων *usque ad* ἠνεῳγμένον 203 240
⁵ ἐκάθησεν 146
⁶ ἀνεῴχθησαν 203 240
⁷ κολασθησαμένων 240 *ut vid* [*non* 203]
⁸ βίβλων 203 (*dub.* 240)
⁹ βιβλιδάριον 203 [*non* 240 *ut vid.*]
¹⁰ *add.* γε 203 240

¹¹ ἡ *pro* οἱ 146
¹² *om.* 203 240 *quae seq. usque ad* γῆς *et add.* καὶ τὰ ἑξῆς
¹³ *add.* ἀγγέλων 203 240
¹⁴ καὶ τοῖς ἐν θαλάσσῃ . . . κακουργήσασι *om.* 146
¹⁵ καὶ ἔκραζε . . . μυκᾶται *om.* 203 240
¹⁶ ὠρύσασθαι 203 240 [ὠρύεται *habet noster* 220* *mg.*; βρυχᾶται 220 *text. et fam.* 119 (*omn.*); κυμᾶται 113; κοιμᾶται 241; *rell.* μυκᾶται *et* ℵ μυκατε C μοικαται, 16 *solus om.*]

(Apoc. x. 3 fin.) τῆς κατὰ τῶν ἀσεβῶν. καὶ ὅτε φησὶν ἔκραξεν, ἐλάλησαν αἱ ἑπτὰ βρονταὶ τὰς ἑαυτῶν φωνάς.¹ ἑπτὰ² λέγει βροντᾶς τὰ ἑπτὰ λειτουργικὰ πνεύματα ὧν ἐν τοῖς ἔμπροσθεν μνήμην πεποίηται, διὸ μετὰ τοῦ ἄρθρου τέθειται³· αἱ ἑπτά φησι⁴ βρονταί, πρὸς ἐκεῖνα τὰ ἑπτὰ πνεύματα τὴν ἀναφορὰν ἔχουσαι. τί δὲ τὸ κράξαι τὰ ἑπτὰ πνεύματα βούλεται; τὸ καὶ αὐτὰ πάντως συνεπιψηφίσασθαι⁵ ταῖς κατὰ τῶν ἁμαρτωλῶν τιμωρίαις, εὐχάριστον ὕμνον ἀναφέροντα⁶ τῷ⁷ Θεῷ, ὅτι δίκαια πάντα πέπρακται. ἅμα δὲ καὶ κράξαντα⁸ διεσά-

(Apoc. x. 4) φησε τὰ τῶν κολάσεων εἴδη. ἤμελλον⁹ δέ φησι γράφειν τὰ
(Apoc. x. 4) εἰρημένα τοῖς ἑπτά πνεύμασι.¹⁰ καὶ ἤκουσα φωνὴν ἐκ τοῦ οὐρανοῦ λέγουσαν· σφράγισον ἃ ἐλάλησαν αἱ ἑπτὰ βρονταὶ καὶ μὴ αὐτὰ γράψῃς. τὸ μὲν σφράγισον τὸ οἷον ἔχε τὴν μνήμην ἐντετυπωμένην¹¹ τῇ διανοίᾳ σου· τὸ δέ γε κωλυθῆναι γραφῇ παραδοῦναι οἰκονομικόν, δι' ἣν μὲν οἶδεν ὁ Θεὸς αἰτίαν,¹² ἴσως δὲ τῶν δοξαζομένων κολάσεων ἐλαφρότεραι τυγχάνουσαι καὶ τῆς ἀγαθότητος τοῦ κολάζοντος ἄξιαι, εὐκαταφρονήτους αὐτὰς τοῖς ἀνθρώποις ἐποίουν. τί γὰρ

Gregorius φασι περὶ τούτων Γρηγόριός τε¹³ ὁ θεσπέσιος καὶ Εὐάγριος ὁ τὰ γνωστικὰ μέγας; ὁ μὲν καί γίνεταί φησι τοῖς ἀμφὶ τὸν Ἀδὰμ ἡ τιμωρία φιλανθρωπία, οὕτω γὰρ πείθομαι κολάζειν Θεόν, καὶ ἐν ἑτέρῳ οὔτε τὸ ἔλεος ἄκριτον, οὔτε ἡ κρίσις ἀνέλεος·¹⁴

Evagrius Εὐάγριος δὲ λανθανέτω φησὶ τοὺς νεωτέρους καὶ τοὺς κοσμικοὺς ὁ περὶ κρίσεως ὑψηλότερος λόγος· οὐ γὰρ ἴσασιν πόνον, ψυχῆς λογικῆς καταδικασθείσης τὴν ἄγνοιαν.

Apoc. x. 5 καὶ ὁ ἄγγελος, ὃν εἶδον ἑστῶτα¹⁵ ἐπὶ τῆς θαλάσσης καὶ ἐπὶ τῆς γῆς, ἦρε τὴν χεῖρα αὐτοῦ τὴν δεξιὰν εἰς τὸν οὐρανόν,
6 καὶ ὤμοσεν ἐν¹⁶ τῷ ζῶντι εἰς τοὺς αἰῶνας τῶν αἰώνων, ὃς

---

¹ om. καὶ ὅτε φησὶν ... ἑαυτῶν φωνάς 203 240
² add. δὲ 203 240
³ τέθηται et om. αἱ 146
⁴ om. φησι 203
⁵ συνεψηφίσασθαι 146
⁶ ἀναπέμποντα 203 240
⁷ om. τῷ 203 240
⁸ κεκράξαντα 146 pro καὶ κράξαντα
⁹ ἔμελλον 203 [non 240]
¹⁰ add. καὶ τὰ ἑξῆς 203 240 (om. καὶ ἤκουσα ... γράψῃς)
¹¹ ἐκτετυπωμένην 203 240
¹² οἶδεν αἰτίαν ὁ Θεός 203 240
¹³ om. τε 203 240
¹⁴ ἀνίλεος 203 [non 240]
¹⁵ om. ἑστῶτα 203 240
¹⁶ om. ἐν 203 240

ἔκτισε τὸν οὐρανὸν καὶ τὰ ἐν αὐτῷ· καὶ τὴν γῆν καὶ τὰ ἐν
αὐτῇ, καὶ τὴν θάλασσαν καὶ τὰ ἐν αὐτῇ,[1] ὅτι χρόνος οὐκέτι
ἔσται· ἀλλ' ἐν ταῖς ἡμέραις[2] τοῦ ἑβδόμου ἀγγέλου ὅταν   Apoc. x. 7
μέλλῃ[3] σαλπίζειν·[4]

κατὰ σχῆμα ἐλλείψεως εἴρηταί· φησὶν γὰρ[5] ὅταν μέλλῃ   (Apoc. x. 7)
σαλπίζειν ὁ ἕβδομος ἄγγελος πᾶσα πληρωθήσεται ἡ κατὰ τῶν
ἀσεβῶν κόλασις διάφορός τε οὖσα καὶ ποικίλη. οὐ νῦν δὲ
λέγει τοῦτο ἔσεσθαι ὅταν ἐν τῇ θεωρίᾳ σαλπίσῃ, ἐπεὶ μήτε
τὰ[6] ἄλλα τότε προβέβηκεν, ἀλλ' ὅταν ἐν τῷ προσήκοντι
σαλπίσῃ καιρῷ. οὗ γενομένου,[7] τέλος λήψεταί φησι τὸ   (Apoc. x. 7 fin.)
μυστήριον τῷ Θεῷ[8] ὡς εὐηγγέλισεν τοὺς ἑαυτοῦ δούλους τοὺς
προφήτας. ἄχρι γὰρ τῆς[9] κρίσεως καὶ τῆς τῶν ἀγαθῶν
καὶ φαύλων ἀντιδόσεως, προεφήτευσαν οἱ προφῆται, καὶ
μετὰ τοῦτο οὐκέτι. σαλπίζοντος οὖν ἐν τῷ τότε αἰῶνι τοῦ
ἑβδόμου ἀγγέλου, τέλος λήψεται ἅπαν μυστήριον, καὶ πᾶσα
προφητικὴ προαγόρευσις.

καὶ φωνὴν ἤκουσα ἐκ τοῦ οὐρανοῦ πάλιν, λαλοῦσαν μετ' ἐμοῦ   Apoc. x. 8
καὶ λέγουσαν[10]· ὕπαγε λάβε τὸ βιβλίον[11] τὸ ἀνεῳγμένον ἐν τῇ
χειρὶ τοῦ ἀγγέλου τοῦ ἑστῶτος ἐπὶ τῆς θαλάσσης καὶ ἐπὶ
τῆς γῆς. καὶ ἀπῆλθον πρὸς τὸν ἄγγελον λέγων αὐτῷ· δός   9
μοι τὸ βιβλίον. καὶ λέγει μοι· λάβε καὶ φάγε[12] αὐτό· καὶ
πικρανεῖ σου τὴν κοιλίαν,[13] ἀλλ' ἐν τῷ στόματί σου ἔσται
γλυκὺ ὡς μέλι.[14] καὶ ἔλαβον τὸ βιβλιδάριον[15] ἐκ τῆς χειρὸς   10
τοῦ ἀγγέλου καὶ κατέφαγον αὐτό, καὶ ἦν ἐν τῷ στόματί μου

---

[1] om. καὶ τὴν θάλασσαν καὶ τὰ ἐν αὐτῇ 203 240
[2] add. τῆς φωνῆς 203 240
[3] μέλλει 146 pr. man.
[4] Add. καὶ ἐτελέσθη τὸ μυστήριον τοῦ Θεοῦ, ὡς εὐηγγέλισε τοὺς ἑαυτοῦ δούλους τοὺς προφήτας 203 240. Nil in 146 nisi schol. seq. de πληρωθήσεται et de οὗ γενομένου τέλος λήψεταί φησιν τὸ μυστήριον τῷ θεῷ, ὡς εὐηγγέλισεν τοὺς ἑαυτοῦ δούλους τοὺς προφήτας
[5] om. γὰρ 203 240
[6] om. τὰ 240 [non 203] τὰ supra lin. 146 sed pr. man.
[7] οὗ γίνομενου 203 240
[8] τῷ θεῷ 146 et 203 240 hoc loco
[9] om. τῆς 203 240
[10] καὶ ἡ φωνὴ ἡ λέγουσα ἐκ τοῦ οὐρανοῦ πάλιν ἣν ἤκουσα λαλοῦσα (sic; in 203 vult. ν eras.) μετ' ἐμοῦ καὶ λέγουσα 203 240 (pro καὶ φωνὴν . . . καὶ λέγουσαν)
[11] τὸ βιβλιδάριον 203 240
[12] καὶ κατάφαγε 203 240
[13] τὴν καρδίαν σου 203 σου τὴν καρδίαν 240 (sed infra ἡ κοιλία ambo.)
[14] ὡς μέλι γλυκύ 203 240
[15] τὸ βιβλίον 203 240

ὡς μέλι γλυκύ¹· καὶ ὅτε ἔφαγον αὐτό, ἐπικράνθη ἡ κοιλία μου. καὶ λέγει μοι· δεῖ σε πάλιν προφητεῦσαι ἐπὶ λαοῖς καὶ ἔθνεσι καὶ γλώσσαις καὶ βασιλεῦσι πολλοῖς.

καὶ ἡ φωνὴ ἣν ἤκουσα ἐκ τοῦ οὐρανοῦ, πάλιν αὐτήν φησιν ἤκουσα λαλοῦσαν μετ᾽ ἐμοῦ.² τί δὲ ἐλάλει; λαβεῖν τὸ βιβλίον ἐκ τοῦ ἀγγέλου. ὃ λαβών φησιν³ ἔφαγον καὶ ἦν μὲν γλυκὺ ἐν τῷ στόματί μου, μετὰ δέ γε τὴν βρῶσιν, πικρὸν ἐν τῇ κοιλίᾳ μου. ἐπειδὴ εἶδέ τε καὶ ἤκουσεν ὁ θεσπέσιος εὐαγγελιστὴς τὰς κατὰ τῶν ἀσεβῶν κολάσεις, ὅπως παιδευθῇ ἔργῳ καὶ οὐκ ἀκοῇ μόνῃ ὅπως ἀπηχθημέναι τυγχάνουσι τῷ Θεῷ τῶν ἀνθρώπων αἱ ἀνομίαι, πικραί τε οὖσαι καὶ βδελυκταί, διὰ τῆς θεωρίας τοῦτο διδάσκεται — οὐ γὰρ ἐκ πείρας⁴ τοῦτο ἠπίστατο, ἀνὴρ ἅγιος καὶ παρθένος γεγονώς — καὶ διὰ τούτου⁵ γνῶναι δικαίαν εἶναι τὴν κατὰ τῶν ἀσεβῶν ὀργὴν τοῦ Θεοῦ. τὸ μὲν γὰρ βιβλίον εἶχε τά τε⁶ ὀνόματα τάς τε ἁμαρτίας τῶν λίαν πεπλημμεληκότων καθὼς πρόσθεν εἴρηται. κεκέλευσται οὖν τοῦτο φαγεῖν, καὶ οἷον ἐν γεύσει καὶ νοητῇ τινι⁷ πείρᾳ διὰ τῆς ὀπτασίας γενέσθαι τῆς τῶν ἁμαρτιῶν πικρίας.⁸ καὶ φαγὼν εὗρεν⁹ αὐτὰς γλυκείας μὲν τῷ στόματι, πικρὰς δὲ τῇ κοιλίᾳ μετὰ τὴν βρῶσιν· τοιαύτη γὰρ πᾶσα ἁμαρτία. γλυκεῖα μὲν ἐνεργουμένη, πικρὰ δὲ ἀποτελεσθεῖσα. κολάσεως γὰρ¹⁰ γίνεται πρόξενος, ἀλλὰ καὶ τῇ μεταμελείᾳ, πικραίνει τοὺς χρησαμένους. τοιοῦτον ἦν καὶ τὸ ἀπηγορευμένον ὑπὸ Θεοῦ ἐν τῷ παραδείσῳ ξύλον, ὃ¹¹ πάντες εἰς τὴν ἁμαρτίαν τροπολογοῦσι, γνῶσιν ἐμποιοῦν καλοῦ τε καὶ πονηροῦ· καλοῦ μὲν ἐν τῇ γεύσει, κακοῦ δὲ μετὰ τὴν πεῖραν.¹² **καὶ λέγει μοί φησι δεῖ σε πάλιν προφητεῦσαι ἐπὶ λαοῖς καὶ ἔθνεσι καὶ βασιλεῦσι πολλοῖς,** ὡσεὶ

---

¹ om. γλυκύ hoc loco 203 240
² καὶ τὰ ἑξῆς 203 240 (pro ἐκ τοῦ ... μετ᾽ ἐμοῦ) pergentes ad τί δὲ ἐλάλει
³ add. παρακατιὼν 203 et ita 240 in comp.
⁴ add γε 203 240
⁵ διὰ τοῦτο 146
⁶ om. τε 203 [non 240]
⁷ om. τινι 203 240
⁸ Hoc loco com. Andr. interject. Postea seq. καὶ φαγών κ.τ.λ. 203 240
⁹ εὗρες 203 [non 240]
¹⁰ om. γὰρ 146
¹¹ οὗ pro ὃ 146
¹² om. seq. καὶ λέγει μοι usque ad πολλοῖς, pergentes ad ὡσεὶ ἔλεγε 203 240 (sed schol. Andr. interjectis)

ἔλεγε· μὴ ἐπειδὴ ἐν ὀπτασίᾳ τήν τε συντέλειαν¹ τοῦ παρόντος αἰῶνος ἑώρακας καὶ τὴν κατὰ τῶν ἀσεβῶν ὀργήν, ἤδη νόμιζε καὶ ἔργῳ παρεῖναι τὴν τῆς συντελείας ἡμέραν· χρόνος πολὺς ἐν μέσῳ ὡς καὶ προφητεῦσαί σε² πολλοῖς ἔθνεσί (Apoc. x. 11) τε καὶ βασιλεῦσι. τοιγαροῦν ἄχρι τοῦ νῦν ὁ θεσπέσιος Ἰωάννης προφητεύει³ διά τε⁴ τοῦ εὐαγγελίου καὶ τῶν καθολικῶν αὐτοῦ ἐπιστολῶν καὶ διὰ τῆς παρούσης ἀποκαλύψεως· πάντα γὰρ αὐτῷ ἐν πνεύματι εἴρηταί τε καὶ προεφήτευται·

καὶ ἐδόθη μοι κάλαμος ὅμοιος ῥάβδῳ,⁵ λέγων· ἔγειραι καὶ μέτρησαι⁶ τὸν ναὸν τοῦ Θεοῦ καὶ τὸ θυσιαστήριον, καὶ τοὺς προσκυνοῦντας ἐν αὐτῷ. καὶ τὴν αὐλὴν τὴν ἔξωθεν τοῦ ναοῦ ἔκβαλε ἔξωθεν τοῦ ναοῦ· ἔκβαλε,⁷ καὶ μὴ αὐτὴν μετρήσῃς, ὅτι ἐδόθη τοῖς ἔθνεσι, καὶ τὴν πόλιν τὴν ἁγίαν πατήσουσι μῆνας τεσσαρακονταδύο.⁸ Apoc. xi. 1

2

ἐν τοῖς φθάσασιν ἔδειξεν ἡ ὀπτασία τῷ θεσπεσίῳ Ἰωάννῃ τὴν τῶν ἁγίων πληθὺν τῶν⁹ συνόντων¹⁰ Χριστῷ καὶ τὸν θεῖον ἐποπτευόντων θρόνον, ἐν οἷς πολλαπλασίους¹¹ ἦσαν οἱ¹² ἐξ ἐθνῶν τῶν¹³ ἐξ Ἰσραήλ. νῦν δέ γε ἕτερον αὐτῷ¹⁴ δείκνυσι, πόσοι τέ¹⁵ τινές εἰσιν οἱ ἐν τῷ χρόνῳ τῆς παλαιᾶς διαθήκης ηὐδοκιμηκότες,¹⁶ καὶ πόσοι κατὰ τὸν τῆς νέας καιρόν. καὶ ὅρα ὅπως ἀστείως τοῦτο αὐτῷ¹⁷ σκιαγραφεῖται. δίδοται¹⁸ μὲν αὐτῷ κάλαμος γεωμετρικὸς ἵνα μετρήσῃ¹⁹ τὸν ναὸν τοῦ Θεοῦ καὶ τὸ θυσιαστήριον τὸ ἐν τῷ ναῷ, (Apoc. xi. 1) δηλονότι τῷ ἐν Ἱερουσαλήμ, καὶ τοὺς ἐν αὐτῷ προσκυνοῦντας. καὶ ἐμέτρησε· μετρητοὶ γὰρ ἦσαν δι' ὀλιγότητα οἱ κατὰ τοὺς τῆς παλαιᾶς χρόνους εὐαρεστήσαντες τῷ Θεῷ.

---

¹ om. τὴν τε συντέλειαν 203 240
² τε pro σε 146
³ προφητεύει ὁ θεσπέσιος Ἰωάννης 240 [non 203]
⁴ om. τε 203, et prob. 240
⁵ ὡς ῥάβδος 203 240 et 38–178 soli (pro ὅμοιος ῥάβδῳ)
⁶ μέτρησον 203 240
⁷ om. τοῦ ναοῦ ἔκβαλε 203 240
⁸ σαρακονταδύο (sic) 146, μκβ̄ 240, μβ̄ 203
⁹ om. τῶν 240 [Habet 203]
¹⁰ add. τῷ 203 240
¹¹ πολλαπλασίους 146 man. sec. ex πολλαπλάσιοι corr. ut vid.
¹² τῶν pro οἱ 240 [sed οἱ 203]
¹³ οἱ pro τῶν 240 [non 203]
¹⁴ add. τί 203 240
¹⁵ om. τέ 203 240
¹⁶ εὐδοκιμηκότες 203 240
¹⁷ αὐτὸ 146
¹⁸ δέδοται 203 240
¹⁹ μετρήσει 146

(Apoc. xi. 2) καὶ τὴν αὐλὴν φησὶν τὴν ἔξωθεν τοῦ ναοῦ, ἔκβαλε ἔξω καὶ μὴ αὐτὴν μετρήσῃς, ὅτι ἐδόθη τοῖς ἔθνεσι.¹ μετρήσας τὸν ναὸν καὶ τὸ θυσιαστήριον καὶ τοὺς ἐν αὐτῷ θυόντας, ἤκουσε δεῖν τὴν αὐλὴν ἐκβαλεῖν ἐπὶ τὰ ἔξω καὶ πλατῦναι, οὐ μὴν μετρῆσαι ὡς κρείττονα μέτρου τυγχάνουσαν. τοῖς δὲ ἔθνεσί φησιν δέδοται ἡ αὐλή, καὶ ἔχεται τοῦ ναοῦ καὶ ἔξωθεν αὐτοῦ
(Apoc. xi. 2) τυγχάνει· καὶ² ἡ καινὴ διαθήκη³ ἔχεται τῆς παλαιᾶς. τὰ γὰρ ἐν αὐτῇ σκιώδη πνευματικῶς καὶ ἀληθῶς ἐπιτελεῖ, καὶ
Jerem. xxxviii. 31-32 ἑτεροῖά ἐστιν παρ' αὐτῇ⁴ κατὰ τὸν Ἰερεμίαν λέγοντα· **ἰδοὺ ἡμέραι ἔρχονται, λέγει Κύριος, καὶ διαθήσομαι τῷ οἴκῳ Ἰσραὴλ καὶ τῷ οἴκῳ Ἰούδα διαθήκην καινήν, οὐ κατὰ τὴν διαθήκην ἣν διεθέμην τοῖς πατράσιν αὐτῶν, ἐν ἡμέρᾳ ἐπιλαβομένου μου τῆς χειρὸς αὐτῶν ἐξαγαγεῖν αὐτοὺς ἐκ γῆς Αἰγύπτου.** αὐλὴν οὖν τοῦ ναοῦ τὴν νέαν φησὶ διαθήκην. εἶτα ὑποσημαίνουσα μυστικῶς ἡ ὀπτασία, ὅτι καὶ τῆς παλαιᾶς Κύριος καθέστηκεν, ὁ ἐν τῇ νέᾳ χρηματίσας Χριστὸς καὶ ἀρχή,⁵ καθὼς τῷ
1 Cor. x. 4 Παύλῳ δοκεῖ λέγοντι περὶ τοῦ Ἰσραὴλ **ἔπινον γὰρ ἐκ πνευματικῆς ἀκολουθούσης πέτρας· ἡ δὲ πέτρα ἦν**⁶ **ὁ Χριστός**. αὐλὴν ἐκάλεσε τῆς παλαιᾶς τὴν νέαν· ἡ γὰρ αὐλὴ ἀρχὴ καὶ εἴσοδος ὑπάρχει τοῦ Θεοῦ,⁷ οὐ μὴν ναός. τὴν οὖν αὐλήν, δι' ἧς αὐτή τε καὶ οἱ ἐν αὐτῇ δηλοῦνται, οὐκ ἐμέτρησεν· ἔστι γὰρ ἥ τε νέα καὶ οἱ ἐν αὐτῇ κατορθώσαντες ἐπέκεινα καταλήψεως,⁸ οἱ μὲν διὰ τὸ ἀμύθητον πλῆθος, ἡ⁹ δὲ διὰ τὴν τῶν δογμάτων λεπτότητα καὶ τὸ ὕψος. ὅτι φησὶν
(Apoc. xi. 2) **ἐδόθη τοῖς ἔθνεσιν**, ἐδόθη μὲν καὶ τῷ Ἰσραὴλ τὰ ἐν τῇ νέᾳ ἀγαθά, ἀλλ' ἐπειδὴ καὶ ἀριθμοῦ κρείττονες οἱ ἐν αὐτῇ τῶν ἐθνῶν παρὰ τοὺς ἐξ Ἰσραὴλ εὐδοκιμήσαντας,¹⁰ ἐκ τοῦ πλείονος τὸ πᾶν δεδήλωκε,¹¹ τοῖς ἔθνεσι λέγουσα δεδόσθαι τὴν
(Apoc. xi. 2 fin.) αὐλήν. **καὶ τὴν πόλιν φησὶ τὴν ἁγίαν πατήσουσι μῆνας τεσ-**

---

¹ Habent 203 240 iterum text. in schol. ut 146
² om. καὶ 146
³ add. καὶ 203 et 240 ut vid.
⁴ ἐπ' αὐτὴν 203 240
⁵ ἐν ἀρχῇ 203 et 240 prob.
⁶ ἦν 203 et 240 ut vid.
⁷ τοῦ ναοῦ ὑπάρχει pro ὑπάρχει τοῦ Θεοῦ 203 240
⁸ καταλήψεως ἐπέκεινα 203 240
⁹ οἱ pro ἡ 146
¹⁰ εὐδοκιμήσαντες 203 [non 240]
¹¹ δεδήλωκε τὸ πᾶν 203 240

σαρακονταδύο,¹ τὴν πόλιν, οὐ μὴν τὸν ναόν, πόλιν λέγων τὴν ἐκκλησίαν, περὶ ἧς εἴρηται δεδοξασμένα ἐλαλήθη περὶ σοῦ ἡ πόλις τοῦ Θεοῦ, ἡ ἐπουράνιος Ἱερουσαλήμ, ἡ τῶν πρωτοτόκων μητήρ, τῶν ἀπογεγραμμένων ἐν οὐρανῷ. τί δὲ τὸ μέτρον βούλεται, τὸ² τῶν τεσσαρακονταδύο μηνῶν³; παραδηλοῖ ὅτι ὀλίγος ἔσται ἐπὶ τῆς γῆς χρόνος τῆς ἐν τῇ νέᾳ πολιτείας, καὶ ἥξει λοιπὸν τὸ τέλος. ὁ γὰρ τεσσαρακοστὸς ἀριθμὸς ἐκ τεσσάρων δεκάδων συγκείμενος οὐκ ἔστι τέλειος,⁴ ὁμοίως δὲ καὶ ὁ δύο.⁵ δι' ὧν τὸ μὴ χρονίζειν ἐν τῷ νῦν βίῳ τὴν τῆς νέας κατάστασιν ὁ λόγος ἐνδείκνυται· ὅθεν ἐσχάτην ὥραν καὶ αὖθις ἐνδεκάτην ἡ γραφὴ καλεῖ τὸν τῆς νέας καιρόν, καθ' ὃν ἐνηνθρώπησεν ὁ μονογενής· ἐν δέ γε τῷ μέλλοντι διαιωνίσει. τὸ δὲ εἰπεῖν πατῆσαι τοὺς ἐξ ἐθνῶν τὴν ἁγίαν πόλιν, τουτεστί τὴν ἐκκλησίαν, τὸ ἐν αὐτῇ ἀναστραφῆναι δηλοῖ. (cf. Matt. xx. 6, 9)

καὶ δώσω τοῖς δυσὶ μάρτυσί μου, καὶ προφητεύσουσιν ἡμέρας δισχιλίας διακοσίας ἑξήκοντα,⁶ περιβεβλημένοι σάκκους. οὗτοί εἰσιν⁷ αἱ δύο λυχνίαι, αἱ⁸ ἐνώπιον τοῦ Θεοῦ⁹ τῆς γῆς ἑστῶσαι. καὶ εἴ τις θέλει αὐτοὺς¹⁰ ἀδικῆσαι, πῦρ ἐκπορεύεται ἐκ τοῦ στόματος αὐτῶν καὶ κατεσθίει τοὺς ἐχθροὺς αὐτῶν· καὶ εἴ τις¹¹ θέλει¹² αὐτοὺς ἀδικῆσαι, οὕτω¹³ δεῖ αὐτὸν ἀποκτανθῆναι. οὗτοι ἔχουσι¹⁴ τὴν ἐξουσίαν κλεῖσαι τὸν οὐρανόν, ἵνα μὴ ὑετὸς βρέξῃ¹⁵ τὰς ἡμέρας τῆς προφητείας αὐτῶν, καὶ ἐξουσίαν ἔχουσιν¹⁶ ἐπὶ τῶν ὑδάτων στρέφειν αὐτὰ εἰς αἷμα, καὶ πατάξαι τὴν γῆν ἐν πάσῃ πληγῇ, ὁσάκις ἂν θελήσωσιν. Apoc. xi. 3 4 5 6

---

¹ μ̄β̄ hoc loco 203, et 240 (non μ̄ και β̄ ut supra)
² om. τὸ 203 [Habet 240]
³ τῶν μ̄β̄ μηνῶν; sic 203 et 240 ut vid.
⁴ τέλειος οὐκ ἔστιν 203 240
⁵ ὁ β̄ 240, sed δύο (absque ὁ) 203
⁶ α͵ σξ 240 cum textu rec. α͵σξ 203, δισχιλίας solus 146
⁷ add. αἱ β̄ (δύο 203) ἐλαῖαι καὶ 203 240

⁸ om. αἱ 203 [Habet 240]
⁹ τοῦ Κυρίου pro τοῦ Θεοῦ 203 240
¹⁰ αὐτοὺς θέλει 203 240
¹¹ καὶ ὅστις 203 240
¹² θελήσει 203 [non 240]
¹³ οὕτως 203 [non 240]
¹⁴ ἔξουσι 203 240
¹⁵ Sic nostri omnes cum Hippolito solo
¹⁶ ἔξουσιν 203, sed om. omnino 240

ἐπειδὴ πάντα ἐν τῇ ὀπτασίᾳ διεπλάσθη τῷ εὐαγγελιστῇ, τὰ κατὰ τὴν τοῦ Κυρίου ἔνσαρκον οἰκονομίαν, ἡ γέννησις, ὁ πειρασμός, αἱ διδασκαλίαι, αἱ κατ' αὐτοῦ παροινίαι, ἔτι τε ὁ σταυρός, καὶ¹ ἡ ἀνάστασις, καὶ ἡ δευτέρα παρουσία, καὶ πρὸς τούτοις τῶν τε ἁγίων καὶ τῶν ἁμαρτωλῶν αἱ ἀντιδόσεις — παρελείφθη δὲ τὰ κατὰ τοὺς προδρόμους τῆς δευτέρας αὐτοῦ παρουσίας — ὥσπερ ἐξ ὑποστροφῆς νῦν τὰ περὶ αὐτῶν διδάσκεται, ὅτι μὲν οὖν ἥξειν Ἠλίαν τὸν Θεσβίτην² προηγόρευσεν ἡμῖν ἡ θεία γραφὴ παντίπου δῆλον· τοῦ μὲν

Malachi iv. 4-5 **Μαλαχίου λέγοντος ἰδοὺ ἐγὼ ἀποστελῶ³ ὑμῖν Ἠλίαν τὸν Θεσβίτην⁴ πρὶν ἐλθεῖν τὴν ἡμέραν Κυρίου τὴν μεγάλην καὶ ἐπιφανῆ, ὃς ἀποκαταστήσει καρδίαν πατρὸς πρὸς υἱόν, καὶ καρδίαν ἀνθρώπου πρὸς τὸν πλησίον αὐτοῦ, μὴ ἐλθὼν⁵ πατάξω τὴν γῆν ἄρδην·** τοῦ δὲ Κυρίου προσφωνοῦντος παρὰ τῷ Ματθαίῳ

Matt. xi. 14 περὶ τοῦ βαπτιστοῦ **καὶ εἰ θέλετε δέξασθαι, οὗτός⁶ ἐστιν Ἠλίας ὁ μέλλων ἔρχεσθαι.** περὶ ἑτέρου δὲ προδρόμου οὐδαμοῦ σαφές

Gen. v. 22 τι ἀκηκόαμεν, πλὴν ὅτι περὶ τοῦ Ἐνὼχ εἶπεν ἡ Γένεσις ὅτι **εὐαρεστήσας τῷ Θεῷ μετετέθη,** καὶ ὁ σοφὸς ἀπόστολος περὶ

Heb. xi. 5 αὐτοῦ **πίστει Ἐνὼχ μετετέθη τοῦ μὴ ἰδεῖν θάνατον, καὶ οὐχ ηὑρίσκετο διότι μετέθηκεν αὐτὸν ὁ Θεός.** λόγος δὲ παλαιὸς ἐκ παραδόσεως ἐν⁷ τῇ ἐκκλησίᾳ κρατεῖ· μετὰ Ἠλίου τοῦ Θεσβίτου⁸ ἥξειν καὶ τὸν Ἐνὼχ προτρέχοντα τῆς δευτέρας Χριστοῦ παρουσίας⁹ μέλλοντος ἐφίστασθαι τοῦ ἀντιχρίστου· φασὶ γὰρ αὐτοὺς προελθεῖν καὶ προδιαμαρτύρασθαι ἀπάτην εἶναι τὰ παρ' αὐτοῦ γενησόμενα σημεῖα¹⁰ καὶ ὡς οὐ δεῖ πιστεῦσαι τῷ ἀλητηρίῳ.¹¹ περὶ τούτων νῦν ἡ ὀπτασία

(Apoc. xi. 3) διαλέγεται· ὅτι προφητεύσουσιν ἡμέρας τοσάσδε ἢ μυστικόν τινα λέγουσα¹² ἀριθμὸν ἢ τὸν πάντως ἐσόμενον. τοῦτο

---

¹ om. καὶ 203 [Habet 240]
² Θεσβίτην 203 et 240 ambobus locis, ut Sept. Θεσβύτην 146
³ ἀποστέλλω 203 [non 240]
⁴ Θεσβίτην iterum 203 240, Θεσβύτην 146
⁵ Omnes, sed ἔλθω καὶ Sept. (ἐλθων ℵ^{c.b.})
⁶ sic et 203 et 240, sed αὐτός codd. in Matt.
⁷ om. ἐν 203 240
⁸ τοῦ Θεσβίτου plane hoc loco 240 et 203 Θεσβύτου 146
⁹ τῆς τοῦ Χριστοῦ δευτέρας παρουσίας 203 240
¹⁰ Aliter ut vid. 240 sed. illeg.
¹¹ ἀλιτηρίῳ 203 240 (marg. 146 τῷ πλάνῳ)
¹² λέγουσαι 146 λέγουσα 203 et ut vid. 240

δὲ ποιήσουσι περιβεβλημένοι φησὶ σάκκους. πενθήσουσι (Apoc. xi. 3)
γὰρ ἐπὶ τῇ ἀπειθείᾳ τῶν τότε ἀνθρώπων. οὗτοί φησίν εἰσιν (Apoc. xi. 4)
αἱ δύο ἐλαῖαι καὶ αἱ δύο λυχνίαι αἱ¹ ἐνώπιον τοῦ Κυρίου ἐπὶ²
τῆς γῆς ἑστῶσαι. Ζαχαρίας ὁ θεσπέσιος προφήτης εἶδε Zech. iv. 11–14
λυχνίαν, ἑπτὰ λύχνους ὑπερείδουσαν, καὶ δύο κλάδους ἐλαιῶν,
ἀλλὰ τοὺς κλάδους ἑστῶτας ἐν δύο λύχνων μυξωτῆρσιν,
οὕτω πως λέγων· τί³ οἱ δύο κλάδοι τῶν ἐλαιῶν οἱ ἐν ταῖς Zech. iv. 12
χερσὶ τῶν δύο μυξωτήρων τῶν χρυσῶν· καὶ ἤκουσε παρὰ τοῦ
χρηματίζοντος ἀγγέλου τοὺς υἱοὺς τ᾽ εἶναι⁴ τῆς πιότητος, οἳ cf. Zech. iv. 14
παρεστήκασι τῷ Κυρίῳ πάσης τῆς γῆς. ἆρα οὖν μὴ περὶ
αὐτῶν καὶ νῦν λέγει;⁵ τὸ γὰρ μετὰ τῶν ἄρθρων κεῖσθαι
οὗτοί εἰσιν αἱ δύο ἐλαῖαι· καὶ αἱ δύο λυχνίαι, πρός τι ὁμο-
λογημένον σημαινόμενον τὴν δήλωσιν ποιεῖται, πλὴν ὅτι
τοὺς ἐκεῖ δύο μυξωτῆρας ἐνταῦθα δύο λυχνίας ἐκάλεσεν. ὅτι
μὲν οὖν εἰς τοὺς δύο λαούς, τοὺς ἐξ Ἰουδαίων καὶ ἐθνῶν οἱ
δύο κλάδοι τῶν ἐλαιῶν ἡρμηνεύθησαν, τοῖς ἁγίοις οὐκ ἠγ-
νόηται. δύναται⁶ μέντοι καὶ τοὺς δύο περὶ ὧν νῦν ὁ λόγος
σημαίνειν προφήτας. καὶ τοὺς ἀδικῆσαί φησι θέλοντας
αὐτοὺς πῦρ ἐκπορευόμενον διὰ τῶν στομάτων αὐτῶν ἀμυνεῖ-
ται, καὶ ἔχουσιν ἐξουσίαν κλεῖσαι τὸν οὐρανόν, ἵνα μὴ βρέξει⁷ (Apoc. xi. 6)
τὰς ἡμέρας τῆς προφητείας αὐτῶν.⁸ τοῦτο τῶν λίαν πιθανο-
τάτων⁹· εἰ γὰρ τοιαύτην εἶχεν ὁ εἷς¹⁰ αὐτῶν ἐξουσίαν,
Ἠλίας ὁ Θεσβίτης¹¹ καὶ πρὶν ἀποπληροῦν τὴν Χριστοῦ
διακονίαν, πῶς ἀπίθανον σχήσειν αὐτὸν¹² προτρέχοντα
Χριστοῦ; καὶ ἐξουσίαν φησὶν ἔχουσιν ἐπὶ τῶν ὑδάτων στρέφειν (Apoc. xi. 6 fin.)
αὐτὰ εἰς αἷμα¹³ καὶ πατάξαι τὴν γῆν ἐν πάσῃ πληγῇ ὁσάκις ἂν
θελήσωσιν. ἐπειδὴ γὰρ ἡ παρουσία τοῦ ἀντιχρίστου κατ᾽ ἐνέρ- cf. 2 Thess. ii. 9
γειαν γενήσεται τοῦ Σατανᾶ ἐν πάσῃ δυνάμει καὶ σημείοις καὶ

---

¹ om. αἱ hoc loco 203 et 240
² om. ἐπὶ 203 240
³ ὅτι pro τί 203 240
⁴ τ εἶναι vel τ᾽ εἶναι 146. εἶναι 203 240
⁵ Ita interpunctum in 203 240 quoque ut vid.
⁶ δύνανται 203 [non 240]
⁷ sic 146
⁸ om. in toto καὶ τοὺς ἀδικῆσαι usque ad αὐτῶν 240
⁹ πιθανωτάτων 146
¹⁰ νοεῖς pro εἶχεν ὁ εἷς 146
¹¹ ὁ Θεσβύτης 146
¹² Om. αὐτὸν 203 240
¹³ Cessant 203 240 ad verb. αἷμα. Om. καὶ πατάξαι κ.τ.λ. pergentes ad ἐπειδὴ γὰρ

τέρασι ψεύδους, ὥς φησιν ὁ Παῦλος γράφων τὴν δευτέραν Θεσσαλονικεῦσιν ἐπιστολήν, εἷλκον¹ δὲ εἰς συγκατάθεσιν καὶ πίστιν τὰ σημεῖα, διὰ τοῦτο καὶ οἱ δύο προφῆται οἱ περὶ αὐτὸν² λέγοντες ὅτι πλάνος ἐστὶ καὶ ἀπατέων, σημείοις χρήσονται παντοδαποῖς ἵνα τοὺς ἀκούοντας εἰς πίστιν ἐφελκύσωνται.

Apoc. xi. 7   **καὶ ὅταν τελέσωσι τὴν μαρτυρίαν αὐτῶν, τὸ θηρίον τὸ ἀναβαῖνον ἐκ τῆς ἀβύσσου ποιήσει μετ' αὐτῶν πόλεμον καὶ νική-**
8   **σει αὐτοὺς καὶ ἀποκτενεῖ αὐτούς. καὶ τὸ πτῶμα³ αὐτῶν ἐπὶ τῆς πλατείας θήσει⁴ τῆς πόλεως τῆς μεγάλης, ἥτις καλεῖται πνευματικῶς Σόδομα καὶ Αἴγυπτος, ὅπου καὶ ὁ**
9   **Κύριος αὐτῶν ἐσταυρώθη. καὶ βλέπουσιν ἐκ τῶν λαῶν καὶ γλωσσῶν καὶ φυλῶν⁵ καὶ ἐθνῶν τὸ πτῶμα⁶ αὐτῶν.⁷ καὶ⁸**
10   **οὐκ ἀφήσουσιν⁹ τεθῆναι εἰς μνῆμα¹⁰· καὶ οἱ κατοικοῦντες ἐπὶ τῆς γῆς χαίρουσιν¹¹ ἐπ' αὐτοῖς¹² καὶ εὐφραίνονται,¹³ καὶ δῶρα πέμψουσιν ἀλλήλοις, ὅτι οὗτοι οἱ δύο προφῆται ἐβασάνισαν τοὺς κατοικοῦντας ἐπὶ τῆς γῆς.**

(Apoc. xi. 7)   καὶ ὅταν τελέσωσί φησι¹⁴ τὴν μαρτυρίαν¹⁵· μαρτυρήσουσι γὰρ ὅτι ὁ μὲν παρὼν οὗτος οὐκ ἔστιν ὁ Χριστός, ἀπατέων δέ τίς ἐστι καὶ πλάνος καὶ ὀλέθριος. ἥξει δὲ ὅσον οὔπω ὁ τοῦ Θεοῦ υἱός, ᾧ καὶ πιστευτέον¹⁶ ὡς Σωτῆρι καὶ Θεῷ καὶ ἐπ' εὐεργεσίᾳ τῶν ἀνθρώπων, καὶ πάλαι παραγεγονότι, καὶ

(Apoc. xi. 7)   νῦν παραγενομένῳ.¹⁷ **καὶ τὸ θηρίον** φησὶ **τὸ ἀναβαῖνον ἐκ τῆς ἀβύσσου.** θηρίον μὲν τὸν ἀντίχριστον λέγει¹⁸ διὰ τὸ ὠμὸν καὶ ἀπάνθρωπον καὶ αἱμοβόρον· ἄβυσσον δὲ τὸν τῶν ἀν-

---

¹ ὁλκὸν 146 εἷλκον 203 (dub. 240)
² περὶ αὐτοῦ 203 240
³ τὰ πτώματα 203 240
⁴ om. θήσει 203 240 cum omn. praeter 146
⁵ καὶ φυλῶν καὶ γλωσσῶν 203 240
⁶ τὰ πτώματα 203 240
⁷ add. ἡμέρας γ̄ καὶ (τρεῖς et om. καὶ 203) ἥμισυ καὶ τὰ πτώματα αὐτῶν 203 240 [om. 146 forte ob homoiotel.]
⁸ om. καὶ 203 240
⁹ οὐκ ἀφέωνται 240, οὐκ ἀφέονται 203, οὐκ ἀφίωνται 178 [non al.]
¹⁰ μνημεῖα, et add. ἐπὶ ἡμέρας τρεῖς ἥμισυ 203 240 cum 178 solo. Om.

καὶ οἱ κατοικοῦντες ἐπὶ τῆς γῆς χαίρουσιν ἐπ' αὐτοῖς 203
¹¹ χαρήσονται 240
¹² ἐν αὐτοῖς pro ἐπ' αὐτοῖς 240
¹³ καὶ εὐφρανθήσονται 203 240
¹⁴ om. φησι 203 240
¹⁵ add. αὐτῶν καὶ τὰ ἑξῆς 203 240 pergentes cum nostro μαρτυρήσουσι γὰρ
¹⁶ πιστευταῖον 146
¹⁷ παραγινομένων ut vid. 240 et παραγινομένῳ 203
¹⁸ Hoc loco apparet signum interrog. (;) in 146 et ut vid. in 240 [non 203]

θρώπων βίον, τὸν πικρὸν ταῖς ἁμαρτίαις καὶ ἁλμυρὸν καὶ
ἀστατοῦντα¹ τῇ περιφυσήσει² τῶν τῆς πονηρίας πνευμά-
των. οὐ γὰρ ἐξ ἄλλης τινὸς οὐσίας ἐγερθήσεται ὁ ἀλητή-
ριος,³ ἀλλ' ἐκ τῆς ἀνθρωπίνης καὶ ἡμετέρας φύσεως· ἄν-
θρωπος γὰρ ἔσται, οὗ ἐστιν ἡ παρουσία κατ' ἐνέργειαν τοῦ
Σατανᾶ, καθὼς ἔναγχος εἴρηται. τοῦτο οὖν φησι τὸ θηρίον
ἀποκτενεῖ τοὺς δύο μάρτυρας, καὶ τὰ πτώματα⁴ αὐτῶν ἄταφα (Apoc. xi. 8)
ῥίψει ἐν ταῖς πλατείαις τῆς Ἱερουσαλήμ. ἐν αὐτῇ γὰρ βα-
σιλεύσει ὡς Ἰουδαίων βασιλεύς, οὓς ἀπατήσας ἕξει πρὸς
πάντα ὑπουργοῦντας καὶ πειθομένους, καθώς φησιν ὁ Κύριος
παρὰ τῷ Ἰωάννῃ· ἐγὼ ἐλήλυθα ἐν τῷ ὀνόματι τοῦ πατρός μου Jo. v. 43
καὶ οὐ λαμβάνετέ με· ἐὰν ἄλλος ἔλθῃ ἐν τῷ ὀνόματι τῷ ἰδίῳ,
ἐκεῖνον λήψεσθε. τὴν δέ γε Ἱερουσαλὴμ πνευματικῶς, οὐ
γὰρ παθητῶς,⁵ Σόδομα καλεῖ διὰ τὴν τότε⁶ ἀσέλγειαν καὶ
κακοδοξίαν,⁷ καὶ Αἴγυπτον, ὡς καταδωλουμένην⁸ καὶ ἀδικοῦ-
σαν τοὺς⁹ Χριστοῦ δούλους, καθὼς ἐκείνη τὸν Ἰσραήλ, ὅπου (Apoc. xi. 9 fin.)
καὶ ὁ Κύριός φησιν αὐτῶν — τουτέστι τῶν δύο μαρτύρων —
ἐσταυρώθη. ὁρῶντες δὲ οἱ¹⁰ τῷ ἀντιχρίστῳ ἐκ πάσης φυλῆς
ἠπατημένοι τὴν ἀναίρεσιν τῶν μαρτύρων, χαρήσονται ἐπ'
αὐτοῖς ὡς τοῦ σφῶν βασιλέως νενικηκότος. τὸ δὲ καὶ δῶρα (Apoc. xi. 10)
πέμπειν¹¹ ἑαυτοῖς δεῖγμα εὐφροσύνης καὶ χαρμονῆς.¹² ὅτι
φησὶν οἱ δύο προφῆται ἐβασάνισαν τοὺς κατοικοῦντας ἐπὶ τῆς
γῆς — βάσανον μὲν αἰσθητὴν οὐδεμίαν· ἐπισκώπτοντες¹³
δὲ ταῖς αὐτῶν ἁμαρτίαις καὶ διελέγχοντες καὶ τὴν ἀπάτην
αὐτῶν ἀνακαθαίροντες βασανίσουσι νοητῶς.¹⁴

καὶ μετὰ τὰς τρεῖς ἡμέρας καὶ ἥμισυ¹⁵ πνεύματα¹⁶ ζωῆς ἐκ Apoc. xi. 11
τοῦ Θεοῦ εἰσῆλθεν¹⁷ αὐτοῖς, καὶ ἔστησαν¹⁸ ἐπὶ τοὺς πόδας

---

¹ ἀπιστοῦντα 203 240
² περιφοιτήσει 240 περιφορτήσει 203
³ ἀλιτήριος 203 240
⁴ sic hoc loco omnes
⁵ αἰσθητῶς pro παθητῶς 240 ut vid. αἰσθητικῶς 203
⁶ om. τότε 203 240
⁷ καχεξίαν 203 240
⁸ καταδεδωλουμένην 203 240
⁹ add. τοῦ 203 240
¹⁰ add. ἐν 203 [non 240]
¹¹ πέμψαι 203 240
¹² χαρᾶς 240 comp., 203 pleno
¹³ ἐπισκόπτωντες sic 146
¹⁴ om. βασανίσουσι νοητῶς fin. claus. 203 240
¹⁵ καὶ μετὰ (om. τὰς) γ̄ (τρεῖς 203) ἥμισυ ἡμέρας 203 240
¹⁶ πνᾱ 203 240
¹⁷ εἰσέλθῃ 203 εἰσέλθοι 240
¹⁸ στήσονται 203 240

αὐτῶν, καὶ φόβος μέγας ἔπεσεν¹ ἐπὶ τοὺς θεωροῦντας αὐτούς·
καὶ ἤκουσαν² φωνὴν μεγάλην ἐκ τοῦ οὐρανοῦ λέγουσαν αὐτοῖς·
ἀνάβητε ὧδε, καὶ ἀνέβησαν εἰς τὸν οὐρανὸν ἐν τῇ νεφέλῃ, καὶ
ἐθεώρησαν αὐτοὺς οἱ ἐχθροὶ αὐτῶν. καὶ³ ἐν ἐκείνῃ τῇ ὥρᾳ⁴
ἐγένετο σεισμὸς μέγας, καὶ τὸ δέκατον τῆς πόλεως ἔπεσε, καὶ
ἀπεκτάνθησαν ἐν τῷ σεισμῷ⁵ χιλιάδες ἑπτά, καὶ οἱ λοιποί,
ἔμφοβοι γενόμενοι,⁶ ἔδωκαν δόξαν τῷ Θεῷ τοῦ οὐρανοῦ. ἡ
οὐαὶ ἡ δευτέρα⁷ ἀπῆλθεν· ἰδοὺ ἡ οὐαὶ ἡ τρίτη ἔρχεται ταχύ.⁸
⁹ πάντων δήλων τυγχανόντων, καὶ αἰσθητῶς συμβαίνειν
μελλόντων κατ' ἐκεῖνον τὸν χρόνον, ἀπειροκαλία τὸ ἐνδιατρίβειν τοῖς ὡμολογημένοις.¹⁰

καὶ ὁ ἕβδομος ἄγγελος ἐσάλπισε· καὶ ἐγένοντο φωναὶ μεγάλαι
ἐν τῷ οὐρανῳ, λέγοντες·¹¹ καὶ¹² ἐγένετο ἡ βασιλεία τοῦ κόσμου τοῦ Κυρίου¹³ ἡμῶν καὶ τοῦ Χριστοῦ αὐτοῦ, καὶ βασιλεύσει εἰς τοὺς αἰῶνας τῶν αἰώνων.¹⁴ καὶ εἰκοσιτέσσαρες¹⁵
πρεσβύτεροι, οἳ ἐνώπιον τοῦ Θεοῦ κάθηνται¹⁶ ἐπὶ τοὺς θρόνους αὐτῶν, ἔπεσον ἐπὶ τὰ πρόσωπα αὐτῶν καὶ προσεκύνησαν
τῷ Θεῷ, λέγοντες· εὐχαριστοῦμέν σοι, Κύριε, ὁ Θεός, ὁ παντοκράτωρ, ὁ ὢν καὶ ὁ ἦν, ὅτι εἴληφας τὴν δύναμίν σου τὴν μεγάλην καὶ ἐβασίλευσας· καὶ τὰ ἔθνη ὠργίσθησαν, καὶ ἦλθεν ἡ
ὀργή σου¹⁷ καὶ ὁ καιρὸς τῶν ἐθνῶν κριθῆναι, καὶ δοῦναι τὸν¹⁸
μισθὸν τοῖς δούλοις σου τοῖς προφήταις καὶ τοῖς ἁγίοις¹⁹ καὶ
τοῖς φοβουμένοις²⁰ τὸ ὄνομά σου,²¹ τοῖς μικροῖς καὶ τοῖς μεγά-

---

¹ ἐπιπεσεῖται pro ἔπεσεν 203 240 et 178 soli
² ἀκούσονται 203 240 cum 178 et 200 [non al.]
³ om. καὶ 203 240 et uno tenore οἱ ἐχθροὶ αὐτῶν ἐν ἐκείνῃ 240
⁴ Post τῇ ὥρᾳ pon. sig. interrog. (;) 240 [non 203 (,)]
⁵ add. ὀνόματα 203 240
⁶ ἐγένοντο· καὶ pro γενόμενοι 203 240
⁷ οὐαὶ ἡ β̄ᵃ sic 240 (pro ἡ οὐαὶ ἡ δευτέρα) et 203 (β̄)
⁸ add. παρῆλθε δὲ ἡ β̄ ὀργὴ καὶ παρεγένετο συντόμως ἡ γ̄ 203 240 (fin. ἡ τρίτη 203)
⁹ Mire breviter Oec. hoc loco in 146. Idem in 203 240 sed praeponunt ἡ οὐαὶ ἡ β̄ᵃ ἀπῆλθεν· (ἡ δευτέρα 203) ἰδοὺ ἡ οὐαὶ ἡ γ̄ᵑ (τρίτη 203) ἔρχεται ταχύ iterum in schol. contra morem
¹⁰ ὡμολογημένοις 203
¹¹ λέγουσαι 203 240. Vide postea in 146 schol.
¹² om. καὶ 203 240
¹³ Θεοῦ pro Κυρίου 203 240
¹⁴ add. ἀμήν 203 240
¹⁵ καὶ οἱ κδ̄ 203 240
¹⁶ καθήμενοι pro κάθηνται 203 240
¹⁷ add. ἐπ' αὐτοὺς 203 240
¹⁸ om. τὸν 203 240 et 178 200 201
¹⁹ add. σου 203 240
²⁰ σεβομένοις pro φοβουμένοις 240 [non 203]
²¹ add. καὶ 203 240

λοις, καὶ διαφθεῖραι τοὺς διαφθείροντας τὴν γῆν. καὶ ἠνοί- Apoc. xi. 19
γει¹ ὁ ναὸς τοῦ Θεοῦ² ἐν τῷ οὐρανῷ, καὶ ὤφθη ἡ κιβωτὸς τῆς
διαθήκης αὐτοῦ³ ἐν τῷ ναῷ αὐτοῦ· καὶ ἐγένοντο ἀστραπαὶ
καὶ φωναὶ καὶ βρονταὶ καὶ σεισμὸς⁴ καὶ χάλαζα μεγάλη.

ὡς ἐν παρεξόδῳ τὰ κατὰ τοὺς δύο μάρτυρας ἤτοι προφή-
τας διηγησαμένη⁵ ἡ ὀπτασία, καὶ πάντα τὰ περὶ αὐτῶν
ἐπεξελθοῦσα,⁶ ἐπὶ τὸ προκείμενον καὶ ὅθεν ἐξελήλυθεν
ἔρχεται· ἐξελήλυθε δὲ ἐκ τῆς τῶν ἁγίων ἀντιδόσεως τῆς
μελλούσης, καὶ ὅτι πλείους⁷ οἱ ἐξ ἐθνῶν τοῦ Ἰσραήλ, καὶ οἱ
ἐν τῇ νέᾳ εὐαρεστήσαντες τῷ Θεῷ παρὰ τοὺς ἐν τῇ παλαιᾷ.
καί φησιν τοῦ ἑβδόμου⁸ σαλπίσαντος ἀγγέλου,⁹ ἐγένοντο (Apoc. xi. 15)
φωναὶ ἐν τῷ οὐρανῷ λέγουσαι ὅτι γέγονεν ἡ βασιλεία τοῦ κόσ-
μου τῷ Θεῷ καὶ τῷ Χριστῷ αὐτοῦ. ἀεὶ μὲν ὁ Θεὸς βασιλεύει,
καὶ οὔτε ἤρξατο οὔτε μὴν παύσεται¹⁰ βασιλεύων οὐρανοῦ
καὶ γῆς καὶ τῶν ἐν αὐτοῖς ὁρατῶν τε καὶ νοητῶν, ἀλλὰ
ἀνάρχως τε καὶ ἀτελευτήτως ἐστὶ πάντων δεσπότης καὶ
κύριος. ἐπειδὴ δὲ καὶ οἱ ἄνθρωποι βασιλεῖς ἐχρημάτισαν
ἐπὶ τῆς γῆς, καὶ τρόπον τινὰ εἶχεν ὁ Θεὸς τοὺς συμβασι-
λεύοντας αὐτῷ, λυομένης τῆς ἐπιγείου τῶν ἀνθρώπων βασι-
λείας τῇ συντελείᾳ τοῦ παρόντος αἰῶνος, μόνος ὁ Θεὸς
βασιλεύσει. διὸ εἴρηται ὅτι ἐγένετο ἡ βασιλεία τοῦ κόσμου (Apoc. xi. 15)
τῷ Θεῷ καὶ τῷ¹¹ Χριστῷ αὐτοῦ, λυθέντων καὶ παυσαμένων¹²
τῶν ἐν τῇ γῇ βασιλευόντων ἀνθρώπων καὶ τῶν τυραννούντων
δαιμόνων. ἧς γενομένης φωνῆς, προσεκύνησάν φησι τῷ Θεῷ (Apoc. xi. 16
οἱ πρεσβύτεροι, ἰδίαν¹³ καὶ αὐτοὶ προσαγαγόντες εὐχαριστίαν, fin.)
εὐχαριστοῦμέν σοι λέγοντες, Κύριε,¹⁴ ὁ Θεός, ὁ παντοκράτωρ, ὁ (Apoc. xi. 17)
ὢν καὶ ὁ ἦν. καὶ τὸ¹⁵ ὢν ἐπὶ τῆς Ἁγίας ἁρμόζει λέγεσθαι
Τριάδος, καὶ τὸ ὁ ἦν, εἰ καὶ τὰ μάλιστα περὶ τοῦ Πατρὸς
εἴρηται τὸ ὁ ὤν· περὶ δὲ τοῦ Υἱοῦ τὸ¹⁶ ἦν, καὶ γὰρ ὢν ἐστιν

---

¹ ἠνοίγη 203 240
² add. ὁ 203 240
³ τοῦ Θεοῦ pro αὐτοῦ 203 240 cum ℵ aliq.
⁴ καὶ βρονταὶ καὶ φωναὶ καὶ σεισμοί 203 [non 240 (= 146)]
⁵ διηγουμένη 240 [non 203]
⁶ ὑπεξελθοῦσα 203 (illeg. 240)
⁷ πλεῖον ut vid. 240 [non 203]
⁸ Seq. rasura litt. septem in 146
⁹ ἀγγέλου σαλπίσαντος 203 240
¹⁰ παύσοιτο 146 240
¹¹ om. τῷ 240 [non 203]
¹² παυσομένων 146
¹³ ἰδίᾳ 203 [non 240]
¹⁴ om. Κύριε 203 240
¹⁵ add. ὁ ante ὢν 203 240
¹⁶ add. ὁ ante ἦν 203 240

ὅτε Πατὴρ καὶ ὁ Υἱὸς καὶ τὸ Πνεῦμα τὸ Ἅγιον· καὶ τὸ¹ ἦν καλῶς λέγομεν ἐπὶ τοῦ Πατρὸς καὶ Υἱοῦ καὶ Ἁγίου Πνεύματος· ὥστε ἡ εὐχαριστία τῶν πρεσβυτέρων εἰς τὴν Ἁγίαν ἀνατίθεται Τριάδα. **ὅτι φησὶν εἴληφας ἐκ τῶν ἐπὶ γῆς τὴν δύναμίν σου τὴν μεγάλην καὶ τὴν βασιλείαν σου ἣν ἔδωκας αὐτοῖς, καὶ σὺ νῦν μόνος βασιλεύεις·²** τῆς δὲ ἐπιγείου³ ἀπολλυμένης⁴ βασιλείας, εἰκότως τὰ ἔθνη ὠργίσθησαν, ὡς καθαιρεθέντα τῆς αὐτῶν δυναστείας, — ἔθνη λέγων⁵ τά τε τῶν δαιμόνων τά τε τῶν ἀνθρώπων τῶν ἀπίστων τάγματα. **καὶ ἦλθεν ἡ ὀργή σού φησι καὶ ὁ κλῆρος⁶ τῶν ἐθνῶν κριθῆναι καὶ δοῦναι τὸν μισθὸν τοῖς δούλοις σου τοῖς προφήταις καὶ τοῖς ἁγίοις.** πολλά φησιν ἐπ' αὐτοὺς πάλαι μακροθυμήσας, ἐπεὶ μηδὲν ἀπώναντο τῆς χρηστότητός σου νῦν, τουτέστιν ἐν τῇ τῆς κρίσεως ἡμέρᾳ ἤγαγες κατ' αὐτῶν τὴν ὀργήν σου, ἦλθέ τε καὶ πάρεστι τὰ τοῖς ἔθνεσιν ἀποκεκληρωμένα καὶ ὀφειλόμενα. τί δέ; ταῦτα ἦν τὸ κριθῆναι καὶ δοῦναι τὴν ἀντιμισθίαν τοῖς κακῶς⁷ ὑπ' αὐτῶν πεπονθόσιν ἁγίοις, καὶ **διαφθαρῆναι τῇ τῆς κολάσεως ἀντιδόσει⁸ τοὺς φθείραντας⁹ τὴν γῆν, καὶ οἶον μολύναντας ταῖς οἰκείαις ἁμαρτίαις. καὶ ἠνοίχθη φησὶν ὁ ναὸς τοῦ Θεοῦ¹⁰ ἐν τῷ οὐρανῷ, καὶ ὤφθη ἡ κιβωτὸς τῆς διαθήκης αὐτοῦ ἐν τῷ ναῷ αὐτοῦ.** τούτων φησὶν εἰρημένων, τὰ ἀποκεκρυμμένα ἀγαθὰ καὶ πρὸς τούτοις καινά τινα μυστήρια¹¹ ὤφθη τοῖς ἁγίοις· τοῦτο γὰρ τὸ ἀνεωχθῆναι¹² τὴν κιβωτὸν τῆς διαθήκης. ὅτι γὰρ ἀγαθά τέ ἐστιν ἐν τῷ μέλλοντι αἰῶνι ἀποκεκρυμμένα ἀπὸ τῶν νῦν ἀνθρώπων, δηλοῖ ὁ λέγων **ἃ ὀφθαλμὸς οὐκ εἶδε καὶ οὖς οὐκ ἤκουσε καὶ ἐπὶ**

---

¹ om. τὸ 203 240
² βασιλεύσεις ut vid. comp. 240 [non 203]
³ ἐπιγήου (sic) 146
⁴ ἀπολλομένης 203 240
⁵ om. ὡς καθ. ... usque ad ἔθνη λέγων 240 [Habet 203]
⁶ om. καὶ ἦλθεν ... τοῖς ἁγίοις 203 240. Habet κλῆρος 146 cum C solo
⁷ καλοῖς (sic) 146
⁸ ἀντιδόσει vel ἀντιδόσεως 240, sed om. 203 τῇ τῆς κολάσεως ἀντιδόσει.
⁹ φθείροντας 203 et add. hoc loco τὴν γῆν, τῇ τῆς κολάσεως ἀντιδόσει
¹⁰ καὶ τὰ ἑξῆς (pro ἐν τῷ οὐρ. usque ad αὐτοῦ 240) pergens ad τούτων φησὶν ... Obs. Lib. nost. 203 non indicavit Oec. in marg. sed sub Andr. dabat seq.
¹¹ μυστηρᾶ vid. et om. τινα 240; sed 203 μυστήρια absque τινα
¹² add. τὸν ναὸν καὶ ὀφθῆναι 203 240

καρδίαν ἀνθρώπου οὐκ ἀνέβη, ἃ ἡτοίμασεν ὁ Θεὸς τοῖς ἀγαπῶσιν αὐτόν. καὶ πάλιν ὅτι μυστήριά¹ ἐστί τινα καὶ γνῶσις ἑτέρα τοῖς νῦν ἀγνοουμένη, δηλοῖ ὁ Κύριος εἰπὼν οὐ μὴ πίω ἀπ' ἄρτι ἐκ τοῦ γενήματος² τῆς ἀμπέλου ταύτης ἕως τῆς ἡμέρας ἐκείνης ὅταν αὐτὸ πίνω μεθ' ὑμῶν καινὸν³ ἐν τῇ βασιλείᾳ τοῦ πατρός μου. οἱ μὲν ἅγιοι τούτων ἠξιώθησαν, τοῖς δέ γε ἁμαρτωλοῖς ἐγένοντο⁴ ἀστραπαὶ καὶ φωναὶ⁵ καὶ βρονταὶ⁶ καὶ σεισμοὶ καὶ χάλαζα μεγάλη, ἅ ἐστιν ἡ τρίτη οὐαί, ἐκ τῶν ἡμῖν γνωρίμων τὰς ἐπιούσας κολάσεις τοῖς ἀσεβέσι, καὶ τὰ ἐκ Θεοῦ δείματα ὁ λόγος αἰνίττεται.

Matt. xxvi. 29
(Marc. xiv. 25)
(Luc. xxii. 18)

(Apoc. xi. 19)

καὶ σημεῖον μέγα ὤφθη ἐν τῷ οὐρανῷ, γυνὴ περιβεβλημένη τὸν ἥλιον, καὶ ἡ⁷ σελήνη ἦν ὑποκάτω τῶν ποδῶν αὐτῆς, καὶ ἐπὶ τῆς κεφαλῆς αὐτῆς στέφανος ἀστέρων δώδεκα· καὶ ἐν γαστρὶ ἔχουσα, καὶ κράζει⁸ ὠδίνουσα καὶ βασανιζομένη τεκεῖν.

Apoc. xii. 1

2

τὰ κατὰ τὸν ἀντίχριστον ἡμῖν τελεώτερον⁹ ἡ ὀπτασία διαγράψαι¹⁰ βούλεται, οὗ μνήμην βραχεῖαν ἐν τοῖς ἔμπροσθεν πεποίηται. ἀλλ' ἐπειδὴ τοῦ ἀναστῆναι τοῦτον καὶ ὑπὸ τοῦ Σατανᾶ¹¹ προχειρισθῆναι πρόφασις¹² γεγένηται ἡ τοῦ Κυρίου ἐνανθρώπησις, τὸν κόσμον οἰκειωσαμένη καὶ ὑποτάξασα— ταύτης γὰρ χάριν ὁ ἀντίχριστος διεγερθήσεται, ἐφ' ᾧ τε πάλιν τὸν κόσμον ἀποστῆσαι μὲν τοῦ Χριστοῦ, πεῖσαι δὲ πρὸς τὸν Σατανᾶν ἐξ ὑποστροφῆς αὐτομολῆσαι — καὶ ἐπειδὴ πάλιν ἀρχὴ¹³ τῆς τοῦ Κυρίου ἐνανθρωπήσεως ἡ κατὰ σάρκα σύλληψις αὐτοῦ καὶ γέννησις ὑπῆρξεν, εἰς τάξιν τινὰ καὶ εἱρμὸν ἄγουσα ἡ θεωρία τὰ περὶ ὧν μέλλει διηγεῖσθαι, ἀπὸ τῆς τοῦ Χριστοῦ κατὰ σάρκα συλλήψεως τὴν ἀρχὴν τοῦ διηγήματος πεποίηται, καὶ τὴν θεοτόκον¹⁴ ἡμῖν ζωγραφεῖ. τί

---

¹ *Iterum* 240 μυστηρᾶ *ut vid.*
² γεννήματος 240 [*non* 203]
³ *om.* καινὸν 203 [*Habet* 240]
⁴ καὶ *pro* ἐγένοντο 203 *et* 240
⁵ *om.* καὶ φωναὶ 203 [*Habet* 240]
⁶ *add.* ἐγένοντο *hoc loco* 203 [*non* 240]
⁷ *om.* ἡ 240 [*Habet* 203]
⁸ κεκράζεται *pro* καὶ κράζει 240,

κεκράζαται *ex em.* 203 [*non* 38 = ἔκραζεν, *non* 178 = ἔκραξεν]
⁹ τελεώτερον ἡμῖν 203 240
¹⁰ γράψαι 203 240
¹¹ *add* καὶ 203 [*non* 240]
¹² πρόφατις (?) 240 [*non* 203]
¹³ ἐν ἀρχῇ *pro* ἀρχὴ 203 240
¹⁴ θ̄κ̄ο̄ν̄ (*sic*) *codd. nostri. Vide infra pleno scriptum in λόγῳ ἑβδόμῳ*

(Apoc. xii. 1) γάρ φησι καὶ σημεῖον ὤφθη ἐν τῷ οὐρανῷ, γυνὴ περιβεβλημένη τὸν ἥλιον· καὶ ἡ σελήνη ὑποκάτω τῶν ποδῶν αὐτῆς; περὶ μὲν τῆς μητρὸς τοῦ σωτῆρος ἡμῶν φησιν, ὡς εἴρηται. εἰκότως δὲ αὐτὴν¹ ἡ ὀπτασία ἐν τῷ οὐρανῷ καὶ οὐκ ἐν τῇ γῇ γράφει, ὡς καθαρὰν ψυχὴν καὶ σώματι,² ὡς ἰσάγγελον, ὡς οὐρανο-
Es. lxvi. 1, πολῖτιν, ὡς τὸν ἐν οὐρανῷ ἐπαναπαυόμενον θεόν — ὁ οὐρανὸς
Act. vii. 49 γάρ μοί³ φησι θρόνος — χωρήσασαν καὶ⁴ σαρκώσασαν, καὶ
(Psa. xi. 4) ὡς μηδὲν κοινὸν πρὸς τὴν γῆν ἔχουσαν καὶ τὰ ἐν αὐτῇ κακά, ἀλλ' ὅλην ὑψηλήν,⁵ ὅλην οὐρανοῦ ἀξίαν εἰ καὶ τῆς ἡμετέρας καὶ ἀνθρωπίνης ὑπῆρχε φύσεώς τε καὶ οὐσίας.
Eutyches ὁμοούσιος γὰρ ἡμῖν ἡ παρθένος· τὸ γὰρ Εὐτυχοῦς ἀνόσιον δόγμα τὸ καὶ τὴν παρθένον ἑτερούσιον ἡμῖν τερατευόμενον σὺν τοῖς ἄλλοις αὐτοῦ δόγμασι τῆς δοκήσεως ἔξω που τῶν θείων αὐλῶν ἐξοριζέσθω. τί⁶ βούλεται τὸ λέγειν αὐτὴν
(Apoc. xii. 1) περιβλῆσθαι τὸν ἥλιον, καὶ τὴν σελήνην ἔχειν ὑποκάτω τῶν ποδῶν αὐτῆς; ὁ θεσπέσιος προφήτης Ἀμβακοὺμ περὶ τοῦ
Habak. iii. 10–11 Κυρίου προφητεύων φησὶν ἐπήρθη ὁ ἥλιος καὶ ἡ σελήνη ἔστη⁷ ἐν τῇ τάξει αὐτῆς εἰς φῶς, ἥλιον⁸ λέγων τῆς δικαιοσύνης τὸν σωτῆρα ἡμῶν⁹ Χριστόν, ἢ γοῦν τὸ εὐαγγελικὸν κήρυγμα. οὗ φησιν ὑψωθέντος καὶ αὐξηθέντος,¹⁰ ἡ σελήνη, τουτέστιν ὁ Μωυσέως¹¹ νόμος, ἔστη¹² καὶ οὐκέτι προσθήκην ἐδέξατο· οὐ γὰρ ἔτι μετὰ τὴν Χριστοῦ ἐπιφάνειαν ἐκ τῶν ἐθνῶν ἔλαβε προσηλύτους ὡς τὸ πρίν, ἀλλὰ καὶ ἀφαίρεσιν καὶ μείωσιν ὑπέμεινε. τοῦτο οὖν μὴ¹³ νοήσεις καὶ ἐνταῦθα σκέπεσθαι τὴν ἁγίαν παρθένον τῷ ἡλίῳ τῷ νοητῷ· οὕτω γὰρ τὸν Κύριον καὶ ὁ προφήτης καλεῖ περὶ τοῦ Ἰσραὴλ λέγων
Psa. lvii. 9 ἔπεσεν πῦρ ἐπ' αὐτοὺς¹⁴ καὶ οὐκ εἶδον τὸν ἥλιον· ἡ δέ γε σελήνη, τουτέστιν ἡ κατὰ νόμον ἱερουργία καὶ ἡ κατὰ

---

¹ αὗτη *pro* αὐτὴν 203 240
² ὡς καθαρὰν ψυχῇ καὶ σώματι 203 240
³ *om.* μοι 203 [*Habet* 240]
⁴ *om.* καὶ 203 240
⁵ *add.* καὶ 203 240
⁶ *add.* δὲ 203 240
⁷ ἔστι 203 [*non* 240 *vid.*]
⁸ *add.* γὰρ 146
⁹ *add.* Ἰησοῦν (ἰν) 203 [*non* 240]
¹⁰ *om.* καὶ αὐξηθέντος 240 [*sed habet* 203]
¹¹ μωυσέος 203 *non* 240
¹² ἐστὶ 203 [*non* 240 *ut vid.*]
¹³ μοι *pro* μη 146 240
¹⁴ ἐπ' αὐτοὺς *sic quoque Sept. codd.* ℵ^c T

νόμον πολιτεία, ἅτε¹ ὑποβιβασθεῖσα καὶ παρὰ πολὺ μείων ἑαυτῆς γενομένη, ὑπὸ πόδας ἐστί,² νικηθεῖσα τῇ εὐαγγελικῇ λαμπρότητι. καλῶς δὲ τὰ ἐν νόμῳ σελήνην ὠνόμασεν, ὡς καὶ αὐτὰ ὑπὸ τοῦ ἡλίου τουτέστι Χριστοῦ φωταγωγηθέντα, ὥσπερ καὶ ἡ αἰσθητὴ³ σελήνη ὑπὸ τοῦ ἡλίου τοῦ αἰσθητοῦ. ὡς δὲ πρὸς τὸ⁴ δηλούμενον, ἀκολουθότερον ἦν εἰπεῖν τῷ ἡλίῳ μὴ περιβεβλῆσθαι τὴν γυναῖκα, ἀλλὰ τὴν (Apoc. xii. 1) γυναῖκα περιβεβληκέναι τὸν ἐν γαστρὶ περιεχόμενον ἥλιον· ἀλλ' ἵνα δείξῃ καὶ ἐν τῇ ὀπτασίᾳ ὅτι κυοφορούμενος ὁ Κύριος τῆς⁵ οἰκείας μητρὸς καὶ πάσης κτίσεως ὑπῆρχε σκέπη, αὐτὸν ἔφη περιβεβληκέναι τὴν γυναῖκα. ὅμοιον (Apoc. xii. 1) ἔφη καὶ ὁ θεῖος ἄγγελος πρὸς τὴν ἁγίαν παρθένον· **πνεῦμα** Luc. i. 35 **Κυρίου ἐπελεύσεται ἐπὶ σὲ καὶ δύναμις ὑψίστου ἐπισκιάσει σοι.** τὸ γὰρ ἐπισκιάζειν, τὸ σκέπειν,⁶ καὶ⁷ περιβεβληκέναι ταὐτόν ἐστιν κατὰ δύναμιν. **καὶ ἐπὶ τῆς κεφαλῆς αὐτῆς** φησι⁸ **στέ-** (Apoc. xii. 1 **φανος ἀστέρων δώδεκα.** στεφανοῦται γὰρ ἡ παρθένος τοῖς δώδεκα ἀποστόλοις κηρύσσουσι Χριστὸν⁹ συγκηρυσσομένη. **καὶ ἐν γαστρὶ ἔχουσά**¹⁰ **φησι καὶ κράζει ὠδίνουσα καὶ βασανι-** (Apoc. xii. 2) **ζομένη τεκεῖν·** καί τοί φησιν ὁ Ἡσαΐας περὶ αὐτῆς **πρὶν**¹¹ **τὴν ὠδίνουσαν τεκεῖν καὶ πρὶν ἐλθεῖν τὸν πόνον τῶν ὠδίνων, ἐξέφυγε καὶ ἔτεκεν ἄρσεν·** καὶ ὁ Γρηγόριος ἐν λόγῳ Es. lxvi. 7 δεκάτῳ τρίτῳ¹² τῆς Ἑρμηνείας τοῦ Ἄσματος περὶ τοῦ Κυρίου (Apoc. xii. 5) φησὶν οὗ ἀσυνδύαστος μένει ἡ κυοφορία, ἀμόλυντος¹³ δὲ ἡ λοχεία. Greg. ἀνώδυνος δὲ ἡ ὠδίς. εἰ οὖν παρὰ τῷ τοσούτῳ προφήτῃ καὶ τῷ τῆς ἐκκλησίας διδασκάλῳ τὸν πόνον¹⁴ τῶν ὠδίνων ἐκπέφευγεν¹⁵ ἡ παρθένος, πῶς ἐνταῦθα **κράζει ὠδίνουσα καὶ βα-** (Apoc. xii. 2) **σανιζομένη τεκεῖν;** οὐκ ἐναντιότης τὸ εἰρημένον, μὴ γένοιτο·

---

¹ τὲ *pro* ἅτε 146
² ἦν *pro* ἐστὶ 203 240
³ ἐσθητή 146
⁴ τὸν *pro* τὸ 146
⁵ add. τε 203 240
⁶ τὸ σκέπην (sic) 146
⁷ τὸ *pro* καὶ 240 [*non* 203]
⁸ *om*. φησι 203 240
⁹ *Pro* Χριστὸν *habet* 240 τὰ *vel* τὴν *ut vid., sed* 203 γὰρ *pro* χν.
¹⁰ φησὶν ἔχουσα 203 240 *seq.* καὶ τὰ ἑξῆς *pergentes ad* καί τοί φησιν Ἡσαΐας
¹¹ πρὸ *pro* πρὶν 203 [*non* 240]
¹² τρὶς καὶ δεκάτῳ 240, *sed* ιγ̄ 203
¹³ ἀμόλυοντος *ut vid.* 240 [*non* 203]
¹⁴ τὸν πόνων 146
¹⁵ ἐξέφευγεν 240 [*non* 203]

οὐδὲν¹ γὰρ ἂν εἴη ἐναντίον παρὰ τῷ ἑνὶ καὶ τῷ αὐτῷ² τῷ δι' ἀμφοτέρων λαλήσαντι, ἀλλὰ τὸ ἐνταῦθα κράζει καὶ βασανίζεται οὕτω νοήσεις. ἄχρι οὗ³ ὁ θεῖος ἄγγελος τῷ Ἰωσὴφ εἶπε περὶ αὐτῆς ὅτι ἐκ Πνεύματος Ἁγίου ἐστὶ τὸ κυοφορούμενον, ἐν ἀθυμίαις ἦν ὡς εἰκὸς ἡ παρθένος ἐρυθριῶσα τὸν μνηστευσάμενον, καὶ λογιζομένη μὴ ἄρα πως ὑπονοήσοι⁴ ἐκ λαθραίων γάμων αὐτὴν ὠδίνειν· ἣν ἀθυμίαν καὶ λύπην κατὰ τοὺς τῆς τροπῆς νόμους κραυγὴν καὶ βάσανον ὠνόμασε, καὶ οὐ θαυμαστόν. καὶ γὰρ καὶ τῷ θεσπεσίῳ Μωυσῇ⁵ νοητῶς ἐντυγχάνοντι τῷ Θεῷ καὶ ἀθυμοῦντι —ἑώρα γὰρ ἐν⁶ ἐρήμῳ τὸν Ἰσραὴλ καὶ θαλάσσῃ καὶ πολεμίοις κεκυκλωμένον— εἴρηται παρὰ τοῦ⁷ Θεοῦ τί βοᾷς πρός με; οὕτω καὶ νῦν τὴν εἰς νοῦν καὶ καρδίαν⁸ λυπηρὰν διάθεσιν τῆς παρθένου, κραυγὴν ἡ ὀπτασία φησίν. ἀλλ' ὁ τῆς ἀχράντου δούλης σου⁹ καὶ κατὰ σάρκα μητρός, ἐμῆς δὲ δεσποίνης, τῆς ἁγίας θεοτόκου¹⁰ τὴν ἀθυμίαν λύσας τῷ ἀρρήτῳ σου τόκῳ, λῦσον καὶ τὰς ἐμὰς ἁμαρτίας· πρέπει γάρ σοι ἡ δόξα εἰς τὸν αἰῶνα,¹¹ ἀμήν ✠

Λόγος ἕβδομος

πληρώσας ἐν μέρει τὴν θεωρίαν τῆς περὶ τῆς κοινῆς δεσποίνης τῆς ἁγίας ἀειπαρθένου καὶ θεοτόκου Μαρίας, ἄλλην ἡμῖν παραδίδωσι λέγων·¹²

καὶ ὤφθη ἄλλο σημεῖον ἐν τῷ οὐρανῷ. καὶ ἰδοὺ δράκων πυρρὸς μέγας,¹³ ἔχων κεφαλὰς ἑπτὰ καὶ κέρατα δέκα, καὶ ἐπὶ τὰς κεφαλὰς¹⁴ ἑπτὰ διαδήματα, καὶ ἡ οὐρὰ αὐτοῦ σύρει¹⁵ τὸ τρίτον τῶν ἄστρων¹⁶ ἐν τῷ οὐρανῷ,¹⁷ καὶ ἔβαλεν αὐτοὺς εἰς τὴν γῆν.

---

[1] οὐ δὲ 203 [non 240]
[2] Spatium in 146 litt. duorum vel trium. In 203 240 add. πνεύματι (comp. πνι).
[3] ἄχρις οὗ 203 240
[4] ὑπονοήσῃ vid. 203 et 240
[5] μωύσει 240 [non 203]
[6] add. ἐν 203 240
[7] om. τοῦ 203 [non 240]
[8] καρδίας pro παρθένου 240 [non 203]
[9] σου δούλης 203
[10] θκοῦ sic iterum codd. nostri
[11] εἰς τοὺς αἰῶνας τῶν αἰώνων, ἀμήν 240, εἰς τοὺς αἰῶνας (absque ἀμήν) 203
[12] om. Λόγος ἕβδομος usque ad λέγων 203 240
[13] πυρὸς μέγας 240 [sed πυρρὸς· μέγας 203]
[14] add. αὐτοῦ 203 240
[15] σύρουσα 203 240
[16] ἀστέρων 203 240 ἄστρων 146 cum C solo
[17] τοῦ οὐρανοῦ 203 240 pro ἐν τῷ οὐρανῷ

καὶ ὁ δράκων ἔστηκεν ἐνώπιον τῆς γυναικὸς τῆς μελλούσης
τεκεῖν,¹ ἵνα ὅταν τέκῃ τὸ τέκνον² αὐτῆς καταφάγῃ. καὶ Apoc. xii. 5
ἔτεκεν υἱὸν ἄρσενα,³ ὃς μέλλει ποιμαίνειν πάντα τὰ ἔθνη⁴
ῥάβδῳ σιδηρᾷ· καὶ ἡρπάσθη⁵ τὸ τέκνον αὐτῆς πρὸς τὸν
Θεὸν καὶ πρὸς τὸν θρόνον αὐτοῦ. καὶ ἡ γυνὴ ἔφυγεν εἰς   6
τὴν⁶ ἔρημον, ὅπου ἔχει ἐκεῖ⁷ τόπον ἡτοιμασμένον⁸ ἀπὸ τοῦ
Θεοῦ, ἵνα ἐκεῖ τρέφωσιν αὐτὴν ἡμέρας χιλίας⁹ διακοσίας
ἑξήκοντα.

ὥσπερ ἐν ἀρχῇ τῆς ἡγησαμένης¹⁰ ὀπτασίας εἴρηται, ὅτι
τὰ κατὰ τὸν ἀντίχριστον τελεώτερον ἡ ὀπτασία διηγήσα-
σθαι βουλομένη, ἀρχὴν ποιεῖται τὴν τοῦ Κυρίου σύλληψίν
τε καὶ γέννησιν, ἧς χάριν¹¹ καὶ προβέβληται ὑπὸ τοῦ κοινοῦ
πάντων ἐχθροῦ καὶ πολεμίου ὁ λυμεὼν ἐκεῖνος ὅπως τοὺς
ὑπὸ τοῦ Κυρίου συναχθέντας αὖθις ἀνδραποδίσηται, οὕτω
καὶ νῦν λεκτέον, ὅτι τὰ κατὰ τὸν ἀντίχριστον διηγήσασθαι
ἡ ὀπτασία βουλομένη, τῆς πρόσθεν εἰρημένης ἀρχῆς—
φημὶ δὴ τῆς τοῦ Κυρίου γεννήσεως— ἄλλην προτερεύουσαν
ἀρχὴν ποιεῖται, τὴν κατὰ τὸν Σατανᾶν, πῶς κατενήνεκται ἐκ
τοῦ οὐρανοῦ, εἰ καὶ ἐν τῇ ἑξῆς¹² ὀπτασίᾳ σαφέστερον τοῦτό
φησι, προσθεὶς ὅτι καὶ ἐπεβούλευσε τῷ Κυρίῳ,¹³ ἵνα τῆς
ἀρχῆς ὥσπερ θεμελίου τινὸς προκαταβληθείσης τὰ λοιπὰ
προσεποικοδομήσῃ διηγήματα τὰ κατὰ τὸν ἀντίχριστον καὶ
τὰ ὑπ' αὐτοῦ πεπραγμένα. τούτων οὕτω προαφηγηθέντων,
ἐπὶ τὴν τῶν ῥητῶν ἐπίσκεψιν μεταβητέον.¹⁴ καὶ ὤφθη φησὶν (Apoc. xii. 3)
ἄλλο σημεῖον ἐν τῷ οὐρανῷ, ὥσπερ ἐπιρραπίζων ὁ λόγος τὸν
ἀρχέκακον Σατανᾶν, ὅτι οὐράνιος ὢν διὰ τὴν ἔπαρσιν χαμερ-
πὴς γεγένηται· ἐν τῷ οὐρανῷ αὐτὸν προδείκνυσιν, ἵνα εἰδείη

---

¹ τίκτειν 203 240
² τὸ παιδίον 203 240 et 38 178 (et iterum ver. 5, 38 solus)
³ ἄρρενα 203 240
⁴ add. ἐν 203 240
⁵ ἡρπάσθι⁷ ut vid. 240 [ἡρπάσθη 203]
⁶ om. τὴν 240 [Habet 203]
⁷ om. ἐκεῖ 203 240
⁸ add. αὐτῇ 203 240

⁹ χιλιάδας 146 man. pri. χιλίας 146 man. sec. et 203 240
¹⁰ εἰσηγησαμένης 203 240
¹¹ om. χάριν 240 vid. [Habet 203]
¹² ἐξ ἧς 146
¹³ ὅτι καὶ τῷ Κυρίῳ ἐπεβούλευσεν 203 240
¹⁴ μεταβλητέον 203 [non 240]

(Apoc. xii. 3) ὁ ἀποστάτης ἐξ οἴων εἰς οἶα καταπέπτωκε. **καὶ ἰδού φησι δράκων πυρρὸς μέγας.** δράκοντα μὲν τὸν Σατανᾶν καλεῖ¹ διὰ
Es. xxvii. 1 τὸ σκολιόν· οὕτω γὰρ αὐτὸν καὶ ὁ Ἡσαΐας λέγει²· ἐπὶ τὸν δράκοντα λέγων τὸν ὄφιν τὸν σκολιόν· πυρρὸς δὲ διὰ τὸ αἱμο-
(Apoc. xii. 3 fin.) βόρον καὶ ὀργίλον. **ἔχων κεφαλὰς ἑπτὰ καὶ κέρατα δέκα· καὶ ἐπὶ τὰς κεφαλὰς αὐτοῦ ἑπτὰ διαδήματα.** οὐδὲ ὁ προφήτης αὐτὸν ἠγνόησεν ὥς ἐστι πολυκέφαλος· τοιγαροῦν φησι
Psa. lxxiii. 14 πρὸς τὸν Θεόν· **σὺ συνέτριψας τὰς κεφαλὰς τοῦ δράκοντος·³ ἔδωκας αὐτὸν βρῶμα λαοῖς τοῖς Αἰθίοψιν.** πολυκέφαλον δὲ αὐτόν φασιν,⁴ τῶν ἑπτὰ τὰ⁵ πολλὰ δηλούντων καθὼς πολλάκις εἴρηται, ὡς πολλὰς ἀρχὰς καὶ ἐπινοίας μεθοδειῶν ποιούμενον κατὰ⁶ τῶν ἀνθρώπων δι' ὧν αὐτοὺς καταδουλοῦται, σύμβολον⁷ γὰρ⁸ τυραννίδος τὸ διάδημα. τὰ δὲ δέκα κέρατα τὴν μεγίστην αὐτοῦ δύναμιν αἰνίττεται. τέλειος γὰρ⁹ ὁ δέκατος ἀριθμός, δυνάμεως δὲ σημεῖον τὸ κέρας.
Psa. xci. 11 εἴρηται γὰρ καὶ ὑψωθήσεται ὡς μονοκέρωτος τὸ κέρας μου.
Job i. 12 ὅπως δέ ἐστιν δυνατός, ἔξεστι γνῶναι τὸν τῇ βίβλῳ τοῦ¹⁰
(Apoc. xii. 4) Ἰὼβ ἐντευξόμενον. **καὶ τῇ οὐρᾷ αὐτοῦ φησι σύρει τὸ τρίτον τῶν ἄστρων τοῦ οὐρανοῦ καὶ ἔβαλεν αὐτοὺς εἰς τὴν γῆν.**¹¹ συγκατέβαλε γὰρ ἑαυτῷ πλείστην ἀγγέλων μοῖραν συναποστῆσαι¹² πείσας¹³ Θεοῦ καὶ πεποίηκε χθονίους τοὺς οὐρανίους,¹⁴ καὶ¹⁵ σκότος τοὺς λαμπροὺς ὡς ἀστέρας. τὸ δὲ τῇ οὐρᾷ δηλοῖ τὸ οἷον τοῖς τελευταίοις αὐτοῦ καὶ ὀπισθίοις πλημμελήμασι· πρότερον γὰρ αὐτὸς ἀπόνοιαν καὶ ἀποστασίαν νοήσας, καὶ ταύτην ἱκανῶς ἐν τῷ τῆς διανοίας διαθρέψας ὑπερηφάνῳ, οὕτως ἦλθε καὶ εἰς τὸ διαφθεῖραι τοὺς λοιπούς.
(Apoc. xii. 4) **καὶ ὁ δράκων φησὶν ἑστήκει ἐνώπιον τῆς γυναικὸς τῆς μελλού-**

---

¹λέγει *pro* καλεῖ 203 [*non* 240]
²εἰσάγει *pro* λέγει 240 vid. et 203 text. sed marg. καλεῖ
³τῶν δρακόντων 203 240
⁴φησὶ δὲ αὐτὸν πολυκέφαλον 203 240
⁵om. τὰ 240 [*Habet* 203]
⁶καὶ *pro* κατὰ 203 [*non* 240]
⁷add. καὶ 203 240
⁸add. τῆς 203 240
⁹καὶ γὰρ τέλειος 203 240
¹⁰om. τοῦ 240 [*Habet* 203]
¹¹om. καὶ τῇ οὐρᾷ *usque ad* εἰς τὴν γῆν 203 240
¹²συναποστατῆσαι 203 240
¹³add. ἀπὸ 203 240
¹⁴χθονίους τοὺς οὐρανίους πεποίηκεν (om. καὶ *init.*) 203 240
¹⁵add. τὸ 240 [*non* 203]

σης τεκεῖν, ἵνα οταν τέκῃ τὸ τέκνον αὐτῆς καταφάγῃ.¹ ἐκ
τῶν περὶ τὸν Κύριον συμβεβηκότων ὡς τεχθήσεται ὁ κατα-
λύσων αὐτοῦ τὴν δυναστείαν, ἐπιμελῶς παρετήρει ἵνα ὅταν ²
ἡ παρθένος τέκῃ τὸ τεχθὲν ἀπολέσῃ. τοιγαροῦν οὐκ ἠμέλει,
ἀλλ' ἐπήγειρε τὸν Ἡρώδην διαφθεῖραι³ τὸ παιδίον τὸν ἄρ-   (Matt. ii. 8, 13,
ρενα καὶ ἀνδρεῖον; τὸν⁴ μηδὲν ἔκλυτον⁵ ἔχοντα καὶ γυναι-   16)
κῶδες. πρὶν γὰρ γνῶναι τὸ παιδίον καλεῖν πατέρα ἢ μητέρα,   Es. viii. 4
ὁ Ἠσαΐας ἡμᾶς⁶ εὐαγγελίζεται, λήψεται δύναμιν Δαμασκοῦ
καὶ τὰ σκῦλα Σαμαρείας ἐναντίον βασιλέως Ἀσσυρίων. καὶ
τίς ἐστιν οὗτος ὁ τεχθεὶς, ὁ ἄρρην, ἀποκάλυψον ἡμῖν σα-
φέστερον, ὦ Ἰωάννη, ὅς φησι ποιμαίνειν παντὰ τὰ ἔθνη   (Apoc. xii. 5)
ῥάβδῳ σιδηρᾷ.⁷ ἀναφανδὸν ἡμῖν, ὦ θεσπέσιε, τὸν ἡμέτερον
σωτῆρα⁸ καὶ κύριον εἴρηκας Ἰησοῦν τὸν⁹ Χριστόν· αὐτῷ
γὰρ ἐπήγγελται παρὰ τοῦ οἰκείου πατρός αἴτησαι παρ' ἐμοῦ   Psa. ii. 8-9
καὶ δώσω σοι ἔθνη τὴν κληρονομίαν σου, καὶ τὴν κατάσχεσιν
σου τὰ πέρατα τῆς γῆς· ποιμανεῖς αὐτοὺς ἐν ῥάβδῳ σιδηρᾷ ὡς
σκεύη¹⁰ κεραμέως συντρίψεις αὐτούς. καὶ ἡρπάσθη φησὶ τὸ   (Apoc. xii. 5
τέκνον αὐτῆς πρὸς τὸν Θεὸν καὶ πρὸς τὸν θρόνον αὐτοῦ.¹¹ ὁ   fin.)
μὲν δράκων ὁ ἰοβόλος¹² ἐνήδρευε, καὶ τὸν Ἡρώδην παρέ-   (Matt. ii. 16)
θηγεν ἀνελεῖν τὰ ἐν τῇ¹³ Βηθλεὲμ παιδία, ὡς ἐν ἐκείνοις
πάντῃ¹⁴ τὸν Κύριον εὑρήσων. τὸ παιδίον δὲ¹⁵ προνοίᾳ τοῦ
πατρὸς διέφυγε τὴν ἐπιβουλήν· ἤκουσε γὰρ χρηματισμὸν¹⁶
ὁ Ἰωσὴφ παραλαβεῖν τὸ παιδίον καὶ τὴν μητέρα αὐτοῦ καὶ   (Matt. ii. 13)
φεύγειν εἰς Αἴγυπτον, ὡς μέλλοντος τοῦ Ἡρώδου ζητεῖν τὴν
ψυχὴν τοῦ παιδίου. καὶ ἡ γυνὴ ἔφυγεν εἰς τὴν ἔρημον ὅπου   (Apoc. xii. 6)
ἔχει τόπον ἡτοιμασμένον ὑπὸ τοῦ Θεοῦ, ἵνα ἐκεῖ τρέφωσιν αὐτὴν

---

¹ Om. καὶ ὁ δράκων usque ad καταφάγῃ et praeponunt εἰς συναίσθησιν γὰρ ἐλθὼν ante ἐκ τῶν περὶ 203 240

² ἵν' ὅταν 203 240
³ φθεῖραι 203 [non 240]
⁴ καὶ pro τὸν 240 [non 203]
⁵ add. ἔκλυτον in marg. 146 pr. man. et 203 240 in text.
⁶ ἡμῖν 203 240
⁷ om. ut vid. 203 et 240 καὶ τίς ἐστιν usque ad σιδηρᾷ

⁸ δεσπότην pro σωτῆρα 203 [non 240]
⁹ om. τὸν 203 240
¹⁰ σκεῦος Sept. codd. plures
¹¹ om. καὶ ἡρπάσθη usque ad θρόνον αὐτοῦ 203 240
¹² ὁ μὲν ἰοβόλος δράκων 203 240 (seq. ἐνήδρευε κ.τ.λ.)
¹³ om. τῇ 203 [Habet 240]
¹⁴ πάντως 203 240
¹⁵ τὸ δὲ παιδίον 203 240
¹⁶ χρηματισμῶν 203 [non 240]

ἡμέρας χιλίας διακοσίας ἑξήκοντα.¹ ἆρα οὖν² τὸ μὲν παιδίον διεσώθη ἐκ τῆς ἐπιβουλῆς τοῦ δράκοντος, ἡ δὲ γυνὴ παρεδόθη εἰς³ διαφθοράν;⁴ οὐ μὲν οὖν, ἀλλὰ καὶ αὐτὴ διεσώθη τῇ εἰς Αἴγυπτον φυγῇ, ἥτις ἔρημος ἦν καὶ σχολάζουσα τῆς Ἡρώδου ἐπιβουλῆς. καὶ ἐκεῖ διῆγέ φησι καὶ διεστρέφετο⁵

(Apoc. xii. 6 fin.) ἡμέρας χιλίας διακόσιας ἑξήκοντα,⁶ αἳ συνάγουσιν ἔτη τρία ἥμισυ ὀλίγων λειπόντων. τοσοῦτον γὰρ ἴσως χρόνον ἐν τῇ

Matt. ii. 19–21 Αἰγύπτῳ διεγένετο ἡ θεοτόκος,⁷ ἄχρι⁸ τῆς Ἡρώδου⁹ τελευτῆς, μεθ᾿ ἣν πάλιν αὐτοὺς χρηματισμὸς ἀγγέλου πρὸς τὴν Ἰουδαίαν εἵλκυσε.

Apoc. xii. 7 καὶ ἐγένετο πόλεμος ἐν τῷ οὐρανῷ, ὁ Μιχαὴλ καὶ οἱ ἄγγελοι αὐτοῦ πολεμῆσαι μετὰ τοῦ δράκοντος. καὶ ὁ δράκων ἐπο-
8 λέμησε καὶ οἱ ἄγγελοι αὐτοῦ. καὶ οὐκ ἴσχυσαν,¹⁰ οὐδὲ τόπος
9 εὑρέθη αὐτῷ¹¹ ἐν τῷ οὐρανῷ. καὶ ἐβλήθη ὁ δράκων ὁ μέγας, ὁ ὄφις ὁ ἀρχαῖος, ὁ¹² καλούμενος Διάβολος¹³· καὶ ὁ Σατανᾶς, ὁ πλανῶν τὴν οἰκουμένην ὅλην, ἐβλήθη εἰς τὴν γῆν, καὶ οἱ ἄγγελοι¹⁴ μετ᾿ αὐτοῦ ἐβλήθησαν.

ὥσπερ κατ᾿ ἐπανάβασιν ἀεὶ τῆς εἰρημένης ἀρχῆς, ἀρχὴν πρεσβυτέραν ἐπινοεῖ, ἧς ἐν μέρει καὶ πρόσθεν ἐπεμνήσθη, τὰ κατὰ τὸν ἀντίχριστον ἡμῖν διηγεῖσθαι μέλλουσα ἡ ὀπτασία· ἀρχὴ γὰρ πρώτη τῶν κατ᾿ αὐτῶν,¹⁵ ἡ τοῦ Σατανᾶ ἡ¹⁶ τοῦ οὐρανοῦ πτῶσις. περὶ ἧς καὶ ὁ Κύριός φησιν εἶδον¹⁷

Luc. x. 18 τὸν Σατανᾶν ἐκ τοῦ οὐρανοῦ ὡς ἀστραπὴν πεσόντα.¹⁸ τί οὖν
(Apoc. xii. 7) λέγει καὶ ἐγένετο πόλεμος ἐν τῷ οὐρανῷ; φησὶν ἡ θεία γραφὴ τὸν Σατανᾶν τραχηλιᾶσαι κατὰ τοῦ Θεοῦ, τουτέστι σκληρὸν

---

¹ om. καὶ ἡ γυνή . . . ἑξήκοντα 203 240
² ἆρ᾿ οὖν 203 et 240
³ πρὸς pro εἰς 203 240
⁴ Ita interpunctum in 146 et in 203. Apud 240 comma ut vid.
⁵ διετρέφετο 203, ἐτρέφετο ut vid. 240
⁶ ᾱ, σ ξ 240 ut solet. [non 203]
⁷ ἡ θ͞κ͞ο͞ς comp. 203 et 240
⁸ add. γὰρ 203 240
⁹ add. μεμένηκε 203 240
¹⁰ sic 146 203 240. Obs. 'ἴσχυσε infra

¹¹ αὐτῶν ἔτι 203 et 240 vid. (comp.)
¹² om. ὁ 203 [non 240]
¹³ Ita interpunct. in 146 et 203, sed abest in 240 qui uno tenore Διάβολος καὶ ὁ Σατανᾶς habet
¹⁴ add. αὐτοῦ 203 240
¹⁵ κατ᾿ αὐτὸν comp. 240, et 203 pleno
¹⁶ ἐκ pro ἡ 203 240
¹⁷ ἐθεώρουν in Luc. text.
¹⁸ ὡς ἀστραπὴν πεσόντα ἐκ τοῦ οὐρανοῦ 203 240 πεσότα 146 cum spatio unius lit. ante τ

αὐτῷ καὶ ἀγέρωχον ἀντανατεῖναι¹ τράχηλον, καὶ ἀποστασίαν μελετῆσαι. ἀλλ' ὁ μὲν Θεός, ἅτε φύσει ἀγαθὸς ὢν καὶ ἀνεξίκακος, ἐμακροθύμει ἐπ' αὐτῷ· οἱ δέ γε θεῖοι ἄγγελοι μὴ ἐνεγκόντες τὴν ὕβριν τοῦ σφῶν δεσπότου ἐξώθησαν αὐτὸν τῆς μετ' αὐτῶν διαγωγῆς. τοῦτο νῦν² φησιν ὅτι ὁ Μιχαήλ, εἷς δὲ οὗτος τῶν ἐν ἀγγέλοις μεγάλων ἀρχόντων, ἐπολέμησε κατὰ τοῦ Σατανᾶ καὶ τῶν ὑπ' αὐτόν. ὁ δέ γε Σατανᾶς οὐκ ἴσχυσε πρὸς τὸν κατ' αὐτοῦ πόλεμον· οὐδὲ τόπος ηὑρέθη³ φησὶ φυγῆς αὐτῷ ἢ γοῦν οἰκήσεως⁴ ἐν τῷ οὐρανῷ, καὶ ἐβλήθη κάτω εἰς τὴν γῆν, ἢ τοῦτο αἰσθητῶς παθών,⁵ ἢ ὅτι τοῦ ἀγγελικοῦ καὶ οὐρανίου περιαιρεθεὶς ἀξιώματος, εἰς γήϊνον κατερρίφη φρόνημα. εἶτα ὥσπερ ἀμυνόμενος, τὸν Θεὸν διὰ τὴν πτῶσιν, ἐπεὶ μὴ αὐτὸν ἀδικῆσαι ἐνῆν, τοὺς αὐτοῦ δούλους ἀδικεῖ τοὺς ἀνθρώπους, καὶ πλανᾷ καὶ ἀφιστᾶν πειρᾶται Θεοῦ, ταύτῃ τὸν αὐτὸν⁶ δεσπότην ἀδικεῖν οἰόμενος. (Apoc. xii. 8) (Apoc. xii. 8) (Apoc. xii. 9)

καὶ ἤκουσα φωνὴν μεγάλην ἐν τῷ οὐρανῷ λέγουσαν⁷ ἄρτι ἐγένετο ἡ σωτηρία καὶ ἡ δύναμις καὶ ἡ βασιλεία τοῦ Θεοῦ ἡμῶν καὶ ἡ ἐξουσία τοῦ Χριστοῦ αὐτοῦ, ὅτι ἐβλήθη ὁ κατήγορος τῶν ἀδελφῶν ἡμῶν, ὁ κατηγορῶν αὐτῶν ἐνώπιον τοῦ Θεοῦ ἡμῶν⁸ ἡμέρας καὶ νυκτός· καὶ αὐτοὶ ἐνίκησαν αὐτὸν διὰ τὸ αἷμα τοῦ ἀρνίου καὶ διὰ τὸν λόγον τῆς μαρτυρίας αὐτῶν, καὶ οὐκ ἠγάπησαν τὴν ψυχὴν αὐτῶν ἄχρι θανάτου· διὰ τοῦτο εὐφραίνεσθε⁹ οὐρανοὶ καὶ οἱ ἐν αὐτοῖς σκηνοῦντες· οὐαὶ τὴν γῆν¹⁰ καὶ τὴν θάλασσαν,¹¹ ὅτι κατέβη ὁ Διάβολος πρὸς ὑμᾶς, ἔχων θυμὸν μέγαν, εἰδὼς ὅτι ὀλίγον καιρὸν ἔχει. Apoc. xii. 10

11

12

τὴν οἰκείαν οὖν¹² εὐφροσύνην οἱ ἅγιοι παραδηλοῦντες ἄγγελοι ἣν ἔσχον ἐπὶ τῇ καθαιρέσει τοῦ Σατανᾶ, ἐπινίκιον

---

¹ ἀνατεῖναι 203 240
² οὖν *pro* νῦν 203 240
³ εὑρέθη 203 240
⁴ ἢ γοῦν οἰκειώσεως 203 *et* 240 *ut vid.*
⁵ παθὼν 203 (*dub.* 240 *comp.*) παθεῖν *vel* παθὼν *comp.* 146
⁶ αὐτῶν 203 (*dub. comp.* 240)

⁷ καὶ ἤκουσα φωνὴν καὶ ἐγένετο φωνὴ μεγάλη ἐν τῷ οὐρανῷ, λέγουσα 203 [*cum* 146 *est* 240]
⁸ *om.* ἡμῶν 203 240
⁹ *add.* οἱ 203 240
¹⁰ τῇ γῇ 203 240
¹¹ καὶ τῇ θαλάσσῃ 203 240
¹² *om.* οὖν 203 240

(Apoc. xii. 10)	ᾄδουσιν ᾠδὴν¹ τῷ Θεῷ, ἄρτι λέγοντές φησιν ἐγένετο ἡ σω-
(Apoc. xii. 10)	τηρία καὶ ἡ βασιλεία, καὶ ἔλαμψεν ἡ τοῦ Θεοῦ δύναμις, καὶ
	ἡ ἐξουσία τοῦ Χριστοῦ αὐτοῦ, ὅπως ἐστὶ παντοδύναμος· αὐτῆς
	γάρ φησι τῇ συνεργίᾳ² νενικήκαμεν τὸν ἐχθρόν. καὶ ἀπῆλ-
(Apoc. xii. 10 fin.)	θεν ἐξ ἡμῶν ὁ κατήγορος τῶν ἀδελφῶν ἡμῶν, ὁ κατηγορῶν
	αὐτῶν ἐνώπιον τοῦ Θεοῦ ἡμῶν ἡμέρας καὶ νυκτός.³ ὢ τῆς
	μετριότητος τῶν ἁγίων ἀγγελων· πῶς εἰσι μιμηταὶ τοῦ
	οἰκείου δεσπότου. ἀδελφοὺς ἑαυτῶν,⁴ καλοῦσιν τοὺς ἀνθρώ-
	πους. καὶ τί θαυμαστόν;—ὁπότε καὶ ὁ κοινὸς δεσπότης
Psa. xxi. 23 (Heb. ii. 12)	τοῦτο αὐτοὺς καλεῖν οὐκ ἀπηξίωσεν, ἀπαγγελῶ⁵ λέγων τὸ
	ὄνομά σου τοῖς ἀδελφοῖς μου· ἐν μέσῳ ἐκκλησίας ὑμνήσω σε. τι
	δέ φασι περὶ τοῦ Σατανᾶ; ἀπῆλθεν. καθῃρέθη τῆς ἀξίας.
(cf. Apoc. xii. 8, 10)	οὐκέτι αὐτῷ χώρα⁶ ἐνώπιον ἑστάναι τοῦ Θεοῦ, καὶ κατηγορεῖν
	τῶν ἀνθρώπων. καὶ αὐτοί φησι τοῖς ἴσοις αὐτὸν ἠμύναντο,⁷
	νικήσαντες τὸν δοκοῦντα ἀήττητον ὡς καὶ κατὰ⁸ Θεοῦ τολ-
(cf. Apoc. xii. 11)	μῆσαι. ἐνίκησαν δὲ συνεργῷ καὶ βοηθῷ χρησάμενοι τῷ
	τιμίῳ αἵματι τοῦ⁹ Χριστοῦ, καὶ τῷ λόγῳ τῆς ὑπὲρ αὐτοῦ μαρτυ-
(Apoc. xii. 12)	ρίας, ἣν προέκριναν τῶν οἰκείων ψυχῶν. ὧν γενομένων, εὐ-
	φραίνεσθέ φησι πάντες ἄγγελοι Θεοῦ πικροῦ γειτονήματος¹⁰
(Apoc. xii. 12 fin.)	ἀπαλλαγέντες τοῦ Σατανᾶ. οὐαί φησι τὴν γῆν καὶ τὴν
	θάλασσαν,¹¹ ὅτι κατέβη ὁ Διάβολος πρὸς ὑμᾶς ἔχων θυμὸν
	μέγαν, εἰδὼς ὅτι ὀλίγον καιρὸν ἔχει.¹² καὶ εἰ κακῶς ἤμελλε¹³
	τῇ γῇ καὶ τῇ θαλάσσῃ, τῇ καθόδῳ τοῦ Σατανᾶ, εἴποι τίς
	ἄν¹⁴· διὰ τί κατῆλθεν; ὅτι τοῖς μὲν νήφουσι καὶ τὴν ἐλπίδα
	ἔχουσιν ἐπὶ τῷ Θεῷ¹⁵ οὐ μόνον πρὸς βλάβης¹⁶ οὐ γεγένη-
	ται, ἀλλὰ καὶ πρὸς ὠφελείας,¹⁷ διαγυμνάζων αὐτοὺς ὥσπερ
	παιδοτρίβης, καὶ τοῖς πειρασμοῖς δοκιμωτέρους ἐργαζόμενος

---

¹ εὐχὴν pro ᾠδὴν 240 [non 203]
² τῇ συνεργείᾳ ut vid. 203 240
³ om. ἡμῶν ἡμέρας καὶ νυκτός 203 240
⁴ ἑαυτούς sic 146. ἑαυτῶν in comp. 203 240
⁵ διηγήσομαι pro ἀπαγγελῶ Sept.
⁶ χώρῳ 240 ut vid. [non 203]
⁷ ἠμύνοντο 203 240
⁸ add. τοῦ 203 [non 240]
⁹ om. τοῦ 203 240
¹⁰ γείτονος 203 240
¹¹ τῇ γῇ καὶ τῇ θαλάσσῃ 203 240
¹² om. πρὸς ὑμᾶς . . . καιρὸν ἔχει 203 240
¹³ ἔμελλε 203 240
¹⁴ ἄν τις pro τίς ἄν 203 240
¹⁵ ἐπὶ τὸν Θεὸν 203 240
¹⁶ βλάβην 203 240
¹⁷ ὠφέλειαν 203 240 ut vid. (comp.)

καὶ στομῶν ἴσα σιδήρῳ. ἀδικεῖ δὲ τοὺς νωθροὺς καὶ ἐξιτήλους,[1] οἳ[2] τάχα ἂν καὶ μὴ ὑπόντος τοῦ διερεθίζοντος,[3] ἀφ' ἑαυτῶν ἦσαν κακοὶ εἰς φύσιν, τὰ πάθη μεταβαλόντες. λέγοντες[4] δὲ **οὐαὶ τὴν γῆν καὶ τὴν θάλασσαν**,[5] οὐ τοῦτό φασιν, οὐαὶ τοῖς οἰκοῦσι τὴν γῆν καὶ τὴν θάλασσαν[6] πλέουσιν ἀνθρώποις, ἀλλὰ τοὺς τὴν γῆν ὄντας[7] καὶ σποδὸν[8] κατὰ τὸ γεγραμμένον καὶ γεώδεις[9] **τὸ φρόνημα**; ἔτι δὲ τοὺς εὐριπίστους,[10] καὶ περιαγομένους[11] καὶ ἀστάτους[12] τὸν νοῦν. κατὰ τούτων γὰρ ὁ κοινὸς ἐχθρὸς στρατευόμενος καταδουλοῦται τοὺς ἀσθενεῖς, ἑκόντας, ὑποκύπτοντας τῇ αὐτοῦ τυραννίδι. **εἰδὼς φησὶν ὅτι ὀλίγον καιρὸν ἔχει.** ὀλίγος γὰρ ὁ ἐκ τῆς τοῦ Διαβόλου καταπτώσεως καιρὸς ἄχρι τῆς κρίσεως αὐτοῦ καὶ ἀνταποδόσεως πρὸς τοὺς ἀτελευτήτους αἰῶνας παραβαλλόμενος. τούτου χάριν καὶ Ἰακὼβ ὁ πατριάρχης, καίτοι ἑκατὸν ἄγων ἔτη πρὸς τοῖς τριάκοντα, ἔλεγεν ἐρωτῶν τι τῷ Φαραώ, μικραὶ καὶ πονηραὶ γεγόνασιν αἱ ἡμέραι τῶν ἐτῶν τῆς ζωῆς μου.

καὶ ὅτε εἶδεν ὁ δράκων ὅτι ἐβλήθη εἰς τὴν γῆν, ἐδίωκε[13] **τὴν γυναῖκα ἥτις ἔτεκεν τὸν ἄρσενα.**[14] **καὶ ἐδόθησαν τῇ γυναικὶ αἱ**[15] **δύο πτέρυγες τοῦ ἀετοῦ τοῦ μεγάλου, ἵνα πέτεται**[16] **εἰς τὴν ἔρημον εἰς τὸν τόπον αὐτῆς, ὅπου τρέφεται**[17] **ἐκεῖ καιρὸν καὶ καιροὺς**[18] **καὶ ἥμισυ καιροῦ ἀπὸ προσώπου τοῦ ὄφεως. καὶ ἔβαλεν ὁ ὄφις ἐκ**[19] **τοῦ στόματος αὐτοῦ ὀπίσω τῆς γυναικὸς ὕδωρ ὡς**[20] **ποταμόν, ἵνα αὐτὴν ποταμοφόρητον ποιήσει.**[21] **καὶ**

(Apoc. xii. 12 init.)

(cf. Rom. viii. 7 et Plato Ax. 365 E)

(Apoc. xii. 12 fin.)

Gen. xlvii. 9

Apoc. xii. 13

14

15

16

---

[1] ἐξητίλους 146 ἐξιτίλους 240, ἐξιτήλους 203
[2] ἢ pro οἳ 203 [non 240]
[3] ἐρεθίζοντος 203 240 διαιρεθίζοντος 146
[4] λέγεται 203 [non 240]
[5] τῇ .γῇ καὶ τῇ θαλάσσῃ ut solent 203 240
[6] τοῖς οἰκοῦσι? (comp.) τῇ γῇ καὶ τῇ θαλάσσῃ pro τοῖς οἰκοῦσι τὴν γῆν καὶ τὴν θάλασσαν 240 [non 203]
[7] ἀλλὰ τοῖς γῇ οὖσι 203 240 (pro ἀλλὰ τοὺς τὴν γῆν ὄντας)
[8] σποδὸς 203 [non 240]
[9] γεώδεσι 203 et 240 vid.
[10] τοῖς εὐρϊπίστοις 203 240 (ï ex ει correctum)
[11] περιαγομένοις 203 240
[12] ἀστάτοις 203 240
[13] ἐδίωξε 203 in text. 240 in text. sed ἐδίωκε ter in schol. cum 146
[14] τὸν ἄρρενα 203 240
[15] om. αἱ 203 240
[16] πέταται 203 240
[17] ἐτρέφετο 203 240
[18] καιρού 146 man. pr. Corr. man. rec. Obs. καιρὸν καιροῦ 149–186.
[19] ἀπὸ pro ἐκ 203 240
[20] εἰς pro ὡς 240 [non 203]
[21] ποιήσῃ 203 240

ἐβοήθησεν ἡ γῆ τῇ γυναικί, καὶ ἤνοιξεν ἡ γῆ τὸ στόμα αὐτῆς καὶ κατέπιε τὸν ποταμὸν ὃν ἔβαλεν ὁ δράκων ἐκ τοῦ στόματος αὐτοῦ· καὶ ὠργίσθη ὁ δράκων ἐπὶ τῇ γυναικί, καὶ ἀπῆλθεν ποιῆσαι πόλεμον μετὰ τῶν λοιπῶν τοῦ σπέρματος αὐτῆς, τῶν τηρούντων τὰς ἐντολὰς τοῦ Θεοῦ καὶ ἐχόντων τὴν μαρτυρίαν Ἰησοῦ.

ἐπανάληψιν ἔχει τὰ παρόντα τῶν εἰρημένων· οὐ γὰρ τοῦτο λέγει, ὅτι μεθ' ὃ εἶδεν ὁ δράκων ὅτι ἐβλήθη εἰς τὴν γῆν, εὐθὺς ἐδίωκε τὴν γυναῖκα, ἀλλ' ἐπειδὴ εἶδεν ἑαυτὸν ὁ δράκων ἐν οἷς ὑπάρχει κακοῖς, καὶ ὅτι ἐκπέπτωκε τῆς ἀγγελικῆς ἀξίας, πικρὸς γέγονε λίαν κατὰ τῶν ἀνθρώπων, καὶ τὴν γυναῖκα τὴν τὸν σωτῆρα¹ τῶν ἀνθρώπων γεννήσασαν ἐδίωκεν, ἵνα αὐτὴν ἀπολέσῃ. ἐδίωκε δὲ τὴν γυναῖκα, ἐπεὶ ἔγνω τὸν ἐξ αὐτῆς τεχθέντα κρείττονα εἶναι τοῦ ἁλῶναι, διαφθονούμενος τοῖς ἀνθρώποις τῆς ἐκ τοῦ Κυρίου σωτηρίας, καὶ μὴ φέρων τὴν τοσαύτην μεταβολήν, εἰ αὐτὸς μὲν ἐξ οὐρανῶν ἀπερρίφη,² ἐκ τῆς γῆς δὲ οἱ ἄνθρωποι εἰς οὐρανὸν δι' ἀρετῆς ἀναφοιτήσειαν.³ καὶ ἐδόθησάν φησι τῇ γυναικὶ αἱ δύο πτέρυγες τοῦ ἀετοῦ τοῦ μεγάλου, ἵνα πέτεται εἰς τὴν ἔρημον, εἰς τὸν τόπον αὐτῆς, ὅπου τρέφεται ἐκεῖ καιρὸν καὶ καιροὺς καὶ ἥμισυ καιροῦ, ἀπὸ προσώπου τοῦ ὄφεως.⁴ ἀλλ' οὐδὲ ἡ γυνή φησιν ὑπὸ χεῖρα γέγονεν τῷ Σατανᾷ, ἀλλὰ πέφευγεν εἰς τὴν ἔρημον. αὕτη δέ ἐστι ἡ Αἴγυπτος κατὰ τὰ πρόσθεν εἰρημένα. ὁ μὲν οὖν προφήτης ἐζήτει πτέρυγας ὡσεὶ περιστερᾶς, ἵνα πετασθείς, καταπαύσῃ ἐν τῇ ἐρήμῳ· τῇ δὲ παναγνῳ παρθένῳ δυνατώτεραι πτέρυγες δέδονται,⁵ τοῦ ἀετοῦ φησι τοῦ μεγάλου. πτέρυγας δὲ ἀετοῦ λέγει τὴν τοῦ θεσπεσίου ἐπιφοίτησιν ἀγγέλου, ὃς τὸν Ἰωσὴφ προυτρέψατο⁶ παραλαβεῖν τὸ παιδίον καὶ τὴν μητέρα αὐτοῦ καὶ φεύγειν εἰς Αἴγυπτον, δι' ἧς ἐπιφοιτήσεως ὡς διὰ πτερύγων ἀετοῦ τὴν⁷

---

¹ τοῦ σωτῆρος 240 vid. [non 203]
² ἐπὶ γῆς κατερρίφη pro ἀπερρίφη 203 et 240
³ ἀναφοιτήσειαν 203 240, ἀναφοιτήσαντες 146
⁴ om. καὶ ἐδόθησαν ... τοῦ ὄφεως 203 240
⁵ δίδονται 203 [non 240]
⁶ προυτρέψας τὸ pro προυτρέψατο 146
⁷ ἀετοῦ τη ... in rasura 146

Αἴγυπτον¹ κατείληφαν. ταύτης οὖν τῆς ἐπιβουλῆς ἀποτυχὼν² ὁ δράκων, ἣν διὰ τοῦ Ἡρώδου κατεσκευάκει, ἄλλην μέτεισι κατὰ τῆς παρθένου τὴν τοῦ υἱοῦ αὐτῆς ἀναίρεσιν, καὶ λοιπὸν ἀκολούθως ἀφηγεῖται τὸν σταυρὸν τοῦ Κυρίου καὶ τὸν θάνατον. καὶ **ἔβαλέ** φησιν ὁ **ὄφις ἐκ τοῦ στόματος** (Apoc. xii. 15) **αὐτοῦ ὀπίσω τῆς γυναικὸς ὕδωρ ὡς ποταμόν, ἵνα αὐτὴν ποταμοφόρητον ποιήσῃ**³· ποταμὸν τὸν πειρασμὸν ἡ θεία ἀλληγορεῖ γραφή, πῇ μὲν λέγουσα, διὰ τοῦ Ἰωνᾶ **ἀπερρίψας με εἰς βάθη** Jonah ii. 4 **καρδίας θαλάσσης, καὶ ποταμοὶ ἐκύκλωσάν με**· πῇ δὲ διὰ τοῦ Κυρίου· **κατέβη** φησὶν **ἡ βροχή· παρῆσαν οἱ ποταμοί· ἦλθον** (cf. Matt. vii. 25) **οἱ ἄνεμοι· καὶ οὐ κατέβαλον τὴν οἰκίαν τὴν τεθεμελιωμένην ἐν τῇ πέτρᾳ.** ποταμὸν οὖν⁴ λέγει τὸν ἐπὶ τῷ πάθει τοῦ Κυρίου πειρασμόν. ἵνα διὰ τούτου φησὶν ἀποπνίξῃ τὴν παρθένον· καὶ ἀληθῶς, τό γε ἧκον εἰς αὐτὸν καὶ εἰς τὴν τῆς ἀλγηδόνος ὑπερβολήν, ἴσχυσε πληρῶσαι τὴν πρόθεσιν ὁ δράκων. τί γὰρ λέγει πρὸς αὐτὴν ὁ Συμεών; **καὶ σοῦ δὲ αὐτῆς τὴν ψυχὴν** Luc. ii. 35 **διελεύσεται ῥομφαία, ὅπως ἂν ἀποκαλυφθῶσιν ἐκ πολλῶν καρδιῶν διαλογισμοί. ἀλλ' ἐβοήθησεν ἡ γῆ** φησι **τῇ γυναικί,**⁵ **καὶ** (Apoc. xii. 16) **ἤνοιξεν ἡ γῆ τὸ στόμα αὐτῆς καὶ κατέπιε τὸν ποταμὸν ὃν ἔβαλεν ὁ δράκων τῇ γυναικὶ ἐκ τοῦ στόματος αὐτοῦ.**⁶ τὸ μὲν⁷ καταπιεῖν τὴν γῆν τὸν ποταμὸν δηλοῖ τὸ τὸν πειρασμὸν ἐν αὐτῇ δέξασθαι, τουτέστι θανατωθέντα τὸν Κύριον. ἀλλ' οὐκ ἐν τούτῳ ἐβοήθησεν, ἀλλ' ἐν τῷ αὐτὴν⁸ πάλιν ἀποδοῦναι τὸν Κύριον· ἀνεβίω γὰρ τριήμερος, πατήσας τὸν θάνατον, ἐπεὶ οὐκ ἦν δυνατὸν κρατεῖσθαι αὐτὸν⁹ ὑπ' αὐτοῦ, **ἀρχηγὸν ζωῆς** Act. iii. 15 **ὑπάρχοντα** κατὰ τὸν θεσπέσιον Πέτρον. ἵνα οὕτως εἴη ἡ¹⁰ (Heb. ii. 10, xii. 2) σύνταξις, **καὶ ἐβοήθησεν ἡ γῆ τῇ γυναικί,** τελείαν ἀναγνωστέον· εἶτα ὡς ἐξ ἐρωτήματος, τίνα δὲ τρόπον ἐβοήθησε;¹¹ (1 Pet. i. 3–12?)

---

¹ ἔρημον *pro* Αἴγυπτον 203 [*non* 240]
² τυχὼν 240 [*non* 203]
³ *Post* γυναικὸς *add.* ποταμὸν 203 *et, omissis* ὕδωρ ... ποιήσῃ, *pergit* ποταμὸν (*ita bis scriptum*) *sic quoque* 240 *sed* ποταμὸν *semel tantum*
⁴ *add.* νῦν *post* οὖν 203 [*non* 240]
⁵ γυναιξί 146 *pr. man.*
⁶ *om. in schol.* ἀλλ' ἐβοήθησεν ... στόματος αὐτοῦ 203 240. *Om. indic. schol.* Oec. (*medio* Andr.) 203
⁷ ὁ μὲν (*pro* τὸ μὲν) *med. schol.* Andr. 203 [*non* 240]
⁸ *om.* αὐτὴν 203 240
⁹ αὐτὸν κρατεῖσθαι 203 240
¹⁰ *om.* ἡ 203 [*non* 240]
¹¹ *Sic interpunctum in* 146. *Non in* 203 *nec in* 240

(Apoc. xii. 16) κατέπιε τὸν ποταμόν, τουτέστι τὸν ἐπιβουλευθέντα Κύριον ἐν ἑαυτῇ δεξαμένη, πάλιν ἀνέδωκε, καὶ ἐν τούτῳ ἐβοήθησεν.[1] ὡς οὖν καὶ τῆς δευτέρας ἐπιβουλῆς[2] ἀποτετύχηκεν ὁ δράκων, τί λοιπὸν ποιεῖ τοὺς χρηματίσαντας υἱοὺς καὶ ἀδελφοὺς τοῦ
(Apoc. xii. 17) Κυρίου, τουτέστι τοὺς πιστούς; ἐδίωκε — τούτους γὰρ τοῦ σπέρματος εἶναί φησι τῆς γυναικός· υἱοὶ γὰρ[3] καὶ ἀδελφοὶ
Heb. ii. 12 (Psa. xxi. 23) τοῦ Κυρίου οἱ πιστοὶ κατὰ[4] τὸ γεγραμμένον ἀπαγγελῶ τὸ
Heb. ii. 13 (Es. viii. 18) ὄνομά σου τοῖς ἀδελφοῖς μου, καὶ αὖθις ἰδοὺ ἐγὼ καὶ τὰ παιδία ἅ μοι ἔδωκεν ὁ Θεός. ἆρα οὖν[5] καὶ τῆς συγγενείας εἰσὶ τῆς αὐτοῦ μητρός — καὶ πόλεμον ἐποίει μετ' αὐτῶν, διώκων καὶ ἐπιβουλεύων, ἀποκτιννὺς διὰ τῶν τυράννων καὶ δυναστῶν τῆς γῆς, ἐπειδὴ Θεὸν εἶναι τὸν ἐκ τῆς παρθένου τεχθέντα ἐμαρτύρουν.

Apoc. xii. 18–xiii. 1 καὶ ἐστάθην παρὰ[6] τὴν ἄμμον τῆς θαλάσσης. καὶ εἶδον ἐκ τῆς θαλάσσης θηρίον ἀναβαῖνον, ἔχον κέρατα δέκα καὶ κεφαλὰς ἑπτά, καὶ ἐπὶ τῶν κεράτων αὐτοῦ δέκα διαδήματα, καὶ ἐπὶ
2 τῆς κεφαλῆς[7] αὐτοῦ ὀνόματα βλασφημίας. καὶ τὸ θηρίον ὃ εἶδον[8] ἦν ὅμοιον παρδάλει, καὶ οἱ πόδες αὐτοῦ ὡς ἄρκου, καὶ τὸ στόμα αὐτοῦ ὡς στόμα[9] λέοντος. καὶ ἔδωκεν αὐτῷ ὁ δράκων τὴν δύναμιν αὐτοῦ καὶ τὸν θρόνον αὐτοῦ καὶ ἐξουσίαν
3 μεγάλην. καὶ μίαν[10] τῶν κεφαλῶν[11] αὐτοῦ ὡς ἐσφαγμένην εἰς θάνατον, καὶ ἡ πληγὴ τοῦ θανάτου αὐτοῦ ἐθεραπεύθη. καὶ
4 init. ἐθαμβήθη[12] ὅλη ἡ γῆ ὀπίσω τοῦ θηρίου, καὶ προσεκύνησαν[13] τῷ δράκοντι, ὅτι ἔδωκε τὴν ἐξουσίαν τῷ θηρίῳ.

ἐν τῇ πρὸ ταύτης θεωρίᾳ εἶδεν ὁ θεσπέσιος εὐαγγελιστὴς
(Apoc. xii. 3) σημεῖον ἐν τῷ οὐρανῷ,[14] καὶ ἰδού φησι δράκων πυρρός. νῦν
(Apoc. xiii. 1–2) δὲ ἡμῖν ἀφηγεῖται ἑωρακέναι ἐκ τῆς θαλάσσης θηρίον ἀνα-

---

[1] Hoc loco schol. Andr. interjecta 203 240
[2] βουλῆς 203 240
[3] εἰ γὰρ υἱοὶ 203 240
[4] κατὰ supra lin. sed man. prim. 146
[5] om. οὖν 203 240
[6] ἐπὶ ἐπὶ sic (bis script.) pro παρὰ 240, et ἐπὶ semel 203 (παρὰ 146 solus)
[7] ἐπὶ τὰς κεφαλὰς 203 240
[8] καὶ τὸ θηρίον τὸ ἀναβαῖνον, εἶδον καὶ 203 240
[9] om. στόμα sec. 203 240
[10] add. ἐκ 203 240
[11] τῶ νεφαλῶν errore 203
[12] ἐθαύμασεν 203 240 in text. (sed cum 146 in schol.)
[13] add. αὐτῷ 203 240 et 178 [non al.]
[14] σημεῖον (comp. dub.) ἐν τῷ οὐρανοῦ ut vid. 240 [non 203]

βαῖνον ὅμοιον παρδάλει. εἶτα ἐν τῇ μετὰ ταύτην¹ ὀπτασίᾳ
πάλιν ὁρᾷ ἄλλο θηρίον ἀναβαῖνον ἐκ τῆς γῆς ἔχον κέρατα δυὸ (Apoc. xiii. 11)
ἀρνίου.² τρία τοιγαροῦν τὰ πάντα εἶδε θηρία· τὸ μὲν πρῶ- Apoc. xii. 3
τον³ ἐν τῷ οὐρανῷ, τὸ δὲ δεύτερον ἐκ τῆς θαλάσσης, τὸ Apoc. xiii. 1
δὲ⁴ τρίτον ἐκ τῆς γῆς. ἀλλὰ τὸ μὲν πρῶτον καὶ τρίτον Apoc. xiii. 11
δῆλα πᾶσι τυγχάνει· τὸ μὲν γάρ ἐστιν ὁ ἀρχέκακος δράκων,
ὁ ἀποστατήσας καὶ τραχηλιάσας κατὰ τοῦ Θεοῦ τοῦ παντο-
κράτορος Σατανᾶς, τὸ δὲ τρίτον ὁ ἀντίχριστος. τοῦτο δὲ τὸ⁵
μέσον θηρίον, τὸ νῦν ἡμῖν εἰς θεωρίαν προκείμενον, ἆρα τί
ἐστιν; οἶμαι τοῦτο τυγχάνειν μετὰ τὸν ἀποστάτην μὲν δρά-
κοντα,⁶ τὸν Σατανᾶν, τῶν λοιπῶν δὲ⁷ προὔχοντα δαιμόνων·
πολλοὶ γὰρ συνωλίσθησαν.⁸ καὶ δῆλον ἐκεῖθεν ὅτι τὸν μὲν
πάντων ἄρχοντα δαιμόνων ἡ θεία λέγει γραφὴ τὴν θάλασ-
σαν καὶ τὸν τάρταρον καταδεδικάσθαι, καθὼς πρόσθεν ἀπο-
δέδεικται, τροπικῶς μὲν ἴσως οὕτω καλοῦσα τὴν ταραχὴν
καὶ τὸν κλόνον ᾧ σύνεστιν, ἐννοῶν ἐξ οἵων εἰς οἷα κατή-
κται, καὶ ὅτι εἰς κρίσιν τηρεῖται⁹ μεγάλης ἡμέρας κατὰ τὸ Jud. 6
γεγραμμένον. εἰ γὰρ μὴ τοῦτο ἦν, ἀλλ' αἰσθητῶς ἦν ἐν
τῇ θαλάσσῃ καὶ ἐν τῷ ταρτάρῳ,¹⁰ πῶς ἐν τῇ πρὸ ταύτης
ἀναγέγραπται θεωρίᾳ πολλὰ μηχανησάμενος κατά τε τοῦ
Κυρίου¹¹ καὶ κατὰ τῆς μητρὸς αὐτοῦ;—πλὴν ὅτι κατὰ τὸ
γράμμα τῆς ἱστορίας,¹² οὐδὲ αὐτὸ ἀθετητέον, τὸν τάρταρον
καὶ τὸν βυθὸν κεκλήρωται. οὗτος δέ γε ὁ δεύτερος. ὁ νῦν (2 Pet. ii. 4)
ἡμῖν προκείμενος, εἰσῆκται ἐν τῇ βίβλῳ τοῦ Ἰώβ, καὶ προσ-
διαλεγόμενος τῷ Θεῷ, καὶ τὸν Ἰὼβ ἐξαιτούμενος, καὶ μυρίας Job xl. (15), xli.
πείρας αὐτῷ προσφέρων, καὶ μέντοι καὶ λέγων ὡς ἐμπερι- (23)
πατήσας τὴν ὑπ' οὐρανὸν¹³ πάρεστι. καὶ οὐ μόνον ἡ βίβλος
τοῦ Ἰώβ, ἀλλὰ καὶ ὁ Κύριος μνήμην αὐτοῦ πεποίηται παρὰ

---

¹ ταύτῃ *pro* ταύτην 146
² β̅ ἀωνίου *ut vid. pro* δύο ἀρνίου 240 [*non* 203]
³ τὸν μὲν ἕν 146 τὸν μὲν πρῶτον 203 τὸ μὲν α^τον 240
⁴ *om.* δὲ *codd. nostri omnes*
⁵ τούτου δὲ (*om.* τὸ) 146
⁶ *add.* δὲ 146
⁷ τὸν τῶν λοιπῶν *pro* τῶν δὲ λοιπῶν 146
⁸ *add.* τῷ Σατανᾷ καὶ εἰς γῆν κατηνέχθησαν 203 240
⁹ τηρῆται 146
¹⁰ τῷ τετάρτῳ 146 *errore*
¹¹ *add.* καὶ κατὰ τοῦ Κυρίου *iterum ex dittogr. et partim erasit* 146
¹² *add.* ὅπερ 203 240
¹³ *add.* τε 146

Jo. viii. 44 verbatim

τῷ Ἰωάννῃ τοῖς Ἰουδαίοις προσφωνῶν· **ὑμεῖς ἐκ τοῦ πατρὸς τοῦ Διαβόλου ἐστὲ καὶ τὰς ἐπιθυμίας τοῦ πατρὸς ὑμῶν θέλετε ποιεῖν. ἐκεῖνος ἀνθρωποκτόνος ἦν ἀπ' ἀρχῆς, καὶ ἐν τῇ ἀληθείᾳ οὐχ ἕστηκεν, ὅτι οὐκ ἔστι ἀλήθεια ἐν αὐτῷ. ὅταν λαλῇ τὸ ψεῦδος, ἐκ τῶν ἰδίων λαλεῖ, ὅτι ψεύστης ἐστὶ καὶ ὁ πατὴρ αὐτοῦ,** πατέρα τοῦ Διαβόλου[1] καλῶν, τούτου δὴ τοῦ νῦν[2] ἡμῖν εἰς θεωρίαν προκειμένου, τὸν ἀποστάτην δράκοντα, ὡς ἀρχηγέτην αὐτῶν[3] καὶ πρωτουργὸν τῆς ἀποστασίας γενόμενον· ὥσπερ καὶ ὁ ἱερὸς Ἀβραὰμ πατὴρ ἐθνῶν χρηματίζει ὡς προκατάρξας αὐτοῖς τῆς πίστεως κατὰ τὸ πρὸς αὐτὸν

Gen. xvii. 5

εἰρημένον, **πατέρα πολλῶν ἐθνῶν τέθεικά σε.** τούτων οὕτω κατὰ τὴν ἐμὴν οἴησιν[4] διευκρινηθέντων, ἐπανέλθωμεν εἰς τὸ

(Apoc. xiii. 1)

προκείμενον. **εἶδόν** φησιν **ἐκ τῆς θαλάσσης θηρίον ἀναβαῖνον, ἔχον κέρατα δέκα καὶ**[5] **κεφαλὰς ἑπτά, καὶ ἐπὶ τῶν κεράτων αὐτοῦ δέκα διαδήματα.** ἐκ τῆς θαλάσσης ὁρᾷ αὐτὸν[6] ἀναβαίνοντα·[7] ἡ γὰρ ἄνοδος αὐτῷ καὶ οἷον ἡ[8] ὕψωσις ἐκ τοῦ τεταραγμένου καὶ ἀστάτου βίου τῶν ἀνθρώπων ἐστί, τῶν χειροτονησάντων αὐτὸν καθ' ἑαυτῶν τύραννον· τὰ δέ γε[9] δέκα κέρατα δυναστείαν αὐτῷ μεγάλην προμαρτυρεῖ,[10] ὥσπερ καὶ αἱ ἑπτὰ κεφαλαὶ μεθοδείας τινὰς καὶ ἀρχὰς[11] δόλων καὶ κατασκευῶν· τέλειοι γὰρ ἀριθμοὶ ὅ τε δέκα καὶ ὁ ἑπτά.[12] διαδήματα δὲ ἦν αὐτοῦ περὶ τὰ κέρατα δεικνύντα δυνάστην αὐτὸν κατὰ τῆς ἀνθρωπότητος γενόμενον, ἡμῶν ἐξ ἀπάτης

(Apoc. xiii. 1 fin.)

αὐθαιρέτως ἑαυτοὺς παραδεδωκότων[13] αὐτῷ. **καὶ ἐπὶ τῆς κεφαλῆς αὐτοῦ** φησιν **ὀνόματα βλασφημίας.** καλῶς ἐπὶ τῆς κεφαλῆς αὐτοῦ· καθ' ἑαυτοῦ γὰρ μαίνεται καὶ κατὰ τῆς οἰκείας κεφαλῆς εἰς Θεὸν παροινῶν, καὶ συλῶν μὲν ἐκ τοῦ Θεοῦ τὸ σέβας, ἑαυτῷ δὲ ἀνατιθείς.[14] **καὶ τὸ θηρίον** φησὶν **ὃ**[15]

(Apoc. xiii. 2 init.)

---

[1] τὸν διάβολον 146
[2] τοίνυν 146 *pro* τοῦ νῦν 203 240
[3] αὐτῷ 203 240
[4] νόησιν *pro* οἴησιν 203 240
[5] τὰ ἑξῆς *pro* κεφαλὰς ... διαδήματα *seq*. 203 *et* 240
[6] αὐτὸ 203 240
[7] ἀναβαῖνον 203, *et* 240 (*comp*.)
[8] εἰ *pro* ἡ 203 (*illeg*. 240)
[9] *om*. γε 203 240
[10] προσμαρτυρεῖ 203 240
[11] ἀρχὼ *vel* ἀρχὰς 146 ταραχὰς 203 240
[12] ὅ τε δέκατος καὶ ὁ ἕβδομος 203, *sed* ὅτε ῑ καὶ ὁ ζ̄ 240
[13] παραδεδοκότων 146
[14] ἀνατεθείς 146
[15] *om*. ὃ 146

εἶδον ὅμοιον ἦν παρδάλει, καὶ¹ διὰ τὸ ὀξύρροπον,² οἶμαι,³ καὶ ταχὺ⁴ πρὸς ἐπιβουλάς.⁵ καὶ οἱ πόδες αὐτοῦ ὡς ἄρκου φησίν, (Apoc. xiii. 2) οἱονεὶ εὐσθενεῖς καὶ ὑπομονητικοὶ ὡς καὶ ἐμπεριπατεῖν τὴν ὑπ᾽ οὐρανὸν εἰς ἐπιβουλὴν τῶν ἀνθρώπων. καὶ τὸ στόμα (Apoc. xiii. 2) αὐτοῦ φησιν ὡς στόμα λέοντος· περιέρχεται γὰρ ὁ ἀντίδικος I Pet. v. 8 ἡμῶν Διάβολος ὡς λέων, τίνα καταπίῃ κατὰ τὸ γεγραμμένον. καὶ ἔδωκέ φησιν αὐτῷ ὁ δράκων τὴν δύναμιν αὐτοῦ.⁶ ἡ δέ γε (Apoc. xiii. 2) δύναμις τοῦ ἀποστάτου δράκοντος ἐν ταῖς ἀπάταις καὶ τοῖς δόλοις ἐστὶ τούτων, καὶ⁷ αὐτῷ γέγονεν αἴτιος καὶ διδάσκαλος. καὶ ὁρῶ φησι μίαν τῶν κεφαλῶν αὐτοῦ ὡς ἐσφαγμένην (Apoc. xiii. 3) εἰς θάνατον· καὶ ἡ πληγὴ τοῦ θανάτου αὐτοῦ ἐθεραπεύθη.⁸ τοῦτον⁹ τὸ σημαινόμενον εἰδείη ἂν αὐτός ὁ πνευματοφόρος εὐαγγελιστής· ὡς δὲ ἐμοὶ καταφαίνεται, τοιοῦτόν τι δηλοῖ· ἦν γὰρ ἔλαβεν ὁ Διάβολος θανατηφόρον πληγὴν κατὰ μιᾶς τῶν κεφαλῶν διὰ τῆς τοῦ Ἰσραὴλ θεοσεβείας, ταύτην ἰάθη διὰ τῆς ἐκείνων πάλιν¹⁰ εἰδωλολατρείας.¹¹ καὶ ἐθαμβήθη¹² (Apoc. xiii. 3 fin.) φησὶν ὅλη ἡ γῆ ὀπίσω τοῦ θηρίου. πῶς γὰρ οὐκ ἔμελλε καὶ τὸ θεοσεβὲς ἔθνος τοῦ Ἰσραὴλ προσκεκυνηκὸς αὐτῷ; καὶ τοῦτό ἐστι τὸ εἰρημένον τῷ Ἡσαΐᾳ ἐκ προσώπου τοῦ Θεοῦ πρὸς τὸν Ἰσραήλ· δι᾽ ὑμᾶς τὸ ὄνομά μου διὰ παντὸς¹³ βλασφη- Es. lii. 5 μεῖται ἐν τοῖς ἔθνεσιν, ἀλλὰ καὶ τὸν ἀρχέκακον συμπροσεκύνησαν δράκοντα τὸν τῆς τοσαύτης ἀπάτης καὶ τῶν δολερῶν μεθοδιῶν¹⁴ αἴτιον ὑπάρχοντα τῷ θηρίῳ.

καὶ προσεκύνησαν τῷ θηρίῳ¹⁵· καὶ τίς δύναται πολεμῆσαι Apoc. xiii. 4 μετ᾽ αὐτοῦ; καὶ ἐδόθη αὐτῷ στόμα λαλοῦν μεγάλα καὶ βλασ- med. et fin. 5

---

¹ om. καὶ 203 et 240 vid.
² ὀξύρρωπον 146 ὀξύγροπον 240, sed melius ὀξύρροπον 203
³ οἴθμαι (?) 240
⁴ om. καὶ ταχὺ 203 240
⁵ ἐπιβουλὴν 203 [non 240]
⁶ Om. καὶ ἔδωκε ... δύναμιν αὐτοῦ 203 240 in comm., sed habet 203 post claus. xiii. 2 fin. in text. δώσει γὰρ ὁ Σατανᾶς ὁ νοητὸς δράκων τῷ ἀντιχρίστῳ πᾶσαν ἐξουσίαν ἐν σημείοις καὶ τέρασι ψεύδους, πρὸς τὴν τῶν ἀστηρίκτων ἀπώλειαν. [Deest claus. in 204], perg. ambo ἡ δέ γε

⁷ Om. καὶ 240 (Uno tenore τούτων αὐτῷ γέγονεν). Habet καὶ 203 sed τούτων cum seqq. jung. (ἐστὶ· τούτων καὶ αὐτῷ)
⁸ om. καὶ ὁρῶ ... ἐθεραπεύθη 203 240
⁹ τοῦτο 203 240
¹⁰ om. πάλιν 203 240
¹¹ εἰδωλολατρίας 203 240
¹² Ita omn. Vide supra.
¹³ διὰ παντὸς τὸ ὄνομά μου Sept.
¹⁴ μεθοδειῶν 203 240
¹⁵ add. λέγοντες τίς ὅμοιος τῷ θηρίῳ 203 240

φημία,¹ καὶ ἐδόθη αὐτῷ ἐξουσία ποιῆσαι μῆνας τεσσαρακονταδύο.² καὶ ἤνοιξε τὸ στόμα αὐτοῦ εἰς βλασφημίαν πρὸς τὸν Θεόν, βλασφημῆσαι³ τὸ ὄνομα αὐτοῦ καὶ τὴν σκηνὴν αὐτοῦ, καὶ τοὺς ἐν τῷ οὐρανῷ σκηνοῦντας. καὶ ἐδόθη αὐτῷ ἐξουσία⁴ ἐπὶ πᾶσαν φυλὴν καὶ λαὸν καὶ γλῶσσαν καὶ ἔθνος. καὶ προσκυνήσουσιν αὐτῷ⁵ πάντες οἱ κατοικοῦντες τὴν οἰκουμένην,⁶ οὗ οὐ γέγραπται τὸ ὄνομα αὐτοῦ ἐν τῷ βιβλίῳ⁷ τῆς ζωῆς τοῦ οὐρανοῦ τοῦ ἐσφραγισμένου⁸ ἀπὸ καταβολῆς κόσμου.

⁹ἐξ ὧν κατεστρατήγησε τοῦ Ἰσραὴλ τὴν εὐφημίαν αὐτῷ πλέκουσιν οἱ ἁλόντες¹⁰ αὐτῷ, τίς ὅμοιος, λέγοντες τῷ θηρίῳ, καὶ τίς δύναται πολεμῆσαι μετ' αὐτοῦ. πάντων φησὶν ἡττημένων καὶ ὑπὸ πόδας πεσόντων,¹¹ καὶ ἐδόθη αὐτῷ στόμα λαλοῦν μεγάλα καὶ βλασφημία.¹² ἐδόθη παρὰ τίνος;¹³ παρὰ τῶν ἐξαπατηθέντων καὶ προσκεκυνηκότων ἀνθρώπων¹⁴ αὐτῷ· ὑπερηφανίας γὰρ¹⁵ τὸ ὑψηγορεῖν. τί γὰρ τούτου μεῖζον;— τοῦ λέγειν εἰς τὸν οὐρανὸν ἀναβήσομαι· ἐπάνω τῶν ἄστρων τοῦ οὐρανοῦ θήσω τὸν θρόνον μου. καὶ μικρὸν ὑποβάς, ἔσομαί φησιν ὅμοιος τῷ ὑψίστῳ, ὡς Ἡσαΐας αὐτὸν κωμῳδεῖ, ἃ δὴ ταῦτα καὶ βλασφημίαι¹⁶ κατὰ Θεοῦ¹⁷ τυγχάνουσι. καὶ ἐδόθη φησὶν αὐτῷ ἐξουσία ποιῆσαι μῆνας τεσσαρακονταδύο. ἐν τοῖς φθάσασι τοὺς τεσσαρακονταδύο μῆνας¹⁸ εἰς βραχὺν χρόνον ἐδεξάμεθα. πᾶς γὰρ χρόνος βραχύς, κἂν ὅτι μάλιστα μακρὸς εἶναι δοκῇ, πρὸς τοὺς ἀτελευτήτους αἰῶνας παρα-

---

¹ βλάσφημα 203 240
² σαρακονταδύο 146 μ̄β̄ 240, μβ 203
³ βλασφημηθῆναι 240 [non 203]
⁴ add. ποιῆσαι πόλεμον μετὰ τῶν ἁγίων καὶ νικῆσαι αὐτούς. καὶ ἐδόθη αὐτῷ ἐξουσία 203 240
⁵ αὐτὸν pro αὐτῷ 203 240
⁶ τὴν γῆν· οὐαὶ οὐαί pro τὴν οἰκουμένην et 203 et 240 in text. (Habent τὴν οἰκουμένην schol.)
⁷ ἐν τῇ βίβλῳ 203 240
⁸ τοῦ ἀρνίου τοῦ ἐσφαγμένου 203 240. Solus 146 ut supra. Cf. ℵ οὐρανοῦ pro ἀρνίου xxi. 27
⁹ In schol. add. καὶ προσεκύνησαν τὸ θηρίον λέγοντες τίς ὅμοιος (λέγοντες iterum 203) τῷ θηρίῳ καὶ τὰ ἑξῆς 203 240 pergentes ἐξ ὧν κ.τ.λ.
¹⁰ οἱ ἁλῶντες 146
¹¹ πεσότων ut vid. 240
¹² om. καὶ ἐδόθη ... βλασφημία in schol. 203 240
¹³ Sic interpunctum in 146. Non ita in 203 240
¹⁴ om. ἀνθρώπων 203 240
¹⁵ δὲ pro γὰρ 203 240
¹⁶ βλασφημία 203 et 240 compendiis
¹⁷ κατὰ θεὸν 146 hoc loco [non infra]
¹⁸ Pro καὶ ἐδόθη ... μῆνας hab. 203 240 τοὺς δὲ μ̄β̄ μῆνας ἐν τοῖς φθάσασιν pergentes εἰς βραχὺν χρόνον κ.τ.λ. (σαρακονταδύο μῆνας sic 146)

βαλλόμενος. καὶ ἤνοιξέ φησι τὸ στόμα αὐτοῦ εἰς βλασφη- (Apoc. xiii. 6)
μίαν πρὸς τὸν Θεόν, βλασφημῆσαι τὸ ὄνομα αὐτοῦ καὶ τὴν σκη-
νὴν αὐτοῦ, τοὺς ἐν τῷ οὐρανῷ σκηνοῦντας.¹ εἴρηνται² τίνες
αἱ κατὰ Θεοῦ βλασφημίαι τοῦ ἀποστάτου. σκηνὴν δὲ τοῦ
Θεοῦ λέγει³ τοὺς ἁγίους ἀγγέλους διὰ τὸ ἐν αὐτοῖς σκηνοῦν
τὸν Θεόν. εἰ γὰρ περὶ ἀνθρώπων εἴρηται ἐνοικήσω ἐν αὐτοῖς 2 Cor. vi. 16.
καὶ ἐμπεριπατήσω,⁴ τί ἄν τις εἴποι περὶ⁵ οὐρανίων δυνάμεων (Lev. xxvi. 12)
ὅπως ἔχουσιν ἔνοικον τὸν Θεόν; καὶ ἐδόθη αὐτῷ ἐξουσία⁶ ἐπὶ (Apoc. xiii. 7)
πᾶσαν φυλὴν⁷ καὶ λαὸν καὶ γλῶσσαν καὶ ἔθνος. καὶ προσκυ- (Apoc. xiii. 8)
νήσουσιν αὐτῷ πάντες οἱ κατοικοῦντες τὴν οἰκουμένην. φθάσας
εἶπον ὅτι παρὰ τῶν ἀνθρώπων τῶν ἑκόντων ὑποκλινάντων
ἑαυτοὺς τῇ ὀλεθρίῳ⁸ αὐτοῦ δυναστείᾳ τὴν ἐξουσίαν εἴληφε.
καλῶς δὲ εἶπεν ὅτι πάντες οἱ κατοικοῦντες τὴν οἰκουμένην⁹ (Apoc. xiii. 8)
προσκυνήσουσιν αὐτῷ· χωρὶς γὰρ τοῦ θεοσεβοῦς Ἰσραὴλ¹⁰
τοῦτο παθόντος, ἅπαν λοιπὸν εὕρηται γένος ἀνθρώπων καὶ
φυλὴ προσκεκυνηκυῖα τῷ ἀλητηρίῳ.¹¹ οὗ φησιν οὐ γέγραπται (Apoc. xiii. 8)
τὸ ὄνομα αὐτοῦ ἐν τῷ βιβλίῳ¹² τῆς ζωῆς¹³ τοῦ οὐρανοῦ τοῦ
ἐσφραγισμένου ἀπὸ καταβολῆς κόσμου λίαν ἀσφαλῶς προδιω-
ρίσατο ἡ ὀπτασία· ἐπειδὴ γὰρ εἴρηται πάντας τοὺς κατοι-
κοῦντας τὴν οἰκουμένην προσκεκυνηκέναι τὸν ἀποστάτην
Διάβολον, ἦσαν δὲ ὀλίγοι τινὲς καθαροὶ τῆς αὐτοῦ λατρείας
καὶ ἐκ τῶν ἐθνῶν καὶ ἐκ τοῦ Ἰσραήλ, οἷον ὁ Ἰώβ, οἱ τέσσα- Job
ρες¹⁴ αὐτοῦ φίλοι, ὁ Μελχισεδέκ, καὶ τοῦ Ἰσραὴλ δὲ οἱ ἅγιοι Melchisedek

---

¹ om. καὶ ἤνοιξε ... σκηνοῦντας 203 240
² add. τε 203 240
³ λέγει τοῦ Θεοῦ 240 [non 203]
⁴ (;) interpunct. in 146 (non in 203 240)
⁵ add. τῶν 203 240
⁶ add. φησὶν 203 240
⁷ Add. καὶ τὰ ἑξῆς 203 240, om. verbis καὶ λαὸν usque ad τὴν οἰκουμένην. Ergo dubium de vbb. τὴν οἰκουμένην in schol. 203 240 accept. sed vide infra. Pergunt φθάσας εἶπον κ.τ.λ. 203 240
⁸ τῇ ὀλεθρίᾳ 203 240
⁹ Sic et 203 et 240 hoc loco
¹⁰ add. οἱ λοιποὶ τῶν ἀνθρώπων εἰδωλολάτρουν. καὶ (om. καὶ 203) τοῦ δέ γε Ἰσραὴλ 203 240
¹¹ ἀλιτηρίῳ 203 240 et add. οὐαὶ ante οὐ ambo
¹² οὐαὶ οὗ φησι τὸ ὄνομα αὐτοῦ οὐ γέγραπται ἐν τῇ βίβλῳ 203 240
¹³ Post ζωῆς hab. 203 240 καὶ τὰ ἑξῆς (pro τοῦ οὐρανοῦ τοῦ ἐσφραγισμένου ἀπὸ καταβολῆς κόσμου), perg. λίαν ἀσφαλῶς. Ergo non accept. τοῦ οὐρανοῦ τοῦ ἐσφραγισμένου pro τοῦ ἀρνίου τοῦ ἐσφαγμένου ut scr. 146 text. et com. Obs. ℵ in xxi. 27 εἰ μὴ οἱ γεγραμμένοι ἐν τῷ βιβλίῳ τῆς ζωῆς τοῦ οὐρανοῦ (pro τοῦ ἀρνίου)
¹⁴ τέσσαρ' sic fin. lin. 146 δ˜ 203 240

προφῆται. καὶ οἱ ἐπ' εὐσεβείᾳ μαρτυρούμενοι παρὰ τῇ παλαιᾷ φησι πάντες αὐτῷ προσκεκυνήκασιν [1] ἐκτὸς τούτων οἵτινες διὰ τὴν θεοσέβειαν, καὶ τῆς πολιτείας τὸ ἀκριβὲς καὶ ἀπεξεσμένον εἰσὶν ἐν οὐρανῷ γεγραμμένοι, καὶ ὑπὸ Θεοῦ φρουρούμενοι· τοῦτο γὰρ σημαίνει [2] τὸ ἐσφραγίσθαι τὸ βιβλίον. περὶ τούτου τοῦ βιβλίου φησὶ ὁ Κύριος τοῖς ἁγίοις αὐτοῦ μαθηταῖς [3] παρὰ τῷ θεσπεσίῳ Λουκᾷ· πλὴν ἐν τούτῳ μὴ χαίρετε ὅτι τὰ πνεύματα ὑμῖν ὑποτάσσεται· χαίρετε δὲ [4] ὅτι τὰ ὀνόματα ὑμῶν ἐγράφη ἐν τοῖς οὐρανοῖς.

εἴ τις ἔχει οὖς ἀκουσάτω. εἴ τις εἰς [5] αἰχμαλωσιάν, ὑπάγει· εἴ τις ἐν μαχαίρᾳ ἀποκτενεῖ,[6] δεῖ αὐτὸν ἐν μαχαίρᾳ ἀποκτανθῆναι. ὧδέ ἐστιν ἡ ὑπομονὴ καὶ ἡ πίστις τῶν ἁγίων.

εἴ τις ἔχει φησὶ νοῦν [7] συνιέναι τὰ λεγόμενα δυνάμενον, ἀκουσάτω τῶν εἰρημένων καὶ γινωσκέτω ὅτι ὁ περὶ τὸ αἰχμαλωτίζειν ἑτέρους πρόχειρος αἰχμαλωτισθήσεται ὑπὸ τοῦ θηρίου καὶ πρὸς αὐτὸ [8] αὐθαίρετος αὐτομολήσει [9]· μηδεμιᾶς γὰρ ἀντιλήψεως παρὰ Θεοῦ τυγχάνων, εἰς ἅπαν ἀπενεχθήσεται κακόν. εἴ τις εἰς φόνους παρασκευασμένος, τὸν νοητὸν τεθνήξεται θάνατον ἐν τῇ τοῦ Διαβόλου προσκυνήσει. ὧδέ φησίν ἐστιν ἡ ὑπομονὴ καὶ ἡ πίστις τῶν ἁγίων. οὕτως [10] ἀθῷος τῆς τοῦ πονηροῦ γίνεται δουλείας, ἧς γένοιτο δουλείας ἡμᾶς πάντας [11] ἐλευθέρους ἀποδειχθῆναι χάριτι τοῦ καλέσαντος ἡμᾶς Θεοῦ εἰς τὴν αὐτοῦ ἐπίγνωσιν. αὐτῷ πρέπει ἡ δόξα εἰς τοὺς αἰῶνας,[12] ἀμήν ✠

Λόγος ὄγδοος

πολλὰς ἐκδρομὰς ποιησάμενος καὶ ἐκ τῶν δὲ τῶν ἀρχῶν εἰς προγενεστέρας ἀρχὰς ἐπαναβάς, ἔφθασεν εἰς τὸ σπουδα-

---

[1] προσκεκυνήκασιν αὐτῷ φησι πάντες (*pro* φησί· πάντες αὐτῷ προσκεκ.) 203 240
[2] καὶ γὰρ τοῦτο σημαίνει (σημαίνει *comp. illeg.* 240) 203 240
[3] τοῖς ἁγίοις αὐτοῦ μαθηταῖς ὁ Κύριος (*illeg.* 240) φησι 203 240
[4] *Obs. om.* μᾶλλον *omnes nostri*
[5] *om.* εἰς 203 240
[6] ἀποκτένειν 146
[7] εἴ τις ἔχει οὖς φησιν ἀκουσάτω καὶ τὰ ἑξῆς· εἴ τις ἔχει φησὶ νοῦν 203 et 240
[8] *Sic et* 203 240, *sed* 146 *man. sec.* αὐτῷ *ex em.*
[9] αὐτομολῆσαι 240 *vid.* [*non* 203]
[10] οὗτος *sic vid.* 240, οὗτος 203
[11] πάντας ἡμᾶς 146 *ex em. et* 203 240 *sed om.* δουλείας *sec.* 203 [*non* 240]
[12] *add.* τῶν αἰώνων 203 240

TEXT AND COMMENTARY

ζόμενον. τὸ δὲ ἦν διηγήσασθαι ἡμῖν τὰ περὶ τοῦ δυσσεβοῦς καὶ θεοστυγοῦς ἀντίχριστον. οὗτος οὖν ἐν μέσῳ πρόκειται νῦν, καὶ ὅρα τί φησι περὶ αὐτοῦ.[1]

καὶ εἶδον ἄλλο θηρίον ἀναβαῖνον ἐκ τῆς γῆς, καὶ εἶχε κέρατα δύο ὅμοια ἀρνίῳ, καὶ ἐλάλει ὡς δράκων. καὶ τὴν ἐξουσίαν τοῦ πρώτου θηρίου πᾶσαν ποιεῖ[2] ἐνώπιον αὐτοῦ. καὶ ποιεῖ τὴν γῆν καὶ τοὺς ἐνοικοῦντας ἐν αὐτῇ[3] ἵνα προσκυνήσουσι[4] τὸ θηρίον τὸ πρῶτον,[5] οὗ ἐθεραπεύθη ἡ πληγὴ τοῦ θανάτου αὐτοῦ. καὶ ποιεῖ σημεῖα μεγάλα ἵνα[6] πῦρ ποιῇ[7] ἐκ τοῦ οὐρανοῦ καταβαίνειν εἰς τὴν γῆν ἐνώπιον τῶν ἀνθρώπων. Apoc. xiii. 11
12
13

καὶ εἶδόν φησι ἄλλο θηρίον ἀναβαῖνον ἐκ τῆς γῆς, ὅθεν καὶ πᾶσιν ἀνθρώποις ἡ ἀρχὴ τῆς γενέσεως. ἄνθρωπος γὰρ[8] ὁ ἀντίχριστος, οὗ ἐστιν ἡ παρουσία κατ' ἐνέργειαν τοῦ Διαβόλου, ὡς τῷ σοφωτάτῳ Παύλῳ δοκεῖ. καὶ εἶχε κέρατα δύο ὅμοια ἀρνίῳ, καὶ ἐλάλει ὡς δράκων. εἰκότως[9] ἔφη μὴ ἔχειν αὐτὸν κέρατα ἀρνίου, ἀλλὰ ὅμοια ἀρνίου,[10] καὶ μὴ εἶναι δράκοντα, ἀλλὰ λαλεῖν ὁμοίως δράκοντι.[11] ἐπειδὴ γὰρ ὁ ἀλητήριος[12] πλάττεται εἶναι ὁ Χριστός, οὐκ ἔστι δέ, ὅμοια ἀρνίου[10] δέδωκεν αὐτῷ κέρατα. καὶ ἐπειδὴ διὰ πάσης δίεισιν ἀνοσιουργίας ἴσα τῷ Διαβόλῳ, οὐ μὴν ἔστιν ὁ Διάβολος, οὐκ ἔφη αὐτὸν δράκοντα, ἀλλὰ λαλεῖν ὡς δράκοντα.[13] ἐπεὶ οὖν ταῦτα οὕτως, ἐφύλαξεν αὐτῷ τὴν εἰκόνα καὶ ἐν τῇ ὀπτασίᾳ ὁ λόγος, καὶ δίδωσιν αὐτῷ σχῆμα οὐκ ἀρνίου, ἀλλ' ὅμοιον ἀρνίου,[10] οὔτε δράκοντος, ἀλλ' ὅμοιον δράκοντι.[14] ἀρνίον μὲν γὰρ ὁ Χριστὸς εἴρηται, δράκων δὲ ὁ Διάβολος, ἀλλ' οὔτε τοῦτο ἦν οὔτε ἐκεῖνο. καὶ τὴν ἐξουσίαν φησὶ τοῦ πρώτου θηρίου, πᾶσαν ποιεῖται[15] ἐνώπιον αὐτοῦ. τουτέστιν διάδοχος (Apoc. xiii. 11)
(2 Thess. ii. 9 Vide infra)
(Apoc. xiii. 11 fin.)
(Apoc. xiii. 12)

---

[1] om. Λόγος ὄγδοος usque ad περὶ αὐτοῦ 203 240
[2] ἐποίει 203 240
[3] καὶ τοὺς ἐν αὐτῇ κατοικοῦντας 203 240 (ἐνοικ. solus 146)
[4] προσκυνήσωσι 203 240
[5] τὸ τρίτον 240 et add. ἵνα ante οὗ [non ita 203]
[6] add. καὶ post ἵνα 203 240
[7] ποιήσῃ 240 [non 203]
[8] add ἐστιν 203 240
[9] add. δὲ (et om. supra καὶ εἶχε . . . δράκων) 203 240
[10] ἀλλ' et ὅμοια ἀρνίῳ 203 240 vid. tribus locis
[11] δράκοντα 203 [non 240]
[12] ὁ ἀλιτήριος 203 240
[13] ἀλλὰ λαλεῖν ὡς δράκοντα om. 146
[14] δράκοντος 203 240
[15] Sic quoque 240 hoc loco sed om. ποιεῖται 203

της εξουσίας γίνεται του Διαβόλου, και παρασκευάζει πάντας εκείνω προσκυνείν, οὗ ἐθεραπεύθη ἡ πληγὴ τοῦ θανάτου αὐτοῦ. τοῦτο ἐν τοῖς φθάσασιν εἴρηται. νῦν δὲ μόνον ἐπισημήνασθαι δεῖ. ἐπειδὴ γὰρ ἔφη ὅτι τὴν ἐξουσίαν τοῦ πρώτου θηρίου πᾶσαν ποιεῖται¹ ἐνώπιον αὐτοῦ, πρῶτον δὲ πάντων εἰρήκει τὸν δράκοντα τὸν πυρρόν, ὃν ἔδειξεν ἐν τῷ οὐρανῷ γεγραμμένον ἡ ὀπτασία, ἵνα μήτις περὶ αὐτοῦ νομίσῃ² λέγειν νῦν αὐτὸν ὡς τὴν ἐξουσίαν ἔλαβε τοῦ πρώτου θηρίου, οὐ περὶ ἐκείνου φησὶ τοῦ πάντων πρώτου λέγω, ἀλλὰ τοῦ μετ' ἐκεῖνον μέν, πρώτου δὲ τοῦ ἀντιχρίστου, ὃν ἡ ὀπτασία ἔδειξεν ἐκ τῆς θαλάσσης ἀναβαίνοντα ὅμοιον παρδάλει. τούτου γὰρ ἡ πληγὴ τοῦ θανάτου ἰάθη κατὰ τὰ πρόσθεν εἰρημένα. καὶ ποιεῖ σημεῖα μεγάλα, ἵνα ³ πῦρ ποιῇ ἐκ τοῦ οὐρανοῦ καταβαίνειν ἐπὶ τῆς γῆς ἐνώπιον τῶν ἀνθρώπων. καὶ τὸ ποιεῖν σημεῖα καὶ τέρατα κατ' ἐνέργειαν τοῦ Διαβόλου μαρτυρεῖται παρὰ τοῦ ἀποστόλου· μετὰ γὰρ τὸ εἰπεῖν οὗ ἐστιν ἡ παρουσία κατ' ἐνέργειαν τοῦ Σατανᾶ,⁴ ἐπάγει ἐν πάσῃ δυνάμει καὶ σημείοις καὶ τέρασι ψεύδους.

καὶ πλανᾷ φησι⁵ τοὺς κατοικοῦντας ἐπὶ τῆς γῆς διὰ τὰ σημεῖα ἃ ἐδόθη⁶ αὐτῷ ποιῆσαι ἐνώπιον τοῦ θηρίου, λέγων τοῖς κατοικοῦσιν ἐπὶ τῆς γῆς ποιῆσαι εἰκόνα τῷ θηρίῳ ὡς⁷ ἔχει τὴν πληγὴν τῆς μαχαίρας καὶ ἔζησε. καὶ ἐδόθη αὐτῷ δοῦναι πνεῦμα τῇ εἰκόνι τοῦ θηρίου, . . .⁸ ἀποκτανθῶσιν. καὶ ποιεῖ πάντας τοὺς μικροὺς καὶ τοὺς μεγάλους, καὶ τοὺς πλουσίους καὶ τοὺς πτωχούς, καὶ τοὺς ἐλευθέρους καὶ τοὺς δούλους, ἵνα δώσει αὐτοῖς⁹ χάραγμα . . .¹⁰ τὸ ὄνομα τοῦ θηρίου,¹¹ ἢ τὸν ἀριθμὸν τοῦ ὀνόματος αὐτοῦ. ὧδε ἡ σοφία

---

¹ ποιεῖται text. et E 67-120 172-217
² νομίσῃ περὶ αὐτοῦ 203 240
³ Sic quoque 203 et 240 hoc loco, absque καί
⁴ τοῦ Διαβόλου 203 [non 240]
⁵ om. φησι 203 240 in text.
⁶ ἔδωκεν 203 240
⁷ ὃ pro ὡς 203 240
⁸ Add. ἵνα καὶ λαλῇ ἡ εἰκὼν τοῦ θηρίου καὶ ποιήσῃ ὅσοι ἂν μὴ προσκυνήσωσιν τῇ εἰκόνι τοῦ θηρίου 203 240
⁹ ἵνα δῶσιν αὐτῷ pro ἵνα δώσει αὐτοῖς 203 240
¹⁰ Add. ἐπὶ τῆς χειρὸς αὐτῶν (αὐτῶμ sic 240) τῆς δεξιᾶς καὶ ἐπ' αὐτὸ τὸ μέτωπον αὐτῶν· καὶ ἵνα μήτις δύναται ἀγοράσαι ἢ πωλῆσαι, εἰ μὴ ὁ ἔχων τὸ χάραγμα τοῦ θηρίου ἢ 203 240
¹¹ τὸ ὄνομα αὐτοῦ 203 240

ἐστίν· ὁ ἔχων νοῦν ψηφισάτω¹ τὸν ἀριθμὸν τοῦ θηρίου,
ἀριθμὸς γὰρ ἀνθρώπου ἐστί· καὶ ὁ ἀριθμὸς αὐτοῦ ἐστιν,
ἑξακόσια ἑξήκοντα ἕξ.²
καὶ πλανᾷ φησι τοὺς κατοικοῦντας ἐπὶ τῆς γῆς διὰ τὰ ση- (Apoc. xiii. 14)
μεῖα. ποιεῖ μὲν γὰρ σημεῖα, κλέπτων δὲ τοὺς ὀφθαλμοὺς τῶν
ὁρώντων, ὥσπερ καὶ οἱ φαρμακοὶ ἐνώπιον τοῦ Φαραώ· ἑνὶ
γὰρ ἐστρατηγοῦντο³ δαίμονι πλάνῳ ἐκεῖνοί τε καὶ οὗτος.
καλῶς δὲ ἔφη ποιεῖν αὐτὸν τὰ σημεῖα ἐνώπιον τοῦ θηρίου.
ἐπειδὴ γὰρ εἰκόνα αὐτῷ ἀναστηλώσει⁴, ἣν καὶ προσκυνεῖν
πάντας βιάσεται, παρ' αὐτῇ⁵ τὰ σημεῖα δῆθεν ἐπιτελέσει,
ὡς θειάζων τὴν εἰκόνα, ὅτι δὴ παρ' αὐτῆς ἔχει τὸ δύνασθαι
ταῦτα. καὶ ἐδόθη⁶ αὐτῷ φησι δοῦναι πνεῦμα τῇ εἰκόνι. (Apoc. xiii. 15)
πολλὰ γάρ φασι τῶν ἀγαλμάτων καὶ ἱδροῖ⁷ καὶ δοκεῖ⁸
λαλεῖν ἐνεργείᾳ διαβολικῇ. φασὶ δὲ καὶ διδόναι χάραγμα
καὶ σφραγῖδα τὸν ἀντίχριστον τοῦ οἰκείου ὀνόματος,⁹ ἧς
ἄνευ οὔτε ὠνήσεταί τις οὔτε μὴν¹⁰ ἐκποιήσει. ὧδέ φησίν (Apoc. xiii. 18)
ἐστιν ἡ σοφία ψηλαφησάτω τὸ ὄνομα¹¹ τοῦ θηρίου, καὶ διὰ τῆς
ψήφου εὑρέτω¹² αὐτό. οὐ γὰρ ψῆφον ἐρῶ φησι¹³ ξένην καὶ
ἀήθη, οὐδὲ¹⁴ μετὰ ἐπικρύψεως καὶ διπλόης¹⁵ ὀνομαζομένην,
ἀλλὰ ψῆφον ἐντριβῆ καὶ ἐγνωσμένην ἀνθρώποις, ἥτις συνά-
γει ἀριθμὸν ἑξακοσιοστὸν ἑξηκοστὸν ἕκτον.¹⁶ σημαίνει δέ
γε¹⁷ οὗτος ὁ ἀριθμὸς καὶ ἄλλα μὲν πολλὰ¹⁸ κύριά τε καὶ
προσηγορικὰ ὀνόματα, σημαίνει δὲ καὶ ταῦτα· κύρια μὲν
Λαμπέτις,¹⁹ Βενέδικτος, Τιτάν.²⁰ τὸ μὲν γὰρ²¹ Τιτὰν διὰ
τοῦ ῖ γράφεται,²² ἔνι δὲ καὶ δίφθογγον²³ αὐτὸ γράψαι. εἰ

---

¹ ψηφησάτω 146
² ἐστὶ χξς 240, ἐστὶν χξς 203
³ ἐστρατηγοῦν τι 146
⁴ ἀναστηλώσεται ? 240 [non 203]
⁵ add. δ) 203 240
⁶ δώσει pro ἐδόθη 203 240
⁷ καὶ ἱδροῦν 203 240
⁸ καὶ δοκεῖν pro καὶ δοκεῖ 240, sed δοκεῖ καὶ [λαλεῖν] 203
⁹ καὶ σφραγῖδα τοῦ οἰκείου ὀνόμα-τος τὸν ἀντίχριστον 203 240
¹⁰ om. μὴν 240, sed 203: οὔτε μὲν ἐκποίῃ [ἐκποιήσει 240]
¹¹ ψηφισάτω τὸ ὄνομα 203 240 (ψηλαφησάτω 19 32 182 cum 146)

¹² εὑράτω 203 240
¹³ om. φησι 203 240
¹⁴ οὐ pro οὐδὲ 146
¹⁵ supra in 146 ἀπάτης man. rec.
¹⁶ χξς 203 χξς 240
¹⁷ om. γε 240 [Habet 203]
¹⁸ om. πολλὰ 240 [Habet 203]
¹⁹ λαμπέτης 203 [non 240]
²⁰ τειτάν 203 240 pr. [non sec.]
²¹ om. γὰρ 146
²² γράφουσι πάντες (pro γράφεται) 203 240
²³ διαδφου (vel ν) 240 ut vid. (pro δίφθογγον) sed infra δφον. Explicat 203: διὰ διφθόγγον

γὰρ ἀπὸ τῆς τείσεως¹ ὁ Τειτάν, ἔστι δὲ τὸ² ῥῆμα, τείνω, καὶ ὁ μέλλων, τενῶ, εἰκότως δίφθογγον γραπτέον αὐτό, ὡς τὸ φθείρω ἀπὸ τοῦ φθερῶ, καὶ σπείρω ἀπὸ τοῦ σπερῶ· προσηγόρικα δὲ ὁ νικητής, ἴσως γὰρ οὕτως ἑαυτὸν ὠνόμασεν, ἐξ οὗ τὰ τρία κέρατα ἤτοι τοὺς βασιλεῖς καταπολεμήσας ἐκριζώσει. ὅρα³ τί φησιν ὁ Δανιὴλ περὶ τούτων ἐν τῇ ὀγδόῃ⁴ αὐτοῦ ὀπτασίᾳ· προσενόουν φησὶν τοῖς κέρασιν αὐτοῦ, τουτέστι τοῦ τετάρτου θηρίου, **καὶ ἰδοὺ κέρας ἕτερον μικρὸν ἀνέβαινεν**⁵ **ἐν μέσῳ αὐτῶν, καὶ τρία κέρατα**⁶ **τῶν ἔμπροσθεν αὐτοῦ ἐξερριζώθη**⁷ **ἀπὸ προσώπου αὐτοῦ· καὶ ἰδοὺ ὀφθαλμοὶ ὡς**⁸ **ὀφθαλμοὶ ἀνθρώπου ἐν τῷ κέρατι τούτῳ, καὶ στόμα λαλοῦν μεγάλα.** εἶτα ὁ ἐπίσαλος, κακὸς ὁδηγός, ἀληθὴς βλαβερός, πάλαι βάσκανος, ἀμνὸς ἄδικος· τούτοις γὰρ ἴσως <ἂν> τοῖς ὀνόμασιν ἐπικληθείη ἐκ τῶν ἐναντιουμένων αὐτῷ. ὁ δὲ οὐ μόνον οὐκ ἐντραπήσεται ταῦτα καλούμενος, ἀλλὰ καὶ ἐπευφρανθήσεται ταῖς τοιαύταις προσηγορίαις ὡς μὴ αἰσχύνεσθαι καὶ⁹ ἑαυτὸν οὕτω καλεῖν.¹⁰ τὰς τοιαύτας μοχθηρὰς καὶ θεοστυγεῖς προαιρέσεις ἐπιρραπίζων, ὁ σοφὸς ἀπόστολός φησιν· **ὧν ἡ δόξα ἐν τῇ αἰσχύνῃ αὐτῶν ἐστι.** πολλῶν τοίνυν εὑρεθέντων ὀνομάτων, ἐξουσία τῷ βουλομένῳ¹¹ τὸ ἁρμοδιώτερον¹² ἐπιθεῖναι¹³ τῷ καταράτῳ.

καὶ εἶδον καὶ ἰδοὺ τὸ ἀρνίον ἑστὼς ἐπὶ τὸ ὄρος Σιών, καὶ μετ' αὐτοῦ ἑκατὸν τεσσαράκοντα τέσσαρες¹⁴ **χιλιάδες ἔχουσαι**¹⁵ **τὸ ὄνομα τοῦ πατρὸς αὐτοῦ γεγραμμένον ἐπὶ τῶν μετώπων αὐτῶν. καὶ ἤκουσα φωνὴν ἐκ τοῦ οὐρανοῦ ὡς φωνὴν ὑδάτων πολλῶν καὶ ὡς φωνὴν βροντῆς μεγάλης, καὶ φωνὴν**¹⁶ **ἤκουσα ὡς φωνὴν**¹⁷ **κιθαριζόντων ἐν ταῖς κιθάραις αὐτῶν. καὶ ᾄδου-**

---

¹ κτίσεως 146
² om. τὸ 240 [Habet 203]
³ add. γὰρ 203 240
⁴ ῇ pro ὀγδόῃ 203 240
⁵ ἀνέβη vel ἀνεφύη Sept.
⁶ τρίτον κέρατον sic 240, sed τρίτον κέρας 203 (τρία τῶν κεράτων τῶν πρώτων Sept. aliq.)
⁷ ἐξερριζώθη 240 (et Sept.; Aliq. ἐξηράνθησαν δι' αὐτοῦ) ἐξεριζώθη 146 203
⁸ ὡσεὶ vel ὥσπερ Sept.
⁹ om. καὶ 203 240
¹⁰ λαλεῖν pro καλεῖν 203 240
¹¹ τῶν βουλομένων 203 [non 240]
¹² ἁρμοδιέστερον 203 (illeg. 240)
¹³ ἐπιθῆναι 146
¹⁴ ρμδ 203 240 σαράκοντα τέσσαρες 146 ut solet
¹⁵ add. τὸ ὄνομα αὐτοῦ καὶ 203 240
¹⁶ καὶ ἡ φωνὴ ἣν pro καὶ φωνὴν 203 240
¹⁷ ὡς κιθαρῳδῶν pro ὡς φωνὴν 203 240

σιν ᾠδὴν καινὴν ἐνώπιον τοῦ θρόνου καὶ ἐνώπιον τῶν τεσσάρων ζώων καὶ τῶν πρεσβυτέρων· καὶ οὐδεὶς ἠδύνατο μαθεῖν τὴν ᾠδὴν εἰ μὴ ἑκατὸν τεσσαράκοντα τέσσαρες¹ χιλιάδες, οἱ ἠγορασμένοι ἀπὸ² τῆς γῆς. οὗτοί εἰσιν οἳ μετὰ γυναικῶν Apoc. xiv. 4
οὐκ ἐμολύνθησαν, παρθένοι γάρ εἰσιν³ οὗτοι οἱ ἀκολουθοῦντες
τῷ ἀρνίῳ ὅπου ἂν ὑπάγῃ· οὗτοι ἠγοράσθησαν ἀπὸ⁴ τῶν ἀνθρώπων ἀπαρχὴ τῷ Θεῷ καὶ τῷ ἀρνίῳ, καὶ ἐν τῷ στόματι 5
αὐτῶν οὐχ εὑρέθη ψεῦδος. ἄμωμοί⁵ εἰσιν.

ὁ Κύριος ἐν Εὐαγγελίοις ἀναγέγραπται τῷ παρανόμῳ τῶν
Ἰουδαίων προσφωνῶν λαῷ· ἰδοὺ ἀφίεται ὁ οἶκος ὑμῶν ἔρημος. Matt. xxiii. 38
οὐ γὰρ ἔτι θείας ἐπιφοιτήσεως ἦσαν ἄξιοι μετὰ τὴν ἐν Luc. xiii. 35
σταυρῷ μανίαν. πῶς οὖν νῦν ὥσπερ ἐκ μεταμελείας ὁ
Κύριος δείκνυται; διὰ τῆς θεωρίας ἑστηκὼς ἐπὶ τὸ ὄρος Σιών. (Apoc. xiv. 1)
ὅτι μὲν οὖν ἐγκαταλέλειπται ἡ πόλις αὐτῶν καὶ ὁ ναὸς καὶ
τὸ φῦλον ἅπαν ἔρημον, σαφῶς ἔδειξαν Ῥωμαῖοι, τόν τε
ναὸν ἐμπρήσαντες, καὶ πόλεις πυρπολήσαντες, καὶ πᾶσαν
αὐτῶν δῃώσαντες τὴν γῆν καὶ αὐτὴν τὴν μητρόπολιν ἀνδραποδισάμενοι.⁶ τὸ δὲ νῦν δείκνυσθαι τὸν Κύριον ἐπιβεβηκότα τῷ ὄρει Σιὼν τὴν ἐπ' ἐσχάτων διὰ πίστεως ἐπιστροφὴν
τοῦ Ἰσραὴλ παραδείκνυσι, καὶ ὡς ὁ Κύριος αὐτοὺς οἰκειώσηται⁷ καὶ προσλάβοι. τοῦτο γάρ εἰσιν εὐηγγελισμένοι διὰ
τοῦ Ἡσαΐου λέγοντος ἥξει ἐκ Σιὼν ὁ ῥυόμενος⁸ καὶ ἀποστρέψει Es. lix. 20–21
ἀσεβείας ἀπὸ Ἰακώβ, εἶπε Κύριος.⁹ σύμφωνοι τυγχάνουσι τῷ Rom. xi. 26
Ἡσαΐᾳ ὅ τε προφήτης καὶ ὁ ἀπόστολος, ὁ μὲν ψάλλων, ὅτι
θήσεις αὐτοὺς νῶτον, ἐν τοῖς περιλοίποις σου¹⁰ ἑτοιμάσεις τὸ Psa. xx. 13
πρόσωπον αὐτῶν, ὁ δὲ γράφων ὅταν τὸ πλήρωμα τῶν ἐθνῶν cf. Rom. xi. 25–26
εἰσέλθῃ, τότε πᾶς Ἰσραὴλ σωθήσεται. καὶ μετ' αὐτοῦ φησιν (Apoc. xiv. 1)
ἑκατὸν τεσσαράκοντα τέσσαρες¹¹ χιλιάδες, ἔχουσαι τὸ ὄνομα τοῦ
πατρὸς αὐτοῦ¹² γεγραμμένον ἐπὶ τῶν μετώπων αὐτῶν. ἐν τοῖς

---

¹ αἱ ρμδ̄ 203 240 σαρακοντατέσσαρες 146
² ἐπὶ pro ἀπὸ 240 [non 203]
³ εἰσιν, οὗτοι 240 [non 203]
⁴ ὑπὸ pro ἀπὸ 203 [non 240]
⁵ add. γὰρ 203 240
⁶ ἀνδραποδησάμενοι 146
⁷ οἰκειώσεται 203 240
⁸ ἥξει ἕνεκεν Σιὼν ὁ ῥυόμενος 203

240 ut Sept.
⁹ εἶπεν ὁ Κύριος 203 240
¹⁰ σου bis 146
¹¹ ρμδ̄ 203 240 σαρακοντατέσσαρες 146
¹² ἔχουσαι τὸ ὄνομα αὐτοῦ καὶ τὰ ἑξῆς 203 240 (om. γεγρ. ... αὐτῶν) seq. ἐν τοῖς φθ.

φθάσασιν ἑκατὸν τεσσαρακοντατέσσαρας¹ χιλιάδας εἶναι ἔφη τὰς ἐξ Ἰσραὴλ πεπιστευκυίας δώδεκα² χιλιάδας κατὰ μίαν ἑκάστην φυλήν. ἆρα οὖν περὶ τούτων καὶ νῦν λέγει;³ οὐκ οἶμαι· οὔτε γὰρ μετὰ τοῦ ἄρθρου ὠνόμακεν⁴ αὐτάς, οὐ γὰρ εἶπεν αἱ ἑκατὸν τεσσαράκοντα τέσσαρες⁵ χιλιάδες, ἀλλὰ μόνον ἑκατὸν τεσσαράκοντα τέσσαρες⁶ χιλιάδες· μὴ ὅτι καὶ παρθενίαν αὐτοὺς κατωρθωκέναι⁷ μαρτυρεῖ. παρθενία γὰρ⁸ οὐ πάνυ παρὰ τῷ Ἰσραὴλ ἐσπουδάζετο, ὥσπερ ἀμέλει παρὰ τῶν ἐξ ἐθνῶν ὕστερον· ὥστε ἀναμὶξ ἔκ τε τοῦ Ἰσραὴλ ἔκ τε τῶν ἐθνῶν εἶναι νομιστέον τοὺς ὠνομασμένους, καὶ τοὺς πλείους γε ἐκ τῶν ἐθνῶν. τὸ δὲ ἔχειν τὸ ὄνομα τοῦ πατρὸς καὶ τοῦ υἱοῦ αὐτοῦ γεγραμμένον⁹ δηλοῖ θείᾳ

(Apoc. xiv. 3) τινὶ δόξῃ τυγχάνειν αὐτοὺς κατεστεμμένους. καὶ ἤκουσά φησι φωνῆς¹⁰ ὡς κιθαρῳδῶν ᾀδόντων ᾠδὴν καινὴν¹¹ ἐνώπιον τοῦ θρόνου καὶ τῶν ζώων καὶ τῶν πρεσβυτέρων. τὸ εὔηχον κατὰ Θεὸν καὶ ἐναρμόνιον τῆς ᾠδῆς δηλοῖ τὸ ὡς κιθαριζόντων ἐξιέναι τὴν ἠχήν· εἰ γὰρ οὐχ ὡραῖος αἶνος ἐν στόματι ἁμαρτωλοῦ κατὰ τὸ γεγραμμένον, πάντως ὡραῖος καὶ ἐμμε-

(Apoc. xiv. 3 fin.) λὴς ἐν στόματι δικαίων. καὶ οὐδείς φησιν ἠδύνατο μαθεῖν τὴν ᾠδήν, εἰ μὴ ἑκατὸν τεσσαράκοντα τέσσαρες¹² χιλιάδες, οἱ ἀγορασμένοι ἀπὸ τῆς γῆς.¹³ ἐγὼ δὲ οἶμαι ὡς οὔτε ἀκοῦσαί τις ἴσχυε τὰ τῆς νέας ᾠδῆς μυστήρια, εἰ μὴ οἱ τοῦ ᾄδειν αὐτὰ ἠξιωμένοι· ἑκάστῳ γὰρ ἡ γνῶσις¹⁴ κατὰ τὴν ἀναλογίαν τῆς

Jo. xiv. 2 καθαρότητος· πολλαὶ γὰρ μοναί φησιν ὁ Κύριος,¹⁵ ἤτοι ἀγαθῶν ἀντιδόσεις, παρὰ τῷ Πατρί μου. ἠγορασμένους δέ φησι τοὺς τῷ αἵματι¹⁶ Χριστοῦ ἐξωνηθέντας. ὑπὲρ πάντων μὲν

---

¹ ρμδ 203 240 σαραονκτατέσσαρας 146
² ιβ 203 240
³ Ita interpunctum in 146. Forsan in 240. Certe in 203.
⁴ ὠνόμασεν 203 240
⁵ αἱ ρμδ 203 240 ἑκατὸν σαράκοντα τέσσαρες 146
⁶ σαρακοντατέσσαρες 146 ρμδ 203 240
⁷ κατορθωκέναι 203 [non 240]
⁸ δὲ pro γὰρ 203 240
⁹ ἐγγεγραμμένον 203 240
¹⁰ φωνὴν 203 240 (comp.)
¹¹ Om. 203 240 ἐνώπιον ... πρεσβυτέρων. Post καινὴν add. τῷ Θεῷ. Perg. τὸ εὔηχον κ.τ.λ. cum 146
¹² σαρακοντατέσσαρες 146
¹³ om. καὶ οὐδείς ... γῆς 203 240
¹⁴ add. δίδοται 203 240
¹⁵ πολλαὶ γάρ φησι μοναὶ ὁ Κύριος 203 [non 240]
¹⁶ add. τοῦ 240 [non 203]

γὰρ ἀνθρώπων ἐκκέχυται τὸ τίμιον αἷμα Χριστοῦ, ἀλλ' ὑπὲρ
μέν τινων ἀνωφελῶς, ὅσοι τῆς ἐντεῦθεν σωτηρίας ἑκόντες
ἑαυτοὺς ἀπεστέρησαν, οἷς¹ καὶ ὁ Κύριος ἐπονειδίζων² διὰ
τοῦ προφήτου φησὶ **τίς ὠφέλεια ἐν τῷ αἵματί μου ἐν τῷ κατα-** Psa. xxix. 10
βαίνειν³ **με εἰς διαφθοράν**· ὑπὲρ δὲ τῶν σωθέντων καὶ δικαιω-
θέντων, ὧν εἰσιν ἀπαρχὴ καὶ πρωτόλιον⁴ οὗτοι περὶ ὧν νῦν ὁ
λόγος, καὶ σφόδρα ἐπωφελῶς, καὶ ὡς οὐκ ἂν εἴποι τις ὅσον.
οὗτοί εἰσί φησι **οἳ μετὰ γυναικῶν οὐκ ἐμολύνθησαν· παρθένοι** (Apoc. xiv. 4)
γάρ εἰσιν⁵· **οὗτοι οἱ ἀκολουθοῦντες τῷ ἀρνίῳ ὅπου δ' ἂν ὑπάγῃ**·
οὗτοι ἠγοράσθησαν ἀπὸ τῶν ἀνθρώπων ἀπαρχὴ τῷ Θεῷ καὶ τῷ
ἀρνίῳ. καὶ ἐν τῷ στόματι αὐτῶν οὐχ εὑρέθη ψεῦδος, ἄμωμοί (Apoc. xiv. 5)
εἰσιν, ὡς ὑπερφερῆ⁶ τῆς φύσεως καὶ ἐπέκεινα τῆς ἀνθρω-
πίνης ὁ λόγος τῆς θεωρίας μαρτυρεῖ τοῖς οὖσιν ἐν⁷ Χριστῷ.

καὶ εἶδον ἄλλον⁸ **ἄγγελον πετώμενον**⁹ **ἐν μεσουρανήματι,** Apoc. xiv. 6
ἔχοντα εὐαγγέλιον αἰώνιον εὐαγγελίσαι ἐπὶ¹⁰ **τοὺς καθημένους**
ἐπὶ τῆς γῆς καὶ ἐπὶ πᾶν ἔθνος καὶ φυλὴν καὶ γλῶσσαν καὶ
λαόν, λέγοντα¹¹ **ἐν φωνῇ μεγάλῃ· φοβήθητε τὸν Θεὸν καὶ δότε** 7
αὐτῷ δόξαν,¹² **ὅτι ἦλθεν ἡ ὥρα τῆς κρίσεως αὐτοῦ, καὶ προσ-**
κυνήσατε τῷ ποιήσαντι τὸν οὐρανὸν καὶ τὴν γῆν καὶ τὴν
θάλασσαν καὶ πηγὰς ὑδάτων.

¹³ τὸ μεσουράνημα τὸ ὑψηλὸν καὶ μετέωρον κατὰ τὴν φύσιν
αἰνίττεται τοῦ θεσπεσίου ἀγγέλου. εὐαγγέλιον δὲ εἶχεν
αἰώνιον· ἐξ αἰῶνος γὰρ σωτήριον τὸ μάθημα,¹⁴ φοβεῖσθαι
τὸν Κύριον, ἐπεὶ καὶ ἀρχὴ σοφίας ἐστὶν ὁ φόβος τοῦ Θεοῦ, cf. Prov. I. 7
τέλος δὲ ἡ ἀγάπη. οὐ μὴν φοβητέον φησὶ τὸ ἀπηνὲς καὶ
ψυχοφθόρον θηρίον τὸν ἀντίχριστον κἂν¹⁵ ἀπειλῇ καὶ δρᾷ
χαλεπώτερα. **ἦλθε γάρ** φησιν **ἡ ὥρα τῆς κρίσεως αὐτοῦ, καὶ** (Apoc. xiv. 7)

---

¹ οὓς 203 240
² ἐπονειδιφον ut vid. 240? [non 203]
³ καταβῆναι Sept. MSS. pl., καταβαίνειν ℵca
⁴ πρωτόλειον 203 240
⁵ add. καὶ τὰ ἑξῆς (omissis οὗτοι οἱ ... ἄμωμοί εἰσιν) 203 240
⁶ ὑπερφερεῖς 203 240
⁷ τοὺς συνόντας pro τοῖς οὖσιν ἐν 203 240
⁸ om. ἄλλον 203 240
⁹ πετόμενον 203 240
¹⁰ εὐαγγελίσασθαι ἐπὶ 203 240
¹¹ λέγων 203 240
¹² δόξαν αὐτῷ 203 240
¹³ Errat 240 inscr. Oec. ante schol. Andreas
¹⁴ τὸ πάθημα 240 [non 203]
¹⁵ καὶ pro κἂν 146

δώσει δίκην ὅσον οὐδέπω καὶ αὐτὸς ὁ ἐκφοβῶν τοὺς ἐπὶ γῆς.

(Apoc. xiv. 7) καὶ προσκυνήσατέ φησι τῷ ποιήσαντι πᾶσαν τὴν κτίσιν, καὶ μὴ τῷ ἀλητηρίῳ[1] καὶ θεοστυγεῖ[2] Διαβόλῳ.

Apoc. xiv. 8 καὶ ἄλλος ἄγγελος δεύτερος[3] ἠκολούθησε λέγων · ἔπεσε Βαβυλὼν ἡ μεγάλη,[4] ἣ ἐκ τοῦ οἴνου τοῦ θυμοῦ τῆς πορνείας αὐτῆς πεπότικε πάντα τὰ ἔθνη.

Βαβυλῶνα οἶμαι λέγειν αὐτὸν[5] τὴν τοῦ παρόντος βίου σύγχυσιν[6] καὶ τὸν εἰκαῖον[7] πειρασμόν[8] · σύγχυσις γὰρ ἡ Βαβυλὼν ἑρμηνεύεται καὶ τὴν τῶν εἰδωλομανούντων ἐμπληξίαν. καὶ σεμνοποιεῖται τοῖς ὀνόμασιν, ἐνθουσιασμὸς παρ' αὐτοῖς ὀνομαζομένη. εἰ δὲ καὶ αὐτὴν νοήσεις τὴν αἰσθητὴν Βαβυλῶνα, οὐκ ἂν ἔξω πέσοις[9] τοῦ προκειμένου σκοποῦ. οἶνον δὲ θυμοῦ πορνείας τὴν ἐκ Θεοῦ φησιν ἀποστασίαν

Psa. lxxii. 27 κατὰ τὸ γεγραμμένον · **ἐξωλόθρευσας**[10] **πάντα τὸν πορνεύοντα ἀπὸ σοῦ,** ἥτις[11] πορνεία σκότωσιν παρέχει[12] τοῦ καθεστῶτος[13] λογισμοῦ · τίς γὰρ τὸν νοῦν ὑγιαίνων ἕλοιτο ξύλοις

(Apoc. ix. 20) καὶ λίθοις προσκυνεῖν, καὶ τὸν θυμὸν ἐκκαλεῖσθαι τοῦ Θεοῦ;

Deut. xxxii. 33 περὶ τούτου ἄρα εἴρητο τοῦ οἴνου, θυμὸς δρακόντων ὁ οἶνος αὐτῶν, καὶ θυμὸς ἀσπίδων ἀνίατος αὕτη δὲ[14] ἡ Βαβυλὼν πρῶτον μὲν πεπότικεν αὐτὴ[15] τοῦ ὀλεθρίου οἴνου, ἔπειτα πάντα τὰ ἔθνη, ὧν ἦρχε πιεῖν ἠνάγκασε.

Apoc. xiv. 9 καὶ ἄλλος ἄγγελος τρίτος ἠκολούθησεν αὐτοῖς λέγων ἐν μεγάλῃ φωνῇ[16] · εἴ τις προσκυνεῖ[17] τὸ θηρίον καὶ τὴν εἰκόνα αὐτοῦ, καὶ λαμβάνει χάραγμα ἐπὶ τοῦ μετώπου αὐτοῦ ἢ ἐπὶ

10 τὴν χεῖρα αὐτοῦ, καὶ αὐτὸς πίεται ἐκ τοῦ οἴνου τοῦ θυμοῦ τοῦ Θεοῦ,[18] τοῦ κεκερασμένου ἀκράτου ἐν τῷ ποτηρίῳ τῆς

---

[1] ἀλιτηρίῳ 203 240
[2] θεοστϊγεῖ 240 [non 203]
[3] καὶ ἄλλος δεύτερος ἄγγελος 203 240
[4] ἡ μεγάλη πόλις 203 240
[5] om. αὐτὸν 203 240
[6] τὴν σύγχυσιν τοῦ παρόντος βίου 203 240
[7] Sic et 203 et 240 sed μάταιον in mg. man. rec. 146
[8] περισπασμὸν 203 240
[9] πέσεις 203 [πέσοις 240]
[10] ἐξολόθρευσας 203 [non 240 ut vid.]
[11] ἡ πᾶς vel πῶς 240 [non 203]
[12] τε ἔχει codd. nostri tres. παρέχει Blake (παρ in compendio cum τε confusum?)
[13] καθεστηκότος sic 240 [non 203]
[14] add. γε 203 240
[15] πεπότικεν αὐτὴν 203 240. πρῶτον μὲν πέπτωκεν αὐτὴ 146 cf. ℵa 130 Arm. Copt. Prim.
[16] ἐν φωνῇ μεγάλῃ 203 240
[17] προσκυνήσει 203 240
[18] om. τοῦ θεοῦ 203 240

ὀργῆς αὐτοῦ, καὶ βασανισθήσεται ἐν πυρὶ καὶ θείῳ ἐνώπιον [1] ἀγγέλων ἁγίων καὶ ἐνώπιον τοῦ ἀρνίου. καὶ ὁ καπνὸς τοῦ βασανισμοῦ αὐτῶν εἰς αἰῶνας τῶν αἰώνων ἀναβαίνει, καὶ οὐκ ἔχουσιν ἀνάπαυσιν ἡμέρας καὶ νυκτός,[2] οἱ προσκυνοῦντες τὸ θηρίον καὶ τὴν εἰκόνα αὐτοῦ, καὶ εἴ τις λαμβάνει τὸ χάραγμα τοῦ ὀνόματος αὐτοῦ. ὧδε ἡ ὑπομονὴ τῶν ἁγίων ἐστίν, οἱ τηροῦντες[3] τὰς ἐντολὰς τοῦ Θεοῦ καὶ τὴν πίστιν Ἰησοῦ. (Apoc. xiv. 11)

12

ὁ τρίτος ἄγγελος ἀπαγορεύει τοῖς ἀνθρώποις τὴν προσκύνησιν τοῦ θηρίου καὶ τὸ λαβεῖν αὐτοῦ τὴν σφραγῖδα. τὸ γὰρ ὡς θεὸν προσκυνεῖν ἕτερόν τινα πλὴν τοῦ ὄντως[4] καὶ ἀληθῶς Θεοῦ, ἀνοσιώτατον. καὶ αὐτός φησι πίεται ἐκ τοῦ οἴνου τοῦ θυμοῦ τοῦ Θεοῦ, τοῦ κεκερασμένου ἀκράτου [5] ἐν τῷ ποτηρίῳ τῆς ὀργῆς αὐτοῦ. τούτου τοῦ ποτηρίου καὶ τοῦ οἴνου καὶ ὁ θεσπέσιος Δαυὶδ μέμνηται λέγων ὅτι ποτήριον ἐν χειρὶ Κυρίου, οἴνου ἀκράτου πλῆρες κεράσματος, καὶ ἔκλινεν ἐκ τούτου εἰς τοῦτο· πλὴν ὁ τρυγίας αὐτοῦ οὐκ ἐξεκενώθη· πίονται πάντες οἱ ἁμαρτωλοὶ τῆς γῆς. οἶνον δέ φησι τὴν ὀργὴν τοῦ Θεοῦ, οὐκ ἀπὸ τῆς εὐφροσύνης τὴν μεταφορὰν ποιησάμενος,[6] ἀλλ' ἀπὸ τῆς σκοτώσεως καὶ τῆς μεταφορᾶς, ᾗ συνέχονται[7] οἱ τῷ θυμῷ τοῦ Θεοῦ κάτοχοι. τοῦ κεκερασμένου φησὶν ἀκράτου. τουτέστιν ἀκράτως κεκερασμένου[8]· κεκέρασται γὰρ ὁ θυμὸς τοῦ Θεοῦ, φιλανθρωπίᾳ καὶ ἀγαθότητι, [9] κεκέρασται ἀκράτως· οὐ γάρ ἐστιν ἰσομοιρία τῆς ὀργῆς καὶ τῆς ἀγαθότητος, ἀλλὰ πολλαπλασίων ἡ φιλανθρωπία. εἰ γὰρ ἦν ἰσότης τοῦ τε θυμοῦ τοῦ δικαίου καὶ τῆς ἀγαθότητος, οὐκ ἂν ὑπέστη πᾶς ζῶν. τοῦτο εἰδὼς ὁ προφήτης ἔλεγεν ἐὰν ἀνομίας παρατηρήσῃ,[10] Κύριε, Κύριε, τίς ὑποστήσεταί σοι;[11] ὅτι δὲ πολλαπλασίων ἡ ἀγαθότης ἐν τῷ ποτηρίῳ τοῦ Θεοῦ παρὰ (Apoc. xiv. 10)

(Apoc. xiv. 10)

Psa. lxxiv. 9

Psa. cxxix. 3

---

[1] Sic omn. nostri sine τῶν cum ℵCEP

[2] ἡμέρας καὶ νυκτὸς ἀνάπαυσιν 203 [non 240]

[3] ἐστὶ τῶν τηρούντων 203 240 text. [non com.]

[4] ὄντος 240 [non 203]

[5] ἐν τῷ ποτηρίῳ usque ad οἴνου ἀκράτου om. 240 ob homoiotel. [non 203]

[6] ποιησάμενοι ut vid. 240 [non 203]

[7] ᾗ συνέχοντα 146 [illeg. 240]

[8] κεκερασμένος 240 ? [non 203]

[9] om. κεκέρασται ... ὀργῆς καὶ τῆς ἀγαθότητος 240 (ex hom. ἀγαθ ... ἀγαθ.) [non 203]

[10] παρατηρήσῃς 203 240 ut Sept. vulg. [παρατηρήσῃ in text. Swete. Nil in notulis]

[11] om. σοι 203 240 ut Sept.

Psa. cxiv. 5 — τὴν δικαίαν ὀργήν, ὁ αὐτὸς πάλιν ἠνίξατο, εἰπὼν ἐλεήμων ὁ **Κύριος καὶ δίκαιος**, καὶ ὁ **Θεὸς ἡμῶν ἐλεεῖ**, μέσην τάξας τὴν δικαιοσύνην αὐτοῦ, ὡς ἂν ὑπὸ τοῦ παρακειμένου ἐλέου ἐκθλιβομένης καὶ μὴ συγχωρουμένης ἐνεργῆσαι τὰ ἴδια[1]· τοῦτο <δὲ> τῆς δικαιοσύνης ἴδιον, τὸ νεῖμαι τὰ κατ' ἀξίαν ἑκάστῳ. οἴνου δὲ ἅπαξ ἐπιμνησθεὶς καὶ οὕτω τὴν ὀργὴν καλέσας, ἐπέμεινε τῇ τροπῇ καὶ τὸ[2] ποτήριον ὠνόμασε τὸ διδόμενον τοῖς ἁμαρτωλοῖς ἐκ χειρὸς τοῦ Θεοῦ. ἀλλ' ἐρεῖ τις ἴσως, πῶς λέγεις πολλαπλασίονα τὸν ἔλεον τοῦ Θεοῦ ἐν τῇ τότε[3] κρίσει ὁπότε παρέδωκεν ἡμῖν ἡ ὀπτασία μικρὸν ὑποβᾶσα[4] αἰωνίας εἶναι τῶν κολαζομένων τὰς τιμωρίας; τί

(Apoc. xiv. 11) γάρ φησι; **καὶ ὁ καπνὸς τοῦ βασανισμοῦ αὐτῶν εἰς αἰῶνας αἰώνων ἀναβαίνει, καὶ οὐκ ἔχουσιν ἀνάπαυσιν ἡμέρας καὶ νυκτός**.[5] πρὸς ὃν ἄν τις εἴποι; ἔστιν, ὦ οὗτος, αἰώνια βασανίζεσθαι καὶ οὐ κατὰ τὴν ἀξίαν πάσχειν. τί γάρ; εἰ ἄξιος τίς ἐστι πυρὸς καὶ σκότους,[6] καταδεδίκασται δὲ εἰς σκότος,[7] ὁ δὲ ἐν τούτῳ τιμωρεῖται μόνον, ἐν τῷ μὴ εἶναι ἐν μετουσίᾳ τῶν τοῦ Θεοῦ ἀγαθῶν καὶ τούτῳ[8] μόνον ὀδυνᾶται, οὐ μὴν καὶ[9] κολάζεται αἰσθητῶς. καπνὸν δέ φησι[10] βασανισμοῦ ἀναβαίνοντα τὸ ἆσθμα τῶν ἁμαρτωλῶν, τὸ κάτωθεν ἐν ταῖς

(Apoc. xiv. 12) οἰμωγαῖς ἐξωχετευμένον ἐπὶ τὰ ἔξω. **ὧδέ φησιν ἡ ὑπομονὴ τῶν ἁγίων ἐστίν**.[11] ἐν τούτῳ φησὶ τῷ καιρῷ τῷ τοῦ ἀντιχρίστου, καὶ τούτῳ τῷ πειρασμῷ διαδείκνυται. ὅσῳ γὰρ μέγιστος ὁ κίνδυνος καὶ ἡ τότε θλῖψις, τοσούτου μεγέθους ὑπομονῆς χρεία. εἶτα ὡς ἐξ ἐρωτήσεως ὁ λόγος ἐσχημάτισται.[12] καὶ τίνες φησίν εἰσιν οὓς λέγεις ἁγίους καὶ ὑπομο-

(Apoc. xiv. 12 fin.) νητικούς; **οἱ τηροῦντες** φησιν **τὰς ἐντολὰς τοῦ Θεοῦ καὶ τὴν πίστιν Ἰησοῦ**. οἱ γὰρ τοιοῦτοι, καὶ πειρασμῶν παρόντων

---

[1] ἐνεργῇ τὰ (ex em.) ἴδια 203 [non 240 = 146]
[2] om. τὸ 203 240
[3] om. τότε 240 [Habet 203]
[4] ὑποβᾶσαι 146
[5] om. τί γάρ φησι ... νυκτὸς 203 240
[6] σκότει 203 240
[7] ἢ σκότους pro δὲ εἰς σκότος 203 240
[8] τοῦτο 203 240
[9] om. καὶ 203 [Habet 240]
[10] om. φησι 203 240
[11] om. ὧδε ... ἁγίων ἐστίν in com. 203 240
[12] ἐχρημάτισται 146

καὶ θανάτου, πάντα δεύτερα θήσονται τῆς πίστεως καὶ τῆς ἀγάπης τοῦ ¹ Θεοῦ.

καὶ ἤκουσα φωνὴν ² ἐκ τοῦ οὐρανοῦ λέγουσάν ³ μοι γράψον· Apoc. xiv. 13
μακάριοι οἱ νεκροὶ οἱ ἐν Κυρίῳ ἀποθνήσκοντες ἀπάρτι· καὶ ⁴
λέγει τὸ Πνεῦμα,⁵ ἵνα ἀναπαύσωνται ἐκ τῶν κόπων αὐτῶν,
τὰ γὰρ ἔργα αὐτῶν ἀκολουθεῖ μετ' αὐτῶν.

μακαρίζει τοὺς μὴ ἑλομένους προσκυνῆσαι τῇ εἰκόνι τοῦ
θηρίου μηδὲ λαβεῖν χάραγμα ἐπὶ τοῦ μετώπου καὶ τῆς χει-
ρὸς αὐτῶν καὶ διὰ τοῦτο ἀναιρεθέντας· οὗτοι γὰρ τὸν τοῦ
μαρτυρίου στέφανον ἀναδησάμενοι,⁶ τῆς αὐτῆς τοῖς μάρτυσιν
λήξεως ἐπιτύχωσι.

καὶ εἶδον, καὶ ἰδοὺ νεφέλη λευκή, καὶ ἐπὶ τῆς κεφαλῆς ⁷ καθή- Apoc. xiv. 14
μενον ὅμοιον υἱῷ ἀνθρώπου, ἔχοντα ἐπὶ τῆς κεφαλῆς ⁸ αὐτοῦ
στέφανον χρυσοῦν ⁹ καὶ ἐν τῇ χειρὶ αὐτοῦ δρέπανον ὀξύ. καὶ   15
ἄλλος ἄγγελος ἐξῆλθεν ἐκ τοῦ οὐρανοῦ,¹⁰ κράζων ἐν φωνῇ
μεγάλῃ τῷ καθημένῳ ἐπὶ τῆς κεφαλῆς ¹¹· πέμψον τὸ δρέπανόν
σου καὶ θέρισον, ὅτι ἦλθεν ἡ ὥρα τοῦ θερίσαι,¹² ὅτι ἐξηράνθη ὁ
θερισμὸς τῆς γῆς. καὶ ἔβαλεν ὁ καθήμενος ἐπὶ τὴν νεφέλην.¹³   16

¹⁴ ἐπεὶ καὶ τοῦτό φησι τὸ εὐαγγέλιον, ἥντινα μαρτυρίαν ἐν
τοῖς ἔμπροσθεν παρεθέμην, εἶναι ¹⁵ ἀγγελικήν τινα δύναμιν·
γέγραπται γὰρ καὶ ἐπέβη ἐπὶ Χερουβὶμ καὶ ἐπετάσθη, ἐπετάσθη Psa. xvii. 11
ἐπὶ πτερύγων ἀνέμων. νεφέλην δὲ τοὺς ἀγγέλους καλεῖ, διὰ
τὸ μετέωρον καὶ ὑψηλὸν τῆς φύσεως αὐτῶν καὶ ἀξίας· ἢ
γοῦν νεφέλην καλεῖ τὴν θεοτόκον ἐφ' ᾗ ¹⁶ ἐποχεῖται τιμῶν ¹⁷

---

¹ om. τοῦ 203 [Habet 240]
² φωνῆς 203 240 (comp.)
³ λεγούσης 203 240
⁴ καὶ solus 146 ναί 203 240
⁵ ἀποθνήσκοντες· ἀπάρτι ναὶ λέγει τὸ πνεῦμα 203 240
⁶ ἀναδυσάμενοι 240 ut vid.
⁷ κεφαλῆς sic 146 sed ἐπὶ τὴν κεφαλὴν 203 (et 240 comp. vid.). Et 14 21 22 73 74 79 92 103 112 139 178
⁸ ἐπὶ τὴν κεφαλὴν 203 240
⁹ χρύσεον 203 240
¹⁰ ἐκ τοῦ ναοῦ αὐτοῦ 203 240
¹¹ ἐπὶ τῆς νεφέλης 203 et 240 (comp.) (κεφαλῆς sic 146)

¹² τοῦ θερισμοῦ 203 240
¹³ Sic cessat 146, sed vide infra in schol. (ἐπὶ τῆς νεφέλης hoc loco et add. τὸ δρέπανον αὐτοῦ ἐπὶ τὴν γῆν· καὶ ἐθερίσθη ἡ γῆ 203 240)
¹⁴ Praescr. 203 240 τὸν μὲν Κύριον ὁρᾷ τὸν υἱὸν ἀνθρώπου ἀξιώσαντα γενέσθαι, νεφέλην δὲ ἐποχούμενον, ἡ ἀληθῶς νεφέλη (Seq. ἐπεὶ κ.τ.λ.) [vere fin. θ' ἀληθῶς νεφέλη 240 ut vid.]
¹⁵ ἢ pro εἶναι 203 240
¹⁶ ἐφ' ἧς 203 240
¹⁷ τιμᾷ 203 240

Es. xix. 1

καὶ ταύτην τὴν κατὰ σάρκα μητέρα· οὕτω[1] γὰρ αὐτὴν καὶ ὁ Ἡσαΐας προορᾷ λέγων ἰδοὺ Κύριος κάθηται ἐπὶ νεφέλης κούφης καὶ ἥξει εἰς Αἴγυπτον, καὶ σεισθήσονται[2] τὰ χειροποίητα Αἰγύπτου[3] ἀπὸ προσώπου αὐτοῦ. τοῦτο τὸ ῥητὸν

Aquila

ἑρμηνεύων ὁ Ἀκύλας φησὶ τὴν νεφέλην πάχος ἐλαφρόν· πάχος μὲν ὡς οἶμαι, διὰ τὸ εἶναι αὐτὴν ἄνθρωπον καὶ σάρκα, ἐλαφρὸν δὲ διά τε τὸ καθαρὸν καὶ ἄμωμον καὶ μηδὲ μιᾷ[4] καταφορτίζεσθαι[5] ἁμαρτίᾳ,[6] ἔτι δὲ καὶ διὰ τὸ ὑψηλὸν καὶ οὐρανοπόρον τῆς ψυχῆς. οὕτω μὲν τὴν νεφέλην νοήσεις· λευκὸν δὲ διὰ τὸ καθαρὸν καὶ φωτοειδὲς τῶν θεωρηθέντων. ὁ δέ γε στέφανος τὴν τοῦ Κυρίου ἡμῶν Ἰησοῦ Χριστοῦ βασιλείαν αἰνίττεται· βασιλεὺς γὰρ τῶν τε νοητῶν καὶ αἰσθητῶν ὁ Χριστός, χρυσοῦς δὲ ὁ στέφανος ἐκ τῶν παρ' ἡμῖν τιμίων τὸ ἔνδοξον τῆς βασιλείας ὑπογράφων. τὸ δὲ ἐν τῇ χειρὶ δρέπανον ἔχειν αὐτὸν παραδηλοῖ τὸ ἐν τῇ ἐξουσίᾳ αὐτοῦ καθῆσθαι[7] τὴν τοῦ αἰῶνος συντέλειαν. τί δὲ καὶ ὁ

(Apoc. xiv. 15–16)

ἄγγελος αὐτῷ φησι πέμψον τὸ δρέπανόν σου καὶ θέρισον ὅτι ἦλθεν ἡ ὥρα θερίσαι, ὅτι ἐξηράνθη ὁ θερισμὸς τῆς γῆς· καὶ ἔβαλέ φησι τὸ δρέπανον καὶ ἐθερίσθη ἡ γῆ;[8] θερισμὸς ἀνα-

Matt. ix. 37, Luc. x. 2

γέγραπται πολὺς ἐν τοῖς Εὐαγγελίοις· οἱ δὲ ἐργάται ὀλίγοι· ἀλλ' ἐκεῖ μὲν τὴν τῶν πιστῶν συλλογὴν[9] ὁ θερισμὸς ἐδήλου, ἐνταῦθα δὲ τὴν συντέλειαν τῶν ἀνθρώπων ἵνα εἴ τι μὲν εἴη ἐν αὐτοῖς ἀχυρῶδες καὶ ἀτελεσφόρητον καὶ πυρὸς ἄξιον, πυρὶ παραδοθῇ.[10]

Apoc. xiv. 17

18

καὶ ἄλλος ἄγγελος ἐξῆλθεν ἐκ τοῦ ναοῦ τοῦ ἐν τῷ οὐρανῷ ἔχων καὶ αὐτὸς δρέπανον ὀξύ. καὶ ἄλλος ἄγγελος[11] ἐκ τοῦ θυσιαστηρίου, ἔχων ἐξουσίαν ἐπὶ[12] τοῦ πυρός, καὶ ἐφώνησε φωνῇ μεγάλῃ τῷ ἔχοντι τὸ δρέπανον τὸ ὀξύ· λέγων[13]· θερι-

---

[1] οὕτως 240 [non 203]
[2] σεισθήσεται 203 et 240 ut Sept.
[3] om. Αἰγύπτου 240 [Habet 203]
[4] μηδεμιᾶς 203, μηδεμιᾷ 240
[5] καταφροντίζεσθαι 146
[6] ἁμαρτίας 203 [non 240]
[7] κεῖσθαι 203 240
[8] om. τί δὲ καὶ . . . ἐθερίσθη ἡ γῆ in schol. 203 240
[9] τὸν τῶν πιστῶν σύλλογος 203, sed περὶ τὸν τῶν πιστῶν σύλλογον 240 ut vid.
[10] παραδοθείη 203 240, et add. ambo ὁ δέ γε σῖτος ἐν ταῖς θείαις ἀποθήκαις συγκομισθείη
[11] add. ἐξῆλθεν 203 240
[12] om. ἐπὶ 203 240 et 38–178 [non al.]
[13] om. λέγων 203. Suppl. mg. pr. man. λέγων πέμψον τὸ δρέπανον σου τὸ ὀξύ [Habet 240]

TEXT AND COMMENTARY

σον¹ τοὺς βότρυας τῆς ἀμπέλου τῆς γῆς, ὅτι ἤκμασαν
αἱ σταφυλαὶ αὐτῆς. καὶ ἔβαλεν ὁ ἄγγελος τὸ δρέπανον   Apoc. xiv. 19
αὐτοῦ εἰς τὴν γῆν,² καὶ ἐτρύγησε τὴν ἄμπελον τῆς γῆς, καὶ
ἔβαλεν εἰς τὴν ληνὸν³ τοῦ θυμοῦ τοῦ Θεοῦ τὴν μεγάλην. καὶ   20
ἐπατήθη ἡ ληνὸς ἔξωθεν⁴ τῆς πόλεως, καὶ ἐξῆλθεν αἷμα ἐκ
τῆς ληνοῦ ἄχρι τῶν χαλινῶν τῶν ἵππων ἀπὸ σταδίων χιλίων
ἑξακοσίων.⁵

ὁ τὸ δρέπανον ἔχων ἄγγελος, ὃς ἐκ τοῦ ἐπουρανίου ἐξελή-
λυθε ναοῦ, ὑπουργός ἐστι καὶ αὐτὸς καὶ διάκονος τῆς μελ-
λούσης ἔσεσθαι συντελείας. οὐράνιος δὲ ὢν καὶ λειτουργὸς
τοῦ Θεοῦ ἐκ τοῦ ἐπουρανίου ναοῦ ἐξεληλυθὼς γράφεται. καὶ   (Apoc. xiv. 18)
ἄλλος φησὶν ἄγγελος ἐκ τοῦ θυσιαστηρίου ἔχων ἐξουσίαν ἐπὶ
τοῦ πυρός.⁶ καὶ τοῦτόν⁷ μοι νόει ἐπὶ τῆς κολάσεως τῶν   (Apoc. xiv. 18)
ἀσεβῶν τετάχθαι. εἶτά φησι πέμψον τρύγησον τοὺς βότρυας
τῆς ἀμπέλου τῆς γῆς.⁸ ὁ μὲν οὖν πρόσθεν εἰρημένος θερι-
σμὸς δικαίους ἔγραφε καὶ ἁμαρτωλοὺς συντελουμένους ἅμα,
ὧν τὴν διάκρισιν τῶν ὄντων ποιήσει — τὸ πτύον τοῦ Κυρίου ᾧ   Matt. iii. 12,
περικαθαριεῖ⁹ τὴν ἅλωνα αὐτοῦ, καὶ τὸν μὲν σῖτον συναγάγῃ¹⁰   Luc. iii. 17
εἰς τὴν ἀποθήκην, τὸ δὲ ἄχυρον¹¹ πυρὶ ἀσβέστῳ κατὰ τὸ ἐν
Εὐαγγελίοις εἰρημένον — ἡ δέ γε τρύγη τῶν σταφυλῶν τοὺς
λίαν ἀνόμους αἰνίττεται, ἀπὸ τῆς μέθης αὐτοὺς¹² καὶ τῆς
παραφροσύνης τῆς ὀπτασίας ζωγραφούσης· καὶ δῆλον ἐξ
ὧν οὔτε ὁ Κύριος αὐτῶν ἀξιοῖ τὴν συλλογὴν ποιήσασθαι
ὥσπερ τῶν πρώτων, ἀλλά τις τῶν ἀγγέλων,¹³ καὶ ἔξω εἰς τὴν   (Apoc. xiv. 20)
ληνὸν τοῦ θυμοῦ τοῦ Θεοῦ εὐθέως βέβλη<ν>ται, μήτε ἀπο-
λογίας ἀξιωθέντες μήτε ἐρωτηθέντες, ἢ εἰς κρίσιν ἐλθόντες,¹⁴

---

¹ καὶ τρύγησον *pro* θέρισον 203 240 (θέρισον *solus* 146 *in text*.)
² ἐπὶ τῆς γῆς 203 240
³ *add*. τοῦ οἴνου 203 240
⁴ ἔξω 203 240
⁵ αχ 203, α̅χ̅ 240
⁶ *om*. καὶ ἄλλος ... πυρός *schol*. 203 240
⁷ τοῦτό 203, τοῦτ̇ον 240
⁸ *Ita et* 203 240 *schol. hoc loco*
⁹ *Sic omn. nostri sed in Matt. et* Luc. διακαθαριεῖ *MSS. omn. nec variant Verss. excepto forsan Aeth.*: purgabit castrum frumenti sui. *Sed nulli* περικαθαριεῖ *ut Oec.*
¹⁰ συναγάγει 146
¹¹ *add*. κατακαύσει 203 240 (*ex Evangeliis*)
¹² αὐτοὺς *sic* 203
¹³ *Hoc loco negl. indic.* "*Oec.*" *in marg. schol.* 203 [*Recte* 240]
¹⁴ ἐλθότες 146 *ex ind.*

ὥσπερ καὶ [1] ἐν Εὐαγγελίοις εἰσαχθέντες ἁμαρτωλοί, οἷς τὸ ἀμετάδοτον καὶ ἀκοινώνητον αἴτιον γέγονε τῆς κολάσεως. περὶ τούτων οἶμαι τὸν [2] προφήτην λέγειν ὅτι οὐκ ἀναστήσονται ἀσεβεῖς ἐν κρίσει. ληνὸν δὲ κέκληκε τὴν κόλασιν τῇ μεταφορᾷ τῶν βοτρύων καὶ τοῦ τρυγητοῦ ἀστείως χρησάμενος. καὶ ἐπατήθη φησὶν ἡ [3] ληνὸς ἔξω τῆς πόλεως· οὐ γὰρ ἦν θέμις τοὺς κολαζομένους ἐν τῇ τοῖς ἁγίοις ἀποκεκληρωμένῃ ἐπουρανίῳ Ἰερουσαλὴμ τὰς ἀντιδόσεις δέχεσθαι τῶν κακῶν καὶ λυμαίνεσθαι τὴν [4] τῶν ἁγίων εὐφροσύνην διὰ τῆς τῶν δικαίως τιμωρουμένων συμπαθείας, — μὴ ὅτι καὶ χάσμα μέγα διείργει τοὺς εὐσεβεῖς ἀπὸ τῶν ἀσεβῶν κατὰ τοὺς λόγους τοῦ πατριάρχου Ἀβραάμ, οὓς πρὸς τὸν πλούσιον ἐν Εὐαγγελίοις πεποίηται. καὶ ἐξῆλθέ φησιν **αἷμα ἐκ τῆς ληνοῦ.** καλῶς εἶπεν αἷμα, ἵνα δείξῃ ὅτι βότρυας εἰπὼν μεταφορικῶς εἴρηκεν, ἐπεί τοί γε ἄνθρωποι ἦσαν οἱ συμπατούμενοι καὶ κναπτόμενοι [5] **ἄχρι** φησὶν **τῶν χαλινῶν τῶν ἵππων ἀπὸ σταδίων χιλίων ἑξακοσίων.**[6] ἵπποι τινὲς Θεοῦ παραδέδονται ἡμῖν ἐν [7] τῇ θείᾳ γραφῇ, δύναμιν ἀγγελικὴν αἰνιττόμενοι ἔποχον ἔχουσαν [8] τὸν Θεόν· φησὶ γὰρ τῇ ἐν τῷ [9] Ἄσματι νύμφῃ ὁ οὐρανίος νυμφίος **τῇ ἵππῳ μου ἐν ἅρματι** [10] **Φαραὼ ὡμοίωσά** [11] **σε, ἡ πλησίον, ἡ πλησίον μου.**[12] καὶ Ἀμβακοὺμ [13] δὲ ὁ προφήτης ᾄδει πρὸς [14] Θεὸν ὅτι **ἐπιβήσῃ ἐπὶ τοὺς ἵππους σου, καὶ ἡ ἱππασία σου σωτηρία.** τούτων τῶν ἵππων τοὺς χαλινοὺς βρέχεσθαι τῷ αἵματι [15] τῶν ἁμαρτωλῶν φησιν ἡ ἀποκάλυψις, οὐ πλησίον ἀλλ' ἀπὸ μήκους ἑστώτων· τροπικὸν δὲ ὅλον τὸ εἰρημένον δεικνύντος τοῦ αἰνίγματος, τοσοῦτον εἶναι τὸ αἷμα. πολλαπλασίους [16] γὰρ οἱ τὴν πλατείαν ὁδεύοντες [17] παρὰ τοὺς

---

[1] οἱ *pro* καὶ 203 240
[2] *vel* τὴν (*comp.*) 146. *Dubitanter* τὸν 203 *sed* ? *plane* 240
[3] ὁ *pro* ἡ 203 [*non* 240]
[4] τὴν 203 240 *et* 146 *man. sec. Om.* 146 *man. prim.*
[5] καμπτόμενοι 203, *sed* κναπτόμενοι 240 *cum* 146. [-πτομενοι *errore rescriptum man. prim.* 146]
[6] αχ 203 αχ̄ 240
[7] *om.* ἐν 146
[8] ἔχοντες 203 [*non* 240]
[9] *om.* τῷ 203 240
[10] ἐν ἅρμασι 203 240 Sept.
[11] ὁμοίωσα 146
[12] *Semel* ἡ πλουσίον 203 *et Sept.*, *sed* 146 *et* 240 ἡ πλησίον ἡ πλησίον μου
[13] Ἀββακοὺμ 203 240
[14] *add.* τὸν 203 [*non* 240]
[15] *om.* τῷ αἵματι 146
[16] πολλαπλασίως 146
[17] *add.* ὁδὸν 203 240

τὴν στενὴν καὶ τεθλιμμένην, ὡς καὶ τοὺς χαλινοὺς ἀναδεῦσαι τῶν ἐπὶ τῇ¹ τιμωρίᾳ ἐφεστώτων ἵππων εἴ τ' οὖν ἀγγέλων.²

καὶ εἶδον ἄλλο σημεῖον ἐν τῷ οὐρανῷ μέγα καὶ θαυμαστόν, ἀγγέλους ἑπτὰ ἔχοντας πληγὰς ἑπτὰ³ τὰς ἐσχάτας, ὅτι ἐν αὐταῖς ἐτελέσθη ὁ θυμὸς τοῦ Θεοῦ. καὶ εἶδον ὡς θάλασσαν ὑαλίνην⁴ μεμιγμένην πυρί, καὶ τοὺς νικῶντας ἐκ τοῦ θηρίου καὶ ἐκ τῆς εἰκόνος αὐτοῦ καὶ ἐκ τοῦ ἀριθμοῦ τοῦ ὀνόματος αὐτοῦ, ἑστῶτας ἐπὶ τὴν θάλασσαν τὴν ὑαλίνην, ἔχοντας⁵ κιθάρας τοῦ Θεοῦ. καὶ ᾄδουσιν⁶ ᾠδὴν Μωυσέως⁷ τοῦ δούλου τοῦ Θεοῦ καὶ τὴν ᾠδὴν τοῦ ἀρνίου, λέγοντες· μεγάλα καὶ θαυμάσια⁸ τὰ ἔργα σου,⁹ Κύριε, ὁ Θεός, ὁ παντοκράτωρ· δίκαιαι καὶ ἀληθιναὶ αἱ ὁδοί σου, ὁ βασιλεὺς τῶν ἐθνῶν.¹⁰ τίς¹¹ οὐ μὴ φοβηθῇ, Κύριε, καὶ δοξάσει¹² τὸ ὄνομά σου; ὅτι μόνος¹³ ὅσιος, ὅτι πάντα τὰ ἔθνη ἥξουσι καὶ προσκυνήσουσιν ἐνώπιόν σου, ὅτι τὰ δικαιώματά σου ἐφανερώθησαν. Apoc. xv. 1

2

3

4

εἶδόν φησιν¹⁴ ἀγγέλους ἑπτὰ ἔχοντας ἑπτὰ πληγάς. ἑπτὰ λέγει τὰς πολλάς, τὰς κατὰ τῶν ἁμαρτωλῶν ηὐτρεπισμένας, δι' ὧν ὁ θυμὸς τοῦ Θεοῦ πέρας λαμβάνει. καὶ εἶδόν φησι θάλασσαν ὑαλίνην μεμιγμένην πυρί, καὶ τοὺς νικῶντας ἐκ τοῦ θηρίου καὶ ἐκ τῆς εἰκόνος αὐτοῦ καὶ ἐκ τοῦ ἀριθμοῦ τοῦ ὀνόματος αὐτοῦ ἑστῶτας ἐπὶ τὴν θάλασσαν τὴν ὑαλίνην ἔχοντας κιθάρας τοῦ Θεοῦ. φησί που τῶν αὐτοῦ λόγων ὁ σοφώτατος Παῦλος εἴ τις ἐποικοδομεῖ ἐπὶ τὸν θεμέλιον τοῦτον, χρυσόν, ἄργυρον, (Apoc. xv. 1)

(Apoc. xv. 2)

1 Cor. iii. 12-13

---

¹ om. τῇ 203 [Habet 240]
² om. εἴ τ' οὖν ἀγγέλων 240 omnino
³ ἑπτὰ πληγὰς 203, et 240 ζ πληγὰς
⁴ ὑελίνην hic et infra 203 text. (et com.) 240 text. (et com.)
⁵ add. τὰς 203 [non 240]
⁶ ᾄδουσι et add. τὴν 203 240
⁷ Μωυσέος 203 240
⁸ Sic text. et 155. Silet Oec. com.
⁹ μεγάλα τὰ ἔργα σου καὶ θαυμαστὰ 203 240
¹⁰ τῶν αἰώνων text. 203, sed mg. pr. man. γρ. τῶν ἐθνῶν (ut 240 text.). N.B. τῶν αἰώνων cum ℵ* C 18. 56. 95-127-215. 111. 159. 172-217 Syr. S

et Σ. Vg. ps.-Ambr. Sah ⅔. Cf. 1 Tim. i. 17, Psa. xxix. 10, Liturg. Jacob. bis. Const. Apost.
¹¹ add. σε hoc loco 203, ita: τίς σε οὐ μὴ cum 240
¹² δοξάσῃ 203 240
¹³ add. εἶ 203 240
¹⁴ Neglexit libr. 203 [Habet loco proprio 240] schol. Oec. hoc loco. Habet tamen marg. ζ λέγει πληγὰς τὰς κατὰ τῶν ἁμαρτωλῶν ηὐτρεπισμένας usque ad λαμβάνει. Om. 203 240 quae seq. καὶ εἶδον φησι θάλασσαν usque ad κιθάρας τοῦ θεοῦ, perg. (post schol. Andr.) φησί που cum nostro

λίθους τιμίους, ξύλα, χόρτον, καλάμην, ἑκάστου τὸ ἔργον ὁποῖόν ἐστι τὸ πῦρ δοκιμάσει· ὅτι ἐν πυρὶ ἀποκαλύπτεται.¹ ἆρα οὖν οὐ μόνον οἱ ἁμαρτωλοὶ οἱ τὰ εὐκατάπριστα² φορτία τῆς ἁμαρτίας ἀνατιθέμενοι, ἀλλὰ καὶ οἱ δίκαιοι ἐν πυρὶ δοκιμασθήσονται, καί τοι χρυσὸν καὶ τὰς τιμίας ὕλας ἐπαγόμενοι; τοῦτο καὶ νῦν λέγει τοὺς νενικηκότας διὰ πάντων τὸ θηρίον, (Apoc. xv. 2 *fin.*) ἑστῶτας ἐν τῇ θαλάσσῃ τῇ ὑαλίνῃ τῇ³ μεμιγμένῃ⁴ πυρί, ὑαλίνῃ⁵ μὲν διὰ τὸ λαμπρὸν καὶ καθαρὸν τῶν ἐν αὐτῇ δικαίων, ἀναμὶξ δὲ πυρὶ διὰ τὸ σμηκτικὸν⁶ καὶ καθαριστικὸν⁷ ῥύπου παντός, ἐπεὶ καὶ τοῖς δικαίοις χρεία καθάρσεως. πολλὰ γὰρ Job xiv. 4 πταίομεν ἅπαντες κατὰ τὸ γεγραμμένον καὶ τίς καθαρὸς ἔσται ἀπὸ ῥύπου; ἀλλ᾿ οὐ δὲ ἐὰν μία ἡμέρα ἔσται ὁ βίος αὐτοῦ ἐπὶ τῆς γῆς.⁸ αἱ⁹ κιθάραι ὡς πολλάκις εἴρηται, τὴν εὔηχον (Apoc. xv. 3 *init.*) Θεῷ τῶν ἁγίων ᾠδὴν αἰνίττεται. καὶ ᾄδουσί φησι τὴν ᾠδὴν Μωυσέως¹⁰ ἐκείνην πάντως ἣν ᾖσε καταποντισθέντος πανEx. xv. 1 στρατιᾷ τοῦ Φαραώ, ᾄσωμεν εἰπὼν τῷ Κυρίῳ, ἐνδόξως γὰρ Ex. xv. 2 δεδόξασται· ἵππον καὶ ἀναβάτην ἔρριψεν εἰς θάλασσαν· βοηθὸς καὶ σκεπαστὴς ἐγένετό μοι εἰς σωτηρίαν.¹¹ ἐπινίκιος δὲ ἡ ᾠδὴ ἐπὶ τῇ τῶν ἀσεβῶν κολάσει καὶ τῇ κατὰ¹² τοῦ Διαβόλου (Apoc. xv. 3) νίκῃ καὶ τοῦ τῆς ἀνομίας υἱοῦ τοῦ ἀντιχρίστου. καὶ τὴν ᾠδὴν φησι τοῦ ἀρνίου, τὴν ἁρμοδίαν τουτέστιν εἰς τὸν Κύριον καὶ εἰς τὴν αὐτοῦ κατὰ τῶν ἀσεβῶν δικαιοκρισίαν· τοιγαροῦν θαυμάζουσι τοῦ Κυρίου τὴν ἀλήθειαν καὶ τὴν δικαιο(Apoc. xv. 3 *fin.*) σύνην. ὁ βασιλεύς φησι¹³ τῶν ἐθνῶν¹⁴ πάντων μὲν βασιλεὺς Es. xi. 10 ὁ Χριστός, ἀλλ᾿ ἐπειδὴ εἴρηται τῷ Ἡσαΐᾳ· καὶ ἔσται ἡ ῥίζα (Es. xi. 1–9) τοῦ Ἰεσσαὶ καὶ ὁ ἀνιστάμενος ἄρχειν ἐθνῶν, ἐπ᾿ αὐτῷ ἔθνη ἐλπι(Zech. xii. 10)

---

[1] Cit. Oec. accurate cum text. rec. ver. 12, sed libere ver. 13 et congruunt verbatim 203 240
[2] τὰ εὐκατάπρηστα 203 240
[3] ὑελίνη pro τῇ ὑαλίνῃ τῇ 203 et 240. Ita: ἐν τῇ θαλάσσῃ ὑελίνῃ μεμιγμένῃ πυρί
[4] μεμιγμένοι 240 [non 203]
[5] ὑελίνῃ 203 240
[6] σμῠκτικὸν 146 σμηκτικὸν (η ex em.) 203 σμητικὸν 240
[7] ιστι in καθαριστικὸν rescript. in 146. καθαρὸν 203 240
[8] ζωῆς pro γῆς 203 [sed γῆς 240]
[9] add. δὲ 203, sed ἡ δὲ κιθάρα 240
[10] Μωυσέως in comp. 146 Μωυσέος 203 [non 240]
[11] om. ver. 2 βοηθὸς usque ad σωτηρίαν 203 et 240
[12] om. κατὰ 146
[13] om. φησι 240
[14] Sic et 203 240 hoc loco

οὖσι, τούτου χάριν καὶ ὁ¹ χρηματισμὸς βασιλέα τε αὐτόν² φησι τῶν ἐθνῶν καὶ πάντα τὰ ἔθνη ἥξειν καὶ προσκυνήσειν αὐτῷ, προαναφωνῶν ἀστείως τὴν τῶν ἐθνῶν κλῆσιν καὶ τὴν εἰς τὸν Κύριον αὐτῶν πίστιν.

καὶ μετὰ ταῦτα εἶδον, καὶ ἠνοίγει³ ὁ ναὸς τῆς σκηνῆς τοῦ μαρτυρίου ἐν τῷ οὐρανῷ, καὶ ἐξῆλθον⁴ ἑπτὰ ἄγγελοι⁵ ἔχοντες⁶ ἑπτὰ πληγὰς ἐκ τοῦ ναοῦ, ἐνδεδυμένοι λίθον⁷ καθαρὸν λαμπρόν, καὶ περιεζωσμένοι περὶ τὰ στήθη ζώνας χρυσᾶς. καὶ ἓν ἐκ τῶν τεσσάρων⁸ ζώων ἔδωκε τοῖς ἑπτὰ ἀγγέλοις ἑπτὰ φιάλας χρυσᾶς γεμούσας τοῦ θυμοῦ τοῦ Θεοῦ τοῦ ζῶντος εἰς τοὺς αἰῶνας τῶν αἰώνων. καὶ ἐγεμίσθη⁹ ὁ ναὸς καπνοῦ ἐκ τῆς δόξης τοῦ Θεοῦ καὶ ἐκ τῆς δυνάμεως αὐτοῦ, καὶ οὐδεὶς ἠδύνατο¹⁰ εἰσελθεῖν εἰς τὸν ναὸν ἄχρι τελεσθῶσιν αἱ ἑπτὰ πληγαὶ τῶν ἑπτὰ ἀγγέλων. καὶ ἤκουσα φωνῆς μεγάλης ἐκ τοῦ ναοῦ λεγούσης τοῖς ἑπτὰ¹¹ ἀγγέλοις· ὑπάγετε¹² καὶ ἐκχέετε τὰς ἑπτὰ φιάλας τοῦ θυμοῦ τοῦ Θεοῦ εἰς τὴν γῆν.

σκηνὴν μαρτυρίου τὴν ἐν τῇ ἐρήμῳ συμπηχθεῖσαν σκηνὴν ὑπὸ Βεσεὴλ¹³ τοῦ ἀρχιτέκτονος τῶν τότε γεγενημένων ἔργων ἔθος καλεῖν τῇ θείᾳ γραφῇ διὰ τὸ¹⁴ τῶν τοῦ Θεοῦ μαρτυρίων καὶ προσταγμάτων εἶναι σκηνήν. ἐκεῖ γὰρ ἦν ἡ κιβωτὸς τῆς διαθήκης. τὸ ἱλαστήριον, ἡ τράπεζα, τὰ θυσιαστήρια τῶν τε¹⁵ θυμιαμάτων καὶ τῶν καρπωμάτων, ἡ λυχνία, καὶ ὅσα ὁ¹⁶ Θεὸς προστέταχε τῷ θεσπεσίῳ Μωϋσῇ¹⁷ κατασκευάσαι, εἰπὼν καὶ ποιήσεις μοι κατὰ πάντα ὅσα ἐγὼ δεικνύω σοι ἐν τῷ ὄρει, ἐκ μεταφορᾶς οὖν τῆς πάλαι σκηνῆς καὶ τὸν ὑπερουράνιον ναὸν ὅς τίς ποτέ ἐστι, σκηνὴν μαρτυρίου κέκλη-

Apoc. xv. 5
6
7
8
Apoc. xvi. 1
Ex. xxxv. 30
Apoc. xi. 19
Ex. xxxi. 7,
Num. x. 33,
Deut. x. 8,
Jos. iii. 3, etc.
Ex. xxv. 9 (xxv. 40 et xxvi. 30)
Ex. xxvii. 21 etc.

---

¹ om. ὁ 146
² σεαυτὸν 240 (?)
³ ἠνοίγη 203 240
⁴ add. οἱ 203 240
⁵ add. οἱ 203 240
⁶ add. τὰς 203 240
⁷ λῖνον 240 text. λίνον text. 203, sed λίθον mg. man. pr. et vide schol. Andr. [In schol. Oec. (vide post) 203 mg. man. pr. habet λῖνον contra λίθον text.]
⁸ δ-ων 240
⁹ ἐπεγεμίσθη 203 240 in textibus soli inter omn. mss. Gr. [ἐγεμίσθη infra schol.]
¹⁰ ἐδύνατο 203 [non 240]
¹¹ om. ἑπτὰ 203 240 soli cum Sah.
¹² add. ὧδε 203 240 et 178 soli [non 38]
¹³ Βεσελεὴλ 203 ut Sept. Βοησελὴλ vid. 240
¹⁴ om. τὸ 146
¹⁵ om. τε 203 240
¹⁶ om. ὁ 203 [Habet 240]
¹⁷ Μωϋσεῖ 240 [non 203]

(Apoc. xv. 6, xvi. 1)

(Matt. xxv, Marc. xiii, Luc. xxi)

Es. xxviii. 16

Psa. cxvii. 22

Rom. xiii. 14

Psa. cii. 20

(Apoc. xv. 8)

κεν. ἐκεῖθεν ἐξῆλθόν φησιν οἱ ἑπτὰ ἄγγελοι. πόθεν γὰρ ἔδει τοὺς οὐρανίους τοῦ Θεοῦ λειτουργοὺς ὀφθῆναι ἐξιόντας ἢ ἐκ τοῦ οὐρανίου ναοῦ; εἶχον δέ φησιν ἐν χερσὶν ἑπτὰ πληγὰς ἃς ἀφήσουσι κατὰ¹ τῆς γῆς. πολλὰ γὰρ ἐν τῷ τῆς συντελείας καιρῷ γενήσεται² δείγματα ἐν τῇ γῇ· ὧν καὶ ὁ Χριστὸς ἐν Εὐαγγελίοις ἐμνημόνευσε, τὰ περὶ τοῦ τέλους διδάσκων. τὸ δὲ ἐνδεδύσθαι τοὺς ἀγγέλους λίθον³ καθαρὸν λαμπρὸν δεῖγμα τυγχάνει τῆς τιμίας αὐτῶν καὶ καθαρᾶς καὶ φωτεινῆς καὶ εἰς τὸ καλὸν παγίως⁴ ἐχούσης φύσεως, εἰ⁵ ἄρα τὸν Χριστὸν ἐνεδέδυντο.⁶ λίθος γὰρ ὁ Κύριος παρὰ τῆς θείας ὠνόμασται γραφῆς, ὡς παρὰ Ἡσαΐᾳ⁷· ἰδοὺ ἐγὼ⁸ ἐμβάλλω εἰς τὰ θεμέλια Σιὼν λίθον πολυτελῆ ἐκλεκτόν⁹· καὶ παρὰ τῷ προφήτῃ· λίθον ὃν ἀπεδοκίμασαν οἱ οἰκοδομοῦντες, οὗτος ἐγενήθη εἰς κεφαλὴν γωνίας. τοῦτον ἐνδεδύσθαι τὸν λίθον καὶ ἡμῖν ὁ σοφώτατος Παῦλος παραινεῖ· ἐνδύσασθαι¹⁰ τὸν λίθον ἡμῶν¹¹ Ἰησοῦν Χριστὸν καὶ τῆς σαρκὸς πρόνοιαν μὴ ποιεῖσθε εἰς ἐπιθυμίας¹²· ἔξω γὰρ πάσης ἐπιθυμίας ψυχοβλαβοῦς ὁ τοῦτον ἐνδεδυμένος. αἱ δέ γε¹³ ζῶναι τὸ πρακτικὸν αὐτῶν καὶ εὐσταλὲς αἰνίττονται· εἴρηται γὰρ περὶ αὐτῶν δυνατοὶ ἰσχύι ποιοῦντες τὸν λόγον αὐτοῦ. οὗτοι δὴ οἱ ἑπτὰ ἄγγελοι εἰλήφασιν¹⁴ ἐξ ἑνὸς τῶν τεσσάρων ζώων, ὧν ἔμπροσθεν πολὺς ὁ λόγος, τὸν θυμὸν τοῦ Θεοῦ ἐν ἑπτὰ φιάλαις χρυσαῖς. καλῶς χρυσαῖς· τιμία γὰρ καὶ ἡ ὀργὴ τοῦ Θεοῦ τὸ ἀγαθὸν καὶ συμφέρον ἐν ἑαυτῇ φέρουσα μᾶλλον ἢ τὸ δίκαιον κἂν¹⁵ ἀνιῶνται οἱ κολαζόμενοι. καὶ ἐγεμίσθη¹⁶ φησὶν ὁ ναὸς

---

¹ Sic et 203 240
² γενήσονται 203 240
³ Sic et 240 et 203 sed 203 mg. man. pr. λίνον tantum
⁴ om. παγίως 146 spatio relicto. Suppl. 203 240
⁵ ἢ pro εἰ 146 203 [non 240]
⁶ ἐνδέδυτο 146
⁷ Ἡσαΐου 203 240
⁸ om. ἐμβάλλω usque ad παρὰ τῷ 203, scr. ἰδοὺ ἐγὼ προφητ¹ (sic) λίθον ὃν κ.τ.λ. [non 240 Habet text. ut 146]
⁹ Seq. in Esai. ἀκρογωνιαῖον, ἔντιμον, εἰς τὰ θεμέλια αὐτῆς, καὶ ὁ πιστεύων οὐ μὴ καταισχυνθῇ
¹⁰ add. λέγων 203, ἐνδύσασθε ut vid. et add. λέγων 155 240
¹¹ τὸν Κύριον ἡμῶν (pro τὸν λίθον ἡμῶν) 203 240, sed om. B et Clem. 287 (Alii ignorant λίθον ἡμῶν Ἰησοῦν Χριστόν)
¹² εἰς ἐπιθυμίαν 203 240 (ν in s conversum ex em. 155)
¹³ om. γε 240 [Habet 203]
¹⁴ εἴληφαν 203 et 240 ut vid.
¹⁵ om. κἂν 146
¹⁶ Cf. supra de lectione 203 240 in textibus. Om. ambo lemma hoc loco

καπνοῦ ἐκ τῆς δόξης τοῦ Θεοῦ καὶ ἐκ τῆς δυνάμεως αὐτοῦ. ὁ
καπνὸς τῆς θείας ὀργῆς δεῖγμα τυγχάνει· γέγραπται γὰρ
ἀνέβη καπνὸς ἐν ὀργῇ αὐτοῦ. ὁ δὲ καπνὸς πυρός ἐστι σημαν- Psa. xvii. 9
τικός, ἀλλὰ καὶ ὁ καπνὸς ὃν¹ Ἡσαΐας ὁ θεσπέσιος εἶδεν
ἔνθα φησίν· καὶ ἐπήρθη τὸ ὑπέρθυρον ἀπὸ τῆς φωνῆς ἧς ἐκ- Es. vi. 4
έκραγον τὰ ἅγια Σεραφὶμ² καὶ ὁ οἶκος ἐπλήσθη³ καπνοῦ.⁴
τὸν θυμὸν ἐδήλου τοῦ Θεοῦ τὸν κατὰ τὸν⁵ τῆς Ἱερουσαλήμ.
τὸ δὲ ἐκ τῆς δόξης τοῦ Θεοῦ καὶ τῆς δυνάμεως αὐτοῦ γενέσθαι (Apoc. xv. 8)
τὸν καπνὸν περίφρασιν ἔχει τινά, ὡς ἂν εἶπεν· ἐπλήσθη
καπνοῦ ἐκ τοῦ θυμοῦ τοῦ Θεοῦ, αὐτὸ γὰρ⁶ δύναμις καὶ
αὐτὸ⁷ δόξα ὁ Θεός, καὶ τίς ἐνέγκοι⁸ τὸν θυμὸν αὐτοῦ; καὶ
οὐδείς φησιν ἠδύνατο εἰσελθεῖν εἰς τὸν ναὸν ἄχρι πληρωθῶσιν⁹ (Apoc. xv. 8)
αἱ ἑπτὰ πληγαὶ τῶν ἑπτὰ ἀγγέλων· τίς γὰρ ἐπιβήσεται τοῦ
θυμοῦ τοῦ Θεοῦ,¹⁰ ἢ ἐν αὐτῷ γενόμενος ζήσεται; εἰ γὰρ
οὐδεὶς ἔστη ἐν ὑποστήματι Κυρίου, κατὰ τὸ γεγραμμένον, Jer. xxiii. 18
σχολῇ γ᾽ ἂν ὑπενέγκοι¹¹ τὴν ὀργὴν τοῦ Θεοῦ.¹² καὶ ἤκουσά (Apoc. xvi. 1)
φησιν πρόσταγμα ἐξελθόντος, ἵνα τὰς ἑπτὰ φιάλας τῆς
θείας ὀργῆς ἐκχέωσιν ἐπὶ τῆς γῆς.

καὶ ἀπῆλθεν ὁ πρῶτος¹³ καὶ ἐξέχεε τὴν φιάλην αὐτοῦ ἐπὶ¹⁴ Apoc. xvi. 2
τὴν γῆν· καὶ ἐγένετο ἕλκος κακὸν καὶ πονηρὸν¹⁵ ἐπὶ τοὺς
ἀνθρώπους τοὺς ἔχοντας τὸ χάραγμα τοῦ θηρίου καὶ τοὺς
προσκυνοῦντας τῇ εἰκόνι αὐτοῦ. καὶ ὁ δεύτερος¹⁶ ἐξέχεε τὴν
φιάλην αὐτοῦ ἐπὶ¹⁷ τὴν θάλασσαν· καὶ ἐγένετο αἷμα ὡς   3

---

¹ add. ὁ 240 [non 203]
² om. Sept. τὰ ἅγια Σεραφὶμ hoc loco (vide ver. 2)
³ ἐνεπλήσθη Sept. Mss. ½
⁴ τὸν θυμὸν usque ad ἐπλήθη καπνοῦ (infra) om. ex homoiotel. καπνου . . . καπνου 240 [non 203]
⁵ om. τὸν 203
⁶ αὐτὸ γαρ (sic) 146 αὐτῷ γὰρ 203 240
⁷ αὐτο̄ (sic) 146 αὐτῷ 203 240, sed mg. 203 add. αὐτὸ γὰρ δύναμις καὶ αὐτὸ δόξα ὁ θεός fere ut 146
⁸ ἐνέγκει 203 ut vid. [non 240]
⁹ Sic hoc loco et 155. Om. lemma 203 240
¹⁰ τοῦ θυμοῦ τοῦ θυμοῦ (absque τοῦ Θεοῦ) 240 ut vid. [non 203]
¹¹ ὑπενέγκοιτο 203 [illeg. 240]
¹² om. omnino καὶ ἤκουσά φησιν πρόσταγμα . . . ἐκχέωσιν ἐπὶ τῆς γῆς 203 240
¹³ ὁ ā͂ͦˢ 240 [non 203]
¹⁴ εἰς pro ἐπὶ 203 240
¹⁵ πονηρὸν καὶ κακὸν 203 240 ut ℵ 178 et Sah. ⅔ soli
¹⁶ add. ἄγγελος 203, ὁ β͂ͦˢ ἄγγελος 240
¹⁷ εἰς pro ἐπὶ 203 240

Apoc. xvi. 4   νεκροῦ, καὶ ἅπασα¹ ψυχὴ ζῶσα ἀπέθανε.² καὶ ὁ τρίτος³
ἐξέχεε τὴν φιάλην αὐτοῦ εἰς τοὺς ποταμοὺς⁴ καὶ τὰς πηγὰς
5   τῶν ὑδάτων· καὶ ἐγένοντο⁵ αἷμα. καὶ ἤκουσα τοῦ ἀγγέλου
6   τῶν ὑδάτων λέγοντος· δίκαιος εἶ, ὁ ὢν καὶ ὁ ἦν καὶ⁶ ὁ ὅσιος,
ὅτι ταῦτα ἔκρινας, ὅτι αἷμα ἁγίων καὶ προφητῶν ἐξέχεον,⁷ καὶ
7   αἷμα αὐτοῖς ἔδωκας⁸ πιεῖν· ἄξιοι γάρ⁹ εἰσι. καὶ ἤκουσα
τοῦ θυσιαστηρίου λέγοντος· ναί,¹⁰ Κύριε, ὁ Θεὸς, ὁ παντοκρά-
τωρ, ἀληθιναὶ¹¹ καὶ δίκαιαι αἱ κρίσεις σου.

ταῦτα δισσῶς¹² ἄν τις νοήσειεν, ἢ αἰσθητῶς συμβησόμενα
ἐν τῷ καιρῷ τῆς συντελείας ἢ ἀλληγορικῶς. ἐπειδὴ γὰρ τὰ
σημεῖα τοῦ τέλους ὁ Κύριος προσαγορεύων¹³ τοῖς ἑαυτοῦ
μαθηταῖς πολλὰ τὸ τηνικάδε παρέστησε τὰ συμβησόμενα
Matt. xxiv. 6–7   κακά, λέγων μελλήσετε ἀκούειν πολέμους καὶ ἀκοὰς πολέμων.
καὶ ἐγερθήσεται ἔθνος ἐπὶ ἔθνος καὶ βασιλεία ἐπὶ βασιλείαν,
Matt. xxiv. 8   καὶ ἔσονται λιμοὶ καὶ λοιμοὶ καὶ σεισμοὶ κατὰ τόπους· ταῦτα
Matt. xxiv. 21   δὲ πάντα ἀρχὴ ὠδίνων, καὶ μετ᾽ ὀλίγα, ἔσται γὰρ τότε θλῖψις
μεγάλη οἵα οὐ γέγονεν ἀπ᾽ ἀρχῆς κόσμου ἕως τοῦ νῦν οὐδ᾽
οὐ μὴ γένηται, — εἰς ἐκεῖνα ἂν ἑρμηνευθείη τὰ νῦν λεγόμενα
συμβεβηκέναι, ἑκάστης τῶν ἑπτὰ φιαλῶν ἐκχεομένης, τοῦ
(Apoc. xvi. 2)   μὲν ἕλκους τοῦ γενομένου ἐκ τῆς πρώτης φιάλης τὰς θλίψεις
καὶ τὰς ἀλγηδόνας αἰνιττομένου, αἳ ὑποσμύχουσι¹⁴ τὰς
ψυχὰς τῶν τότε¹⁵ ἀνθρώπων διὰ τὰς τῶν πολέμων ἀκοάς¹⁶·
τὸ δὲ αἷμα τὸ τῶν ποταμῶν καὶ τῶν ὑδάτων τοὺς ἐν ταῖς
πεζομαχίαις φόνους τῶν παρὰ τὰ ὕδατα στρατοπεδευομένων¹⁷

---

¹ πᾶσα 203 240 (sed ambo ἀπάντων infra in schol.)
² add. ἐν τῇ θαλάσσῃ 203 sed 240 solus ἐξέχεεν ἐν τῇ θαλάσσῃ
³ add. ἄγγελος 203 240
⁴ τὸν ποταμὸν 203 in primis sed vertit ipse in ... οὓς ... οὓς
⁵ ἐγένετο 203 240 (ἐγένοντο A minn. non pauc. et Verss.)
⁶ om. καὶ 203 240
⁷ ἐξέχεαν 203 240 ut longe plurimi
⁸ ἔδωκαν 203 240 et 187 (ἔδωκεν 130)
⁹ om. γάρ 203 240
¹⁰ ναὶ ναὶ 203 solus [non 240] cf. ταχύ ταχύ xxii. 12
¹¹ ἀλιθιναὶ (sic) 146
¹² διττῶς 240 [non 203]
¹³ προαγοράων 240 ut vid.
¹⁴ ὑπομύχουσι 146 ὑποσμύχουσι 203, dub. 240 sed ὑποσμήχουσι vid. ex em.
¹⁵ ποτέ 146 τότε 203 τοτέ 240
¹⁶ Add. τὸ δὲ αἷμα τὸ ἐν τῇ θαλάσσῃ τοὺς ἀναιρουμένους ἐν ταῖς ναυμαχίαις· 203. Add. τοῦ δὲ αἵματος τοῦ ἐν τῇ θαλάσσῃ τοὺς ἀναιρουμένους ἐν ταῖς ναυμαχίαις· 240
¹⁷ στρατοπεδευσαμένων 240 [non 203]

ὡς εἰκὸς παραδηλοῦσι.¹ καὶ ἤκουσά φησι τοῦ ἀγγέλου τῶν (Apoc. xvi. 5)
ὑδάτων λέγοντος. παντοδύναμος μὲν ὁ Θεὸς καὶ προνοῶν
τῶν αὐτοῦ κτισμάτων καὶ ἐξαρκῶν πρὸς τὴν ἁπάντων εὐερ-
γεσίαν, ὡς μὴ² δεῖσθαι πρὸς τοῦτο τοῦ³ συνεργοῦντός
τινος⁴· οὗ γὰρ τὸ θελῆσαι μόνον ἔργον ἐστὶ συντετελεσμένον
καὶ οὗ τῇ ὁρμῇ τοῦ βουλήματος οὐσιώθη τὰ πάντα, πῶς ἂν
δεηθείη τοῦ συμπράττοντος καὶ πρὸς τὰς εὐεργεσίας συλλη-
ψομένου; ἀλλ' ἐπειδὴ ἀγαθὸς ὤν⁵ βούλεται καὶ τοὺς ἁγίους
ἀγγέλους εὐεργετεῖσθαι διὰ τῆς πρὸς τοὺς δεομένους ἐπικου-
ρίας, ὁ γὰρ ἑτέρῳ χρῄζοντι βοηθῶν⁶ οὐ τοσοῦτον ἐκεῖνον
ὅσον ἑαυτὸν ὠφελεῖ, οὐδεὶς δὲ ἦν ἐν ταῖς ἀγγελικαῖς δυνά-
μεσιν ἐνδεὴς καὶ χρῄζων⁷ ἐπικουρίας τῆς ἐξ ἑτέρου τινός,
ἔταξεν ὁ Θεὸς τοὺς ἐπὶ γῆς τοῦ⁸ παντὸς ἐνδεεῖς ἀγαθοῦ ὑπὸ
τῶν ἁγίων ἀγγέλων προνοεῖσθαι. τοιγαροῦν ἐν τοῖς ἔμ-
προσθεν ἔγνωμεν τῶν ἐκκλησιῶν προστατοῦντας ἀγγέλους,
καὶ ὁ σοφώτατος δὲ γέγραφε Δανιὴλ τὸν ἐν ἀγγέλοις⁹ Daniel x. 13, 21,
ἄρχοντα Μιχαὴλ τοῦ Ἰουδαίων προνοεῖν φύλου. καὶ νῦν ἡ   xii. 1
ἀποκάλυψις ἄγγελον ἡμῖν διηγεῖται ἐπὶ τῶν ὑδάτων¹⁰ τεταγ- (Apoc. xvi. 4)
μένον. τῆς γὰρ ἐπιγείου κτίσεως ἐκ τῶν τεσσάρων στοι- Quattuor pri-
χείων συμπεπηγμένης ἀέρος, πυρός, γῆς τε καὶ ὕδατος—τὰ mordia sive
                                                          elementa *Aer,*
γὰρ οὐράνια τινές ἐβουλήθησαν πέμπτῳ τινὶ σώματι κατα- *Ignis, Terra,*
σκευάσθαι ὅπερ αἰθέριόν τε εἶναί φασι καὶ κυκλοφορικόν— *Aqua*
                                                          Primordium
τὰ μὲν¹¹ τρία τῶν στοιχείων, πῦρ καὶ γῆ καὶ ἀήρ, κέχυται¹² quintum
πλουσίως πρὸς χρῆσιν ἀναπνοῆς καὶ ἑτέρων κοινωφελῶν. *Aether*
τοῦ δέ γε πυρὸς εἰ καὶ τὸ στοιχεῖον ἅπαν τὸν αἰθέρα φασί,
πλὴν δαψιλές ἐστι καὶ αὔταρκες ἐπὶ τῆς γῆς, ἐν ταῖς λαγό-
σιν αὐτῆς καὶ λίθοις ἐμφωλεῦον¹³· ἤδη δέ τινες καὶ ἐξ ὑδά-
των ἐν σκεύεσιν ὑάλου¹⁴ στεγομένων¹⁵ ἕλκουσι πῦρ, ὅταν

---

¹ παραδηλούσης 146 240
² *Spatium litt. duo inter* μὴ *et* δεῖσθαι *in* 203
³ *om.* τοῦ 203 240
⁴ *illeg.* τινος *in* 240
⁵ *add.* ὁ Θεὸς 203 240
⁶ βοηθῶ 146, ἑτέρου χρήζοντος βοηθὸς 203, ἑτέρου χρῄζων τοῦ βοηθοῦ 240
⁷ χρίζων 146
⁸ τοὺς 203 240
⁹ εὐαγγελίοις *errore* 203 [*non* 240]
¹⁰ ἐπὶ τοῖς ὕδασι 203 240
¹¹ *add.* γὰρ 203 240
¹² κέχηται 146
¹³ ἐμφωλεύων 146
¹⁴ ὑέλου 203 *et* 240 ?
¹⁵ στεγόμενον 146

Mater Terra

πρὸς ἥλιον ἀνίσχοντα ἀντιπρόσωποι γέγωνται. ἡ δὲ γῆ κοινὴ¹ πᾶσιν μητὴρ καὶ τάφος καὶ ἕδος² ἀσφαλὲς πρόκειται. μόνου δὲ τοῦ ὕδατος οὐ πᾶσιν ἀφθονία πάρεστι τοῦ ποτίμου τοῦ τε ἐν πηγαῖς καὶ κρήναις καὶ φρέασι ποταμοῖς τε, καὶ τοῦ ἀερίου ὃ ταῖς νεφέλαις ἐν τοῖς μετεώροις³ κρατούμενον εὔκαιρον δίδωσιν ἡμῖν ὑετὸν θείῳ προστάγματι καὶ τρέφει πᾶν ζῶον ἐπὶ τῆς γῆς. ἐπεὶ οὖν οὐκ ἄφθονον πᾶσι τὸ ὕδωρ, τέτακταί τις τῶν ἁγίων ἀγγέλων ἐπ' αὐτό,⁴ ὅπως ἀνενδεὲς καὶ ἀρκοῦν τῇ χρείᾳ τοῦτο παρέχηται τοῖς δεομένοις, ὃ δὴ πολλάκις ταῖς κακίαις ἡμῶν ἀνακοπὲν καὶ ἐλλεῖψαν τοὺς αὐχμοὺς καὶ τοὺς λιμοὺς καὶ τοὺς τούτοις ἑπομένους λοιμοὺς⁵ κατεργάζεται. τούτου δῆτά φησι τοῦ ἀγγέλου τοῦ ἐπὶ τῶν ὑδάτων προνοίᾳ Θεοῦ τεταγμένου

(Apoc. xvi. 5) ἤκουσα λέγοντος· δίκαιος εἶ,⁶ ὁ ὢν καὶ ὁ ἦν ὁ ὅσιος. τὸ μὲν οὖν ὁ ὢν τὸ ἀτελεύτητον δηλοῖ τοῦ Θεοῦ· τὸ δὲ ἦν, τὸ ἄναρ-

(Apoc. xvi. 5 fin.) χον⁷· ὁ δὲ ὅσιός ἐστιν ὁ⁸ ἐν πᾶσιν διὰ πάντων δίκαιος. ὅτι φησὶ ταῦτα ἔκρινας ἵνα οἱ ἐκχέαντες τὸ αἷμα τῶν ἁγίων αἷμα πίωσιν· ἀνάγκη γὰρ τοὺς⁹ ἐν πολέμοις παρὰ τὰ ὕδατα καὶ τοὺς ποταμοὺς ἐστρατοπεδευκότας μεμολυσμένον αἵματι πίνειν τὸ ὕδωρ ἐκ τῆς τῶν θνησκόντων ἀναιρέσεως· ᾧ σύμφωνον ἀγγέλου¹⁰ ἀναπέμπουσιν εὐχαριστίαν καὶ οἱ τὸ ἐπου-

(Apoc. xvi. 7) ράνιον κυκλοῦντες θυσιαστήριον. τὸ γὰρ¹¹ εἰπεῖν ἤκουσα τοῦ θυσιαστηρίου τόδε τι λέγοντος τοὺς ἐν τῷ θυσιαστηρίῳ λειτουργοῦντας διασημαίνει. γένοιτο δὲ πάντων ἡμᾶς¹² ἀπαλλαγέντας τῶν χαλεπῶν τῶν προρρηθησομένων¹³ εὐχάριστον ὕμνον ἀναπέμπειν Χριστῷ, ᾧ ἡ δόξα εἰς τοὺς αἰῶνας, ἀμήν ☩

---

¹ κοινῇ 146
² ἕδος 146 (*vult.* ἕδος) εἶδος 203 240
³ ταῖς μετεώροις 203 [*non* 240]
⁴ ἐπ' αὐτῷ 203 240
⁵ *om.* καὶ τοὺς τούτοις ἑπομένους λοιμοὺς 203 (*ex homoiotel.* λιμοὺς ... λοιμοὺς), *sed habet* 240
⁶ *om.* δίκαιος εἶ 240 [*sed habet* 203]
⁷ *Post* ἄναρχον *in* 240 *litt. forsan sex illeg. Seq.* ὁ ὅσιος *absque* δὲ [203 = 146]
⁸ τὸ *pro* ὁ 240 [*non* 203]
⁹ τοῖς 146
¹⁰ ἀγγέλου *ex* ἀγγέλῳ *emend. man. sec.* 146 ἀγγέλῳ 203 240
¹¹ *om.* γὰρ 203 240
¹² πάντων ἡμῶν 146 πάντας ἡμᾶς 240 *compendiis. Sequor* 203 *in textu*
¹³ τῶν τε εἰρημένων· τῶν τε ῥηθησομένων (*pro* τῶν προρρηθησομένων) 203 *et* 240

TEXT AND COMMENTARY

Λόγος ἔνατος[1]

αἱ μὲν τρεῖς ἐκχεθεῖσαι φιάλαι παρὰ τῶν τριῶν ἀγγέλων ἔδρασαν τὰ ἀναγεγραμμένα. τί δὲ καὶ ἡ τετάρτη καὶ ἡ πέμπτη, πεποίηκε σκοπητέον.[2]

καὶ ὁ τέταρτός φησιν[3] ἐξέχεε τὴν φιάλην αὐτοῦ ἐπὶ τὸν Apoc. xvi. 8
ἥλιον· καὶ ἐδόθη αὐτῷ καυματίσαι τοὺς ἀνθρώπους ἐν πυρί,
καὶ ἐκαυματίσθησαν οἱ ἄνθρωποι καῦμα μέγα· καὶ ἐβλασφή- 9
μησαν τὸ ὄνομα τοῦ Θεοῦ τοῦ ἔχοντος[4] ἐξουσίαν ἐπὶ τὰς πληγὰς ταύτας, καὶ οὐ μετενόησαν δοῦναι αὐτῷ δόξαν. καὶ ὁ 10
πέμπτος[5] ἐξέχεε τὴν φιάλην αὐτοῦ ἐπὶ τὸν θρόνον τοῦ θηρίου·
καὶ ἐγένετο ἡ βασιλεία αὐτοῦ ἐσκοτωμένη, καὶ ἐμασῶντο τὰς
γλώσσας αὐτῶν ἐκ[6] τοῦ πόνου, καὶ ἐβλασφήμησαν[7] τὸν Θεὸν 11
τοῦ οὐρανοῦ ἐκ τῶν πόνων αὐτῶν καὶ ἐκ τῶν ἑλκῶν αὐτῶν,
καὶ οὐ μετενόησαν ἐκ τῶν ἔργων αὐτῶν.

οὐ δὲ ταῦτα κατὰ τοὺς τῆς τροπῆς ἐξηγήσασθαι λόγους[8]
δυσχερές. τὸ γὰρ καυματίσαι τὸν ἥλιον τοὺς ἀνθρώπους εἴη (Apoc. xvi. 8)
ἂν ὁ αὐχμὸς καὶ ἡ συνοχὴ καὶ ἡ ἀπορία τῶν ἐν τοῖς πολέμοις ἀπολειφθέντων,[9] οἵτινες τοῖς κακοῖς πιεζόμενοι, δέον
αἰτήσασθαι[10] παρὰ τοῦ[11] δυναμένου Θεοῦ βοήθειαν καὶ
ἀπαλλαγὴν τῶν κατεχόντων ἀνιαρῶν, οἵδε[12] καὶ προσέβλασφήμησαν καὶ οὐ μετενόησάν φησι· καί τοι διὰ τοῦτο αἱ (Apoc. xvi. 9)
πληγαί, ἵν᾽[13] ἐπειδὴ διὰ τῶν τοῦ Θεοῦ εὐεργεσιῶν οὐκ ἐπέγνωσαν τὸν δεσπότην, διὰ γοῦν τῶν κολάσεων ἐπιγνῶσιν.[14]
ἡ δὲ τοῦ πέμπτου[15] φιάλη ἐξεχύθη[16] φησὶν ἐπὶ τὸν θρόνον (Apoc. xvi. 10)
τοῦ θηρίου· καὶ ἐγένετο ἡ βασιλεία αὐτοῦ ἐσκοτωμένη. γέγρα-

---

[1] λόγος θ̄ 146. Om. λόγος θ̄ 203 et 240, sed habent seq. αἱ μὲν κ.τ.λ. verbatim cum 146

[2] Seq. in 203 240: καὶ ὁ Δ΄ φησὶν ἐξέχεε τὴν φιάλην αὐτοῦ ἐπὶ τὸν ἥλιον καὶ τὰ ἐξῆς

[3] καὶ ὁ Δ΄ ἄγγελος (om. φησιν) 203 240

[4] add. τὴν 203 240

[5] ὁ ε̄ος ἄγγελος 203 240

[6] ἀπὸ 203 240

[7] ἐβλασφήμουν 203 240 *soli cum* 178 *et Gig Sah.* [non Boh.] (hiat Prim.)

[8] *Et* 240 λόγους (*comp.*) *sed* 203, *ut vid.*, λόγον (*comp.*)

[9] ἀποληφθέντων 146

[10] αἰτήσασθαι ὤφειλον *pro* δέον αἰτήσασθαι 203 240 (*sed vide postea*)

[11] add. σώζειν 203 240

[12] οἱ δὲ *omnes tres*

[13] om. ἵν᾽ 203 [*Habet* 240]

[14] ἐπιγνῶσι 203 [*seq. text. non com. in* 203]

[15] ε̄η *pro* τοῦ πέμπτου 203 240

[16] ἐξεχέθη 146

2 Thess. ii. 8 πται γὰρ τῷ ἀποστόλῳ περὶ τοῦ ἀντιχρίστου, ὃν ἀνελεῖ ὁ Κύριος τῷ πνεύματι τοῦ στόματος αὐτοῦ, καὶ τῷ Ἡσαΐᾳ·
Es. xxvi. 10 ἀρθήτω ὁ ἀσεβὴς ἵνα μὴ ἴδῃ τὴν δόξαν Κυρίου, δόξαν καλοῦντι τὴν ἔνδοξον τοῦ Κυρίου παρουσίαν. τὸ οὖν εἰρημένον[1] ὅτι ἐξεχύθη[2] ἡ φιάλη ἐπὶ τὸν θρόνον τοῦ θηρίου δηλοῖ[3] ὅτι ἡ ἀσεβὴς τοῦ ἀντιχρίστου τέλος λήψεται τυραννίς, ἐλεεινῶς ἀναιρεθέντος αὐτοῦ, σκότος δὲ λήψεται πάντας τοὺς ὑπ' αὐτὸν τεταγμένους τῇ ἀπροσδοκήτῳ τίσει τοῦ καταράτου· σκότωσιν γὰρ λογισμῶν ὑπομείνωσιν[4] ἀπορούμενοι τοῖς
(Apoc. xvi. 10) συμβεβηκόσι. καὶ ἐμασῶντό φησι τὰς γλώσσας αὐτῶν ἐκ τοῦ πυρός.[5] τοῦτο ἐφ' ἑκάστης θλίψεως ὑπερτάτης[6] συμβαίνειν εἴωθεν, εἴ γε[7] τὰς γλώσσας ἤ τι τοῦ σώματος μέρος τοῖς ὀδοῦσιν ἀπολαμβάνειν εἰώθασι,[8] τὸ πολὺ τῆς θλίψεως ἐντεῦθεν οἰόμενοι κενοῦν. οἱ καὶ αὐτοί, δέον μετανοῆσαι εἰ καὶ μὴ δι' ἄλλο τι, διὰ μέντοι τὴν τοῦ ἀντιχρίστου κατάλυσιν, ὃν ἑαυτοῖς ἐχειροτόνησαν βασιλέα καὶ θεόν, καὶ προσεβλασφήμησαν τὸν ὄντως Θεὸν διὰ τὴν τοῦ ἀλητηρίου[9] καθαίρεσιν.[10]

Apoc. xvi. 12 καὶ ὁ ἕκτος[11] ἐξέχεε τὴν φιάλην αὐτοῦ ἐπὶ τὸν ποταμὸν τὸν μέγαν Εὐφράτην· καὶ ἐξηράνθη τὸ ὕδωρ αὐτοῦ, ἵνα ἑτοιμασθῇ
13 ἡ[12] ὁδὸς τῶν βασιλέων τῶν ἀπὸ ἀνατολῆς ἡλίου. καὶ εἶδον ἐκ τοῦ στόματος τοῦ δράκοντος[13] καὶ ἐκ τοῦ στόματος τοῦ ψευδοπροφήτου πνεύματα ἀκάθαρτα τρία[14] ὡς[15] βάτραχοι·
14 εἰσὶν γὰρ πνεύματα δαιμονίων ποιοῦντα σημεῖα,[16] ἃ ἐκπορεύεται[17] ἐπὶ τοὺς βασιλεῖς τῆς οἰκουμένης ὅλης, συναγαγεῖν αὐτοὺς εἰς τὸν πόλεμον τῆς ἡμέρας τῆς μεγάλης τοῦ Θεοῦ τοῦ παντο-

---

[1] τῷ οὖν εἰρημένῳ (vel -ον) 240
[2] ἐξεχέθη omnes hoc loco
[3] om. δηλοῖ 203 240
[4] ὑπομείνουσιν 240
[5] ἐκ τοῦ πόνου (cum textu) 203 240
[6] ὑπὲρ ταύτης 146
[7] οἱ δέ γε (pro εἰ γε) 203 240
[8] εἰώθαν 203 [non 240]
[9] ἀλιτηρίου ut passim 203 240
[10] κατάλυσιν pro καθαίρεσιν 203 [non 240]
[11] καὶ ὁ ϛ ος ἄγγελος 203 240
[12] om. ἡ 203 240 cum 38-178 et 36
[13] ἐκ τοῦ στόματος τοῦ θηρίου et om. καὶ 203. Rell. omn. et 240 (praeter 146) add. καὶ ἐκ τοῦ στόματος τοῦ θηρίου
[14] τρία ἀκάθαρτα 203 240
[15] ὡσεὶ 203 240
[16] om. σημεῖα 240 [non 203, nec al.]
[17] ἐκπορεύεσθαι pro ἃ ἐκπορεύεται 203 240

κράτορος. ἰδοὺ ἔρχομαι¹ ὡς κλέπτης· μακάριος ὁ γρηγορῶν Apoc. xvi. 15
καὶ τηρῶν τὰ ἱμάτια αὐτοῦ, ἵνα μὴ γυμνὸς περιπατῇ² καὶ
βλέπωσι³ τὴν ἀσχημοσύνην αὐτοῦ. καὶ συνήγαγεν αὐτοὺς   16
εἰς τὸν τόπον τὸν καλούμενον Ἑβραϊστὶ Μαγεδδών.⁴

ὁ μὲν ἕκτος ἄγγελος βατὸν ἐποίησε τὸν Εὐφράτην ποτα-
μόν, τινὰς ἴσως αὐτοῦ πηγὰς ἀποξηράνας ὡς εὐμαρῆ γενέ-
σθαι τὴν δι᾽ αὐτοῦ πάροδον τοῖς βασιλεῦσιν. ἐνεργείᾳ δὲ
διαβολικῇ καὶ συγχωρήσει Θεοῦ πλεῖστοι συνήχθησαν
βασιλεῖς εἰς τὸν καθ᾽ ἑαυτῶν⁵ πόλεμον· καὶ πολέμους γὰρ
συμβήσεσθαι ἀμφὶ τὴν συντελείαν ὁ Κύριος εἴρηκεν ἐν τῇ (Matt. xxiv. 6 etc.)
μικρῷ πρόσθεν παρατεθείσῃ μαρτυρίᾳ. **καὶ εἶδόν φησιν ἐκ** (Apoc. xvi. 13)
τοῦ στόματος τοῦ δράκοντος καὶ ἐκ τοῦ στόματος τοῦ ψευδο-
προφήτου.⁶ δράκοντα μὲν τὸν ἀρχέκακον καλεῖ Διάβολον,
ψευδοπροφήτην δὲ ἢ ἕτερόν τινα ἐνεργείᾳ τοῦ Διαβόλου
προφητεύοντα δῆθεν ἢ τὸν ἀντίχριστον. εἰ δέ γε ὅλως τὸν
ἀντίχριστον⁷ λέγει, ὃν ἐν μὲν τοῖς φθάσασιν εἰσήγαγε τῷ
πνεύματι τοῦ Κυρίου ἀνῃρημένον, νῦν δὲ ὡς ἔτι ζῶντα διὰ
τοῦ στόματος δαιμόνια ἐξοχετεύει,⁸ μὴ θαυμάσῃς ὁ ἐντευξό-
μενος· θεωρία γάρ ἐστιν τὰ ὁρώμενα καὶ τὰ πρῶτα πολ-
λάκις ὕστερα⁹ καὶ ἔμπαλιν τὰ ὕστερα¹⁰ πρῶτα δείκνυται
τῷ εὐαγγελιστῇ, καί φησιν **εἶδον πνεύματα τρία**¹¹ **ὡς βα-** (Apoc. xvi. 13 fin.)
τράχους.¹² **εἰσὶ γὰρ πνεύματα δαιμονίων ποιοῦντα σημεῖα ἃ** (Apoc. xvi. 14)
ἐκπορεύεται ἐπὶ τοὺς βασιλεῖς.¹³ βατράχοις παρείκασται τὰ
δαιμόνια διὰ τὸ χαίρειν τῷ βορβορώδει τῶν ἀνθρώπων βίῳ (cf. 2 Pet. ii. 22)
καὶ ἰλυώδει. ἀλλὰ καὶ ἡ δίυγρος καὶ ἀνειμένη μᾶλλον
αὐτοὺς ἤδη¹⁴ ζωὴ τῶν ἁμαρτωλῶν ἤπερ ὁ καρτερικὸς καὶ

---

¹ ἔρχεται 203 240 *cum* ℵ* *vid.* 38–178, 47 *et Syr* S. *Prim. Arm.* 3

² περιπατήσῃ 203 240 *et* 38–178 159 *soli*

³ κλέπτωσι *pro* βλέπωσι 203 *solus* [*non* 240]

⁴ *Om. ver.* 16 *in text. ut vid.* 203 [*Habet* 240]. *Habet in schol. infra* 203 *q. v. Lege* ἁρμαγεδὼν 240 *in textu, et infra* ἁρμαγεδὼν *in schol.* 203, *et denuo* 240

⁵ καθ᾽ ἑαυτὸν 203 [*non* 240]

⁶ *om. claus.* 203 240 καὶ εἶδον ... ψευδοπρ.

⁷ ἀντίχρηστον 146. *Om.* εἰ δέ γε ... ἀντίχριστον 240 [*Habet* 203]

⁸ ἐξοχετεύοντα 203 240

⁹ ὕστερον 203 240

¹⁰ *Post* ὕστερα *habet* τε *erasum* 146

¹¹ *om.* ἀκάθαρτα *omnes tres*

¹² *sic et* 203 240 *hoc loco*

¹³ *om.* εἰσὶ γὰρ ... βασιλεῖς 203 240

¹⁴ ᾔδει 240 [*non* 203]

(Apoc. xvi. 14 fin.)

κατεσκληρὸς¹ βίος τῶν δικαιῶν, ὡς φθονεροὺς λίαν καὶ χαίροντας τῇ ἀπωλείᾳ τῶν ζώντων. εἶδος δὲ θαυματοποιίας τῶν δαιμόνων, τὸ² τοὺς βασιλεῖς κατ' ἀλλήλων συναγαγεῖν πόλεμον ἐν τῷ τῆς συντελείας καιρῷ. μεγάλην δέ φησι τὴν ἡμέραν, ἤγουν τὸν καιρὸν ἐκεῖνον· καὶ γάρ ἐστιν ἀληθῶς μεγάλη καὶ φοβερὰ οὕτως ὀνομαζομένη καὶ παρὰ τοῦ Ἰωὴλ³

Joel ii. 31
(Apoc. xvi. 15)
cf. Luc. xii. 40
(Apoc. xvi. 15 med.)

λέγοντος πρὶν⁴ ἐλθεῖν τὴν ἡμέραν Κυρίου τὴν μεγάλην καὶ ἐπιφανῆ. ἰδοὺ ἔρχομαι⁵ ὡς κλέπτης φησὶν ὁ Κύριος. ὡς κλέπτης⁶ λέγει διὰ τὸ αἰφνίδιον καὶ ἀπροσδόκητον τῆς ἐλεύσεως αὐτοῦ τῆς δευτέρας. μακάριος ὁ γρηγορῶν καὶ τηρῶν τὰ ἱμάτια αὐτοῦ ἵνα μὴ γυμνὸς περιπατῇ⁷· ἐπέμεινε τῇ τοῦ κλέπτου τροπῇ· διὸ φυλακὴν εἶπε δεῖν γίνεσθαι τῶν ἱματίων ὅπως μὴ ἀπόλωνται, ἱμάτια λέγων ἢ τὸν ἐνάρετον καὶ εὐσχήμονα βίον, δι' οὗ τῆς τοῦ Θεοῦ σκέπης ἀξιούμεθα, ἤγουν τὸ σῶμα ἵνα ἁγνὸν εἴη καὶ καθαρόν. ὁ γὰρ μὴ φυλάξας ἀσχημονήσει ἔμπροσθεν τῶν ἀγγέλων καὶ τῶν ἀνθρώπων τοῦ θείου θρόνου, διωκόμενος ἐν τῇ τότε κρίσει καὶ γυμνὸς θείας ἐπικουρίας καταλιμπανόμενος. καὶ συνήγαγόν⁸ φησι τοὺς βασιλεῖς τῆς γῆς οἱ δαίμονες εἰς τὸν τόπον τὸν καλούμενον Ἑβραϊστὶ Μαγεδδών.⁹ διακοπὴ ἤτοι διακοπτομένη ἑρμηνεύεται· ἀπὸ τοίνυν τῆς μελλούσης τῶν ἐν αὐτῷ συνειλεγμένων κοπῆς καὶ σφαγῆς τὸν τοῦ πολέμου τόπον Μαγεδδὼν⁹ προσηγόρευσε.

(Apoc. xvi. 15 fin.)

(Apoc. xvi. 16)

Apoc. xvi. 17

18

καὶ ὁ ἕβδομος¹⁰ ἐξέχεεν αὐτοῦ τὴν φιάλην¹¹ εἰς¹² τὸν ἀέρα, καὶ ἐξῆλθε φωνὴ μεγάλη ἐκ τοῦ ναοῦ ἀπὸ τοῦ θρόνου λέγουσα γέγονε· καὶ ἐγένοντο ἀστραπαὶ καὶ φωναὶ¹³ καὶ βρονταί, καὶ

---

¹ ὁ κατεσκληρὸς καὶ καρτερικὸς 240 [non 203]

² om. τὸ 203 240

³ ἰὼλ sic 146 τοῦ ἰῶηλ 203 ἰῶηλ absque τοῦ 240

⁴ add. ἢ 203 240

⁵ Sic 146 sed infeliciter om. clausulam totam ἰδοὺ ... κλέπτης 203 et 240. Vide antea ἔρχεται

⁶ add. δὲ 203 240

⁷ μακάριος ὁ γρηγορῶν καὶ τηρῶν τὰ ἱμάτια αὐτοῦ, καὶ τὰ ἑξῆς · 203 240 Ergo de περιπατῇ hoc loco non liquent

203 240. Vide tamen περιπατήσῃ supra in textu

⁸ sic et 203 240

⁹ ἁρμαγεδών 203 ἁρμαγεδών 240 ambobus locis

¹⁰ καὶ ὁ ζ (absque ἄγγελος hoc loco) 203 240

¹¹ τὴν φιάλην αὐτοῦ 203 240

¹² ἐπὶ pro εἰς 203 240 (sed infra in schol. ἐν τῷ ἀέρι omn.)

¹³ om. καὶ φωναὶ 240 errore [Habet 203]. Habent ambo in schol. infra

σεισμὸς ἐγένετο μέγας, οἷος οὐκ ἐγένετο ἀφ' οὗ ἄνθρωποι ἐγέ-
νοντο [1] ἐπὶ τῆς γῆς τηλικοῦτος σεισμὸς οὕτως μέγας,[2] καὶ   Apoc. xvi. 19
ἐγένετο ἡ πόλις ἡ μεγάλη . . . [3] ἐμνήσθη ἐνώπιον τοῦ Θεοῦ
δοῦναι αὐτῇ τὸ ποτήριον τοῦ οἴνου τοῦ Θεοῦ μου [4] τῆς ὀργῆς
αὐτοῦ· καὶ πᾶσα νῆσος ἔφυγε καὶ ὄρη οὐχ ηὑρέθησαν. καὶ   20-21
χάλαζα μεγάλη ὡς ταλαντιαία καταβαίνει ἐκ τοῦ οὐρανοῦ ἐπὶ
τοὺς ἀνθρώπους· καὶ ἐβλασφήμησαν οἱ ἄνθρωποι τὸν Θεὸν
ἐκ τῆς πληγῆς τῆς χαλάζης, ὅτι μεγάλη ἐστὶν ἡ πληγὴ
αὐτῆς σφόδρα.

ἐν τῷ ἀέρι [5] μὲν ἐξέχεε τὴν φιάλην· ἡ δὲ φωνὴ ἔφη   (Apoc. xvi. 17)
γέγονε. τί γέγονε; [6] τὸ πρόσταγμα, τουτέστιν [7] τοῦ Θεοῦ
καὶ ἡ βουλή. οὗ λεχθέντος, γέγονεν ἐκ τοῦ ἀέρος, ἀστραπαὶ   (Apoc. xvi. 18)
καὶ φωναί [8]· ἀστραπαὶ μὲν ἐκ τῶν μετεώρων, φωναὶ δὲ τῶν
ἐπὶ τῆς γῆς ἐκ τοῦ δέους τῶν ἀστραπῶν. καὶ βρονταὶ καὶ   (Apoc. xvi. 18)
σεισμός. ἢ σεισμόν φησι [9] τὸν κλόνον τῆς γῆς, ἐπεὶ καὶ
τοῦτο ἐν τοῖς σημείοις τοῦ τέλους περιέχεται, ἢ [10] σεισμὸν
λέγει τὴν μεταποίησιν τῶν ὁρωμένων κατὰ τὸ εἰρημένον τῷ
Ἀγγαίῳ· ἔτι ἅπαξ ἐγὼ σείω [11] οὐ μόνον [12] τὸν οὐρανὸν ἀλλὰ καὶ   Haggai ii. 6-7
τὴν γῆν καὶ τὴν θάλασσαν καὶ τὴν ξηράν, καί συσσείσω πάντα
τὰ ἔθνη. διὸ καὶ ἐπισημαίνεται οἷός [13] φησιν οὐ γέγονε
ποτέ.[14] καὶ ἐγένετό φησιν ἡ πόλις ἡ μεγάλη εἰς τρία μέρη· καὶ   (Apoc. xvi. 19)
αἱ πόλεις [15] τῶν ἐθνῶν ἔπεσαν.[16] περὶ τῆς Ἱερουσαλήμ φησιν
ἡ πόλις ἡ μεγάλη καὶ δῆλον ἐξ ὧν ἀντιδιαστέλλει ταύτῃ
τὰς πόλεις τῶν ἐθνῶν· τοῦ γὰρ Ἰσραὴλ χωρὶς τοὺς λοιποὺς

---

[1] ἐγένετο ἄνθρωπος *pro* ἄνθρωποι ἐγένοντο 203 240 *et* 38-178 Aeth. Boh. *aliq.*

[2] οὕτως σεισμὸς μέγας 203 *solus*, *et* οὔπω σεισμὸς μέγας 240 *hac ordine*

[3] Add. εἰς τρία μέρη, καὶ αἱ πόλεις τῶν ἐθνῶν ἔπεσον· (*schol. interjecto in* 203) καὶ ἡ Βαβυλὼν ἡ μεγάλη 203 240. *Vide infra de* 146 *ubi habet claus.* (ἔπεσαν)

[4] τοῦ οἴνου τοῦ θυμοῦ 203 240

[5] Ita et 203 240 *cum Gig.* "in aera" *et Prim.* (*mss. plur.*) "in aere."

[6] *om.* τί γέγονε 203 [*sed habet* 240]

[7] *om.* 203 τουτέστιν. Similiter *om.* 240

[8] *Habet hoc loco* 240. (*Hinc error in textu. Vide supra*)

[9] ὁ σεισμόν φεισι (*pro* ἢ σεισμόν φησι 203 240) 146

[10] εὑρίσκεται περιεχόμενον ἢ *pro* περιέχεται (*absque* ἢ) 203 240

[11] σείσω 203 240 *ut* Sept.

[12] οὐ μόνον *habent omn., sed om.* Sept.

[13] οἱοί (*sic*) *ut vid.* 240 [*non* 203]

[14] πώποτε 240 [*non* 203]

[15] αἱ πόλις (*sic*) 146. *Cf.* ℵ 113

[16] *om. vers.* 203 240 *in schol. Habuerunt* ἔπεσον *in textu*

ἀνθρώπους ἔθνη καλεῖν¹ ἔθος τῇ θείᾳ γραφῇ. μεγάλην δὲ αὐτὴν λέγει, ὡς περιβόητον. πᾶσαι δὲ αἱ πόλεις ἔπεσαν²· τῆς γὰρ γῆς μεταποιουμένης καὶ καινῆς γενομένης πῶς οἷόν τε ἦν τὰς ἐν αὐτῇ πόλεις ἑστάναι μεμολυσμένας τῇ (Apoc. xvi. 19) τῶν ἁμαρτωλῶν οἰκήσει;³ **καὶ Βαβυλὼν φησιν ἡ μεγάλη ἐμνήσθη ἐνώπιον τοῦ Θεοῦ δοῦναι αὐτῇ ποτήριον⁴ τοῦ οἴνου** Apoc. xiv. 8 **τοῦ θυμοῦ**⁵ **τῆς ὀργῆς αὐτοῦ.** ἐν τοῖς φθάσασιν εἴρηται καὶ **ἄγγελος δεύτερος**⁶ **ἠκολούθησε λέγων ἔπεσεν,**⁷ **ἔπεσε Βαβυλὼν ἡ μεγάλη**· ἐν δὲ τῷ παρόντι περὶ ἄλλης ἡμῖν λέγων Βαβυλῶνος νοεῖν δίδωσιν οὐκ ἐκείνην, ἑτέραν δέ τινα σημαίνειν αὐτόν. καὶ οἶμαι περὶ τῆς Ῥώμης φησὶ καὶ τῶν τότε καταληψο- (Apoc. xvi. 19) μένων αὐτήν, ὡς προϊὼν ὁ λόγος διδάξει. διό φησιν καὶ **Βαβυλὼν ἡ μεγάλη ἐμνήσθη ἐνώπιον τοῦ Θεοῦ.** τουτέστι τῶν πάλαι αὐτῆς ἁμαρτιῶν, ὅτε τοὺς ἁγίους ἐδίωκον καὶ ἀνήρουν, μνήμη γέγονεν παρὰ τῷ Θεῷ, τὸ δέ γε ποτήριον τοῦ οἴνου τοῦ θυμοῦ τοῦ Θεοῦ ἤδη ἡρμηνεύεται· οὐ δεῖ οὖν περιττολο- (Apoc. xvi. 20) γεῖν **καὶ πᾶσά φησι νῆσος ἔφυγε καὶ ὄρη οὐχ εὑρέθησαν.**⁸ νῆσοι εἴρηνται⁹ μὲν αἱ ἐξ ἐθνῶν ἐκκλησίαι, ὡς ὁ προφήτης Psa. xcvi. 1 φησίν· **ὁ Κύριος ἐβασίλευσεν· ἀγαλλιάσθω ἡ γῆ· εὐφρανθήτωσαν νῆσοι πολλαί.** εἴρηνται δὲ νῆσοι, ὡς ἀνακύψασαι καὶ ὑπερσχοῦσαι τῆς πικρᾶς καὶ ἁλμυρᾶς εἰδωλολατρείας.¹⁰ νήσους δὲ ἄν τις καὶ τὰ¹¹ δαιμόνων ἀκάθαρτα τάγματα¹² νοήσειε καθ᾽ ἕτερον σημαινόμενον, ὡς ἐγκαλινδούμενα τῷ ἁλ- (Apoc. xvi. 20) μυρῷ τούτῳ καὶ εὐμεταρριπίστῳ¹³ βίῳ. περὶ δέ γε τῶν ὀρῶν, ὅτι δαίμονάς φησι, καὶ ὁ θεσπέσιος δείκνυσι μελῳδὸς ψάλ- Psa. xcvi. 5 λων **τὰ ὄρη ὡσεὶ κηρὸς ἐτάκησαν ἀπὸ προσώπου Κυρίου ὅτι ἔρχεται.**¹⁴ φροῦδα οὖν καὶ ἀφανῆ γενήσεσθαι¹⁵ τὸ τηνικάδε τὰ τῶν δαιμόνων τάγματα, ὁ λόγος ἡμῖν παραδίδωσιν. ἀλλὰ

---

¹ καλεῖν ἔθνη 240
² ἔπεσον iterum 203, et 240 (comp.)
³ om. μεμολυσμένας ... οἰκήσει 240 [sed habet 203 fin. schol.]
⁴ Sic. Deest versus totus in schol. 203 240 sed hab. τὸ ποτήριον in textu
⁵ Sic hoc loco 146
⁶ β̄ος 203 240
⁷ om. ἔπεσεν 203 240
⁸ om. καὶ πᾶσα ... εὑρέθησαν in schol. 203 240
⁹ ἤρηνται 146 man. sec. ex emend.
¹⁰ εἰδωλολατρίας 203 240
¹¹ add. τῶν 203 240
¹² πνεύματα pro τάγματα 203 240
¹³ εὐμεταριπίστῳ 146 εὐμεταρριπίστῳ 203 εὐμεταρρυπίστῳ 240
¹⁴ Absunt verba ὅτι ἔρχεται in Sept.
¹⁵ γενέσθαι 203 240

ποῦ φύγοιεν οἱ τάλανες ἀπὸ προσώπου τοῦ Θεοῦ, οὗ ἐν τῇ   Psa. xciv. 4
χειρὶ αὐτοῦ¹ τὰ πέρατα τῆς γῆς, ὃς ἐμέτρησε τὸν οὐρανὸν σπι-   Es. xl. 12 (lib.)
θαμῇ καὶ τὴν γῆν δρακί; — πλὴν ὅτι τοῖς συμβαίνουσιν οἱ
πεπληγμένοι² δρασμὸν ἀνωφελῆ καὶ φυγὴν ἐπιτηδεύσουσι.
τούτων γεγονότων καὶ χαλάζης ἐπισυρρεούσης ἐξαισίας,   (Apoc. xvi. 21)
δέον τοὺς τότε ἀνθρώπους εἰς λιτὰς τραπῆναι καὶ δεήσεις.
ἢ³ γὰρ ἂν τὰ κατ' αὐτῶν ἐπαύσατο⁴ δείγματα⁵ οἱ δὲ καὶ
προσεβλασφήμησαν τὸν Θεόν, οὗ χάριν αὐτοῖς καὶ ἐπιτείνε-
ται τὰ κακά.

καὶ ἦλθεν εἷς ἐκ τῶν ἑπτὰ ἀγγέλων τῶν ἐχόντων τὰς ἑπτὰ   Apoc. xvii. 1
φιάλας, καὶ ἐλάλησε μετ' ἐμοῦ λέγων· δεῦρο, δείξω σοι τὸ
κρῖμα⁶ τῆς πόρνης τῆς μεγάλης, τῆς καθημένης ἐπὶ ὑδάτων
πολλῶν, μεθ' ἧς ἐπόρνευσαν⁷ οἱ βασιλεῖς τῆς γῆς, καὶ ἐμεθύ-   2
σθησαν οἱ κατοικοῦντες τὴν γῆν ἐκ τοῦ οἴνου τῆς πορνείας
αὐτῆς. καὶ ἀπήνεγκέ με εἰς ἔρημον ἐν πνεύματι. καὶ εἶδον   3
γυναῖκα καθημένην ἐπὶ θηρίον κόκκινον, γέμοντα⁸ ὀνόματα
βλασφημίας, ἔχον κεφαλὰς ἑπτὰ καὶ κέρατα δέκα⁹· καὶ ἡ γυνὴ   4
ἦν περιβεβλημένη πορφυρὸν¹⁰ καὶ κόκκινον, καὶ κεχρυσωμένη
χρυσίῳ¹¹ καὶ λίθῳ τιμίῳ καὶ μαργαρίταις, ἔχουσα¹² ποτήριον
ἐν τῇ χειρὶ αὐτῆς χρυσοῦν¹³ γέμοντα¹⁴ βδελυγμάτων καὶ τὰ
ἀκάθαρτα τῆς πορνείας τῆς γῆς,¹⁵ καὶ ἐπὶ τὸ μέτωπον αὐτῆς   5
ὄνομα γεγραμμένον· μυστήριον, Βαβυλὼν ἡ μεγάλη, ἡ μήτηρ
τῶν πόρνων¹⁶ καὶ τῶν βδελυγμάτων τῆς γῆς.¹⁷

πληρώσασα τὰ περὶ τῆς¹⁸ συντελείας¹⁹ τοῦ παρόντος αἰῶ-
νος ἡ ὀπτασία καὶ τὰ τότε συμβησόμενα, εἰς ἕτερον ἔρχεται,

---

¹ om. αὐτοῦ 203 240
² ἐκπεπληγμένοι pro οἱ πεπληγ. 203 240
³ ἢ 146 (illeg. 240)
⁴ ἐπαύσαντο 203 [non 240]
⁵ δείματα 203 et 240
⁶ τὸ κρίμα 203 240
⁷ ἐποίησαν πορνείαν 203 240 et ℵ soli (hiat 178, non 38)
⁸ γέμον 203 240
⁹ Add. ἡ γυνὴ ἣν εἶδες, ἔστιν ἡ πόλις ἡ μεγάλη, ἡ ἔχουσα τὴν βασιλείαν ἐπὶ τῶν βασιλέων τῆς γῆς 203 (schol. interject.) 240, perg. 4 init. καὶ ἡ γυνὴ ἦν περιβεβλ. κ.τ.λ.
¹⁰ πορφυροῦν 203 240
¹¹ χρυσῷ 203 240
¹² add. χρυσοῦν 203 240
¹³ om. χρυσοῦν hoc loco 203 240
¹⁴ γέμον 203 240 ut 146 com. infra
¹⁵ αὐτῆς pro τῆς γῆς 203 240, et iterum infra in schol.
¹⁶ τῶν πορνῶν 203 240
¹⁷ αὐτῆς pro τῆς γῆς 240 [non 203]
¹⁸ om. τῆς 203 240
¹⁹ add. ἡ ὀπτασία hoc loco et om. postea 203 240

(Apoc. xvii. 1) δεῖξαι θέλουσα τῷ εὐαγγελιστῇ τὰ κατὰ τὴν Ῥώμην. καὶ φησιν εἶπε πρός με δεῦρο, δείξω σοι¹ το κρῖμα² τῆς πόρνης τῆς καθημένης ἐπὶ ὑδάτων πολλῶν, κρῖμα λέγων τὴν διαγωγὴν καὶ τὴν πολιτείαν, ἐν ᾗ κέκρικεν εἶναι καὶ οἷα³ ἐπιτηδεύει. πόρνην δὲ αὐτὴν καλεῖ, ὡς ἀπὸ Θεοῦ πορνεύουσαν καὶ ἀποστατοῦσαν· καὶ τοῦτο γὰρ πορνεία παρὰ τῆς θείας ὠνόμασται γραφῆς κατὰ τὸ εἰρημένον τῷ προφήτῃ πρὸς τὸν τῶν ὅλων

Psa. lxxii. 27 Θεόν· ἐξωλόθρευσας⁴ πάντα τὸν πορνεύοντα ἀπό σου. ὕδατα δὲ⁵ πολλὰ τὰ ἔθνη φησίν, ὧν ἄρχει καὶ προκάθηται, ὡς

(Apoc. xvii. 2) αὐτὸς προϊὼν φησι. μεθ' ἧς φησιν⁶ ἐπόρνευσαν⁷ οἱ βασιλεῖς τῆς γῆς. οἱ δέ εἰσιν οἱ ἐν αὐτοῖς βασιλεύσαντες· οὗτοι γὰρ τῆς γῆς οἱ βασιλεῖς οἳ τῇ πορνείᾳ αὐτῆς καὶ τῇ εἰδωλομανίᾳ

(Apoc. xvii. 2) κεκοινωνήκασι.⁸ καὶ ἐμεθύσθησάν φησιν οἱ κατοικοῦντες τὴν γῆν ἐκ τοῦ οἴνου τῆς πορνείας αὐτῆς· καὶ γὰρ καὶ οἱ λοιποί, ὧν ἦν ἄρχουσα, συναπέστησαν Θεοῦ, ταύτης τὰ μὲν ἀναγκα-

(Apoc. xvii. 3) ζούσης, τὰ δὲ ἡγουμένης. καὶ ἀπήνεγκέ μέ φησιν εἰς ἔρημον ἐν πνεύματι. τὴν ἐρήμωσιν αὐτῆς τὴν ἐσομένην ἡ ἔρημος

(Apoc. xvii. 3 med.) αἰνίττεται. καὶ εἶδόν φησι γυναῖκα καθημένην ἐπὶ θηρίον κόκκινον. θηρίον μέν φησι τὸν Διάβολον ᾧ ἐπανεπαύετο, καὶ

(Apoc. xvii. 3 fin.) παρ' οὗ ἐστρατηγεῖτο· κόκκινον δὲ διὰ τὸ πεφοινῖχθαι τῷ αἵματι τῶν ἁγίων. βλασφημίας δὲ ὀνόματα ἔγεμε τὸ θηρίον· ὁ γὰρ ἑαυτῷ⁹ ἀνατεθεὶς Διάβολος τὸ¹⁰ τῷ Θεῷ πρέπον σέβας

(Apoc. xvii. 3 fin.) εἰς Θεὸν ἐξαμαρτάνει. ἔχοντά φησι κεφαλὰς ἑπτὰ καὶ κέρατα δέκα. ταῦτα αὐτὸς προϊὼν ἑρμηνεύει, τὰς κεφαλὰς καὶ τὰ κέρατα βασιλέας λέγων τούς τε ἐν αὐτῇ βασιλεύσαντας καὶ

(Apoc. xvii. 4 init.) βασιλεύειν μέλλοντας. καὶ ἡ γυνὴ ἦν περιβεβλημένη πορφυροῦν καὶ κόκκινον,¹¹ — πορφυροῦν μὲν διὰ τὴν βασιλείαν,

(Apoc. xvii. 4 med.) κόκκινον δὲ διὰ τὸ πολλῶν ἁγίων αἵματα ἐκχέαι. κεχρυσω-

---

¹ Vere in xvii. 1 legimus καὶ ἐλάλησε μετ' ἐμοῦ λέγων et non εἶπε πρὸς με. Ergo variant 203 240 et scribunt δεῦρο πρός με, καὶ δείξω σοι (pro εἶπε πρὸς με· δεῦρο δείξω σοι)
² κρῖμα (bis: hic et infra) 203 240
³ ᾧ pro οἷα 146
⁴ ἐξολόθρευσας 203 [non 240]
⁵ om. δὲ 146
⁶ om. φησιν 240 [Habet 203]
⁷ Sic et 203 240. Vide textum
⁸ κεκοινώνηκαν 203 [non 240]
⁹ εἰς ἑαυτὸν pro ἑαυτῷ 203 240 (et ἀνατιθεὶς ut vid. 203 240)
¹⁰ om. τό ante τῷ 146 [τῶ sic 203]
¹¹ Non rescrips. claus. 203 240

μένη χρυσῷ¹ καὶ λίθῳ τιμίῳ καὶ μαργαρίταις. ὡς βασιλίδα
εὐλόγως ὁ λόγος κοσμεῖ, κόσμῳ βασιλικῷ. ἔχουσα ποτήριον (Apoc. xvii. 4
χρυσοῦν ἐν τῇ χειρὶ αὐτῆς, γέμον βδελυγμάτων,² — χρυσοῦν   *fin.*)
μὲν διὰ τὸ τῆς ἡγεμονίας ἔντιμον, γέμον δὲ ὅμως εἰδωλολα-
τρείας³ καὶ μιασμάτων, οἷς⁴ ἐτρέφετο καὶ ᾧτινι τοῖς ἰδίοις
ἔσπενδε⁵ δαίμοσιν.⁶ καὶ τὰ ἀκάθαρτά φησι τῆς πορνείας (Apoc. xvii. 4
τῆς γῆς⁷· καὶ γὰρ καὶ τῶν λοιπῶν ἐθνῶν τῆς εἰδωλολατρείας   *fin.*)
αὐτῇ τὰς αἰτίας ἀνατίθησιν, ὡς πρωτουργῷ τῶν κακῶν καὶ
τῆς εἰδωλομανίας.⁸ ἦν δέ φησι καὶ⁹ γεγραμμένον ἐπὶ τῷ (Apoc. xvii. 5
μετώπῳ¹⁰ αὐτῆς, ὥσπερ ἐν στηλογραφίᾳ τινί φησι,¹¹ τίς εἴη·   *init.*)
καὶ ὅτι Βαβυλών ἐστιν, ἡ μήτηρ τῶν πόρνων¹², — Βαβυλὼν (Apoc. xvii. 5
μὲν διὰ τὴν ἐν αὐτῇ ταραχὴν καὶ σύγχυσιν καὶ τῶν ἁγίων   *med.*)
τοὺς διωγμούς· σύγχυσις¹³ γάρ, ὡς εἴρηται, σημαίνει τὸ τῆς
Βαβυλῶνος ὄνομα· μήτηρ δὲ τῆς ἀπὸ Θεοῦ πορνείας καὶ ἀπο-
στασίας. πῶς γὰρ οὐ μήτηρ καὶ διδάσκαλος ἡ τὸν εὐαγγε-
λικὸν διώκουσα λόγον καὶ τοὺς τοῦτον κηρύσσοντας, πεί-
θουσα δὲ τὰ ἔθνη προσμένειν τῇ πατροπαραδότῳ πλάνῃ;

καὶ εἶδον τὴν γυναῖκα μεθύουσαν¹⁴ τοῦ αἵματος τῶν μαρτύ- Apoc. xvii. 6
ρων Ἰησοῦ. καὶ ἐθαύμασα ἰδὼν αὐτὴν θαῦμα μέγα¹⁵· καὶ   7
εἶπέ μοι ὁ ἄγγελος· διὰ τί¹⁶ ἐθαύμασας; ἐγὼ ἐρῶ σοι τὸ
μυστήριον τῆς γυναικὸς καὶ τοῦ θηρίου τοῦ βαστάζοντος
αὐτήν, τοῦ ἔχοντος τὰς ἑπτὰ κεφαλὰς καὶ τὰ δέκα κέρατα·
τὸ θηρίον ὃ εἶδες, ἦν καὶ οὐκ ἔστι, καὶ μέλλει ἀναβαίνειν ἐκ   8
τῆς ἀβύσσου, καὶ εἰς ἀπώλειαν ὑπάγει¹⁷· καὶ θαυμάσονται οἱ
κατοικοῦντες ἐπὶ τῆς γῆς, ὧν οὐ γέγραπται τὸ ὄνομα¹⁸ ἐπὶ τὸ

---

¹ Sic contra textum supra
² *Om. claus.* ἔχουσα ... βδελ. *in schol.* 203 240
³ εἰδωλολατρίας *bis: hic et infra* 203 (*comp.* 240)
⁴ *om.* οἷς 240 [*Habet* 203]
⁵ ἐπέσπενδε 203 240
⁶ *add.* φησὶ δὲ 240 [*non* 203]. *Habet tamen* φησί φησι 240 *postea*
⁷ *Denuo* αὐτῆς *pro* τῆς γῆς 203 240 *ut in textu*
⁸ αὐτῇ ... εἰδωλομανίας *om.* 146 *Habent* 203 (*fin. schol. et seq.* xvii. 5 *text.*) *et* 240

⁹ *om.* καὶ 203 240
¹⁰ ἐπὶ τὸ μέτωπον 203 240
¹¹ *om.* φησι 203 240
¹² τῶν πορνῶν *iterum* 203 240
¹³ σύγχυσιν 203, *et* 240 vid.
¹⁴ *Add.* τῷ αἵματι των ἁγίων καὶ ἐκ 203 240. *Om.* 146 *cum* 130 154 156 189 Boh^B. (τῷ αἵματι *pro* ἐκ τοῦ αἵμ. pr.* ℵ 38 203 240. *Hiat* 178)
¹⁵ θαῦμα μέγα ἰδὼν αὐτὴν 203 240 *cum* 38 [*Hiat* 178] *et* ℵ *et ord. Syr.* S.
¹⁶ διὰτί *uno tenore* 146 διατί 203 240
¹⁷ ὑπάγειν 203 240
¹⁸ τὰ ὀνόματα 203 240

Apoc. xvii. 8 8-9	βιβλίον τῆς ζωῆς ἀπὸ καταβολῆς κόσμου, βλεπόντων τὸ θηρίον ὅτι[1] οὐκ ἔστι καὶ παρέσται· ὧδε ὁ νοῦς ὁ ἔχων σοφίαν.

οὐ μόνον γὰρ ἐκορέσθη τοῦ αἵματος τῶν ἁγίων ἡ πόρνη, ἀλλὰ καὶ ἐμεθύσθη. τοσοῦτον ἔχεαν διαφορῶς οἱ ἐν αὐτῇ (Apoc. xvii. 7) βασιλεύσαντες, ἐγώ σοί φησι ἐρῶ τί ἐστι τὸ μυστήριον τῆς γυναικὸς καὶ τοῦ θηρίου· τουτέστι, μυστικῶς δηλοῖ ταῦτα (Apoc. xvii. 8 init.) τὰ ὡς ἐν εἰκόνι γραφόμενά σοι διὰ τῆς ἀποκαλύψεως.[2] τὸ θηρίον φησὶν ὁ εἶδες, ἦν καὶ οὐκ ἔστι, καὶ μέλλει ἀναβαίνειν ἐκ τῆς ἀβύσσου. ἦν μὲν γὰρ ὁ Διάβολος πρὸ τῆς ὑπάρξεως τοῦ αἰσθητοῦ κόσμου γεγονὼς ὑπὸ τοῦ Θεοῦ ἐπ' ἔργοις ἀγαθοῖς, ὥσπερ καὶ οἱ λοιποὶ θεσπέσιοι ἄγγελοι· οὐκ ἔστι δὲ καθὸ καὶ[3] τὰ ἀμφὶ τὴν συντέλειαν τοῦ[4] αἰῶνος δείκνυται τῷ εὐαγγελιστῇ, ἐν ᾗ πορεύσεται[5] εἰς τὸ πῦρ τὸ ἡτοιμασμένον αὐτῷ καὶ τοῖς ἀγγέλοις αὐτοῦ. τὸ γὰρ ἐν τούτοις εἶναι οὐδὲ εἶναί ἐστι κυρίως. εἶτα ἐπειδὴ ἐνεργείᾳ αὐτοῦ μέλλει περὶ τὰς τοῦ τέλους ἡμέρας ἀναδείκνυσθαι ὁ ἀντίχριστός φησι· (Apoc. xvii. 8 med.) καὶ μέλλει ἀναβαίνειν ἐκ τῆς ἀβύσσου καὶ εἰς ἀπώλειαν ὑπάγει.[6] διὰ γὰρ τοῦ ἀντιχρίστου ἄνοδος καὶ οἷον[7] αὔξησις γενήσεται τῷ Διαβόλῳ, πλανῶντος τοὺς ἀνθρώπους τοῦ ἀντιχρίστου καὶ πείθοντος αὐτῷ προσκυνεῖν κατὰ τὰ πρόσθεν διὰ πολ- (Apoc. xvii. 8 init.) λῶν εἰρημένα. ἤ, τό, ἦν καὶ οὐκ ἔστιν οὕτω νοήσεις· ὁ ἀπό- Phil. i. 1 στολος γράφων Φιλιππησίοις[8] φησὶ πᾶσι τοῖς ἁγίοις[9] ἐν Χριστῷ Ἰησοῦ, τοῖς οὖσιν ἐν Φιλίπποις, ὄντας[10] καλῶν τοὺς ἁγίους διὰ τὸ ἐν Χριστῷ εἶναι καὶ ἐν οἰκειότητι καὶ μνήμῃ Θεοῦ. εἰ[11] οὖν οἱ ἅγιοι ὄντες εἰσίν, ἄρα ὁ ἀλιτήριος Διάβολος οὐκ ἔστι νῦν, εἰ καὶ ἦν πρὶν ἢ τραχηλιάσας κατὰ Θεοῦ παντοκράτορος ἐξώλισθε τῆς οἰκείας τάξεως. ὁμοίως δὲ καὶ οἱ ἀσεβεῖς, εἰ καὶ εἶναι δοκοῦσιν ὅσον εἰς ὑπόστασιν

---

[1] add. ἦν καὶ 203 240 plur. (Om. et 155 et 113 122 soli)
[2] Om. et 203 et 240 in toto schol. οὐ μόνον γὰρ usque ad ἀποκαλύψεως, et incipiunt de novo ad verba τὸ θηρίον φησὶν . . .
[3] καθὼς pro καθὸ καὶ 203 (et 240 vid. fere illeg.)
[4] add. παρόντος 203 240
[5] πορευθήσεται 203 240
[6] Sic iterum, sed denuo ὑπάγειν 203 240
[7] οἷον 203 ὅσον 146 et ut vid. 240
[8] Φιλιππισίοις 146
[9] add. τοῖς 203 240, sed contra Mss. omn. ut vid.
[10] ὄντα 146
[11] οἱ pro εἰ 146

καὶ οὐσίαν,¹ πλὴν οὐκ εἰσὶν ὅσον ἧκεν εἰς ψῆφον καὶ μνήμην Θεοῦ· καὶ ὅτι τοῦτο οὕτως ἐστί, τοὺς ἀπὸ τοῦ Κάϊν² οὐ γενεαλογεῖ ἡ τῆς Γενέσεως βίβλος, ὡς διὰ τὴν ἀσέβειαν οὐκ ὄντας ἀπώλειαν δέ φησιν ἐν ᾗ ἀπιέναι μέλλει. τουτέστι τὴν δικαίαν κατ' αὐτοῦ τιμωρίαν τῆς Γεέννης· τοὺς γὰρ ἐν αὐτῇ καταδεδικασμένους ἀπολωλέναι φησὶν ὁ Κύριος παρὰ τῷ Ματθαίῳ λέγων· **φοβηθῆτε δὲ**³ **τὸν δυνάμενον καὶ ψυχὴν καὶ σῶμα ἀπολέσαι ἐν Γεέννῃ**. **καὶ θαυμάσονταί** φησιν **οἱ κατοικοῦντες ἐπὶ τῆς γῆς**. οὐ πάντες δέ, ἀλλ' ὧν τὰ ὀνόματα **ἐν βίβλῳ ζωῆς**.⁴ τί δὲ θαυμάσονται; **ὅτι ἦν καὶ οὐκ ἔστι**⁵ **καὶ παρέσται** καὶ ἀπόλλυται τὸ θηρίον· τὴν γὰρ ἐπ' αὐτῷ μεγίστην ἐκπλαγῶσι μεταβολὴν οἱ πεποιθότες ἐπ' αὐτῷ. κοσμοκράτωρ γὰρ⁶ εἶναι θέλων⁷ καὶ τοῦτο ἑαυτὸν ἀποδεικνύς, οὐ μόνον τῆς ἀρχῆς καθαιρεθήσεται, ἀλλὰ καὶ τέλος ἄξιον λήψεται τῆς αὐτοῦ μοχθηρίας. **ὧδε ὁ νοῦς** φησιν **ὁ ἔχων σοφίαν**.⁸ ὧδέ ἐστί φησι⁹ νοῦς σεσοφισμένος· γνώτω τὸ αἴνιγμα πῶς ἦν καὶ οὐκ ἔστι, καὶ μέλλει ἀναβαίνειν ἐκ τῆς ἀβύσσου. καὶ γὰρ τῷ¹⁰ ἐκ τοῦ ὄντος χωρῆσαι εἰς τὸ μὴ εἶναι, ἐναντίον εἶναι δοκεῖ τὸ¹¹ μέλλειν ἀναβαίνειν πάλιν ἐκ τῆς ἀβύσσου, πλὴν εἰ μὴ οὕτως¹² τις νοήσοι¹³ ὥσπερ καὶ εἴρηται.

αἱ ἑπτὰ κεφαλαὶ ἑπτὰ ὄρη εἰσίν, ὅπου ἡ γυνὴ κάθηται ἐπ' αὐτῶν. καὶ βασιλεῖς ἑπτά εἰσιν· οἱ πέντε ἔπεσαν,¹⁴ **ὁ εἷς ἔστιν, ὁ ἄλλος οὔπω ἦλθε· καὶ ὅταν ἔλθῃ, ὀλίγον αὐτὸν δεῖ**¹⁵ **μεῖναι· καὶ τὸ θηρίον ὃ ἦν καὶ οὐκ ἔστι, καὶ αὐτὸς ὄγδοός ἐστι, καὶ ἐκ**¹⁶ **τῶν ἑπτά ἐστι, καὶ εἰς ἀπώλειαν ὑπάγει. καὶ τὰ δέκα κέρατα ἃ εἶδες δέκα βασιλεῖς εἰσιν, οἵτινες βασιλείαν**

Gen. iv.

(Apoc. xvii. 8 *med.*)

Matt. x. 28

(Apoc. xvii. 8 *fin.*)

(Apoc. xvii. 8 *fin.*)

(Apoc. xvii. 9 *init.*)

(Apoc. xvii. 8)

Apoc. xvii. 9 seq.

10

11

12

---

¹ εἰς ὑποστᾶσαν οὐσίαν *pro* εἰς ὑπόστασιν καὶ οὐσίαν 203 *et* 240
² Κάϊν *sic* 203, κάϊν 240 *vid.*
³ *om.* μᾶλλον *omn. mei*
⁴ *Om.* καὶ θαυμάσονται ... ζωῆς 203 240. *Incip. schol.* τί δὲ θαυμάσονται
⁵ ἔσται 203 [*non* 240 *et* ἔστι *ex industria* 146]
⁶ *om.* γὰρ 146
⁷ ἐθέλων 203 240

⁸ *om. claus.* ὧδε ... σοφίαν 203 240
⁹ *add.* ὁ 203 240
¹⁰ τὸ 146 τῷ 203 τοῦ 240
¹¹ *om.* τὸ 146
¹² οὕτω 203 240
¹³ νοήσοι 146 *man. pr. e* νοησει *correct. ut vid.,* νοήσει 203, *dub.* 240, *sed* νοήσοι *ut vid.*
¹⁴ ἔπεσον 203 240
¹⁵ δεῖ αὐτὸν 203 240
¹⁶ *om.* ἐκ 240

OECUMENIUS

Apoc. xvii. 13
14

οὔπω ἔλαβον, ἀλλ' ἕξουσιν¹ ὡς βασιλεῖς μίαν ὥραν λαμβάνουσι μετὰ τοῦ θηρίου. οὗτοι μίαν γνώμην ἔχουσιν, καὶ τὴν δύναμιν καὶ τὴν² ἐξουσίαν αὐτῶν τῷ θηρίῳ διδόασιν. οὗτοι μετὰ τοῦ ἀρνίου πολεμήσουσι, καὶ τὸ ἀρνίον νικήσει αὐτούς, ὅτι Κύριος κυρίων ἐστὶ καὶ Βασιλεὺς βασιλέων, καὶ οἱ μετ' αὐτοῦ κλητοὶ καὶ ἐκλεκτοὶ καὶ πιστοί.

(Apoc. xvii. 9 fin.)

αἱ ἑπτά φησι³ κεφαλαὶ ἑπτὰ ὄρη εἰσίν, ὅπου ἡ γυνὴ κάθηται ἐπ' αὐτῶν.⁴ ἀπὸ τούτου μάλιστα δείκνυται ὅτι περὶ τῆς Ῥώμης λέγει τὰ εἰρημένα· αὐτὴ γὰρ ἑπτάλοφος εἶναι ἱστόρηται,⁵ οὐδὲ μία δὲ ἄλλη πόλις. καὶ βασιλεῖς ἑπτά φησιν· οἱ πέντε ἔπεσαν, ὁ εἷς ἔστιν, ὁ ἄλλος οὔπω ἦλθε, καὶ ὅταν ἔλθῃ ὀλίγον αὐτὸν δεῖ μεῖναι.⁶ εἰκότως τοὺς βασιλεῖς εἰς τὰς κεφαλὰς ὁρᾷ· τὸ γὰρ κεφάλαιον⁷ τῆς Ῥωμαίων ἡγεμονίας οἱ βασιλεῖς εἰσιν. τί δήποτε⁸ πλείστων ὅσων⁹ ἐν Ῥώμῃ βασιλευσάντων ἑπτὰ μόνους εἶναι ἔφη κεφαλὰς¹⁰ τοῦ θηρίου; ἐπειδὴ οὗτοι μάλιστα οἱ ἑπτὰ τὸ θηρίον, τουτέστι τὸν Διάβολον, διᾶραι¹¹ τὴν ἑαυτοῦ κεφαλὴν κατὰ τῶν Χριστιανῶν ἐποίησαν, διωγμοὺς κατὰ τῆς ἐκκλησίας κινήσαντες· ὧν ἐστι πρῶτος Νέρων, δεύτερος¹² Δομετιανός, εἶτα Τραϊανός, Σευῆρος, μετ' αὐτόν, Δέκιος, Οὐαλλεριανός,¹³ Διοκλητιανός· οὗτοι γὰρ τῶν ἐν Ῥώμῃ βασιλευσάντων ἀνέδην¹⁴ τὴν ἐκκλησίαν ἐδίωξαν, ὥς φησι ἐν τοῖς Χρονικοῖς ὁ Εὐσέβιος, ὧν ἑπτὰ τοὺς πέντε¹⁵ φησὶ θανάτῳ πεπτωκέναι· Νέρωνα, Δομετιανόν, Τραϊανόν,¹⁶ Σευῆρον,¹⁷ Δέκιον· τὸν δὲ ἕνα εἶναι, τουτέστι τὸν Οὐαλλεριανόν. ὁ ἄλλος φησὶν οὔπω ἦλθε, καὶ ὅταν ἔλθῃ

(Apoc. xvii. 10)

(Apoc. xvii. 10)

Nero
Domitianus
Traianus
Severus
Decius
Valerianus
Diocletianus

---

¹ Sic et ℵ* et 155 text. et 146 com. [Non 203 240 qui hab. ἐξουσίαν in text. et comm.] Obs. ἕξουσιν denuo infra 146
² om. τὴν sec. 203 [non 240]
³ om. φησι 203 240
⁴ Hoc loco habent etiam textum in schol. denuo 203 240
⁵ ἱστορεῖται 203 (illeg. 240)
⁶ om. vers. 10 in schol. 203 240
⁷ κεφα^λ sic in 203, sed κε‾ον 240
⁸ add. δὲ 203 240
⁹ ὅσον ut vid. ex em. 240
¹⁰ κεφαλὰς ἔφη 203 [non 240]
¹¹ διᾶραι 203 240
¹² β‾ pro δεύτερος 203 240
¹³ om. Σευῆρος (Σεβῆρος 240) μετ' αὐτόν, Δέκιος, Οὐαλλεριανός, 146
¹⁴ ἀναιδῶς 203 240. (Cf. Dan. viii. 23)
¹⁵ ὧν ζ‾ τοὺς ε 203 240 ὁ ἕβδομος τοὺς πέντε 146
¹⁶ Τραϊνόν 146, om. 203, Τραϊανόν 240
¹⁷ Σέβηρον ut vid. 146 et 240

ὀλίγον αυτὸν δεῖ μεῖναι.¹ ἄλλον δέ² φησι τὸν Διοκλητιανόν, μεθ' ὃν ἐπαύσατο ἡ ἐπὶ Ῥώμην βασιλέα καὶ μετῆλθεν εἰς τὴν ἐπώνυμον τοῦ εὐσεβοῦς Κωνσταντίνου πόλιν, αὐτοῦ Κωνσταντίνου τὰ βασίλεια μεταγαγόντος.³ πάνυ δὲ ἀκριβῶς ἀπηγγέλθη⁴ τῷ εὐαγγελιστῇ πάντα μέν, μάλιστα δὲ τὰ κατὰ τὸν⁵ Διοκλητιανόν, ἐν οἷς εἴρηται καὶ **ὅταν ἔλθῃ ὀλίγον** (Apoc. xvii. 10 **αὐτὸν δεῖ**⁶ **μεῖναι**, μεῖναι λέγων ἐν τῷ κατὰ τῶν⁷ Χριστιανῶν διωγμῷ· καίτοι γὰρ εἴκοσι⁸ ἔτη βασιλεύσας,⁹ τὰ τελευταῖα δυό¹⁰ ἀρξάμενος τοῦ διωγμοῦ, ἀπέθετο τὴν βασιλείαν. **καὶ τὸ θηρίον φησὶν ὃ ἦν καὶ οὐκ ἔστι. καὶ αὐτὸ** (Apoc. xvii. 11) **ὄγδοόν**¹¹ **ἐστι καὶ ἐκ τῶν ἑπτά ἐστι, καὶ εἰς ἀπώλειαν ὑπάγει.**¹² καὶ τὸν Διάβολον πρῶτόν τε καὶ ἔσχατον τέταχε διώκτην καὶ τῶν ἑπτά¹³ ὁμογνώμονα. πῶς γὰρ ἂν¹⁴ οὐκ ἂν ταχείη καὶ οὗτος ὁ καὶ τοῖς ἑπτὰ τὸ οὕτως εἶναι πάνυ πονηροὺς στρατηγήσας; **καὶ τὰ δέκα φησὶ κέρατα ἃ εἶδες δέκα βασιλεῖς** (Apoc. xvii. 12) **εἰσιν, οἵτινες βασιλείαν οὔπω ἔλαβον.**¹⁵ περὶ τούτων τῶν δέκα βασιλέων ἤτοι κεράτων ὁ σοφώτατος προφήτης Δανιὴλ διείληφεν ἐκ τῆς Ῥωμαίων ἀρχῆς λέγων· αὐτοὺς ἀνίστασθαι Dan. viii. 23 ἐν τοῖς ἐσχάτοις χρόνοις ὧν ἐν μέσῳ ὁ ἀντίχριστος ἀναστή- seq? σεται. διὰ τοῦτο οὖν φησι **βασιλείαν οὔπω ἔλαβον ἀλλ' ἐξου-** (Apoc. xvii. 12) **σιν**¹⁶ **ὡς βασιλεῖς.** καλῶς ὡς βασιλεῖς διὰ τὸ ὠκύμορον¹⁷ καὶ σκιῶδες τῆς βασιλείας αὐτῶν. εἶτα ἐπάγει **μίαν ὥραν λαμ-** (Apoc. xvii. 12 **βάνουσι μετὰ τοῦ θηρίου.** θηρίον ἐνταῦθα τὸν ἀντίχριστον fin.) καλεῖ. ἐπεὶ καὶ ἐν τοῖς προλαβοῦσιν οὕτως αὐτὸν κέκληκεν εἰπὼν **καὶ εἶδον ἄλλο θηρίον ἀναβαῖνον ἐκ τῆς γῆς, καὶ εἶχε** Apoc. xiii. 11 **κέρατα δύο ὅμοια ἀρνίου.**¹⁸ τὸ δὲ μίαν ὥραν βασιλεῦσαι

---

¹ om. claus. ὁ ἄλλος ... μεῖναι 203 240
² om. δέ 146
³ μεταγαγῶντος sic 146
⁴ ἀπηγγέλη 203, et 240 ut vid.
⁵ om. τὸν 203 240
⁶ δεῖ αὐτὸν 203 240 [contra 146 αὐτὸν δεῖ quater]
⁷ om. τῶν 240
⁸ καὶ pro εἴκοσι 203, sed κ̄ (pro εἴκοσι) 240
⁹ βασιλευούσας sic 146
¹⁰ β~ pro δυό 203 240
¹¹ Sic et solus 146. (αὐτὸν ὄγδοον 36)
¹² om. καὶ τὸ θηρίον ... ὑπάγει in schol. 203 240
¹³ ζ pro ἑπτὰ codd. nostri omn.
¹⁴ om. ἂν prim. 240 [Habet 203]
¹⁵ om. vers. in schol. 203 240
¹⁶ ἕξουσιν text. 146 cum ℵ. [Non 203 240]
¹⁷ ὠκύμωρον 146
¹⁸ Sic ἀρνίου cum fam. 1 in xiii. 11. Hoc loco, ut supra, ἀρνίῳ 203 240

(Apoc. xvii. 13) αὐτοὺς ἢ τὸ ὀλιγοχρόνιον τῆς βασιλείας αὐτῶν αἰνίττεται, ἢ μίαν ἔτους ὥραν καὶ τροπήν. οὗτοί φησι μίαν γνώμην ἔχουσιν, καὶ τὴν δύναμιν καὶ ἐξουσίαν αὐτῶν τῷ θηρίῳ διδόασιν.[1] εἰ γὰρ καὶ ἐναντίοι εἰσὶν ἑαυτοῖς περὶ τὰς γνώμας οἱ ἐσόμενοι δέκα[2] βασιλεῖς, ἀλλ' ἐν τούτῳ ἔσται αὐτοῖς μία γνώμη, ἐν τῷ δοῦναι τὴν δύναμιν αὐτῶν καὶ τὴν ἐξουσίαν τῷ θηρίῳ, τουτέστι τῷ ἀντιχρίστῳ. ἡττηθήσονται γὰρ ὑπ' αὐτοῦ καὶ μόνος λοιπὸν ἐκεῖνος[3] πάντων κατάρξει. ἀλλ' εἰ καὶ παρὰ γνώμην ἡττηθήσονται, ὅμως ἐπειδὴ οἱ δέκα τὸ αὐτὸ πάθος τῆς ἥττης καὶ τῆς καθαιρέσεως πάθωσι, μίαν αὐτοὺς ἔφη γνώμην ἔχειν· ὡσεὶ ἔλεγεν ὥσπερ ἐκ συμφωνίας καὶ ὁμο-

(Apoc. xvii. 14 init.) γνωμοσύνης οἱ δέκα ἡττηθήσονται τῷ ἀντιχρίστῳ. οὗτοί φησι μετὰ τοῦ ἀρνίου πολεμήσουσι. πρὶν γὰρ ὅλως ὑπὸ τοῦ ἀντιχρίστου καθαιρεθῆναι, διώξουσι τὴν ἐκκλησίαν οὗτοι

(Apoc. xvii. 14 med.) περὶ ὧν ὁ λόγος. ἀλλ' ὁ Χριστὸς νικήσει· κακοὺς γὰρ ὄντας αὐτοὺς κακίονι παραδώσει τῷ ἀντιχρίστῳ πρὸς θάνατον. καὶ κατ' ἄλλο δὲ ὁ Χριστὸς νικήσει, τῶν αὐτοῦ δούλων μέχρι θανάτου ὑπὲρ τῆς εἰς αὐτὸν ἀγωνιζομένων πίστεως·

(Apoc. xvii. 14 fin.) κλητοὶ γάρ εἰσί φησι καὶ ἐκλεκτοὶ καὶ πιστοί, — οἱ τοῦ Χριστοῦ τουτέστι δοῦλοι.

Apoc. xvii. 15
16
17
18

καὶ λέγει μοι· τὰ ὕδατα ἃ εἶδες, οὗ ἡ πόρνη κάθηται,[4] λαοὶ καὶ ἔθνη εἰσὶν καὶ ὄχλοι καὶ γλῶσσαι.[5] καὶ τὰ δέκα κέρατα ἃ εἶδες καὶ τὸ θηρίον, οὗτοι μισοῦσι[6] τὴν πόρνην, καὶ ἐρημωμένην[7] ποιήσουσιν αὐτὴν καὶ γυμνήν, καὶ τὰς σάρκας αὐτῆς φάγονται, καὶ αὐτὴν κατακαύσουσιν[8] ἐν πυρί· ὁ γὰρ Θεὸς δέδωκεν[9] εἰς τὰς καρδίας αὐτῶν ποιῆσαι τὴν γνώμην αὐτοῦ,[10] καὶ ποιῆσαι μίαν γνώμην καὶ δοῦναι τὴν βασιλείαν αὐτῶν τῷ θηρίῳ, ἄχρι τελεσθήσονται οἱ λόγοι τοῦ Θεοῦ. καὶ ἡ γυνὴ ἣν εἶδες, ἐστὶν ἡ πόλις ἡ μεγάλη,[11] ἔχουσα βασιλείαν ἐπὶ τῶν βασιλέων τῆς γῆς.

---

[1] om. vers. in schol. 203 240
[2] om. δέκα 203 240
[3] ἐκείνων compendiis 203 et 240
[4] ἐπικάθηται 203 240
[5] λαοὶ καὶ ὄχλοι εἰσὶ καὶ ἔθνη καὶ γλῶσσαι· 203 240
[6] μισήσουσι 203 240
[7] ἠρημωμένην 203 240
[8] καύσουσιν 203 240
[9] ἔδωκεν 203 240 et rell.
[10] αὐτῶν pro αὐτοῦ 203 240 cum ℵa et 200 [non al.]
[11] add. ἡ 203 240

τὰ ὕδατα ἔφη ἐφ᾽ ὧν¹ ἡ πόρνη κάθηται, λαοὺς καὶ ἔθνη, ἐφ᾽ (Apoc. xvii. 15)
οὓς δηλαδὴ τὴν βασιλείαν ἡ πόλις ἔχει. πῶς δὲ ἐρημωθή-
σεται ὑπὸ τῶν βασιλέων ἡ Ῥώμη; ταύτην γὰρ ἐνοήσαμεν
δηλοῦσθαι διὰ τῆς ἀποκαλύψεως. ἴσως αὐτοῖς ἔσται περι-
μάχητος ὡς βασιλὶς καὶ ὀχυρὰ καὶ πολυάνθρωπος καὶ φό-
ρους δεχομένη. ἐν τῷ οὖν περὶ αὐτῆς πολέμῳ ἐπάναγκες
αὐτὴν ἆθλον νίκης κειμένην ὑπὸ πάντων πάσχειν κακῶς,
πυρπολουμένην καὶ ἐρημουμένην.² ὁ γὰρ Θεός φησιν ἔδω- (Apoc. xvii. 17)
κεν³ εἰς τὰς καρδίας αὐτῶν ποιῆσαι τὴν γνώμην αὐτῶν.⁴ Θεοῦ
φησι συγχωροῦντος, ταῦτα πείσεται⁵ ὑπὸ τῶν ἀντεχομένων
αὐτῆς καὶ ἐλεῖν ἐθελόντων.⁶ καὶ ποιῆσαί φησι μίαν γνώμην (Apoc. xvii. 17)
καὶ δοῦναι τὴν βασιλείαν τῷ θηρίῳ. καὶ ὥσπερ ἐκ⁷ μιᾶς γνώ-
μης ὑποχειρίους παραδοθῆναι τῷ ἀντιχρίστῳ, καθὼς ἔμ-
προσθεν εἴρηται, ἄχρι φησὶ τελεσθήσονται οἱ λόγοι τοῦ Θεοῦ. (Apoc. xvii. 17 fin.)
ὑποχείριοί φησιν γενήσονται τῷ θηρίῳ ἄχρις οὗ καὶ ἡ κατὰ
τοῦ ἀντιχρίστου τιμωρία φθάσει⁸ καὶ τέλος λάβοι⁹ τὰ εἰρη-
μένα διὰ τῶν προφητῶν ὑπὸ τοῦ Θεοῦ, καὶ ἐπ᾽ αὐτῷ. σαφέ-
στερον δὲ τὰ κατὰ τὴν πόλιν περὶ ἧς ὁ λόγος σημᾶναι¹⁰
θέλων, ἐπάγει ὅτι ἔστιν¹¹ ἡ γυνὴ ἡ πόλις ἡ μεγάλη ἡ ἔχουσα (Apoc. xvii. 18)
κατὰ πάντων τὴν βασιλείαν.

¹² μετὰ ταῦτα εἶδον ἄλλον ἄγγελον καταβαίνοντα ἐκ τοῦ οὐρα- Apoc. xviii. 1
νοῦ, ἔχοντα ἐξουσίαν μεγάλην, καὶ ἡ γῆ ἐφωτίσθη ἐκ τῆς
δόξης αὐτοῦ. καὶ ἔκραξεν ἐν ἰσχυρᾷ φωνῇ¹³ λέγων· ἔπεσεν, 2
ἔπεσε Βαβυλὼν ἡ μεγάλη, καὶ ἐγένετο κατοικητήριον δαι-
μονίων,¹⁴ καὶ φυλακὴ παντὸς πνεύματος ἀκαθάρτου καὶ φυ-

---

¹ Sic et 203 240 ἐφ᾽ ὧν et Copt. Syr. S. Prim. Aug. al.: "super quas," contra Syr. Σ Aeth. Gig. Vg. ps.-Ambr.: "ubi"

² ἐρημουμένην hoc loco (cum 203 240) sed ἐρηωμένην altero loco. Miro enim errore iterum rescripsit liber 146 totum locum inde ab ὁ γὰρ Θεὸς supra in textu usque ad ἐρημουμένην, — quae rescripta omisimus

³ Sic bis 146

⁴ αὑτοῦ 146 in priore rescriptione cum 203 240

⁵ πήσαται vid. 240 [non 203]

⁶ ἐλθεῖν θελόντων 203, sed ἐλεῖν θελόντων 240

⁷ ὑπὸ pro ἐκ 240 [non 203]

⁸ φθάσῃ 203 et 240 vid.

⁹ λάβῃ vid. 240 [non 203]

¹⁰ σημαίνεσθαι 203 240

¹¹ ὅτι ἔστη 203 [non 240]

¹² add. καὶ init. 203 240

¹³ ἐν ἰσχυρᾷ φωνῇ καὶ μεγάλῃ 203, similiter 240 sed om. ἐν

¹⁴ δαιμόνων 203 (in comp.) et 240 (in comp.)

Apoc. xviii. 3 λακὴ παντὸς ὀρνέου ἀκαθάρτου[1] καὶ μεμισημένου, ὅτι ἐκ[2] τοῦ θυμοῦ τῆς πορνείας αὐτῆς πέπωκε[3] πάντα τὰ ἔθνη, καὶ οἱ βασιλεῖς τῆς γῆς μετ' αὐτῆς ἐπόρνευσαν, καὶ οἱ ἔμποροι τῆς γῆς ἐκ τῆς δυνάμεως τοῦ στρήνους[4] αὐτῆς ἐπλούτησαν.

(Apoc. xviii. 1) καὶ εἶδόν φησιν ἄλλον ἄγγελον ἔχοντα ἐχουσίαν μεγάλην.[5] ταύτην λέγει τὴν τοῦ φωστήρ τε εἶναι καὶ φωτίζειν τὴν γῆν

(Apoc. xviii. 1) ἐκ τῆς δόξης αὐτοῦ. ἔπεσέ φησι Βαβυλών. τὴν κατ' αὐτῆς ἀπόφασιν τοῦ Θεοῦ ἀνακηρύττει. δέδοκταί φησι τάδε αὐτὴν παθεῖν, καὶ ἐγένετο κατοικητήριον δαιμονίων[6]· ὡς μισάνθρωποι γὰρ οἱ ἀλητήριοι[7] δαίμονες καὶ αἱμοβόροι, ἐν οἷς ἂν εὕρωσι τόποις αἷμα ἀνδρῶν κεχυμένον, ἢ ἐν πολέμοις ἢ ἑτέρως πως ἀναιρεθέντων, ὥσπερ ἐφηδόμενοι τῷ γεγονότι ἐν αὐτοῖς τὰς διατριβὰς ποιοῦνται. ἐπεὶ οὖν πλεῖστοι ἀναιρε-

(Apoc. xviii. 2) θήσονται ἐν τῇ πόλει, ὡς φθάσας εἶπεν, γίνεται λοιπὸν κατοικητήριον δαιμόνων[8] καὶ φυλακὴ παντὸς πνεύματος ἀκαθάρτου,[9] καὶ παντὸς θηρίου ἀκαθάρτου[10]· φεύγονται γὰρ τὰ τοιαῦτα τὴν μετὰ ἀνθρώπων δίαιταν, καὶ τὰς ἐρημίας[11] καταλαμβάνοντα ἑαυτὰ διαφυλάττει ἀπὸ τῶν ἐπιβουλευόντων καὶ τῆς[12] θήρας τῶν ἀγρευόντων. τοιαῦτά τινα καὶ Ἡσαΐας ὁ προ-

Es. xiii. 21 med. 22 fin. (verbis aliq. omissis) φήτης φησὶ περὶ τῆς Βαβυλῶνος. φησὶ[13] καὶ ἀναπαύσονται ἐκεῖ σειρῆνες καὶ δαιμόνια ἐκεῖ ὀρχήσονται· καὶ ὀνοκένταυροι ἐκεῖ κατοικήσουσι[14] καὶ νοσσοποιήσουσι ἐχῖνοι ἐν τοῖς οἴκοις

(Apoc. xviii. 3 init.) αὐτῶν. ὅτι ἐκ τοῦ θυμοῦ τῆς πορνείας αὐτῆς πέπωκε[15] πάντα

---

[1] Om. καὶ φυλακὴ παντὸς ὀρνέου ἀκαθάρτου 203 240 legentes καὶ φυλακὴ παντὸς πνεύματος ἀκαθάρτου καὶ μεμισημένου sed vide schol. infra

[2] Add. τοῦ οἴνου 203 240 (cum omn. exc. A 111), sed non habent in schol. infra

[3] πέπτωκε ex πέπωκε conversum 146, πεπώκασι 203, sed πεπτώκασι 240

[4] τοῦ στρήνου 203 240 cum C al.

[5] Om. claus. καὶ εἶδον ... μεγάλην 203 240

[6] denuo δαιμόνων 203 240

[7] ἀλιτήριοι 203 240 ut solent

[8] Sic hoc loco 146, τῶν δαιμόνων 203

[9] Add. 203 240 διαφυλάττοντος τοῦ τόπου τὴν μεθ' ἡδονῆς ἐν αὐτῷ διαγωγὴν τῶν δαιμόνων

[10] Hoc loco add. 203 240 pro καὶ παντὸς θηρίου ἀκαθάρτου claus. quam omis. in textu ita: καὶ φυλακή φησι παντὸς ὀρνέου ἀκαθάρτου καὶ παντὸς θηρίου ἀκαθάρτου

[11] τὰς ἐρημία ut vid. 203 [non 240]

[12] τὰς 146

[13] Om. φησί 203 240, sed add. καὶ ἀναπαύσονται ἐκεῖ θηρία· καὶ ἐμπλησθήσονται αἱ οἰκίαι αὐτῶν ἤχου incipientes ab initio vers. 203 240. Errat 146 vel additamentum 203 240 ex Sept. sine auctoritate

[14] Bis scr. 240 errore καὶ ὀνοκένταυροι ἐκεῖ κατοικήσουσι

[15] add. φησι 240

TEXT AND COMMENTARY 193

τὰ ἔθνη.¹ πορνείαν ἐνταῦθα τὴν ἀπλησίαν καὶ φιλοχρημα-
τίαν αὐτῶν² φησι· τοιοῦτος γὰρ ὁ τῶν πόρνων³ τρόπος.
καὶ γὰρ ἐπεφύησαν οἱ ἐν τῇ εἰρημένῃ πόλει πᾶσι τοῖς
ἔθνεσι, καὶ καταστρεψάμενοι⁴ φόρους τελεῖν ἔταξαν αὐτούς.
καὶ οἱ βασιλεῖς φησιν οἱ ἐν αὐτῇ μέτοχοι καὶ κοινωνοὶ τῆς (Apoc. xviii. 3
φιλαργυρίας αὐτῆς γεγένηνται, καὶ οἱ ἔμποροι δὲ οἱ ἐν αὐτῇ *fin. liberè*)
ἐμπορευόμενοι ἐπλούτησάν φησιν ἐκ τοῦ στρήνους⁵ αὐτῆς,
τουτέστιν, ἐκ τῆς ὑπεροψίας αὐτῆς καὶ⁶ τῆς ἀνειμένης καὶ
κεχυμένης καὶ κατεβλακευμένης⁷ διαίτης αὐτῆς, παντοῖα
φορτία ἐν αὐτῇ διατιθέντες.

καὶ ἤκουσα ἄλλην φωνὴν⁸ ἐκ τοῦ οὐρανοῦ λέγουσαν· ἔξελθε Apoc. xviii. 4
ἐξ αὐτῆς, ὁ λαός μου,⁹ ἵνα μὴ συγκοινωνήσηται¹⁰ ταῖς ἁμαρ-
τίαις αὐτῶν,¹¹ καὶ ἐκ τῶν πληγῶν αὐτῆς ἵνα μὴ λάβητε· ὅτι 5
ἐκολλήθησαν αὐτῆς αἱ ἁμαρτίαι ἄχρι τοῦ οὐρανοῦ, καὶ ἐμνη-
μόνευσεν ὁ Θεὸς τὰ ἀδικήματα αὐτῆς. ἀπόδοτε αὐτῇ ὡς καὶ 6
αὐτὴ ἀπέδωκε, καὶ διπλώσατε αὐτὰ¹² διπλᾶ κατὰ τὰ¹³ ἔργα
αὐτῆς ἐν τῷ ποτηρίῳ ᾧ ἐκέρασεν αὐτῇ διπλοῦν¹⁴ ὅσα ἐδό- 7
ξασεν αὐτὴν¹⁵ καὶ ἐστρηνίασεν, τοσοῦτον δότε αὐτῇ βασανι-
σμὸν¹⁶ καὶ πένθος. ὅτι ἐν τῇ καρδίᾳ αὐτῆς λέγει ὅτι κάθημαι
βασίλισσα, καὶ χήρα οὐκ εἰμί, καὶ πένθος οὐ μὴ ἴδω· διὰ 8
τοῦτο ἐν μιᾷ ἡμέρᾳ ἥξουσιν αἱ πληγαὶ αὐτῆς, θάνατος καὶ
πένθος καὶ λιμός, καὶ ἐν πυρὶ κατακαυθήσεται¹⁷· ὅτι ἰσχυρὸς
ὁ¹⁸ Κύριος ὁ κρίνας αὐτήν.

---

¹ Add. φησὶ 203 *hoc loco. Obs.* 203 240 *om.* τοῦ οἴνου *hoc loco cum textu Oec. supra*
² *Trsp.* αὐτῶν *in loc. post* ἀπλησίαν 240 [*non* 203]
³ τῶν πόρνων 203 240
⁴ καταταστρεψάμενοι (*sic*) 146
⁵ τοῦ στρήνου *denuo* 203 240
⁶ add. ἐκ 203 240
⁷ κατευλακευμένης 203 [*non* 240]
⁸ φωνὴν ἄλλην 203 240
⁹ ἔξελθε ὁ λαὸς μου ἐξ αὐτῆς 203 240 (*sed vide infra schol.*)
¹⁰ συγκοινωνήσητε 203 240
¹¹ αὐτῆς *pro* αὐτῶν 203 240 [*sed non in schol.*]
¹² *Sic fam.* 38 *sola cum nostris.*

αὐτὰ αὐτῇ (-διπλᾶ) Boh.
¹³ κατὰ τὰ τὰ *errore* 146 (διπλᾶ 146).
¹⁴ *Ita absque interpunctis* 146, *sed* 203 240 *ita:* κατὰ τὰ ἔργα αὐτῆς· ἐν τῷ ποτηρίῳ αὐτῆς ὡς ἐκέρασε, κεράσατε αὐτῇ διπλοῦν
¹⁵ αὐτὴν 146 ἑαυτὴν 203 240
¹⁶ τοσοῦτον βασανισμὸν δότε αὐτῇ 203 240
¹⁷ κατακλυσθήσεται 203 240 *et* 178 *soli* [*non al.*], κατακαφθήσεται 188 [*non fam.*], concremabitur *Tyc. Beat.*, cremabitur *Cypr. Prim. Auct. de prom.*, comburetur *Gig. Vg. ps.-Ambr.*
¹⁸ *om.* ὁ 203 240

¹ ὅταν οἱ θεῖοι ἄγγελοι τὴν Σοδομιτῶν κατέλαβον πόλιν ἐφ' ᾧ δίκην εἰσπράξασθαι τοὺς ἐν αὐτῇ καὶ τὰς ἀστυγείτονας πόλεις, μᾶλλον δὲ ὡς τῷ ἐν ἁγίοις ² Κυρίλλῳ δοκεῖ, ὅταν ὁ τοῦ Θεοῦ Υἱὸς καὶ τὸ Ἅγιον Πνεῦμα ἐκεῖσε ἐπεφοίτων, — ὁ γὰρ Πατὴρ κρινεῖ³ οὐδένα κατὰ τὸ γεγραμμένον, τὴν δὲ πᾶσαν κρίσιν δέδωκε τῷ υἱῷ συμπαρόντος αὐτῷ δηλονότι φυσικῶς καὶ οὐσιωδῶς τοῦ ζωοποιοῦ πνεύματος, — τότε φασὶ πρὸς τὸν θεσπέσιον Λώτ· σώζων σῶζε τὴν σεαυτοῦ ψυχήν· μὴ περιβλέψῃ εἰς τὰ ὀπίσω μηδὲ στῇς⁴ ἐν πάσῃ τῇ περιχώρῳ· εἰς τὸ ὄρος σώζου, μή ποτε συμπαραληφθῇς. τοῦτο καὶ νῦν ἡμᾶς ἡ ἀποκάλυψις διδάσκει· ἐπειδὴ γὰρ οὐκ ἔνι ἐν οὕτω μεγίστῃ⁵ καὶ πολυανθρώπῳ πόλει, τῇ Ῥώμῃ, μὴ καὶ Χριστοῦ δούλους⁶ ἐν αὐτῇ τυγχάνειν, φησὶ πρὸς αὐτοὺς **ἔξελθε ἐξ αὐτῆς, ὁ λαός μου,⁷ ἵνα μὴ συγκοινωνήσητε ταῖς ἁμαρτίαις αὐτῶν,⁸ καὶ ἐκ τῶν πληγῶν αὐτῶν ἵνα μὴ λάβητε.** τὸ⁹ γὰρ κοινωνῆσαι τῶν ἁμαρτιῶν καὶ τῶν πληγῶν ἐστι κοινωνῆσαι· δι' αὐτὰς γὰρ αἱ πληγαί. ὅτι φησὶν **ἐκολλήθησαν αὐτῆς αἱ ἁμαρτίαι ἄχρι τοῦ οὐρανοῦ·** ὡς ἂν εἴποι καὶ τὸν μεταξὺ ἀέρα ἐμόλυναν ταῖς ἁμαρτίαις. διὸ¹⁰ φησι πολλὰ μακροθυμήσας ὁ Θεὸς νῦν εἰς ἀνταπόδοσιν ἐγήγερται. **ἀπόδοτε οὖν φησιν αὐτῇ τὰς ἁμαρτίας διπλᾶς,**¹¹ καίτοι διὰ τοῦ πανσόφου Μωϋσέως¹² ἐντέταλται ἡμῖν ὁ Θεὸς **οὐκ ἐκδικήσεις**¹³ **δὶς ἐπὶ τὸ αὐτό.** πῶς οὖν αὐτὸς διπλᾶ¹⁴ ἀποδίδωσιν; οὐ τὸ διπλάσιον σημαίνει τὸ διπλᾶ, ἀλλ' ὅτι φιλάνθρωπος ὢν καὶ ἀγαθὸς ὁ Θεός, καὶ πολὺ καταδεέστερον τῆς ἀξίας κολάζων, διπλᾶ οἴεται ἀποδεδωκέναι καὶ ὅταν μέρος ἀποδῷ· καὶ οὐ μόνον

---

¹ Schol. sub. Andr. Negl. indic. "Oec." marg. 203. Incipit sine rubr. ταν οἱ θεῖοι ἄγγελοι . . .
² ὡς καὶ τῷ ἁγίῳ pro ὡς τῷ ἐν ἁγίοις 240 [non 203]
³ κρινεῖ et 146 et 203. Illeg. 240 forsan κρίνει ut minn. plur. in Evang.
⁴ τῆς 146 sed στῆς 203 240
⁵ μεγίστῳ 146
⁶ καὶ χρὴ τοὺς δούλους (pro μὴ καὶ χῦ δούλους) 203, μὴ καὶ χρὴ τοὺς δούλους 240 ut vid.
⁷ ord. accipiunt 203 240 hoc loco. Vide supra text.
⁸ Ita et 203 240 hoc loco. (Vide text. supra)
⁹ τῶ 146
¹⁰ add. καὶ 203 240
¹¹ τὰς ἁμαρτίας αὐτῶν διπλᾶς· 203 240. (διπλᾶς 146)
¹² Μωϋσέος et 203 240
¹³ ἀδικήσει codd. Sept.
¹⁴ πῶς οὕτως διπλᾶ (om. οὖν) 203 240 (οὗτος 240). πῶς οὖν αὐτὸς διπλᾶ 146.

διπλᾶ, ἀλλὰ καὶ ἑπταπλασίονα. καὶ τοῦτο εἰδὼς ὁ προφή-
της ἔλεγεν ἀπόδος τοῖς γείτοσιν ἡμῶν ἑπταπλασίονα¹ εἰς τὸν   Psa. lxxviii. 12
κόλπον αὐτῶν τὸν ὀνειδισμὸν αὐτῶν ὃν ὠνείδισάν σε, Κύριε, ἐκ
τῆς αἰτήσεως τοῦ ἑπταπλασίονος τὸν Θεὸν ἐξαιτῶν περὶ τῆς
κατ' ἀξίαν τῶν ἐχθρῶν τιμωρίας, ἀνθ' ὧν² φησι δοξασθεῖσα
καὶ κατασπαταλήσασα τοῦ παρόντος βίου πρόνοιαν οὐ
πεποίηται τοῦ θείου θελήματος. ἀπόδοτε αὐτῇ. λέγει γάρ,
οὐκ ἔσομαί ποτε τοῦ βασιλεύειν ἐστερημένη· τοῦτο γὰρ ἡ   (Apoc. xviii. 6)
χήρα, ἡ οἷον τοῦ βασιλεύοντος ἔρημος. οὐδέ τι κακὸν ὄψο-
μαι. διὰ οὖν τὴν μεγαλορρημοσύνην³ αὐτῆς ἥξει αὐτῇ
ἅπαν ὁμοῦ κακόν· ἰσχυρὸς γάρ φησιν ὁ Θεὸς καὶ ὑπ' οὐ-
δενὸς κωλυθήσεται κρίσιν αὐτῇ καὶ κόλασιν ἐπαγαγεῖν· ἧς
γένοιτο πάντας ἡμᾶς ἐλευθέρους γενέσθαι χάριτι τοῦ καλέ-   (1 Pet. ii. 9,
σαντος ἡμᾶς εἰς τὴν αὐτοῦ ἐπίγνωσιν καὶ ἐλπίδα Χριστοῦ·   2 Thess. ii.
ᾧ ἡ δόξα⁴ εἰς τοὺς αἰῶνας.⁵ ἀμήν⁶ ✠   16) Col. i. 9,
                                                              2 Pet. i. 2, 3

Λόγος δέκατος

ἔτι⁷ περὶ τῆς Ῥώμης λόγος τῇ ἀποκαλύψει· ἅτε γὰρ περὶ
μεγίστης μεταβολῆς διηγουμένη καὶ ξενοπρεποῦς ἐμφιλο-
χωρεῖ τῷ λόγῳ. τί οὖν φησι;⁸

καὶ κλαύσονται⁹ καὶ κόψονται ἐπ' αὐτῇ¹⁰ οἱ βασιλεῖς τῆς γῆς   Apoc. xviii. 9
οἱ μετ' αὐτῆς πορνεύσαντες καὶ στρηνιάσαντες, ὅταν βλέ-
πωσι¹¹ τὸν καπνὸν τῆς πυρώσεως αὐτῆς, ἀπὸ μακρόθεν ἑστη-   10
κότες διὰ τὸν φόβον τοῦ βασανισμοῦ αὐτῆς, λέγοντες· οὐαὶ
οὐαί, ἡ πόλις ἡ μεγάλη, Βαβυλών, ἡ πόλις ἡ ἰσχυρά, ὅτι
μίαν ὥραν¹² ἦλθεν ἡ κρίσις σου.¹³ καὶ οἱ ἔμποροι τῆς γῆς   11

---

¹ ἑπταπλασίονα *et* 203 240, *sed Sept. vg.*: ἑπταπλάσια (ἑπταπλασιόνα ℵ R T)
² καθὼς *pro* ἀνθ' ὧν 203 240 [ἀνθ' ὧν *ad usum Luc. sol. in N. T. Frequentissime in T. V. Sept.*]
³ μεγαλορημοσύνην 146
⁴ *add.* καὶ τὸ κράτος 203 240
⁵ *add.* τῶν αἰώνων 203 240
⁶ *om.* ἀμήν 240 [*Habet* 203]
⁷ Ὅτι *errore* 203 *Rubric. add.* Ὁ *in marg. pro* Ἐ. [*Recte* 240 ἔτι]
⁸ *Pergunt ut com.* καὶ κλαύσονται καὶ κόψονται ἐπ' αὐτῇ (ἐπ' αὐτῆς 240),

οἱ βασιλεῖς τῆς γῆς οἱ μετ' αὐτῆς πορνεύσαντες καὶ στρηνιάσαντες, ὅταν βλέπωσι (ἴδωσι 240) τὸν καπνὸν τῆς πυρώσεως αὐτῆς καὶ τὰ ἑξῆς 203 240 *Hoc loco exscribebat* 146 *textum integrum* xviii. 9–19, *quandoquidem* 203 240 *textum ante hac scripserunt textum* xviii. 9, 10
⁹ κλαύσουσι 203 240 *in textibus*
¹⁰ ἐπ' αὐτῆς 203 240 *in textibus*
¹¹ ἴδωσι 203 240 *in textibus*
¹² ὅτι μιᾷ ὥρᾳ 203 240
¹³ *De* 203 240 *vide supra in notulis*

Apoc. xviii. 12

12-13

14

15

15-16

17 init. (Steph.)
17 init. (Al.)

17-18

19

κλαίουσι¹ καὶ πενθοῦσιν² ἐπ' αὐτῇ, ὅτι τὸν γόμον αὐτῶν³ οὐδεὶς ἀγοράζει⁴· οὐκέτι γόμον χρυσοῦ καὶ ἀργύρου⁵ καὶ λίθου τιμίου καὶ μαργαρίτου καὶ βυσσίνου⁶ καὶ πορφύρας καὶ σηρικοῦ καὶ κοκκίνου, καὶ πᾶν ξύλον θύινον καὶ πᾶν σκεῦος ἐλεφάντινον καὶ πᾶν σκεῦος⁷ ξύλου τιμιωτάτου καὶ χαλκοῦ καὶ σιδήρου καὶ μαρμάρου⁸ καὶ κιναμώμου,⁹ καὶ θυμιάματα καὶ μύρον καὶ λίβανον καὶ οἶνον καὶ ἔλαιον καὶ σεμίδαλιν καὶ σῖτον καὶ κτήνη καὶ πρόβατα,¹⁰ καὶ ἵπποι καὶ ῥέδων¹¹ καὶ σωμάτων, καὶ ψυχὰς ἀνθρώπων. καὶ ἡ ὀπώρα¹² τῆς ἐπιθυμίας τῆς ψυχῆς σου ἀπῆλθεν ἀπὸ σοῦ, καὶ πάντα τὰ λιπαρὰ καὶ¹³ λαμπρὰ ἀπώλετο ἀπὸ σοῦ, καὶ οὐκέτι αὐτὴν¹⁴ οὐ μὴ εὑρήσουσιν¹⁵ οἱ ἔμποροι τούτων, οἱ πλουτήσαντες ἀπ' αὐτῆς ἀπὸ μακρόθεν στήσονται διὰ τὸν φόβον τοῦ βασανισμοῦ αὐτῆς, κλαίοντες καὶ πενθοῦντες καὶ λέγοντες· οὐαὶ οὐαί, ἡ πόλις ἡ μεγάλη, ἡ περιβεβλημένη βύσσινον καὶ πορφυροῦν καὶ κόκκινον, καὶ κεχρυσωμένη¹⁶ χρυσῷ καὶ λίθῳ τιμίῳ καὶ μαργαρίτῃ,¹⁷ ὅτι μιᾷ ὥρᾳ ἠρημώθη ὁ τοσοῦτος πλοῦτος. καὶ πᾶς κυβερνήτης καὶ πᾶς ὁ ἐπὶ τὸν ποταμὸν¹⁸ πλέων, καὶ ναῦται καὶ ὅσοι¹⁹ τὴν θάλασσαν ἐργάζονται,²⁰ ἀπὸ μακρόθεν ἔστησαν καὶ ἔκραζον,²¹ βλέποντες τὸν πόνον²² τῆς πυρώσεως αὐτῆς λέγοντες· τίς ὁμοία²³ τῇ πόλει τῇ μεγάλῃ; καὶ ἔβαλον χοῦν ἐπὶ τῆς κεφαλῆς²⁴ αὐτῶν, καὶ ἔκραζον

---

¹ κλαύσουσι 203 [non 240]
² πενθήσουσιν 203 [non 240]
³ αὐτῆς pro αὐτῶν 203 240
⁴ Inter ἀγοράζει et οὐκέτι nullum interpunct. sed uno ten. 203. [Habet interp. 240]
⁵ χρυσίου καὶ ἀργυρίου 203 240
⁶ μαργαριτῶν καὶ βυσσίνων· 203 240
⁷ add. ἐκ 203 240
⁸ μαργάρου 203 [non 240]
⁹ add. καὶ ἄμωμον 203 240
¹⁰ καὶ κτήνη καὶ πρόβατα καὶ σῖτον 203 240
¹¹ καὶ ἵππων καὶ ῥαίδων 203 240
¹² add. σου 203 240
¹³ add. τὰ 203 240
¹⁴ Sic videtur. Et 155
¹⁵ καὶ οὐκέτι οὐ μὴ αὐτὰ (sic) εὑ-

ρήσουσιν, οἱ ἔμποροι τούτων· 203 240
¹⁶ add. ἐν 203 240
¹⁷ μαργαρίταις 203 240 sed μαργαρίτῃ ℵCAP 95-127 111 149 200 215 cum 146-155
¹⁸ τὸν τοπόν pro τὸν ποταμὸν 203 240 sed 155 cum 146
¹⁹ add. ἐπὶ 203 240
²⁰ Sic omn., sed Prim. morantur
²¹ om. καὶ ἔκραζον 203, sed hab. καὶ ἔκραξαν absque ἔστησαν 240
²² τὸν καπνὸν 203 240 (sed τὸν πονὸν 155 cum 146, τὸν τόπον A 111 Vg. ps.-Ambr.)
²³ ὅμοιος 203 240 et 178 et 130 soli
²⁴ ἐπὶ τὰς κεφαλὰς 203 240 et longe plur., sed congr. cum 146 et 155 et ℵ 59 et Boh.

κλαίοντες καὶ πενθοῦντες, λέγοντες[1]· οὐαὶ οὐαί, ἡ πόλις ἡ μεγάλη, ἐν ᾗ ἐπλούτησαν πάντες οἱ ἔχοντες[2] πλοῖα ἐν τῇ θαλάσσῃ ἐκ τῆς τιμιότητος αὐτῆς, ὅτι μιᾷ ὥρᾳ ἠρημώθη.

ὡς ποικίλως καὶ γλαφυρῶς τὸν κατ' αὐτῆς ὕφηνε[3] θρῆνον καὶ τοῦ πένθους τὴν ἀκμήν. σαφῶν δὲ ὄντων σχεδὸν ἁπάντων, εἴ τι[4] δυσχερὲς μόνον εἶναι δοκεῖ, παρασημειωσάμενοι ἐπὶ τὰ λοιπὰ χωρήσωμεν. καὶ ἵπποι[5] φησὶ καὶ ῥέδων[6] καὶ (Apoc. xviii. 13) σωμάτων. τὸ ῥέδων Ῥωμαϊκὴ μὲν[7] λέξις ἐστίν· Ῥωμαίων γὰρ κρατούντων, οὐδὲν ἀπεικὸς τὸν θεσπέσιον εὐαγγελιστὴν Ῥωμαίᾳ λέξει συγχρήσασθαι[8]· ἐξελλήνισε δὲ αὐτὴν[9] ἡ γραφή.[10] ῥεδιοὺμ[11] γάρ ἐστι παρὰ Ῥωμαίοις τὸ ὄχημα, γενικὴν δὲ πληθυντικὴν τέθεικε[12] πτῶσιν· καὶ δέον κατὰ Ῥωμαίους ῥεδιοροὺμ[13] εἰπεῖν, ὡς ἐξελληνίσας αὐτὴν Ἑλληνικὴν γέγραφε κατάληξιν,[14] ῥέδων[15] εἰπών, ἵνα ᾖ τὸ εἰρημένον τοιοῦτον. καὶ ἵπποι φησὶ ῥέδων καὶ σωμάτων, οἷον καὶ ὀχη- (Apoc. xviii. 13) μάτων ἵπποι οἱ εἰς ὀχήματα ἐπιτήδειοι, καὶ σωμάτων, τουτέστι, κέλητες καὶ εἰς ἀναβάτας πεποιημένοι.

εὐφραίνου ἐπ' αὐτῇ,[16] οὐρανέ, καὶ οἱ ἅγιοι καὶ οἱ[17] ἀπόστολοι Apoc. xviii. 20 καὶ οἱ προφῆται, ὅτι ἔκρινεν ὁ Θεὸς τὸ κρίμα[18] ὑμῶν ἐξ αὐτῆς. καὶ ἦρεν εἷς[19] ἄγγελος ἰσχυρὸν[20] λίθον ὡς μύλινον[21] μέγαν 21 καὶ ἔβαλεν εἰς τὴν θάλασσαν, λέγων[22]· οὕτως ὁρμήματι βληθήσεται Βαβυλὼν ἡ μεγάλη,[23] καὶ οὐ μὴ εὑρεθῇ ἔτι. καὶ φωνὴ 22 κιθαρῳδῶν[24] καὶ μουσικῶν καὶ αὐλητῶν[25] καὶ σαλπιγκτῶν[26]

---

[1] καὶ ἔκραζον λέγοντες· καὶ πενθοῦντες, ἔλεγον 203 240
[2] add. τὰ 203 240
[3] ὕφανε 203 240
[4] εἴ τε 240 [non 203]
[5] ἵππων 203 (illeg. 240)
[6] ῥαίδων 203 240 hic et infra
[7] om. μὲν 240 [Habet 203]
[8] χρήσασθαι 203 240
[9] αὐτὴν αὐτὴν 203 [non 240]
[10] ἡ συγγραφή 203 [non 240]
[11] ῥαιδιοὺμ 203 240
[12] τέθηκε 146
[13] ῥαιδοροὺμ 203, ῥαιδιοὺμ 240
[14] κατάλεξιν 146
[15] ῥαίδων 203 240 hic et infra
[16] ἐπ' αὐτὴν 203 240

[17] om. καὶ οἱ 203 240
[18] τὸ κρίμα 146. Marg. 203 man. prim. habet αἷμα pro κρίμα
[19] om. εἷς 203 240
[20] ἰσχυρὸς 203 240
[21] Sic A et 146 155 sed μύλον 203 240
[22] add. ὅτι 203 240
[23] add. πόλις 203 240
[24] καὶ οὐ μὴ εὑρεθῇ ἐν αὐτῇ ἔτι φωνὴ (om. καὶ) κιθαρῶν sic uno tenore 203 καὶ οὐ μὴ εὑρεθῇ ἔτι φωνὴ κιθαρῶν 240 (absque ἐν αὐτῇ et absque καὶ)
[25] αὐλιτῶν 146 155
[26] Sic et Hipp. ut vid. sed σαλπίγγων 203 240 cum ℵ aliq. pauc. Rell. σαλπιστῶν

Apoc. xviii. 23

οὐ μὴ εἰσακουσθῇ¹ ἔτι ἐν σοί,² καὶ πᾶς τεχνίτης καὶ³ πάσης τέχνης οὐ μὴ εὑρεθῇ ἐν σοὶ ἔτι,⁴ καὶ φωνὴ μύλου οὐ μὴ ἀκουσθῇ ἐν σοὶ ἔτι, καὶ φῶς λύχνου οὐ μὴ φανῇ ἐν σοὶ ἔτι, καὶ⁵ φωνὴ νυμφίου καὶ νύμφης οὐ μὴ ἀκουσθῇ ἐν σοὶ ἔτι· ὅτι οἱ ἔμποροι⁶ ἦσαν οἱ μεγιστᾶνες τῆς γῆς, ὅτι ἐν τῇ

24

φαρμακείᾳ σου ἐπλανήθησαν πάντα τὰ ἔθνη, καὶ ἐν αὐτῇ αἷμα προφητῶν καὶ ἁγίων ηὑρέθη⁷ πάντων τῶν ἐσφαγμένων ἐπὶ τῆς γῆς.⁸

⁹οἱ μὲν ἔμποροι¹⁰ καὶ οἱ βασιλεῖς τῆς γῆς καὶ πάντες οἷς διέφερεν ἡ πόλις ἑστῶσα καὶ εὐθηνουμένη,¹¹ ἀποκλαύσονται περὶ αὐτῆς· οἱ δέ γε¹² οὐρανοὶ εὐφρανθήτωσαν,¹³ τουτέστιν οἱ ἐν οὐρανῷ ἄγγελοι καὶ αἱ τῶν δικαίων ψυχαί, — αἱ μέν, ὅτι ἐκδίκησις γέγονε παρὰ¹⁴ Θεοῦ, οἱ δέ, ὡς συνευφραινόμενοι τοῖς ἐκδικηθεῖσι. πάλιν δὲ¹⁵ διὰ τῆς ἐν τῇ διηγήσει διατριβῆς ἐξαίρει τὸ πάθος τῆς νοητῆς Βαβυλῶνος· ὧν σαφῶν ὄντων, οὐ δεῖ¹⁶ τοῖς ὡμολογημένοις ἐμφιλοχωρεῖν.¹⁷

Apoc. xix. 1

¹⁸μετὰ ταῦτα ἤκουσα¹⁹ φωνὴν μεγάλην ὄχλου πολλοῦ ἐν τῷ οὐρανῷ λεγόντων ἀλληλούϊα· ἡ σωτηρία καὶ ἡ δόξα καὶ ἡ

2

δύναμις τοῦ Θεοῦ ἡμῶν, ὅτι ἀληθιναὶ καὶ δίκαιαι αἱ κρίσεις αὐτοῦ· ὅτι ἔκρινε τὴν πόρνην²⁰ τὴν μεγάλην, ἥτις ἔφθειρε τὴν γῆν ἐν τῇ πορνείᾳ αὐτῆς, καὶ ἐξεδίκησε τὸ αἷμα τῶν

3

δούλων αὐτοῦ ἐκ τῆς²¹ χειρὸς αὐτῆς· καὶ δεύτερον εἰρήκα-

---

¹ ἀκουσθῇ 203 240, sed εἰσακουσθῇ et 155 et fam. 46 et Aldi ed. (εἰσακουσθει 12)

² ἐν σοὶ ἔτι 203

³ Om. καὶ 203 240 ut 155 et longe plur., sed habent etiam 36 90 246 et ps.-Ambr. (et omnis ars). Hoc loco καὶ πᾶς τεχνίτης πάσης τέχνης rescript. in 203 med. lin. verbis compressis. Forsan om. inprimis πάσης τέχνης ut ℵA Boh. soli

⁴ ἔτι ἐν σοὶ 203 240

⁵ ἢ pro καὶ 203 et 38 178 [non 240]

⁶ add. σου 203 240

⁷ εὑρέθη et add. καὶ 203 240 (om. καὶ et 155)

⁸ Claus. ab ὅτι ἐν τῇ φαρμακείᾳ usque ad γῆς bis script. in 146 ex errore

⁹ Negl. indic. Oec., marg. 203 med. schol. Andr.

¹⁰ εὔποροι 203 plane et 240 forsitan

¹¹ add. τὰ καὶ τὰ 146

¹² add. οἱ post γε 146

¹³ εὐφρανθήσονται 203 240

¹⁴ add. τοῦ 203 [non 240]

¹⁵ om. δὲ 203 240

¹⁶ οὐδεὶς 146

¹⁷ Claus. πάλιν δὲ . . . ἐμφιλοχωρεῖν post vv. 21-24 text. in 203, claus. tamen οἱ μὲν ἔμποροι usque ad ἐκδικηθεῖσι post v. 20

¹⁸ add. καὶ init. 203 240

¹⁹ add. ὡς 203 240

²⁰ τὴν πόλιν 240 [non 203 155 nec 38-178] cum aliq. pauc.

²¹ om. τῆς 203 240, etiam Oec. com. infra

σιν¹ ἀλληλούϊα· καὶ ὁ κάπνος αὐτῆς ἀναβαίνει² εἰς τὸν
αἰῶνα³ τῶν αἰώνων, καὶ ἔπεσαν⁴ οἱ πρεσβύτεροι οἱ⁵ εἴκοσι   Apoc. xix. 4
τέσσαρες⁶ καὶ τὰ τέσσαρα⁷ ζῶα, καὶ προσεκύνησαν τῷ
Θεῷ τῷ καθημένῳ ἐν τῷ θρόνῳ,⁸ λέγοντες ἀμήν, ἀλληλούϊα.
καὶ φωνὴ ἀπὸ τοῦ θρόνου ἐξῆλθε,⁹ λέγουσα· αἰνεῖτε τὸν Θεὸν   5
ἡμῶν, πάντες οἱ δοῦλοι αὐτοῦ, καὶ οἱ φοβούμενοι αὐτόν, οἱ
μικροὶ καὶ οἱ ¹⁰ μεγάλοι.

ὡς ὄχλου πολλοῦ φησιν ἤκουσα φωνὴν ἐκ τοῦ οὐρανοῦ· (Apoc. xix. 1)
ἀμύθητα γὰρ τὰ τάγματα τῶν ἁγίων ἀγγέλων ἐστίν, ὥς τινα
τῶν πατέρων εἰπεῖν τὰ ἐνενήκοντα ἐννέα πρόβατα,¹¹ τὰ διασω- (Matt. xviii. 12–
ζόμενα καὶ ἀπλανῆ μείναντα τοὺς ἀγγέλους εἶναι, τὸ δὲ ἓν   13, Luc. xv.
τὸ¹² πλανηθὲν πᾶσαν τὴν ἀνθρωπότητα. ἔλεγον δέ φησιν (Apoc. xix. 1)
ἀλληλούϊα. τὸ δὲ ἀλληλούϊα Ἑβραία¹³ λέξις ἐστί· σημαίνει
δὲ αἰνέσατε, ὑμνήσατε τὸν Θεόν. εὐχαριστήριον τοιγαροῦν
ᾄδουσι φωνὴν ἐπὶ τῇ δικαίᾳ κρίσει τῆς νοητῆς Βαβυλῶνος.
καὶ δεύτερον ἀνήγαγον τὸν αὐτὸν ὕμνον, καὶ ἔτι κατωτέρα¹⁴ (Apoc. xix. 3)
πάλιν αὐτὸν ἀπεφθέγξατο,¹⁵ ὡς τῇ τρισσῇ¹⁶ τοῦ ἀλληλούϊα
ἀναθέσει τὴν ἁγίαν καὶ πολυΰμνητον δοξολογεῖσθαι παρ'
αὐτῶν τριάδα· αὕτη¹⁷ γὰρ Θεός. καὶ ὁ κάπνος αὐτῆς
φησιν ἀναβαίνει¹⁸ εἰς τὸν αἰῶνα τοῦ αἰῶνος.¹⁹ ἐν μέσῳ τὸ
ἀλληλούϊα δοξολογηθὲν διέκοψε τὸν εἱρμὸν τοῦ λόγου, ἐπεί
τοιγε ἡ ἀκολουθία τῆς συντάξεως αὕτη τυγχάνει· καὶ ἐξεδί- (Apoc. xix. 2
κησε τὸ αἷμα τῶν δούλων αὐτοῦ ἐκ χειρὸς αὐτῆς· καὶ ὁ κάπνος fin.)
αὐτῆς ἀναβαίνει εἰς τὸν αἰῶνα τοῦ αἰῶνος. καπνὸν δέ φησιν (Apoc. xix. 3)
ὡς πάντως καιομένης τῆς²⁰ πόλεως περὶ ἧς ταῦτά φησιν·

---

¹ εἶπον pro εἰρήκασιν 203 240 et 38–178 soli
² ἀνέβαινεν 203 240 cum 35–87–132–181–218, 38–178, 111 Arm. Syr. Σ (ἀνέβη Syr. S. al., ἀναβήσει Boh)
³ τοὺς αἰῶνας 203 240
⁴ ἔπεσον 203 240
⁵ om. οἱ 203 [non 240]
⁶ κδ̄ 203 240
⁷ τὰ δ̄ 203 240
⁸ ἐπὶ τῷ θρόνῳ 203 240
⁹ καὶ φωνὴ ἐξῆλθεν ἀπὸ τοῦ θρόνου 203 240

¹⁰ om. οἱ 203 240 text. [Habent comm. infra]
¹¹ τὰ 5θ̄ πρόβατα 203 240
¹² om. τὸ 240 [Habet 203]
¹³ Ἑβραϊκὴ 203 [non 240]
¹⁴ κατωτέρω 203 240
¹⁵ ἐπεφθέγξατο 203 240
¹⁶ τῇ τρισσὶ 146
¹⁷ αὕτη 203 240
¹⁸ Ita et 203 240 hoc loco et paullo infra
¹⁹ Ita et 203 240 hoc loco et infra
²⁰ om. τῆς 203 240

ὁ γὰρ κάπνος μήνυμα τυγχάνει πυρός. τὸ δὲ εἰπεῖν τοὺς πρεσβυτέρους καὶ τὰ ζῶα ἀμήν, συγκατάθεσιν¹ δηλοῖ τῆς παρὰ τῶν ἁγίων ἀγγέλων προσαχθείσης δοξολογίας· σημαίνει γὰρ τὸ ἀμὴν εἰς τὴν Ἑλληνίδα μεταφερόμενον φωνὴν

(Apoc. xix. 5) ἐκ τῆς² Ἑβραίων, γένοιτο. αἰνεῖτέ φησι τὸν Θεὸν ἡμῶν, οἱ μίκροι καὶ οἱ μεγάλοι· μικροὺς γὰρ καλεῖ τοὺς μείζονας³ κατὰ τὸν ἁγιασμόν, μεγάλους δὲ τοὺς προὔχοντας.

Apoc. xix. 6 καὶ ἤκουσα ὡς φωνὴν ὄχλου πολλοῦ καὶ ὡς φωνὴν ὑδάτων πολλῶν καὶ ὡς φωνὴν βροντῶν ἰσχυρῶν,⁴ λεγόντων ἀλληλούϊα, ὅτι ἐβασίλευσεν Κύριος ὁ Θεὸς⁵ ἡμῶν, ὁ παντοκράτωρ.

7 καὶ⁶ χαίρομεν⁷ καὶ ἀγαλλιῶμεν, καὶ δώσομεν⁸ τὴν δόξαν αὐτῷ, ὅτι ἦλθεν ὁ γάμος τοῦ ἀρνίου, καὶ ἡ γυνὴ αὐτοῦ ἡτοί-

8 μασεν ἑαυτήν,⁹ καὶ ἐδόθη αὐτῇ ἵνα περιβέβληται¹⁰ βύσσινον.¹¹

9 τὰ δικαιώματα τῶν ἁγίων ἐστί. καὶ λέγει μοι γράψον· μακάριοι οἱ εἰς τὸ¹² δεῖπνον τοῦ γάμου τοῦ ἀρνίου κεκλημένοι. καὶ λέγει μοι¹³· οὗτοι οἱ λόγοι ἀληθινοὶ τοῦ Θεοῦ εἰσιν.¹⁴

(Es. vi. 3) ὥσπερ τὰ Σεραφὶμ παρὰ τῷ θεσπεσίῳ προφήτῃ Ἡσαΐᾳ τρὶς εἰπόντα τὸ ἅγιος εἰς μίαν κυριότητα συνέκλεισαν τὴν τρισσὴν¹⁵ ὑμνολογίαν, σημαίνοντα¹⁶ τὰ τρία μὲν ταῖς ἰδιότησιν¹⁷ εἴ¹⁸ τ' οὖν προσώποις ὅτῳ φίλον καλεῖν εἶναι¹⁹ τὰ ὑμνούμενα, ἓν δὲ τῇ τῆς²⁰ θεότητος οὐσίᾳ, οὕτω καὶ ἐνταῦθα τρὶς²¹ ἐν τοῖς ἔμπροσθεν τὸ ἀλληλούϊα φθεγξάμενοι οἱ θεσ-

---

¹ Aliter ut vid. 240 sed illeg. [non 203 = συγκατάθεσιν plane]
² καὶ εἰς τὴν pro ἐκ τῆς 146
³ μείονας 240 [non 203]
⁴ βροντῶν ἰσχῠρὰν 203 240 et 178 soli
⁵ ὁ Θεὸς ὁ Κύριος 203, sed ὁ Θεὸς (absque Κύριος) 240
⁶ om. καὶ 203 240 cum omn. praeter 146-155 et Arm. plur.
⁷ χαίρωμεν 240 [non 203]
⁸ δῶμεν 203 240
⁹ αὑτὴν 203 240
¹⁰ περιβάληται 203 240
¹¹ Add. λαμπρὸν καθαρόν. τὸ γὰρ βύσσϊνον, 203 240. Obs. om. 146 (pariter cum 155) vel ob homoiotel. vel ex industria propter difficultatem appositionis βύσσινον (singul. num.) et pluraliter τὰ δικαιώματα. Mire nulli τὸ δικαίωμα scribunt praeter Aeth. et Arm. a. 2. Hi sensus constructionem impeditam recte aestimaverunt.
¹² τὸν 203 [non 240]
¹³ Om. καὶ λέγει μοι 203 240 etiam aliq. pauc. et ℵ* Aeth.
¹⁴ εἰσὶ τοῦ Θεοῦ 203 240
¹⁵ τὴν τρισσὴν 146
¹⁶ σημαῖνον 146
¹⁷ εἰδιότησιν 240 [non 203]
¹⁸ ἢ 203 [non 240]
¹⁹ add. καλεῖ sic 146 (ad delendum)
²⁰ om. τῆς 240 [non 203]
²¹ τοῖς pro τρίς errore 146

πέσιοι ἄγγελοι, καὶ ἑκάστῃ τῶν ἁγίων τριῶν [1] ὑποστάσεων
τὸ σέβας ἀνατεθεικότες, νῦν ἐν τῇ Ἁγίᾳ Τριάδι τὸ ἀλληλούϊα
προσᾴδουσι, παραδηλοῦντες ὅτι ἐν μοναδικῇ οὐσίᾳ καὶ θεό-
τητι ἡ ἁγία καὶ πανύμνητος ὑπάρχει τριάς. ὅτι φησὶν ἐβα- (Apoc. xix. 6)
σίλευσε Κύριος ὁ Θεὸς ἡμῶν.[2] ὁ Κύριος ἡμῶν Ἰησοῦς Χριστὸς
καὶ πρὸ τῆς σωτηρίου [3] ἐνανθρωπήσεως τῶν τε ἐν οὐρανῷ
καὶ ἐπὶ γῆς ἐβασίλευε σὺν τῷ Πατρὶ καὶ τῷ Παναγίῳ Πνεύ-
ματι, ὡς υἱὸς μονογενὴς καὶ λόγος τοῦ Πατρὸς καὶ τῶν
ἁπάντων δημιουργός. καὶ μετὰ τὴν ἐνανθρώπησιν δὲ πάν-
των ὁμοίως ἐστὶ κύριος [4] καὶ βασιλεύς, οὐδὲν ἐκ τῆς σαρκώ-
σεως ἐλαττωθεὶς εἰς τὴν κατὰ πάντων ἀρχὴν καὶ [5] βασιλείαν.
ἀλλ' ἐπεὶ κατὰ τὸν σοφώτατον ἀπόστολον οὔπω ὁρῶμεν τὰ (1 Cor. xv. 27,
πάντα αὐτῷ [6] ὑποτεταγμένα, ἐν δὲ τῷ μέλλοντι αἰῶνι πάντα 28)
ὑποταγήσεται καὶ οἱ νῦν τέως ἀγέρωχον [7] αὐτῷ τὸν [8] αὐχένα
ἀντιτείνοντες ὡς καὶ αὐτὸν τὸν θάνατον ὑποτάττεσθαι,[9] —
ἔσχατος γὰρ **ἐχθρὸς καταργεῖται ὁ θάνατος** [10] — εἰκότως 1 Cor. xv. 26
φασὶν οἱ θεσπέσιοι ἄγγελοι **ἐβασίλευσε Κύριος ὁ Θεὸς ἡμῶν**, (Apoc. xix. 6)
εἰς τὸν μέλλοντα αἰῶνα τὴν ἀναφορὰν ποιούμενοι τῆς δοξο-
λογίας, ὡς τότε τῇ ἁπάντων [11] ὑποταγῇ τελεωτάτην ἐπὶ πᾶσι
κτωμένου Χριστοῦ τὴν βασιλείαν· οἱ μὲν γὰρ τῇ κολάσει,
οἱ δὲ τῇ κατὰ πρόσωπον ἐπιγνώσει, καὶ οὐ δι' **ἐσόπτρου** [12] ἢ [13] 1 Cor. xiii. 12
αἰνίγματι ὥσπερ νῦν τὴν ὑποταγὴν ποιήσονται. **ὅτι ἦλθέ** (Apoc. xix. 7
φησιν ὁ γάμος τοῦ ἀρνίου καὶ ἡ γυνὴ αὐτοῦ ἡτοίμασεν ἑαυτήν.[14] fin.)
ὁ ἐν τῷ παρόντι τοῦ Κυρίου γάμος πρὸς τὴν ἐκκλησίαν ἔτι
μνηστεία ἐστὶ καὶ οὔπω τέλειος γάμος. καὶ τοῦτο αἰνίττεται
ὁ θεσπέσιος ἀπόστολος τὴν δευτέραν πρὸς Κορινθίους γρά-
φων ἐπιστολήν, ἐν ᾗ φησιν **ἡρμοσάμην γὰρ ὑμᾶς ἑνὶ ἀνδρὶ** 2 Cor. xi. 2
παρθένον ἁγνὴν παραστῆσαι τῷ Χριστῷ. ἔτι οὖν [15] μνηστείας

---

[1] γ̄ pro ἁγίων τριῶν 240, τριῶν 203 (om. ἁγίων)
[2] Sic omnes hoc loco
[3] add. πᾶσιν 203 240
[4] κύριός ἐστι 203 [non 240]
[5] Om. ex hom. βασιλεύς οὐδὲν usque ad ἀρχὴν καὶ 240 [Habet 203]
[6] αὐτῷ τὰ πάντα 240
[7] ἀγέροχον 146
[8] om. τὸν 203 [non 240]
[9] ὑποτάσσεσθαι 203 240
[10] ὁ Σατανᾶς pro ὁ θάνατος 203 sed sine auctoritate. [ὁ θάνατος 240 sed ex levi emend.]
[11] τῇ ἐπὶ πάντων 203 240
[12] δι' αἰσόπτρου 203 [non 240]
[13] add. ἐν 203 240
[14] om. claus. ὅτι ἦλθε . . . ἑαυτὴν in schol. 203 240
[15] δὲ pro οὖν 240 [non 203]

τὸ πρᾶγμα· μνηστείας γὰρ τὸ ἡρμοσάμην. καὶ σύμβολον τῆς μνηστείας τὸν ἀρραβῶνα τοῦ πνεύματος δεχόμεθα. ὅταν μέντοι ἓν πνεῦμα γένηται[1] μετὰ Χριστοῦ ἡ ἐκκλησία, ὥσπερ ὁ[2] ἀνὴρ ἓν σῶμα μετὰ τῆς γυναικός, τότε ὁ τέλειος γάμος. καὶ γὰρ περὶ τοῦ σωματικοῦ γάμου φιλοσοφῶν ἡμῖν ὁ σοφὸς ἀπόστολος καὶ τὸ γραφικὸν παραθεὶς τὸ φάσκον ἔσονται οἱ δύο εἰς σάρκα μίαν, ἐπάγει τὸ μυστήριον τοῦτο μέγα ἐστίν· ἐγὼ δὲ λέγω εἰς Χριστὸν καὶ[3] τὴν ἐκκλησίαν. διό φασιν[4] οἱ ἅγιοι ἄγγελοι ἦλθεν ὁ γάμος τοῦ ἀρνίου, σημαίνοντες τότε τῆς νῦν μνηστείας τὸν γάμον ἐπιτελεσθησόμενον· τοῦτο γὰρ σαφῶς ἡμῖν καὶ τὸ Εὐαγγέλιον παραδέδωκε[5] πῇ μὲν εἰσάγον γάμους υἱοῦ παρὰ πατρὸς βασιλέως γινομένους, καὶ πολλοὺς εἰς τὸ συμπόσιον κεκλημένους, καὶ τοὺς μὲν κοινωνοῦντας τῆς εὐωχίας, τοὺς δὲ παραιτησαμένους τὸ δεῖπνον, καὶ ἐκδιωκόμενον τὸν μὴ ἔνδυμα γάμου[6] ἠμφιεσμένον· πῇ δὲ δέκα[7] παρθένους λέγον[8] ὧν αἱ μὲν πέντε[9] ἃς καὶ φρονίμους καλεῖ συνεισιούσας[10] τῷ νυμφίῳ εἰς τὴν μακαρίαν ἐκείνην παστάδα, τὰς δὲ ἀποκλειομένας ἐπεὶ μὴ ἐλαίῳ δαψιλεῖ τὰς ἑαυτῶν ἐκόρεσαν λαμπάδας· ὧν οὐδὲν εἰς τὸν παρόντα χρόνον νοεῖν ἐνδέχεται, ἀλλ' εἰς τὸν ἐσόμενον. ἦλθεν οὖν ὁ γάμος τοῦ ἀρνίου καὶ ἡ γυνὴ αὐτοῦ ἡ ἐκκλησία ἑτοίμη πάρεστιν[11] τῶν ἀμυθήτων ἐκείνων τυχεῖν ἀγαθῶν τῇ πρὸς Χριστὸν συναφείᾳ. περιβεβλημένη φησὶ τὸ ἐξ ἀρετῶν ἱμάτιον βύσσινον.[12] βύσσον δὲ διὰ τὸ λαμπρὸν αὐτῆς καὶ ἰσχνόν· λαμπρὸν μὲν τῇ ἀλήπτῳ[13] ζωῇ καὶ πολιτείᾳ, ἰσχνὸν δὲ τοῖς περὶ Θεοῦ δόγμασι καὶ διανοήμασι. καὶ λέγει μοί φησι γράψον· μακάριοι οἱ εἰς τὸ δεῖπνον τοῦ γάμου[14] τοῦ

---

[1] γίνηται 203, et 240 ex em.
[2] om. ὁ 203 240
[3] Om. εἰς omn. mei cum BK Iren. Tert. Orig. ⅛ Epiph. contra Mss. plur. et Orig. ⅔ Meth. etc. Syr. Lat.
[4] φησὶν 146
[5] παρέδωκε 203 240
[6] ἔνδυμα absque γάμου 203 240
[7] om. δέκα 203 240
[8] λέγων 146 (Dub. 240 comp.)
[9] ὧν αἱ μὲν ε̄ et add. οὐράνιον ἐχούσας (vel ἔχουσαι) τὸ πολίτευμα 240 [non 203]
[10] συνεισῆλθον 203, sed συνεισερχομένας 240
[11] παρέστη 203, πάρεστι 240
[12] τὴν βύσσην pro βύσσινον 203, τὴν βύσσον 240. Obs. silentiam schol. de δικαιώματα. Vide supra in notulis
[13] τῇ ἀλήκτῳ 203 240
[14] om. τοῦ γάμου 203 240

TEXT AND COMMENTARY 203

ἀρνίου κεκλημένοι, καὶ δὴ καὶ ἀπιόντες ¹ ὡς δεῖ· πολλοὺς γὰρ ἴσμεν κεκλημένους μὲν ἐν τοῖς Εὐαγγελίοις, παραιτησαμένους δὲ τὸ πνευματικὸν² συμπόσιον ἢ καὶ ἀπιόντας μέν, ἔξω δὲ βαλλομένους ὡς μὴ ἔχοντας ἔνδυμα γάμου, ὡς πρὸ μικροῦ δεδήλωται. ἀλλὰ καὶ ὁ θεῖος ἀπόστολος, πολλοὺς εἴρηκε τοὺς κλητούς, ὀλίγους δὲ τοὺς ἐκλεκτούς. (Matt. xxii. 11–12) (Matt. xx. 16, xxii. 14, xxiv. 31)

καὶ ἔπεσα ἔμπροσθεν τῶν ποδῶν αὐτοῦ προσκυνῆσαι αὐτῷ. Apoc. xix. 10 καὶ λέγει μοι· ὅρα μή· σύνδουλός σου εἰμὶ καὶ τῶν ἀδελφῶν σου τῶν ἐχόντων τὴν μαρτυρίαν Ἰησοῦ· τῷ Θεῷ προσκύνησον· ἡ γὰρ μαρτυρία Ἰησοῦ ἐστὶ τὸ πνεῦμα τῆς προφητείας.

³ οἱ κατάρατοι καὶ θεοστυγεῖς Ἕλληνες ἀκούοντες⁴ ὥς ἐστι δόγμα παρ' ἡμῖν θεσπίζον⁵ ἁγίους ἀγγέλους εὐδοκίᾳ Θεοῦ προστατεῖν ἐθνῶν τε καὶ ἐκκλησιῶν καὶ τῶν καθ' ἕκαστον, — ἐθνῶν μὲν τοῦ σοφωτάτου Δανιὴλ γεγραφότος καὶ ἐγὼ ἦλθον ἐν τοῖς λόγοις σου. καὶ ὁ ἄρχων βασιλείας Περσῶν εἱστήκει ἐξ ἐναντίας μου, καὶ αὖθις καὶ νῦν ἐπιστρέφω⁶ πολεμῆσαι⁷ μετὰ τοῦ ἄρχοντος Περσῶν⁸· καὶ ἐγὼ ἐξεπορευόμην,⁹ καὶ ὁ ἄρχων τῶν Ἑλλήνων ἤρχετο, καὶ πάλιν καὶ οὐκ ἔστι τις¹⁰ ἀντεχόμενός μου ὑπὲρ τούτου¹¹ ἀλλ' ἢ Μιχαὴλ ὁ ἄρχων ὑμῶν, καὶ πάλιν καὶ ἐν τῷ καιρῷ ἐκείνῳ ἀναστήσεται Μιχαὴλ ὁ ἄρχων ὁ μέγας, ὁ ἑστηκὼς ἐπὶ τοὺς υἱοὺς τοῦ λαοῦ σου· ἐκκλησιῶν δὲ τῆς παρούσης ἀποκαλύψεως ἐν τοῖς φθάσασι τοῦτο εἰπούσης, ᾗ συνῳδὰ¹² γράφων ὁ ἐν ἁγίοις Γρηγόριός φησι περὶ τῶν ἁγίων ἀγγέλων πείθομαι γὰρ ἄλλον ἄλλης προστατεῖν ἐκκλησίας, καθὼς Ἰωάννης με διδάσκει διὰ τῆς ἀποκαλύψεως· τοῦ δὲ καθ' ἕκαστον ἐν τῷ εἰρῆσθαι τῷ προφήτῃ παρεμβαλεῖ ἄγγελος τοῦ¹³ Κυρίου κύκλῳ τῶν φοβουμένων αὐτὸν Dan. x. 12 fin. 13 init. Dan. x. 20 Dan. x. 21 fin. Dan. xii. 1 Gregorius Psa. xxxiii. 8

---

¹ ἀπιέντες 146 240
² om. πνευματικὸν 203 240
³ Init. peric. schol. (post Andr.) add. τὸ πνεῦμα τῆς προφητείας ante οἱ κατάρατοι 203 240
⁴ ἀκούσαντες 203 240
⁵ θεσπίζων 146
⁶ ἐπιστρέφω et 203 240 cum ms. A (Theodotion). Rell. ἐπιστρέψω
⁷ τοῦ πολεμῆσαι Theodot., διαμάχεσθαι Sept.
⁸ om. καὶ αὖθις usque ad Περσῶν 203
⁹ εἰσεπορευόμην Theodot.
¹⁰ καὶ οὐκ ἔστιν εἰς Theodot. καὶ οὐθεὶς ἦν Sept. vg. (Swete)
¹¹ μετ' ἐμοῦ περὶ τούτων Theodot., μετ' ἐμοῦ ὑπὲρ τούτων Sept. vg. (Swete)
¹² συνοδὰ sic 146
¹³ om. τοῦ 203 240

καὶ ῥύσεται αὐτούς, ἔτι δὲ καὶ τοῦ ἀποστόλου γράφοντος περὶ τῶν ἁγίων ἀγγέλων οὐχὶ πάντες εἰσὶ λειτουργικὰ πνεύματα εἰς διακονίαν ἀποστελλόμενα διὰ τοὺς μέλλοντας κληρονομεῖν σωτηρίαν;[1] — ἐπεὶ οὖν[2] ταῦτα ἀκούουσι παρ' ἡμῖν δογματιζόμενα, φασὶ πρὸς ἡμᾶς τί τὰ αὐτὰ ἡμῖν δοξάζοντες,[3] ὦ οὗτοι, καταμέμφεσθε τὸ παρ' ἡμῖν δόγμα τὸ τοὺς ἐθνάρχας θεοὺς παρατιθέμενον· οὓς γὰρ[4] ὑμεῖς ἀγγέλους φατέ, τούτους ἡμεῖς[5] θεοὺς ὀνομάζομεν, ὡς μόνον ἡμᾶς περὶ τὰ ὀνόματα, οὐκέτι δὲ καὶ περὶ τὰ πράγματα διαφωνεῖν· μὴ ὅτι γε καὶ θεοὺς λέγετε τάγμα[6] ἀγγέλων καλούμενον, ὡς μηδὲ περὶ τὰ ὀνόματα εἶναι ἡμῖν[7] τὴν διαφοράν. πρὸς οὓς λεκτέον ὦ κατάρατοι καὶ τοῖς ἔργοις τῶν ὑμετέρων προσκυνοῦντες χειρῶν, καὶ θεοὺς στησάμενοι χθὲς καὶ πρώην οὓς ἐπὶ πᾶσι τοῖς αἰσχροῖς ἐγνωρίσατε, οἱ τὰ πλεῖστα τῶν παρ' ἡμῖν θείων δογμάτων ὑφελόμενοι ταῦτα φέροντες τοῖς ὀλεθρίοις ὑμῶν ἐγκατεμίξατε δόγμασιν, ἀλλ' ὡς ὁδηγῷ νῷ καὶ οὐ Θεῷ χρώμενοι οὐκ ἰσχύσατε διασῶσαι τὴν περὶ πάντα τῶν ἡμετέρων δογμάτων εὐγένειαν, μικρὸν δὲ ἀκολουθήσαντες αὐτοῦ που περὶ τὴν πρώτην ἀφετηρίαν[8] ἐναυαγήσατε. διὸ οὐδὲν κοινὸν ἡμῖν καὶ ὑμῖν ὥσπερ οὐδὲ φωτὶ πρὸς σκότος ἢ Χριστῷ καὶ Βελίαρ (sic) γραφικῶς. ὑμεῖς μὲν γὰρ ἐθνάρχας ὑποτιθέμενοι θεούς, μᾶλλον δὲ ἀκαθάρτους δαίμονας, ἑαυτοὺς[9] εἰσάγετε τούτοις τὸ σέβας ἀνατιθέντας[10] καὶ προσκυνεῖσθαι βουλομένους ὡς θεούς,[11] καὶ δὴ καὶ[12] παρ' ὑμῶν θειαζομένους καὶ μηδένα λόγον ποιουμένους τοῦ τάξαντος εἰς τὴν τῶν ἀνθρώπων κηδεμονίαν Θεοῦ, ἀλλ' οἰκείᾳ βουλῇ τὰ ἔθνη διοικοῦντας ὡς[13] ἂν ἐθελήσωσιν αὐτοί.[14] διὸ Ἄρεϊ μὲν Σκύθους καὶ[15] Γερμανοὺς ἀπενείματε τοὺς ἀγριωτάτους

---

[1] Interrogat. punctum in omnibus nostris
[2] om. οὖν 146
[3] δογματίζοντες 203 240
[4] οὕσπερ γὰρ 146
[5] ἡμεῖς sed ἢ ex emend. man. sec. 146
[6] τάγματα 240 [non 203]
[7] add. λοιπὸν 203 240
[8] ἐφετηρίαν 146
[9] ἑαυτοῖς 203 240
[10] ἀνατιθέντες 203 240
[11] add. μᾶλλον δὲ ἀκαθάρτους δαίμονας 203 [non 240]
[12] om. καὶ 240
[13] om. ὡς 146
[14] οὗτοι pro αὐτοί 203 240
[15] Σκύθας καὶ 203, sed om. Σκ. καὶ 240

καὶ αἱμοβόρους, τοιούτους γεγονότας ὡς παρὰ τοῦ βροτολοιγοῦ καὶ μιαιφόνου διοικουμένους Ἄρεως,¹ Ἕλληνας δὲ ὡς συνετοὺς Ἀθηνᾷ, παρ' αὐτῆς λαχόντας τὴν σύνεσιν, καὶ ἄλλῳ ἄλλους, καὶ ἕκαστον τῶν θεῶν πρὸς τὰ οἰκεῖα πάθη τὰ ἔθνη ῥυθμίζοντα.² ἡμεῖς δὲ τί φαμεν ἐκ τῶν παρόντων ἐπιγνώσῃ. βουλομένου γὰρ τὸν θεῖον ἄγγελον προσκυνῆσαι τοῦ εὐαγγελιστοῦ, καὶ οὐχ ὡς θεὸν προσκυνῆσαι — τίς γὰρ μᾶλλον ἠπίστατο τοῦ Ἰωάννου τίς τέ ἐστιν ὁ φύσει καὶ ἀληθῶς³ Θεός, τίνες δέ εἰσιν οἱ ἄγγελοι, ὅτι λειτουργοὶ καὶ δοῦλοι καὶ κτίσματα τυγχάνουσι τοῦ Θεοῦ; — ὅμως καὶ αὐτὴν τὴν ὡς ἀγγέλου προσκύνησιν φαίνεται παραιτούμενος, ἐπειδὴ ὅλως ἐστὶ προσκύνησις, καί λέγων ὅρα μή· σύνδου- (Apoc. xix. 10) λός σου εἰμὶ καὶ τῶν ἀδελφῶν σου τῶν ἐχόντων τὴν μαρτυρίαν Ἰησοῦ. τὸ ὅρα οὐχ ἁπλῶς κωλύοντος ἀλλὰ διαμαρτυρουμένου⁴ ῥῆμα τυγχάνει. λέγει δὲ καὶ σύνδουλον ἑαυτὸν πάντων τῶν ὁμολογούντων ἑαυτοὺς δούλους Χριστοῦ καὶ μαρτυρούντων ὅτι Θεός ἐστι σεσαρκωμένος. τί οὖν ποιητέον, ὦ θειότατε ἄγγελε, σοῦ τὸ προσκυνηθῆναι⁵ ἀπαγορεύοντος; τῷ Θεῷ φησι προσκύνησον· ἡ γὰρ μαρτυρία Ἰησοῦ (Apoc. xix. 10 ἐστι τὸ πνεῦμα τῆς προφητείας, ὡσεὶ ἔλεγεν διὰ τοῦτο με *fin.*) ζητεῖς προσκυνῆσαι, ὅτι σοὶ τὰ ἔσεσθαι μέλλοντα⁶ προαφηγησάμην;⁷ πάντες ὅσοι μαρτυροῦσι τῇ δεσποτείᾳ καὶ τῇ θεότητι τοῦ Χριστοῦ ἔμπλεοι τυγχάνουσι προφητικοῦ χαρίσματος καὶ οὐκ ἐγὼ⁸ μόνος. τί οὖν φησι⁹ προσκυνεῖς τὸν ἶσον¹⁰ χάρισμα τοῖς συνδούλοις μου λαχόντα; ὁμοιά γε¹¹ τὰ Ἕλλησι περὶ τῶν ἐθναρχῶν δοξαζόμενα καὶ τὰ Χριστιανοῖς περὶ τῶν ἁγίων ἀγγέλων¹² λεγόμενα.

καὶ εἶδον τὸν οὐρανὸν ἀνεῳγμένον, καὶ ἰδοὺ ἵππος λευκός, καὶ Apoc. xix. 11
ὁ καθήμενος ἐπ' αὐτοῦ¹³ καλούμενος πιστὸς καὶ ἀληθινός, καὶ

---

¹ Ἄρεος 203 240
² ῥυθμίζοντες 203 [non 240]
³ ἀληθὴς 203. (Ita 240: ὁ φῦ΄ κ, ἀλη)
⁴ διαμαρτυρομένου 240
⁵ προσκυνηθεῖναι 146 προσκυνηθῆναι 203 240 (*om.* τὸ 240)
⁶ τὰ μέλλοντα ἔσεσθαι 240

⁷ *Ita* 146 *et* 203 *sign. interrog.* [non 240]
⁸ οὐ κἀγὼ 203 [non 240]
⁹ *om.* φησι 240
¹⁰ ἴσον 203 240
¹¹ *add.* οὐ γὰρ 203 240
¹² τοῦ ἁγίου ἀγγέλου 203
¹³ ἐπ' αὐτὸν 203 240 (*in text. sed non in comm.*)

Apoc. xix. 12 ἐν δικαιοσύνῃ κρίνει¹ καὶ πολεμεῖ. οἱ δὲ ὀφθαλμοὶ αὐτοῦ² φλὸξ πυρός, καὶ ἐπὶ τὴν κεφαλὴν αὐτοῦ διαδήματα πολλά,
13 ἔχων ὄνομα γεγραμμένον ὃ οὐδεὶς οἶδεν εἰ μὴ αὐτός, καὶ περιβεβλημένος ἱμάτιον ἐρραμμένον³ αἵματι, καὶ κέκληται⁴ τὸ
14 ὄνομα αὐτοῦ ὁ Λόγος τοῦ Θεοῦ. καὶ τὰ στρατεύματα ἐν τῷ οὐρανῷ ἠκολούθει⁵ αὐτῷ ἐφ᾽ ἵπποις λευκοῖς καὶ ἐνδεδυμένοι⁶
15 βύσσινον λευκὸν καθαρόν. ⁷ἐκ τοῦ στόματος αὐτοῦ ἐκπορεύεται ῥομφαία ὀξεῖα, ἵνα ἐν αὐτῇ πατάξῃ⁸ τὰ ἔθνη, καὶ αὐτὸς ποιμανεῖ αὐτοὺς ἐν ῥάβδῳ σιδηρᾷ· καὶ αὐτὸς πατεῖ τὴν ληνὸν τοῦ οἴνου τοῦ Θεοῦ,⁹ τῆς ὀργῆς τοῦ Θεοῦ τοῦ παντο-
16 κράτορος. καὶ ἔχει ἐπὶ τὸ ἱμάτιον αὐτοῦ,¹⁰ καὶ ἐπὶ τὸν μηρὸν αὐτοῦ ὄνομα¹¹ γεγραμμένον Βασιλεὺς βασιλέων, καὶ Κύριος κυρίων.

μετὰ τὴν ὥραν τῆς καταστροφῆς Βαβυλῶνος· δῆλον δὲ τίς νενόηται ἡ Βαβυλών, ἔτι καὶ τοῦτο δείκνυται τῷ εὐαγγελιστῇ, τοῦ τε ἀντιχρίστου καὶ τοῦ ἀρχεκάκου δράκοντος ἡ πτῶσις, καὶ εἰς ποίαν ἀπίασι κόλασιν ἐν τῷ τοῦ τέλους καὶ τῆς ἀντιδόσεως καιρῷ, καὶ τῶν βασιλέων δὲ ἡ καταστροφὴ τῶν ἐπαναστησομένων τὸ τηνικάδε τοῖς Χριστοῦ δούλοις,
(Apoc. xix. 11) καὶ ὅρα τί φησιν. εἶδον τὸν οὐρανὸν ἀνεῳγμένον, καὶ ἰδοὺ ἵππος λευκός, καὶ ὁ ἐπιβάτης πιστὸς καὶ ἀληθὴς¹² καὶ δίκαιος.¹³ τὸν Κύριον ὁρᾷ μονονουχὶ συμπολεμοῦντα καὶ προπολεμοῦντα τῶν ἁγίων καὶ στρατευόμενον κατὰ τῶν ἀντιπάλων. διὸ καὶ στρατηγικὸν αὐτῷ σχῆμα περιτίθησιν ἡ ὀπτασία, ἵππον καὶ ξίφος ἐγχειρίζουσα καὶ τὸ ἐξηγεῖσθαι στρατευμά-

---

¹ κρινεῖ 203 240 et 178, 56, 200 et aliq. non mult. et Gig. judicabit
² add. ὡς 203 240
³ ἐρραμμένον text. et com. 146, ἐρραμένον 155 com., ἐραμμένον 155 text. soli. βεβαμμένον 203 text. ἐρραντισμένον 203 marg.* et 240 text. Non reper. vers. in schol. 203 240
⁴ καλεῖται 203 240
⁵ ἠκολούθουν 203 240
⁶ ἐνδεδυμένοις pro καὶ ἐνδεδυμένοι 203 240 (add. καὶ 146-155 soli)
⁷ add. καὶ 203 240
⁸ add. πάντα 203 240
⁹ τοῦ θυμοῦ 203 240
¹⁰ om. αὐτοῦ 203 240
¹¹ om. ὄνομα 203 [non 240] 217 et 146 com. cum Gig. ps.-Ambr. Vg. Fulg. Tyc.
¹² Sic hoc loco 146 cum 155 ut 203 240 supra in textu.
¹³ Om. in toto 203 240 μετὰ τὴν ὥραν usque ad καὶ δίκαιος. Incipiunt schol. (post xix. 11-12) ad verba τὸν κύριον ὁρᾷ sed obs. Oec. infra in schol. δύο κειμένων προσηγοριῶν ἐφ᾽ ἑνὶ πράγματι

των. καὶ ἰδοὺ φησιν ἵππος λευκὸς ᾧ ἐποχεῖτο ὁ Κύριος, δηλοῦντος τοῦ αἰνίγματος μὴ ἄλλοις ἐπαναπαύεσθαι Χριστὸν ἢ τοῖς καθαροῖς καὶ μηδενὶ ῥύπῳ ἁμαρτίας κατεστιγμένοις. διὸ καὶ περὶ τοῦ σκεύους τῆς ἐκλογῆς τοῦ Παύλου (Act. ix. 15 init.)
εἴρηται παρὰ τοῦ Κυρίου τοῦ βαστάσαι τὸ ὄνομά μου ἐνώπιον Act. ix. 15 fin.
τῶν ἐθνῶν καὶ βασιλέων υἱῶν [1] Ἰσραήλ. ὅρα οὖν [2] τοῖς κατὰ τὸν Παῦλον ἐπαναπαύεται καὶ ἐποχεῖται ὁ Χριστός. καὶ ὁ (Apoc. xix. 11)
καθήμενός φησιν ἐπ᾽ αὐτοῦ,[3] τουτέστι τοῦ ἵππου, **καλούμενος πιστὸς καὶ ἀληθινός, καὶ ἐν δικαιοσύνῃ κρινεῖ καὶ πολεμεῖ.** πιστός ἐστιν ὁ ἀληθὴς κατὰ τὸν λέγοντα περὶ αὐτοῦ ἀπόστολον· **αὐτὸς πιστὸς μένει· ἀρνήσασθαι ἑαυτὸν οὐ δύναται.** ὥστε 2 Tim. ii. 13
ὁ πιστὸς καὶ ἀληθινός [4]· κατὰ τοῦ αὐτοῦ γὰρ εἴρηται, δύο κειμένων προσηγοριῶν ἐφ᾽ ἑνὶ πράγματι.[5] ὅτι δὲ [6] κρίνει [7] δικαίως καὶ πολεμεῖ κατὰ τῶν [8] αἰσθητῶν ἐχθρῶν ὑπὲρ τῶν αὐτοῦ δούλων, μάρτυς ὁ λέγων προφήτης ὁ Θεός, **τὸ κρῖμα** [9] Psa. lxxi. 1
σου τῷ βασιλεῖ δός, καὶ τὴν δικαιοσύνην σου τῷ υἱῷ τοῦ βασιλέως, τουτέστι [10] Χριστῷ· υἱὸς γὰρ Σολομῶνος τὸ [11] κατὰ σάρκα Χριστός, εἰς ὃν ὁ ψαλμὸς ἀνατίθεται εἶτα ἐπάγων **κρίνειν τὸν λαόν σου ἐν δικαιοσύνῃ καὶ τοὺς πτωχούς σου ἐν** Psa. lxxi. 2
κρίσει. ὅτι δὲ καὶ πολεμεῖ ὁ αὐτός, δηλοῖ στρατιωτικῶς αὐτὸν ὁπλίζων ἐν τῷ λέγειν [12] **περίζωσαι τὴν ῥομφαίαν σου ἐπὶ** Psa. xliv. 4-5
τὸν μηρόν σου, δυνατέ,[13] **τῇ ὡραιότητί σου καὶ τῷ κάλλει σου, καὶ ἔντεινον, καὶ κατευοδοῦ καὶ βασίλευε,** εἶτα προστιθεὶς **τὰ** Psa. xliv. 6
βέλη σου ἠκονημένα, δυνατέ· λαοὶ ὑποκάτω σου πεσοῦνται. **οἱ δὲ ὀφθαλμοὶ αὐτοῦ** φησι **φλὸξ πυρός.** τὴν κατὰ τῶν πολεμίων ὀργὴν ἡ τῶν ὀφθαλμῶν ἐμφαίνει πύρωσις. **καὶ ἐπὶ** (Apoc. xix. 12 init.)
τῆς κεφαλῆς αὐτοῦ φησι [14] **διαδήματα πολλά,** τοσαῦτα πάντως (Apoc. xix. 12 med.)

---

[1] add. τοῦ 203 (τε 240 non τοῦ ut mss. plur. in Act.)
[2] ἆρα οὖν 146
[3] Sic quoque 203 240 hoc loco
[4] καὶ ἐν δικαιοσύνῃ usque ad ἀληθινός om. 146 per homoiotel.
[5] om. ἐφ᾽ ἑνὶ πράγματι 203 240
[6] om. δὲ 203 [Habet 240]
[7] κρινεῖ iterum 203 240
[8] add. νοητῶν καὶ 203 240
[9] κρίμα 203 240
[10] add. τῷ 203 [non 240]
[11] Σολομῶντος 203 240 et om. τὸ 203
[12] om. ἐν τῷ λέγειν 203 [sed habet 240]
[13] Om. ἐπὶ τὸν μηρόν σου δυνατέ 146. Habet (lin. prima col. 1 fo. 111 verso) solum [ρομφαί]αν σου δυνατ . . . post quod vacua manet linea. Lin. sec. ὡραιότητί κ.τ.λ.
[14] om. φησι 203 240

(Apoc. xix. 12 fin.) ὅσων ταγμάτων ἐν οὐρανῷ καὶ ἐπὶ γῆς βασιλεύει. ἔχων φησὶν ὄνομα γεγραμμένον ὃ οὐδεὶς οἶδεν εἰ μὴ αὐτός.[1] φησὶν ὁ Θεὸς ἐν τῇ Ἐξόδῳ τῆς ἑβδόμης πρὸς τὸν θεσπέσιον Μωϋ-

Ex. vi. 2-3 σέα· ἐγὼ Κύριος ὤφθην πρὸς Ἀβραὰμ καὶ Ἰσαὰκ καὶ Ἰακὼβ[2] Θεὸς ὢν αὐτῶν· καὶ τὸ ὄνομά μου τὸ κύριον[3] οὐκ ἐδήλωσα αὐτοῖς, ὡς κρεῖττον δῆλον[4] ἢ ἀκοῇ ἀνθρώπου χωρηθῆναι. διὸ καὶ ὅπως βαπτιστέον τοὺς ἐπιστρέφοντας εἰς[5] θεο-γνωσίαν παραδιδοὺς ὁ Κύριος τοῖς ἀποστόλοις, ἔφη βαπτί-

(Matt. xxviii. 19 ?) ζοντες αὐτοὺς εἰς τὸ ὄνομα, καὶ[6] εἰπὼν ὄνομα οὐ τὰ κύρια παρέδωκεν· οὐ γὰρ ἦν ὁ ὑποστῆναι τὴν ἐκφώνησιν αὐτῶν ἰσχύων, ἀλλὰ ἀντὶ τῶν κυρίων σχετικὰ καὶ προσηγορικὰ παρέδωκεν, σχετικὰ μὲν εἰπὼν εἰς τὸ ὄνομα τοῦ Πατρὸς καὶ τοῦ Υἱοῦ, προσηγορικὸν δὲ ἐπάγων καὶ τοῦ Ἁγίου Πνεύματος. ὅθεν λίαν ἀσφαλῶς καὶ ἐν τῇ ἀποκαλύψει ἄγνωστον ἐᾶται

(Apoc. xix. 13 init.) πᾶσι τὸ κύριον ὄνομα τοῦ μονογενοῦς. περιβεβλημένος φησὶν ἱμάτιον ἐρραμμένον αἵματι·[7] ἔφερε γὰρ καὶ ἐν τῇ ὀπτασίᾳ τὰ σύμβολα τοῦ πάθους ὁ Κύριος καὶ τὸ πανά-γιον σῶμα ἐδείκνυ μονονουχὶ πεφυρμένον τῷ τιμίῳ αὐτοῦ

(Apoc. xix. 13 fin.) αἵματι. καὶ καλεῖται τὸ ὄνομα αὐτοῦ ὁ Λόγος τοῦ Θεοῦ. ὁρᾷς πῶς ἐν τοῖς ἄνω φυγοῦσα τὸ κύριον ὄνομα, ἡ ὀπτασία νῦν προσηγορικὸν ἀντ᾽ αὐτοῦ τέθεικεν,[8] ὁ Λόγος εἰποῦσα τοῦ

(Apoc. xix. 14) Θεοῦ;[9] καὶ τὰ στρατεύματα ἠκολούθη[10] αὐτῷ ἐν[11] ἵπποις λευ-κοῖς, ἐνδεδυμένοι βύσσινον λευκὸν καθαρόν· ἀρχιστράτηγος γὰρ τῶν οὐρανίων δυνάμεών ἐστί τε καὶ ἑαυτὸν οὕτω κέκλη-

Jos. v. 9 κεν ὁ Κύριος, Ἰησοῦ τοῦ Ναυῆ[12] χρηματίζων. ἐγώ φησιν

---

[1] om. claus. fin. vers. ἔχων ... αὐτός 203 240
[2] om. καὶ Ἰακὼβ 203 et 240
[3] τὸ κύριον omn. mei, sed κύριος Sept.
[4] δηλονότι 203, et 240 sed compendio
[5] πρὸς pro εἰς 203 [non 240]
[6] εἰς τὸ ὄνομα ÷ο sic 146 εἰς τὸ ὄνομα τοῦ Πατρὸς καὶ τοῦ Υἱοῦ καὶ τοῦ Ἁγίου Πνεύματος. καὶ 203 εἰς τὸ ὄνομα καὶ 240
[7] Om. περιβεβ. ... αἵματι in schol. 203 240. In 203 μονογενοῦς ultimum verbum schol. ante vers. 13 text. (Vide supra in text.)
[8] τέθηκεν 146
[9] Interrogat. signum in 146 203 [non 240]
[10] Vide supra text. 203 240 de ἠκο-λούθη et λευκὸν καθαρόν (infra). Non reper. claus. in schol.
[11] Sic hoc loco cum Iren. Latt. Boh.
[12] Ἰησοῦ τῷ τοῦ Ναυῆ 203 et 240 (Ναυῆ 240). (καὶ εἶπεν Κύριος τῷ Ἰησοῖ υἱῷ Ναυῆ Jos. v. 9)

ἀρχιστράτηγος δυνάμεως Κυρίου¹ νῦν παραγέγονα. λευκοὶ δὲ   Jos. v. 14
καὶ τοῖς ἁγίοις ἀγγέλοις οἱ ἵπποι· καὶ γὰρ καὶ αὐτοὶ τοῖς
καθαροῖς τῶν ἀνθρώπων ἐφήδονται ἐπεὶ καὶ καθαροὶ τὴν
φύσιν εἰσὶ καὶ πάσης κηλίδος ἀμιγεῖς. καὶ δείκνυσι τοῦτο
τὸ ἐκ βύσσου περίβλημα τῆς λευκῆς καὶ καθαρᾶς. **καὶ ἐκ**   (Apoc. xix. 15
τοῦ στόματος αὐτοῦ, τοῦ ἀρχιστρατήγου δηλονότι, **ῥομφαία**   *init.*)
ἐκπορεύεται.² ὁ μὲν οὖν θεῖος προφήτης ἐπὶ τῷ μηρῷ τοῦ   Psa. xliv. 4
Κυρίου δίδωσι τὴν ῥομφαίαν ἐν τῇ μικρῷ πρόσθεν παρατε-
θείσῃ χρήσει· ἡ δὲ ὀπτασία ἀκριβέστερον ὑπογραφοῦσα
ἐν τῷ στόματι παρέχει. δι' οὗ σημαίνεται ὅτι τῷ λόγῳ τοῦ
Θεοῦ πάντα οὐσιοῦται³ καὶ ὁ τοῦτον παραβαίνων κατά τι
οὐκ ἀτιμώρητος ἔσται **ἵνα ἐν αὐτῷ πατάξῃ τὰ ἔθνη**. **ἔθνη**⁴   (Apoc. xix. 15
ποῖα; τὰ συστρατευόμενα τῷ ἀντιχρίστῳ κατὰ τῶν τοῦ⁵   *med.*)
Χριστοῦ δούλων καὶ ὑπ' αὐτὸν⁶ τεταγμένα. **καὶ αὐτός φησι**
ποιμανεῖ αὐτοὺς ἐν ῥάβδῳ σιδηρᾷ· ἤθελε μὲν γὰρ ὁ Κύριος,
ὡς αὐτοαγαθότης ὢν καὶ ἐλεημοσύνη, ῥάβδῳ ποιμαντικῇ
καὶ παρακλητικῇ ποιμᾶναι⁷ ταῦτα⁸ τὰ ἔθνη περὶ ὧν ὁ λό-
γος, ἄγειν τε αὐτὰ **εἰς τόπον χλόης καὶ ἐπὶ ὕδατος ἀναπαύ-**   Psa. xxii. 2 (cf.
σεως ἐκτρέφειν. ἀλλ' ἐπεὶ μὴ βεβούληνται⁹ τοῦτο, σιδηρᾷ   Matt. xi. 28–
ῥάβδῳ ποιμανθήσονται, τουτέστιν αὐστηρᾷ καὶ θανατηφόρῳ.   29)
οὓς γὰρ λόγος οὐ μεταρρυθμίζει,¹⁰ τούτους τιμωρία πάντως
ἐκδέχεται. καὶ¹¹ ὅτι τὴν αὐστηρὰν καὶ τιμωρητικὴν δηλοῖ
ἡ ῥάβδος ἡ σιδηρᾶ, τὴν Ῥωμαίων ἀρχὴν ὑποσημᾶναι θέλων
ὁ προφήτης περὶ ἧς ὁ Δανιὴλ φησιν **ἀνάστηθι, φάγε κρέα**   Dan. vii. 5 ?
πολλά,¹² ἔφη πρὸς τὸν Θεὸν **ποιμανεῖς αὐτοὺς ἐν ῥάβδῳ**   Psa. ii. 9 (Apoc.
σιδηρᾷ· ὡς σκεύη κεραμέως συντρίψεις αὐτούς. ἀλλ' ὅτε μὲν   ii. 27)
ἦν καιρὸς εὔκαιρος δι' ἐκείνης¹³ ἐποίμανεν¹⁴ ὁ Θεός· ἐν δὲ τῷ   (cf. Heb. iv. 16)
καιρῷ τῷ ἐσχάτῳ διὰ ταύτης. **καὶ αὐτὸς πατεῖ τὴν ληνὸν τοῦ**   (Apoc. xix. 15
  fin.)

---

¹ *om.* Κυρίου 203 240 *sed habet Sept.*
² *om. claus.* ἐκ τοῦ στομ . . . ἐκ-
πορεύεται 203 240
³ οὐσίωται 146
⁴ *om.* ἔθνη *sec.* 240 [*non* 203]
⁵ *om.* τοῦ 203 240
⁶ ὑπ' αὐτῷ 203 240
⁷ ποιμάναι *vel* ποιμέναι 240 [*non* 203]
⁸ πάντα *pro* ταῦτα 203 240
⁹ βεβούλευται 146 *sed* ην *man. sec. supra* ευ *positum*
¹⁰ μεταριθμίζει 146 μεταρυθμίζει 203
¹¹ *om.* καὶ 203 240
¹² σάρκας πολλάς *Sept.*
¹³ καὶ ἐκείνης *pro* δι' ἐκείνης 146
¹⁴ ἐποίμαινεν 240 [*non* 203]

	οἴνου τοῦ θυμοῦ¹ τῆς ὀργῆς τοῦ Θεοῦ τοῦ παντοκράτορος. ὁ
Jo. v. 22	Κύριος ἐν Εὐαγγελίοις ἔφη περὶ τοῦ οἰκείου πατρὸς ὁ πατὴρ
Jo. v. 22	κρίνει² οὐδένα· τὴν δὲ κρίσιν πᾶσαν δέδωκε τῷ υἱῷ. ὀρθότατα
	οὖν εἴρηται τῇ ἀποκαλύψει ὅτι αὐτὸς πατεῖ τὴν ληνὸν τοῦ
(Rom. xi. 9. Psa. lxviii. 23)	θυμοῦ τῆς ὀργῆς τοῦ Θεοῦ· αὐτὸς γὰρ διὰ τῆς κρίσεως καὶ ἀνταποδόσεως³ τῶν πονηρῶν τὸ πατρικὸν ἐκπληροῖ θέλημα⁴
(Apoc. xix. 16)	καὶ τῆς δικαίας ὀργῆς τοῦ Πατρὸς γίνεται πληρωτής. καὶ
	ἔχει ἐπὶ τὸ ἱμάτιον αὐτοῦ καὶ ἐπὶ τὸν μηρὸν αὐτοῦ γεγραμμένον·⁵ Βασιλεὺς βασιλέων καὶ Κύριος κυρίων.⁶ ἱμάτιον μὲν
	ἡ σὰρξ τοῦ Κυρίου τροπολογεῖται ἡ νοερῶς ἐμψυχωμένη⁷
Es. lxiii. 2–3	κατὰ τοὺς λέγοντας ἁγίους ἀγγέλους παρὰ τῷ Ἡσαΐᾳ· διὰ τί
	σου ἐρυθρὰ τὰ ἱμάτια, καὶ τὰ ἐνδύματά σου ὡς ἀπὸ πατητοῦ
	ληνοῦ; πλήρης⁸ καταπεπατημένης. ὁ δέ γε μηρὸς τὴν σαρκικὴν γέννησιν διασημαίνει· γέγραπται γὰρ ἐν τῇ Γενέσει
Gen. xlvi. 26	πᾶσαι δὲ αἱ ψυχαὶ αἱ εἰσελθοῦσαι μετὰ Ἰακὼβ εἰς Αἴγυπτον, αἱ ἐξελθοῦσαι⁹ ἐκ τῶν μηρῶν αὐτοῦ. τοῦτο οὖν δηλοῖ τὸ αἴνιγμα
	τὸ¹⁰ ἐν ἱματίῳ καὶ τῷ μηρῷ γεγράφθαι βασιλέα πάντων
Es. vii. 14	τὸν Ἐμμανουήλ. ὅτι καὶ σαρκὶ καθ' ὑπόστασιν ἑνωθεὶς ὁ
	Λόγος καὶ σαρκικὴν ὑπομείνας τὴν ἐκ παρθένου γέννησιν, οὐδὲν ἧττον¹¹ Βασιλεὺς καὶ Κύριος πάντων καθέστηκε τῶν ἐν
	οὐρανῷ καὶ τῶν ἐπὶ γῆς, οὐκ ἐλαττωθεὶς τῆς ἀξίας διὰ τὴν
	ἐνανθρώπησιν· ἦν γὰρ καὶ οὕτω Θεὸς καὶ ἔστι καὶ ἔσται.
Apoc. xix. 17	καὶ εἶδον ἄλλον¹² ἄγγελον ἑστῶτα ἐν τῷ ἡλίῳ, καὶ ἔκραξε
	φωνῇ μεγάλῃ, λέγων πᾶσι τοῖς ὀρνέοις τοῖς πετομένοις¹³ ἐν¹⁴
	μεσουρανήματι¹⁵· συνάχθητε εἰς τὸ¹⁶ δεῖπνον τὸ μέγα¹⁷ τοῦ
18	Θεοῦ, ἵνα φάγητε σάρκας βασιλέων καὶ σάρκας χιλιάρχων
	καὶ σάρκας ἰσχυρῶν καὶ σάρκας ἵππων καὶ τῶν καθημένων

---

¹ Sic hoc loco
² κρινεῖ volunt 203 240
³ ἀνταποδώσεως 146
⁴ ὄνομα pro θέλημα 203 [non 240]
⁵ om. denuo ὄνομα omnes nostri
⁶ om. vers. in schol. 203 240
⁷ ἐψυχωμένη 146
⁸ πλήρους 203 (240 πλήρους vel πλήρης comp.)
⁹ Congruunt inter se 146–203–240 sed Sept.: οἱ ἐξελθόντες sec. loco
¹⁰ τῷ 146
¹¹ ἧττον 203 240, ἧττον 146
¹² ἕνα pro ἄλλον 203 240. (ἄλλον lect. 146-155 text. cum ℵ 36. 113. 159 Syr. S Boh. Sah. Arm. ps.-Ambr.)
¹³ πετωμένοις 146
¹⁴ add. τῷ 203 240
¹⁵ add. δεῦτε 203 240 (om. δεῦτε 146-155 soli cum Syr. S ut vid.)
¹⁶ τὸν 203 240
¹⁷ τὸν μέγαν 203 240

ἐπ' αὐτῶν, καὶ σάρκας πάντων, ἐλευθέρων τε καὶ δούλων, μικρῶν τε καὶ μεγάλων. καὶ εἶδον τὸ θηρίον καὶ τοὺς βασιλεῖς Apoc. xix. 19
τῆς γῆς καὶ τὰ στρατεύματα αὐτῶν συνηγμένα ποιῆσαι¹ πόλεμον μετὰ τοῦ καθημένου ἐπὶ τοῦ ἵππου καὶ² τοῦ στρατεύματος αὐτοῦ. καὶ ἐπιάσθη τὸ θηρίον καὶ μετ' αὐτοῦ ὁ   20
ψευδοπροφήτης ὁ ποιήσας τὰ σημεῖα ἐνώπιον αὐτοῦ, ἐν οἷς³ ἐπλάνησε τοὺς λαβόντας⁴ τὸ χάραγμα τοῦ θηρίου καὶ τοὺς προσκυνοῦντας τὴν εἰκόνα αὐτοῦ· ζῶντες ἐβλήθησαν⁵ οἱ δύο εἰς τὴν λίμνην τοῦ πυρὸς τὴν καιομένην ἐν θείῳ. καὶ οἱ   21
λοιποὶ ἀπεκτάνθησαν ἐν⁶ ῥομφαίᾳ τοῦ καθημένου⁷ τοῦ ἵππου τῇ ἐξελθούσῃ ἐκ τοῦ στόματος αὐτοῦ, καὶ πάντα τὰ ὄρνεα ἐχορτάσθησαν ἐκ τῶν σαρκῶν αὐτῶν.

οἶμαι τοῦτον τὸν ἅγιον⁸ ἄγγελον περὶ οὗ νῦν ὁ λόγος στρατοκήρυκά τινα ὑπάρχειν τῆς θείας παρατάξεως. καὶ πᾶσιν ἐγκελεύεσθαι τοῖς ἐν οὐρανῷ ἁγίοις ἀγγέλοις, οὓς τροπικῶς ὄρνεα καλεῖ διὰ τὸ μετέωρον αὐτῶν καὶ ἀεροπόρον, μετασχεῖν τοῦ κατὰ τῶν ἐχθρῶν φόνου· οὐχ ὅτι ἀνίκανος ἦν καὶ⁹ εἷς ἄγγελος πᾶσαν τῶν πολεμίων ἀνελεῖν¹⁰ τὴν παράταξιν, τοῦτο γὰρ ἔδειξε σαφῶς ὁ ἐν μιᾷ νυκτὶ τῶν Ἀσσυρίων πατάξας ἕκατον ὀγδοηκονταπέντε χιλιάδας,¹¹ ἀλλ' ἵνα   cf. Hebr. i. 9,
πάντες μέτοχοι γένωνται τῆς κατὰ τῶν ἐχθρῶν εὐφροσύνης.   iii. 1. 14, vi. 4,
                                                             xii. 8
οἶμαι γὰρ καὶ αὐτοὺς¹² λέγειν σὺν τῷ προφήτῃ οὐχὶ τοὺς   Psa. cxxxviii.
μισοῦντάς σε, Κύριε, ἐμίσησα, καὶ ἐπὶ τοὺς ἐχθρούς σου ἐξετηκόμην;   21-22
τέλειον μῖσος ἐμίσουν αὐτούς, εἰς ἐχθροὺς ἐγένοντό μοι. ἐπειδὴ δὲ τοῖς ἐν τῷ¹³ μεσουρανήματι πετομένοις ἀγγέλοις ἐνεκελεύετο, καὶ αὐτὸς ἐν τῷ μεσουρανήματι¹⁴ στὰς ἐκήρυττεν· ὁ γὰρ ἥλιος ἐν μέσῳ τῶν ἑπτὰ πλανητῶν¹⁵ κατεστήρι-   Septem Planetae

---

¹ add. τὸν 203 240
² add. μετὰ 203 240
³ add. καὶ 203 240 cum 178 [non al. ut vid.]
⁴ τοὺς λαμβάνοντας 203 240
⁵ βληθήσονται 203 240
⁶ add. τῇ 203 240
⁷ add. ἐπὶ 203 240 [om. 146-155 soli cum Sah.]
⁸ om. ἅγιον 203 240
⁹ om. καὶ 240 [non 203]

¹⁰ ἀναλεῖν 146
¹¹ χιάδας sic 146 τὰς ρπε· χιλιάδας 203 240
¹² αὐτός hoc loco et paulo infra 203 [non 240]
¹³ om. τῷ 240 [non 203]. Cf. tamen supra in textu
¹⁴ πετομένοις . . . μεσουρανήματι om. 146 per homoiotel.
¹⁵ πλαντῖ sic 240

κται, τρεῖς ἔχων ὑπὲρ αὐτὸν καὶ τρεῖς ὑπ' αὐτόν. ἢ οὖν τοῦτο, ἢ ὅτι ἐν τῷ¹ φωτὶ οἶον ἐν πνεύματι² ἐποιεῖτο τὸ κήρυγμα, καὶ τῶν μελλόντων ἔσεσθαι φόνων ἔλεγε τὴν ἀπόβασιν³· φῶς γὰρ νοητὸν τὸ πνεῦμα ὡς ὁ προφήτης διδάσκει, πρὸς τὸν Θεόν· καὶ πατέρα ποιούμενος τοὺς λόγους καὶ λέγων **ἐν τῷ φωτί σου ὀψόμεθα φῶς**, τουτέστι, ἐν πνεύματι τὸν υἱόν. **ἵνα φησὶ φάγητε σάρκας βασιλέων**. καὶ τῶνδε καὶ τῶνδε βρῶσιν καλεῖ τὴν ἐπὶ τῷ θανάτῳ τῶν ἐχθρῶν χαρμονήν· οὕτως⁴ γὰρ καὶ ὁ Κύριος τὴν χαρὰν ὀνομάζει λέγων πρὸς τοὺς αὐτοῦ μαθητὰς καὶ ἀποστόλους· **ἐγὼ βρῶσιν ἔχω φαγεῖν, ἣν ὑμεῖς οὐκ οἴδατε**, τὴν ἐπὶ τοῖς πιστεύειν μέλλουσιν εὐφροσύνην οὕτω καλῶν. ἐποίησαν μὲν⁵ τὸν πόλεμον μετὰ τοῦ Κυρίου καὶ τῶν θείων ἀγγέλων ὅ τε Διάβολος καὶ ὁ⁶ ἀντίχριστος, τοῦτον γὰρ⁷ καλεῖ ψευδοπροφήτην τοῦ θηριώδους⁸ Διαβόλου, καὶ οἱ τούτοις συστρατεύοντες⁹ βασιλεῖς· ἡττήθησαν δὲ θᾶττον ἢ λόγος.¹⁰ τί γάρ φασιν αἱ θεῖαι γραφαὶ περὶ αὐτῶν; ὁ μὲν Ἡσαΐας **ἀρθήτω ὁ ἀσεβής, ἵνα μὴ ἴδῃ τὴν δόξαν Κυρίου**, τὴν αἰφνίδιον ἀναίρεσιν,¹¹ λέγων· ὁ δὲ ἀπόστολος¹² ὃν ὁ Κύριος¹³ **ἀνελεῖ τῷ πνεύματι τοῦ στόματος αὐτοῦ**. τί δὲ συντομώτερον τοῦ ἐμπνεῦσαι καὶ ἐμφυσῆσαι τοὺς ἐχθρούς; **καὶ ζῶντές** φησιν **ἐβλήθησαν οἱ δύο εἰς τὴν λίμνην τοῦ πυρός, καὶ οἱ λοιποὶ ἀπεκτάνθησαν ἐν ῥομφαίᾳ**.¹⁴ ὦ¹⁵ δικαιοσύνης ὑπερβολή. οὐ τῆς αὐτῆς ἠξίωσε κολάσεως τούς τε αἰτίους τοῦ πολέμου καὶ τοὺς συναιτίους· ἀλλ' οἱ μὲν δύο, ὁ Διάβολος τουτέστι καὶ ὁ ἀντίχριστος, τῷ πυρὶ κατεδικάσθησαν, ἐν ᾧ ζῶντες διαιωνίσουσι,¹⁶ τοῦτο γὰρ αἰνίττεται τὸ ζῶντας αὐτοὺς ἐν τῷ πυρὶ βληθῆναι· οἱ δὲ

---

¹ om. τῷ 203 240
² om. οἶον ἐν πνεύματι 203 240
³ ἀπόφασιν 146
⁴ οὕτω 203 240
⁵ ἐποιήσαμεν 146
⁶ om. ὁ 146
⁷ om. γὰρ 203 [non 240]
⁸ om. θηριώδους 203 240
⁹ συστρατεύσαντες 240 [non 203]
¹⁰ om. ἢ λόγος 203 240
¹¹ add. ἄρσιν 146
¹² ἀπόστολος errore, ut vid. omnes. Fortasse legendum αὐτός pro ἀπόστολος
¹³ ὁ Κύριος ὃν 203 [sed cum 146 est ord. 240]
¹⁴ om. claus. καὶ ζῶντες ... ῥομφαίᾳ 203 240
¹⁵ Ἡ pro ὦ 203 (init. peric.) [non 240]
¹⁶ διαιωνίζουσι 240 [non 203]

λοιποὶ ξίφει ἀνηρέθησαν. παρὰ πολὺ δὲ δήπουθέν ἐστι τὸ¹ ξίφει δοῦναι σύντομον δίκην ἢ πυρί. ἅπαξ δὲ ἀρξάμενος εἰπεῖν περὶ τοῦ Διαβόλου οἵαν δώσει δίκην, τὴν συνέχειαν ὥσπερ φυλάττων τοῦ λόγου, λέγει καὶ ἃ πέπονθεν ἐν τῇ τοῦ Κυρίου ἐνανθρωπήσει· καὶ τούτου λαβόμενος τοῦ εἱρμοῦ, πλείονα λέγει περὶ τῆς τοῦ Κυρίου ἐν σάρκου παρουσίας, καί φησιν²·

εἶδον ἄγγελον καταβαίνοντα ἐκ τοῦ οὐρανοῦ, ἔχοντα τὴν Apoc. xx. 1 κλεῖν τῆς ἀβύσσου καὶ ἅλυσιν μεγάλην ἐπὶ τὴν χεῖρα³ αὐτοῦ. καὶ ἐκράτησε τὸν δράκοντα,⁴ τὸν ὄφιν τὸν ἀρχαῖον,⁵ 2 ὅς⁶ ἐστιν ὁ Διάβολος καὶ ὁ⁷ Σατανᾶς, καὶ ἔδησεν αὐτὸν χίλια ἔτη, καὶ ἔβαλεν αὐτὸν εἰς τὴν ἄβυσσον, καὶ ἔκλεισε καὶ 3 ἐσφράγισεν ἐπάνω αὐτοῦ, ἵνα μὴ πλανήσῃ ἔτι τὰ ἔθνη,⁸ ἄχρι τελεσθῇ τὰ χίλια⁹ ἔτη· μετὰ ταῦτα δεῖ λυθῆναι αὐτὸν¹⁰ μικρὸν χρόνον, ἵνα¹¹ πάλιν πλανήσῃ τὰ ἔθνη.¹²

τοῦτο γὰρ προϊὼν φησιν.¹³ ἆρα¹⁴ μὴ τὴν χιλιοντα-ετη-ρίδα¹⁵ τῶν ἀθέων Ἑλλήνων καὶ τὰς τῶν ψυχῶν μετενσωμα- Metempsychosis τώσεις καὶ τὸ λήθαιον¹⁶ ὕδωρ, καὶ οὐκ οἶδα¹⁷ οὕς τινας ὕθλους καὶ λήρους ἡμῖν ἡ ἀποκάλυψις παραδίδωσι, χίλια λέγουσα ἔτη¹⁸ δεθήσεσθαι τὸν Διάβολον καὶ πάλιν¹⁹ λυθή-σεσθαι καὶ πλανῆσαι τὰ ἔθνη;²⁰ ἄπαγε τῶν οὕτως ὀλε-θρίων δογμάτων καὶ τῇ σκαιότητι τῇ Ἑλληνικῇ πρεπόντων. τί οὖν φησιν εἴρηται τῷ προφήτῃ; ὅτι χίλια ἔτη ἐν ὀφθαλ- Psa. lxxxix. 4

---

¹ τῷ 203 [non 240]
² om. καί φησιν et add. καὶ ante εἶδον 203 240
³ ἐν τῇ χειρὶ 203 240 cum 38–178 ℵ et 111 soli, et Boh. Sah. Syr. SΣ Latt. Arm. Aeth. (Tregelles mg.) [Silet com. Oec.]
⁴ τοῦ δράκοντος 240 sol. vid. [non 203]
⁵ ὁ ὄφις ὁ ἀρχαῖος 203 240 cum 178 et A Syr. SΣ [non al.]
⁶ ὅ pro ὅς 203 240 cum ℵ 178 et 143
⁷ om. ὁ 240 [non 203]
⁸ τὰ ἔθνη ἔτι 203 240
⁹ ᾳ pro χίλια 240 hoc loco

¹⁰ αὐτὸν λυθῆναι 203 240
¹¹ add. μὴ 155
¹² om. ἵνα πάλιν πλανήσῃ τὰ ἔθνη 203 240. Habent soli 146–155
¹³ Habet claus. 155, sed om. 203 240
¹⁴ Incip. schol. 240 ἆρα μὴ cum nostro 146, sed 203 Ὅρα μὴ (Ὅ in rubric.)
¹⁵ χιλιοντα-ετερίδα 146
¹⁶ θήλαιον 146 λήθεον 203 240
¹⁷ οἰδ' pro οἶδα 240
¹⁸ ἔτη λέγουσα 203 [non 240]
¹⁹ αὖθις pro πάλιν 203 240
²⁰ Interrogationis signum 146 203 [Dub. 240]

μοῖς σου, Κύριε,¹ ὡς ἡ ἡμέρα ἡ ἐχθὲς² ἥτις διῆλθε καὶ φυλακὴ ἐν νυκτί. τὰ χίλια τοιγαροῦν ἔτη ὡς μία ἡμέρα λογίζεται ἐν ὀφθαλμοῖς τοῦ Θεοῦ. τὸ δὲ αὐτὸ καὶ ἡ δευτέρα Πέτρου τοῦ θεσπεσίου ἐπιστολή φησι, γράψαντος· ἓν δὲ τοῦτο μὴ λανθανέτω ὑμᾶς, ἀγαπητοί, ὅτι μία ἡμέρα παρὰ Κυρίῳ ὡς χίλια ἔτη, καὶ χίλια ἔτη ὡς ἡμέρα μία.³ τοῦτο μὲν οὕτως. ὁ θεσπέσιος δὲ Ἡσαΐας ἡμέραν φησὶ πᾶσαν τὴν τοῦ Κυρίου ἐνανθρώπησιν, λέγων καιρῷ δεκτῷ ἐπήκουσά⁴ σου, καὶ ἐν ἡμέρᾳ σωτηρίας ἐβοήθησα σοι. οὐ μόνον δέ, ἀλλὰ καὶ ὁ ψαλμῳδὸς ἡμέραν αὐτὴν καλεῖ καὶ πρωΐαν, πῇ μὲν λέγων αὕτη ἐστὶν ἡ ἡμέρα ἣν ἐποίησεν ὁ Κύριος· ἀγαλλιασώμεθα καὶ εὐφρανθῶμεν ἐν αὐτῇ τὴν τῆς σωτηρίας ἡμῶν εὐφροσύνην· πῇ δὲ ψάλλων τὸ⁵ πρωῒ εἰσακούσῃ τῆς φωνῆς μου· τὸ⁶ πρωῒ παραστήσομαί σοι, καὶ ἐπόψει με⁷· εὐπρόσδεκτοι γὰρ ἡμῶν αἱ δεήσεις τῆς ἐποψίας ἀξιωθεῖσαι τοῦ Θεοῦ καὶ Πατρός· τῇ τοῦ Κυρίου γεγόνασι⁸ μεσιτείᾳ καὶ καταλλαγῇ. καὶ αὖθις περὶ τῆς Ἱερουσαλήμ φησι· βοηθήσει⁹ αὐτῇ ὁ Θεὸς τὸ πρὸς πρωῒ πρωΐ.¹⁰ ἡμέρα δὲ καὶ πρωΐα ἡ τοῦ Κυρίου ἐνανθρώπησις γέγονεν, ὡς ἐπιλάμψαντος¹¹ ἡμῖν τοῦ τῆς δικαιοσύνης ἡλίου. οὕτω γὰρ αὐτὸν ὁ Μαλαχίας φησί,¹² <καὶ> κομίσαντος¹³ ἡμῖν τὸ τῆς γνώσεως φῶς, περὶ οὗ θείου φωτὸς ὁ Ζαχαρίας¹⁴ προανεφώνησε, λέγων ἐν οἷς ἐπεσκέψατο ἡμᾶς ἀνατολὴ ἐξ ὕψους, ἐπιφᾶναι τοῖς ἐν σκότει καὶ σκιᾷ θανάτου καθημένοις· ᾧ συνῳδὰ καὶ ὁ προφήτης Θεὸς ἔφη Κύριος¹⁵ καὶ ἐπέφανεν ἡμῖν συστήσασθαι¹⁶ ἑορτὴν ἐν τοῖς πυκάζουσιν

---

¹ om. Κύριε Mss. Sept. aliq. [Habent omnes mei]
² ἡ χθὲς 203 240 (ἡ ἐχθὲς Sept. Mss. plur. et A ἡ ἔκχθες)
³ μία ἡμέρα 203 240
⁴ ἐπόκουσα 240 vid.
⁵ τῷ 146
⁶ τῷ 146
⁷ ἐπόψομαι (om. με) Sept. plur., ἐπόψῃ ℵca, ἐπόψῃ με ARa, sed mei 146-203-240 ἐπόψει με
⁸ γέγοναν 203 [non 240]
⁹ βοηθήσῃ 203
¹⁰ τῷ προσώπῳ Sept. vg.; τὸ πρὸς πρωῒ πρωῒ aliq. Mss. non pauc. ut Hebr. vg. et anglicè 'God shall help her and that right early'
¹¹ In Malach. iv. 2 ἀνατελεῖ
¹² Pro φησί hab. καὶ λύσαντος μὲν τὸν σκότον τῆς ἀγνωσίας 203 240
¹³ φωτίσαντος δὲ pro κομίσαντος 203 240 (cf. Hos. x. 12)
¹⁴ Non apud Zach. ut vid. Cf. Sophon. iii. 5 πρωῒ πρωῒ δώσει κρίμα αὐτοῦ εἰς φῶς.
¹⁵ ἔφη· Θεὸς Κύριος 203 240, et recte
¹⁶ συστήσασθε 203 240

ἕως τῶν κεράτων τοῦ θυσιαστηρίου. τούτων οὕτω προαφηγηθέντων, ἐπὶ τὸ προκείμενον ἰτέον. ἐπειδὴ εἴρηται ὅτι ἡ ἡμέρα ὡς¹ χίλια ἔτη λελόγισται τῷ Θεῷ, καὶ ἀνάπαλιν ἡμέρα² κέκληται ἡ τοῦ Κυρίου ἐπὶ γῆς ἀναστροφή, ταύτην τὴν ἡμέραν χίλια ἔτη φησίν, ὡς οὐκ οὔσης διαφορᾶς παρὰ Θεῷ ἡμέρας τε μιᾶς καὶ χιλίων³ ἐτῶν· ἐν ᾗ ταύτῃ,⁴ τῇ τοῦ Κυρίου ἐνανθρωπήσει, ἐδέθη⁵ ὁ Διάβολος, ταῖς τοῦ σωτῆρος θεοσημείαις ἀνταιρεῖν⁶ μὴ δυνάμενος. ὅθεν τοῦ νοητοῦ τούτου δεσμοῦ ἐπαισθανόμενοι⁷ οἱ ἀλητήριοι⁸ δαίμονες ἔκραζον τί ἡμῖν καὶ σοί, υἱὲ τοῦ Θεοῦ τοῦ ζῶντος; ἦλθες⁹ πρὸ καιροῦ βασανίσαι ἡμᾶς; ἀλλὰ καὶ ὁ Κύριος τούτων¹⁰ παραγυμνῶν τὸν δεσμόν, ἔλεγεν· ἢ πῶς δύναταί τις εἰσελθεῖν εἰς τὸν οἶκον¹¹ τοῦ ἰσχυροῦ καὶ τὰ σκεύη αὐτοῦ διαρπάσαι, ἐὰν μὴ πρῶτον δήσῃ τὸν ἰσχυρόν; καὶ τότε τὴν οἰκίαν¹² αὐτοῦ διαρπάσει.¹³ ἐπεὶ οὖν, ὡς εἴρηται, τὴν ἐνανθρώπησιν τοῦ Κυρίου καὶ τὴν ἐπὶ γῆς ἀναστροφὴν ἡμέραν τε¹⁴ μίαν καὶ χίλια ἔτη νενοήκαμεν, ἀδιαφόρως τῇ θείᾳ γραφῇ κεκλημένον μυστικῶς τὸν τοιοῦτον ἀριθμόν,¹⁵ ὅρα τί φησιν ἡ ἀποκάλυψις. εἶδον ἄλλον ἄγγελον¹⁶ καταβαίνοντα ἐκ τοῦ οὐρανοῦ, ἔχοντα τὴν κλεῖν τῆς ἀβύσσου καὶ ἅλυσιν, καὶ κρατήσας φησὶ τὸν Διάβολον ἔδησε καὶ ἔβαλεν εἰς τὴν ἄβυσσον. ὡς ἐν πίνακι ζωγραφίας θεωρεῖται τῷ εὐαγγελίστῃ τὰ νοητῶς ἐνεργηθέντα τῷ Κυρίῳ κατὰ τοῦ Διαβόλου. ἐπειδὴ γὰρ τὰ νοητὰ οὐκ ἦν ἰδεῖν ἄνθρωπον ὄντα τὸν Ἰωάννην, σωματικῶς αὐτῷ τὰ¹⁷ γεγονότα διαγράφεται, ἄγγελος ἅλυσιν ἔχων καὶ δεσμῶν τὸν Διάβολον καὶ βάλλων εἰς τὴν ἄβυσσον· οὕτω γὰρ καὶ ἡ βίβλος τοῦ Ἰὼβ ἐγχείρησιν¹⁸ τοῦ Διαβόλου καὶ

Matt. viii. 29
(Marc. i. 24,
Luc. iv. 34)

Matt. xii. 29

(Apoc. xx. 1)

(Apoc. xx. 2)
lib.)

Job

---

¹ om. ὡς 203 240
² add. δὲ 146
³ α̅ων 240
⁴ add. ἡμέρᾳ 203 240
⁵ ἐδόθη 146
⁶ ἀντερεῖν 146
⁷ ἐπαισθόμενοι 203 240
⁸ οἱ ἀλιτήριοι 203 240
⁹ om. omn. mei ὧδε
¹⁰ τοῦτον 146 203
¹¹ τὴν οἰκίαν in Evang.
¹² τὰ σκεύη pro τὴν οἰκίαν 240 sine auctoritate in Evang. [non 203]
¹³ διαρπάσῃ 203 240
¹⁴ add. καὶ 146
¹⁵ τῶν τοιούτων ἀριθμῶν 203 [non 240]
¹⁶ ἄγγελον ἄλλον 203 240
¹⁷ om. τὰ 146
¹⁸ ἐγχείρισιν 203 [non 240, sed η ex em.]

τὴν τοῦ Θεοῦ συγχώρησιν σωματικῶς διαπλάττουσα, τὸν μὲν ἐποίησεν παρὰ τοῦ Θεοῦ τὸν Ἰὼβ ἐξαιτούμενον,¹ τὸν δὲ Θεὸν παρέχοντα καὶ λόγους ἐπιτηδείους πρὸς αἴτησιν καὶ δόσιν² συμπαρέγραψε τοῖς γενομένοις. οὕτως οὖν καὶ νῦν³ (Apoc. xx. 3) μοι νοήσεις⁴ ὀρθῶς ποιῶν. ἵνα μὴ πλανήσῃ φησὶν ἔτι τὰ ἔθνη ἄχρι τελεσθῇ τὰ χίλια⁵ ἔτη· ἔδει γάρ τι⁶ πλέον ἔχειν ἀντιλήψεως καὶ κηδεμονίας λόγον⁷ τὴν τοῦ Κυρίου ἐπὶ γῆς διατριβὴν εἰς τὸ κωλύεσθαι κατὰ ταύτην τὰ ἴσα τοῖς πρὸ τῆς ἐνανθρωπήσεως χρόνοις ἐνεργεῖν κατὰ τῶν ἀνθρώπων (Apoc. xx. 3) τοὺς ἀκαθάρτους δαίμονας. καὶ μετὰ τοῦτο⁸ δεῖ αὐτόν φησι λυθῆναι μικρὸν χρόνον. ποῖον λέγει μικρόν;⁹ τὸν μεταξὺ τῆς τοῦ Κυρίου ἐνανθρωπήσεως καὶ τῆς συντελείας τοῦ παρόντος αἰῶνος· μικρὸς γὰρ οὗτος, κἂν μέγιστος εἶναι δοκῇ, πρός τε τὸν παρεληλυθότα καὶ τὸν μέλλοντα μετρούμενός τε καὶ παραβαλλόμενος. εἰ γὰρ ἐν τῇ ἐσχάτῃ ὥρᾳ καὶ ἐν τῇ ἑνδεκάτῃ¹⁰ ὁ Κύριος ἡμῶν¹¹ ἐπεφάνη σωματικῶς κατὰ τὴν πίστιν τῶν ἱερῶν γραμμάτων, δικαίως μικρὸς κέκληται ὁ ἄχρι τῆς συντελείας καιρός, μεθ᾽ ὃν πάλιν δεθήσεται τὸν αἰώνιον καὶ ἀτελεύτητον δεσμόν. ἀλλὰ καὶ¹² λυθέντος αὐτοῦ, δῆσον αὖθις, Κύριε, τὰς καθ᾽ ἡμῶν μεθοδείας αὐτοῦ· βασιλεύεις γὰρ ἡμῶν καὶ πρέπει σοι ἡ δόξα εἰς τοὺς αἰῶνας. ἀμήν ✝

Λόγος ἑνδέκατος

ἔτι τῆς αὐτῆς ἐννοίας ἔχεται ἡ ἀποκάλυψις. φησὶ γάρ¹³· (Apoc. xx. 4) καὶ εἶδον θρόνους, καὶ ἐκάθησαν¹⁴ ἐπ᾽ αὐτούς, καὶ κρίμα¹⁵ ἐδόθη αὐτοῖς, καὶ τὰς ψυχὰς τῶν πεπελεκισμένων διὰ τὴν μαρτυρίαν Ἰησοῦ καὶ διὰ τὸν λόγον τοῦ Θεοῦ, καὶ οἵτινες οὐ

---

¹ ἐξαιτούμενον τὸν Ἰὼβ 203 [non 240]
² διδόντα pro καὶ δόσιν 203, διδόσθαι vid. 240
³ om. καὶ νῦν 203 [240 trsp. ante ὀρθῶς)
⁴ νοήσεις μοι 203 [non 240]
⁵ ᾳ pro χίλια 203 240
⁶ τὸ pro τι 203 240
⁷ λόγον 146 240 λόγου 203?
⁸ μετὰ τοῦτον 203 [non 240]
⁹ Hoc loco hab. 203 sol. sign. interrogationis
¹⁰ δεκάτῃ 203 et 240 (ιτη)
¹¹ ἡμῖν 203 240
¹² om. καὶ 240 [Habet 203]
¹³ om. λόγος ἑνδέκατος usque ad φησὶ γὰρ 203 240
¹⁴ ἐκάθισαν 203 240
¹⁵ κρίμα 203 240

προσεκύνησαν τῷ θηρίῳ¹ οὐδὲ τὴν εἰκόνα αὐτοῦ καὶ οὐκ ἔλαβον τὸ χάραγμα ἐπὶ τὸ μέτωπον καὶ ἐπὶ τὴν χεῖρα² αὐτῶν· καὶ ἔζησαν καὶ ἐβασίλευσαν μετὰ τοῦ Χριστοῦ³ χίλια ἔτη . . .⁴ αὕτη ἡ ἀνάστασις⁵ ἡ πρώτη. μακάριος καὶ ἅγιος ὁ ἔχων μέρος ἐν τῇ ἀναστάσει τῇ πρώτῃ.⁶ ἐπὶ τούτων ὁ δεύτερος θάνατος οὐκ ἔχει ἐξουσίαν, ἀλλὰ⁷ ἔσονται ἱερεῖς τοῦ Θεοῦ καὶ Χριστοῦ,⁸ καὶ βασιλεύσουσι μετ' αὐτοῦ τὰ χίλια ἔτη.⁹ καὶ ὅταν¹⁰ τελεσθῇ τὰ χίλια¹¹ ἔτη, λυθήσεται ὁ Σατανᾶς ἐκ τῆς φυλακῆς αὐτοῦ, καὶ ἐξελεύσεται πλανῆσαι τὰ¹² ἔθνη ἐν ταῖς τέσσαρσι γωνίαις τῆς γῆς.¹³

¹⁴ καὶ ἐν τῷ πρὸ τούτου εἴρηται λόγῳ ὅτι τοῦ Διαβόλου μνήμην¹⁵ ἅπαξ ποιησαμένη ἡ θεωρία, ὥσπερ εἱρμὸν ἕνα¹⁶ τῷ διηγήματι φυλάττουσα, οὐ μόνον ἃ πείσεται ὁ Διάβολος ἐν τῇ συντελείᾳ τοῦ παρόντος αἰῶνος, ἀλλὰ καὶ ἃ πέπονθεν νοητῶς ἐν τῇ τοῦ Κυρίου ἐνανθρωπήσει διηγήσατο. οὗπερ εἱρμοῦ λαβομένη, πλείονα περὶ τῆς τοῦ Κυρίου ἐνσάρκου ἐπιδημίας διέξεισιν, οἷον ὑπάρχει καὶ τὸ νῦν ἡμῖν εἰς θεωρίαν προκείμενον· φησὶ γὰρ καὶ εἶδον θρόνους, καὶ ἐπ' αὐτοὺς ἐκάθησαν¹⁷ καὶ κρῖμα¹⁸ ἐδόθη αὐτοῖς. τοὺς ἁγίους ἀποστόλους θεωρεῖ κατὰ τὴν ἐπαγγελίαν τὴν πρὸς αὐτοὺς ἐπὶ δώδεκα θρόνων καθημένους καὶ κρίνοντας τὰς δώδεκα φυλὰς τοῦ Ἰσραήλ. ὅπερ εἰ καὶ ἐντελέστερον ἐν τῷ μέλλοντι αἰῶνι πληρωθήσεται, ἀλλὰ καὶ συμβέβηκε μετρίως ἐν τῷ τῆς ἐνανθρωπήσεως καιρῷ· αὐτοὶ γὰρ εἰς τὸν Κύριον πεπιστευκότες καὶ

Apoc. xx. 5 fin.–6 init.

7 8 init.

(Apoc. xx. 4 init.)

Matt. xix. 28
Luc. xxii. 30

---

¹ τὸ θηρίον 203 240
² ἐπὶ τῷ μετώπῳ ἢ ἐπὶ τὴν χεῖρα 203 240
³ add. τὰ 203, sed 240 τοῦ Κυρίου τὰ
⁴ Add. καὶ οἱ λοιποὶ τῶν νεκρῶν οὐκ ἔζησαν, ἄχρι τελεσθῆναι τὰ ἔτη· 203 240, sed om. 155 ut 146. Vide post de 146–155 in com. suo.
⁵ ἡ ἀνάπαυσις 155 et ita vult. Vide postea in schol. ubi 146 hab. de novo ἡ ἀνάστασις ἡ πρώτη et 155 ἡ πρώτη (absque ἀνάστασις vel ἀνάπαυσις)
⁶ τῇ αη 240
⁷ ἀλλ' 203 240
⁸ καὶ τῷ χῶ 203 (ex em.), sed καὶ τοῦ χοῦ 240
⁹ τὰ α ἔτη 203 240
¹⁰ ὅτε 240
¹¹ α 240
¹² om. τὰ 240
¹³ Om. omnino καὶ ὅταν . . . τῆς γῆς (vv. 7–8) in textu 203. Habet 240 sed vide infra et ultra ubi text. ver. 8 integr. 203 exscripsit in schol.
¹⁴ Schol. in 203 incip. καὶ ἐν τῷ πρὸ τούτου post xx. 4 fin.
¹⁵ Trsp. μνήμην 203 240 in loc. ante ἡ θεωρία
¹⁶ ἐν pro ἕνα 146
¹⁷ ἐκάθισαν iterum 203 240
¹⁸ κρῖμα 203 240

μυρίων ἀγαθῶν ἐν μετουσίᾳ γενόμενοι, κατέκριναν τοὺς οὐκ ἐθελήσαντας¹ τῇ πίστει προσδραμεῖν, οὐδὲ ἐκ τῆς τοῖς ἀποστόλοις δοθείσης χάριτος παιδαγωγηθέντας εἰς τὴν ὁμόνοιαν ἀνελθεῖν² θεοσέβειαν, ἀλλὰ καὶ σταυρὸν αὐτῷ καὶ θάνατον ὑφάναντας.³ καὶ τὰς ψυχάς φησι τῶν πεπελεκισμένων διὰ τὴν μαρτυρίαν Ἰησοῦ καὶ διὰ τὸν λόγον τοῦ Θεοῦ. ἀπὸ κοινοῦ τὸ εἶδον καθημένους ἐπὶ⁴ θρόνων καὶ κρίνοντας τοὺς λοιποὺς τῶν ἀνθρώπων.⁵ πεπελεκισμένους δέ φησι τοὺς ἀνῃρημένους πελέκεσι. λέγει δὲ τροπικῶς περὶ τῶν νεκρωσάντων τὰ μέλη τὰ ἑαυτῶν διὰ τὴν εἰς Χριστὸν πίστιν, καὶ πλεῖστα δι' αὐτὴν ὑπομεινάντων. καὶ γὰρ καὶ ἀποσυναγώγους αὐτοὺς ἐποίησαν καὶ μυρίαις ἔβαλλον λοιδορίαις καὶ δι' ἁρπαγῆς ἴδια⁶ τὰ ὑπάρχοντα αὐτῶν ἐποιοῦντο, ὡς μαρτυρεῖ ὁ σοφὸς ἀπόστολος, ἐπειδὴ ὅλως εἰς Χριστὸν ἐπίστευσαν. περὶ ὧν καὶ ἔλεγεν ὁ Κύριος μακάριοί ἐστε ὅταν, ὀνειδίσωσι καὶ διώξωσιν ὑμᾶς⁷ καὶ εἴπωσι πᾶν πονηρὸν ῥῆμα⁸ καθ' ὑμῶν ψευδόμενοι ἕνεκεν ἐμοῦ. τοὺς δέ γε μὴ προσκυνοῦντας τὸ θηρίον μηδὲ λαβόντας αὐτοῦ τὸ χάραγμα καὶ τὴν εἰκόνα νοήσεις, ἑπόμενος τῇ συνεχείᾳ τοῦ λόγου καὶ αἰχμαλωτίζων⁹ πᾶν νόημα εἰς τὴν ὑπακοὴν τῆς θείας γραφῆς, τοὺς μὴ ὁμογνωμονήσαντας τοῖς λοιποῖς τῶν Ἰουδαίων εἰς τὰς κατὰ¹⁰ Κυρίου ἐπιβουλάς, μήτε ἐθελήσαντας¹¹ ταῖς ὑποθήκαις τοῦ θεοστυγοῦς Διαβόλου πειθαρχῆσαι· τοῦτο γὰρ τὸ προσκυνῆσαι αὐτόν τε καὶ τὴν εἰκόνα αὐτοῦ. εἰκόνα γὰρ καλεῖ τὸ ἐνσεσημάνθαι¹² τὸ αὐτοῦ θέλημα ἐν ταῖς τῶν Ἰουδαίων καρδίαις. ὅπερ καὶ χάραγμα λέγει περιλαβὸν¹³ αὐτῶν τὸ ἡγεμονικὸν καὶ πρακτικόν· τοῦ μὲν γὰρ ἡγεμονικοῦ τύπος ἡ κεφαλή, ἧς μέρος τὸ μέτωπον, ἡ χεὶρ δὲ¹⁴ τοῦ πρακτικοῦ.

---

¹ τοὺς μὴ θελήσαντας 203 240
² εἰς τὴν οἰκείαν ἐλθεῖν pro εἰς τὴν ὁμόνοιαν ἀνελθεῖν 203, sed confusè 240 εἰς τὴν ὁμοί ἀνελθεῖν ut vid.
³ ὑφάναντες ut vid. 146 ὑφάναντας 203 240
⁴ add. τῶν 203 [non 240]
⁵ ἀνθρώπους pro τῶν ἀνθρώπων 203 240
⁶ om. ἴδια 146
⁷ ὀνειδίσωσιν ὑμᾶς καὶ διώξωσι· 203 240 ut text. vg. Evang.
⁸ om. ῥῆμα ℵBD Latt. sed hab. omn. mei
⁹ αἰχμαλοτίζων 203 [non 240]
¹⁰ add. τοῦ 203 240
¹¹ θελήσαντας 203 240
¹² ἐνσημάνθαι 146
¹³ περιλαβὼν 203 [non 240]
¹⁴ ἡ δὲ χεῖρ 240 [non 203]

καὶ ἔζησαν καὶ ἐβασίλευσαν μετὰ Χριστοῦ¹ χίλια² ἔτη. χίλια (Apoc. xx. 4 fin.)
ἔτη πάλιν καλεῖ κατὰ τὰ πρόσθεν εἰρημένα τὴν τοῦ Κυρίου
ἐπὶ γῆς ἀναστροφήν, δι' ἧς ἔζων τὴν νοητὴν ζωήν, καὶ συνε-
βασίλευον³ Χριστῷ, δαίμοσιν ἐπιτάσσοντες, πάθεσιν ἐπιτι-
μῶντες, καὶ μυρίας⁴ ἐνεργοῦντες δυνάμεις. μὴ ὅτι καὶ τὸ⁵
μόνον συνεῖναί τινα⁶ τῷ βασιλεῖ τῆς δόξης Χριστῷ συμβα- (1 Cor. iv. 8; 2 Tim. ii. 12)
σιλεύειν ἐστὶ⁷ αὐτῷ. ὅθεν καὶ⁸ εἴρηται περὶ αὐτῶν τῷ προ-
φήτῃ ἐν τῷ διαστέλλειν τὸν ἐπουράνιον βασιλεῖς ἐπ' αὐτῆς⁹ Psa. lxvii. 15
χιονωθήσονται ἐν Σελμών. ¹⁰καὶ οἱ λοιποὶ τῶν νεκρῶν οὐκ (Apoc. xx. 5 om. supra txt.)
ἔζησάν φησιν¹¹ ἄχρι τελεσθῇ τὰ χίλια¹² ἔτη. νεκροὺς καλεῖ
τοὺς τῇ ἀπιστίᾳ παραμεμενηκότας, περὶ ὧν καὶ ὁ Κύριος
ἔλεγεν ἄφετε τοὺς νεκροὺς θάψαι τοὺς ἑαυτῶν νεκρούς. οἱ Matt. viii. 22 Luc. ix. 60
ἄπιστοι τοιγαροῦν οὐκ ἔζησαν τὴν νοητὴν ζωὴν ἄχρι τε-
λεσθῇ ὁ τῆς ἐνανθρωπήσεως χρόνος, ὅς ἐστιν τὰ χίλια ἔτη·
μετὰ γὰρ ταῦτα ἔζησαν. πῶς; τῇ τοῦ Ἁγίου Πνεύματος
ἐπιφοιτήσει καὶ παρουσίᾳ. τότε γὰρ οἱ πλεῖστοι τῶν Ἰου-
δαίων πεπιστεύκασι Χριστῷ, ὅσοι μὴ ἐπίστευσαν αὐτῷ¹³
σωματικῶς αὐτοῖς συναναστρεφομένῳ. καὶ γὰρ θειότατα
τὸ πρᾶγμα ᾠκονομήθη, καὶ ὡς οὐκ ἂν ἤλπισε νοῦς ἀνθρώ-
πινος· ἐπειδὴ γὰρ¹⁴ ἐν τῇ παλαιᾷ ὁ Πατὴρ¹⁵ κεκήρυκτό τε
καὶ ἔγνωστο, καὶ διὰ τῆς ἐνανθρωπήσεως καὶ τῶν μυρίων
θεοσημειῶν τε καὶ δυνάμεων ὁ υἱός· τὸ δὲ Πνεῦμα τὸ Ἅγιον
οὔπω τοῖς ἀνθρώποις σαφῶς ἦν ἀποκεκαλυμμένον. Λόγος
δὲ μόνον ἦν περὶ αὐτοῦ ἐν τῇ παλαιᾷ, ἔργον δὲ ἐναργὲς καὶ
αἰσθητὸν οὐδὲν ἦν, ὃ μάλιστα τοὺς ἀνθρώπους πρὸς πίστιν
ἐνάγεται, ὥσπερ τοῦ υἱοῦ, εἰ καὶ τοῖς διαβεβηκόσιν εἰς βάθη
θεωρίας ἐγινώσκετο. ὅτι δὴ πάντα ὅσα πέπρακται καὶ
δεδημιούργηται παρὰ τῆς Ἁγίας τετέλεσται Τριάδος, καὶ

---

¹ Sic et 203 240 hoc loco
² α 203 240
³ add. δὲ 146
⁴ καὶ μυρίαι 146 μυρίας (om. καὶ) 203 240
⁵ om. τὸ 146
⁶ τις pro τινα 146
⁷ ἦν 146 sed ἐστὶ suprascript. ex em. man. prim. ἐστὶ 203 240
⁸ om. καὶ 240 [non 203]
⁹ ἐπ' αὐτοὺς 203 pleno et 240 comp.
¹⁰ Totam magnam partem ab καὶ οἱ λοιποὶ usque ad πολλάκις εἴρηται, lineas plures quam quinquaginta om. 203
¹¹ om. φησιν 240
¹² τὰ ᾱᵃ 240
¹³ om. αὐτῷ 240
¹⁴ om. γὰρ 146
¹⁵ om. ὁ Πατήρ 146

cf. Jo. xii. 49 — τοῦτο σαφῶς παρίστησιν ὁ Κύριος, πῆ μὲν λέγων ὁ πατὴρ ἔδωκέ μοι ἐντολὴν τί εἴπω καὶ τί λαλήσω· καὶ πάλιν·
cf. Jo. viii. 28 — ἀπ' ἐμαυτοῦ οὐδὲν δύναμαι ποιεῖν,[1] εἰς τὴν τριάδα ἀνάγων
Jo. v. 19 — τὰ γινόμενα· καὶ αὖθις παρὰ τῷ Ἰωάννῃ· οὐ δύναται ὁ υἱὸς τοῦ ἀνθρώπου[2] ποιεῖν ἀφ' ἑαυτοῦ οὐδὲν ἐὰν μὴ[3] βλέπῃ τὸν
Matt. xii. 28 — πατέρα αὐτοῦ[4] ποιοῦντα· πῆ δὲ διαβεβαιούμενος εἰ δὲ ἐγὼ ἐν πνεύματι Θεοῦ ἐκβάλλω τὰ δαιμόνια. πλὴν ἐπειδὴ αἰσθητὸν ἔργον, ὡς εἴρηται, οὐδὲν ἦν τοῦ Ἁγίου Πνεύματος παρὰ τοῖς ἀνθρώποις, ᾠκονομήθη τοὺς ἅπαντας σχεδὸν ἀνθρώπους τῇ ἐπιφοιτήσει καὶ τῇ δυνάμει τοῦ Παρακλήτου καὶ τοῦ Θεοῦ καὶ Πατρὸς[5] τὴν εἰς Χριστὸν δέξασθαι πίστιν, ἵνα δὴ καὶ αὐτοῦ τὸ[6] πρὸς τὸν[7] Πατέρα καὶ υἱὸν ὁμοούσιόν τε καὶ ἰσοδύναμον πᾶσι κατάδηλον γένηται. ἀμέλει τοι πάντι τῷ τῆς
Act. i. 15 — ἐνανθρωπήσεως χρόνῳ οὐχ' ἱστόρηνται πλείους τῶν ἑκατὸν εἴκοσι,[8] πεπιστευκότες· τοσούτους γὰρ αἱ Πράξεις ἀπαριθμοῦνται τοὺς ἅμα συνειλεγμένους ἐν τῷ ὑπερῴῳ. εἰ καὶ τῆς διδασκαλίας ἡ δύναμις τοῦ Χριστοῦ εἰς πολλοὺς διαβεβήκει, ἡ δέ γε πίστις αὐτῇ τῇ παρουσίᾳ πεφύλακτο[9] τοῦ Πνεύματος. ὅθεν εὕροι τις, ὥσπερ σπόρου διαβεβλημένου,[10] ὅταν ὑετὸς ἐπέλθῃ καὶ ἥλιος ἐπιλάμψῃ πάντα τὰ τέως ἐν τῇ γῇ κεκρυμμένα καὶ λανθάνοντα σπέρματα, ἐξανατέλλοντα[11] τότε σαφῆ γίνεται[12] ὅτι ὅλως ἐναπέκειτο τῇ γῇ, οὕτω γεγένηται τῇ τοῦ Ἁγίου Πνεύματος ἐπιφοιτήσει. πάντες εἰς οὓς ἡ διδασκαλία τοῦ Κυρίου κατεσπάρη, ἐξανέτειλαν πρὸς τὴν
(Apoc. xx. 5) — πίστιν· διὸ ἀκριβέστερον[13] εἴρηται τῇ ἀποκαλύψει ὅτι οἱ λοιποὶ τῶν νεκρῶν[14] οὐκ ἔζησαν ἄχρι τελεσθῇ τὰ χίλια ἔτη.
(Apoc. xx. 5) — αὕτη φησὶν ἡ ἀνάστασις[15] ἡ πρώτη, ἡ τῆς πίστεως δηλονότι·

---

[1] ποιῶ οὐδὲν absque δύναμαι in Jo.
[2] Omn. in Evang. om. τοῦ ἀνθρώπου praeter Dd fam. 13 Arm.
[3] add. τι omn. vid. exceptis nostris
[4] om. αὐτοῦ omn. praeter nostros
[5] καὶ τοῦ καὶ Θεοῦ Πατρός 240
[6] ἐν τούτῳ pro αὐτοῦ τὸ 240
[7] om. τὸν 240
[8] τῶν ρκ 240
[9] πεφύλακται 240
[10] καταβεβλημένου 240
[11] ἐξανατέλλονται καὶ pro ἐξανατέλλοντα 240
[12] γίνομαι ut vid. 240
[13] ἀκριβέστατα 240
[14] Ita 240 (hiat 203) sed 146 τῶν . . . νῶν (voluit ἀνθρώπων? Duo litt. in ras inter τῶν et 'νῶν' vel 'ρῶν'
[15] om. ἡ ἀνάστασις 155. Vide antea de ἡ ἀνάπαυσις in textu 155

ἡ γὰρ δευτέρα, ἡ καθολικὴ σωμάτων γενήσεται ἀνάστασις.¹
μακάριος ² **οὖν ὁ ἔχων μέρος ἐν** ³ **τῇ πρώτῃ ἀναστάσει·** τῆς γὰρ (Apoc. xx. 6)
δευτέρας πάντες καὶ ἄκοντες μεθέξομεν. ἐπὶ δέ γέ φησι
τοῖς τῆς πρώτης ἀναστάσεως μετόχοις, τουτέστι τοῖς πιστοῖς,
οὐχ ἕξει ἐξουσίαν ὁ δεύτερος θάνατος. ποῖος;⁴ οὗτος ὁ τῆς
ἁμαρτίας δηλαδὴ καὶ τῆς τότε κολάσεως· ὥσπερ γὰρ πρώ-
την εἶπε καὶ δευτέραν ἀνάστασιν, οὕτω καὶ πρῶτον καὶ
δεύτερον θάνατον. καὶ πρῶτος μέν ἐστιν ὁ αἰσθητός, ὁ
χωρισμὸν ἔχων⁵ ψυχῆς καὶ σώματος, δεύτερος δὲ ὁ νοητὸς
ὁ τῆς ἁμαρτίας, περὶ οὗ καὶ ὁ Κύριος ἔλεγεν **μὴ φοβηθῆτε** Matt. x. 28
ἀπὸ τῶν ἀποκτενόντων ⁶ **τὸ σῶμα· φοβηθῆτε δὲ μᾶλλον τὸν καὶ** (Justin et
Clem. Rom.
ψυχὴν καὶ σῶμα ἀποκτεῖναι ⁷ **δυνάμενον ἐν Γεέννῃ.** ἔσονται δέ etc.)
φησιν οἱ πιστοὶ **ἱερεῖς τοῦ Θεοῦ καὶ τοῦ Χριστοῦ·** ἱερουργοὶ (Apoc. xx. 6)
γὰρ τοῦ εὐαγγελικοῦ λόγου πάντες ἀπεδείχθησαν οἱ πιστοί,
περὶ ὧν καὶ ὁ προφήτης τὴν προφητικὴν ἀνακρουόμενος
λύραν ἔλεγε **καταστήσεις αὐτοὺς ἄρχοντας ἐπὶ πᾶσαν τὴν γῆν.** Psa. xliv. 17
καὶ βασιλεύσουσι μετ' αὐτοῦ τὰ χίλια ἔτη, τὰ τῆς ἐνανθρωπή- (Apoc. xx. 6
σεως καθὼς πολλάκις εἴρηται. ⁸ **καὶ ὅταν** φησὶ **τελεσθῇ τὰ** fin.)
(Apoc. xix. 7
χίλια ἔτη. τουτέστιν ὅταν πληρώσας ὁ Κύριος τὴν μετὰ init.)
σαρκὸς οἰκονομίαν εἰς τοὺς οὐρανοὺς ἀναφοιτήσῃ,⁹ τῶν
νοητῶν δεσμῶν ἀφεθήσεται ὁ Διάβολος, **καὶ πάλιν πλανήσει**
τὰ ἔθνη ¹⁰· εἴρηται γὰρ ἐν τοῖς φθάσασιν ὅτι κατήργει¹¹
τὴν ἐνέργειαν τοῦ Διαβόλου ἡ τοῦ Κυρίου μετὰ ἀνθρώπων¹²
ἀναστροφή.¹³ τοῦ δέ γε Κυρίου ἀνεληλυθότος εἰς τοὺς¹⁴ οὐ-
ρανούς, αὐτός τε ὁ Διάβολος τὰ οἰκεῖα καὶ εἰωθότα ἐνεργή-
σει, καὶ οἱ ἐπὶ γῆς ἄνθρωποι τῷ αὐτεξουσίῳ, ὥσπερ¹⁵

---

¹ Sic et 155 hoc loco
² om. καὶ ἅγιος hoc loco cum 14–92 ps.-Ambr.
³ om. ἐν 146
⁴ Signum interrogat. 146 [non 240 qui uno tenore sequitur]
⁵ ὁ ἔχων χωρισμὸν 240
⁶ ἀποκτεννόντων vid. 240
⁷ Ita et 240 sed in Evang. ἀπολέσαι, et ord.: τὸν δυν. καὶ ψυχὴν καὶ σῶμα ἀπολ. ἐν Γεέννῃ

⁸ Hoc loco incipit de novo 203. Om. καὶ init. peric. et 203 et 240. N.B. vv. 7–8 om. 203 text.
⁹ ἀναφοιτήσει 146
¹⁰ Ita et 203 240 hoc loco. Vide supra in textu 146–155
¹¹ κατήργησε 203 240
¹² μετὰ ἀνθρώπους 146
¹³ συναναστροφὴ 203 240
¹⁴ om. τοὺς 240 [non 203]
¹⁵ ὡς πρόσθεν pro ὥσπερ 240

ἐχρῶντο, χρήσονται· ὁ μὲν γὰρ Διάβολος¹ πάντας ἐπιχειρεῖ πλανᾶν. ἀλλ' οἱ μὲν πείθονται, οἱ δὲ ἀπειθοῦντες καταγωνίζονται τὸν πονηρόν.² ἀλλ' ἴσως ἐρεῖ τις· καὶ τί δήποτε ἐπεχόμενος καὶ ἀνακοπτόμενος τῆς οἰκείας ὁρμῆς ὁ Διάβολος ἐν τῇ τοῦ Κυρίου σωματικῇ παρουσίᾳ, πρὸς ἡμᾶς πάλιν ἀφείθη πλανᾶν τοὺς ἐπὶ γῆς; οὐ γὰρ ἦν βέλτιον αὐτὸν δεδέσθαι, καὶ τοὺς ἀνθρώπους ἀπλανεῖς διαμένειν;³ πρὸς ὃν λεκτέον· τί γὰρ οὐ μᾶλλον⁴ λέγεις αὐτὸς τὴν ἀρχὴν⁵ διατί⁶ γέγονεν ὁ Διάβολος, ἢ γενόμενος καὶ παραβὰς τί μὴ τέλεον ἐξηφανίσθη, ὡς μὴ γενέσθαι αὐτῷ⁷ πάραδον κατὰ τῶν ἀνθρώπων; καὶ πῶς ἄν, ὦ οὗτος, διεγυμνάσθησαν οἱ ἀγωνισταὶ μηδενὸς προσπαλαίοντος; πῶς δὲ καὶ διεδείχθη⁸ τῶν ἀθλητῶν ἡ ἰσχύς, μὴ ὄντος ἀνταγωνιστοῦ; οἱ μὲν γὰρ ῥᾴθυμοι τῶν ἀνθρώπων καὶ τῶν ἡδονῶν ἥττους, καὶ μὴ παρόντος μηδὲ προσερεθίζοντος τοῦ Διαβόλου, ἀφ' ἑαυτῶν εἰσι σκαιοί· οἱ δέ γε τοῦ Θεοῦ ἄνθρωποι καὶ γενναῖοι ἀγωνισταὶ ἠδικήθησαν ἂν τὴν κατὰ τῶν παθῶν ἀνδρείαν μὴ⁹ δημοσιεύοντες· ὡς συμβαίνειν, καὶ τοὺς ῥᾳθύμους μηδὲν ὠφελεῖσθαι μὴ ὄντος τοῦ Σατανᾶ, καὶ τοὺς σπουδαίους τὰ μέγιστα ἀδικεῖσθαι.¹⁰ ὁ γὰρ¹¹ Σατανᾶς παιδοτρίβης τρόπον τινὰ τῶν ἀνθρώπων ὑπάρχει, πρόφασιν παρέχων στεφάνων τοῖς ἀγωνιζομένοις. οἱ γὰρ φιλαμαρτήμονες, οἱ καὶ μὴ παρόντος τοῦ Διαβόλου τῇ σφῶν αὐτῶν ῥᾳθυμίᾳ ἀντὶ Διαβόλου χρώμενοι, οὐδὲ ἠδίκηνται, καθὼς εἴρηται. ὥστε τοὺς μὲν ἄκων εὐεργετεῖ, τοὺς δὲ οὐδὲν ἀδικεῖ, ἢ λίαν βραχύ. σὺ δὲ ἐβούλου δι' ἐμὲ καὶ σὲ τοὺς δούλους τῆς ἁμαρτίας καὶ ἀνειμένους καὶ ἀναπεπτωκότας, ἵνα μή τι μικρὸν ἢ παντελῶς οὐδὲν προσαδικηθῶμέν τῇ ἐνεργείᾳ¹² τοῦ Διαβόλου, ἀποστε-

---

¹ τὰ οἰκεῖα (supra) usque ad Διάβολος om. 146 ex homoiotel.
² τοῦ πονηροῦ 203 240
³ Signum interrogat. in 146 203 240
⁴ om. μᾶλλον 203 240
⁵ αὐτό, τὴν ἀρχὴν 146 αὐτὴν τὴν ἀρχὴν 203
⁶ τί δὴ pro διατί 203 240
⁷ αὐτὸν (add. ἀπωλείας) 203, et 240 ut vid.
⁸ ἐδείχθη 203 240
⁹ In 203 240 trsp. μὴ in loco ante τὴν κατὰ
¹⁰ Om. 146 μὴ ὄντος . . . ἀδικεῖσθαι. Habent et 203 et 240
¹¹ om. γὰρ 240 [Habet 203]
¹² τῇ συνεργίᾳ 203 240

ρηθῆναι τῆς δόξης πατριάρχας τε καὶ προφήτας, ἀποστόλους καὶ εὐαγγελιστὰς καὶ τοὺς ἄχρις αἵματος τῇ μαρτυρίᾳ Χριστοῦ προσμεμενηκότας καὶ τὸ γνήσιον αὐτῷ φυλάξαντας, ἔτι δὲ ὁμολογητὰς καὶ τοὺς τῶν ἐκκλησιῶν καλῶς ἡγησαμένους[1] ποιμένας καὶ τοὺς καρτερικωτάτους ἀσκητὰς καὶ πάντα[2] δίκαιον καὶ τῇ πίστει Χριστοῦ τετελειωμένον, Heb. xi. 38 ὧν οὐκ ἔστιν ἄξιος ὁ κόσμος οὗτος.[3] ὥστε τῶν κομιδῇ βραχέα[4] προσαδικουμένων ἁμαρτωλῶν τὴν[5] ζημίαν παραμυθοῦνται οἱ γενναῖοι τῆς ἀρετῆς ἀγωνισταί· εἷς γὰρ κατορθῶν, προτιμητέος θεῷ, μυρίων ἀθετούντων. ἀμφότερα οὖν κάλλιστα καὶ ἐνθεώτατα πέπρακται, καὶ τὸ[6] ἐν τῇ τοῦ Κυρίου παρουσίᾳ τὰς ἀνοσίους ὁρμὰς ἀνακόπτεσθαι τοῦ Διαβόλου, καὶ μετὰ τὴν εἰς οὐρανὸν ἄνοδον αὐτὸν[7] λυθῆναι πρὸς πεῖραν τῶν ἀνθρώπων. εἰ μὲν γὰρ συνεχωρήθη πᾶσαν ἐνδείξασθαι τὴν ἑαυτοῦ ἐνέργειαν ὁ Σατανᾶς, ἐπὶ γῆς ἀναστρεφομένου τοῦ Κυρίου, οὐκ ἂν εἴασε τοὺς ἀνθρώπους οὐδὲ τῆς θείας αὐτοῦ διδασκαλίας ἀκροατὰς γενέσθαι οὔτε μαθεῖν τίς τε ὁ φύσει καὶ ἀληθῶς Θεός, καὶ τίς εἰς αὐτὸν εὐαγὴς θρησκεία, ποία τε ἡ κακία καὶ τίς ἡ ἀρετή· ἀλλὰ καὶ τὸν σταυρὸν αὐτῷ πρὸ καιροῦ κατεσκευάκει καὶ πρὶν τῆς διδασκαλίας ἄρξασθαι.[8] οὗ γινομένου,[9] ἀτελὴς ἂν ὑπῆρξε, μᾶλλον δὲ ἀνωφελής, ἡ τοῦ Κυρίου ἐνανθρώπησις καὶ τὸ[10] τοσοῦτον καὶ οὕτως ἀξιάγαστον μυστήριον. μεθ' ὃ δὲ[11] τῷ δεσμῷ τοῦ Διαβόλου ταῦτα ἐδιδάχθησαν οἱ ἐπὶ γῆς,[12] ἀφείθησαν λοιπὸν τῷ οἰκείῳ χρῆσθαι[13] αὐτεξουσίῳ καὶ τῇ πρὸς τὸν ἀντίπαλον διαμάχῃ ἐπὶ ὡμολογημέναις καὶ ἀγνωσμέναις ὁδοῖς τῆς τε κακίας καὶ τῆς ἀρετῆς. ὁ μὲν γὰρ εἰδὼς τὸ[14] καλὸν καὶ τὸ οὐ[15] τοιοῦτον, αὐτοκελεύστοις ὁρμαῖς ἢ τοῦτο ἢ ἐκεῖνο πάν-

---

[1] καλῶν ἀγωνισαμένους 146
[2] πάντες comp. vult. 146
[3] om. οὗτος omn. al. ad loc. in Hebr.
[4] βραχέως 203 et 240 ut vid.
[5] om. τὴν 240
[6] om. τὸ 146
[7] αὐτοῦ 203, αὐτοῦ vel αὐτῷ 240
[8] ἅψασθαι pro ἄρξασθαι 203 [non 240]
[9] γινομένου et 203, γενομένου vid. 240
[10] om. τὸ 203 240
[11] μέθοδον pro μεθ' ὃ δὲ et om. μυστήριον 203 240
[12] add. καὶ 203 240
[13] χρήσασθαι 203 240
[14] τὸν 146
[15] om. τὸ 146, om. οὐ 203, τὸ οὐ 240

τως ἐκλέγεται· ὁ δὲ ἀγνοῶν τί ἂν καὶ¹ πράξειεν, ὡς ἐν νυκτομαχίᾳ τιτρωσκόμενος καὶ ὅτι οὐδὲ βέβληται αἰσθανόμενος, οὐδὲ τὴν οἰκείαν γινώσκει² ἀπώλειαν. ἐπὶ μὲν γὰρ τοῦ γνῶσιν ἔχοντος τῶν ἐναντίων χώρα τῷ αὐτοεξουσίῳ εἰς τὸ ἑλέσθαι ὃ βούλεται, ἐπὶ³ δέ γε τοῦ ἀγνοοῦντος⁴ οὐ χώρα. ὁ δὲ Θεὸς αὐτεξούσιον ἐξ ἀρχῆς πεποίηκε τὸν ἄνθρωπον καὶ αὐτοκρατορικοῖς λογισμοῖς διοικούμενον. ὅτι δὲ δεῖ γινώσκειν πρῶτον ἀρετὴν καὶ κακίαν, ἵνα οὕτω γένηται χώρα τῷ αὐτεξουσίῳ, ὅρα τί φησιν ὁ ἱεροφάντης Μωϋσῆς τῷ ἀπειθεῖ

Deut. xxx. 15

τῶν Ἰσραηλιτῶν λαῷ ἐν Δευτερονομίῳ **ἰδοὺ δέδωκα πρὸ ὀφθαλμῶν⁵ σου σήμερον τὴν ζωὴν καὶ τὸν θάνατον, τὸ ἀγαθὸν καὶ τὸ κακόν,** ἵνα πάντως ἐξ ἀμφοτέρων ἐπιλέξηται τὸ αἱρεθέν· καὶ

Exod. xxiii. 22
(xv. 26, xix. 5)

πάλιν ὁ αὐτὸς ἐν Ἐξόδῳ **ἐὰν ἀκοῇ ἀκούσῃ⁶ τῆς φωνῆς μου⁷ καὶ ποιήσῃς** φησὶ **πάντα ὅσα ἂν εἴπω⁸ σοι.** τί δὲ καὶ ὁ Ἡσαΐας, οὐ τὸ αὐτὸ δόγμα παρατίθεται ἀμφὶ τὰς ἀρχὰς τῆς

Es. i. 19-20

αὐτοῦ προφητείας, λέγων ἐκ προσώπου τοῦ Θεοῦ **ἐὰν θέλητε καὶ εἰσακούσητέ μου, τὰ ἀγαθὰ τῆς γῆς φάγεσθε· ἐὰν δὲ μὴ θέλητε μηδὲ εἰσακούσητέ μου,⁹ μάχαιρα ὑμᾶς κατέδεται· τὸ γὰρ στόμα κυρίου ἐλάλησε ταῦτα.**¹⁰ τούτων μὲν οὖν ἅλις.¹¹

(Apoc. xx. 8 init.)

ἐπειδὴ δὲ εἶπεν ἐν τοῖς φθάσασιν ὅτι ἐξελεύσεται ὁ Διάβολος πλανῆσαι τὰ ἔθνη, νῦν λέγει ποῖα ἔθνη καὶ τίνων ἀφηγουμένων αὐτῶν· **τὸν Γὼγ** φησὶ **καὶ**¹² **Μαγώγ,**¹³ **συναγαγεῖν αὐ-**

(Apoc. xx. 8 med.)

τοὺς εἰς τὸν πόλεμον· πόλεμον δὲ τὸν κατὰ τῶν ἁγίων. πληρώσας γὰρ τὸν περὶ τῆς σωτηρίου ἐνανθρωπήσεως λόγον, πάλιν ἐπανελήλυθεν¹⁴ ὅθεν ἐξελθὼν ἐκεῖνα ἡμῖν διηγήσατο. ἐξεληλύθει δὲ ἐκ τῆς τοῦ Διαβόλου καὶ τοῦ ἀντιχρίστου· καὶ τῆς¹⁵ τῶν συλλαβομένων αὐτοῖς ἐθνῶν ἥττης

---

¹ om. καὶ 203 240
² γινώσκων 146
³ ἐπεὶ 146
⁴ ἀγνοοῦντος et om. τοῦ 146
⁵ προσώπου pro ὀφθαλμῶν Sept.
⁶ Ita et 203 et Sept. Ms. A. ἀκούσητε 240 ut Sept. plur.
⁷ τῆς ἐμῆς φωνῆς Sept.
⁸ ἐντείλωμαι Sept.
⁹ + τὰ ut vid. 146

¹⁰ signum interrogat. 203
¹¹ καὶ περὶ τούτων μὲν ἅλις· 203 240
¹² add. τὸν 203 240
¹³ Curiose script. in 146 ex industria μαγὼν ita ut μαγὼν vel μαγὼν esse videatur (μαγὼν 203. Dubium 240 sed μαγων 155) cf. Ἀγγὼν Sibyll.
¹⁴ ἐπανῆλθεν 203 240
¹⁵ τοῖς 146 τῆς 203 et 240 prob. (comp.)

τε καὶ τιμωρίας. νῦν οὖν ἀναπληρῶ¹ τὰ πρότερον ἐλλιπῶς εἰρημένα. συνάπτει τοῖς λοιποῖς ἔθνεσι τοῖς τῷ ἀντιχρίστῳ συστρατεύσασι· καὶ² τὸν Γώγ,³ οὕτω λέγων·

⁴καὶ ἐξῆλθε πλανῆσαι πάντα⁵ τὰ ἔθνη⁶ ἐν ταῖς τέσσαρσι γωνίαις τῆς γῆς· μεθ' ὧν φησι καὶ⁷ τὸν Γὼγ καὶ τὸν Μαγώγ,⁸ συναγαγεῖν αὐτοὺς εἰς τὸν⁹ πόλεμον, ὧν ὁ ἀριθμὸς αὐτῶν ὡσεὶ ἄμμος¹⁰ τῆς θαλάσσης.¹¹ καὶ ἀνέβησαν ἐπὶ τὸ πλάτος τῆς γῆς, καὶ ἐκύκλωσαν¹² τὴν παρεμβολὴν¹³ τῶν ἁγίων καὶ τὴν πόλιν τὴν ἠγαπημένην. καὶ κατέβη πῦρ ἀπὸ τοῦ Θεοῦ ἐκ τοῦ οὐρανοῦ¹⁴ καὶ κατέφαγεν αὐτούς· καὶ ὁ Διάβολος, ὁ πλανῶν αὐτούς, ἐβλήθη εἰς τὴν λίμνην τοῦ πυρὸς τοῦ θείου,¹⁵ ὅπου¹⁶ τὸ θηρίον καὶ ὁ ψευδοπροφήτης, καὶ βασανισθήσονται ἡμέρας καὶ νυκτὸς εἰς τοὺς αἰῶνας τῶν αἰώνων.¹⁷

Apoc. xx. 8
med. et fin.

9

10

περὶ τούτων τοῦ γὼγ¹⁸ καὶ τοῦ μαγὼγ¹⁹ καὶ ὁ θεσπέσιος προφήτης Ἰεζεκιὴλ παρέδωκε,²⁰ διεξιὼν ὅπως κακοὶ κακῶς ἀπολοῦνται. οὗτοι δὲ ἔθνη τινὰ καὶ ἡγούμενοι ἐθνῶν ἔσονται ἀμφὶ τὴν συντελείαν· νῦν γὰρ οὐκ εἰσίν, ἤ τινά ἐστιν τῶν νῦν ὑπαρχόντων ἐθνῶν ἑτέροις ὀνόμασι παρὰ τῆς θείας καλούμενα²¹ γραφῆς.²² οὗτοι οὖν συναγωνίσονται τῷ θεοστυγεῖ Σατανᾷ κατὰ τῶν τοῦ²³ Χριστοῦ δούλων· καὶ κυκλώσουσι

cf. Ez. xxxviii.
2 et quae seq.

(Apoc. xx. 9)

---

¹ ἀναπληροῦν 203 (Credo ἀναπληρῶ vult 240)
² om. καὶ 240
³ Iterum dubia scriptura 146; add. καὶ τὸν μαγὼγ 203 add. καὶ τὸν μαγὼν 240
⁴ Habet text. hoc loco 203 sine indicatione κειμ. Habet etiam 240 in schol. et in text.
⁵ om. πάντα 240 text. Habet in schol.
⁶ add. τὰ 203 240 text. et com.
⁷ om. μεθ' ὧν φησι καὶ 240 text. Hab. com.
⁸ γὼγ καὶ μαγὼγ iterum dub. script. De nu fin. cf. Ἀγγών in Sibyll. Orac. lib. III. p. 259 (ed. Brittani Paris 1599): Αἲ αἲ σοι Γὼγ καὶ πᾶσιν ἐφεξῆς ἅμα Μαγώγ, Μαρσὼγ ἢ δ' Ἀγγών . . .
⁹ om. τὸν 240 com. (Hab. text.)
¹⁰ ὡς ἡ ἄμμος 203 240 text. et com.
¹¹ Cessat text. 203 240 hoc loco.

Seq. in com. schol. περὶ τούτων τοῦ γὼγ καὶ τοῦ μαγὼγ usque ad καλούμενα γραφῆς; deinde text. xx. 9 10
¹² ἐκύκλωσε 203 [non 240]
¹³ παραβολὴν sic 155
¹⁴ ἀπὸ τοῦ οὐρανοῦ (absque ἀπὸ τοῦ Θεοῦ) 203 240
¹⁵ καὶ τοῦ θείου 203 240 (sed 155 ut 146)
¹⁶ add. καὶ 203 240
¹⁷ Om. τῶν αἰώνων 240 et 203, sed 203 εἰς τὸν αἰῶνα, et 240 εἰς τοὺς αἰῶνας
¹⁸ vel γὼν
¹⁹ vel μαγὼν
²⁰ παραδέδωκε 203 240
²¹ καλούμενοι 146
²² Hoc loco interjecit 203 text. xx. 9-10 et postea schol. incip. οὗτοι οὖν συναγωνίσονται
²³ om. τοῦ 240 ut vid.

τὴν πόλιν τὴν ἠγαπημένην, τουτέστι τὴν ἐκκλησίαν. ἀλλὰ πῦρ ἐκ τοῦ οὐρανοῦ φερόμενον διαφθερεῖ¹ πάντας, καὶ τῆς συντελείας λοιπὸν γενομένης,² ἅμα τῷ Διαβόλῳ καὶ τῷ ἀντιχρίστῳ βληθήσεται³ ὁ ἀρχέκακος Σατανᾶς εἰς τὴν λίμνην τοῦ πυρός, τουτέστι⁴ τὴν Γέενναν. ἴστω γὰρ ὁ ἀναγνωσόμενος⁵ ὅτι τρεῖς⁶ παρέδωκεν ἡμῖν ἐν τοῖς ἔμπροσθεν ἡ παροῦσα ἀποκάλυψις· ἕνα μὲν τὸν ἀρχέκακον δράκοντα⁷ ἐν τῷ οὐρανῷ δεικνύμενον, δεύτερον δὲ θηρίον ἐκ τῆς θαλάσσης ἀναβαῖνον, ὃν⁸ ἐνοήσαμεν δευτερεύειν μὲν τοῦ Σατανᾶ, προὔχειν δὲ τῶν λοιπῶν δαιμόνων, καὶ τρίτον τὸν ἀντίχριστον, ὃν καὶ ψευδοπροφήτην καλεῖ. ἀλλὰ περὶ μὲν τοῦ δευτέρου⁹ τοῦ Διαβόλου καὶ τοῦ ἀντιχρίστου ἐν τοῖς μικρὸν ἔμπροσθεν εἴρηται¹⁰ ὅτι ἐβλήθησαν οἱ δύο εἰς τὴν λίμνην τοῦ πυρὸς τὴν καιομένην θείῳ. νῦν δέ γε περὶ τοῦ Σατανᾶ φησιν ἤτοι¹¹ Διαβόλου, ὃν ἐν τοῖς φθάσασι δράκοντα ὠνόμασε. **καὶ βασανισθήσονταί φησιν ἡμέρας καὶ νυκτὸς εἰς τοὺς αἰῶνας τῶν αἰώνων.**¹² ἔγνως ἄρα¹³ ὁ ἐντυχὼν τῷ πονήματι ὅτι λίαν ἀκριβῶς τὰ χίλια¹⁴ ἔτη, ἐν οἷς δεθεὶς ὁ Διάβολος ἐβλήθη εἰς τὴν ἄβυσσον καὶ αὖθις ἐλύθη, τὴν ἐνανθρώπησιν ἐνοήσαμεν τοῦ Κυρίου καὶ τὴν ἐπὶ γῆς ἀναστροφὴν αὐτοῦ, ἐν ᾗ πρὸς βραχὺ ἡ ἐνέργεια αὐτοῦ κατηργεῖτο. ἰδοὺ γὰρ νῦν ἔδειξεν ὡς οὐ¹⁵ χίλια¹⁶ ἔτη ἐστὶν¹⁷ ἡ κόλασις αὐτοῦ τε καὶ τῶν ὑπ᾽ αὐτοῦ ἀπατωμένων, καὶ λοιπὸν λύσις τοῦ κακοῦ ἀλλὰ εἰς αἰῶνα αἰώνων.¹⁸

καὶ εἶδον θρόνον μέγαν λευκὸν¹⁹ **καὶ τὸν καθήμενον ἐπ᾽ αὐτοῦ,**²⁰ **οὗ ἀπὸ προσώπου αὐτοῦ**²¹ **ἔφυγεν ἡ γῆ καὶ ὁ οὐρανός, καὶ**

---

¹ διαφθείρει 203 240
² γινομένης 203 240
³ add. καὶ 203 240
⁴ τουτέστιν· εἰς 203 240
⁵ ὁ ἀναγινωσκόμενος 203 240
⁶ γ̄ pro τρεῖς 240 suo more
⁷ δαίμονα pro δράκοντα 240 [non 203]
⁸ ὃ pro ὃν 203 [non 240]
⁹ τοῦ β-ου 240
¹⁰ εἰρημένοις εἶπεν pro εἴρηται 203 240
¹¹ add. τοῦ 203 [non 240]
¹² Ita omnes hoc loco
¹³ ὅρα de novo 203 240 (pro ἄρα)
¹⁴ τα ᾳ 203 et 240
¹⁵ et 203 vid. οὐ vel οὗ, sed 240 οὗ
¹⁶ ᾳ 203 240
¹⁷ ἔσται 203 240
¹⁸ εἰς τοὺς αἰῶνας τῶν αἰώνων 203, sed εἰς αἰῶνας αἰώνων 240
¹⁹ λευκὸν μέγαν 203 240
²⁰ ἐπάνω αὐτοῦ hoc loco 203 240 cum 178 et ℵ (non al.)
²¹ om. αὐτοῦ 203 240

τόπος οὐχ εὑρέθη αὐτοῖς. καὶ εἶδον τοὺς νεκρούς, τοὺς με- Apoc. xx. 12
γάλους καὶ τοὺς μικρούς, ἑστῶτας ἐνώπιον τοῦ θρόνου, καὶ
βιβλία ἠνοίχθησαν[1]· καὶ ἄλλο βιβλίον ἠνοίχθη,[2] ὅ ἐστι τῆς
ζωῆς· καὶ ἐκρίθησαν οἱ νεκροὶ ἐκ τῶν γεγραμμένων ἐν τοῖς
βιβλίοις κατὰ τὰ ἔργα αὐτῶν.

λευκὸν λέγει θρόνον, τὸν λαμπρὸν[3] καὶ ἐξαστράπτοντα.
τὴν δὲ φυγὴν τοῦ οὐρανοῦ καὶ τῆς γῆς τὴν ἐναλλαγὴν αὐ-
τῶν καὶ τὴν μεταποίησιν ὁ λόγος αἰνίττεται. οἱ[4] γὰρ οἱ 2 Pet. iii. 10
οὐρανοὶ ῥοιζηδὸν παρελεύσονται, κατὰ τὸν θεσπέσιον Πέτρον
καὶ κατὰ τὸν προφήτην ὅς φησι καταρχὰς τὴν γῆν σου, Psa. ci. 26–27
Κύριε,[5] ἐθεμελίωσας, καὶ ἔργα τῶν χειρῶν σού εἰσιν οἱ οὐρανοί·
αὐτοὶ ἀπολοῦνται, σὺ δὲ διαμένεις· καὶ πάντες ὡς ἱμάτιον
παλαιωθήσονται καὶ ὡσεὶ περιβόλαιον ἑλίξεις αὐτούς, καὶ ἀλλα-
γήσονται, εἰκότως τὴν παρέλευσιν καὶ τὴν ἀπώλειαν. ἅτινα
τὴν ἐναλλαγὴν αὐτῶν διασημαίνει,[6] φυγὴν ἐκάλεσεν ἡ ἀπο-
κάλυψις ὡς μὴ εὑρίσκεσθαι τόπον αὐτοῖς· ποῦ γὰρ καὶ εὑ- (Apoc. xx. 11 fin.)
ρεθείη ἣν ἀπέβαλον φθοράν; νῦν μὲν οὖν τὴν ἐναλλαγὴν
αὐτῶν[7] εἴρηκε, μικρὸν δὲ προϊῶν ὅτι καὶ[8] καινοὶ ἔσονται cf. xxi. 1 et 5
λέγει. καὶ εἶδόν φησι νεκρούς, τοὺς μεγάλους καὶ τοὺς μι- (Ap. xx. 12 init.)
κρούς, ἑστῶτας ἐνώπιον τοῦ θρόνου.[9] μεγάλους μὲν τοὺς
δικαίους φησίν,[10] οὐ τῷ σωματικῷ μεγέθει μεγάλους αὐτοὺς
καλέσας, ἀλλὰ τῇ δόξῃ καὶ τῇ λαμπρότητι τῆς ἀρετῆς,[11]
μικροὺς δέ γε τοὺς ἁμαρτωλοὺς ὡς οὐδαμινοὺς διὰ τὴν τα-
πεινότητα καὶ τὸ εὐτελές. καὶ βίβλοι ἀνεῴχθησαν· καὶ ἄλλο (Apoc. xx. 12 med.)
βιβλίον ἀνεῴχθη, ὅ ἐστι τῆς ζωῆς. ὁ Κύριος ἐν Εὐαγγελίοις[12]
φησὶ πλατεῖαν[13] εἶναι καὶ εὐρύχωρον τὴν ἀπάγουσαν ὁδὸν εἰς cf. Matt. vii. 13–14
τὴν ἀπώλειαν, καὶ πολλοὺς πορεύεσθαι ἐν αὐτῇ· στενὴν δὲ καὶ
τεθλιμμένην[14] τὴν ὁδὸν τὴν ἀπάγουσαν εἰς τὴν ζωήν, καὶ ὀλί-

---

[1] ἀνεῴχθησαν 203 sed ἀνέωξαν 240 solus
[2] ἀνεῴχθη 203 (illeg. 240)
[3] λευκὸν pro λαμπρὸν 203 et 240
[4] εἰ pro οἱ 203 240 Vere 2 Pet. iii. 10 ἐν ᾗ οἱ οὐρανοὶ ῥοιδηζὸν παρελεύσονται
[5] σὺ Κύριε, τὴν γῆν 203 240 cum Sept. ART sed rel. Sept. τὴν γῆν σὺ Κύριε, nulli vid. σου κε ut 146
[6] διασημαίνουσι 240 [non 203]
[7] αὐτὴν vid. 240 [non 203]
[8] ὅταν pro ὅτι καὶ 203 240
[9] om. claus. καὶ εἶδον . . . θρόνου in schol. 203 240
[10] add. καὶ 240
[11] om. τῆς ἀρετῆς 203 240
[12] ἐν εὐαγγελίῳ 203 [non 240]
[13] πλατεῖαν 203 240
[14] τεθλιμμένην 203 [non 240]

γους εἶναι¹ οὐ μόνον τοὺς περιπατοῦντας ἐν αὐτῇ, ἀλλὰ καὶ τοὺς εὑρίσκοντας αὐτήν. διὰ τοῦτο βίβλους εἶδε πολλὰς καὶ μίαν· πολλὰς μὲν ἐν αἷς εἰσι πάντες οἱ ἄνθρωποι γεγραμμένοι διὰ τὸ πλῆθος τῶν ἐγκειμένων, μίαν δὲ² τῆς ζωῆς, ἐν ᾗ εἰσιν οἱ τῶν ἄλλων ἐξειλεγμένοι καὶ οἷον ἄμωμοι τῇ ἀρετῇ καὶ πᾶσαν τὴν τραχεῖαν καὶ ἀνάντη τῆς ἀρετῆς ὁδὸν ὁδεύοντες.³ καὶ ἕκαστός φησι τῶν ἐν τοῖς βίβλοις ἐκρίθη τῶν οἰκείων πράξεων⁴ ἐπαξίως. ἐν δὲ τῇ ἀρχῇ τοῦ ἕκτου λόγου καὶ ἄλλου βιβλίου μέμνηται, ὅπερ βιβλιδάριον καλεῖ. νῦν δὲ βίβλον καὶ βιβλίον ζωῆς, ὡς εἶναι τρεῖς διαφοράς· βιβλιδάριον μέν φησιν, ἐν ᾧ εἰσιν οἱ λίαν ἀσεβεῖς κατὰ τὰ ἐκεῖ νενοημένα· βίβλον⁵ δὲ ζωῆς, ἐν ᾗ οἱ λίαν εὐσεβεῖς καὶ δίκαιοι· βίβλοι δέ, ἐν αἷς οἱ πάντες ἄνθρωποι μέσοι πως τυγχάνοντες κακίας καὶ ἀρετῆς, εἰπὼν δὲ τὰ περὶ τῆς ἀναστάσεως· τὸ γὰρ εἰπεῖν καὶ εἶδον τοὺς νεκροὺς ἐνώπιον τοῦ θρόνου ἀπολαμβάνοντας καὶ κρινομένους κατὰ τὰ ἔργα αὐτῶν, τὴν ἀνάστασίν ἐστιν εἰπεῖν. ἀναστάντας γὰρ τοὺς νεκροὺς εἶδεν τὴν ἀντιμισθίαν ἀπολαμβάνοντας⁶ καὶ⁷ λοιπὸν ἐπιδιηγεῖται ποίῳ τρόπῳ ἡ ἀνάστασις γέγονε· ναί⁸ φησιν·

⁹ἔδωκεν ἡ θάλασσα τοὺς νεκροὺς τοὺς ἐν αὐτῇ, καὶ ὁ θάνατος καὶ ὁ Ἅδης ἔδωκαν τοὺς νεκροὺς τοὺς ἐν αὐτοῖς, καὶ ἐκρίθησαν ἕκαστος κατὰ τὰ ἔργα αὐτῶν. καὶ ὁ θάνατος καὶ ὁ Ἅδης ἐβλήθησαν εἰς τὴν λίμνην τοῦ πυρὸς¹⁰ ... καὶ εἴ τις οὐχ εὑρέθη ἐν τῇ βίβλῳ τῆς ζωῆς γεγραμμένος, ἐβλήθη εἰς τὴν λίμνην τοῦ πυρός. καὶ εἶδον οὐρανὸν καινὸν καὶ γῆν καινήν· ὁ γὰρ πρῶτος οὐρανὸς καὶ ἡ πρώτη γῆ ἀπῆλθον, καὶ ἡ θάλασσα οὐκ ἔστιν ἔτι. καὶ τὴν πόλιν τὴν ἁγίαν¹¹ Ἱερουσαλὴμ καινὴν εἶδον καταβαίνουσαν ἐκ τοῦ οὐρανοῦ ἀπὸ τοῦ Θεοῦ ἡτοιμασμένην,¹² ὡς νύμφην κεκοσμημένην τῷ ἀνδρὶ αὐτῆς.

---

¹ Ita omn. mei et verba seq. In Matt. vii. 14 fin. habet: καὶ ὀλίγοι εἰσὶν οἱ εὑρίσκοντες αὐτήν et cessat
² add. τὴν 203 [non 240]
³ ὁδεύσαντες 203 240
⁴ πρᾶ ita 240
⁵ βιβλίον 203 et 240
⁶ ἀντιλαμβάνοντας 203. Illeg. 240
⁷ om. καὶ 146 (illeg. 240)
⁸ καὶ pro ναὶ 203 240
⁹ add. καὶ init. 203 240
¹⁰ Add. οὗτος ὁ δεύτερος θάνατός ἐστιν, ἡ λίμνη τοῦ πυρὸς 203 240. Om. 146 in text. Vide infra 146 in schol.
¹¹ ἁγίαν rescript. 203
¹² Ita interpunctum in 146, sed Θεοῦ. ἡτοιμασμένην ὡσεὶ νύμφην κ.τ.λ. 203 et 240

ὅσοι¹ τῇ τῶν σωμάτων ἀπιστοῦσιν ἀναστάσει, καταμειδιῶσιν² ἡμῶν τε καὶ τοῦ ἡμετέρου δόγματος τοῦ λέγοντος, ταῦτα τὰ σώματα πάλιν ἀνίστασθαι, ὡς οὐ μόνον δυσχεροῦς τούτου τυγχάνοντος, ἀλλὰ καὶ παντάπασιν ἀδυνάτου. καί φασιν ἕκαστον τῶν ἐπὶ γῆς σωμάτων ἐκ τῶν τεσσάρων συνεστάναι στοιχείων, πυρός, ὕδατος, γῆς, ἀέρος· τὰ δέ γε τῷ θανάτῳ διαλυθέντα σώματα εἰς ἐκεῖνα χωρεῖν ἐξ ὧν καὶ³ συνέστη τὴν ἀρχήν. οἷον τὸ μὲν πυρῶδες τὸ ἐν ἡμῖν εἰς τὸ συγγενὲς καὶ καθόλου πῦρ· τὸ δὲ ὑδατῶδες εἰς τὸ ὕδωρ· καὶ ἡ ἑτέρα συζυγία πρὸς τὰ οἰκεῖα. ἀνακραθέντων οὖν τούτων καὶ συγχυθέντων⁴ ταῖς οἰκείαις οὐσίαις, πῶς ἔνεστι τὸ τῇ συγκρίσει⁵ ἀδιάκριτον γεγονός, αὖθις ἑκάστῳ τῶν⁶ ὡς ὑμεῖς φατε σωμάτων⁷ ἀποδοθῆναι, πλὴν εἰ μὴ ἕτερα ἀνθ' ἑτεροίων⁸ ἀνίσασθαι φαίητε; πρὸς οὓς ἄν τις εἴποι τὸ τῆς θείας γραφῆς· **πλανᾶσθε, ὦ ἄνθρωποι, μὴ εἰδότες τὴν δύναμιν τοῦ Θεοῦ,**⁹ οὗ τῷ θελήματι οὐσιώθη τὸ πᾶν, οὗ τὸ βουληθῆναι μόνον ἔργον ἐστὶ συντετελεσμένον, καθὼς καὶ πρόσθεν εἴρηται. τί γάρ ἐστι ῥᾴδιον ἐκ τοῦ μὴ ὄντος παραγαγεῖν τὰς οὐσίας, ἢ παραχθείσας καὶ ἑαυταῖς¹⁰ ἢ ἑτέραις συγχυθείσας¹¹ αὖθις ἀφελεῖν, καὶ ἑκάστῳ τὸ ἴδιον ἀπονεῖμαι; τὸ μὲν γὰρ τελευταῖον καὶ ἡμεῖς ἐπιτελοῦμεν, πολλάκις χωρίζοντες τέχνῃ τινὶ τὸν οἶνον ἀνακραθέντα τῷ ὕδατι. ἀλλὰ καὶ ὁ ἥλιος τὸ μὲν πότιμον καὶ γλυκὺ διὰ τῶν ἀτμῶν καὶ τῶν ἀναθυμιάσεων ἐκ τῆς θαλάσσης ἕλκει, τὸ δὲ βαρὺ καὶ γεῶδες καὶ ἁλμυρὸν καὶ πικρὸν ἐᾷ. τὸ δέ γε πρῶτον Θεοῦ μόνου τοῦ τὰ πάντα δυναμένου ὅσα ἂν ἐθελήσῃ.¹² εἰ οὖν τὰ μὴ ὄντα ὁ Θεὸς εἰς τὸ εἶναι παρήγαγε, πῶς οὐ ῥᾴδιον αὐτῷ τὰ τοῖς καθ' ὅλου στοιχείοις ἀνακραθέντα πάλιν διακρῖναι μόνῳ τῷ βουλη-

(marginal notes:) Ignis, Aqua, Terra, Aer

Similia similibus

(cf. Matt. xxii. 29)

---

¹ ὅτι *pro* ὅσοι 146
² καταμειδιῶσι *absque* ἡμῶν 203 [*sed habet* 240]
³ *om.* καὶ 240 [*non* 203]
⁴ *om.* καὶ συγχυθέντων 203 240
⁵ συγκράσει 240 [*non* 203]
⁶ *om.* αὖθις ἑκάστῳ τῶν 146
⁷ σῶμα̇· *sic fin. lin.* 146
⁸ ἀνθετερίων *sic* 146 ἀνθ' ἑτερίων *sic* 203 240
⁹ *Verba Christi*; *om.* Oec. τὰς γραφὰς μηδὲ
¹⁰ καὶ ἑαυταῖς *omnes, sed legendum* καθ' ἑαυτάς?
¹¹ συγχεθείσας 203 [*non* 240]
¹² ἐθελήσαῐ *sic* 146

θῆναι καὶ τὸ ἴδιον ἑκάστῳ σώματι¹ νεῖμαι, εἰ καὶ ἀνθρώποις ἀδύνατον τοῦτο τυγχάνει; ὥσπερ γὰρ σοί τε καὶ ἐμοὶ ἀδύνατον διακόψαι τὸ φωτιστικὸν τοῦ πυρὸς ἀπὸ τοῦ καυστικοῦ, Θεῷ δὲ δυνατόν, εἴρηται γὰρ **φωνὴ Κυρίου διακόπτοντος φλόγα πυρός**, οὕτω καὶ τὰ συγχυθέντα σοὶ² μὲν ἀδύνατον καὶ ἐμοί, Θεῷ δὲ ῥᾴδιον καὶ εὐχερές. τοῦτο νῦν ἡμῖν τὸ θαυμάσιον δόγμα παρατίθεται ὁ παρὼν τῆς ἀποκαλύψεως λόγος, εἰπὼν **ἔδωκεν**³ **ἡ θάλασσα τοὺς νεκροὺς τοὺς ἐν αὐτῇ** ἀπὸ τῆς θαλάσσης. στοιχεῖον δὲ αὕτη τοῦ ὕδατος πᾶσαν τὴν ὑγρὰν οὐσίαν ἐσήμανεν.⁴ ἔδωκε τοίνυν ἡ ὑγρά φησιν οὐσία ὅσον ἐν αὐτῇ ἀνεκράθη ἐκ τοῦ τῶν ἀνθρωπίνων σωμάτων ὑδατώδους. **καὶ ὁ θάνατός** φησι **καὶ ὁ Ἅδης ἔδωκαν τοὺς νεκροὺς τοὺς ἐν αὐτοῖς.**⁵ θάνατον τὴν γῆν καλέσας⁶ παρὰ τὸ⁷ ἐν αὐτῇ διαλύεσθαι ἡμῶν τὰ σώματα· ὅθεν καὶ ὁ θεσπέσιος προφήτης χοῦν θανάτου κατὰ περίφρασιν τὸν θάνατον καλεῖ, λέγων **καὶ εἰς χοῦν θανάτου κατήγαγέ με.**⁸ δέδωκε τοιγαροῦν καὶ ἡ γῆ ἅπαν τὸ ἐν αὐτῇ γεῶδες ἡμῶν. πρὸς τούτοις **καὶ ὁ Ἅδης δέδωκε τοὺς ἐν αὐτῷ νεκρούς,** Ἅδην λέγων τὸν⁹ ἀέρα καὶ τὸ πῦρ ἀπὸ τοῦ ἀειδοῦς καὶ ἀοράτου. καὶ γὰρ καὶ ὁ ἀὴρ τῇ λεπτότητι ἀόρατος τυγχάνει, πλὴν εἰ μὴ παχυνθείη· καὶ τὸ πῦρ τὸ τέως ἐμφωλεῦον ταῖς ὕλαις ἀόρατον, πλὴν εἰ μὴ ἐπὶ¹⁰ τὰ ἔξω παρ' αὐτοῦ προσκληθείη. ἀλλὰ καὶ τὸ τοῦ πυρὸς στοιχεῖον, ὁ αἰθὴρ ἀόρατος ἡμῖν τυγχάνει τῇ ἐπιπροσθήσει τοῦ πολλοῦ ἀέρος σκοτιζόμενος. ἢ γοῦν καὶ Ἅδην λέγει τὸ πῦρ ἀπὸ τοῦ ἀφάνειαν καὶ ἀειδίαν¹¹ ἐμποιεῖν οἷς ἂν ἐπέλθῃ· ὅθεν καὶ ἄδηλον¹² αὐτὸ¹³ προσαγορεύουσιν πολλοὶ τῶν λογίων. ἑκάστου οὖν τῶν στοιχείων ἀποδεδωκότος ὅσον ἦν ἐν αὐτοῖς τοῦ¹⁴ ἀνθρωπίνου συγκρι-

---

¹ σῶμα 203 240
² σὺ habet 146
³ εἰπὼν γὰρ δέδωκεν 203, εἰπὼν γὰρ ἔδωκεν 240
⁴ σημάνας fin. lin. 146 sed ἐσήμανεν 203 240
⁵ om. claus. καὶ ὁ θανατος ... αὐτοῖς in schol. 203 240
⁶ ἐκάλεσε 203 (init. peric., vv. 14-15 text. interject.) 240
⁷ τῶ 146
⁸ κατήγαγές με 203 240 ut Sept.
⁹ τὸ 146
¹⁰ om. ἐπὶ 146
¹¹ ἀφάνειαν καὶ ἀηδίαν 146 ἀφανίαν καὶ ἀειδίαν 203 240
¹² ἀείδηλον 203 240
¹³ αὐτῷ 146 et fort. 240 pr. man.
¹⁴ om. τοῦ 240 [non 203]

ματος, ἐνηργήθη ἡ ἀνάστασις. οὗ γενομένου,¹ ἐκρίθησάν (Apoc. xx. 13
φησιν ἕκαστος κατὰ τὰ ἔργα αὐτῶν. καὶ ὁ θάνατος καὶ ὁ *fin.*)
(Apoc. xx. 14)
Ἅδης φησὶν ἐβλήθησαν εἰς τὴν λίμνην τοῦ πυρός· τουτέστιν
ἀνηρέθη ὁ θάνατος καὶ ἡ ἀειδὴς καὶ ἀσώματος τῶν ψυχῶν
ἐν τῷ θανάτῳ διαγωγή, τῆς ² ἀναστάσεως ἅπαξ γεγενημένης
καὶ ἑκάστης ψυχῆς τὸ ἴδιον σῶμα ἀπολαβούσης· ὅπερ τρο-
πικώτερον ἐξηγησάμενος καὶ τὴν ἀπώλειαν αὐτῶν αἰνιξά-
μενος, εἶπεν ἐμβεβλῆσθαι τὸν θάνατον καὶ τὸν Ἅδην εἰς
τὴν λίμνην τοῦ πυρός.³ τοῦτο ποιεῖ καὶ ὁ προφήτης Ὡσηέ,
εἰπὼν **ποῦ ἡ δίκη** ⁴ **σου, θάνατε; ποῦ τὸ κέντρον σου, Ἅδη;** Hos. xiii. 14
οὗτός φησιν **ὁ θάνατος ὁ δεύτερός ἐστιν ἡ λίμνη τοῦ πυρός** ⁵· (1 Cor. xv. 55)
Apoc. xx. 14
εἴρηται ⁶ γὰρ καὶ ⁷ ἐν τοῖς ἔμπροσθεν ὡς πρῶτος μὲν θάνα-
τός ἐστιν ⁸ ὁ αἰσθητός, ἡ διάζευξις τῆς ψυχῆς καὶ τοῦ σώ-
ματος,⁹ δεύτερος δὲ ὁ νοητός, ἡ κόλασις καὶ ἡ τιμωρία, (Apoc. xx. 5–6)
ὅστις μητέρα ἔχει τὴν ἁμαρτίαν. ἀλλὰ καὶ ὅσοι φησὶ
γεγόνασιν ¹⁰ ἐν ἁμαρτίαις καὶ οὐκ ἠξίωνται τῆς ἐν τῇ ζωῇ
γραφῆς, τὰ ἴσα πεπόνθασιν.¹¹ εἰ δὲ καὶ τοὺς μέσως ἔχοντας
τῶν ἁμαρτωλῶν εἶπε βεβλῆσθαι εἰς τὴν λίμνην τοῦ πυρὸς
σὺν τῷ Διαβόλῳ καὶ τῷ ἀντιχρίστῳ, τοῦτο γὰρ ἐν τοῖς ἔμ-
προσθεν ¹² εἴρηκε, μὴ θαυμάσῃς· ἔνι γὰρ καὶ ἐκεῖ διάφορος Apoc. xvii. 7 ?
κόλασις, ὥσπερ καὶ πυρετοῦ· ὁ μέν τις καυσός ¹³ ἐστι καὶ
συνεχής ¹⁴ ὁ δὲ μείων καὶ μαλθακός, εἰ καὶ πάντες καλοῦνται
πυρετοί, οὕτω μοι κἀκεῖ νοήσεις. **καὶ εἶδόν** φησιν **οὐρανοὺς** (Apoc. xxi. 1)
καινοὺς ¹⁵ **καὶ γῆν καινήν· ὁ γὰρ πρῶτος οὐρανὸς καὶ ἡ πρώτη**
γῆ ἀπῆλθον, καὶ ἡ θάλασσα οὐκ ἔστιν ἔτι. τούτου ¹⁶ ὅμοιόν

---

¹ ἐνηργήθη ἡ ἀνάστασις τοῦ γενο-
μένου· ἐκρίθ. κ.τ.λ. 203 240

² om. τῆς 240 [*non* 203]

³ *Ord.* ἐμβεβλῆσθαι εἰς τὴν λί-
μνην τοῦ πυρός, τὸν θάνατον καὶ τὸν
Ἅδην 203 [*non* 240]

⁴ *Recte* 146 δίκη *ut Sept.*, *sed* 203
240 νίκη *ex memoria* 1 Cor. xv. 55
ubi τὸ νῖκος *a Paulo adhibitum*

⁵ *Om. claus. supra in textu* 146
sed suppl. hoc loco in 146 *com.*

⁶ *add.* μὲν 240 [*non* 203]

⁷ *om.* καὶ 203 240

⁸ ἐστι θάνατος 203 240

⁹ *Om.* ἡ διάζευξις τῆς ψυχῆς καὶ
τοῦ σώματος 203 [*Habet* 240, *sed om.*
τῆς *et* τοῦ]

¹⁰ γέγοναν 203 [*non* 240]

¹¹ πέπονθαν 203 [*non* 240]

¹² *Ita et* 203 240 *sed supra* ἔμπροσ-
θεν *punctis ornatum, apparet* ὄπι-
σθεν *man. prim. ut credo, scriptum
in* 146

¹³ καύσων 203 240

¹⁴ συνηχής *ut vid.* 240

¹⁵ *Sic, sed tacent* 203 240 *ubi claus.
non reperitur in schol.*

¹⁶ τούτῳ 240 [*non* 203]

2 Pet. iii. 13

φησιν ὁ Πέτρος ἐν δευτέρᾳ τῶν αὐτοῦ ἐπιστολῶν,[1] καινοὺς δὲ οὐρανοὺς λέγων καὶ γῆν[2] κατὰ τὰ ἐπαγγέλματα αὐτοῦ προσδοκῶμεν. οὐ τοῦτο δέ φησιν[3] ὡς[4] εἰς ἀπώλειαν καὶ ἀνυπαρξίαν χωρησάντων τοῦ οὐρανοῦ καὶ τῆς γῆς καὶ τῆς θαλάσσης, ἄλλοι ἀντ' αὐτῶν γεγένηνται, ἀλλ' ὅτι ἀποβεβλήκασιν αὐτῶν οἱ νῦν ὄντες τὴν φθορὰν καὶ καινοὶ γεγένηνται,[5]

(cf. Psa. ci. 27 infra)

ὥσπερ ἱμάτιον παλαιὸν καὶ πιναρὸν[6] ἀπαμφιασάμενοι τὸν ἐν αὐτοῖς ῥύπον· καινὸν γὰρ ἅπαν καλεῖται τὸ μὴ ὂν μὲν τοιοῦτον πρότερον, νῦν δὲ γενόμενον. τότε δὲ γενήσεται ἡ κτίσις καθαρὰ φθορᾶς ἁπάσης, ἣν ἀνεμάξατο τῇ παραβάσει τῶν ἀνθρώπων. καὶ μάρτυς τούτων ἀξιοπιστότατος ὁ θεῖος ἀπόστολος Ῥωμαίοις ἐπιστέλλων καὶ[7] τάδε γράφων περὶ

Rom. viii. 19-21 verbatim

τῆς κτίσεως[8] ἡ γὰρ ἀποκαραδοκία τῆς κτίσεως[9] τὴν ἀποκάλυψιν τῶν υἱῶν τοῦ Θεοῦ ἀπεκδέχεται· τῇ γὰρ ματαιότητι ἡ κτίσις[10] ὑπετάγη, οὐχ ἑκοῦσα[11] ἀλλὰ διὰ τὸν ὑποτάξαντα ἐπ' ἐλπίσιν[12] ὅτι[13] καὶ αὐτὴ ἡ κτίσις ἐλευθερωθήσεται ἀπὸ τῆς δουλείας τῆς φθορᾶς εἰς τὴν ἐλευθερίαν τῆς δόξης τῶν τέκνων τοῦ Θεοῦ. οὐ μόνον δὲ αὐτὸς ἀλλὰ καὶ ὁ θεσπέσιος προφήτης ψάλλων[14] περὶ τοῦ οὐρανοῦ καὶ τῆς γῆς κατὰ τὴν ἀρτίως

Psa. ci. 27

παρατεθεῖσαν μαρτυρίαν· καὶ πάντες ὡς ἱμάτιον παλαιωθήσονται καὶ ὡσεὶ περιβόλαιον ἑλίξεις αὐτοὺς καὶ ἀλλαγήσονται.

(Apoc. xxi. 2)

καὶ τὴν πόλιν φησὶ τὴν ἁγίαν Ἱερουσαλὴμ καινὴν εἶδον καταβαίνουσαν ἐκ τοῦ οὐρανοῦ ἀπὸ τοῦ Θεοῦ ἡτοιμασμένην,[15] ὡς νύμφην κεκοσμημένην τῷ ἀνδρὶ αὐτῆς. διὰ τῆς Ἱερουσαλὴμ τὴν

---

[1] ἐν δευτέρᾳ (β⁻ᵃ 240) αὐτοῦ ἐπιστολῇ 203 240

[2] Add. καινὴν 203 240. Vere in 2 Ep. Petri γῆν καινὴν BCKLP etc., καινὴν γῆν ℵA Vg. Aeth. Cyr. Citat Tisch. 'Oec.' γῆν καινὴν. Unde?

[3] φασὶν 203 240

[4] om. ὡς 203 240

[5] Om. claus. ἄλλοτι usque ad. γεγένηνται sec. ex homoiotel. 203, sed habet 240 cum γενήσονται pro γεγένηνται, ἀλλ' ὅτι tum γενήσονται sec.

[6] ῥυπαρὸν pro πιναρὸν 240

[7] om. καὶ 146

[8] De initio ver. 18 vide cit. infra

[9] om. ex homoiotel. ἡ γὰρ ἀποκαραδοκία τῆς κτίσεως 203 [Habet 240]

[10] ἡ κτίσ errore 146

[11] Confirmat Oec. οὐχ ἑκοῦσα contra οὐ θελοῦσα FG et Latt.

[12] ἐπ' ἐλπίδι ut vid. 240 et ita codd. N.T.

[13] διότι ℵD*FG, contra ὅτι rell. et Theodot. Or. Meth. Chr. Thdrt. et Oec.

[14] om. ψάλλων 203 240

[15] Obs. interpunctum. Simile text. supra. Non hab. claus. καὶ τὴν πόλιν . . . ἀνδρὶ αὐτῆς in schol. 203 240

μακαρίαν λῆξιν καὶ κατασκήνωσιν τῶν ἁγίων αἰνίττεται,
ἥντινα καλέσας Ἰερουσαλὴμ τροπικῶς καὶ νῦν καὶ ἐπὶ¹ τοῖς
ἔπειτα, μεγαλοπρεπῶς καὶ εὐπρεπῶς² κεκόσμηκεν, ἵνα ἐκ
τῶν αἰσθητῶς λεγομένων εἰς τὴν νοητὴν τῶν ἁγίων μακαριό-
τητα καὶ διαγωγὴν τὸν νοῦν παραπέμψωμεν τὸν ἡμέτερον.

καὶ ἤκουσα φωνῆς μεγάλης ἐκ τοῦ οὐρανοῦ λεγούσης· ἰδοὺ ἡ   Apoc. xxi. 3
σκηνὴ τοῦ Θεοῦ μετὰ τῶν ἀνθρώπων, καὶ σκηνώσει³ μετ' αὐ-
τῶν, καὶ αὐτοὶ λαοὶ⁴ αὐτοῦ ἔσονται, καὶ αὐτὸς ὁ Θεὸς μετ'
αὐτῶν ἔσται αὐτῶν ὁ Θεός,⁵ καὶ ἐξαλείψει πᾶν δάκρυον ἀπὸ   4
τῶν ὀφθαλμῶν αὐτῶν, καὶ ὁ⁶ θάνατος οὐκέτι ἔσται⁷· οὔτε
πένθος οὔτε κραυγὴ οὔτε πόνος οὐκ ἔσται ἔτι.⁸ τὰ πρῶτα
ἀπῆλθε. καὶ εἶπεν ὁ καθήμενος ἐπὶ τῷ θρόνῳ· ἰδοὺ καινὰ   5
ποιῶ πάντα. καὶ λέγει⁹· γράψον, ὅτι¹⁰ οὗτοι οἱ λόγοι πι-
στοὶ καὶ ἀληθινοί εἰσιν.

οὐ¹¹ καλῶς ἔλεγον¹² ἐν τοῖς ἔμπροσθεν ὅτι τὴν τῶν ἁγίων
λῆξιν καὶ τὴν ἐκεῖ κατοικίαν τροπικῶς νοητὴν¹³ Ἰερουσαλὴμ
ἡ θεωρία καλεῖ;¹⁴ ἰδοὺ νῦν ἀπεκάλυψε τὸ αἴνιγμα, εἰποῦσα
ἰδοὺ¹⁵ ἡ σκηνὴ τοῦ Θεοῦ μετὰ τῶν ἀνθρώπων καὶ σκηνώσει¹⁶ μετ'   (Apoc. xxi. 3)
αὐτῶν, καὶ αὐτοὶ λαὸς¹⁷ αὐτοῦ ἔσονται, καὶ αὐτὸς Θεὸς μετ'
αὐτῶν ἔσται αὐτῶν Θεός.¹⁸ τοῦτο σαφέστερον ὁ ἀπόστολος
δηλῶν ἔλεγεν ἔπειτα ἡμεῖς οἱ ζῶντες οἱ περιλειπόμενοι ἁρπα-   I Thess. iv. 17
γησόμεθα ἐν νεφέλαις εἰς ἀπάντησιν τοῦ Κυρίου εἰς ἀέρα· καὶ
πάντοτε σὺν Κυρίῳ ἐσόμεθα.¹⁹ καὶ ἐξαλείψει φησὶ πᾶν δάκρυον   (Apoc. xxi. 4)
ἀπὸ τῶν ὀφθαλμῶν αὐτῶν. καὶ τούτου ὅμοιον ἔφη Ἡσαΐας ὁ

---

¹ ἐν pro ἐπὶ 203 240
² εὐπρεπῶς καὶ μεγαλοπρεπῶς 203 240
³ ἐσκήνωσε 203 text. cum ℵ et 111 143 167 Syr. Σ Gig. Am. Non 38–178–240, et 203* mg. σκηνώσει.
⁴ λαοὶ omn. fam. praeter 38 (contra EP mult. λαὸς)
⁵ καὶ αὐτὸς ὁ Θεὸς ἔσται μετ' αὐτῶν (om. αὐτῶν ὁ Θεὸς q. seq.) 203 sed in mg. prim. man. 203 ἔσται αὐτῶν Θεὸς et in 240 tantum καὶ αὐτός ἐστιν αὐτῶν Θεός
⁶ om. ὁ 203 240 cum ℵ pauc.
⁷ οὐκ ἔσται ἔτι 203 240
⁸ om. ἔτι 203 240

⁹ add. μοι 203 240
¹⁰ om. ὅτι 203 240
¹¹ om. 146 οὐ quod init. peric. habent 203 et 240
¹² ἔλεγεν 146
¹³ νοεῖν τὴν 203 240 (pro νοητὴν)
¹⁴ Signum interrogat. in 146 et 203 [non 240 = καλεῖ·]
¹⁵ ἡδοὺ 146
¹⁶ Sic omnes hoc loco
¹⁷ Sic omnes hoc loco
¹⁸ καὶ αὐτὸς ὁ Θεὸς μετ' αὐτῶν ἔσται tantum 203 et 240
¹⁹ Sic omn. mei. Om. ergo Oec. ἅμα σὺν αὐτοῖς ante ἁρπαγ., et οὕτως ante πάντοτε

Es. xxv. 8

Acta sive Vitae Sanctorum

(Apoc. xxi. 4 fin.)

(Apoc. xxi. 5 init.)

προφήτης, εἰπών ¹ κατέπιεν ὁ θάνατος ἰσχύσας, καὶ πάλιν ἀφεῖλεν ² ὁ Θεὸς πᾶν δάκρυον ἀπὸ παντὸς προσώπου. εἰ γὰρ κατὰ τὸν θεῖον ἀπόστολον ἐν τῇ μακαρίᾳ ἐκείνῃ Τῶν Ἁγίων Ζωῇ ἀπέδρα ὀδύνη καὶ ³ λύπη καὶ στεναγμὸς, ποῖον ἔσται λοιπὸν δάκρυον, τούτων ἀποδράντων; τὰ πρῶτά φησιν ἀπῆλθεν. πέρας φησὶν ἔσχεν ἡ τῶν ἁγίων κακοπάθεια. νῦν αἱ ἀμοιβαὶ τῶν πόνων παρέχονται. ἰδού φησι καινὰ ποιῶ πάντα. εἰ γὰρ ὁ οὐρανὸς καὶ ἡ γῆ καὶ ἡ θάλασσα καινοί,⁴ ἔτι δὲ καὶ οἱ ἄνθρωποι καὶ καινὰ τὰ τῆς χαρᾶς αὐτῶν καὶ δόξης, δακρύοις ἢ πένθεσιν ἢ ἀδοξίαις οὐ διακοπτόμενα, ἄρα πάντα ἔσται καινά. μὴ νόμιζε δέ φησιν,⁵ ὦ Ἰωάννη, τῇ τοῦ μεγέθους ὑπερβολῇ φαντασίαν ἔχειν τινὰ ἢ ψεῦδος τὰ λεγόμενα καὶ ⁶ δεικνύμενά σοι· πάντα πιστά ἐστιν καὶ ἀληθῆ· διὸ γράψον αὐτά·

Apoc. xxi. 6

7

8

⁷ καὶ εἰπέ ⁸ μοι γεγόνασιν ⁹ · ἐγώ εἰμι τὸ ᾱ καὶ τὸ ω̄ · ἀρχὴ καὶ τέλος.¹⁰ ἐγὼ ¹¹ διψῶντι δώσω ἐκ τῆς πηγῆς τοῦ ὕδατος τῆς ζωῆς δωρεάν. ὁ νικῶν κληρονομήσει ταῦτα, καὶ ἔσομαι αὐτῷ Θεός, καὶ αὐτός μοι υἱός.¹² τοῖς δὲ λοιποῖς ¹³ καὶ ἀπίστοις καὶ ἐβδελυγμένοις καὶ φονεῦσι καὶ πόρνοις καὶ φαρμακοῖς καὶ εἰδωλολάτραις καὶ πᾶσι τοῖς ψευδέσι · τὸ μέρος αὐτῶν ἐν τῇ λίμνῃ τῇ καιομένῃ πυρὶ καὶ θείῳ, ὅ ἐστιν ὁ θάνατος ὁ δεύτερος.¹⁴

(Apoc. xxi. 6)

γεγόνασί φησι. τί γεγόνασιν; ταῦτα, τουτέστι τὰ εἰρημένα, καὶ οὐδὲν ἐπ' αὐτοῖς ψευδές. τὸ γεγόνασιν ἀντὶ τοῦ γενήσονται τέθεικεν. ἐγώ εἰμί φησι τὸ ᾱ καὶ τὸ ω̄ · ἡ ἀρχὴ

---

¹ Sic 203 240, sed om. καὶ τούτου usque ad εἰπών noster 146
² add. Κύριος Sept. aliq. [non ΑΟΓ, nec mei tres 146–203–240]
³ om. καὶ 203 [non 240]
⁴ καινά 203 240
⁵ add. ὁ Θεός supra lin. 203 et in textu 240
⁶ ἢ pro καὶ 203 240
⁷ Hoc loco contra morem perseverabant in schol. cum text. duplice ab καὶ εἰπέ μοι usque ad τέλος, sed scrib. φησὶ post ἐγώ εἰμι et ἡ ἀρχὴ καὶ τὸ τέλος 203 et 240, pergentes schol. ad verbum ἐπειδή. Vide postea
⁸ λέγει pro εἰπέ 203 240
⁹ γέγοναν 203 240 in textu
¹⁰ ἡ ἀρχὴ καὶ τὸ τέλος 203 240
¹¹ add. τῷ 203 240. Om. τῷ 146–155 text. et com. et P 200 [non al.] Vere ἀρχὴ καὶ τέλος ἐγώ, διψῶντι δώσω 146
¹² καὶ ἔσται μοι υἱός 203 240
¹³ λοιποῖς et 155 text., non 146 com. 155 com. Vide infra (τοῖς δὲ δειλοῖς textt. 203 et 240). Ignorant al. Mss. et Versiones λοιποῖς. (δειλοῖς 146 mg *)
¹⁴ ὅ ἐστι θάνατος δεύτερος 203 240

καὶ τὸ τέλος.[1] ἐπειδὴ τὰ πρότερον αὐτῷ εἰρημένα πάλιν (Apoc. xxi. 6)
ἀναλαμβάνει, καὶ ἡμεῖς κατ' ἴχνος αὐτῷ ἑπόμενοι ἀναλάβω-
μεν[2] πάλιν ἃ πρότερον εἴπομεν. τὸ ᾱ καὶ τὸ ω̄, ἡ ἀρχὴ καὶ
τὸ τέλος, τὸ ἄναρχον τοῦ Θεοῦ καὶ ἀτελεύτητον δηλοῖ· ἐπει-
δὴ γὰρ οὐδὲν ἄναρχον ἐν τῷδε τῷ βίῳ τῇ παρ' ἡμῖν ἀρχῇ
καὶ τῷ τέλει ἀντὶ ἀνάρχου ἐχρήσατο καὶ ἀτελευτήτου. ἐγώ (Apoc. xxi. 6
φησι διψῶντι δώσω ἐκ τῆς πηγῆς τοῦ ὕδατος τῆς ζωῆς δωρεάν.[3] *fin.*)
φησὶν ἐν Εὐαγγελίοις ὁ Κύριος μακάριοι οἱ πεινῶντες καὶ δι- Matt. v. 6
ψῶντες τὴν δικαιοσύνην, ὅτι αὐτοὶ χορτασθήσονται. τῷ τοίνυν
τὴν τοιαύτην δίψαν διψῶντι δώσω τὴν ζωὴν δωρεάν. καὶ
πῶς ἔφη δωρεάν, ὁπότε μετὰ μυρίων ἱδρώτων ἐπιτυγχανοῦ-
σιν οἱ ἅγιοι τῆς μελλούσης ζωῆς; διὰ τί οὖν φησι διδόναι
δωρεάν; τοῦτο λέγει σημαίνων[4] ὅτι οὐδὲν[5] ἀντάξιον τῶν τότε
ἀγαθῶν εἰσενέγκοι ποτὲ ἄνθρωπος, κἂν μυρία ὅσα μοχθήσῃ,[6]
τοῦτο καὶ ὁ ἀπόστολος δηλῶν ἔλεγεν· λογίζομαι γὰρ[7] ὅτι Rom. viii. 18
οὐκ ἄξια τὰ παθήματα τοῦ νῦν καιροῦ πρὸς τὴν μέλλουσαν δόξαν
ἀποκαλυφθῆναι εἰς ἡμᾶς. ὁ νικῶν φησι τά τε[8] πάθη καὶ τὸ (Apoc. xxi. 7)
πονηρὸν θηρίον τὸν Διάβολον, ταῦτα κληρονομήσει. οὕτω
μὲν οἱ νικῶντες· τοῖς δέ γε δειλοῖς[9] καὶ ἀπίστοις[10] καὶ τοῖσδε (Apoc. xxi. 8)
καὶ τοῖσδε ἔσται μερὶς ἐν τῇ τοῦ πυρὸς λίμνῃ. δειλοὺς καλεῖ
τοὺς εἰς πᾶν ἔργον ἀγαθὸν ἀσθενεῖς διὰ ἑκουσίαν ταλαι-
πωρίαν. καὶ πᾶσί φησι τοῖς ψευδέσιν. οὐκ εἶπε τοῖς ψεύ- (Apoc. xxi. 8)
σταις ἀλλὰ τοῖς ψευδέσι,[11] τουτέστι τοῖς τὰ[12] παρὰ φύσιν
πράττουσι καὶ ψευδομένοις τὸ φυσικὸν κάλλος τῆς ἀρετῆς
εἰς νόθα καὶ παρηλλαγμένα κακίας προσωπεῖα. ὅτι δὲ τὸ
πῦρ ἐκεῖνο ἔσται[13] ὁ δεύτερος θάνατος,[14] καὶ ἐν τοῖς φθάσασιν (Apoc. xxi. 8
εἴρηται. *fin.*)

---

[1] *Om.* γεγόνασί φησι *usque ad* τὸ τέλος 203 *et* 240. *Vide supra de modo substitutionis*

[2] παρεχόμενοι ἀναλάβωμεν 146 *pro* ἑπόμενοι, ἀναλάβωμεν 203 *et* 240

[3] *Om. claus. vers.* 6 *fin. in schol.* ἐγώ ... δωρεάν 203 *et* 240

[4] σημαίνον 146

[5] τοῦτο λέγει; σημαίνων ὅτι οὐδὲν 203, τοῦτο λέγει, σημαίνων *(comp.)* ὅτι οὐδὲν 240

[6] μοχθήσοι 146

[7] *om.* λογίζομαι γὰρ 203 *et* 240

[8] τὰ *pro* τά τε 203 *(init. peric.)* 240

[9] *Sic hoc loco omn.*

[10] *om.* καὶ ἀπίστοις 240, *sed habet* 203

[11] *Om. haud dubie ex homoiotel.* 146 οὐκ εἶπε ... ψευδέσι. *Suppl.* 203 [*non* 240]. *Nihilominus* ψευδέσιν *ante* τουτέστι *vertit* 146 *in* ψευδέσι

[12] *om.* τὰ 240 [*non* 203]

[13] ἐστι *pro* ἔσται 203 240

[14] ὁ β-ος θάνατος 240 *ut solet*

Apoc. xxi. 9

καὶ ἦλθεν εἷς ἐκ¹ τῶν ἑπτὰ ἀγγέλων τῶν ἐχόντων τὰς ἑπτὰ φιάλας τῶν γεμόντων² τῶν ἑπτὰ πληγῶν τῶν ἐσχάτων, καὶ ἐλάλησε μετ' ἐμοῦ λέγων· δεῦρο δείξω σοι³ τὴν γυναῖκα τοῦ ἀρνίου. καὶ ἀπήνεγκέ με⁴ ἐν πνεύματι ἐπὶ ὄρος⁵ μέγα καὶ ὑψηλόν, καὶ ἔδειξέ μοι τὴν πόλιν τὴν ἁγίαν⁶ Ἱερουσαλὴμ καταβαίνουσαν ἀπὸ⁷ τοῦ οὐρανοῦ ἐκ⁸ τοῦ Θεοῦ, ἔχουσαν τὴν δόξαν τοῦ Θεοῦ⁹· ὁ φωστὴρ αὐτῆς ὅμοιος λίθῳ τιμιωτάτῳ, ὡς λίθῳ¹⁰ ἰάσπιδι, κρυσταλλίζοντι· ἔχουσα τεῖχος μέγα καὶ ὑψηλόν, ἔχουσα πυλῶνας δεκαπέντε,¹¹ καὶ ἐπὶ τοῖς πυλῶσιν¹² ἀγγέλους δώδεκα,¹³ καὶ ὀνόματα¹⁴ ἐπιγεγραμμένα¹⁵ ἅ¹⁶ ἐστι τὰ¹⁷ ὀνόματα τῶν δώδεκα¹⁸ φυλῶν υἱῶν Ἰσραήλ· ἀπὸ ἀνατολῆς πυλῶνες τρεῖς, καὶ ἀπὸ βορρᾶ πυλῶνες τρεῖς, καὶ¹⁹ ἀπὸ νότου πυλῶνες τρεῖς²⁰· καὶ τὸ τεῖχος τῆς πόλεως ἔχον²¹ θεμελίους δώδεκα,²² καὶ ἐπ' αὐτῶν δώδεκα ὀνόματα, τῶν δώδεκα ἀποστόλων τοῦ ἀρνίου.

9-10 (uno tenore in 146)

10-11

12

13

14

(Apoc. xxi. 9)
(Apoc. xxi. 10)

καὶ ἦλθέ φησιν εἷς ἐκ²³ τῶν ἑπτὰ ἀγγέλων, ποίων ἑπτά,²⁴ περὶ ὧν πολὺς γέγονε λόγος²⁵ ἐν τοῖς ἔμπροσθεν. δεῦρό φησι δείξω σοι²⁶ τὴν γυναῖκα τοῦ ἀρνίου. τὴν ἐκκλησίαν δεῖξαι θέλει τῶν πρωτοτόκων τῶν ἀπογεγραμμένων ἐν οὐρανοῖς, ἣν καὶ ἐπουράνιόν φησιν Ἱερουσαλήμ· περὶ ἧς ἔλεγεν

---

¹ ὁ πρῶτος pro εἷς ἐκ 203 240 cum 38-178 et fam. 35 partim (35-87-132-181)
² τῶν γεμόντων etiam 203, sed τὰς γεμούσας 240
³ add. τὴν νύμφην 203 240
⁴ μοι pro με 146
⁵ Sic cum ℵA aliq. et 203 240 ἐπ' ὄρος
⁶ add. τὴν 203 240 cum 178 solo
⁷ ἐκ pro ἀπὸ 203 240
⁸ ἀπὸ pro ἐκ 203 240
⁹ add. καὶ 203 240
¹⁰ om. ὡς λίθῳ 203 240 et ἰασπιδι-κρυσταλλίζοντι uno tenore
¹¹ Sic 146 at δώδεκα 203 et ιβ 240 (sed concordat 155 text. δεκαπέντε) et δώδεκα 146-155 infra schol.
¹² ἐπὶ τοὺς πυλῶνας 203 240
¹³ ιβ 203 240
¹⁴ add. αὐτῶν 203 240 [non 38-178]

cum ℵ et Syr. S sol.
¹⁵ γεγραμμένα 203 240
¹⁶ om. ἅ 203 240 [non al. praeter 102]. Habent infra com.
¹⁷ om. τὰ 203 240. Vere 203 240 καὶ ὀνόματα αὐτῶν γεγραμμένα ἐστίν, ὀνόματα τῶν . . .
¹⁸ ιβ 203 240
¹⁹ om. καὶ 240 ut vid. [non 203]
²⁰ Add. καὶ ἀπὸ δυσμῶν πυλῶνες τρεῖς 203 240 et omn., praeter ℵ 146-155 et 156 qui quoque om. (γ̄ pro τρεῖς 240 ter, non primo loco)
²¹ εἶχε 203 240 text. ut 146 com.
²² ιβ pro δώδεκα hoc loco et bis infra 203 240
²³ Sic omn. mei hoc loco
²⁴ add. ἀγγέλων 240 [non 203]
²⁵ λόγος γέγονεν 203 240
²⁶ Sic et 203 240 hoc loco om. τὴν νύμφην cum 146 text.

ὁ Παῦλος Ἑβραίοις ἐπιστέλλων οὐ γὰρ προσεληλύθατε ψηλα- Heb. xii. 18-23
φωμένῳ¹ ὄρει² κεκαυμένῳ πυρὶ καὶ γνόφῳ καὶ σκότῳ καὶ *med.*
θυέλλῃ καὶ σάλπιγγος ἠχῷ καὶ φωνῇ ῥημάτων, ἧς οἱ ἀκού-
σαντες παρῃτήσαντο μὴ προστεθῆναι αὐτοῖς λόγον· οὐκ ἔφερον
γὰρ τὸ διαστελλόμενον· κἂν θηρίον θίγῃ τοῦ ὄρους, λιθοβο-
ληθήσεται· καὶ οὕτω φοβερὸν ἦν τὸ φανταζόμενον, ὡς εἰπεῖν
ἔμφοβός εἰμι καὶ ἔντρομος³· ἀλλὰ προσεληλύθατε Σιὼν ὄρει
καὶ πόλει Θεοῦ ζῶντος Ἱερουσαλὴμ ἐπουρανίῳ, καὶ μυριάσιν
ἀγγέλων πανηγύρει· καὶ ἐκκλησίᾳ πρωτοτόκων ἀπογεγραμμένων
ἐν οὐρανοῖς, καὶ κριτῇ Θεῷ πάντων. διὰ δὲ τῆς τῶν ἁγίων πάν-
των⁴ εἰς ἓν συναγωγῆς ἤτοι ἐκκλησίας καὶ διὰ τῆς ἐπουρανίου
Ἱερουσαλὴμ τὴν μακαριότητα τῶν ἁγίων ὁ λόγος ζωγραφεῖ,
καὶ τὴν ἐν Θεῷ καὶ μετὰ Θεοῦ ζωὴν αὐτῶν ἐσομένην, ὡς
εἴρηται, σωματικῶς μὲν αὐτὴν καὶ μεγαλοφυῶς διακοσμῶν,
εἰς νοητὴν δὲ δόξαν καὶ λαμπρότητα τὸν νοῦν ἡμῶν ἀνά-
γων.⁵ τέως⁶ ἐκ τῆς θέσεως αὐτῆς. καὶ ἀπήνεγκέ μέ φησιν (Apoc. xxi. 10–
ἐν πνεύματι ἐπὶ ὄρος ὑψηλόν, καὶ ἔδειξέ μοι τὴν πόλιν τὴν ἁγίαν 11)
Ἱερουσαλὴμ καταβαίνουσαν ἐκ τοῦ οὐρανοῦ ἀπὸ τοῦ Θεοῦ, ἔχου-
σαν τὴν δόξαν τοῦ Θεοῦ. οὐ γὰρ ἄνευ πνευματικῆς χάριτος
ὑψώθη ποτὲ νοῦς ἀνθρώπινος ὥστε ἐν περινοίᾳ γενέσθαι τῆς
τῶν ἁγίων δόξης. εἰκότως δὲ ἡ ἐκκλησία καὶ οἷον ἡ ζωὴ
τῶν δικαίων καὶ ἡ πολιτεία· ἐνταῦθά τε καὶ ἐκεῖ ὄρος μέγα καὶ
ὑψηλὸν ὑπῆρχεν· οὐδὲν γὰρ χθαμαλὸν παρ' αὐτοῖς καὶ
χαμαιπετές, ἀλλὰ πάντα ὑψηλὰ καὶ ἐπηρμένα. γέγραπται
γὰρ περὶ αὐτῶν ὅτι τοῦ Θεοῦ οἱ κραταιοὶ τῆς γῆς σφόδρα Psa. xlvi. 10
ἐπήρθησαν. ὁ φωστὴρ αὐτῆς φησι, τουτέστιν ὁ τῆς δικαιο- (Apoc. xxi. 11
σύνης ἥλιος Χριστός, ὅμοιος λίθῳ ἰάσπιδι.⁷ ἡ ἴασπις, καθὼς *fin.*)
καὶ πρόσθεν εἴρηται, χλοερᾶτις οὖσα, τὸ φερέσβιον καὶ
ζωοδοτικὸν ἐμφαίνει τοῦ Χριστοῦ, τοῦ ἀνοίγοντος τὴν χεῖρα cf. Psa. cxliv. 16

---

¹ ψηλαφομένῳ 146
² *add.* καὶ 203 240 *rell.*
³ ἔκφοβός εἰμι καὶ ἔντρομος *pro*
ὡς εἰπεῖν ἔμφοβός εἰμι καὶ ἔντρομος
203 240, *sed text. rec.* Μωυσῆς εἶπεν
ἔκφοβός εἰμι καὶ ἔντρομος (*vel* ἔκτρο-
μος). *Sol. vid.* 146 'ὡς εἰπεῖν' *cor-
rupte*

⁴ *om.* πάντων 203 240
⁵ *add.* καὶ 203 240
⁶ *add.* αὐτοῖς 240 (*add.* αὐτῆς 203)
⁷ *Totam hanc partem inde ab peri-
cop. vss.* 10–11 (καὶ ἀπήνεγκέ με)
usque ad λίθῳ ἰάσπιδι *om.* 203 240.
Incip. ambo de novo ad verba Ἡ
ἴασπις καθὼς

cf. Psa. cxlvi. 8-9

αὐτοῦ καὶ ἐμπιπλῶντος πᾶν ζῶον εὐδοκίας¹· χλόη γὰρ ἡγεῖται² πάσης ἐπιγείου τροφῆς. ἀλλὰ καὶ κρυσταλίζουσα ἦν ἡ ἴασπις, τὸ καθαρὸν καὶ ἅγιον ἐμφαινίζουσα τοῦ Χριστοῦ·

cf. Es. liii. 9 fin.

οὐ γὰρ ἐποίησεν ἁμαρτίαν, καὶ δόλος οὐχ εὑρέθη ἐν τῷ στόματι αὐτοῦ,³ κατὰ τὰς Ἡσαΐου προφητείας. τεῖχος δὲ τῶν ἁγίων ἤτοι τῆς ἐκκλησίας αὐτὸς πάλιν ὁ Χριστός, ὡς ἔρυμα ἡμῶν

(Apoc. xxi. 12)

καὶ περίφραγμα καὶ βοήθεια τυγχάνων. ἔχουσά φησι πυλῶνας δώδεκα,⁴ τοὺς θείους ἀποστόλους αἰνίττεται, τοὺς τὴν εἴσοδον ἡμῖν τῆς εἰς Χριστὸν πίστεως καταγγείλαντας.

(Apoc. xxi. 12)

καὶ ἐπὶ τοῖς πυλῶσιν ἀγγέλους δώδεκα· πείθομαι γὰρ συνεργάσασθαι τοῖς ἁγίοις ἀποστόλοις, καὶ θείους ἀγγέλους εἰς τὴν τοῦ κόσμου πίστιν· εἰ γὰρ ὁ διὰ Μωϋσέως⁵ νόμος δι'

Heb. ii. 2 init.

ἀγγέλων ἐλαλήθη κατὰ τὸν ἀπόστολον λέγοντα· εἰ γὰρ ὁ δι' ἀγγέλων λαληθεὶς λόγος ἐγένετο βέβαιος, πῶς οὐχὶ μᾶλλον τὸ

(Apoc. xxi. 12 fin.)

εὐαγγελικὸν κήρυγμα συνεργοῦντας ἔσχεν ἀγγέλους; καὶ ὀνόματά φησιν ἐπιγεγραμμένα, ἅ⁶ ἐστι τὰ ὀνόματα τῶν δώδεκα φυλῶν τοῦ Ἰσραήλ. Ἰσραήλ ἐστιν μὲν αἰσθητῶς⁷ οἱ ἐξ Ἰακὼβ τοῦ πατριάρχου γεννηθέντες· ἔστι δὲ νοητῶς⁸ οἱ στοιχοῦντες τῇ πίστει τοῦ πατρὸς ἡμῶν Ἀβραάμ. καὶ τού-

Rom. iv. 12

του μάρτυς ὁ λέγων ἀπόστολος καὶ πατέρα περιτομῆς τοῖς οὐκ ἐκ περιτομῆς μόνον, ἀλλὰ καὶ τοῖς στοιχοῦσι τοῖς ἴχνεσι τῆς⁹ πίστεως τοῦ πατρὸς ἡμῶν Ἀβραάμ. Ἰσραὴλ γὰρ ἑρμηνεύεται νοῦς ὁμῶν Θεόν, ἤτοι διορατικός. τίνες δὲ μᾶλλον τῶν πιστῶν νῷ τὸν Θεὸν ἐθεώρησαν,¹⁰ ἢ διορατικοὶ γεγόνασι δαψιλεῖ πνεύματος ἐνεργείᾳ; τούτων τοιγαροῦν τὰ ὀνόματα ἐγγέγραπται¹¹ ἐπὶ τῶν πυλῶν τῆς πόλεως. αἱ δέ γε δώδεκα φυλαὶ τὸ πλήρωμα¹² τῶν πιστῶν ὑποφαίνουσιν· ἅπαξ γὰρ τοὺς πιστοὺς καλέσας Ἰσραήλ, ἐπιμεμένηκε καὶ τῷ τοῦ

---

[1] ἀνοίγεις σὺ τὰς χεῖράς σου καὶ ἐμπιπλᾷς πᾶν ζῶον εὐδοκίας in Sept. (Swete text.)
[2] ἡ γῆ τε vel ἡγῆτε pro ἡγεῖται 146
[3] ὅτι ἀνομίαν οὐκ ἐποίησεν οὐδὲ δόλον ἐν τῷ στόματι αὐτοῦ in Sept.
[4] ιβ 203 240 hic et infra
[5] Μωϋσέος 203 [non 240 vid.]
[6] Ita 203 240 hoc loco
[7] αἰσθητὸς 146
[8] νοητοὶ 146
[9] om. ἐν ἀκροβυστίᾳ omnes mei
[10] Om. τίνες usque ad ἐθεώρησαν et habet οἳ pro ἢ seq. 203 [non ita 240, cum 146 accurate]
[11] ἐγέγραπτο 203 [γέγραπται ut vid. 240]
[12] τὸ πλῆθος 203 [non 240]

TEXT AND COMMENTARY

πληρώματος αὐτῶν ἀριθμῷ, δώδεκα εἰπὼν φυλάς, καί φησιν
ὅτι ἐκ τῶν τεσσάρων[1] τοῦ κόσμου περάτων ἦσαν ἀνὰ πυ-
λῶνες τρεῖς.[2] ἅπαντα γὰρ διειλήφασι[3] οἱ θεσπέσιοι ἀπό- (Apoc. xxi. 13)
στολοι τριάδα, τοῖς ἔθνεσιν ὁμοούσιον[4] κηρύξαντες, καὶ
βαπτίσαντες αὐτοὺς εἰς τὸ ὄνομα τοῦ Πατρὸς καὶ τοῦ Υἱοῦ
καὶ τοῦ Ἁγίου Πνεύματος. καὶ τὸ τεῖχος τῆς πόλεώς φησιν (Apoc. xxi. 14)
εἶχε θεμελίους δώδεκα[5]· ἐπαναπαύεται γὰρ[6] Χριστός, ὃν[7]
τεῖχος νενοήκαμεν, τῷ τῶν ἀποστόλων κηρύγματι, καὶ ἐπ'   1 Pet. ii. 6,
αὐτοῖς βέβηκεν ὡς λίθος ἀκρογωνιαῖος[8] ἔντιμος κατὰ τὸ γε-   Eph. ii. 20,
γραμμένον.[9] καὶ ἐπ' αὐτῶν, τῶν θεμελίων τουτέστι, δώδεκα[10] Es. xxviii. 16
ὀνόματα τῶν δώδεκα ἀποστόλων τοῦ ἀρνίου. μόλις ἐξεκάλυψεν (Apoc. xxi. 13
τὸ αἴνιγμα, σαφῶς εἰπὼν ὅτι τοὺς ἀποστόλους πυλῶνας   fin.)
λέγει καὶ θεμελίους τῆς ἁγίας πόλεως τῆς ἐκκλησίας· ὧν
τῇ διδασκαλίᾳ γένοιτο πάντας ἡμᾶς ἐμμένειν, τὰς[11] βεβή-
λους κενοφωνίας τῆς ψευδωνύμου[12] τῶν αἱρετικῶν γνώσεως
ἐκτρεπομένους· χάριτι Χριστοῦ τοῦ ἡμετέρου καθηγητοῦ καὶ Matt. xxiii. 8, 10
ἀρχιποίμενος· ᾧ ἡ δόξα[13] εἰς τοὺς αἰῶνας[14] ἀμήν ✠   1 Pet. v. 4

Λόγος δωδέκατος

ἔτι περὶ τῆς πόλεως τῆς ἁγίας τῆς ἐπουρανίου Ἱερουσα-
λὴμ λόγος ἐστὶ τῷ θεσπεσίῳ εὐαγγελιστῇ, μεγέθους τε αὐτῆς
καὶ μέτρου καὶ κόσμου καὶ τῆς ἄλλης θέσεως. καί φησι[15]
καὶ ὁ λαλῶν μετ' ἐμοῦ εἶχε μέτρον κάλαμον χρυσοῦν, ἵνα Apoc. xxi. 15
μετρήσῃ τὴν πόλιν καὶ τοὺς πυλῶνας αὐτῆς καὶ τὸ τεῖχος

---

[1] δ̄ pro τεσσάρων 240
[2] γ̄ pro τρεῖς 240
[3] διείληφαν τὰ πέρατα pro διειλή-
φασι 203, sed διειλήφασι τὰ πέρατα 240
[4] ὁμοίως pro ὁμοιούσιον 203 [non
240]
[5] Non reper. claus. haec in schol.
203 240
[6] add. ὁ 203 240
[7] ὃ pro ὃν 146
[8] ἀκρογονιαῖος 146
[9] Es. xxviii. 16 ἰδοὺ ἐγὼ ἐμβάλλω
εἰς τὰ θεμέλια Σιὼν λίθον πολυτελῆ,
ἐκλεκτόν, ἀκρογωνιαῖον, ἔντιμον εἰς τὰ
θεμ̄λια αὐτῆς. 1 Pet. ii. 6 ἰδοὺ τίθημι
ἐν Σιὼν λίθον ἀκρογωνιαῖον ἐκλεκτὸν

ἔντιμον . . . vel (BC Copt. Cyr.)
ἐκλεκτὸν ἀκρογωνιαῖον ἔντιμον . . .
Eph. ii. 20 ἐποικοδομηθέντες ἐπὶ τῷ
θεμελίῳ τῶν ἀποστόλων καὶ προφητῶν
ὄντος ἀκρογωνιαίου αὐτοῦ Χριστοῦ
Ἰησοῦ
[10] ιβ̄ 203 240 hic et infra
[11] add. δὲ 146
[12] τῆς βεβήλου 203 text. (mg. τῆς
ψευδωνύμου man. prim. [240 cum 146]
[13] add. καὶ τὸ κρατος 203 240
[14] add. τῶν αἰώνων 203 240
[15] Post φησὶ hab. in schol. postea
ver. 15 iterum 203 240 [non 146]
usque ad πόλιν καὶ τὰ ἑξῆς, perg. ὁ
μὲν κάλαμος

Apoc. xxi. 16 αὐτῆς. καὶ ἡ¹ πόλις τετράγωνος κεῖται, καὶ τὸ μῆκος αὐτῆς, ὅσον τὸ πλάτος, καὶ τὸ ὕψος αὐτῆς ἴσα ἐστίν.² καὶ ἐμέτρησε τὴν πόλιν τῷ καλάμῳ ἐπὶ σταδίων δώδεκα³ χιλιάδων·

17 τὸ μῆκος καὶ τὸ πλάτος καὶ τὸ ὕψος αὐτῆς⁴ ἴσα ἐστίν. καὶ ἐμέτρησε τὸ τεῖχος αὐτῆς ἑκατὸν μδ̄⁵ πηχῶν⁶ ἀνθρώπου, ὅ

18 ἐστιν ἀγγέλου. καὶ⁷ ἡ ἐνδόμησις τοῦ τείχους αὐτῆς ἴασπις·

19 καὶ ἡ πόλις χρυσίον καθαρὸν ὅμοιον ὑάλῳ⁸ καθαρῷ· καὶ⁹ οἱ θεμέλιοι τοῦ τείχους αὐτῆς¹⁰ τῆς πόλεως παντὶ λίθῳ τιμίῳ κεκόσμηται¹¹· ὁ θεμέλιος ὁ πρῶτος ἴασπις, ὁ δεύτερος σάπ-

20 φειρος, ὁ τρίτος καρχηδών,¹² ὁ τέταρτος¹³ σμάραγδος, ὁ πέμπτος σαρδόνυξ, ὁ ἕκτος σαρδίων,¹⁴ ὁ ἕβδομος χρυσόλιθος, ὁ ὄγδοος βήρυλλος, ὁ ἔνατος τοπάζιον,¹⁵ ὁ δέκατος χρυσόπρασος,

21 ὁ ἐνδέκατος ὑάκινθος, ὁ δωδέκατος ἀμεθύστινος¹⁶· καὶ οἱ δώδεκα¹⁷ πυλῶνες οἱ δώδεκα¹⁸ μαργαρῖται ἀνὰ εἷς ἕκαστος καὶ ἕκαστος¹⁹ τῶν πυλώνων ἦν ἐξ ἑνὸς μαργαρίτου· καὶ ἡ πλατεῖα

22 τῆς πόλεως χρυσίον καθαρὸν ὡς ὕαλος²⁰ δι' αὐγῆς (sic).²¹ καὶ ναὸν οὐκ εἶδον ἐν αὐτῇ, ὁ γὰρ²² Θεός, ὁ παντοκράτωρ,²³ ναός ἐστιν αὐτῆς²⁴ καὶ τὸ ἀρνίον.

---

¹ om. ἡ 203 solus inter omn. [non 240]

² Om. καὶ τὸ ὕψος αὐτῆς ἴσα ἐστίν 203 240 textt. (Add. soli 146-155 et 206 in text). [Hab. 203 240 com.]

³ ἐπὶ σταδίους ιβ 203 240

⁴ καὶ τὸ πλάτος αὐτῆς καὶ τὸ ὕψος, 203 240

⁵ ρμδ 203, ρ̄μ̄δ̄ 240 (ἑκατὸν μδ̄ 146 = ℵ expresse. Hi duo soli inter omn. Mss. Apoc. plus quam ducentos)

⁶ πηχῶν et add. μέτρον 203 240 (Habet μέτρον infra 146 in com.)

⁷ add. ἦν 203 240

⁸ ὑάλῳ rescript. 146, ὑέλῳ 203 240

⁹ om. καὶ init. 203 240

¹⁰ Om. αὐτῆς 203 text. 240 text. (Add. soli 146 155 textt.) Hab. etiam in com. 146 155 ubi hiant 203-240

¹¹ κεκοσμημένοι 203 240 cum plur. (κεκόσμηται soli 146-155 textt. et κεκόσμηνται infra com. cum 203 240)

¹² χαλκεδών 203 240 (καρχηδών fam. 35, 200 et Copt.)

¹³ ὁ Δ̄ος 203 et seq. ὁ ε̄ος, ὁ ς̄ος, ὁ ζ̄ος, ὁ η̄ , ὁ θ̄ος, ὁ ῑος, ὁ ῑᾱος, ὁ ῑβ̄ος [non πρῶτος, δεύτερος, τρίτος], sed 240 ὁ ᾱος seq. ita usque ad ιβος

¹⁴ σάρδιος 203 240

¹⁵ τὸ πάζιον 146

¹⁶ ἀμέθυσος 203 240 plur. (vel ἀμέθυστος rell.) sed ἀμεθύστινος 146 et ℵ soli (ἀμεθύντινως 155)

¹⁷ οἱ ιβ 203 240

¹⁸ ιβ 203 240 (om. οἱ), add. οἱ 146 155 textt. soli (add. καὶ Syr. S solus, add. εἰσιν Sah. et Hier.)

¹⁹ ἕκαστος καὶ ἕκαστος 146 solus. Cf. per singulas. Et singulae Vg. ps.-Ambr. (ἕκαστος 203 240 plur.)

²⁰ ὕαλος rescript. 146, ὕελον 203 240 (ὕαλον fam. 12). (Rell. ὕαλος vel ὕελος)

²¹ διαυγὲς 203 240

²² add. Κύριος ὁ 203 240 et 146 com.

²³ add. ὁ 240 cum A. 56. 178 Copt. [non 203]

²⁴ αὐτῆς ἐστι 203 240

ὁ μὲν κάλαμος, ᾧ διεμέτρει τὴν ἁγίαν[1] πόλιν, γεωμετρικὸς ὑπῆρχε· χρυσοῦς δὲ διὰ τὸ τίμιον τοῦ τε μετροῦντος ἀγγέλου[2] καὶ τῆς μετρουμένης πόλεως. **καὶ ἡ πόλις φησὶ** (Apoc. xxi. 16) **τετράγωνος κεῖται, καὶ τὸ μῆκος αὐτῆς, ὅσον τὸ πλάτος, καὶ τὸ ὕψος αὐτῆς, ἴσα ἐστίν.** τὸ τετράγωνον σχῆμα καθὼς τοῖς περὶ ταῦτα δεινοῖς δοκεῖ, κύβος ἐστί τε καὶ ὀνομάζεται· ἔστι γὰρ καὶ τετράγωνον ἐπίπεδον· ἀλλ' ὅταν εἴη συντετραγώνῳ καὶ ἰσόπλευρον ἐν πάσαις ταῖς διαστάσεσιν, τὸν δὲ κύβον ἑδραιότητα δηλοῦν λέγουσιν· μόνιμα γὰρ τοῖς ἁγίοις τὰ ἀγαθὰ καὶ ἀμετάθετα, οὐδεμίας μεταβολῆς[3] διαφθειρούσης αὐτοῖς τὴν μακαριότητα. τὸ δέ γε μεγαλεῖον τῆς πόλεως ὁμοῦ τό τε μεγαλοπρεπὲς[4] τῶν ἁγίων[5] ἐμφανίζει καὶ ὅτι, εἰ καὶ τῶν ἁμαρτωλῶν ἡττῶνται παραπολὺ τῷ πλήθει, πλὴν οὔτε αὐτοὶ τῷ[6] ἀριθμῷ τυγχάνουσι βραχεῖς, ἀλλ' ὥστε πληρῶσαι πόλιν τοσαύτην. **καὶ ἐμέτρησέν φησι τὸ τεῖχος** (Apoc. xxi. 17) **αὐτῆς ρμδ πηχῶν μέτρον ἀνθρώπου ὅ ἐστιν ἀγγέλου.**[7] ἐν πολλοῖς παρὰ τῇ συνηθείᾳ τῆς θείας γραφῆς ἄνθρωποι οἱ ἄγγελοι λέγονται. καὶ τοῦτο δῆλον ἐξ ὧν ὁ Γαβριὴλ ὁ Ἀρχάγγελος, ἄνθρωπος Θεοῦ ἑρμηνεύεται. καὶ ὁ προφήτης ἔφη **ἀνθρώπους καὶ κτήνη σώσεις, Κύριε,** ἀνθρώπους μὲν καλῶν τοὺς ἀγγέλους, κτήνη δὲ τοὺς ἀνθρώπους· καὶ γὰρ παρὰ τὴν τῶν ἀγγέλων[8] φρένα ἄλογα καὶ κτήνη τυγχάνομεν[9] οἱ ἄνθρωποι. οὔτε γὰρ ἀνθρώπους εἶπε καὶ κτήνη[10] ὡς ἂν οἰηθείη τις, τοὺς ἀληθεῖς ἀνθρώπους καὶ τὰ ὄντως κτήνη· εἴρηται γὰρ τῷ ἀποστόλῳ περὶ τῶν κτηνῶν **μὴ τῶν βοῶν**[11] **μέλει**[12] **τῷ Θεῷ;**[13] ἆρα τὰ παρὰ τῷ προφήτῃ κτήνη τοὺς ἀνθρώπους νοητέον, ἀνθρώπους δὲ τοὺς[14] ἀγγέλους. ἀλλὰ

Gabriel et nominis interpretatio

Psa. xxxv. 7

1 Cor. ix. 9

---

[1] om. ἁγίαν 203 240
[2] τοῦ γεωμετροῦ τοῦ ἀγγέλου 240 [non 203]
[3] οὐδεμιᾷ μεταβολῇ [διαφθειρούσης] 203 [non 240]
[4] μεγαλοπρεποὺς sic 146
[5] om. τῶν ἁγίων 240 [non 203]
[6] om. τῷ 203 [non 240]
[7] om. claus. καὶ ἐμέτρησεν . . . ἀγγέλου in schol. 203 240

[8] τῶν ἀλόγων 203
[9] τυγχάνουσιν 203 (rescript.) 240 (plane)
[10] Add. τυγχάνομεν οἱ ἄνθρωποι. οὔτε γὰρ ἀνθρώπους εἶπε καὶ κτήνη 146 ex dittographia
[11] κτηνῶν pro βοῶν 240 [non 203]
[12] μέλλει 203 [non 240]
[13] Signum interrogat. 146 203
[14] add. ἁγίους 203 240

καὶ ὁ Κύριος παρὰ τῷ Λουκᾷ ἀνθρώπους τοὺς ἀγγέλους ἐκάλεσε,[1] λέγων ἔστωσαν αἱ ὀσφύες ὑμῶν περιεζωσμέναι καὶ οἱ λύχνοι καιόμενοι, καὶ ὑμεῖς ὅμοιοι ἀνθρώποις προσδεχομένοις τὸν Κύριον αὐτῶν, πότε ἀναλύσει[2] ἐκ τῶν γάμων. ἐπεὶ οὖν ἐν πολλοῖς ἄνθρωποι οἱ ἄγγελοι κέκληνται παρὰ τὸ ἄνω[3] · καὶ πρὸς Θεὸν ἔχειν τοὺς ὦπας. τούτου χάριν φησὶν ἐνταῦθα **μέτρον ἀνθρώπου ὅ ἐστιν ἀγγέλου.** αἰνίττεται δὲ τῷ εἰρημένῳ[4] ὅτι πάντη[5] μὲν ἀκατάληπτον τὸ θεῖον, τεῖχος γὰρ τῆς πόλεως τὸν Χριστὸν ἐν τοῖς ἔμπροσθεν νενοήκαμεν, μᾶλλον δὲ[6] ἐν περινοίᾳ τῆς τοῦ Θεοῦ μεγαλειότητος ἄγγελοι γίνονται οἱ ἄνθρωποι. διὰ τοῦτο ἀγγελικῷ[7] πήχει καὶ οὐκ ἀνθρωπίνῳ[8] τὸ τεῖχος μεμέτρηται[9] τῆς πόλεως. τὸ δὲ ρμδ πήχεις ἔχειν μυστικός τίς ἐστιν ἀριθμὸς τῇ ἀγγέλων σοφίᾳ, τῇ καὶ[10] μετρούσῃ διεγνωσμένως.[11] **καὶ ἡ ἐνδόμησίς φησι τοῦ τείχους αὐτῆς ἴασπις.**[12] ἤδη τὴν ἴασπιν εἰς τὸ φερέσβιον καὶ ζωοπόρον ἐδεξάμεθα τοῦ Χριστοῦ. **καὶ ἡ πόλις φησὶ χρυσίον καθαρὸν ὅμοιον ὑάλῳ**[13] **καθαρῷ.** ὁ χρυσὸς μετὰ τοῦ λαμπροῦ καὶ διαυγοῦς τεταγμένος.[14] τῶν ἁγίων τὸ τίμιον καὶ τὸ καθαρὸν ἐν ἔργοις[15] καὶ λόγοις παρατίθεται. **καὶ οἱ θεμέλιοί φησι τοῦ τείχους αὐτῆς τῆς πόλεως παντὶ τιμίῳ λίθῳ κεκόσμηνται.**[16] **καὶ ὁ θεμέλιος**[17] **τοῦ τείχους.** τεῖχος δὲ ὁ Κύριος, ὡς πολλάκις εἴρηται. τοὺς ἁγίους ἀποστόλους[18] ἐν τοῖς εἰρημένοις εἴπομεν. ὡς ἐπαναπαυομένου Χριστοῦ τῇ αὐτῶν διδασκαλίᾳ καὶ ἐπιβεβηκότος ἐπ' αὐτοῖς κατὰ τὴν δοθεῖσαν ὑπόσχεσιν, ἐν ᾗ φησι **καὶ ἰδοὺ ἐγὼ μεθ' ὑμῶν εἰμι πάσας τὰς**

---

[1] τοὺς ἀγγέλους ἐκάλεσεν ἀνθρώπους 203 καὶ τοὺς α.ε.α. 240
[2] ἀναλύσει omn. mei cum GKXΓΛ Clem. Bas. contra ἀναλύσῃ ℵABD rell. unc. et Meth.
[3] παρὰ τῷ ἄνω in mg. 146, in text. 203 240 παρὰ τὸ ἄνω
[4] τὸ εἰρημένον 203 240
[5] παντὶ 203 240
[6] add. γε 203 240
[7] ἀγγέλῳ 146 ἀγγελικῇ 203. Sequor 240 in textu
[8] ἀνθρωπίνη 203 [non 240]
[9] μετρεῖται 203, et 240 sed ex em.
[10] om. καὶ 203 240
[11] διεγνωσμένη 203, διεγνωσμένον 240
[12] Non reperitur in schol. 203 240 haec claus.
[13] ὑέλῳ 203 240
[14] τεταμένος 146
[15] ἐνέργοις 146
[16] om. claus. καὶ οἱ θεμέλιοι ... κεκόσμηνται 203 240
[17] Init. peric. θεμελίους pro καὶ ὁ θεμέλιος 203 240
[18] εἴρηται τοῖς ἁγίοις ἀποστόλοις 146

ἡμέρας μέχρι¹ τῆς συντελείας τοῦ αἰῶνος. οὗτοι τοιγαροῦν
οἱ θεμέλιοι, τουτέστιν οἱ ἀπόστολοι, ἀρετῇ πάσῃ,² τὴν γὰρ
ἀρετὴν οἱ τίμιοι γράφουσιν λίθοι, κεκόσμηνται· ἔργῳ γὰρ
γεγένηνται καὶ τῷ κηρύγματι καθαροὶ καὶ τοῖς ὑπὲρ Χριστοῦ
ἀγωνίσμασιν καὶ τῷ³ μέχρις αἵματος πρὸς αὐτὸν εὐνοικῷ.⁴
εἰ δέ τις καὶ περὶ τῶν λίθων λεπτολογεῖν ἐθελήσειε, τοιαύτην
ἔνεστι εὑρεῖν⁵ θεωρίαν, μικρὸν δὲ ἄνωθεν ἀρκτέον. οἱ κατὰ
τὸν Μωϋσέως νόμον ἀρχιερεῖς ποικίλως ἦσαν ἠμφιεσμένοι   Ex. xxv. 6-7,
ποδήρη⁶ τινὰ καὶ ἐπωμίδα καὶ μίτραν καὶ κίδαριν, ζώνην τε   xxviii. 4 etc.
καὶ ἄλλα⁷ περικείμενοι, θάμβος ἅμα καὶ κατάπληξιν,⁸ ἔτι   xxix. 6 etc.
δὲ μυστικὴν τροπολογίαν ἐμφαίνοντες διὰ τοῦ σχήματος.
ἦν δέ γε παρ' αὐτοῖς καὶ τὸ λόγιον τῆς κρίσεως, ὅπερ τῇ   Ex. xxix. 5 etc.
ἐπωμίδι διὰ πλέγματος ποικίλου ἐπηορτεῖτο.⁹ ἦν δὲ τὸ
σχῆμα τοῦ λογίου φάρος διπλοῦν, σπιθαμιαῖον¹⁰ τε καὶ¹¹   Ex. xxviii. 16
τετράγωνον, ἐν ᾧ λίθοι δώδεκα¹² τέτρασι στίχοις ἐξ ὀνό-   etc.
ματος τῶν υἱῶν Ἰσραὴλ ἐνέκειντο· ὧν λίθων τινὲς μὲν καὶ
ἐνταῦθα τέθεινται ἐν τοῖς τοῦ τείχους θεμελίοις, τινὲς δὲ γωνι-
αῖοι¹³ καὶ οὐκ ἐν ἐκείνοις τεταγμένοι τέθεινται.¹⁴ κεῖνται μὲν
γὰρ ἐν τῷ¹⁵ λογίῳ τῶν κρίσεων¹⁶ ἐμφερεῖς εἰς τοὺς ἐνταῦθα   Ex. xxviii. 15
θεμελίους λίθοι ὀκτώ,¹⁷ ἴασπις· σάπφειρος¹⁸· σμάραγδος·   23 etc.
σαρδίον¹⁹· χρυσόλιθος· βηρύλλιον²⁰· τοπάζιον²¹· ἀμέθυσος·
τέσσαρες²² δέ γε τῶν ἐν τοῖς θεμελίοις λίθων οὐ συνηρίθμην-
ται τοῖς ἐν τῷ λογίῳ τῆς κρίσεως. εἰσὶ δὲ οἵδε, καρχηδών²³·

---

¹ Ita omn. mei, sed ἕως in Matt. Mss. omn. ut vid.

² ἀρετῇ πάσᾳ 146, et 240 (sed ex em. in πάσῃ conversum)

³ τὸ 203 [non 240]

⁴ εὐνοικῶς et add. διατεθέντες · 203 240

⁵ om. εὑρεῖν 146 ἐστὶν εὑρεῖν 203 240

⁶ ποδήρην 240 comp. [non 203]

⁷ ἄλλαττα 203, ἄλλα ἄττα 240 (pro ἄλλα)

⁸ κατάπληξις 203 [non 240]

⁹ ἐπηωρεῖτο 146 ἀπηώρητο 203 240 ἐπηορτεῖτο Blake

¹⁰ πιθομϊαῖον 146 ex em. ex σπιθαμιαῖον ut vid.

¹¹ om. τε καὶ 203 240

¹² ιβ̄ 203 240

¹³ γενέοι 203 240

¹⁴ τέθηνται 146 240

¹⁵ om. ἐν τῷ 240 [sed habet 203]

¹⁶ Sic et 240 plane κρῖ 203 sed infra κρίσεως comp.

¹⁷ ἤ pro ὀκτώ 240 [non 203]

¹⁸ σάμφειρος 146

¹⁹ σαρδίων 203 240 (comp.)

²⁰ βήρυλλος 203 240

²¹ τὸ πάζιον iterum 146

²² τέσσαρις 146 Δ´ 203 δ̄ 240

²³ καρχηδών iterum 146. Non recipiunt nec volunt 203 240. Habent de novo χαλκεδών

σαρδόνυξ¹· χρυσόπρασος· ὑάκινθος. ἦσαν δὲ² καὶ οἱ πυλῶνες τῆς πόλεως, οὓς καὶ αὐτοὺς εἰς τοὺς ἀποστόλους ἐδεξάμεθα,³ **ἕκαστος ἀπὸ μαργαρίτου ἑνός**. ὥστε καὶ ὁ μαργαρίτης νέος νῦν τέθειται,⁴ οὔτε αὐτὸς συνηριθμημένος τοῖς λίθοις τοῦ λογίου, ὁρᾶν δὲ ἔξεστι πολυτιμοτέρους μᾶλλον τοὺς νεωστὶ⁵ ὠνομασμένους παρὰ τοὺς ἐν τῇ παλαιᾷ ἐν τῷ λογίῳ κειμένους· δι' ὧν σημαίνεται τοὺς ἁγίους ἀποστόλους γνῶσίν τε ἔχειν τῆς παλαιᾶς διαθήκης καὶ εὐδοκιμεῖν τοῖς ἐν ἐκείνῃ νενομισμένοις προστάγμασι — διὸ καὶ ὁ σοφὸς ἔλεγεν ἀπόστολος **κατὰ τὴν δικαιοσύνην τὴν ἐν τῷ⁶ νόμῳ γενόμενος ἄμεμπτος** — ηὐδοκιμηκέναι δὲ καὶ ἐν ταῖς ἐντολαῖς τῆς νέας, καὶ τὴν γνῶσιν αὐτῆς πεπλουτηκέναι, ἥτις πολὺ σαφεστέρα⁷ καὶ οἷον τιμιωτέρα τῆς ἐν τῇ παλαιᾷ γνώσεως ὑπῆρξεν, εἴπερ τὰ μὲν ἐν νόμῳ σκιά τίς ἦν, ἀλήθεια δὲ τὰ ἐν τῇ νέᾳ, τοῦτο γὰρ αἰνίττονται ἀναμὶξ κείμεναι αἵ τε τῆς παλαιᾶς καὶ αἱ νέαι τίμιαι λίθοι ἐν τοῖς τῆς πόλεως θεμελίοις, οἵτινες, ὡς εἴρηται, τοῖς ἀποστόλοις γράφουσιν. καὶ τοῦτό ἐστι ὅπερ ἔλεγεν ἐν Εὐαγγελίοις ὁ Κύριος **διὰ τοῦτο πᾶς γραμματεὺς μαθητευθεὶς τῇ βασιλείᾳ τῶν οὐρανῶν ὅμοιός ἐστιν ἀνθρώπῳ οἰκοδεσπότῃ, ὅστις ἐκβάλλει ἐκ τοῦ θησαυροῦ αὐτοῦ καινὰ καὶ παλαιά**. ἦσαν δέ φησι καὶ οἱ πυλῶνες τῆς πόλεως, οὓς πάλιν ἐν τοῖς φθάσασι τοὺς ἀποστόλους νενοήκαμεν, ἕκαστος ἀπὸ⁸ ἑνὸς μαργαρίτου, τὸ τίμιον αὐτῶν καὶ καθαρὸν καὶ λαμπρὸν αἰνιττόμενοι. **καὶ ἡ πλατεία** φησὶ **τῆς πόλεως χρυσίον καθαρὸν ὡς ὕαλος καθαρός**.⁹ εἴρηται ὅτι ὁ χρυσὸς καὶ τὸ τῆς ὑάλου¹⁰ καθαρὸν καὶ διαφανὲς¹¹ τῆς τῶν ἁγίων ζωῆς παρεμφαίνουσι τὸ τίμιον καὶ διεσμηγμένον.¹² **καὶ ναόν** φησιν **οὐκ εἶδον ἐν αὐτῇ· ὁ γὰρ Κύριος ὁ Θεός, ὁ**

---

¹ σαρδώνυξ 146
² add. γε 203 240
³ ἐδοξάμεθα forsan 146
⁴ τέθειτε 146
⁵ ινεωστϊ ut vid. 240
⁶ om. τῷ 203 240 cum plur. vel omn. ad loc.
⁷ φερεστέρα 203 240
⁸ ἀπὸ denuo omn. quamquam ἐκ text. omn. Mss.
⁹ om. claus. καὶ ἡ πλατεια . . . καθαρός 203 240 in com.
¹⁰ ὑέλου 203 240
¹¹ καὶ διαυγὲς 240 [non 203]
¹² διεσμιγμένον 146

παντοκράτωρ, ναός ἐστιν αὐτῆς καὶ τὸ ἀρνίον.¹ τίς γὰρ χρεία ναοῦ συνόντος καὶ τρόπον τινὰ συμβιοτεύοντος² τοῖς ἁγίοις³ τοῦ Θεοῦ καὶ πρόσωπον⁴ ὁρωμένου καθ' ὅσον ἐφικτόν; τὴν μὲν γὰρ ἐν τῷ παρόντι γνῶσιν τοῦ Θεοῦ δι' ἐσόπτρου καὶ⁵ ἐν αἰνίγματι κέκληκεν ὁ θεῖος ἀπόστολος· τὴν δέ γε ἐν τῷ μέλλοντι πρόσωπον πρὸς πρόσωπον. εἰκότως δὲ ἄν τις ζητήσειεν, τί δήποτε; τοῦ μὲν Θεοῦ τοῦ παντοκράτορος ἐμνήσθη, τοῦ τε πατρὸς τοῦ Κυρίου καὶ τοῦ ἀρνίου, τοῦ υἱοῦ τοῦ Θεοῦ,⁶ οὐκέτι δὲ καὶ τοῦ Πνεύματος τοῦ Ἁγίου; πρὸς ὃν λεκτέον· εἰπών, ὦ οὗτος, ὁ Κύριος καὶ ὁ Θεὸς⁷ τὸν Πατέρα καὶ τὸν Υἱὸν καὶ τὸ Πνεῦμα τὸ Ἅγιον ὠνόμασε—ταῦτα γὰρ ὁ Θεός—καὶ ἔτι εἰπὼν ὁ Κύριος ὁ Θεὸς ὁ παντοκράτωρ, τὴν Ἁγίαν ἐσήμανε Τριάδα ταῖς τρισὶν ὀνομασίαις. ἀλλὰ καὶ τοῦτο ἄν τις προσερωτήσειεν· διὰ τί οὖν τῆς σεβασμίου μνησθεὶς τριάδος διὰ τοῦ εἰπεῖν ὁ γὰρ Κύριος ὁ Θεὸς ὁ παντοκράτωρ ναός⁸ ἐστιν αὐτῆς, ἔξωθεν ἡμῖν ἐπαριθμεῖ τὸ ἀρνίον, ὅ ἐστιν ὁ Χριστός, ὥστε ἡμᾶς μηκέτι τριάδα νοεῖν;⁹ μὴ γένοιτο, φαίην ἂν αὐτῷ.¹⁰ οὐ γὰρ οὕτω διδασκόμεθα, ἀλλὰ μνήμη φέρεται τῆς τε Ἁγίας Τριάδος καὶ τοῦ ἀρνίου, σημαίνοντος τοῦ λόγου, ὅτι τε εἷς τῆς Ἁγίας Τριάδος ἐστὶν ὁ σαρκωθείς, καὶ ὅτι μετὰ σαρκὸς ὁ υἱὸς τὴν Ἁγίαν πληροῖ Τριάδα καὶ οὐ δίχα σαρκός ἐστι νῦν ἐν¹¹ οὐρανῷ. τὸν γὰρ υἱὸν σεσαρκωμένον περιφραστικῶς¹² ἐσήμανε διά τε τοῦ Θεοῦ ὅς¹³ ἐστιν ὁ¹⁴ υἱός, καὶ διὰ τοῦ ἀρνίου ὅς¹⁵ ἐστιν πάλιν ὁ αὐτὸς Χριστὸς¹⁶ σεσαρκωμένος ἡμῖν ὁμοούσιος καὶ ἐμψυχωμένος¹⁷ νοερῶς· ᾗτινι σαρκὶ καθ' ὑπόστασιν ὁ λόγος ἥνωται.

1 Cor. xiii. 12

(Apoc. xxi. 22)

cf. 1 Tim. iii. 16

---

¹ om. ver. 22 in schol. 203 240
² συμβιωτεύοντος 146 (dub. 240)
³ ἁγιωτάτοις comp. 240 ?
⁴ add. πρὸς πρόσωπον 203 240. Dubium vid. hic locus. Vide postea
⁵ om. καὶ text. 1 Cor. Mss. plur. sed Orig. bis καὶ αἰνίγματος et LP al. pauc. καὶ ἐν αἰνίγματι.
⁶ Om. καὶ τοῦ ἀρνίου, τοῦ υἱοῦ τοῦ Θεοῦ hoc loco 146. (Num recte, vide post.)
⁷ ὁ Κύριος ὁ Θεὸς א* solus
⁸ ἃ pro ναός 240 [non 203]
⁹ ὥστε τριάδα (τετράδα 203) ἡμᾶς μήκετι νοεῖν 203 240
¹⁰ add. τοῦτο 203 240
¹¹ add. τῷ 203 240
¹² om. περιφραστικῶς 203 240
¹³ ὃ pro ὅς 203 240
¹⁴ om. ὁ 203 [non 240 credo]
¹⁵ ὃ pro ὅς 203 [non 240 sec. loco]
¹⁶ ὁ υἱὸς pro ὁ αὐτὸς Χριστός 203 240
¹⁷ ἐμψυχωμένη et add. σάρξ 240 [non 203]

Apoc. xxi. 23   καὶ ἡ πόλις οὐ χρείαν¹ ἔχει τοῦ ἡλίου οὔτε² τῆς σελήνης, ἵνα φωτίσωσιν³ αὐτήν,⁴ ἡ γὰρ δόξα τοῦ Θεοῦ ἐφώτισεν⁵
24 αὐτήν, καὶ ὁ λύχνος αὐτῆς τὸ ἀρνίον. καὶ περιπατήσουσι τὰ ἔθνη διὰ τοῦ φωτὸς αὐτῆς· καὶ οἱ βασιλεῖς τῆς γῆς
25 φέρουσι τὴν δόξαν καὶ τιμὴν⁶ αὐτῶν εἰς αὐτήν· καὶ οἱ πυλῶνες αὐτῆς οὐ μὴ κλεισθῶσιν ἡμέρας· νὺξ γὰρ οὐκ ἔσται ἐκεῖ.

(Apoc. xxi. 23 init.) καὶ ἡ πόλις φησὶν οὐ χρείαν ἔχει τοῦ ἡλίου.⁷ τοῖς γὰρ τοῦ θείου καὶ νοητοῦ φωτὸς ἀπολαύουσιν. ἐπαισθάνονται γὰρ ἐν τῇ τότε λήξει τῶν νοητῶν οἱ ἅγιοι οὐ χρεία αἰσθητοῦ (Apoc. xxi. 24 init.) φωτός. τὰ δὲ ἔθνη φησὶ περιπατήσουσι διὰ τοῦ φωτὸς αὐτῆς.⁸ οὐ τὰ ἔθνη μόνα, ἀλλὰ καὶ οἱ ἐξ Ἰσραὴλ πιστεύσαντες ἅγιοι. ἀλλ' ἐπειδὴ πολλαπλασίους οἱ ἐξ ἐθνῶν, ἐκ τοῦ (Apoc. xxi. 24 fin.) πλείονος τούτους τε κἀκείνους ἐδήλωσε. καὶ οἱ βασιλεῖς τῆς γῆς φέρουσι τὴν δόξαν καὶ τὴν τιμὴν⁹ αὐτῶν εἰς αὐτήν. βασι-
Psa. lxvii. 15 λέας γῆς πάντας φησὶ τοὺς ἁγίους, περὶ ὧν γέγραπται ἐν τῷ διαστέλλειν τὸν ἐπουράνιον βασιλεῖς ἐπ' αὐτῆς, χιονωθήσονται ἐν Σελμών, καθὼς καὶ πρόσθεν εἴρηται. οὗτοι οὖν ἔτι¹⁰ ἔνδοξον καὶ ἔντιμον ἔχουσι. λέγει δέ· τὰ ἐξ ἀρετῆς αὐχήματα ἀναθήσουσιν εἰς τὴν ἁγίαν ἐκείνην πόλιν, ὡς εἶπε συμ-
(Apoc. xxi. 25 init.) βιοτεύειν τοῖς ἁγίοις¹¹ τὰ ἐξ ἀρετῆς ἀγαθά. καὶ οἱ πυλῶνές φησιν αὐτῆς οὐ μὴ κλεισθῶσιν ἡμέρας. δισσὸν τὸ νόημα¹²· ἢ γὰρ τοῦτο λέγει ὅτι¹³ εἰρήνη ἔσται καὶ ἀφοβία, ὡς μὴ¹⁴ δεῖσθαι φυλακὴν ποιεῖσθαι τῆς πόλεως ἢ τὰς θύρας κλείειν ποτέ, ἢ μοχλοῖς¹⁵ ἀσφαλίζεσθαι, ἢ ὅτι τὰ ἀποστολικὰ διδάγματα,¹⁶ πύλας γὰρ τοὺς ἀποστόλους εἰρήκαμεν, οὐδὲ γὰρ¹⁷ ἐκεῖ σιωπήσουσιν, ἀλλ' ἔσονται καὶ ἐκεῖ¹⁸ οἱ ἀπόστολοι, καινῶν

---

¹ χρεία 203 text. [non 240]
² om. οὔτε 146
³ φαίνωσιν 203 240 (φωτίσωσιν 146–155 textt. soli)
⁴ αὐτῇ 203 240
⁵ ἐφώτισαν 240 errore [non 203]
⁶ om. καὶ τιμὴν 203 240
⁷ Om. καὶ ἡ πόλις φησὶν οὐ χρείαν ἔχει τοῦ ἡλίου 146. Habent 203 240 sed scribunt χρεία
⁸ om. τὰ δὲ ἔθνη ... αὐτῆς 203 240 in schol.
⁹ Ita et 203 240 hoc loco
¹⁰ om. οὖν ἔτι 203 240
¹¹ om. τοῖς ἁγίοις 203 240
¹² τὸ ὄνομα pro τὸ νόημα 203 240
¹³ om. ὅτι 203 240
¹⁴ ὡς μηδὲ sic 146
¹⁵ μοχλοὺς vid. comp. 240 [non 203]
¹⁶ δόγματα 203 240
¹⁷ om. γὰρ 203 240
¹⁸ ἀλλὰ καὶ ἐκεῖ ἔσονται 203 240

δογμάτων καὶ θειοτέρων τοῖς ἁγίοις διδάσκαλοι· ἡμέρας γὰρ ὄντες καὶ φωτὸς υἱοὶ οἱ δίκαιοι, ταῖς θείαις καὶ φωτιστικαῖς ἐντρυφήσουσιν αἰνέσεσι¹ καὶ μυστηρίοις, ἡμέρας οὔσης ἀεὶ περὶ αὐτοὺς καὶ φωτὸς θείας ἐλλάμψεως. νὺξ γάρ (Apoc. xxi. 25 φησιν οὐκ ἔσται ἐκεῖ. εἰ μὲν γὰρ διεκόπτετό ποτε ἡ θεία *fin.*) ἔλλαμψις, ἦν ἄρα² καὶ νύξ· εἰ δὲ τοῦτο εἰπεῖν ἀσεβές, ἀδιακόπως τοῦ θείου φωτὸς ἐνεργοῦντος,³ πῶς νὺξ τοῖς ἁγίοις γενήσεται;

καὶ οἴσουσι τὴν δόξαν καὶ τὴν τιμὴν τῶν ἐθνῶν εἰς αὐτήν. Apoc. xxi. 26
καὶ οὐ μὴ εἰσέλθῃ⁴ εἰς αὐτὴν πᾶν κοινὸν καὶ ποιοῦν⁵ βδέ- 27
λυγμα καὶ ψεῦδος, εἰ μὴ οἱ γεγραμμένοι ἐν τῷ βιβλίῳ⁶ τῆς
ζωῆς τοῦ ἀρνίου. καὶ ἔδειξέ μοι ποταμὸν⁷ ὕδατος⁸ ζωῆς, xxii. 1
λαμπρὸν ὡς κρύσταλλον,⁹ ἐκπορευόμενον ἐκ τοῦ θρόνου τοῦ
Θεοῦ καὶ τοῦ ἀρνίου ἐν μέσῳ τῆς πλατείας αὐτῆς· καὶ τοῦ 2
ποταμοῦ ἐντεῦθεν καὶ ἐκεῖθεν¹⁰ ξύλον ζωῆς ποιοῦν καρποὺς ιβ,
κατὰ μῆνα¹¹ ἕκαστον ἀποδιδοῦν¹² τὸν¹³ καρπὸν αὐτοῦ· καὶ
τὰ φύλλα τοῦ ξύλου εἰς θεραπείαν¹⁴ ἐθνῶν. καὶ πᾶν κατά- 3
θεμα οὐκ ἔσται ἔτι¹⁵· καὶ ὁ θρόνος τοῦ Θεοῦ καὶ τοῦ ἀρνίου
ἐν αὐτῇ ἔσται, καὶ οἱ δοῦλοι αὐτοῦ λατρεύσουσιν αὐτῷ· καὶ 4
ὄψονται τὸ πρόσωπον αὐτοῦ καὶ τὸ ὄνομα αὐτοῦ ἐπὶ τῶν
μετώπων αὐτοῦ¹⁶. καὶ νὺξ οὐκ ἔσται ἔτι,¹⁷ καὶ οὐχ ἕξουσι¹⁸ 5
χρείαν φωτὸς¹⁹ λύχνου καὶ φωτὸς ἡλίου, ὅτι Κύριος ὁ Θεὸς
φωτιεῖ αὐτούς,²⁰ καὶ βασιλεύσουσιν εἰς τοὺς αἰῶνας τῶν
αἰώνων· ἀμήν.²¹

---

¹ αἰνέσουσι 146
² ἄρα 146
³ ἐνεργοῦντος φωτὸς 203 240
⁴ εἰσέλθοι 240 [*non* 203]. Vide infra schol.
⁵ ὁ ποιῶν *pro* ποιοῦν 203 240 textt.
⁶ ἐν τῇ βίβλῳ 203 240
⁷ add. καθαρὸν 203 240
⁸ ὑδάτων 203 240 cum 178 solo et Syr. Σ. Arm. 1.
⁹ κρύσταλον 203 [non 240]
¹⁰ ἐντεῦθεν καὶ ἐντεῦθεν 203 240
¹¹ add. ἕνα 203 240
¹² ἕκαστος ἀποδιδοὺς 203 240
¹³ om. τὸν 203, καρποὺς absque τοὺς 240 cum 113 178 et τοὺς καρποὺς ℵ 65

¹⁴ add. τῶν 203 240, sed concordat ℵ qui om. τῶν cum 146-155
¹⁵ ἐκεῖ pro ἔτι 203 240 (om. ἔτι vel ἐκεῖ ℵ)
¹⁶ αὐτῶν 203 (240?) ut omn. praeter 146-155
¹⁷ ἐκεῖ pro ἔτι 203 240
¹⁸ οὐκ ἔχουσι 203 240 (οὐχ ἕξουσι = 146-155 et A 127 143 200 215 Sah. Syr. S)
¹⁹ φῶς 146 hoc et proximo loco
²⁰ ἐπ' αὐτοὺς 203 240 et ℵA fam. 35 143 164 178 200 215 Aeth. Prim. Tyc. Gig.
²¹ om. ἀμήν 203 240

δόξαν καὶ τιμὴν τῶν ἐθνῶν, τὴν εἰσκομιζομένην εἰς τὴν ἁγίαν πόλιν κατὰ περίφρασιν εἶπε τοὺς ἐν τοῖς ἔθνεσιν εὐδοκιμηκότας καὶ ἄξια[1] ζωῆς πεπραχότας· οὗτοι γὰρ εἰσενεχθήσονται εἰς τὴν ἐπουράνιον Ἱερουσαλὴμ καὶ συμβιοτεύσουσι τοῖς ἐν αὐτῇ ἁγίοις. **καὶ οὐ μή φησιν εἰσέλθῃ**[2] **εἰς αὐτὴν πᾶν κοινὸν καὶ ποιοῦν**[3] **βδέλυγμα, εἰ μὴ οἱ ἐν τῷ βιβλίῳ**[4] **τῆς ζωῆς γεγραμμένοι.** τίς γὰρ κοινωνία φωτὶ πρὸς σκότος, ἢ ἁμαρτωλῷ[5] μετὰ τῶν[6] δικαίων τοῦ Θεοῦ;— οὓς καὶ διείργεσθαι χάσματι μεγάλῳ ὁ Κύριος ἡμῖν ἐν Εὐαγγελίοις παρέδωκεν. **καὶ ἔδειξέ μοί φησι ποταμὸν ὕδατος ζωῆς λαμπρὸν ὡς κρύσταλλον, ἐκ τοῦ θρόνου τοῦ Θεοῦ καὶ τοῦ ἀρνίου ἐκπορευόμενον ἐν μέσῳ τῆς πλατείας τῆς πόλεως.**[7] ποταμὸς ζωῆς εἴη ἂν τὰ δαψιλῆ καὶ πλούσια τοῦ Χριστοῦ χαρίσματα, ἅτινα ἀεννάως[8] εἰς τοὺς ἁγίους κέχυται,[9] ὡς δίκην ποταμοῦ φέρεσθαι εἰς αὐτοὺς[10] καὶ ἐπιρρεῖν. καὶ τοῦ ποταμοῦ φησιν **ἐντεῦθεν καὶ ἐκεῖθεν ξύλον ζωῆς ἔγκαρπον,**[11] **κατὰ μῆνα καρποτοκοῦν.**[12] ξύλον ζωῆς ὁ Κύριος κατὰ τὸ γεγραμμένον τῷ παροιμιαστῇ περὶ τῆς σοφίας· **ξύλον φησὶ ζωῆς ἐστι πᾶσι τοῖς ἀντεχομένοις αὐτῆς.** Χριστὸν δὲ Θεοῦ δύναμιν καὶ Θεοῦ σοφίαν ὁ σοφὸς ἡμῖν παρέδωκε[13] Παῦλος. λέγει δὲ ὅτι οὐ μόνον οἱ ἅγιοι τοῖς Χριστοῦ πλουτοῦσι χαρίσμασιν, ἀλλὰ καὶ ἑαυτὸν[14] ἐνοικοῦντα ἔχουσι καὶ συνοικοῦντα· ὅπερ τῆς ὑπερτάτης μακαριότητός ἐστι τὸ κεφάλαιον. συνεχεῖς δὲ τὸ ξύλον τῆς ζωῆς, ὁ Χριστός, καὶ ἀδιακόπους τελεσφορεῖ καρποὺς καὶ δωρεὰς τοῖς ἁγίοις, ὡς φιλοτιμίαν ἐπικαταλαμ-

---

[1] ἄξιοι 240 [non 203]
[2] εἰσέλθοι 203 240, ut 240 text.
[3] ποιῶν 203, et 240 (comp.)
[4] ἐν τῇ βίβλῳ 203 240
[5] ἁμαρτωλῶν 203 [non 240]. Credo 146 velle ἁμαρτωλοῦ (fin. lin.). Vide seq. 2 Cor. vi. 15 πιστοῦ (pro πιστῷ) B 17 8^pe Ign. et Canon apost. contra Clem. Bas. Orig. Tert. Lucif. etc.
[6] om. τῶν 203 [Habet 240]
[7] om. καὶ ἔδειξε ... πόλεως 203 240 schol.
[8] ἀεννάως ex ἀστεννάως emendatum 146, ἀεννάως 203 et 240 plane; vulgo habent Pind. Xen. Theocr. ἀενάως
[9] κέχηται 146, κέχυνται 203, κέχυται 240
[10] om. εἰς αὐτοὺς 203 240
[11] Sic et 155. Non liq. 203 240
[12] Haec claus. καὶ τοῦ ποταμοῦ ... καρποτοκοῦν non reperitur in 203 240 schol. Incipiunt ξύλον ζωῆς ὁ Κύριος
[13] παραδέδωκε 203 240
[14] αὐτὸν 203 240

βάνειν¹ τῇ φιλοτιμίᾳ² καὶ μήποτε³ αὐτοὺς⁴ λείπεσθαι⁵
θείας ἐπιρροῆς. καὶ τὰ φύλλα φησὶ τοῦ ξύλου εἰς θεραπείαν (Apoc. xxii. 2
τῶν ἐθνῶν.⁶ φύλλα τῆς ζωῆς οἱ τοῦ⁷ Χριστοῦ ἀπηρτημένοι *fin.*)
καὶ αὐτοῦ ἐχόμενοι πατριάρχαι, προφῆται,⁸ ἀπόστολοι, εὐ-
αγγελισταί, μάρτυρές τε⁹ καὶ ὁμολογηταί, καὶ οἱ κατὰ και-
ροὺς ἱερουργοὶ τοῦ εὐαγγελίου καὶ τῆς ἐκκλησίας ποιμένες,
καὶ πᾶσα ψυχὴ δικαία· οἵτινες καὶ νῦν ἰῶνται τὰς ψυχάς,
καὶ τοῖς ἁγίοις ἔσονται τῶν ἀγαθῶν προσθήκη. καὶ κατά- (Apoc. xxii. 3
θεμά¹⁰ φησι οὐκ ἔσται ἔτι.¹¹ νῦν μὲν γὰρ κἂν¹² σφόδρα *init.*)
φεύγῃ¹³ τὰ ἀναθέματα,¹⁴ ὅμως ἐν αὐτοῖς καλινδούμεθα,¹⁵ μυ-
ρίων ἡμῖν¹⁶ προφάσεων ἀναφυομένων ἐν εἰδήσει τέ γε¹⁷
καὶ ἀγνοίᾳ· τότε δέ γε πάσης ἔσονται¹⁸ ψυχικῆς κηλίδος,
ὥσπερ καὶ σωματικῆς, οἱ ἅγιοι καθαροί τε καὶ ἀμιγεῖς.
καὶ ἔσται φησὶν ἐν τῇ πόλει ἡ βασιλεία τοῦ Θεοῦ. αὕτη γὰρ (Apoc. xxii. 3
ὁ θρόνος. καὶ λατρεύσουσιν αὐτῷ φησιν οἱ¹⁹ ἅγιοι λατρείαν *fin. lib.*)
οὐκ ἐπίπονον, ἀλλὰ τὴν μεθ' ἡδονῆς καὶ εὐφροσύνης πνευμα- (Apoc. xxii. 4
τικῆς. τοῦτο δὲ ἔσται ἐκ τοῦ ὁρᾶν τὸ πρόσωπον αὐτοῦ· καὶ *init.*)
ὄψονται γάρ²⁰ φησι τὸ πρόσωπον αὐτοῦ· ὄψονται δὲ καθ' (Apoc. xxii. 4)
ὅσον ἐφικτὸν ἀνθρώπου φύσει καὶ τὸ ὄνομά φησιν αὐτοῦ²¹ (Apoc. xxii. 4
ἐπὶ τῶν μετώπων αὐτῶν. τὴν ἀδιάλειπτον μνήμην καὶ συνου- *fin.*)
σίαν τοῦ²² Θεοῦ τὸ παρὸν αἰνίττεται ῥητόν. ὡς γὰρ ἐπικεί-
μενος καὶ ἐγγεγραμμένος αὐτοῖς ὁ Θεός, οὕτως ἀεὶ συμπαρέ-
σται τοῖς ἁγίοις. καὶ δῆλον, καὶ ἐξ ὧν²³ ὁ Παῦλος ἔφη·
καὶ πάντοτε σὺν Κυρίῳ ἐσόμεθα. νὺξ δέ φησιν, οὐκ ἔστιν,²⁴ 1 Thess. iv. 17
ὡς ἐν χρείᾳ γενέσθαι τοὺς ἁγίους φωτισμοῦ ἡλιακοῦ ἢ λυχ- (Apoc. xxii. 5
init.)

---

¹ ἐπικαταλάμπειν 203 [*non* 240]
² τὴν φιλοτιμίαν 203 240·
³ μήτε 146
⁴ αὐτοῖς 203 [*non* 240]
⁵ ἐλλείπεσθαι 203 240
⁶ *om.* xxii. 2 *fin. in schol.* 203 240
⁷ *om.* τοῦ 203 240
⁸ *om.* προφῆται 203 [*Habet* 240]
⁹ *om.* τε 203 240
¹⁰ κατάμαθε *sic* 146 (μ *ex emend.*) πᾶν κατάθεμα 203 240 *et* 155
¹¹ ἐκεῖ *pro* ἔτι 203 240
¹² καὶ *pro* κἂν 203 240
¹³ φεύγειν 203 240
¹⁴ *add.* χρὴ 203 240
¹⁵ κηλινδούμεθα 146
¹⁶ *om.* ἡμῖν 203 240
¹⁷ *om.* γε 203 240
¹⁸ ἔψονται 203 [*non* 240]
¹⁹ *Ita et* 203 240 *ab* καὶ ἔσται *usque ad* φησιν *sec., sed om.* ἡ 240 *et om.* οἱ *ante* ἅγιοι 203
²⁰ *om.* γὰρ 203 240
²¹ αὐτοῦ φησιν 203 [*non* 240]
²² *om.* τοῦ 203 240
²³ *add.* καὶ 203 240
²⁴ οὐκ ἔσται 203 240

νιαίου, τοῦ θείου φωτὸς ἀδιάλειπτον ποιουμένου τὸν φωτισμόν. καὶ βασιλεύσουσιν οἱ ἅγιοι, δηλονότι εἰς τὸν αἰῶνα.

Dan. vii. 18

ταῦτα δὴ¹ ὁ σοφώτατος Δανιὴλ ἐπιμαρτύρεται,² λέγων καὶ παραλήψονται τὴν βασιλείαν ἅγιοι³ ὑψίστου, καὶ καθέξουσιν αὐτὴν ἕως τοῦ⁴ αἰῶνος τῶν αἰώνων.

Apoc. xxii. 6

καὶ εἶπέ μοι· οὗτοι οἱ λόγοι πιστοὶ καὶ ἀληθινοί, καὶ ὁ Κύριος⁵ τῶν πνευμάτων τῶν προφητῶν, ἀπέστειλε⁶ τὸν ἄγγελον αὐτοῦ δεῖξαι τοῖς δούλοις αὐτοῦ ἃ δεῖ γενέσθαι ἐν τάχει·

7
8

ἰδοὺ ἐρχόμεθα⁷ ταχύ· μακάριοι οἱ τηροῦντες⁸ τοὺς λόγους τῆς προφητείας τοῦ βιβλίου τούτου. καὶ Ἰωάννης⁹ ἀκούων καὶ βλέπων ταῦτα.¹⁰ καὶ ὅτε ἤκουσα καὶ ἔβλεπον,¹¹ ἔπεσον¹² προσκυνῆσαι ἔμπροσθεν τῶν ποδῶν τοῦ ἀγγέλου τοῦ δεικνύντός¹³ μοι ταῦτα. καὶ λέγει¹⁴· ὅρα μή¹⁵· σύνδουλός σου εἰμὶ καὶ τῶν ἀδελφῶν σου καὶ¹⁶ τῶν προφητῶν καὶ τῶν τηρούντων τοὺς λόγους τοῦ βιβλίου τούτου· τῷ Θεῷ προσκύνησον.

9

(Apoc. xxii. 6)

οὗτοί φησιν οἱ λόγοι πιστοί, τουτέστιν ἀληθεῖς. καὶ ὁ¹⁷ Κύριος τῶν πνευμάτων τῶν προφητῶν. πνεύματά φησι¹⁸ προφητῶν τὰ προφητικὰ χαρίσματα κατὰ τὸ εἰρημένον τῷ σοφωτάτῳ Παύλῳ. καὶ πνεύματα προφητῶν προφήταις ὑποτάσσεσθαι,¹⁹ καὶ τῷ θεσπεσίῳ προφήτῃ Ἡσαΐᾳ· διὰ τὸν φόβον σου, Κύριε, ἐν γαστρὶ ἐλάβομεν καὶ ὠδινήσαμεν· καὶ ἐτέκομεν πνεῦμα σωτηρίας σου, ὃ ἐποίησας²⁰ ἐπὶ τῆς γῆς. δεῖξαί φησι τοῖς δούλοις αὐτοῦ ἃ δεῖ γενέσθαι ἐν τάχει. διὰ γὰρ μέσου τοῦ Ἰωάννου καὶ τῶν συγγραμμάτων αὐτοῦ πάντες τὰ

1 Cor. xiv. 32 lib.
Es. xxvi. 18

(Apoc. xxii. 6 fin.)

---

¹ δὲ pro δὴ 203 [non 240]
² ἐπιμαρτύρεται Δανιὴλ 203 240
³ οἱ ἅγιοι 203 240 sed contra Sept.
⁴ om. τοῦ Sept. (Theodot.)
⁵ Κύριος ὁ Θεὸς (pro ὁ Κύριος) 203 240
⁶ add. με 203 240 et ℵ 178 aliq.
⁷ ἔρχομαι 203 240. Non rep. claus. in com. ubi 146–155 denuo scr. ἐρχόμεθα
⁸ μακάριος ὁ τηρῶν 203 240 rell. (μακάριοι οἱ τηροῦντες habet et 155)
⁹ καὶ Ἰῶ 146 (om. εγω cum 92 155) sed κἀγὼ Ἰῶ 203 240 plur.
¹⁰ ὁ βλέπων καὶ ἀκούων ταῦτα 203 240. Om. ὁ 146 et 155 al. perpauc.
¹¹ ἔβλεψα 203 240 (ἔβλεπον 146–155 cum A 200 sol.)
¹² ἔπεσα 203 240
¹³ δεικνύοντος 240 [non 203]
¹⁴ add. μοι 203 240 et 146 infra com.
¹⁵ ὅρα, μή· 146
¹⁶ om. καὶ 203 240 et omn. praeter 146–155 et 184 et Arm.
¹⁷ om. ὁ 203 240
¹⁸ add. τῶν 203, sed om. πνεύματά φησι προφ. 240
¹⁹ ὑποτάσσεται 203 240 ut text. Paul.
²⁰ ἐκύησαμεν pro ὁ ποιησας 203, sed ἐποιήσαμεν 240 cum Sept. (Ignorat Swete ἐκύήσαμεν)

ὀφθέντα αὐτῷ μεμαθήκασι. καλῶς δὲ ἔφη τό· ἐν τάχει·
πᾶς γὰρ χρόνος μικρός, ὡς καὶ πρότερον εἴρηται, κἂν ὅτι   Apoc. vi. 11, xx.
μάλιστα μέγας τις εἶναι δοκῇ,¹ συγκρινόμενος πρὸς τοὺς   3
μέλλοντας ἀτελευτήτους αἰῶνας. διά τοι τοῦτο² καὶ ἐπήγαγε
ἰδοὺ ἐρχόμεθα (sic) ταχύ· μακάριοι οἱ τηροῦντες τούτους τῆς προ-   (Apoc. xxii. 7)
φητείας ταύτης.³ οἱ γὰρ φυλάττοντες σπουδάζουσι μὴ περι-
πεσεῖν ταῖς εἰρημέναις αὐτῇ κολάσεσι διὰ βίου θεοφιλοῦς.
καὶ ὅτε φησὶν ἤκουσα καὶ ἔβλεπον, ἔπεσα προσκυνῆσαι ἔμπροσ- (Apoc. xxii. 8)
θεν τῶν ποδῶν τοῦ ἀγγέλου.⁴ ταῦτα ἐν τοῖς φθάσασιν
ἡρμηνεύεται, ὅτε καὶ ἀπεδείξαμεν τῶν ἀθέων Ἑλλήνων τὰ
δόγματα περὶ τῶν παρὰ⁵ σφίσιν ἐθνάρχων μηδὲν κοινὸν
ἔχοντα⁶ τοῖς καθαρωτάτοις τῆς ἐκκλησίας δόγμασι.⁷

καὶ λέγει μοι· μὴ σφραγίσῃς τοὺς λόγους τῆς προφητείας τοῦ   Apoc. xxii. 10
βιβλίου τούτου, ὁ καιρὸς γὰρ ἐγγύς ἐστιν. ὁ ἀδικῶν ἀδικησάτω   11
ἔτι, καὶ ὁ ῥυπαρὸς ῥυπαρευθήτω ἔτι, καὶ ὁ δίκαιος δικαιοσύνην
ποιησάτω⁸ ἔτι, καὶ ὁ ἅγιος ἁγιασθήτω ἔτι. ἰδοὺ ἔρχομαι   12
ταχὺ ταχύ,⁹ καὶ ὁ μισθός μου μετ' ἐμοῦ, ἀποδοῦναι¹⁰ ἑκάστῳ
ὡς τὸ ἔργον ἔσται αὐτοῦ.¹¹ ἐγὼ τὸ ᾱ καὶ τὸ ω̄, πρῶτος καὶ   13
ἔσχατος, ἀρχὴ καὶ τέλος.¹² μακάριοι οἱ πλύνοντες τὰς στο-   14
λὰς αὐτῶν,¹³ ἵνα ἔσται ἡ ἐξουσία αὐτῶν¹⁴ ἐπὶ τὸ ξύλον¹⁵ τῆς
ζωῆς καὶ τοῖς πυλῶσιν εἰσέλθωσιν εἰς τὴν πόλιν.

μὴ σφραγίσῃς φησὶ τοὺς λόγους τούτους,¹⁶ τουτέστι, μὴ   (Apoc. xxii. 10)
σχοίης αὐτοὺς παρὰ σαυτῷ, μηδὲ ἀποκλείσας φυλάξῃς¹⁷ ἐν

---

¹ δοκεῖ 146 μέγιστος εἶναί τις δοκῇ 203 240
² διάτι τοῦτο 146
³ *Infeliciter om. claus.* ἰδοὺ . . . ταύτης *in schol.* 203 240 (*add.* ταύτης 146–155 = 121 *et* 157 *sol.*)
⁴ *Pariter om. claus.* καὶ ὅτε . . . ἀγγέλου *in schol.* 203 240
⁵ περὶ 146 *ut vid.*
⁶ ἔχοντες 203
⁷ *Absunt schol. ad ver.* 9 *in omnibus meis*
⁸ δικαιωθήτω *pro* δικαιοσύνην ποιησάτω 203 240 *textt. Vide infra com.*
⁹ ταχύ *semel* 203 240. *Obs.* 203 *supra solus* ναὶ ναὶ *ad* xvi. 7

¹⁰ ἀποδοθῆναι 203 240 *cum* ℵ *et* 178 *sol.*
¹¹ αὐτοῦ ἐστιν 203 240
¹² ὁ πρῶτος καὶ ὁ ἔσχατος, ἡ ἀρχὴ καὶ τὸ τέλος 203 240
¹³ *Congruunt omnes mei* 38 146–155 178–203–240 *cum* ℵA *et* 127 *ad leg.* μακ. οἱ πλύνοντες τὰς στολὰς αὐτῶν (*pro* μακ. οἱ ποιοῦντες τὰς ἐντολὰς αὐτοῦ)
¹⁴ αὐτῶν ἡ ἐξουσία 203 240 *et* 178 *soli cum Copt. et more Copt.*
¹⁵ ἐπὶ τοῦ ξύλου 203 240
¹⁶ *Neglex. claus.* μὴ σφραγ. . . . τούτους *in schol.* 203 240
¹⁷ φυλάσσεις *ut vid.* 203 [*non* 240]

(Apoc. xxii. 10 fin.) τῷ τῆς διανοίας ταμιείῳ,¹ ἀλλὰ φανέρωσον ἅπασιν. ὁ γὰρ καιρός φησιν ἐγγύς ἐστι. τοιοῦτόν τι λέγει ² · οὔτε πλεῖστον ὁ καιρὸς αὐτῶν ἀπέχει, ὡς τότε. ἀλλὰ μὴ νῦν χρείαν ἔχειν αὐτοὺς ἀκουσθῆναι· οὔτε γάρ ἐστιν ἴδιος, ὡς περίττην ³ εἶναι τὴν ἐξ αὐτῶν παραίτησιν.⁴ τίς γὰρ χρεία παραινέσεως τοῖς λοιπὸν ⁵ πειρωμένοις τῶν κακῶν ἤτοι ⁶ τῶν ἀγαθῶν; τοὺς γὰρ ἔργῳ μανθάνοντας ἄωρον λόγῳ παιδεύειν. ἀλλὰ τί ἐγγύς φησίν ἐστιν, οὔτε πολὺ μέλλει, οὔτε ἤδη ⁷

(Apoc. xxii. 11 init.) πάρεστιν; ὁ ἀδικῶν φησιν ἀδικησάτω ἔτι καὶ ὁ ῥυπαρὸς ῥυπαρευθήτω ἔτι.⁸ οὐ κεκελευσμένου καὶ προστάσσοντός ⁹ ἐστι τὸ ἀδικεῖν ἢ ῥυπαρευθῆναι, ἀλλὰ τοῦτό φησιν· ἔτι μικρὸς ἐνδαψιλεύεται χρόνος τοῖς ἀνθρώποις· ἕκαστος τοίνυν τὸ αὐτῷ φίλον πραττέτω, καὶ τῷ οἰκείῳ αὐτεξουσίῳ ὡς βούλεται

(Apoc. xxii. 11 fin.) κεχρήσθω,¹⁰ εἴτε εἰς κακὸν εἴτε εἰς ἀγαθόν. διὸ ἐπάγει καὶ ὁ δίκαιος δικαιοσύνην ποιησάτω ¹¹ ἔτι,¹² καὶ ὁ ἅγιος ἁγιασθήτω

(Apoc. xxii. 12) ἔτι. ἰδοὺ ἔρχομαι ταχύ, καὶ ὁ μισθός μου μετ' ἐμοῦ, ἀποδοῦναι ἑκάστῳ ὡς τὸ ἔργον ἔσται αὐτοῦ. ¹³ ἔρχομαί φησιν ὁ Κύριος ἐν τῇ δευτέρᾳ ¹⁴ παρουσίᾳ, ἄγων μεθ' ἑαυτοῦ ἃ δεῖ ἑκάστῳ

(Apoc. xxii. 13) ἀποδοῦναι, εἴτε ἀγαθὸν εἴτε κακόν. ἐγώ φησι τὸ ᾱ καὶ τὸ ω̄, πρῶτος καὶ ἔσχατος, ἀρχὴ καὶ τέλος.¹⁵ ταῦτα ἐν τοῖς

(Apoc. xxii. 14 init.) ἔμπροσθεν ἱκανῶς εἴρηται· διὸ νῦν ὑπέρβηθι. μακάριοί φησιν οἱ πλύνοντες τὰς στολὰς αὐτῶν, ἵνα ἔσται ἡ ἐξουσία αὐτῶν ἐπὶ τὸ ξύλον τῆς ζωῆς.¹⁶ στολὰς λέγει τὰ σώματα. μακάριοι οὖν οἱ εὖ βιοῦντες καὶ ἑαυτοὺς ἐκκαθαίροντες ἀπὸ παντὸς ἁμαρτίας ῥύπου· οἱ γὰρ οὕτως ¹⁷ βιοτεύσαντες ¹⁸ ἐξου-

---

¹ ταμείῳ 203 [non 240]
² λέγεις 146
³ ἰδίως τὲ ἥττην 146 ὡσπεριττὴν 203 240 ἴδιος ὡς περίττην Blake
⁴ παραίνεσιν pro παραίτησιν 203 (Dub. 240)
⁵ λοιπῶ 146 (Dub. 240)
⁶ ἢ τί 203 [non 240 ut vid.]
⁷ om. ἤδη 203 240
⁸ om. claus. 203 240 sed vide infra perg. in schol. καὶ ὁ δίκαιος κ.τ.λ.
⁹ προστάττοντος 203 [non 240 vid.]
¹⁰ χρησάσθω 203 240
¹¹ Sic et 203 240 hoc loco contra textus suos
¹² Add. καὶ τὰ ἑξῆς et om. verba quae seq. καὶ ὁ ἅγιος usque ad ἔσται αὐτοῦ 203 240
¹³ Praescr. ἰδοὺ 203 240
¹⁴ β̄ᾱ pro δευτέρα 240 [non 203]
¹⁵ om. in schol. hunc vers. 203 240
¹⁶ om. claus. 203 240 in schol.
¹⁷ οὕτω 240 [non 203]
¹⁸ βιωτεύσαντες 146

σίαν σχήσουσιν ἐπὶ τὸ ξύλον ¹ ἐπερείδεσθαι τῆς ζωῆς καὶ ἐπ' αὐτῷ ἐπαναπαύεσθαι, ξύλον δὲ ζωῆς ὁ Κύριος, ὡς ² πρόσθεν εἴρηται. καὶ τοῖς πυλῶσιν εἰσέλθωσιν εἰς τὴν πόλιν. καὶ διὰ τῶν πυλώνων, τουτέστι τῶν ἀποστολικῶν δογμάτων καὶ διδαγμάτων, μέτοχοι γίνονται ³ τῆς τῶν ἁγίων διαγωγῆς καὶ μακαριότητος. (Apoc. xxii. 14 fin.)

ἔξω οἱ κύνες καὶ οἱ φαρμακοὶ καὶ οἱ πόρνοι καὶ οἱ φονεῖς ⁴ καὶ οἱ εἰδωλολάτραι, καὶ πᾶς ⁵ φιλῶν καὶ ποιῶν ψεῦδος. ἐγὼ Ἰησοῦς ἔπεμψα τὸν ἄγγελόν μου μαρτυρῆσαι ὑμῖν ταῦτα ἐπὶ ⁶ ταῖς ἐκκλησίαις. ἐγώ εἰμι ἡ ῥίζα καὶ τὸ γένος Δαυίδ,⁷ ὁ ἀστὴρ ὁ λαμπρός, ὁ ⁸ πρωϊνός. καὶ ἡ νύμφη λέγουσα ⁹· ἔρχου· καὶ ὁ ἀκούων εἰπάτω ἔρχου· καὶ ὁ διψῶν ἐρχέσθω· ὁ θέλων λαβέτω ὕδωρ ζωῆς δωρεάν. μαρτυρῶ ἐγὼ παντὶ τῷ ἀκούοντι τοὺς λόγους τῆς προφητείας τοῦ βιβλίου τούτου· ἐάν τις ἐπιθῇ ἐπ' αὐτόν, ἐπιθήσει ¹⁰ ὁ Θεὸς ἐπ' αὐτὸν τὰς πληγὰς τὰς γεγραμμένας ἐν τῷ βιβλίῳ τούτῳ· καὶ ἐάν τις ἀφέλῃ ἀπὸ τῶν λόγων ¹¹ τοῦ βιβλίου τῆς προφητείας ταύτης,¹² ἀφελεῖ ¹³ ὁ Θεὸς τὸ μέρος αὐτοῦ ἀπὸ τοῦ ξύλου τῆς ζωῆς καὶ ἐκ τῆς πόλεως τῆς ἁγίας τῶν γεγραμμένων ἐν τῷ βιβλίῳ τούτῳ. Apoc. xxii. 15, 16, 17, 18, 19

ἔξω φησὶν οἱ κύνες.¹⁴ κύνας καλεῖν ἔθος τῇ θείᾳ γραφῇ, τοὺς ἡταιρηκότας ¹⁵ διὰ τὸ ἀναιδὲς αὐτῶν καὶ ἀκάθαρτον. καὶ γάρ φησιν ἐν Δευτερονομίῳ ὁ Μωϋσέως ¹⁶ τοῦ ἱεροφάντου νόμος οὐ προσοίσεις μίσθωμα πόρνης καὶ ¹⁷ ἄλλαγμα ¹⁸ κυνὸς εἰς τὸν οἶκον Κυρίου τοῦ Θεοῦ σου πρὸς πᾶσαν εὐχήν σου.¹⁹ (Apoc. xxii. 15 init.)

Deut. xxiii. 18

---

¹ Sic hoc loco et 203 240 contra textt.
² καθὼς 240 [non 203]
³ γένωνται 203 240
⁴ φωνεῖς 146
⁵ add. ὁ 203 240
⁶ ἐν pro ἐπὶ 203 240 A et al. pauc. Gig. Sah. Boh. Arm. 1. (N.B. Explicit 178 post verb. ταῦτα)
⁷ add. καὶ 203 240
⁸ καὶ pro ὁ 203 240
⁹ καὶ τὸ πνεῦμα καὶ ἡ νύμφη λέγουσιν 203 240 ut plur. Om. καὶ τὸ πνεῦμα 146–155 textt. soli (hab. diserte in com.)
¹⁰ ἐπιθήσει (ἐπιθήσῃ 240) ἐπ' αὐτά, ἐπιθήσοι 203 240. [Seq. ὁ θεὸς ἐπ' αὐτὸν omn.]
¹¹ add. τούτων 203 240
¹² om. ταύτης 203 240
¹³ ἀφέλοι 203 240
¹⁴ om. ἔξω φησὶν οἱ κύνες 203 240
¹⁵ ἡταιρικότας 203 [non 240]
¹⁶ ὁ Μωϋσέος 203 [non 240]
¹⁷ οὐδὲ Sept.
¹⁸ ἄλεγμα 146
¹⁹ Om. σου Sept. pergens: ὅτι βδέλυγμα Κυρίῳ τῷ Θεῷ σού ἐστι καὶ ἀμφότερα

Anonymi versus duo hexametri

(Apoc. xxii. 15 fin.)

ὅτι δέ γε ὅμοιοι τοῖς κυσὶ κατὰ τὴν ἀναίδειαν οἱ τοιοῦτοι· μαρτυρεῖ¹ τις καὶ τῶν ἔξω σοφῶν, οὕτως εἰπών φεῦγε δὲ πάντα φόνον καὶ μοίχεια λέκτρα γυναικός· καὶ δ' ὅρκους μακάρων² καὶ ἀναίδεα δέμνια κούρων. ἔξω οὖν τῆς ἁγίας πόλεως καὶ τῆς μετὰ τῶν δικαίων διαγωγῆς οἱ κύνες, καὶ οἶδε καὶ οἶδε. τί γὰρ κοινὸν αὐτοῖς καὶ τοῖς δικαίοις τοῦ Θεοῦ; καὶ πᾶς φιλῶν³ καὶ ποιῶν ψεῦδος ἔξω φησὶν ἔσται. ψεῦδός ἐστιν ἅπαν τὸ παρὰ φύσιν· τῆς γὰρ ἀρετῆς κατὰ φύσιν οὔσης, ἐπεὶ καὶ καταβέβληκεν ἡμῶν τῷ πλάσματι σπέρμα⁴ ἀρετῆς ὁ δημιουργὸς ἐξ ἀρχῆς,⁵ ἡ κακία παρὰ φύσιν ἐστίν. ὥσπερ γὰρ ἐν τοῖς σώμασιν ἡ ὑγεία κατὰ φύσιν ἐστί, παρὰ φύσιν δὲ ἡ νόσος, καὶ τὸ βλέπειν καὶ ἀκούειν κατὰ φύσιν, ἡ δὲ πήρωσις καὶ ἡ κώφωσις παρὰ φύσιν, οὕτως⁶ καὶ ἐν ταῖς ψυχαῖς ἡ ἀρετὴ κατὰ φύσιν, παρὰ φύσιν δὲ ἡ κακία· ἀνάλογος⁷ γάρ ἐστιν ὑγεία τῇ ἀρετῇ,⁸ τῇ δέ γε νόσῳ ἡ κακία· καὶ κατὰ τοῦτο δὲ ψεῦδος⁹ ἡ κακία, ὅτι καὶ ψεύδεται πολλάκις εἶναι ἀρετή· πλάττεται γὰρ ἡ μὲν θρασύτης εἶναι ἀνδρία,¹⁰ ἡ δὲ κακουργία φρόνησις, ἡ δὲ ἀκινησία σωφροσύνη, ἡ δέ γε μειονεξία δικαιοσύνη. ταῦτα γὰρ ἅπαντα κακίαι¹¹ ἐντυγχάνουσιν, ἀρετῆς προσωπεῖον περικείμεναι, καὶ τοὺς τὸ ψεῦδος οὖν τῆς κακίας ἐπιτηδεύοντας ἔξω βάλλει τῶν θείων περιβόλων. ἐγώ φησιν Ἰησοῦς ἔπεμψα τὸν ἄγγελόν μου μαρτυρῆσαι ὑμῖν ταῦτα ἐπὶ ταῖς ἐκκλησίαις.¹² μαρτυρῆσαί φησι τὸ διαμαρτύρασθαι οὐκ ἐν κρυφῇ οὔτε ἐν παραβύστῳ, ἀλλὰ ἀκουουσῶν¹³ τῶν πανταχοῦ ἐκκλησιῶν, ἵνα μήτις ἄγνοιαν προφασισάμενος ἐθελοκακῶν εἴη¹⁴ πονηρός.

(Apoc. xxii. 16 init.)

(Apoc. xxii. 16 med.)

ἐγώ φησίν εἰμι ἡ ῥίζα καὶ τὸ γένος Δαυίδ,¹⁵ καίτοι ὡς πρὸς τὸ

---

¹ μαρτυρῶν 146
² καὶ μοιχείαν. λέκτρα γῦναικὸς καὶ δορκοὺς μακάρων 203 240
³ Sic om. ὁ et 203 240 hoc loco
⁴ σπέρματα 203 240
⁵ ἐξ ἀρχῆς ὁ δημιουργός 240 [non 203]
⁶ οὕτω 203 (illeg. 240)
⁷ ἀναλόγως 203 (et 240 ut vid. sine acc.)
⁸ ἐστι τῇ ὑγείᾳ ἡ ἀρετή· 203 240
⁹ καὶ κατὰ τοῦ ψεύδους (om. δὲ) 203 240
¹⁰ ἀνδρεία 203 [non 240]
¹¹ κακία 240, add. τοῖς post κακίαι 146
¹² om. claus. ἐγὼ . . . ἐκκλησίαις in schol. 203 240
¹³ ἀκουόντων 203 text. (sed mg. ἀκουουσῶν) 240 (nil mg.)
¹⁴ ἐθελοκάκων εἴεν 146 sic
¹⁵ om. claus. ἐγὼ . . . δᾶδ in schol. 203 240

φαινόμενον ἀκολουθότερον ἦν εἰπεῖν, ἐγώ εἰμι ὁ ἐκ τῆς ῥίζης¹ Δαυὶδ ἀναβλαστήσας κλάδος. νῦν δὲ τοὐναντίον ῥίζαν² ἑαυτὸν τοῦ Δαυὶδ³ κέκληκεν, καὶ οὐ ῥίζαν μόνον ἀλλὰ καὶ γένος, καθὼς⁴ πρόσθεν εἴρηται. ῥίζα μὲν καὶ αἰτία τῶν ἁπάντων, μεθ' ὧν καὶ τοῦ Δαυίδ, καθό ἐστι καὶ νοεῖται Θεός· γένος δέ γε⁵ τοῦ Δαυὶδ καὶ ἐξ αὐτοῦ ἀνατεταλκὼς κατὰ σάρκα, καθό ἐστι καὶ νοεῖται ἄνθρωπος· ὡς εἶναι αὐτόν, τὰ γὰρ αὐτὰ⁶ πολλάκις λέγειν ἐμοὶ μὲν οὐκ ὀκνηρόν, τοῖς δὲ ἐντυγχάνουσιν ἀσφαλές, ὥς πού φησι τῶν ἑαυτοῦ λόγων ὁ θεῖος ἀπόστολος — ὡς εἶναι οὖν τὸν Ἐμμανουὴλ ἐκ θεότητός τε καὶ ἀνθρωπότητος τελείως ἐχουσῶν ἑκάστῃ τῶν φύσεων⁷ κατὰ τὸν οἰκεῖον λόγον,⁸ ἀσυγχύτως, ἀτρέπτως, ἀναλλοιώτως, ἀφαντασιάστως. μετὰ δὲ τὴν ἄφραστον ἕνωσιν πεπείσμεθα ἓν πρόσωπον καὶ μίαν ὑπόστασιν καὶ μίαν ἐνέργειαν, κἂν ἡ τῶν φύσεων μὴ ἀγνοῆται⁹ διαφορά, ἐξ ὧν τὴν ἀπόρρητον ἕνωσιν πεπρᾶχθαι φαμέν, μὴ δὲ ἡ κατὰ ποιότητα φυσικὴ ἰδιότης¹⁰ κατὰ τοὺς λόγους τοῦ θεσπεσίου πατρὸς ἡμῶν Κυρίλλου. ὁ ἀστήρ φησιν ὁ πρωϊνός¹¹· ἢ τὸν ἥλιον λέγει, ἐπεὶ καὶ ἥλιος δικαιοσύνης κέκληται τῷ Μαλαχίᾳ, ἔτι δὲ καὶ τῷ προφήτῃ ψάλλοντι ἔπεσε πῦρ ἐπ' αὐτούς,¹² — τουτέστι τοὺς Ἰουδαίων ἀρχιερέας — καὶ οὐκ εἶδον τὸν ἥλιον, — τοῦτον δὴ τὸν τῆς δικαιοσύνης ἥλιον Χριστόν — ἢ τὸν ἑωσφόρον¹³ ἀστέρα. καὶ γὰρ καὶ τοῦτο καλεῖται τῷ Πέτρῳ ἐν¹⁴ δευτέρᾳ ἐπιστολῇ, λέγοντι ἕως οὗ¹⁵ ἡμέρα διαυγάσῃ¹⁶ καὶ φωσφόρος ἀνατείλῃ ἐν ταῖς καρδίαις ὑμῶν. καὶ τὸ πνεῦμά φησι,¹⁷ τουτέστι τὸ προφητικόν, καὶ ἡ νύμφη, —

cf. Phil. iii. 1

Es. vii. 14

(Apoc. xxii. 16 fin.)
Mal. iv. 2
Psa. lvii. 9

2 Pet. i. 19

(Apoc. xxii. 17 init.)

---

¹ add. τοῦ 203 240 non in textt.
² add. δὲ 146
³ τοῦ δᾶδ ἑαυτὸν 240 [non 203]
⁴ add. καὶ 203 240
⁵ om. γε 203 240
⁶ om. τὰ γὰρ αὐτὰ 146
⁷ om. ἑκάστῃ τῶν φύσεων 146
⁸ add. τὸ ἴδιον 203 240
⁹ ἀγνοεῖται 146
¹⁰ φυσικὴν ἰδιότητα 146
¹¹ Om. ὁ ἀστὴρ φησιν ὁ πρωινός et ἢ seq., incip. τὸν ἥλιον 203. Idem 240 sed habet ἢ
¹² Hab. ἐπ' αὐτοὺς omn. mei, sed om. Sept. Mss. praeter ℵ^ca T
¹³ ut in 2 Pet. i. 19 minn. aliq.
¹⁴ add. τῇ 203 240 (et 240 β^a)
¹⁵ add. ἡ 203 cum ℵP al. tribus [non 240]
¹⁶ διαυγάσει 203 [non 240] ut min. Mss. Petr. aliq.
¹⁷ Habent claus. hoc loco 203 240 et confirmant 146–155 quamvis non in textt. eorum

ἡ καθόλου καὶ ἐν παντὶ τόπῳ ἐκκλησία, — λέγουσιν ἔρχου. τὴν γὰρ τοῦ Κυρίου δευτέραν¹ παρουσίαν ζητεῖν προστετάγμεθα, ἀλλὰ καὶ ἐν εὐχῇ τίθεσθαι· ὁ γάρ τοι λέγων ἐλθέτω ἡ βασιλεία σου πρὸς τὸν Θεὸν τὴν Χριστοῦ βασιλείαν ἐξαιτεῖ, ἥτις καὶ τοῦ Πατρὸς καὶ² τοῦ Πνεύματός ἐστι βασιλεία. καὶ ὁ³ ἀκούων φησὶν εἰπάτω ἔρχου. καὶ πᾶς φησιν ἀκούων τῶν παρόντων λόγων καὶ σὺ δὲ⁴ Ἰωάννης, εὐκτὴν ποιοῦ τὴν βασιλείαν τῆς Χριστοῦ παρουσίας.⁵ τοῦτο δὲ λέγει, προτρέπων ἅπαντας εἰς τὰ τῆς δικαιοσύνης ἔργα καὶ ἐπιτηδεύματα· οὐ γὰρ ἄν τις δικαιοσύνην ἑαυτῷ μὴ συνεπιστάμενος, εὐκτὴν ποιήσοιτο τὴν Χριστοῦ παρουσίαν, ἐν ᾗ λόγους τῶν αὐτῷ βεβιωμένων ἀπαιτηθήσεται· καὶ ὁ διψῶν φησιν ἐρχέσθω, ὁ θέλων λαβέτω ὕδωρ ζωῆς δωρεάν,⁶ ἐν ὅσῳ δὲ φησιν⁷ ἥξει τῆς ἐμῆς παρουσίας ὁ καιρός, φησὶν ὁ Κύριος τῇ πηγῇ τῆς ζωῆς, τῇ τῆς ἀρετῆς ἐπιτηδεύσει ὑπόθετε⁸ τὸ στόμα. καὶ ὅσοι μὴ ἔχετε ἀργύριον, βαδίσαντες ἀγοράσατε, καὶ πίετε⁹ ἄνευ ἀργυρίου καὶ τιμῆς. Ἡσαΐας ἡμῖν¹⁰ διακελεύεται, τὰ αὐτὰ τῷ Κυρίῳ προαναφωνῶν. εἴρηται δὲ καὶ ἐν τοῖς φθάσασιν ὅτι τὴν¹¹ μεθ᾽ ἱδρώτων καὶ πόνων ἀντέκτισιν¹² τῆς ἀρετῆς, δωρεὰν λαμβάνεσθαί φησιν, ἐπεὶ μὴ ἄξια τὰ παθήματα τοῦ νῦν καιροῦ πρὸς τὴν μέλλουσαν ἀποκαλύπτεσθαι δόξαν εἰς ἡμᾶς, κατὰ τοὺς¹³ Παύλου τοῦ σοφωτάτου λόγους. μαρτυρῶ φησιν ἐγὼ παντὶ τῷ ἀκούοντι τοὺς παρόντας λόγους¹⁴· τουτέστι διαμαρτύρομαι¹⁵ μὴ προσθεῖναί¹⁶ τι, ἵνα μὴ ἑαυτῷ ἐπισπάσηται τὰς ἐνταῦθα εἰρημένας πληγάς, μήτε ἀφελεῖν,

---

¹ β⁻ᵃⁿ 240
² om. τοῦ Πατρὸς καὶ 203 240
³ om. ὁ 240 [non 203]
⁴ οὐδὲ pro σὺ δὲ 146
⁵ τὴν παρουσίαν τῆς Χριστοῦ βασιλείας 240 [non 203]
⁶ om. claus. καὶ ὁ διψῶν κ.τ.λ. in schol. 203 240
⁷ Om. φησιν hoc loco 240, sed variat apud omn. claus. seq. Obs. 146 ut supra in text., sed 203 hab.: ἐν ὅσῳ δὲ ἥξει, ὁ Κύριός φησι, τῆς ἐμῆς παρουσίας ὁ καιρός, προρρευούσης τῇ πηγῇ τῆς ζωῆς. 240 hab.: ἐν ὅσῳ δὲ ἥξει τῆς ἐμῆς παρουσίας ὁ καιρός φησιν ὁ Κύριος, προτερευούσης (ut vid.) τῇ πηγῇ (τῆς ζωῆς illeg.) Ignorat ergo 146 προρρευούσης
⁸ ὑπόθεται 146
⁹ Ita omn. mei, sed Esai. φάγετε pro πίετε exceptis ℵAQ*
¹⁰ ὑμῖν 203 [non 240]
¹¹ τῆς pro τὴν 203 et 240 ut vid.
¹² ἀντέκτησιν 146
¹³ add. τοῦ 203 240
¹⁴ om. claus. in schol. 203 240
¹⁵ μαρτύρομαι 203 240
¹⁶ προσθῆναί 146

ὅπως μὴ ἀφαιρεθῇ τῆς μερίδος τοῦ τε ξύλου τῆς ζωῆς καὶ τῆς διαγεγραμμένης ἁγίας πόλεως· ἅπερ ἀμφότερα τῷδε τῷ βιβλίῳ περιέχεται. εἶτα ἀξιόπιστον καὶ αἰδέσιμον τὸν ἑαυτοῦ ποιῶν λόγον ὁ εὐαγγελιστής, ὅρα τί ἐπήγαγεν·

¹ὁ μαρτυρῶν ταῦτα ²ναί ἔρχομαι ταχύ.³   Apoc. xxii. 20

ὅπερ ὁ Παῦλος πεποίηκεν, εἰπὼν **ἐγὼ γὰρ ἤδη σπένδομαι,**   2 Tim. iv. 6
καὶ ὁ καιρὸς τῆς ἐμῆς ἀναλύσεως⁴ **ἐφέστηκε,** τοῦτο καὶ νῦν αὐτὸς⁵ λέγει, ὁ ταῦτα διδάσκων ἐγώ φησι⁶ καὶ διαμαρτυρόμενος ἐν αὐτοῖς εἰμι λοιπὸν τοῖς τοῦ παρόντος βίου τέρμασιν, ὡς μηδενὶ τὸν λόγον ἐν ὑποψίᾳ καταλειφθῆναι. τίς γὰρ ἂν ἕλοιτο καὶ τῶν τυχόντων, εἰ μή τοιγε⁷ Ἰωάννης ὁ τοσοῦτος, πλάττεσθαι λόγους ὡς ἐκ Θεοῦ, ὡς⁸ ὅσον οὔπω μέλλων τὸν κοινὸν ὑπιέναι θάνατον, καὶ εἰς χεῖρας ἀπιέναι Θεοῦ ἐναργέστερον ἤπερ οἱ τέως ἐν ζῶσιν ὄντες; γράφω οὖν ταῦτά φησι μονονουχὶ λέγων τῷ καλοῦντί με Χριστῷ⁹ πρὸς μετάστασιν¹⁰ ναί· ἔρχομαι ταχύ.

ἀμήν· ἔρχου, Κύριε Ἰησοῦ.¹¹   Apoc. xxii. 20 fin.

ἐπειδὴ ἐν τοῖς φθάσασιν εἶπε¹² τὸ προφητικὸν πρὸς αὐτὸν πνεῦμα,¹³ καὶ ὁ ἀκούων φησὶν **εἰπάτω τῷ Κυρίῳ ἔρχου,** πειθαρχῶν τοῖς χρηματισθεῖσιν αὐτῷ, φησὶν **ἀμήν· ἔρχου, Κύριε Ἰησοῦ**¹⁴· ὡσεὶ ἔλεγε· ναὶ δέσποτα, Χριστέ,¹⁵ τάχυνον ἡμῖν τὴν σωτηρίαν καὶ τὴν¹⁶ δευτέραν σου παρουσίαν.   (Apoc. xxii. 17)
    (Apoc. xxii. 20 fin.)

---

¹ add. λέγει 203 240 *init ver*. 20.
² Add. εἶναι 203 240 (*hiat* 178) et ℵ *solus cum* Arm. 4; *sed obs.* Boh. [*non* Sah.] add. ὅτι γενήσονται
³ Add. ἔρχου, Κύριε Ἰησοῦ Χριστέ. ἡ χάρις τοῦ Κυρίου Ἰησοῦ Χριστοῦ μετὰ πάντων ἁγίων (*om*. τῶν 203 *cum pauc*.), ἀμὴν *in textu* 203 240. *Incipiunt schol. post longa scholia Andr. ut solent cum verbis*, ὁ μαρτυρῶν ταῦτα· ναὶ ἔρχομαι ταχύ *repetitis in scholio. Seq*. ὅπερ ὁ Π. *Quae deinde habet* 146 *in textu, in schol. accipiunt* 203 240
⁴ τῆς ἐμῆς ἀναλ. *cum* DEKL *contra* τῆς ἀναλ. μου ℵ *plur. et Patr. plur*.
⁵ αὐτὸς νῦν 203 240

⁶ φησὶν ἐγώ 203 240
⁷ μή τι γε *pro* εἰ μή τοιγε 146 240
⁸ *om*. ὡς *sec*. 203 (*Dub*. 240)
⁹ *om*. Χριστῷ 203 240
¹⁰ add. Χριστῷ *sic* 203 240
¹¹ Add. Χριστέ 203 240 *supra in textt., sed hoc loco in schol. absque* Χριστέ. *Ita* 203: ναὶ ἔρχομαι ταχύ. ἀμὴν ἔρχου Κύριε Ἰησοῦ· ἐπειδὴ κ.τ.λ., *sed interpunctum post* ἀμήν *in* 240
¹² εἶπον 146
¹³ πρὸς αὐτὸν τὸ προφητικὸν πνεῦμα 203 240
¹⁴ *om*. Ἰησοῦ 240
¹⁵ Κύριε *pro* Χριστέ 240
¹⁶ τὴν σωτηρίαν et *om*. καὶ τὴν 146 τὴν σωτηρίαν ἡμῖν 203 τὴν σωτηρίαν ἡμῖν καὶ τὴν δευτέραν 240

Apoc. xxii. 21

ἡ χάρις τοῦ Κυρίου Ἰησοῦ μετὰ πάντων τῶν ¹ ἁγίων· ἀμήν.²

οἱ γὰρ βέβηλοι ἤδη προαπηλάθησαν τῆς τῶν ἁγίων διαγωγῆς καὶ τῆς εἰσόδου τῆς νοητῆς Ἱερουσαλήμ. τοῖς δέ γε ἐκκηρύκτοις πῶς ἂν ἐπέλθοι ἡ ³ Χριστοῦ τοῦ Θεοῦ ἡμῶν χάρις; ἧς μετόχους ποίησον ἡμᾶς, Χριστέ, διὰ τὴν ἀγαθότητά σου μόνην ⁴· πρέπει γάρ σοι δοξάζεσθαι νῦν καὶ ἀεὶ καὶ εἰς τὸν αἰῶνα ⁵ ἀμήν ⁶ ✠

περὶ ταύτης τῆς θείας ἀποκαλύψεώς φασί τινες, θρασέως καὶ ἀμαθῶς τὰς γλώσσας κινοῦντες, μὴ παρ' αὐτοῦ τοῦ θεσπεσίου Ἰωάννου καὶ εὐαγγελιστοῦ καὶ θεολόγου ταύτην συντετάχθαι· ἐξ οὗ δὴ καὶ ὡς ἐν παραβύστῳ τὴν παραδοχὴν ταύτην ἐπακροῶνται. τοῦτο δὲ οἶμαι οὐκ ἐξ ἀμαθίας οὐδ' ἀποκαλύψεως, ἐξ ἁπλότητος δὲ μόνον, εἰ καὶ τολμηρὸν εἰπεῖν, καὶ φιλοζωίας καὶ τῆς πρὸς τὰ γήϊνα προσπαθείας, τὸ ἀπότομον καὶ ἀναντίρρητον τῶν ἀποφάσεων δεδιότων· τῶν γὰρ θεσπεσίων καὶ ἁγίων πατέρων διαρρήδην ἐπιμαρτυρούντων, τίς ἱκανὸς πρὸς ταῦτα ἀποφθαλμεῖν ἢ εἰς νοῦν ὁπωσοῦν τοσοῦτον ἀφικέσθαι, ὡς οὐχὶ ταῦτα οὕτως ἔχει; καὶ γὰρ ὁ μέγας Βασίλειος ἐν τοῖς Κατὰ Εὐνόμιον αὐτοῦ συγγράμμασι τὴν ἀντίρρησιν τῶν ἀθεωτάτων αὐτοῦ βλασφημιῶν καὶ ληρημάτων ποιούμενος, περὶ ὧν ὁ θεῖος θεολόγος ἐμνημόνευσεν ἐν τῷ τετάρτῳ αὐτοῦ λόγῳ, ἐν ᾧ τάς τε ἀπορίας καὶ λύσεις ἐκ τῶν θεοπνεύστων γραφῶν εἰς τὰ ἀντιλεγόμενα περὶ τοῦ υἱοῦ

Basil. Adv. Eunomium libri quarti init.

διὰ τῆς καινῆς καὶ παλαιᾶς διαθήκης· οὗ ἡ ἀρχή· εἰ φύσει Θεὸς ὁ υἱός, Θεὸς δὲ φύσει καὶ ὁ πατήρ, οὐκ ἄλλος Θεὸς ὁ υἱός, ἕτερος δὲ ὁ πατήρ, ἀλλ' ὅμοιος. καὶ μεθ' ἕτερα· Μωϋσέως μὲν

(Exod. iii. 14)

βοῶντος περὶ τοῦ υἱοῦ ὁ ὤν με ἀπέστειλε, τοῦ δὲ εὐαγγελιστοῦ

(Jo. i. 1, 1 Jo. i. 1)

Ἰωάννου· ἐν ἀρχῇ ἦν ὁ λόγος, καὶ οὐχ ἅπαξ τὸ ἦν, ἀλλὰ τέταρτον, καὶ πάλιν ἀλλαχοῦ ὁ ὢν ἐκ τοῦ Θεοῦ, καὶ ὁ ὢν ἐν τοῖς κόλ-

(Jo. viii. 47)

(Jo. i. 18; iii. 13)

---

¹ om. τῶν 203 in textu suo sed habet hoc loco, exscribens text. ut schol.
² add. μετὰ τῶν ἁγίων denuo ante οἱ γὰρ βέβηλοι 203 240
³ add. τοῦ 240 [non 203]
⁴ διὰ τῆς ἀγαθότητός σου μόνης 203 [non 240]
⁵ ἀεὶ καὶ εἰς τοὺς αἰῶνας τῶν αἰώνων 203 240
⁶ Explicit 240. Pergit 146, ut supra sine intermissione, solus. Pergit 203 Ἰστέον ὡς ὁ τῆς παρούσης βίβλου. De his vide infra

ποις¹ τοῦ Πατρός, καὶ ἐν ἑτέροις· ὁ ὢν ἐν τῷ οὐρανῷ, καὶ ἐν τῇ ἀποκαλύψει· ὁ ὢν καὶ ὁ ἦν καὶ ὁ ἐρχόμενος.² καὶ οὐ διέστειλεν, ἀλλ' ἑπομένως τὴν τοῦ Παύλου πάλιν ἐπανελάβετο μαρτυρίαν. εἰ οὖν ἑτέρου τινὸς Ἰωάννου, ὡς ἡ ληρωδία ἔχει τῶν πολλῶν, ἡ ἀποκάλυψις αὕτη συνετέθη, ἐπὶ τῷ τοῦ συγγραψαμένου ὀνόματι ἔγραψεν ἂν καὶ ὁ μέγας Βασίλειος τοὺς ἐκ τῆς ἀποκαλύψεως λόγους· ἀλλὰ πρότερον μὲν ἐκθέμενος τὰ τοῦ Μωσέως, εἶτα τοῦ ἀποστόλου καὶ θεολόγου, καθὰ καὶ τὰ τοῦ ἀποστόλου Παύλου, οὐδενὸς ἑτέρου ἐδεήθη τούτοις ἐπιμαρτυρῆσαι. καὶ ταῦτα μὲν ἐκ τῶν ἀναντιρρήτων τοῦ μεγάλου καὶ ἁγίου Βασιλείου. ὁ δὲ μέγας Γρηγόριος ὁ τῆς θεολόγου ἐπώνυμος, εἰς τὴν τῶν ἑκατὸν πεντήκοντα ἐπισκόπων παρουσίαν ἀπολογούμενος, ὃν Συντακτήριον καλέουσι, φανερῶς ὄντως ἔγραψεν· μέχρι τίνος κληρονομήσετε τὸ ὄρος τὸ ἅγιόν μου, καὶ μεθ' ἕτερα· πείθομαι γὰρ ἄλλους ἄλλης προστατεῖν ἐκκλησίας, ὡς Ἰωάννης διδάσκει με διὰ τῆς ἀποκαλύψεως. ὁ δὲ Εὐσέβιος ὁ τοῦ Παμφίλου ἐν τῷ τρίτῳ αὐτοῦ λόγῳ τῆς Ἐκκλησιαστικῆς Ἱστορίας ὡδέ πως ἔφη τὰ μὲν δὴ κατὰ Ἰουδαίους, ἐν τούτοις ἦν, καὶ μεθ' ἕτερα· ἐν τούτῳ κατέχει λόγος τὸν ἀπόστολον ἅμα καὶ εὐαγγελιστὴν Ἰωάννην ἔτι τῷ βίῳ ἐνδιατρίβοντα, τῆς εἰς τὸν θεῖον λόγον ἕνεκα μαρτυρίας Πάτμον οἰκεῖν καταδικασθῆναι τὴν νῆσον παρὰ Δομετιανοῦ τοῦ Οὐεσπασιανοῦ.³ γράφων γέ τοι ὁ Εἰρηναῖος περὶ τῆς ψήφου τῆς κατὰ τὸν ἀντίχριστον προσηγορίας λεγομένης ἐν τῇ Ἰωάννου λεγομένῃ Ἀποκαλύψει, αὐταῖς συλλαβαῖς ἐν πέμπτῳ τῶν Πρὸς Τὰς Αἱρέσεις ταῦτα περὶ τοῦ Ἰωάννου φησίν· εἰ δὲ δοκεῖ ἀναφανδὸν ἐν τῷ νῦν καιρῷ κηρύττεσθαι τὸ ὄνομα αὐτοῦ, δι' ἐκείνου ἂν ἐρρέθη τοῦ καὶ τὴν ἀποκάλυψιν ἑωρακότος.⁴   *Explicit Cod.* 146.

(Apoc. i. 4, 8, iv. 8, xi. 17, xvi. 5)

Gregorius, *Orat.* 42, *Supremum Vale*

Eusebius *Hist. Eccles.* III, 18

Irenaeus *liber quint. adv. Haeres.*

---

¹ εἰς τὸν κόλπον τοῦ πατρός *in Evangelio* ('in patre' *c*)

² *Adde Apoc.* v. 5 ὁ λέων ὁ ὢν ἐκ τῆς φυλῆς Ἰούδα· Jo. vi. 46 εἰ μὴ ὁ ὢν παρὰ τοῦ Θεοῦ. *Sed om. in Apoc.* v. 5 ὢν ABP *et minusc. longe plur. Om.* ὁ ὢν *minusc. undecim. Add. nostri* 178-203-240 *et* 146 *Syr.* S Gig. Latt. Copt.

³ *om.* παρὰ Δομετιανοῦ τοῦ Οὐεσπασιανοῦ *codd. Euseb.*

⁴ *Iren. contra Haer. Lib.* v. *cap.* 30: εἰ γὰρ ἔδει ἀναφανδὸν τῷ νῦν καιρῷ κηρύττεσθαι τοὔνομα αὐτοῦ, δι' ἐκείνου ἂν ἐρρέθη τοῦ καὶ τὴν Ἀποκάλυψιν ἑωρακότος, *pergens:* οὐδὲ γὰρ πρὸ πολλοῦ χρόνου ἑωράθη, ἀλλὰ σχεδὸν ἐπὶ τῆς ἡμετέρας γενεᾶς, πρὸς τῷ τέλει τῆς Δομετιανοῦ ἀρχῆς *ut edit.* Stieren, et Harveius. *Cf. tamen textum quem citat Eusebius ipse ex Irenaeo, hoc loco*

Additio ex cod. 203

¹ Ἰστέον ὡς ὁ τῆς παρούσης βίβλου συγγραφεὺς ταύτ[ην] αἰτήσασιν ἐντίμοις προσώποις πρὸς ἔντε[υξιν παρα]σχόμενος, εἶτα τοῦ ἀναδοῦναι τὴν βίβλον ὀκνησά[ντων], αὐτός τινα τῶν σχεδαρίων οὐ φιλοπόνως φυλάξας [ἀλλὰ] παραρρίψας ὡς ἔτυχε, πάλιν αἰτηθεὶς παρ' ἑ[τέρου] ² τοῖς μὲν σεσωσμένοις τῶν σχεδαρίων εἰς τὴν συγ[γρα]φὴν συνεχρήσατο, τῶν ἀπολλυμένων ³ δὲ τὴν διάνοιαν ἐν ⁴ ὀλίγοις χωρίοις ⁵ ὡς εἰκὸς ἐν ἑτέραις ἐξέφρασε ⁶ λέξεσιν. εἰ τοίνυν διαφωνία τις μικρὰ ⁷ ἐν ταῖς λέξεσι φαίνοιτο, μηδαμῶς ἐμποιήσει δισταγμὸν ⁸ τοῖς ἐντυγχάνουσι, τῆς διανοίας μενούσης τῆς αὐτῆς καὶ ἐν τῇ βραχύτητι ⁹ τῶν λέξεων.

δόξα τῷ Θεῷ ἡμῶν πάντων ἕνεκα· ἀμήν.

---

¹ *Similia in nostris* 114 139 159 241
² ἑτέρων 114 159 241, ἑτέρου 139 et add. τινος
³ ἀπολλυμένων et 114 241, sed ἀπολειπομένων 159, et ἀπολωμένων 139
⁴ om. ἐν 241
⁵ *Nota bene* ἐν ὀλίγοις χωρίοις et 139 159, sed ἐν λόγοις χωρίοις 114–241
⁶ συνεξέφρασε 159, rell ἐξέφρασε
⁷ μικρά τις rell. excepto 241 σμικρά τις
⁸ ξενισμὸν pro δισταγμὸν 114 139 159 241 omn.
⁹ *Pro* ἐν τῇ βραχύτητι *habent* 114 139 159 241 omn.: ἐν τῇ βραχυτάτῃ παραλλαγῇ. *Pag. ult. in nostro* 203 *mut. Verba illeg. in uncinis quadratis comprensa sunt*

INDEX OF PASSAGES QUOTED OR ALLUDED TO BY OECUMENIUS

A. PASSAGES FROM THE BIBLE

Biblical references are set without spaces between chapter and verse numbers. The numbers following the comma and the space indicate page numbers of this volume.

OLD TESTAMENT

Amos viii.9, 110; viii.11, 87.
Chronicles I. xxix.17, 55.
Daniel v.21, 36; vii.5?, 209; vii.8, 158; vii.10, 72; vii.10 (26), 121; vii.9,13,22, 83; vii.15,44; vii.18, 250; vii.22,27, 56; vii.28, 44; viii.23, 189; viii.27, 44; x.12,13, 203; x.13,21, 175; x.20, 203; x.21, 203; xii.1, 175, 203.
Deuteronomy iv.24, 68; ix.3, 68; x.8, 171; xviii.19, 194; xxiii.18, 253; xxx.15, 224; xxxii.33, 162.
Ecclesiastes iv.12, 30.
Exodus iii.14, 34, 74, 258; vi.2-3, 208; vi.6-7, 55; xiv.15, 138; xv.1, 170; xv.2, 170; xv.26, 224; xvi.12 et saepe, 55; xix.5, 224; xix.16,18,19, 105; xxiii.22, 224; xxv.6-7, 243; xxv.9, 171; xxv.40, 171; xxvi.30, 171; xxvii.21, 171; xxviii.4, 243; xxviii.15, 243; xxviii.16, 243; xxviii.23, 243; xxix.5, 243; xxix.6, 243; xxxi.7, 171; xxxii.30-31, 76; xxxii.32, 76; xxxiii.20, 68; xxxv.30, 171.
Ezekiel i, 72; x.2,6,13, 72; x.21, 72; xxxii.2, 116; xxxiii.12, 55; xxxviii.2, 225.
Genesis i.11-12, 68; iii.19, 51; iv, 187; v.22, 128; xvii.5, 150; xix, 114; xix.17, 194; xlvi.26, 210; xlvii.9, 145; xlix.9, 78; xlix.11, 58.
Habakkuk iii.4, 79; iii.8, 168; iii.10-11, 136.
Haggai ii.6-7, 181.
Hosea iv.13,14, 55; x.12, 214; xiii.14, 231.
Isaiah i.4-5, 39; i.19-20, 224; vi.2, 72; vi.3, 200; vi.4, 173; vii.14, 83, 210, 255; viii.3, 83; viii.4, 141; viii.18, 148; xi.1, 78; xi.1-9, 170; xi.2, 79; xi.3, 79; xi.4, 212; xi.10, 170; xiii.8, 83; xiii.21, 22, 192; xiv.13-14, 152; xiv.14, 152; xix.1, 166; xxv.8, 234; xxvi.10, 178, 212; xxvi.17-18, 83; xxvi.18, 250; xxvii.1, 116, 117, 140; xxviii.16, 42, 70, 172, 239; xxxvii.36, 114; xxxviii.18, 118; xl.12, 183; xli.4, 38; xlix.8, 214; xlix.10, 101; lii.5, 151; liii.7, 79; liii.9, 60, 238; lv.1, 256; lviii.3, 73; lix.2, 88; lix.20-21, 159; lxiii.2-3, 58, 79, 95, 210; lxiii.9, 77; lxiv.4, 53, 103; lxv.17, 53, 103; lxvi.1, 136; lxvi.7, 83, 137; lxvi.8-14, 83; lxvi.12, 117; lxvi.17, 84; lxvi.24, 110, 112.
Jeremiah iii.9, 55; xi.19, 79; xi.20, 55; xvii.10, 55; xx.12, 55; xxii.17, 66; xxiii.18, 173; xxxviii.31-32, 126.
Job 153; 215; i.12, 140; v.16, 77; xiv.4, 170; xxxiii.23, 55; xxxiv.21, 48; xl.14, 116; xl (15), 149; xli (23), 149; xli.24, 116.
Joel ii.31, 93, 108, 180; iii.2,12,14, 110.
Jonah ii.4, 147.
Joshua i.9, 44; iii.3, 171; v.9, 208; v.14, 209.
Kings II. xix.35, 114.
Leviticus xxvi.12, 48, 153.
Malachi i.10-11, 81; iv.2, 44, 214, 255; iv.4-5, 128.
Nahum i.9, 194.
Numbers x.33, 171; xxii., 53.
Proverbs i.7, 161; iii.18, 248; viii.25, 64.
Psalms i.4, 30; i.5, 168; i.6, 55; ii.8-9, 141; ii.9, 209; ii.11, 71; iv.7, 97; v.4, 76, 214; vi.6, 118; vii.10, 55; xi.4, 136; xi.7, 66; xiii.1, 55; xv.9?, 101; xvii.9, 173; xvii.11, 37, 165; xx.13, 159; xxi.16, 230; xxi.23, 144, 148; xxii.2, 209; xxv.2, 55; xxviii.7, 110, 230; xxix.10, 161; xxx.10, 49; xxxi.9, 87; xxxii.15, 48; xxxiii.8, 203; xxxv.6, 73; xxxv.7, 241; xxxv.10, 212; xxxvii.11, 49; xlii.3, 40; xliii.4, 40; xliv.3, 88; xliv.4, 43, 209; xliv.4-5, 207; xliv.6, 207; xliv.17, 221; xlv. 3-4, 70; xlv.5, 117, 214; xlvi.7, 81; xlvi.10, 237; liv.5, 49; liv.17, 146; lvii.9, 136, 255; lxvii.5,33, 81; lxvii.15, 219, 246; lxvii.19, 93; lxvii.21, 45; lxviii.23, 210; lxxi.1, 207; lxxi.2, 207; lxxi.6, 37;

INDEX

lxxii.27, 162, 184; lxxiii.14, 140; lxxiv.9, 163; lxxiv.11, 79; lxxv.5, 40; lxxv.8, 68; lxxvi.4, 118; lxxvii.50, 109; lxxviii.12, 195; lxxxi.8, 81; lxxxiii.11, 61; lxxxix.4, 213; xc.4, 33; xc.13, 56; xci.11, 140; xcii.3, 108; xcii.4, 108; xciv.4, 183; xcvi.1, 182; xcvi.2, 120; xcvi.5, 182; xcvii.4–5, 81; ci.26–27, 227; ci.27, 232; cii.20, 172; cii.21, 34; ciii.4, 71; ciii.14–15, 68; ciii.15, 88; ciii.26, 116; ciii.30, 111; ciii.33, 81; civ.2, 81; cv.39, 55; cvi.42, 77; cviii.22, 49; cix.3, 64; cix.4, 41; cxiv.5, 164; cxvii.22, 70, 172; cxvii.24, 214; cxvii.27, 214; cxviii.61, 90; cxviii.91, 34; cxx.6, 101; cxxix.3, 163; cxxxviii.16, 76; cxxxviii.21–22, 211; cxlii.4, 49; cxliv.16, 79, 237; cxlvi.8–9, 238.
Ruth i.20, 107.
Song of Solomon i.3, 42; i.9, 168; ii.1, 42; iv.10, 42; v.2, 66.
Wisdom i.4, 30.
Zechariah iv.11–14, 129; iv.12, 129; iv.14, 129; xii.10, 170; xiii.6, 90; xiv.6–7, 214.

NEW TESTAMENT

Acts i.9–11, 37; i.15, 220; iii.15, 147; vii.49, 136; ix.15, 207; xxi.20, 97; xxvi.13, 120.
Colossians i.9, 195; i.15, 64; i.16, 31; i.17–18, 31, 35, 64; i.29, 44; ii.13, 57; ii.14, 36, 77; iii.16, 248.
Corinthians I. i.24, 248; ii.9, 53, 103, 134; ii.13, 30; iii.10–11, 42; iii.12–13, 169; iii.13, 105; iv.8, 67, 103, 219; iv.9, 98; iv.21, 69; vii.14, 84; ix.9, 241; x.4, 42, 126; xiii.12, 201, 245; xiv.32, 250; xv.26, 201; xv.27,28, 201; xv.52, 103; xv.55, 231.
Corinthians II. i.22, 202; ii.14–15, 43; iv.6, 44; v.5, 202; vi.2, 214; vi.14, 248; vi.14–15, 204; vi.16, 48, 153, 248; xi.2, 201; xi.14, 120.
Ephesians i.14, 202; ii.18, 41; ii.20, 70, 239; iii.9–10, 41; iii.20, 44; iv.8, 93; iv.14, 86; v.31–32, 202.
Galatians vi.2, 48.
Hebrews i.9, 211; i.14, 204; ii.2, 238; ii.10, 147; ii.12, 144, 148; ii.13, 148; iii.1, 41, 211; iii.14, 211; iv.12,43; iv.16, 209; v.6, 41; vi.4, 211; vii.14, 78; x.20, 93; x.31, 68; x.34, 218; xi.5, 128; xi.38, 223; xii.2, 147; xii.8, 211; xii.18–23, 237.
John i.1, 34, 74, 258; i.3, 32; i.9, 44; i.18, 68, 258; iii.13, 258; iv.24, 49; iv.32, 212; v.19, 220; v.22, 194, 210; v.43, 131; vii.38, 117; viii.12, 42; viii.28, 220; viii.44, 150; viii.47, 258; ix.5, 42; xii.46, 42; xii.49, 220; xiii.25, 29; xiv.2, 105, 160; xiv.6, 42; xiv.28, 50; xvi.33, 67; xix.5, 84; xx.17, 50; xx.25, 79; xxi.24, 33.
John, Epistle I. i.1, 34, 258; iv.1, 48; iv.12, 68.
Jude 4, 51; 18, 51; 6, 149; 6 and 13, 116.
Luke i.32–33, 60; i.35, 137; i.78–79, 214; i.80, 80; ii.35, 147; ii.40, 80; iii.17, 167; iv.34, 95, 215; ix.60, 51, 219; x.2, 166; x.18, 142; x.20, 58, 154; x.30, 90; xi.2, 256; xii.35–36, 242; xii.40, 180; xii.51–53, 85; xiii.6–9, 66; xiii.21, 86; xiii.35, 159; xiv.7, 202; xv.4,7, 199; xvi.26, 168, 248; xvii.6, 94; xix.17,19, 111; xix.19, 56; xxi., 172; xxii.18, 135; xxii.30, 217; xxiii.34, 97.
Mark i.24, 95, 215; iii.17, 29; iv.5–6, 101; xi.23, 94; xiii, 172; xiii.13, 51; xiii.25–26, 37; xiv.25, 135.
Matthew i.20, 138; ii.8,13,16, 141; ii.13, 141; ii.14, 146; ii.16, 141; ii.19–21, 142; iii.12, 167; iv.10, 85; v.6, 235; v.11, 218; vi.10, 256; vii.13–14, 227; vii.25, 147; viii.22, 51, 219; viii.29, 95, 215; ix.37, 166; x.22, 51; x.28, 187, 221; x.32, 58; x.34–35, 85; xi.14, 128; xi.28–29, 209; xii.28, 220; xii.29, 215; xiii.5–6, 101; xiii.22, 65; xiii.24, 87; xiii.27, 87; xiii.33, 86; xiii.43, 58; xiii.52, 244; xiv.15–16, 166; xvi.19, 60; xvii.20, 94; xviii.12–13, 199; xix.28, 71, 217; xx.6, 9, 127; xx.16, 203; xxii.2–14, 202; xxii.11–12, 202, 203; xxii.14, 203; xxii.29, 229; xxiii.8,10, 239; xxiii.38, 159; xxiv.6, 179; xxiv.6–7, 174; xxiv.8, 174; xxiv.13, 51; xxiv.21, 174; xxiv.29, 108; xxiv.31, 59, 203; xxv., 172; xxv.1, 202; xxv.41, 117; xxv.46, 112; xxvi.28, 101; xxvi.29, 135; xxviii.19?, 208; xxviii.20, 242.
Peter I. i.3–12?, 147; i.22, 218; ii.6, 70, 239; ii.9, 195; iii.19, 93; iv.6, 93; iv.14, 218; v. 4, 239; v. 8, 151.
Peter II. i.2–3, 195; i.19, 255; ii.4, 116, 149; ii.6, 114; ii.22, 179; iii.8, 214; iii.10, 108, 227; iii.13, 106, 232.
Philippians i.1, 186; ii.6–8, 40; ii.7, 51; ii.15–16, 40; iii.1, 255; iii.6, 244; iii.19, 158.

Romans ii.4, 68; ii.28, 51; ii.29, 51; iii.19, 77; iv.12, 238; vi.9–10, 36; vi.16, 218; viii.7, 145; viii.11, 248; viii.17, 67, 103; viii.18, 235, 256; viii.19–21, 232; viii.20, 21, 106; ix.33, 70; xi.9, 210; xi.25–26, 159; xi.33, 53; xii.1, 81; xii.11, 64; xiii.14, 172; xv.16, 41; xvi.20, 56.

Thessalonians I. iv.16, 103; iv.17, 99, 105, 106, 233, 249; v.3, 58; v.19, 65.
Thessalonians II. ii.8, 178; ii.9, 129, 155, 156; ii.16, 195.
Timothy I. iii.16, 245; v.21, 35; vi.17, 65.
Timothy II. ii.12, 103, 219; ii.13, 207; iii.16, 29; iv.6, 257.

B. PASSAGES FROM OTHER ANCIENT WORKS

Acta sive Vitae Sanctorum 234.
Anonymi versus duo hexametri 254.
Aquila 166.
Athanasius 30.
Basil 30; *Adversus Eunomium* 258.
Clemens Alexandrinus *Stromata* 8?, 71.
Clemens Romanus 202, 221.
Cyril 30, 93, 97, 194.
Didache 118.
Eusebius *Chronicon* 39; *Historia Ecclesiastica* iii.18, 259.
Eutyches 136.
Evagrius 122.

Gregorius 30, 43, 64, 122, 137, 203; *Oratio* 42, 259.
Hesiod *Theogonia* 29, 168, 248.
Hippolytus 30.
Homer *Iliad* i.70, 29.
Irenaeus *Adversus Haeresim* 259.
Josephus 96, 98; *Antiquitates Iudaicae* iv.6, 53; xviii.3.3, 88.
Justin 221.
Methodius 30.
Orpheus 168.
Plato, *Republic* x.13, 168, 248; *Axiochus* 365 E, 145.

www.ingramcontent.com/pod-product-compliance
Lightning Source LLC
Chambersburg PA
CBHW062007220426
43662CB00010B/1260